Der Fehlschlag des ersten Versuchs
zu einer politischen Integration Westeuropas
von 1951 bis 1954

Europäische Hochschulschriften
Publications Universitaires Européennes
European University Studies

Reihe III
Geschichte und ihre Hilfswissenschaften

Série III   Series III
Histoire, sciences auxiliaires de l'histoire
History and Allied Studies

Bd./Vol. 867

PETER LANG
Frankfurt am Main · Berlin · Bern · Bruxelles · New York · Oxford · Wien

Vorwort

Die Arbeit wurde im Wintersemester 1999/2000 von der Philosophischen Fakultät zu Köln als Dissertation angenommen, der Tag des Rigorosums war der 17. Dezember 1999. Zunächst danke ich meinem Doktorvater, Prof. Dr. Jost Dülffer, der mich mit dem Thema der Arbeit vertraut machte und sich mit besonderem Interesse um seinen ausländischen Doktoranden kümmerte. Ich bedanke mich für die konstruktive Kritik von Privatdozentin Dr. Barbara Fait, die das Zweitreferat übernahm. Zu danken sind auch den Lektoren, die meine Arbeit sprachlich und inhaltlich Korrektur gelesen haben, Dr. Guido Thiemeyer, Stefan Wunsch, Jochen Böhler und Achim Kortz.

Dank gebührt auch meiner Frau Inah, und meinen zwei Kindern Marie und Jisun, die während meiner Dissertation mir viel Kraft und Liebe schenkten. Ich widme deswegen diese Arbeit meiner Familie.

Zum Schluß habe ich besonders Gott zu danken, der mich errettet hat und mir Mut und Motivation geschenkt hat meine Dissertation erfolgreich zu beenden.

Seung-Ryeol Kim

Inhaltsverzeichnis

I.	**Einleitung: Methodik, Forschungsstand, Fragen und Quellen**	11
II.	**Rahmenbedigungen für die politische Integration in den früheren 1950er Jarhen**	27
1.	Die europäische Integrationspolitik der amerikanischen Regierung im Kalten Krieg	27
2.	Die gegenläufige Europapolitik Großbritanniens und Frankreichs hinsichtlich der Supranationalität: Beratungen im Europarat über die europäische politische Autorität	29
2.1	Formierung der Integrationsmethode, „spezialisierte supranationale Autoritäten im Rahmen des Europarats" und der Schuman-Plan: Beratungen im Europarat über eine europäische Integration 1949/50	30
2.2	Der Pleven-Plan: Das Fundament des EPG-Projekts	31
3.	Das deutsche Europa-Konzept: Gleichberechtigung durch Supranationalität	41
III.	**Die Diskussion über die politische Integration in den EVG-Verhandlungen**	45
1.	Schumans Plan zur Schaffung einer politischen Autorität der Europ-Armee im September 1951	45
2.	Die deutsche Reaktion auf Schumans Plan zur Schaffung einer politischen Autorität	50
3.	Der italienische Vorstoß zu einer politischen Integration	52
4.	Die weiteren EVG-Verlhandlungen und die Debatte des Europarats über die politische Autorität: Genese des Artikels 38 des EVG-Vertrages	59
IV.	**Die französisch-italienische Initiative zu einer politischen Einigung und der niederländische Vorstoß zu einer wirtschaftlichen Einigung**	75
1.	Die Position der Gaullisten: Ihre Spaltung	77
2.	Monnet versus Mollet: Die Sonderrolle Großbritanniens (Eden-Plan)	83
2.1	Der Eden-Plan und die Debatte des Europarates: Die Rolle von P.-H. Spaak und A. Spinelli	83
2.2	Monnets Anteil an der Initiative Schumans zur EPG	93
2.3	Mollets Unbehagen gegenüber der französisch-italienischen Initiative zu einer EPG	108
3.	Das Saarproblem	110
4.	Konzeptionen der beteiligten Regierungen und der Akteure für eine EPG	113
4.1	Spaak, Spinelli und Monnet	113

4.2	Die Fragebogenkonferenzen in Bonn im Oktober 1952	116
4.3	Frankreich	120
4.4	Die Bundesrepublik Deutschland und Italien	126
4.5	Die Niederlande: Vorstoß zu einer wirtschaftlichen Einigung	130
4.6	Belgien	138
V.	**Die Arbeit der Ad-hoc-Versammlung an einem Verfassungsentwurf der EPG von September 1952 bis März 1953: »Der Vertragsentwurf zur Errichtung einer Satzung der Europäischen Gemeinschaft«**	143
1.	Die Entstehung und der Verlauf der Ad-hoc-Versammlung	143
2.	Zuständigkeiten der EPG	146
2.1	Erweiterung der Zuständigkeit auf außenpolitischem Gebiet: Eine gemeinsame Außenpolitik?	147
2.2	Erweiterung der Zuständigkeiten der EPG im Bereich der wirtschaftlichen Integration: Ein gemeinsamer Markt?	156
2.3	Verstärkung der Befugnisse auf finanziellem Gebiet	162
3.	Befugnisse der Organe der EPG und ihre Verhältnisse untereinander	163
3.1	Das Parlament	164
3.2	Der Europäische Exekutivrat und der Rat der nationalen Minister	169
4.	Das Verhältnis der EPG zu Drittländern und internationalen Organisationen	173
5.	Der Störfaktor Saar	176
6.	Das Engagement der französischen Sozialisten, der Gaullisten und Monnets während der Verhandlungen der Ad-hoc-Versammlung	178
7.	Zusammenfassung der Verhandlungen der Ad-hoc-Versammlung	187
VI.	**Ein zufälliger „Schulterschluß" zwischen Frankreich und den Benelux-Ländern: Die Haltungen der sechs Regierungen zu dem Verfassungsentwurf der Ad-hoc-Versammlung**	191
1.	Die Niederlande	191
2.	Frankreich: „Vocation mondiale" als Hindernis auf dem Weg zu einer politischen Integration	195
3.	Die Bundesrepublik Deutschland	222
4.	Italien	227
5.	Belgien	229
6.	Die Außenministerkonferenzen in Rom am 24./25. Februar 1953 und in Straßburg am 9. März 1953, die Verhandlungen der Zusatzprotokolle des EVG-Vertrages und die Landwirtschaftskonferenzen in Paris vom 14. Bis 16. März 1953	231
7.	Verfahrensfrage der weiteren EPG-Verhandlungen: Die Außenministerkonferenzen in Paris am 12./13. Mai 1953 und in Baden-Baden am 7./8. August 1953: Zwischenbilanz	237

VII.	Bekräftigung des Prinzips „Gemeinschaft souveräner Staaten": Die ergebnislosen Regierungskonferenzen in Rom und in Paris 1953/54	253
1.	Die Niederlande	253
2.	Belgien	256
3.	Frankreich	259
4.	Die Bundesrepublik Deutschland	269
5.	Italien	283
6.	Die Regierungskonferenz in Rom vom 22. September bis zum 9. Oktober 1953	285
7.	Die Außenministerkonferenz in Den Haag vom 26. bis zum 28. November 1953 und die Fortsetzung der Expertenkonferenzen: Stellte die Frage der wirtschaftlichen Integration ein unüberwindbares Hindernis für die EPG-Verhandlungen dar?	292
VIII.	Die letzten Rettungsaktionen und das Scheitern des EPG-Projekts	307
1.	Die enge Kooperation der christlich-demokratischen Parteien und ihre Grenze: Das Problem eines „Europe vaticane"	307
2.	Der Kampf um die Supranationalität: Bestrebungen der „Europäischen Bewegung" und Gegenaktionen einer Koalition von Kommunisten und Gaullisten	321
3.	Die letzten Rettungsaktionen des EPG-Projekts aus dem Umfeld von Mollet	328
4.	Das Scheitern des EVG-Vertrags und des EPG-Projekts: Die Präferenz der Bonner Regierung für die politische Integration	344
IX.	Schlußbetrachtung: Die Bedeutung der EPG-Verhandlungen in der Integrationsgeschichte Europas	355
Anhang		373
Abkürzungsverzeichnis		375
Quellen und Literatur		377

I. Einleitung: Methodik, Forschungsstand, Fragen und Quellen

Bei der Unterzeichnung des Maastrichter Vertrages im Dezember 1991, dessen zweite Säule die Gemeinsame Außen- und Sicherheitspolitik (GASP) ist, brachten die EU-Staaten ihren Wunsch zum Ausdruck, in der Außen- und Sicherheitspolitik einheitlich aufzutreten und geschlossen zu handeln. Wenn dies gut funktionieren würde, könnte die EU einer politischen Union näher kommen. Zu schnell war jedoch vom Versagen der EU die Rede, da die EU-Staaten angesichts der jüngsten Konflikte in Bosnien unterschiedliche Positionen einnahmen und daher nicht geschlossen handelten. Die Chance, daß die WEU als Verteidigungskomponente der EU soweit entwickelt werden kann, daß die EU eigene Sicherheitspolitik betreibt oder zumindest als europäischer Pfeiler in der Atlantischen Allianz an der Weltpolitik mitarbeitet - die Kernfrage der GASP - ist momentan gering. Zudem schuf die GASP, die praktisch auf der intergouvernementalen Methode beruht, lediglich eine institutionelle Möglichkeit für einen Einstieg in konkretes gemeinsames Handeln. Der Amsterdamer Vertrag von 1997 ändert diesen konsultativen Charakter ebenfalls nicht. Wegen dieser Schwäche kann die EU aus der Abhängigkeit von den USA im Hinblick auf die Außen- und Sicherheitspolitik sehr schwer herauskommen, und umso schwieriger ist die Bildung einer europäischen Identität. Dies hat der Verlauf des Kosovo-Kriegs deutlich gemacht. Wie sich die GASP in der Zukunft entwickelt, ist allerdings offen.[1] So ist das geläufige Bild der Gegenwart entstanden, daß die EU ein wirtschaftlicher Riese, aber ein politischer Zwerg sei. Um dieses Bild besser zu verstehen, muß man die Geschichte der europäischen Integration in die frühen fünfziger Jahre zurückverfolgen.

Ein Blick auf die Integrationsgeschichte Europas zeigt, daß es bereits von Anfang an konkrete Projekte für eine gemeinschaftliche Außenpolitik europäischer Staaten gab. Alle föderalistischen Vorhaben, die nicht nur auf die wirtschaftliche Integration abzielten, sondern den Zusammenschluß auf politischer Ebene in den Vordergrund stellten, beinhalteten eine enge Zusammenarbeit in außenpolitischen Fragen.[2] Diese Vorhaben, die von den Europa-Verbänden entwickelt wurden, fanden nur geringe Akzeptanz innerhalb der Regierungen. Der erste ernsthafte Ansatz zur Herbeiführung einer gemeinsamen Außen- und Sicherheitspolitik war das EPG-Projekt (1952-1954). Von einer europäischen politischen Autorität für die geplante Europa-Armee war erst nach den Verhandlungen zur EVG im Oktober 1951, unmittelbar nach der Washingtoner Drei-Mächte-Konferenz, die Rede. Die europäische politische Autorität wurde auf der Außenministerkonferenz der an den EVG-Verhandlungen beteiligten

---

1 Thränert, Oliver (Hrsg.), Die EG auf dem Weg zu einer Gemeinsamen Außen- und Sicherheitspolitik, Studie der Abteilung Außenpolikforschung im Forschungsinstitut der Friedrich-Ebert-Stiftung, Bonn, im August 1992; Fleuß, Martin, Die operationelle Rolle der Westeuropäischen Union in den neunziger Jahren. Eine völkerrechtliche Betrachtung unter Berücksichtigung der Bemühungen der Organisation im Zuge der Bewältigung internationaler Konflikte, Frankfurt am Main, u. a., 1996; Pippan, Christian, Die Europäische Union nach Amsterdam : Stärkung ihrer Identität auf internationaler Ebene? Zur Reform der Gemeinsamen Außen- und Sicherheitspolitik der EU, in: Aus Politik und Zeitgeschichte, B 47/97, 14.11.1997, S. 30-39; Regelsberger, Elfriede, Gemeinsame Außen- und Sicherheitspolitik, in: Weidenfeld, W./Wessels, W. (Hrsg.), Jahrbuch der Europäischen Integration 1997/98, Bonn 1998, S. 237-244.
2 Hierzu siehe, Lipgens, W. (Hrsg.), 45 Jahre Ringen um die Europäische Verfassung. Dokumente 1939-1984, Bonn 1986.

Staaten Frankreich, Bundesrepublik Deutschland, Italien, Niederlande, Belgien und Luxemburg im Dezember 1951 aus den EVG-Verhandlungen ausgeklammert, doch auf Initiative Schumans und De Gasperis anläßlich des Zusammentreffens des Ministerrats der EGKS im September 1952 wieder auf die Tagesordnung gesetzt. Anfangs war die europäische politische Autorität als Dachorganisation zur EGKS und EVG gedacht. Auf Betreiben des niederländischen Außenministers Beyen wurde eine wirtschaftliche Integration der sechs Staaten parallel zu der politischen verhandelt. Damit schien eine europäische Föderation auf dem Kontinent in die Nähe zu rücken. Nach zögernden Regierungsverhandlungen verlief jedoch die Gründung der EPG, zusammen mit dem Scheitern der EVG, im August 1954 im Sande. Verpaßt wurde damit eine Chance für einen entschiedenen Weg hin zu einer europäischen Föderation, die nicht nur die Problematik des europäischen Nationalismus hätte überwinden, sondern auch als gewichtiger Akteur in der Weltpolitik hätte agieren können. Danach wurden mehrere Versuche für den politischen Zusammenschluß der EG-Staaten, wie z.B. die Fouchet-Pläne und die Europäische Politische Zusammenarbeit (EPZ), unternommen, doch deren Ergebnisse waren kaum von Bedeutung.

Die historische Erforschung der europäischen Integration[3] hat bereits vor der Öffnung der Archive für die Regierungsakten in den sechziger Jahren begonnen. Zum Beginn dieser Forschung hat Walter Lipgens, der bereits 1968 eine Untersuchung über die europapolitischen Vorstellungen in den Widerstandsbewegungen des Zweiten Weltkriegs veröffentlichte, am meisten beigetragen.[4] Seit den 1980er Jahren, als die größten Teile der regierungsamtlichen Quellen zu den Anfängen der europäischen Integration freigegeben waren, begann die Erforschung der europäischen Integration sowohl auf nationaler Ebene, als auch als Vergleichsstudie der Historiker-Verbindungsgruppe bei der Kommission der Europäischen Gemeinschaft. Diese Zusammenarbeit mündete 1995 in der Gründung der „Zeitschrift für Geschichte der europäischen Integration".[5]

---

3 Der Begriff „Integration" sei durch die aktuelle Europa-Politik in aller Munde, schrieb Walter Dirks 1952 (Über Integration. Begriffsbestimmungen und etwas mehr, in: Frankfurter Hefte, Juni 1952, S. 406). Dirks setzte „Integration" zu den großen historischen Begriffen der Veränderung „Reform", „Evolution" und „Revolution" in Beziehung und erkannte darin das Leitwort der Nachkriegszeit. Der Sprachgebrauch des Begriffs „Integration" war damals sehr verschwommen. Die Begriffsverwendung tendierte ständig zur Vermischung mit verwandten Begriffen wie „Kooperation", „Koordination", „Organisation", „Unifikation", „Föderation". Nach der Konstituierung der EGKS begann der Begriff „Integration" als ein Typus von Europapolitik, der mit dem Schuman-Plan und seiner Realisierung eingeleitet wurde, verstanden zu werden. (Herbst, Ludolf, Die zeitgenössische Integrationstheorie und die Anfänge der europäischen Einigung 1947-1950. in: VfZ 34 (1986) S. 161-205; Schneider, Heinrich, Leitbilder der Europapolitik 1. Der Weg zur Integration, Bonn 1977, S. 225-270). Nach Meyers Grossem Taschen Lexikon bezeichnet Integration im Völkerrecht den Zusammenschluß von Staaten in politischer, wirtschaftlicher und/oder militärischer Hinsicht (Meyers Grosses Taschen Lexikon, Bd. 10, Mannheim u.a. 1994[4], S. 210-211). In dieser Arbeit wird der Begriff „Integration" nach dem diesem Lexikon definierten Sprachgebrauch als Oberbegriff für alle Typen europäische Zusammenschlusses verwendet.
4 Lipgens, W. (Hrsg.), Europa-Föderationspläne der Widerstandsbewegungen 1940-1945. Eine Dokumentation, München 1968; Ders., Die Anfänge der europäischen Einigungspolitik 1945-1950 erster Teil : 1945-1947, Stuttgart 1977.
5 Poidevin, Raymond (Hrsg.), Histoire des débuts de la construction européenne: mars 1948 - mai

Die zentralen Themen der bisherigen historischen Erforschung der europäischen Integration sind die Motive und die Ziele der vom Schuman-Plan eingeleiteten supranationalen Integration auf Grundlage der Gleichberechtigung.[6] Robert Schuman definierte die Supranationalität wie folgt: Das Hauptmerkmal einer überstaatlichen Gewalt sei, „daß auf das Prinzip der Einstimmigkeit der Beschlußfassung im Rahmen einer überstaatlichen Organisation verzichtet werden muß".[7] Diese Konzeption, die dem Schuman-Plan zugrunde lag, befriedigte drei Bedürfnisse: den amerikanischen Wunsch nach politischem und wirtschaftlichem Wiederaufbau Deutschlands angesichts des Ost-West-Konflikts, die Notwendigkeit auf der französischen Seite, Deutschland unter Kontrolle zu bringen, und den deutschen Anspruch auf Wiedererlangung der Souveränität und Gleichberechtigung. Diese drei Motive stellten die grundlegenden Motive der supranationalen europäischen Integration in ihrer Anfangsphase dar. Die USA, Frankreich und die BRD nutzten die bereits im Kreis der nicht-kommunistischen Widerstandsbewegungen entwickelte Idee der europäischen Integration aus, um ihre nationalen Interessen zu verwirklichen. Zwischen nationalen Interessen und Supranationalität besteht jedoch ein Spannungsverhältnis.

Im Bezug auf die Klärung des Verhältnisses zwischen Supranationalität und nationalen Interessen gibt es zwei Erklärungsmuster. Der eine ist der föderalistische Ansatz von Lipgens. Lipgens sah die souveränen Nationalstaaten als überholt und ungeeignet für die Erfüllung ihrer wirtschaftlichen und sicherheitspolitischen Aufgaben an. Für ihn sind Supranationalität und nationales Interesse gegensätzlich, eine Konstituierung und Vertiefung der supranationalen Integration kann und soll also auf Kosten nationalstaatlicher Souveränität erfolgen. Als Föderalist sieht Lipgens die Vereinigten Staaten von Europa als Endstation an.[8] Hingegen weist Milward darauf hin, daß die quellengestützten Forschungen zeigen, daß Diplomaten und Politiker die europäische Integration zum Instrument ihrer nationalpolitischen Zwecke machten. Er geht von den wachsenden Funktionen der Nationalstaaten im 20. Jahrhundert, vor allem nach dem Zweiten Weltkrieg aus. Sein Interpretationsmuster lautet: „Nation-states

---

1950, Bruxelles 1986; Schwabe, Klaus (Hrsg.), Die Anfänge des Schuman-Plans 1950/51, Baden-Baden 1988; Serra, Enrico (Hrsg.), La relance européenne et les traités de Rome, Bruxelles 1989; Trausch, Gilbert (Hrsg.), Die europäische Integration vom Schuman-Plan bis zu den Verträgen von Rom : Pläne und Initiativen, Enttäuschungen und Mißerfolge, Baden-Baden 1993; Zur EVG, Anfänge westdeutscher Sicherheitspolitik 1945-1956, Bisher 4 Bde. München/Wien 1988-1996; Zur zusammenfassenden Bewertung der historischen Erforschung der europäischen Integration, Anne Deighton, Introduction, in: ders. (Hrsg.), Building Postwar Europe, 1948-1963, Oxford 1995; Wurm, Clemens, Early European Integration as a Research Field: Perspectives, Debates, Problems, in: ders. (Hrsg.), Western Europe and Germany. The Beginnings of European Integration 1945-1960, Oxford/Washington 1995; Gerbet, Pierre, La France et l'Intégration européenne. Essai d'historiographie, Bern 1995.

6 Wurm, Clemens, Early European Integration as a Research Field: Perspectives, Debates, Problems, S. 12.
7 Schuman, R., Nationalstaat und Europa. Die Grundlinien der europäischen Integrationspolitik, in: Bulletin, Nr. 109, 13. Juni 1953, S. 930.
8 Lipgens, W., Die Bedeutung des EVG-Projekts für die politische europäische Einigungsbewegung, in: Volkmann, H.-E. et al. (Hrsg.), Die Europäische Verteidigungsgemeinschaft, Boppard 1984. S. 9-31; Lipgens, W., EVG und Politische Föderation. Protokolle der Konferenz der Außenminister der an den Verhandlungen über eine europäische Verteidigungsgemeinschaft beteiligten Länder am 11. Dezember 1951, in: VfZ (1984), S. 637-688.

since the late nineteenth century have been increasingly held together not by traditional symbols of allegiance nor by repressive force but by national policies designed to secure material benefits for large social groups. (...) Integration, the surrender of some limited measure of national sovereignty, is a new form of agreed international framework created by the nation-states to advance particular sets of national domestic policies which should not be pursued, or not be pursued so successfully, through the already existing international framework of cooperation between interdependent states, nor by renouncing international interdependence."[9]
Dabei berücksichtigt er die Dringlichkeit der Deutschland-Frage für Frankreich in vollem Umfang. Nach seinem Verständnis überlebt der Nationalstaat oder verstärkt sich sogar durch die supranationale Integration. Das Ziel der Supranationalität ist nämlich nicht die Auflösung des Nationalstaates, sondern vielmehr die Stärkung desselben. Daher liegt die Grenze der supranationalen Integration an dem Punkt, wo der Nationalstaat aufgelöst und durch eine supranationale Gemeinschaft ersetzt zu werden beginnt. Milward sieht es als Aufgabe der Forschung zur europäischen Integration an, zwei dominante Aspekte - auf der einen Seite die Stärkung des Nationalstaates als der fundamentalen Organisation der politischen, wirtschaftlichen und sozialen Existenz, auf der anderen Seite die Abtretung eines Teils der Souveränität an die Europäische Gemeinschaft - miteinander in Einklang zu bringen.[10]
Der wesentliche Unterschied zwischen den beiden Ansätzen liegt in der Auswahl ihrer Quellen: Während sich Lipgens auf die Archive der Europa-Verbände und der Parteien konzentrierte, arbeitete Milward mit den Akten der Wirtschaftsministerien der beteiligten Regierungen. Während ersterer folglich politische Motive, wie Frieden, Versöhnung zwischen Deutschland und Frankreich, die Sicherheit und die Rolle Europas in der Welt als beherrschend ansah, betonte letzterer die Wichtigkeit der wirtschaftlichen und sozialen innenpolitischen Motive wie Wohlfahrt und wirtschaftliches Wachstum. Während ersterer von den Ideen und Überzeugungen der Föderalisten ausging, berief sich letzterer auf nationales wirtschaftliches Kalkül von Regierungen. Milward ergänzte die Forschungslücke des föderalistischen Ansatzes, die für Lipgens wegen der zu seinen Lebzeiten, also bis 1984, noch gesperrten Quellen unvermeidbar war, berücksichtigt aber nur unzureichend andere Motivationen, die die Regierungen zur supranationalen Integration führten.
Eine weitere Richtung europäischer Integrationsforschung stellt das machtpolitische Kalkül der beteiligten Regierungen in Europa und in der Welt heraus. Auf Initiative René Giraults, der von dieser Perspektive - Perzeption der Macht in Westeuropa - motiviert war, entstanden drei wichtige Sammelbände: „La Puissance en Europe 1938-1940" sowie „Power in Europe", Band 1 und 2.[11] Diese Forschungen gingen der Frage nach, wie in den fünfziger Jahren die

---

9 Milward, Alan S. et al. (Hrsg.), The Frontier of National Sovereignty. History and Theory, 1945-1992, London 1993, S. 182.
10 Milward, Alan S., The European Rescue of the Nation State, London 1992, S. 20; Zu seiner weiteren Kritik der Methode zur Forschung der europäischen Integrationsgeschichte siehe Milward, Alan S., The Reconstruction of Western Europe 1945-51, London 1984, S. 491-502; ders., Etats-nations et communauté: le paradoxe de l'Europe; in: Revue de Synthèse 1990 111(3), S. 253-270; ders., The European Rescue of the Nation State, London 1992, Chapter 1, 2, S. 1-45.
11 Girault, R./Frank, R. (Hrsg.), La Puissance en Europe 1938-1940, Paris 1984; Becker, J./Knipping, F. (Hrsg.), Power in Europe? I: Great Britain, France, Italy and Germany in a Postwar World, 1945-1950, Berlin 1986; Nolfo, Ennio di (Hrsg.), Power in Europe? II: Great Britain, France, Germany and Italy and the Origins of the EEC, 1952-1957, Berlin 1992.

ehemaligen europäischen Großmächte, Großbritannien, Frankreich, Deutschland und Italien, bei der europäischen Integration angesichts ihrer verlorenen machtpolitischen Stellung in der Welt vorgingen, die primär durch den globalen Konflikt zwischen den USA und der Sowjetunion geprägt wurde. Sie erweiterten das Spektrum der Integrationsforschung auf die internationale Machtkonstellation. Sie bezogen auch den wirtschaftlichen Faktor als eines der wichtigen Elemente mit ein, die den Status der Staaten im Staatensystem bestimmten. Unter den Attributen, die die Großmachtstellung eines Staates im internationalen System begründeten, war die Bedeutung des Faktors Wirtschaft seit dem 19. Jahrhundert beständig gewachsen.[12] Der dritte Ansatz Giraults erschließt mehr Perspektiven bei der Forschung zu militärischpolitischer Integration als der Ansatz Milwards. In dieser Perspektive ist der Widerspruch Frankreichs zwischen „vocation européenne" und „vocation mondiale" bedeutsamer als die Spannungen zwischen nationalen Interessen und Supranationalität im Sinne Milwards. Hinzu kommt, daß diese Perspektive auf Versuche der beteiligten Staaten aufmerksam macht, ihre jeweilige machtpolitische Stellung innerhalb der supranationalen Gemeinschaft Europas zu vergrößern.

Einige begriffliche Fragen sollen vorab geklärt werden. *Erstens* geht es um den Begriff der „politischen Integration". Man kann darunter zunächst einmal eine „politische Autorität mit beschränkten Funktionen, aber realen Machtbefugnissen" (eine Empfehlung der Beratenden Versammlung des Europarates an den Ministerrat 1949) verstehen.[13] Dabei ging es darum, ein supranationales politisches Entscheidungsgremium und eine für einen eingegrenzten Bereich zuständige Versammlung aufzubauen. Die Montanunion und die EVG wurden nach dieser Konzeption entworfen. Daher können die beiden als „eine politische Autorität im Montan- beziehungsweise Verteidigungsbereich, aber mit realen Machtbefugnissen" bezeichnet werden. Ein Großteil der Wirtschafts- und Verteidigungs*politik* der beteiligten Staaten im Montan- bzw. Verteidigungsbereich wurde an die Hohe Behörde bzw. das Kommissariat abgetreten. In diesem Fall bedeutet eine „politische Integration" eine Integration der Politik in diesen Sektoren.[14] Diese Art Integration ist jedoch eigentlich keine „politische Integration" im strikten Sinne. Man kann sie als eine Vergemeinschaftung der Außenpolitik analog zur Vergemeinschaftung von Verkehr, Energie, Kohle und Stahl, Verteidigung etc. verstehen. In diesem Sinne ist eine politische Integration eine Integration nach der Methode der supranationalen Teilintegration à la Monnet. Die politische Integration ist im weitesten Sinne aber ein anders definierter Ausdruck für Föderation. Diese beinhaltet ein Programm, an dessen Ende eine Staatsgründung steht, wie in der Geschichte der USA und der Reichsgründung in Deutschland deutlich wird. Es ist daher zulässig, daß der amerikanische Politologe Ernst

---

12 Thiemeyer, G., Vom »Pool Vert« zur Europäischen Wirtschaftsgemeinschaft, S. 274-275.
13 Amendments proposed by MM. Mackay and Philip to the Report of the Committee on General Affairs, in: Council of Europe. Consultative Assembly. First Session 10th August - 8th September 1949, Documents, Doc.61, S. 142; Rede Mackays, 5.9.1949, in: Council of Europe. Consultative Assembly. First Session - 10th August - 8th September 1949. Reports, Part II, S. 520; Rede Mollets, in: Ibid., S. 520; Loth, W., Der Weg nach Europa, S. 75; Text der Entschließung in: EA 4 (1949), S. 2557-2560 u. 2579-2584.
14 G. Ambrosius unterscheidet zu Recht zwischen „Wirtschaftlicher Integration" und „Wirtschaftspolitischer Integration" (ders., Wirtschaftsraum Europa. vom Ende der Nationalökonomien, Frankfurt am Main, 1996).

Haas, der sich mit den Anfängen der europäischen Integration befaßte, die politische Gemeinschaft als einen Staat definierte.[15] Die EPG von 1952-1954 entsprach keiner dieser Bedeutungen der „politischen Integration". Sie verstärkte lediglich die politische Komponente, die die EGKS und die EVG bereits besaßen, indem sie die beiden Teil-Gemeinschaften in sich fusionieren und eine zivile demokratische Kontrollfunktion über diese verstärken sollte. Die EPG bedeutete als solche eigentlich keine „politische Integration". Die Ad-hoc-Versammlung, die den Satzungsentwurf der EPG ausarbeitete, bezeichnete daher die EPG als „Europäische Gemeinschaft" (Dieser Name wurde 1967 erneut für die Bezeichnung der Dachorganisation für die EGKS, die EWG und die Euratom verwendet). Genauso wie die spätere Europäische Gemeinschaft war die erste Europäische Gemeinschaft (EPG) zunächst als Dachorganisation für die EGKS und die EVG gedacht. Aber bei den EPG-Verhandlungen wurden wichtige Themen der „politischen Integration" diskutiert. In diesem Sinne sind die EPG-Verhandlungen ein wichtiger Teil der „politischen Integration" Westeuropas.

Zweitens: Als Methoden oder Strategien der europäischen Integration gibt es zwei zentrale Ansätze: Funktionalismus und Föderalismus. Die föderalistische Theorie wurde im „Europäischen Bundespakt", der von dem Föderalisten-Verband (UEF) initiiert wurde, gut ausgedrückt. Demnach sollte eine supranationale Bundesgewalt geschaffen werden, die über gesetzgebende, ausübende und richterliche Kompetenzen verfügte. Diese Bundesgewalt sollte aus der verfassunggebenden Versammlung (Konstituante) hervorgehen und sich letztendlich auf allgemeine, unmittelbare und freie Wahlen gründen.[16]

Das Konzept „Funktionalismus" in der internationalen Organisation entwickelte der englische Politologe und Wirtschaftswissenschaftler D. Mitrany bereits 1943. Internationale Zusammenarbeit sollte nach seiner Auffassung den Funktionszusammenhängen gerecht werden: „binding together (...) those interests which are common, where they are common, and to the extent (...) they are common."[17] Sein Konzept kann zwar auch zur Rechtfertigung nationalstaatlicher Einstellung dienen, tatsächlich geht aber seine Absicht genau in die entgegengesetzte Richtung. Er versucht, das für die moderne Machtpolitik charakteristische Denken in der Kategorie autonomer staatlicher Akteure zu überwinden, indem er der Gesellschaft, ihrem Bedürfnis des Wohlstands und ihren vielfältigen arbeitsteiligen Funktionen die Priorität zuspricht. Gerade wenn die gesellschaftlichen Bedürfnisse ernst genommen werden, ist eine Organisation internationaler Problemlösung erforderlich, die den Staat relativiert. Angesichts der Beharrungskraft und Macht moderner Staaten ist aber eine funktionale Organisation der Weltgesellschaft nur möglich, wenn die Integration in jenen Funktionszusammenhängen ansetzt, in denen es um die Befriedigung von Bedürfnissen geht, die vorpolitisch sind oder nur peripher politischen Charakter haben. Dazu zählen beispielsweise das Kommunikationswesen, der Gesundheitsdienst, die Verbrechensbekämpfung, die Rohstoffzufuhr usw. Dabei entwickelt Mitrany eine Stufentheorie, die auf der Überzeugung beruht, daß sich die staatli-

---

15 Haas, Ernst B., The Uniting of Europe. Political, Social and Economical Forces 1950-1957, London 1958, S. 3-29.
16 Die UEF, Antrag auf Ausarbeitung eines Bundespaktes, Paris, Oktober 1949, in: ED Bd. 1, S. 587-594; Vgl. Schwarz, Hans-Peter, Die europäische Integration als Aufgabe der Zeitgeschichtsforschung, in: VfZ 28 (1980), S. 561.
17 Mitrany, D., A Working Peace System. An Argument for the Functional Development of International Organization, London 1943, S. 32.

chen Funktionen in mehr technische, auf dynamische Wohlfahrt gerichtete einerseits und in mehr politische andererseits zerlegen lassen: „1. *Within the same group* of functions probably there would have to be coordination either simply for technical purposes or for wider functional ends, and this would be the first stage toward a wider integration. (...) 2. The next degree or stage might be, if found desirable, the coordination of *several groups* of functional agencies (...) 3. The coordination of such working functional agencies with any *international planning* agencies would present a third stage (...) 4. Beyond this, there remains the habitual assumption (...) that international action must have some overall *political authority* above it (...)."[18] In dieser Theorie scheinen zwei Varianten vorhanden zu sein: die zwischenstaatliche und die supranationale. Mitrany schließt jedoch die Möglichkeit der Stufe 4 praktisch aus: „It is the central view of the functional approach that such an authority (politische Autorität, d. V.) is not essential for our greatest and real immediate needs."[19] Der von Mitrany systematisch formulierte Begriff „functional approach" wurde manchmal als „cooperative unionism"[20] umschrieben. In britischen Augen erschien der Föderalismus nur als ein Mittel schwacher Staaten, um die eigenen Probleme zu verdecken. So sagte Richard Crossman im Unterhaus am 26. Juni 1950: „The amount of enthusiasm for federal union in any country is a measure of its defeatism and of its feeling of inability to measure up to its own problems."[21]

Schuman warnte oftmals vor der Unterschätzung des spürbar vorhandenen nationalstaatlichen Gedankens seitens der Föderalisten und damit vor ihrer Voreiligkeit, und er bezeichnete seine absichtlich ausgewählte Methode als „functional approach".[22] Der Leiter der Europaabteilung des französischen Außenministeriums Seydoux nannte die Methode Frankreichs bei der Schaffung der EGKS und der EVG ebenfalls „méthode fonctionnelle".[23] Für die zeitgenössischen britischen Politiker war jedoch die supranationale Stellung der Hohen Behörde nicht mit ihrer Definition von Funktionalismus vereinbar. Harold Macmillan war der Meinung, daß der Schuman-Plan nicht auf dem „functional approach", sondern auf dem „federal approach" beruhe.[24] Yasamee geht beim Schuman-Plan ebenfalls von „föderalistischen Integrationsplänen" aus.[25] Daraus entstand eine begriffliche Verwirrung zwischen „Funktionalismus" und „Föderalismus".[26]

---

18 Ibid., S. 35-38.
19 Ibid., S. 37; Vgl. Schwarz, H.-P., Europa föderieren - aber wie? Eine Methodenkritik der europäischen Integration, in: Lehmbruch, Gerhard et al. (Hrsg.), Demokratisches System und politische Praxis der Bundesrepublik, München 1971, S. 377-443.
20 Lipgens, W., Die Bedeutung des EVG-Projekts, S. 15-16.
21 Zitiert nach: Rosengarten, Monika, Großbritannien und der Schuman-Plan, Bern et. al. 1997, S. 37.
22 Schuman, R., France and Europe, in: World Affairs Vol. 31 April 1953, S. 358f.
23 AMAE DE-CE 45-60, Vol. 578, Bl. 1-6 Note de Seydoux, 2.1.1953, a.s: Communauté politique européenne.
24 DBPO II, Vol. 1, S. 118, Note by Dalton, 24.6.1950.
25 Yasamee, H.J., Großbritannien und die Westintegration der Bundesrepublik 1948-1951, in: Ludolf, H. et al. (Hrsg.), Vom Marshallplan zur EWG, München 1990, S. 551.
26 Diese Verwirrung findet sich auch in der Forschung. Beispielsweise schrieb Loth : „Monnet hatte anders als die Sozialisten weniger das Zielbild einer europäischen Föderation als die konkreten Probleme des Jahres 1950 vor Augen: Sein ursprüngliches Vorhaben (...) war daher wesentlich an der funktionalistischen Methode im Sinne eines David Mitrany orientiert, deren Prinzip es war, nicht Staaten zu föderieren (...)" (Loth, W., Sozialismus und Internationalismus, Stuttgart 1977, S.

Dies kann erklärt werden, wenn man sich die heftige Debatte im Europarat 1949/50 vor Augen führt. Mitranys Idee wurde von Labour-Abgeordneten während dieser Debatten im Europarat häufig vorgebracht, und zwar ursprünglich als Gegenbegriff zum Konstituante-Konzept der Föderalisten. Die Briten befürworteten einen evolutionären Integrationsprozeß „by means of co-operation through specific agencies."[27] Dies wirkte sich auf die Haltung des Vorsitzenden der PS-SFIO Guy Mollet aus, der damals die beiden Ziele der britische Teilnahme an der europäischen Integration und der supranationalen Integration verfolgte, für den aber das erste Ziel vorrangig war. Schließlich setzte Mollet sich gegen seinen Parteifreund André Philip durch, der für eine schnelle supranationale Integration, vorläufig also ohne Großbritannien, eintrat. Die Empfehlung der Beratenden Versammlung des Europarates Nr.1 vom 28.8.1950 lautete: „Einrichtung von Sonderbehörden im Rahmen des Europarates, deren Zuständigkeit jeweils auf politischem, wirtschaftlichem, sozialem und kulturellem Gebiet liegen soll", wobei es „jeder Nation freistehen soll, den Sonderbehörden oder einer oder mehreren von ihnen beizutreten. Diese Sonderbehörden sollen allen Mitgliedsstaaten für einen späteren Beitritt offenstehen".[28] Diese Sonderbehörden sollten supranationale Befugnisse besitzen. Diese Idee „spezialisierter supranationaler Autoritäten im Rahmen des Europarats" entsprach einerseits dem britischen Funktionalismus, da sie nur einen bestimmten funktionalen Bereich integrierte, und andererseits dem kontinentalen Föderalismus, da sie einen Teil der nationalen Souveränität an die Sonderbehörden abtrat. Sie stellte also einen Kompromiß zwischen britischem Funktionalismus und kontinentalem Föderalismus dar.

Inzwischen machten sich Monnet und Schuman diese Mischform zu eigen, als sie den Schuman-Plan im Mai 1950 und den Pleven-Plan im Oktober 1950 bekannt machten. Sie bezeichneten ihre Methode als „Funktionalismus", aber in anderem Sinne als in Großbritannien, weil sie von Anfang an das Prinzip der Supranationalität zur Voraussetzung der Teilnahme an den Verhandlungen machten. Mit dieser Bezeichnung wollten sie in der Hoffnung auf eine britische Teilnahme um die hinter Mollet stehende Mehrheit der PS-SFIO werben. Darum ist es zutreffend, den Funktionalismus von Schuman und Monnet als die „sachlich stufenweise supranationale Integration" (C.F. Opühls), „supranationalen Funktionalismus" (H.-P. Schwarz), „supranationale Teilintegration" (W. Lipgens) oder „funktionelle Marktintegration und institutionelle Politikintegration" (Gerold Ambrosius) zu bezeichnen.[29] Aufgrund einer Analyse des Integrationsprozesses der Montanunion bezeichnete Haas die Monnet-Schumansche Methode als „Neo-Funktionalismus", der die Bedeutung politischer Instanzen stärker betont als der Funktionalismus Mitranys.[30] Der Funktionalismus, den der deutsche Wirtschaftsmini-

---

264).
27 Edelman, Maurice, The Council of Europe 1950, in: International Affairs 27 (1951), S. 26.
28 Text in: Siegler, H. (Hrsg.), Europäische politische Einigung 1949 - 1968, S. 1-2.
29 PAAA NL Opühls, Bd. 2, Der Sinn der sechs-Mächte - Integrationen von Gesandten Prof. C.F. Opühls, erschien in Europe - les „Parlements", 6.10.1952; Schwarz, H.-P., Europa föderieren - aber wie? S. 415-431; Mollet bezeichnete seine Integrationsmethode „functuional supranational community" oder „specialized communities". (G. Mollet, Europe's Most Vital Unfinished Business, in: The Reporter, July 1953, S. 27, in: OURS AGM 106); W. Lipgens (Hrsg.), 45 Jahre Ringen um die Europäische Verfassung. Dokumente 1939-1984, Bonn 1986, S. 195-202; Ambrosius, G., Wirtschaftsraum Europa. Vom Ende der Nationalökonomien, Frankfurt a.M. 1996, S. 203.
30 Bellers, Jürgen, Integration, in: Woyke, Wichard (Hrsg.), Handwörterbuch Internationale Politik, Bundeszentrale für politische Bildung, 1995, S. 150-156.

ster Ludwig Erhard während der EWG-Verhandlungen gegen den Institutionalismus des Auswärtigen Amtes verfolgte, entsprach im wesentlichen dem Funktionalismus Mitranys.[31] Gerade zwischen 1951 und 1954 wurde der föderalistische Ansatz verfolgt. Deswegen ist es wichtiger, den Gegensatz zwischen denjenigen, die für die supranationale Integration eintraten, und denjenigen, die die nationale Souveränität bewahren wollten, zu untersuchen, als den Gegensatz zwischen supranationalen Teilintegrationisten und Föderalisten.

Im Vergleich zu der Montanunion, der EVG und der EWG ist das EPG-Projekt von der Forschung bislang nur wenig untersucht worden. Dies lag nicht nur an seinem Scheitern, sondern auch daran, daß den EPG-Verhandlungen damals weniger Beachtung in der Öffentlichkeit zuteil wurde als denen der EVG und der EWG. Die EPG wurde als ein nur wenig bemerkenswertes Instrument für die Erleichterung der Ratifizierung der EVG oder als deren logische Begleiterscheinung angesehen, der kein eigener Platz in der europäischen Integrationsgeschichte zuerkannt wurde. Daß Lipgens die Bedeutung der EPG bereits in den 1980er Jahren unterstrich, veränderte die Lage der Forschung nicht.[32] Erst in den 1990er Jahren untersuchte man die EPG-Verhandlungen auf der Basis der neu zugänglich gewordenen Quellen der beteiligten Regierungen. Diese Einzelstudien konzentrierten sich bisher lediglich auf die nationalen Haltungen. Beispielhaft dafür sind die Untersuchungen G. Bossuats. Ihr Spektrum reicht von der Regierungsebene bis zu den Interessenverbänden. Sie stellen jedoch nur die französische Haltung in den Vordergrund.[33] Es gibt bislang keine Studie, die multilateral die

---

31 Die gegensätzliche Herangehensweise Großbritanniens und der kontinentalen Staaten umschrieb Harold Macmillan wie folgt: „Die kontinentale Tradition liebt es, a priori zu urteilen und vom Gipfel in die Ebene abzusteigen, von allgemeinen Prinzipien auszugehen, um zu ihrer praktischen Anwendung zu gelangen. Das ist die Tradition des heiligen Thomas von Aquin, der Scholastiker und der großen Gelehrten und Denker des Kontinents. Die Engländer lieben es, a posteriori zu diskutieren, ausgehend von der praktischen Erfahrung, um zu den Gipfeln hochzusteigen. Das ist die Tradition Bacons und Newtons" (Zitiert nach: Spaak, Paul-Henri, Memoiren eines Europäers, Hamburg 1969, S. 276). Von diesem Verständnis ist es verständlicher, „Funktionalismus versus Föderalismus" in „Funktionalismus (form follows function) versus Institutionalismus (function follows form)" zu umschreiben (Jürgen Bellers/Erwin Häckel, Theorien internationaler Integration und internationaler Organisationen, in: Politische Vierteljahresschrift Sonderheft 21 (1990), S. 293-294).
32 Loth, W., Die EVG und das Projekt der Europäischen Politischen Gemeinschaft, in: Europa im Blick der Historiker. Europäische Integration im 20. Jahrhundert. Bewußtsein und Institution, R. Hudemann (Hrsg.), München 1995 (HZ.Beiheft,Bd. 21), S. 191; Lipgens, W., Die Bedeutung des EVG-Projekts für die politische europäische Einigungsbewegung. in: Volkmann, H.-E. et al. (Hrsg.), Die Europäische Verteidigungsgemeinschaft, S. 9-31; ders., EVG und Politische Föderation, S. 637-688.
33 Bossuat, Gerard, L'Europe des Français 1943-1959: la IVe République aux sources de l'Europe communautaire, Publication de la Sorbonne 1996; ders., L'impossible Europe des Socialistes au Conseil de l'Europe, 1949-1954, Le bulletin du Centre Guy Mollet, n°27, Juin 1996; ders., Jean Monnet. la mesure d'une influence, in: VINGTIEME SIECLE, revue d'histoire, N°51 juillet-septembre 1996, S. 68-84; ders., Les hauts fonctionnaires français et le processus d'unité en Europe occidentale d'Alger à Rome (1943-1958), in: Journal of European Integration history, Vol 1 1995, S. 87-109; ders., Jean Monnet, le Département d'Etat et l'intégration européenne (1952-1959), in: René Girault et Gérard Bossuat (Hrsg.), Europe brisée, S. 301-340; ders., La vraie nature de la politique européenne de la France (1950-1957), in: G. Trausch (Hrsg.), Die europäische

unterschiedlichen Positionen der beteiligten Staaten vergleicht und die Bedeutung des EPG-Projekts in der Integrationsgeschichte beleuchtet. Dies wird der wesentliche Beitrag der vorliegenden Arbeit sein. Im folgenden soll kurz auf einzelne noch zu klärende Probleme eingegangen werden.

Als erstes soll die EPG im Zusammenhang mit der EVG betrachtet werden. Die bisherigen Studien untersuchten sie zu Recht in diesem Zusammenhang. Es ist unumstritten, daß die EPG hauptsächlich zur Erleichterung der Ratifizierung des EVG-Vertrags in Frankreich 1952 projektiert und initiiert wurde - der Hintergrund der französisch-italienischen EPG-Initiative vom Juli 1952 in bezug auf den Eden-Plan wurde bis jetzt noch kaum untersucht -, und nicht zur schnellen Realisierung der europäischen Föderation. Ob das EPG-Projekt der Erleichterung der Ratifizierung des EVG-Vertrags in Frankreich wirklich dienlich war, darüber gehen die Auffassungen auseinander. Die EVG-Studien berücksichtigen die EPG-Verhandlungen nur wenig, da sie die Forderung, die politische Integration vor die militärische zu schalten, nur für ein Verzögerungsmanöver der EVG-Gegner hielten.[34] Lipgens versuchte dagegen zum ersten Mal, aus föderalistischer Perspektive heraus die Bedeutung der EPG im Zusammenhang mit dem Scheitern der EVG zu beleuchten. Seine These lautet: Die wichtigste Ursache des Scheiterns der EVG ist darin zu sehen, daß die Europa-Armee ohne ihre politische Autorität verhandelt wurde. Dies wird darauf zurückgeführt, daß man mit einer dem militärischen Bereich nicht angemessenen Methode, nämlich der funktionalistisch-sektoralen, an die Verhandlungen zur Errichtung einer Europa-Armee heranging.[35] Diese These leitet sich von der Überzeugung der Föderalisten, vornehmlich A. Spinellis, ab, der als ein Führer der Europäischen Bewegung an der EPG-Initiative und an den Beratungen der Ad-hoc-Versammlung mitwirkte.[36]

Integration, S. 191-230; ders., La France, l'aide américaine et la construction européenne 1944-1954, Comité pour l'Histoire Economique et Financière de la France, Paris, Imprimerie Nationale 1992, réédition 1997; ders., Guy Mollet: La puissance française autrement, in: Relations internationales, n°57, printemps 1989, S. 25-48; Ders., La SFIO et la construction européenne (1945-1954), in: Cahiers Léon Blum, n° 21-22, 1987, S. 40-68.

34 Vgl. Poidevin, Raymond, Frankreich und das Problem der EVG: Nationale und internationale Einflüsse (Sommer 1951 bis Sommer 1953), in: Volkmann, H.-E. et al. (Hrsg.), Die Europäische Verteidigungsgemeinschaft, S. 101-124; ders., Communauté de défense et Communauté politique: des projets prématurés?, Cadmos, automne 1991, n°55, S. 17-27. Die Geringschätzung Poidevins gegenüber dem EPG-Projekt führt dazu, daß er in seiner umfangreichen politischen Biographie R. Schumans die Einstellung Schumans zu diesem Projekt kaum berücksichtigt (Ders., Robert Schuman, Homme d'Etat, 1886-1963, Paris 1986).

35 „Angesichts all dieser Fakten ist es wahrscheinlich, daß die in Frankreich zuletzt fehlenden wenigen Prozente für die EVG, bei der an sich majoritären Bejahung des europäischen Einigungsgedankens, durch eine entschlossene Präsentation des Verfassungsentwurfs für die „Europäische Politische Gemeinschaft" hätten gewonnen werden können." Lipgens, W., Die Bedeutung des EVG-Projekts, S. 31.

36 Pistone, Sergio, Altiero Spinelli and the strategy for the united states of Europe, in: Lucio Levi (ed.), Altiero Spinelli and federalism in Europe and in the world, Angli, Milano 1990, S. 133-140; Spinelli, A., Das Wachstum der Europabewegung seit dem zweiten Weltkrieg, in: C. Grove Haines (Hrsg.), Europäische Integration, Göttingen 1958, S. 35-59.

Wilfried Loth entwickelt den föderalistischen Deutungsansatz Lipgens in einer modifizierten Form weiter.[37] Seine den bisherigen Mythos revidierende These lautet, daß die EVG tatsächlich nicht an einem Zuviel an Supranationalität gescheitert sei, sondern eher an einem Zuwenig - genauer gesagt: an der mangelnden politischen Überwölbung der militärischen Konstruktion.[38] Hierbei geht es um die Frage, ob die EPG als Hebel zur Gewinnung der Stimmen der französischen Sozialisten und der Gaullisten für die Ratifikation des EVG-Vertrages geeignet war oder nicht, da beide Parteien, die eine entscheidende Rolle beim Scheitern der EVG im August 1954 spielten, die politische Integration zur Voraussetzung der Ratifikation des EVG-Vertrags machten. Loth schließt aus, daß es eine Chance zur Realisierung einer europäischen Föderation oder einer politischen Integration allein auf dem Kontinent gegeben habe - dies ist der Kern von Lipgens Hypothese -, da die PS-SFIO unter Führung Guy Mollets eine kontinentale Föderation ohne Großbritannien ablehnte.[39] Damit modifiziert Loth die These Lipgens. Er postuliert aber - so seine Neuinterpretation der europapolitischen Konzeption de Gaulles -, daß die Möglichkeit bestanden habe, durch das EPG-Projekt nach der Unterzeichnung des EVG-Vertrags im Mai 1952 die Stimme der Gaullisten zu gewinnen.[40] Der Mißerfolg der französischen Regierung lag nach Loths Meinung darin begründet, daß das EPG-Projekt, das während der Verhandlungen in der Ad-hoc-Versammlung vom September 1952 bis März 1953 konkrete Gestalt annahm, den Vorstellungen der Gaullisten nicht entsprach. Der Kern der These Loths ist also die, daß die EPG, wenn sie der Vorstellung der Gaullisten entsprochen hätte, tatsächlich als Hebel zur Erleichterung der Ratifizierung des EVG-Vertrags in der französischen Nationalversammlung hätte dienen können. Alle Studien, die sich mit der EPG befassen, ziehen den Schluß, daß die EPG entweder von Anfang an keine Rolle bei der Ratifizierung des EVG-Vertrags in der französischen Nationalversammlung spielte oder spätestens nachdem der EPG-Entwurf der Ad-hoc-Versammlung den Regierungen ausgehändigt worden war.[41] Die zentrale Frage der EPG-Forschung ist daher, ob das

---

37 Loth, W., De Gaulle und Europa, eine Revision, in: HZ 253. (1991), S. 629-660; Ders., The French Socialist Party, 1947-1954, in: R.T. Griffiths (Hrsg.), Socialist Parties and the Question of Europe in the 1950's, Leiden/N.Y./Köln 1993, S. 25-42; Ders., Der Weg nach Europa. Geschichte der europäischen Integration 1939-1957, Göttingen 1990; Ders., Die EVG und das Projekt der Europäischen Politischen Gemeinschaft, in: Europa im Blick der Historiker. Europäische Integration im 20. Jahrhundert. Bewußtsein und Institution, R. Hudemann (Hrsg.), München, Oldenbourg 1995 (HZ.Beiheft,Bd. 21) S. 191-201.
38 Loth, W., Die EVG und das Projekt der Europäischen Politischen Gemeinschaft, S. 191.
39 Loth untersucht die Haltung der SFIO zu den EPG-Verhandlungen praktisch nicht. Diese Lücke wird durch eine auf der Quellenbasis des Parteiarchivs der SFIO gestützte Studie Bossuats geschlossen (Bossuat, G., L'impossible Europe des Socialistes au Conseil de l'Europe, 1949-1954, Le bulletin du Centre Guy Mollet, n°27, Juin 1996).
40 Loth, W., De Gaulle und Europa, S. 629-660.
41 Außer den schon oben zitierten Studien Loths und Bossuats: Cardozo, R, The Project for a Political Community (1952-1954), in: Pryce, Roy (Hrsg.), The Dynamics of European Union, London 1987, S. 49-77; Sidjanski, Dusan, Une Communauté politique européenne oubliée (1952-1953), in: Hommage à un Européen offert à Henri Rieben, Lausanne, Ecole des Hautes Etudes Commerciales et Fondation Jean Monnet pour l'Europe, 1991, S. 31-43; Küsters, Hans Jürgen, Zwischen Vormarsch und Schlaganfall. Das Projekt der Europäischen Politischen Gemeinschaft und die Haltung der Bundesrepublik Deutschland (1951-1954), in: Trausch, G. (Hrsg.), Die europäische Integration, S. 292; Griffiths, Richard T. und Milward, Alan S., The Beyen-Plan and the European

EPG-Projekt der Ratifizierung des EVG-Vertrags im Jahre 1953/54 dienlich war oder nicht.
Die zweite Fragestellung befaßt sich mit dem sogenannten Beyen-Plan über die Errichtung eines gemeinsamen Marktes. Dem Beyen-Plan trat Frankreich während der fast zweijährigen EPG-Verhandlungen entschieden entgegen. Daher schien es so, daß der Beyen-Plan ein Hauptgrund für das Scheitern des EPG-Projekts war. Die meisten EPG-Studien gehen ebenfalls von dieser Annahme aus.[42] Dagegen weist Richard T. Griffiths auf eine andere Interpretation hin: „(...) it was clear that the EPC far from helping the EDC into being had actually complicated the situation further - both (for) the Gaullists (...) and the socialists (...). Any move to satisfy one party would only serve to alienate the other even further. Bidault's strategy, therefore, seemed to be designed towards delaying having to place a further treaty before the French Assembly. Of course, the opportunity for doing just this was afforded by the Benelux position."[43] Die Benelux-Staaten hätten bei der politischen Integration gezögert. Die Niederlande hätten den Beyen-Plan lanciert, und Belgien hätte diesen unterstützt. R. Griffiths belegt seine Hypothese aber nicht.

Drittens geht es um die Frage nach den Beziehungen der Union Française zur europäischen Integration. Angesichts der allgemeinen Tendenz der Dekolonisation und angesichts des Endes der Marshall-Hilfe, von der Frankreich einen guten Teil für die Modernisierung in seinen überseeischen Gebiete investiert hatte, wurde Frankreich vor die wichtige Frage gestellt, ob es das alte Kolonialsystem ohne Hilfe von anderen bewahren konnte. In dieser Krisensituation wurde ein Projekt einer politischen Integration ohne Großbritannien lanciert, das praktisch als einziger europäischer Staat in einer Frankreich ähnlichen Situation war. Die supranationale politische Integration stellte die verfassungsrechtliche und wirtschaftliche Bindung zwischen Mutterland (Frankreich) und den überseeischen Staaten und Gebieten in Frage, anders als die Montanunion und die EVG. Dies war eine juristische und wirtschaftliche Frage, vorwiegend aber eine machtpolitische für Frankreich, welches sich zwar immer noch als Weltmacht betrachtete, diesen Status jedoch immer mehr verlor. Wie konnte Frankreich die hauptsächlich auf die Kontrolle über Deutschland ausgerichtete Konzeption der europäischen Integration mit der auf Beibehaltung des Kolonialsystems beruhenden Weltmachtposition harmonisieren? Es ging darum, ob und wie Frankreich als eine - wenn auch zweitrangige - Weltmacht weiter in der Welt auftreten sollte bzw. konnte, oder ob Frankreich als Führungsmacht des vereinigten Europa auf der Bühne der Weltpolitik auftreten sollte. In Frankreich konnten weder die Regierung noch verschiedene Interessenverbände eine einheitliche Meinung dazu herausarbeiten, was wiederum die EPG-Verhandlungen und damit auch die EVG-Ratifizierung sehr belastete. Diese Problematik wird in den bisherigen Studien völlig vernachlässigt. Nur G. Bossuat weist auf diese Problematik hin, ohne jedoch näher darauf einzu-

---

Political Community, in: Maihofer, W. (Hrsg.), Noi si mura, Florenz 1986, S. 618; Griffiths, Richard T., Europe's First Constitution: The European Political Community, 1952-1954, in: Martin, Stephen (Hrsg.), The Construction of Europe. Essays in Honour of Emile Noël, Dordrecht/Boston/London 1994, S. 19-39; Fischer, Peter, Die Bundesrepublik und das Projekt einer Europäischen Politischen Gemeinschaft, in: Herbst, Ludolf et al. (Hrsg.), Vom Marshallplan zur EWG, München 1990, S. 279-299; Magagnoli, Ralf, Italien, die EVG und die Integration Europas. Die Italienische Europapolitik 1950-1955, Diss./Essen 1998, S. 126-222.

42 Beispielhaft hierfür siehe Loth, W., Die EVG und das Projekt der Europäischen Politischen Gemeinschaft, S. 198-199.
43 Griffiths, R.T., Europe's First Constitution, S. 29.

gehen.⁴⁴ Er zieht zwar fast alle relevanten französischen Akten über die europäische Integration in den 1950er Jahren heran, läßt jedoch die Aktenserie im privaten Archiv Bidaults namens „Europe et Union Française" (457 AP 42) in den Archives Nationales in Paris außer acht.

Viertens handelt es sich um die deutsche Haltung zu den EPG-Verhandlungen. Es herrscht Konsens in der Forschung, daß die Regierungsparteien auf die supranationale Westintegration ihr Hauptaugenmerk richteten, während die SPD sie wegen des Primats der Wiedervereinigung Deutschlands prinzipiell ablehnte. Eine interessante, aber wenig untersuchte Frage ist, welche Strategie die Bundesregierung unter Führung Adenauers in bezug auf die EPG-Verhandlungen verfolgte. Die Studien von Hans Jürgen Küsters und Peter Fischer, die die deutsche Haltung behandeln, vernachlässigen diese Aspekte. Küsters konnte wegen Verzeichnis- und Restaurierungsarbeiten einschlägige Akten im Auswärtigen Amt nur in geringem Umfang auswerten. Fischer konnte dagegen den Nachlaß Ophüls, der wichtige Akten des Auswärtigen Amtes über die EPG-Verhandlungen erschließt, nicht auswerten, weil dieser erst 1994 erschlossen wurde.⁴⁵

Fünftens geht es um eine Erweiterung der traditionellen Diplomatiegeschichte um ein weiteres Spektrum. Zum einen ist das Wissen um die mentalitätsgeschichtliche Ebene der EPG-Verhandlungen nützlich, um die EPG besser zu verstehen. Die drei christlich-demokratischen Politiker, Adenauer, Schuman und De Gasperi machten oft auf die europäischen kulturellen Gemeinsamkeiten der Länder des christlichen Abendlandes aufmerksam. Daher stellt sich die Frage, inwieweit ihr Engagement zur politischen Einigung Europas etwa von einem Impuls aus der Tiefe eines kollektiven Bewußtseins der christlichen Bevölkerung angetrieben wurde. Über die Diplomatiegeschichtsschreibung hinaus, die klärt, welche Ziele und Interessen die einzelnen Staaten verfolgten, sollen also auch mentalitätsgeschichtliche Fragen behandelt werden. Hierbei könnte die Untersuchung über die Haltung des Papstes und der Kirchen in den jeweiligen Ländern hilfreich sein. P. Chenaux trägt hierzu viel bei.⁴⁶ Er geht jedoch auf die negativen Einflüsse des „katholischen Charakters" der EPG auf die EPG-Verhandlungen nicht ein. Zum anderen ist auch der Einfluß der Europa-Verbände auf die EPG-Verhandlungen in der Arbeit zu untersuchen. Diesem Bereich widmen sich hauptsächlich die italienischen Forschungen.⁴⁷

---

44 Bossuat, G., La France, S. 894-895.
45 Küsters, Hans Jürgen, Zwischen Vormarsch und Schlaganfall. Das Projekt der Europäischen Politischen Gemeinschaft und die Haltung der Bundesrepublik Deutschland (1951-1954), in: Trausch, G. (Hrsg.), Die europäische Integration, S. 259-293; Fischer, Peter, Die Bundesrepublik und das Projekt einer Europäischen Politischen Gemeinschaft, in: Herbst, Ludolf et al. (Hrsg.), Vom Marshallplan zur EWG, München 1990, S. 279-299
46 Chenaux, Philippe, Une Europe Vaticane? Entre le Plan Marshall et les Traités de Rome, Bruxelles 1990
47 Preda, D., Sulla soglia dell'Unione. La vicenda della Communtà Politica Europa (1952-1954), Mailand 1994. Im Vordergrund dieser Arbeit stehen die Ausarbeitung des Verfassungsentwurfs durch die Ad-hoc-Versammlung und Einflüsse der Föderalisten wie Spinellis auf diese Ausarbeitung. Hingegen nehmen die eigentlich entscheidenden Regierungsverhandlungen einen weitaus geringeren Raum ein, obwohl die Verfasserin italienisches, französisches und belgisches Quellenmaterial ausgewertet hat. Sonst sind die folgenden Darstellungen zu nennen. Preda, Daniela., From a Defense Community to a Political Community: the Role of de Gasperi and Spinelli, in:

Sechstens ist schließlich die Bedeutung der EPG-Verhandlungen für die Integrationsgeschichte Europas zu klären. Zum einen zeigen sie die Grundziele der supranationalen Integration und ihre Grenzen auf. Zum anderen kann die EPG-Forschung die Faktoren besser erläutern, die die EWG-Verhandlungen zum Erfolg führten. Damit beschäftigten sich als erste Alan S. Milward und Richard T. Griffiths. Ihre These lautet: Die Entstehungsgeschichte der EWG begann nicht erst 1955 mit Hilfe der sogenannten „relance européenne", sondern bereits mit der Verhandlung über den Beyen-Plan für die Errichtung eines gemeinsamen Marktes im Rahmen der EPG. Die EPG stellt eine Brücke dar, die von der EGKS zur EWG führte.[48] Milward und Griffiths machten jedoch nur auf die wirtschaftlichen Faktoren aufmerksam. Ihre These kann nur unzureichend erläutern, aus welchen Motiven Frankreich, das für den weiteren Ablauf der europäischen Integration entscheidend war, die EWG akzeptierte. In Frankreich herrschten 1955-57 nach wie vor Bedenken über die supranationale wirtschaftliche Integration der EGKS-Staaten. Ein bisher wenig beachteter Faktor, der die französische Haltung zu den EWG-Verhandlungen beeinflußte, ist, daß sich die Haltung Frankreichs zur Union Française und zur Teilnahme Großbritanniens an der Einigung Europas nach dem Scheitern der EVG veränderte. Hierbei handelt es sich jedoch nur um eine Anregung zu einer Neubewertung der Erfolgsgeschichte der EWG-Verhandlungen, da dieses Thema den Rahmen der vorliegenden Arbeit bei weitem sprengen würde.

Auf die oben genannten Fragen wird sich die Arbeit im wesentlichen konzentrieren. Die Parteien spielten des weiteren eine wichtige Rolle, da es darum ging, ihre Stimmen für die Ratifizierung des EVG-Vertrags zu gewinnen. Daher wird der Untersuchungsbereich von den Regierungen auf die Parteien, vor allem auf die Gaullisten und Sozialisten in Frankreich, erweitert. Parlamentarische Debatten werden insofern zur Arbeit herangezogen, als sie für die Erläuterung der Position der Parteien unabdingbar erscheinen. Die Darstellung folgt den EPG-Verhandlungen grundsätzlich chronologisch von den ersten Überlegungen im Rahmen der EVG-Verhandlungen 1951 bis zum Scheitern dieses Projekts 1954. Die Verhandlungen und die Vorbereitungen der Regierungen stehen im Zentrum der Darstellung. Geringfügige Überschneidungen sind daher kaum zu vermeiden. Der Darstellung der Verhandlungen wird ein Kapitel vorangestellt, das die Rahmenbedingungen des EPG-Projekts erläutert. Mit der Haltung des Papstes und der Kirchen in Frankreich und der BRD zu der europäischen Integration in der EPG-Phase beschäftigt sich ein Unterkapitel des vorletzten Kapitels (VIII.). Der Einfluß der Europa-Verbände wird an geeigneter Stelle, vor allem bei der Darlegung der Debatten im Europarates, dargestellt.

Bosco, Andrea (Hrsg.), The Federal Idea. The History of Federalism since 1945 Vol. II, London/N.Y. 1992, S. 189-206; Pistone, Sergio, Altiero Spinelli and the strategy for the United States of Europe, in: Levi, Lucio, (ed.), Altiero Spinelli and federalism in Europe and in the world, Franco Angeli, Milano 1990, S. 133-140; Melchionni, Maria Grazia, Altiero Spinelli et Jean Monnet, Fondation Jean Monnet pour l'Europe Centre de recherches européennes, Lausanne 1993; Reveillard, Christophe, Tentatives de construction d'une Europe fédérale, 1950-1954, Diss./Paris IV 1995. Diese Dissertation widmet sich hauptsächlich der Darstellung der Tätigkeiten der französischen Europa-Verbände.

48 Milward, Alan S., The European Rescue of the Nation State, London 1992, S. 119-120 and 191-196; Griffiths, R.T., Europe's First Constitution, S. 20f.

Die Arbeit beruht zum einen auf veröffentlichten Quellen[49] und der zeitgenössischen Fachpublizistik einschließlich der Memoiren und Beiträge der aktiven Teilnehmer an den EPG-Verhandlungen, in erster Linie jedoch auf unveröffentlichten Quellen. Das sind auf deutscher Seite die Akten des Politischen Archivs des Auswärtigen Amtes in Bonn, die im Bundesarchiv in Koblenz lagernden Nachlässe von Heinrich von Brentano, Herbert Blankenhorn, Hermann Pünder, Franz Blücher und Walter Hallstein, und die ebenfalls in Koblenz befindlichen Dokumente des Bundeswirtschaftsministeriums über die europäische Union. Bemerkenswert ist, daß der Nachlaß Ophüls im Auswärtigen Amt, der dort während der EPG-Verhandlungen eine zentrale Rolle spielte, erst 1994 erschlossen wurde. Die Darstellung stützt sich für die französische Seite sowohl auf die diplomatischen Materialien des Quai d'Orsay in Paris und der Archives Nationales in Paris (Private Archive von G. Bidault, R. Mayer, P. Reynaud und Secrétariat Général du Comité Interministériel chargé des question de coopération économique européenne) als auch auf die Archive der MRP (Archives Nationales) und der PS-SFIO (Organisation Universitaire de Recherche Socialiste, Paris). Was die Gaullisten angeht, werden die im Quai d'Orsay und in den Archives Nationales befindlichen Dokumente des treuen Gaullisten M. Debré, die Sammlung der Reden und Briefe General de Gaulles und die von deutschen Diplomaten in Paris erstatteten Berichte an das Auswärtige Amt verwendet. Die Dokumente des Archives Jean Monnet (Fondation Jean Monnet pour l'Europe, Lausanne, Schweiz) erschließen nicht nur die Rolle Monnets bei den EPG-Verhandlungen, sondern auch die der gemeinsamen internationalen Bemühungen, die französischen Sozialisten durch das EPG-Projekt für die Ratifizierung des EVG-Vertrags zu gewinnen. Dort sind auch die für die europäische Integration relevanten amtlichen US-amerikanischen Dokumente als Kopie vorhanden. Davon wurde das Tagebuch von D. Bruce[50] ausgewertet. Die parlamentarischen Debatten über die EPG wurden ebenfalls berücksichtigt, da das EPG-Projekt ursprünglich zur Erleichterung der Ratifizierung des EVG-Vertrags in den einzelnen nationalen Parlamenten konzipiert wurde. Protokolle von wichtigen Debatten der französischen Nationalversammlung und des Deutschen Bundestages sind im Archiv des Quai d'Orsay, in den Archives Nationales in Paris und im Politischen Archiv des Auswärtigen Amtes einsehbar. Für die Positionen Italiens und der Benelux-Länder wurden die diese Länder betreffenden Aktenbestände des Auswärtigen Amtes und des Quai d'Orsay ausgewertet. Die Darstellung über die Kirchen beruht hauptsächlich auf verschiedenen Zeitungen und Zeitschriften.

---

49 Als wichtige veröffentlichte Quellen können die folgenden genannt werden : Foreign Relations of the United States (FRUS), Documents on British Policy Overseas (DBPO) und Die Bundesrepublik Deutschland und Frankreich: Dokumente 1949-1963 (BDFD). Für die Europa-Verbände sind Informationsdienst des deutschen Rats der europäischen Bewegung (hrsg. von der Deutschen Pressestelle der Europäischen Bewegung, Bonn: Jahrgänge 1950-1954) sehr aufschlußreich. „Sonderversammlung für die Gründung einer Europäischen Politischen Gemeinschaft" (hrsg. vom Europarat) stellen die Grundlage der Untersuchung der EPG-Beratungen der Ad-hoc-Versammlung dar.

50 D. Bruce war bis Mai 1949 der amerikanische Botschafter in Paris und wurde im Februar 1953 zum amerikanischen Beobachter im Interimsausschuß der EVG und diplomatischen Vertreter bei der EGKS in den Jahren 1953-1954 ernannt. Er war zudem für die Berichterstattung über die EPG-Verhandlungen verantwortlich (FRUS 1952-1954 VI, S. 1319, Fußnote 1).

II. Rahmenbedingungen für die politische Integration in den früheren 1950er Jahren

1. Die europäische Integrationspolitik der amerikanischen Regierung angesichts des Kalten Krieges

Seit dem Beginn des Ost-West-Konfliktes strebten die USA im Gegensatz zu ihrer früheren skeptischen Haltung[51] die supranationale europäische Integration an, zuerst auf wirtschaftlicher Ebene, später auf militärischer. Das vorrangige Ziel der amerikanischen Integrationspolitik lag darin, Westdeutschland für den Westen gegen die UdSSR zu gewinnen und die deutsche wirtschaftliche und militärische Kapazität in einem europäischen Rahmen wiederzubeleben, ohne daß die Macht des deutschen Staates erneut eine beherrschende Stellung gewinnen würde. Dafür waren aus amerikanischer Sicht aber zwei Voraussetzungen notwendig: Zum einen mußte das geeinte Europa supranationale Strukturen besitzen. Die zweite Voraussetzung bestand darin, daß Großbritanniens eine führende Rolle bei der europäischen Einigung übernahm. Bald erwiesen sich diese beiden Voraussetzungen jedoch als unvereinbar. Die Bundesrepublik wurde im Mai 1949 gegründet, und ihre möglichst enge Bindung an den Westen schien immer dringlicher. Zu diesem wichtigen Zeitpunkt stagnierte die seit dem Marshall-Plan[52] vorangetriebene europäische Integration. Die wichtigste Ursache hierfür war die fehlende britische Bereitschaft, die eigene Souveränität aufzugeben. Großbritannien wollte damals seine Stärke als Weltmacht, basierend auf dem Commonwealth und dem engen Verhältnis zu den USA, erhalten. Aus britischer Sicht war die europäische Integration lediglich zweitrangig. Daher zog die Labour-Regierung kooperative Organisationen, wie z.B. die NATO und die OEEC, vor.[53]

Damit geriet die auf Integration gerichtete amerikanische Europapolitik in eine Sackgasse. Der Chef der Planungsstabs im State Departement, G. Kennan, war der Auffassung, daß sich die Briten nie zu einem solchen Grad an Integration bereit finden würden, wie es zur Einbindung der Deutschen als unerläßlich angesehen wurde. Er zog daraus die Konsequenz, daß einerseits Großbritannien und das Commonwealth entsprechend ihren Wirtschaftsinteressen näher an die USA herangezogen werden sollten und daß andererseits Frankreich aufgefordert werden sollte, die Führung der europäischen Integration zu übernehmen. Dabei sollte die französische Furcht vor einer deutschen Übermacht durch amerikanische militärische Präsenz

---

51 Schröder, H. J., Die amerikanische Deutschlandpolitik und das Problem der westeuropäischen Integration 1947/48-1950, in: Poidevin, R. (Hrsg.), Histoire des Débuts de la Construction Européenne, mars 1948-mai 1950, Brüssel et al. 1986, S. 71-92.

52 Loth, W., Der Weg nach Europa, Göttingen 1990, S. 76-80; Hardach, Gerd, Der Marshall-Plan, München 1994, S. 163-169. Zum Beitrag des Marshall-Plan zu europäischen Integration siehe Hogan, Michael J., Marshall Plan, America, Britain, and the reconstruction of Western Europe, 1947-1952, Cambridge 1987; Bossuat, G., L'Europe occidentale à l'heure américaine. Le Plan Marshall et l'unité européenne (1945-1952), Paris 1992.

53 Yasamee, H.J., Großbritannien und die Westintegration der Bundesrepublik 1948-1951, in: Herbst, L. et al. (Hrsg.), Vom Marshallplan zur EWG, München 1990, S. 535-560; Young, John W., Towards a New View of British Policy and European Unity 1945-1957, in: Ahmanm, R. et al. (Ed.), The Quest for Stability, Problems of West European Security 1918-1957, Oxford 1993, S. 435-462.

in Europa aufgefangen werden. Kennans Auffassung wurde vom US-Hochkommissar J. McCloy und dem US-Botschafter in Paris D. Bruce unterstützt, stieß aber auf den Widerstand der Spitzenbeamten des State Departement wie Charles Bohlen, die fürchteten, Frankreich werde sich ohne Großbritannien nicht zu einer Integration unter Einschluß der Deutschen bereit finden, und darum verstärkten Druck auf die Briten forderten. Doch Kennans Auffassung fand die Zustimmung des Präsidenten Truman und des Außenministers Acheson.[54] Frankreich wollte aber diese Führungsrolle nicht allein - ohne Großbritannien - übernehmen. In einem wahrscheinlich auch mit Präsident Truman abgesprochenen persönlichen Schreiben an Schuman vom 30. Oktober 1949 warnte D. Acheson davor, daß es nicht nur von den Deutschen, sondern auch von den westlichen Besatzungsmächten abhänge, ob Deutschland künftig ein Fluch oder ein Segen für die Welt werden würde: „No country has a greater stake than France in the answer (...). Now is the time for French initiative and leadership of the type required to integrate the German Federal Republic promptly and decisively into Western Europe. Delay will seriously weaken the possibilities of success."[55] Zunächst wurden alle amerikanischen Appelle an Frankreich weitgehend ignoriert. Acheson dachte daher über die Erweiterung der NATO auf die wirtschaftlichen und politischen Bereiche nach. In diesem Rahmen sollte die BRD wirtschaftlich und später militärisch wiederbelebt werden. Dieser Plan stieß aber auf unüberwindbaren Widerstand in den USA. Die amerikanische Europapolitik geriet wieder in eine Sackgasse.[56]

In diesem Augenblick übernahm Frankreich die Führungsrolle der europäischen Integration durch den Schuman-Plan angesichts des Umstandes, daß die Ruhrindustrien zugunsten Deutschlands wieder in Gang gebracht wurden, was für Frankreich nicht akzeptabel war. Nach einigem Zögern begrüßte Truman am 18. Mai 1950 ^^den Schuman-Plan als ein weitreichendes Projekt, das das französisch-deutsche Verhältnis auf eine neue Grundlage zu stellen versprach. Es gab zwar einige in der US-Administration, die den Schuman-Plan als tödliche Gefahr für die Errungenschaften der US-Europapolitik betrachteten. Sie befürchteten, daß mit Hilfe des französischen Planes am Ende ein großes internationales Kartell entstehen würde, das die Fördermenge und den Preis von Kohle und Stahl in der geplanten Gemeinschaft auf Kosten der Außenhandelspartner manipuliere und damit alles, was Europa seit Bekanntgabe des Marshall-Planes hinsichtlich der Liberalisierung seines Außenhandels und des Zahlungsverkehrs erreicht hatte, zunichte zu machen drohe. Acheson erkannte jedoch sogleich die politische Bedeutung dieser französischen Initiative. Für Acheson war diese eine Rettung für die in eine Sackgasse geratene US-Europapolitik. Der Plan verstand sich als eine freundliche Geste gegenüber Deutschland, die, eben weil sie von französischer Seite ausging, viel wertvoller war, als wenn sie von irgendeinem anderen Land gekommen wäre. Frankreich tat einen ersten Schritt, der das von den USA seit langem verfolgte Ziel, die feste Bindung der Westdeutschen an den Westen durch Aussöhnung der Nachbarn beiderseits des Rheines, endlich der Verwirklichung näherzubringen versprach. Um dieser politischen Gründe willen

---

54 Loth, W., Der Weg nach Europa, S. 76f.
55 FRUS 1949 III, S. 622ff., Acheson an Schuman, 30.10.1949.
56 Schwabe, Klaus, Der Marshall-Plan und Europa, in: Poidevin, R. (Hrsg.), Histoire des Débuts de la Construction Européenne, S. 88-91; Schwabe, K., „Ein Akt konstruktiver Staatskunst"- die USA und die Anfänge des Schuman-Plan, in: ders. (Hrsg.), Die Anfänge des Schuman-Plans 1950/1951, Baden-Baden 1988, S. 215-223.

bestand im State Department eine gewisse Bereitschaft, über mögliche wirtschaftspolitische Nachteile des französischen Projekts zunächst einmal hinwegzusehen. Diese Position setzte sich in der Truman-Administration durch.[57]
Trotz der weitreichenden Perspektive des Schuman-Plans blieb die Problematik des deutschen militärischen Beitrages zur Verteidigung Europas ungelöst. Die Frage eines westdeutschen Verteidigungsbeitrages war im Pentagon schon seit längerer Zeit virulent. Erst am 8. Juni 1950 präsentierte US-Verteidigungsminister Johnson zum ersten Mal dem National Security Council die Auffassung der Joint Chiefs of Staff (JCS) vom 2. Mai 1950, daß unter militärischen Gesichtspunkten eine angemessene und rasche Bewaffnung der Bundesrepublik von grundsätzlicher Bedeutung für eine wirksame Verteidigung Westeuropas sei. Truman hielt jedoch den Vorstoß der JCS noch für „decidedly militaristic" und unter den damaligen politischen Verhältnissen in bezug auf die am 20. Juni beginnenden Verhandlungen über den Schuman-Plan für inopportun. An einen Erfolg dieser Konferenz knüpfte das State Department aber die Hoffnung, die Franzosen könnten sich auf diesem supranationalen Weg zu einer Lösung deutscher Probleme einschließlich der westdeutschen Wiederaufrüstung bereit finden, der bislang sämtliche französische Regierungen aus Gründen innenpolitischer Rücksichtnahme ihre Zustimmung hatten versagen müssen. Im Kontext der amerikanischen Europapolitik im militärischen Bereich wirkte der Ausbruch des Koreakrieg am 25. Juni 1950 als Katalysator. Die USA beschleunigten die deutsche Wiederbewaffnung in Rahmen der NATO, die ein herkömmliches Bündnis darstellte. Das war für Frankreich jedoch nicht annehmbar. Deswegen schlug es eine supranationale militärische Gemeinschaft à la plan Schuman vor. Die zwei Alternativen für die deutsche Wiederbewaffnung wurden parallel bis zum Sommer 1951 verhandelt, und dann wurde die französische Option von den Amerikanern und den Briten endlich anerkannt.[58] Was eine politische Einigung Europas anging, gab es für die amerikanische Regierung keinen Anlaß, den europäischen Ländern zu einer politischen Einigung zu verhelfen, bevor Frankreich im September 1951 Interesse daran zeigte.

2. Die gegenläufige Europapolitik Großbritanniens und Frankreichs zur Supranationalität: Beratungen im Europarat über die europäische politische Autorität

1947/48 erwies sich die ursprüngliche französische Politik einer Zerstückelung Deutschlands, insbesondere der Abtrennung des Ruhrgebietes von Deutschland, angesichts des beginnenden Kalten Krieges als nicht durchführbar. Nicht zuletzt auf Grund des damit verbundenen Kurswechsels der amerikanischen und britischen Deutschlandpolitik von einer Einschränkung hin zur Wiederbelebung der deutschen wirtschaftlichen Kapazität, begann der Gedanke in der französischen Regierung an Boden zu gewinnen, mittels europäischer Integration Deutsch-

---

57 Schwabe, K., Fürsprecher Frankreichs? John McCloy und die Integration der Bundesrepublik, in: Herbst, L. et. al. (Hrsg.), Vom Marshallplan zur EWG, München 1990, S. 528f; Schwabe, K., „Ein Akt konstruktiver Staatskunst"- die USA und die Anfänge des Schuman-Plan, in: ders. (Hrsg.), Die Anfänge des Schuman-Plans 1950/1951, Baden-Baden 1988, S. 220.
58 Acheson, Dean, Sketches from Life of Men I have known, New York 1960, S. 36f; Maier, K.A., Die internationalen Auseinandersetzungen um die Westintegration der Bundesrepublik Deutschland und um ihre Bewaffnung im Rahmen der EVG, in: Anfänge westdeutscher Sicherheitspolitik 1945-1956. Bd. 2. Die EVG-Phase. München. 1990, S. 3-52.

land zu kontrollieren. Anhand einer Aufzeichnung der für Deutschland zuständigen Unterabteilung Mitteleuropa des Quai d'Orsay vom 3. Mai 1948 ist der Hintergrund dieses Gedankens ersichtlich: Jede Politik der Restriktion oder Beschränkung gegenüber Deutschland werde langfristig vergeblich sein. Die Überindustrialisierung Deutschlands sei in hohem Grade für die deutschen Krisen mit ihren sozialen und politischen Folgen verantwortlich. Deutschland sei auf den europäischen Markt angewiesen, Frankreich und sein Kolonialreich wiederum bedürften der industriellen Ressourcen Deutschlands. Die Stabilität und Prosperität Europas könne nur durch eine Integration Westdeutschlands in das europäische System erlangt werden. Großbritannien werde aufgrund seiner Insellage und seiner Verpflichtungen gegenüber den Commonwealth-Staaten niemals an einem solchen Ensemble teilnehmen. Damit Europa vor allem ökonomische Stabilität erlange, sei eine aktive Partnerschaft Deutschlands unerläßlich. Es habe in Europa nie ein Gleichgewicht gegeben, weil es nie zu einer Normalisierung der wirtschaftlichen Beziehungen Deutschlands zu seinen Nachbarn gekommen sei. Diese Normalisierung müsse nun erreicht werden, solange es noch möglich sei, Deutschland mit der unbedingt notwendigen Garantie einzubinden.[59] Frankreich verzichtete keineswegs leichten Herzens auf eine britische Beteiligung an der europäischen Integration. Erst nach knapp zweijährigem Tauziehen mit den Briten über deren Teilnahme an einer supranationalen europäischen Integration im Rahmen des Europarats und der OEEC beschritt Frankreich einen bahnbrechenden Weg hin zur supranationalen kleineuropäischen Integration.[60]

2.1 Formierung der Integrationsmethode, „spezialisierte supranationale Autoritäten im Rahmen des Europarats" und der Schuman-Plan: Beratungen im Europarat über eine europäische Integration 1949/50

Die PS-SFIO war eine Regierungspartei, die maßgeblich an der Europapolitik Frankreichs mitarbeitete. Sie verlor nach ihrem Austritt aus der Regierung im Sommer 1951 kaum an Bedeutung, da die Regierung von ihrer Stimme in der Nationalversammlung abhängig blieb. Der folgende Abschnitt beleuchtet die Konzeption der PS-SFIO zur europäischen Integration, indem die Debatten im Rahmen des Europarats verfolgt werden.

Vor der Entstehung des Europarats war in den Europa-Verbänden die Auffassung vorherrschend, daß die Einigung Europas über die föderalistische Methode erfolgen müsse. Dies galt im Grunde genommen auch für französische Sozialisten. Die föderalistische Tendenz auf dem Kontinent fand jedoch keine Unterstützung der Briten. Dieser gedanklichen Strömung lag die Idee der „Dritten Kraft" zwischen den bipolaren Supermächten, den USA und der UdSSR, zugrunde. Diese Idee wird in folgendem Zitat von Blum deutlich: „Zwischen den Vereinigten Staaten auf der einen Seite, dem Bewahrer der Freiheit und der Menschenrechte, in dem aber die kapitalistische Wirtschaft vorherrscht in all ihrer unmenschlichen Härte, und der Sowjetunion auf der anderen Seite, welche sich zwar vom Privateigentum abgewandt, aber auch alle bürgerlichen Rechte zerstört hat, gibt es Raum für solche Nationen, die sowohl die persönliche Freiheit als auch eine Kollektivwirtschaft wünschen, Demokratie und soziale

---

59 AMAE Z Vol. 82, Note de la S/D d'Europe-Centrale, 3.5.1948, Zitiert nach: Auerbach, Hellmuth, Die europäische Wende der französischen Deutschlandpolitik 1947/48, in: Herbst, L. et al. (Hrsg.), Vom Marshallplan zur EWG, München 1990, S. 587f.
60 Bossuat, G., L'Europe des Français 1943-1959, S. 111-163.

Gerechtigkeit. In anderen Worten, zwischen dem amerikanischen Kapitalismus - der expansionistisch ist wie jedes kapitalistische System im Aufstieg - und dem des totalitaristischen imperialistischen Kommunismus der Sowjets, dort ist Platz für soziale Demokratie und Sozialismus."[61] Bevin war ursprünglich ein Anhänger des Gedankens einer „Dritten Kraft". Angesichts des Kalten Kriegs gab er diese Idee jedoch auf und schloß sich den USA an. Den französischen Sozialisten gelang es daher nicht, die Briten davon zu überzeugen, daß Europa eine „Dritte Kraft" bilden müsse. Damit war die Idee der „Dritten Kraft" als „arbitrage européenne" zwischen beiden Blöcken oder als „troisième force neutre" in machtpolitischem Sinne ihrer Realisierungschance beraubt. Wenn man trotz alledem das Wort „Dritte Kraft" verwenden will, könnte dieses Europa als „troisième force allié aux Etats-Unis" bezeichnet werden, wie es Bossuat tut.[62] Die PS-SFIO verzichtete jedoch nicht auf die Idee der „Dritten Kraft" in gesellschaftlich-wirtschaftlichem Sinne.

Um die Deutschland-Frage über die europäische Integration lösen zu können, war eine enge britisch-französische Kooperation unabdingbar. Daher wollte die PS-SFIO die Labour-Partei an der europäischen Integration beteiligt wissen. Der Kampf der PS-SFIO um zwei Zielsetzungen, nämlich die supranationale Integration und die britische Teilnahme, machte den Kern der Debatten im Europarat aus. Dadurch entstand eine Integrationsmethode, nämlich die der „spezialisierten supranationalen Autoritäten im Rahmen des Europarats".

Der populären Idee der „Dritten Kraft" zum Trotz bildeten die französischen Sozialisten, die der Idee einer europäischen Föderation ergeben waren, in der PS-SFIO eine marginale Minderheit, bis es 1948 zum Kurswechsel in der französischen Deutschlandpolitik und zur Gründung des Europarats kam. Ihr Einfluß vermehrte sich mit der Neugestaltung der „Mouvement pour les Etats-Unis socialistes d'Europe (MEUSE)" im November 1948, bei welcher der Name in „Mouvement socialiste pour les Etats-Unis d'Europe (MSEUE)" geändert wurde.[63] Daran arbeiteten A. Philip und der Direktor der sozialistischen Zeitung »Combat«, H. Frenay, engagiert mit. Der SFIO-Vorstand warb nun offiziell für das MSEUE. Die Hauptarbeit des MSEUE bestand im Grunde im Kampf für die Schaffung föderaler Strukturen aus der Beratenden Versammlung des Europarates heraus. Vor dem Beginn der Debatte im Europarat verwendete Mollet nicht selten das Wort der „europäischen Föderation".[64]

Während der ersten Sitzungsperiode der Beratenden Versammlung im August/September 1949 konzentrierten sich die Bemühungen der SFIO-Politiker darauf, ihre britischen und skandinavischen Kollegen zu überzeugen. Thema der Debatte war, wie man den Europarat hinsichtlich einer wirtschaftlichen und politischen Einigung Europas funktionsfähig umgestalten sollte. Weder Philip noch Mollet ließen einen Zweifel daran offen, daß eine europäische Einigung ohne britische Beteiligung nicht vorstellbar war. Sie vermieden sorgsam jede Grundsatzdiskussion sowohl der Einigungsmethode (Unionismus und Föderalismus) als auch

---

61 Blum, Léon, „Troisième Force européenne", Le Populaire 6.1.1948, Œuvre, VII. S. 150, Zitiert nach: Loth, W., The French Socialist Party, 1947-1954, in: Griffiths, R.T. (Hrsg.), Socialist Parties and the Question of Europe in the 1950's, Leiden/N.Y./Köln 1993, S. 28.
62 Bossuat, G., L'impossible Europe des Socialistes au Conseil de l'Europe, 1949-1954, Le bulletin du Centre Guy Mollet, n°27, Juin 1996, S. 20.
63 Loth, W., Die Sozialistische Bewegung für die Vereinigten Staaten von Europa (MSEUE), S. 223.
64 Z.B., OURS, Bulletin intérieur n°26, Mai-Juin 1947

der Form der Wirtschaftsintegration (Liberalismus und Sozialismus). Offene Konfrontationen blieben selten. Dennoch zeigte sich bald, daß die grundlegende Auseinandersetzung der Versammlung zwischen Abgeordneten, die supranationale Einrichtungen im Prinzip für notwendig hielten, und solchen, die sie im Prinzip ablehnten, stattfand. Bis auf Churchill und den proeuropäischen Labour-Abgeordneten Ronald Mackay gehörten die britischen Abgeordneten der zweiten Fraktion an. Eine baldige Entwicklung vom Europarat hin zu einer europäischen Föderation war damit erwartungsgemäß von vornherein ausgeschlossen. Angesichts dessen schlug A. Philip eine schrittweise Herangehensweise vor: „For each of these economic and technical problems (Kohle, Stahl, Verkehr, Elektrizität etc, d. V.) we shall be led to advise the creation of European supranational organisms and institutions, and it is essential that it should be laid down from the beginning that these various institutions must be directed by a political authority. It is imperative that the Committee of Ministers shall not be merely an assembly of diplomats, using that right of veto which has already done too much harm in international assemblies for any of us to wish to introduce it on a permanent basis here, but it shall become a real political authority ruling by a majority, taking decisions and effectively responsible to the political Assembly which we form and which is, after all, the nucleus, we hope, of what will become a European Parliament."[65] R. Mackay, der einer Minorität der Labour-Partei angehörte, erkannte die Notwendigkeit einer politischen Autorität grundsätzlich an.[66] Philip und Mackay machten einen Änderungsvorschlag zu den vom Allgemeinen Ausschuß redigierten „Draft Recommendations" an den Ministerrat, der Maßnahmen zur Stärkung der Befugnisse der Beratenden Versammlung gegenüber dem Ministerrat beinhaltete. Der Vorschlag hieß: „Die Versammlung ist der Ansicht, daß Zweck und Ziel des Europarates die Schaffung einer Europäischen Politischen Autorität mit beschränkten Funktionen, aber realen Machtbefugnissen ist." Mollet stimmte zu: „I would willingly agree to it." Am 5. September 1949 verabschiedete die Beratende Versammlung diesen Vorschlag und beauftragte den Ständigen Ausschuß, sich mit der Frage der politischen Autorität näher zu beschäftigen und eine Sondersitzung der Beratenden Versammlung zu Beginn des Jahres 1950 zu veranlassen, die über das Ergebnis dieser Prüfung beraten sollte.[67] Damit schien die Tür zu einer europäischen Integration unter Einschluß Großbritanniens geöffnet.

In dieser Zeit gelangte die amerikanische Regierung zu der Ansicht, daß eine Integrationspolitik unter britischer Führung obsolet sei, wie oben dargelegt. In vollem Bewußtsein dieses Kurswechsels lehnte die britische Regierung nahezu alle Resolutionen auf der Ministerratstagung des Europarats vom 3. bis 5. November 1949 ab. Allein der Antrag auf Zulassung der Bundesrepublik als assoziiertes Mitglied fand ihre Zustimmung. Alle Empfehlungen zu wirtschaftlichen Fragen wurden an die OEEC verwiesen. Die Anträge, die auf einen Ausbau des

---

65 Rede Philips, 16.8.1949, in: Council of Europe. Consultative Assembly. First Session - 10th August - 8th September 1949. Reports, Part I, S. 78-81.
66 Rede Mackays, 17.8.1949, in: Council of Europe. Consultative Assembly. First Session - 10th August - 8th September 1949. Reports, Part I, S. 137-141.
67 Amendments proposed by MM. Mackay and Philip to the Report of the Committee on General Affairs, in: Council of Europe. Consultative Assembly. First Session 10th August - 8th September 1949, Documents, Doc.61, S. 142; Rede Mackays, 5.9.1949, in: Council of Europe. Consultative Assembly. First Session – 10th August - 8th September 1949. Reports, Part II, S. 520; Rede Mollets, in: Ibid., S. 520; Loth, W., Der Weg nach Europa, S. 75; Text der Entschließung in: EA 4 (1949), S. 2557-2560 u. 2579-2584.

Europarats hinausliefen, darunter der Antrag auf Einberufung einer Sondersitzung der Beratenden Versammlung, die sich mit der Empfehlung von Philip und Mackay beschäftigen sollte, wurden von London abgelehnt.[68]

Die Föderalisten und vor allem die französischen Sozialisten, die sich in Straßburg bemüht hatten, die Briten zu überzeugen, fühlten sich brüskiert. Um aus dieser Sackgasse herauszukommen, verabschiedeten die Föderalisten auf der Generalversammlung der UEF am 31.10.1949 eine Entschließung zu einem „Europäischen Bundespakt". Demnach sollte der Kern eines föderierten Europas gebildet werden, selbst wenn sich Großbritannien und die skandinavischen Länder einer föderativen Einigung widersetzten. Dieser Pakt sollte in Kraft treten, „sobald er von Staaten mit einer Gesamtbevölkerung von wenigstens 100 Millionen Einwohnern ratifiziert ist."[69] Die Zahl von 100 Millionen ließ sich mit den kontinentalen Staaten allein erreichen, auch ohne Großbritannien und Skandinavien mit einzubeziehen. Darum ist festzustellen, daß die UEF bereits zu diesem Zeitpunkt eine kontinentaleuropäische Föderation, sei es im Rahmen des Europarates oder außerhalb des Europarates, zu verwirklichen beabsichtigten. Das Bundespakt-Projekt fand die Zustimmung der Nouvelles Equipes Internationales (NEI) und des MSEUE.

Die Mehrheit der einigungswilligen Kräfte auf dem Kontinent schreckte jedoch vor einem Bruch mit den Briten zurück. Das Exekutivkomitee der „Europäischen Bewegung" stimmte nur sehr zögernd zu. Ein Europa ohne Großbritannien wäre, so gab der französische Sozialist F. Leenhardt in der Pariser Nationalversammlung einer verbreiteten Empfindung Ausdruck, „die industrielle Herrschaft Deutschlands, die Degradierung Frankreichs zum Gemüsegarten. Es wäre die Verwirklichung von Hitlers Träumen trotz seiner Niederlage. Es wäre das deutsche Europa."[70] Der Politische Ausschuß der Beratenden Versammlung unter dem Berichterstatter Mollet klammerte den Bundespakt zunächst aus. Mollet wurde beauftragt, Vorschläge zum Ausbau des Europarats zu erarbeiten, die für alle Mitgliedsländer akzeptabel seien. Er präsentierte sodann auf der Ausschußsitzung vom 23. März 1950 eine Reihe von Empfehlungen, die die nationale Souveränität der Mitgliedsländer unangetastet ließen. Der einzige Vorschlag, der über den zwischenstaatlichen Rahmen hinausging, war die Schaffung eines gemeinsamen Exekutivausschusses von Ministerrat und Versammlung, der mit qualifizierter Mehrheit Entscheidungen des Rates vorbereiten und ausführen sollte. Selbst diese Empfehlung wurde jedoch auf der nächsten Sitzung des Ministerrats am 30. März und 1. April 1950 von Bevin angegriffen und nach einem langwierigen Tauziehen zwischen Ministerrat und Politischem Ausschuß weitgehend zurückgenommen. Der Gemeinsame Ausschuß, der schließlich umgestaltet wurde, hatte nur beratende Funktion und mußte zudem nach dem Einstimmigkeitsprinzip verfahren.[71]

Der Schuman-Plan vom 9. Mai 1950 veränderte die Grundlage des Europarats. Die wichtigste Konzeption dieses Plans war die Supranationalität. Hierdurch begann die neue Ära des Vereinten Europas sich zu gestalten und die alte Ära des Nationalismus zu verschwinden.

---

68 Text der Beschlüsse in: EA 4 (1949), S. 2609-2612 und 2679.
69 Entschließung der außerordentlichen Generalversammlung der UEF, 29.-31.10.1949 in Paris, in: Documents on the History of European Integration, Bd. 4, hrsg. v. Lipgens, W./Loth, W., S. 84-91.
70 Zitiert nach: Loth, W., Der Weg nach Europa, S. 79.
71 Loth, W., Der Weg nach Europa, S. 79.

Darüber hinaus bedeutete der Schuman-Plan, nach Loth, das Ende der Hoffnungen auf eine bestimmte Art von Europa - auf ein Europa der „Dritten Kraft" zwischen Ost und West, zwischen Kommunismus und Kapitalismus, auf ein Europa mit britischer Beteiligung und unter britischer Führung. F. Lynth betont: „The secret (der Methode Monnets, d.V.) lay (...) in recognising that Britain was no longer important. American support was all that counted."[72] Es waren bereits Spannungen zwischen Mollet und Monnet spürbar. Mollet hatte keinen direkten Anteil an diesem Plan, da die Idee einer Sonderbehörde *außerhalb des Europarates* kein Bestandteil seiner Konzeption war. Daher war der Schuman-Plan für Mollet ein „Choc".[73] Der Urheber des Schuman-Plans bemerkte bei Mollet eine große Nervosität.[74] Der Vorstand der PS-SFIO äußerte den Wunsch, die Montanunion solle einer europäischen politischen Autorität im Rahmen des Europarats verantwortlich sein. Nachdem Großbritannien den Plan rundweg abgelehnt hatte, entschied sich die PS-SFIO notgedrungen, den Schuman-Plan eines kleinen Europas zu akzeptieren. Mollet versuchte dennoch weiter, den Plan Schumans im Rahmen des Europarates entwickeln zu lassen. Monnet wußte von den Vorbehalten Mollets. Trotz alledem versuchte er, eine organische Verbindung zwischen Europarat und Schuman-Plan zu verhindern, um die Supranationalität der Montanunion zu gewährleisten. Monnet behielt die Oberhand, und die Schuman-Plan-Verhandlungen fanden außerhalb des Europarates statt. Später gelang es Mollet nur, ein Zusatzprotokoll zum EGKS-Vertrag zu erhalten: Es sei wünschenswert, daß die Mitglieder der Gemeinsamen Versammlung der EGKS unter den Abgeordneten der Beratenden Versammlung designiert wurden.[75]

Die Bundespakt-Aktion gewann inzwischen die Zustimmung von Abgeordneten, die sich in der Augustdebatte in der Beratenden Versammlung 1950 dafür aussprachen, eine verfassunggebende Versammlung einzuberufen. Bis zum Beginn der zweiten Sitzungsperiode der Beratenden Versammlung am 7. August 1950 konnten zwar 58 Abgeordnete, also nahezu die Hälfte der Versammlung, unter der Führung Philips für die Unterzeichnung eines Antrags gewonnen werden, der die Mitgliedstaaten des Europarates noch deutlicher als der ursprüngliche UEF-Entwurf aufforderte, erstens „unverzüglich eine Politische Autorität zu schaffen, die nach dem Mehrheitsprinzip über Fragen der Menschenrechte, der auswärtigen Beziehungen, der Wirtschaftspolitik und der europäischen Sicherheit entscheiden" sollte, und zweitens, soweit sie dazu schon bereit waren, mit einem Bundespakt „ein demokratisch gewähltes Parlament und eine vor diesem verantwortliche Regierung ins Leben zu rufen".[76] Philip wollte

---

72 Loth, W., Der Abschied vom Europarat. Europapolitische Entscheidungen im Kontext des Schuman-Plans, in: Schwabe, K. (Hrsg.), Die Anfänge des Schuman-Plans 1950/51, 1988, S. 183; Lynch, F., The Role of Jean Monnet in Setting Up the European Coal and Steel Community, in: Ibid., S. 124.
73 Bossuat, G., L'impossible Europe des Socialistes au Conseil de l'Europe, 1949-1954, Le bulletin du Centre Guy Mollet, n°27, Juin 1996, S. 23-24, 28.
74 J. Monnet/R. Schuman, Correspondance 1947-1953, Fondation Jean Monnet, Lausanne 1986, S. 48.
75 AN 457 AP 30, Monnet à G. Bidault, 14.8.1950, confidentiel; OURS AGM 109, Lettre de Monnet à G. Mollet, 14.8.1950; OURS AGM 110, Observations sur le projet d'article en 10 pages, 17 avril 1951 sur «le PS et le Plan Schuman»
76 Text des Resolutionsantrags in: EA 5 (1950), S. 3360: Loth, W. Sozialismus, S. 274-283; ders., Der Abschied vom Europarat. Europapolitische Entscheidungen im Kontext des Schuman-Plans, in: Schwabe, K. (Hrsg.), Anfänge, S. 88f.

damit die einigungswilligen kontinentalen Staaten zunächst ohne Großbritannien beginnen lassen, um die Lähmung des Einigungsprozesses zu überwinden, die aus der britischen Weigerung resultierte, den entscheidenden Schritt zur Supranationalität zu vollziehen.
Genau dies suchte Mollet zu verhindern. Er unterschied die *Teilintegration* von der *Regionalintegration*, die abgelehnt werden sollte. Er argumentierte gegen die Unterzeichner des Antrags Philips, also einer Regionalintegration: Großbritannien, die skandinavischen Länder und wahrscheinlich auch die Benelux-Länder würden sich von dem föderalistischen Europa fernhalten. Es blieben also Italien, Deutschland und Frankreich und vielleicht noch Griechenland und die Türkei. Italien, Deutschland und Frankreich seien eine unmögliche politische Kombination. Kein französisches Parlament und kein französischer Sozialist könne ein solches Abkommen annehmen, das die Nationen ausschließe, die noch vor kurzem Frankreichs Alliierte gewesen seien.[77] Mollet suchte einen Bruch mit Großbritannien zu vermeiden und dennoch den Europarat Schritt für Schritt zu supranationalen Organisationsformen fortzuentwickeln. Seine Vorschläge im Allgemeinen Ausschuß zielten in diese Richtung. Seinem Antrag zufolge, der von Mackay, Teitgen, Maurice Schumann u.a. unterzeichnet wurde, sollte der Beratenden Versammlung das Recht zur Ausarbeitung von Gesetzen übertragen werden, die nach Billigung durch den Ministerrat Gültigkeit erlangen würden: Zehn Verwaltungsabteilungen des Europarats mit aus der Versammlung gewählten „Councillors" an der Spitze für die einzelnen Fachbereiche („Unions partielles") sollten geschaffen und vom Ministerrat kontrolliert werden.[78] Damit befürwortete Mollet die Schaffung der supranationalen Teilintegration im Rahmen des Europarats. Dies war ein „mittlerer Weg" zwischen dem Bundespakt und seiner Ablehnung durch Großbritannien. Diese Konzeption hatte Philip bereits ein Jahr zuvor in der Beratenden Versammlung geäußert. Mollet wiederholte praktisch diese Konzeption.
In der Sitzung vom 28. August 1950 rückte ein Teil der Unterzeichner des Bundespakts aus Angst vor einer Gefahr für den Fortbestand des Europarats wieder von dem Vorhaben ab. Als es zur Abstimmung kam, wurde Philips Vorschlag mit 68 gegen 19 Stimmen bei 7 Enthaltungen zurückgewiesen. Statt dessen verabschiedete die Beratende Versammlung mit 80 gegen 12 Stimmen bei 11 Enthaltungen eine Empfehlung an den Ministerrat betreffs der „Einrichtung von Sonderbehörden im Rahmen des Europarates, deren Zuständigkeit jeweils auf politischem, wirtschaftlichem, sozialem und kulturellem Gebiet liegen soll", wobei es „jeder Nation freistehen soll, den Sonderbehörden oder einer oder mehreren von ihnen beizutreten. Diese Sonderbehörden sollen allen Mitgliedstaaten für einen späteren Beitritt offenstehen". Die anderen Vorschläge bewegten sich im Rahmen dieser Grundsatzerklärung.[79] Mollet gewann gegen seinen Parteifreund, den überzeugten Föderalisten Philip. Die Auseinandersetzung zwischen Mollet und Philip wirkte auch in die Partei hinein. In der Vorstandssitzung vom 13. September 1950 stießen die beiden Kontrahenten erneut zusammen. Die Mehrheit

---

77 Cornides, Wilhelm, Die Straßburger Konsultativversammlung vor den Grundfragen der Europäischen Einigung.Politische Ergebnisse des ersten Abschnitts der zweiten Sitzungsperiode vom 7. bis 28. August 1950 (20.9.1950), in: EA 5.(1950), S. 3353f.
78 Mollet, G., erster Bericht des Politischen Ausschusses am 17.8.1950, Council of Europe, Consultative Assembly, Official Report of debates, Strasbourg 1950, S. 644-655.
79 Text in: Siegler, H. (Hrsg.), Europäische politische Einigung 1949 - 1968, S. 2.

des Vorstandes schloß sich Mollets Standpunkt an.[80] Die Konferenz des COMISCO am 21./22. Oktober 1950 in Paris nutzte Mollet zur weiteren Absicherung seiner Position gegenüber Philip. „Le COMISCO", hieß es in der Schlußresolution, „confirme sa conviction qu'une unité européenne, réalisée sans la Grande-Bretagne et la Scandinavie, serait sans valeur, et qu'il faut rechercher l'unité européenne par des méthodes qui permettent à ces pays d'y participer." Der SFIO-Nationalrat vom 4./5. November 1950 stimmte dieser Resolution des COMISCO in vollem Umfang zu und brachte seinen Wunsch sogar noch deutlicher zum Ausdruck: „réalisation de telles institutions (spécialisées) toujours ouvertes à tous, chacune ayant à sa tête une autorité supranationale sous contrôle parlementaire dans le cadre de l'Assemblée européenne." Diese Position wurde als offizielle Stellungnahme der PS-SFIO zur europäischen Integration in der Nationalversammlung vom 15. November 1950 verkündet.[81]

Der Ministerrat des Europarats stimmte auf der Sitzung vom 3.-5. November 1950 dieser Empfehlung zu. All diese Bemühungen blieben jedoch aufgrund der britischen Ablehnung ohne Erfolg. Während die Parlamente auf dem Kontinent insgesamt für die supranationale Integration waren, lehnte das britische Parlament diese ab. Das britische Unterhaus diskutierte am 13. November 1950 über die Empfehlungen der Beratenden Versammlung, ohne sich die Vorschläge zum Ausbau des Europarates nur im Ansatz zu eigen zu machen. Mollet trat vom Amt des Berichterstatters des Allgemeinen Ausschusses zurück. De facto signalisierte er damit das Scheitern des Europarat-Projekts, soweit es auf eine Einbeziehung Großbritanniens in ein supranationales Europa zielte.[82]

Der Versuch der Föderalisten aus UEF, MSEUE und Teilen der NEI, die obigen Entscheidung der Beratenden Versammlung durch eine Mobilisierung der öffentlichen Meinung für das Bundespakt-Projekt zu korrigieren, blieb ohne Erfolg. Weder Unterschriftenaktionen, noch lokale „Volksbefragungen", noch die Bildung eines „Conseil européenne de Vigilance", der während des zweiten Teils der Sitzungsperiode vom 18. bis 24. November 1950 direkt auf die Straßburger Abgeordneten einzuwirken versuchte, konnten etwas daran ändern, daß die Mehrheit der einigungswilligen Kräfte auf dem Kontinent vor einer Vertiefung der Integration ohne britische Beteiligung zurückschreckte.[83] Die Abgeordneten um Philip versuchten daher im zweiten Sitzungsabschnitt vom 18. bis 24. November 1950 nicht mehr, das Bundespakt-Projekt erneut zum Gegenstand der Verhandlungen zu machen. Ihr weitestgehender Vorschlag betraf die Schaffung einer „political authority whose competence would cover the problems: (a) of security; (b) of foreign policy; by the appointment of two Ministers responsible to a European Parliamentary Assembly."[84] Dieser Vorschlag wurde am 23. November 1950 abgelehnt - die Labour-Delegierten enthielten sich und die anderen sozialisti-

---

80 OURS, Comité Exécutive, 13.9.1950.
81 OURS, Résolution des Conseil national vom 4./5.11.1950, «Pas d'Europe sans la Grande-Bretagne et sans la Scandinavie», in: Le Populaire 7.11.1950; Loth, W., Sozialismus, S. 274.
82 Loth, W., Der Weg nach Europa, S. 89-90; ders., Sozialismus, S. 273-277; Cornides, W., Der Europarat und die nationalen Parlamente. 20.1.1951, in: EA 6 (1951), S. 3655-3676.
83 Loth, W., Der Weg nach Europa, S. 89.
84 Amendment tabled be M. Jaquet, Philip and et al., Document AS(2) 148 Nr. 2, in: Council of Europe. Consultative Assembly, Documents working papers, 1950. Zur Diskussion und Abstimmung im Europarat siehe: Council of Europe. Consultative Assembly II (18.-24. Nov. 1950). Reports, Part III, S. 847-850.

schen Abgeordneten stimmten dagegen -, da diese Autorität als ein Weg zur kontinentalen Föderation angesehen wurde. Der gleiche ergebnislose Anlauf wiederholte sich in der Mai-Session des Beratenden Versammlung 1951. Die Hoffnung auf den Europarat verblaßte vor der Realität der Montanunion und der EVG, einer anderen Art der supranationalen Integration ohne Großbritannien. Doch für Mollet war die britische Beteiligung an der europäischen Integration immer noch unverzichtbar. Die Drei-Mächte-Erklärung vom September 1951 und der Wahlsieg der britischen Konservativen im Oktober 1951 gaben ihm neue Hoffnung, da die Konservativen die zurückhaltende Europapolitik der Labour-Partei kritisiert und eine neue Linie signalisiert hatten.

Die grundlegende Konzeption Mollets und der Mehrheit der SFIO zur europäischen Integration, nämlich die Schaffung *„Spezialisierter supranationaler Autoritäten im Rahmen des Europarats"*, entstand aus dem Tauziehen mit den Briten im Europarat angesichts des Beginns der „kleineuropäischen" Integration durch den Schuman-Plan. Der entscheidende Meinungsunterschied zwischen Mollet und Philip war der Faktor Großbritannien. Während Philip zunächst ohne Großbritannien eine supranationale Integration betreiben wollte, war die britische Anwesenheit in der europäischen Integration für Mollet unverzichtbar, und zwar aus dem sicherheitspolitischen Grund der Schutzgarantie vor Deutschland auf der einen Seite und aus dem gesellschaftspolitischen Grund der „Dritten Macht" zwischen Kommunismus und Kapitalismus auf der anderen Seite.

2.2 Der Pleven-Plan: Das Fundament des EPG-Projekts

Der Koreakrieg und der amerikanische Kurswechsel in der Frage des deutschen Verteidigungsbeitrages machten das Vorhaben der Europaanhänger um Monnet zunichte. Sie wollten die wirtschaftliche und politische Integration Europas schrittweise schaffen und danach die deutsche Wiederbewaffnung aushandeln und zustande bringen.[85] Die Idee einer supranationalen Europa-Armee wurde ursprünglich von den französischen Sozialisten ausgearbeitet. Sie waren sich über den Widerspruch zwischen gleichzeitiger Eindämmung der Sowjetunion und Deutschlands, zwischen dem französischen Wunsch, Westdeutschland zu kontrollieren, und dem deutschen Wunsch, möglichst bald die Souveränität und die Gleichberechtigung zu erlangen, im Klaren. Bereits im November 1949 schlug Léon Blum die Schaffung einer europäischen Armee vor, um diesen Widerspruch zu lösen. Mollet griff diesen Gedanken im Frühjahr 1950 auf, indem er um der Steigerung der Effektivität der europäischen Verteidigungsanstrengungen willen die Schaffung einer supranationalen Autorität zur Planung und Koordinierung der Verteidigungspolitik forderte. Es ist jedoch zu bemerken, daß Mollet glaubte, daß die europäische Armee nur im Rahmen einer europäischen Föderation oder einer europäischen politischen Autorität mit britischer Beteiligung möglich sei. Philip schlug die Schaffung einer „armée européenne financiée par un fonds européen alimenté par des taxes européennes" am 8. August 1950 im Europarat vor. Außerdem sah er in ihr nicht zuletzt ein zusätzliches Argument für ein rasches Vorangehen in der europäischen Einigung. Wie oben erwähnt, war die britische Teilnahme für ihn nicht so entscheidend. Mit 89 Stimmen (darunter

---

85 Monnet, J., Erinnerungen eines Europäers, München/Wien 1978, S. 432.

die PS-SFIO-Abgeordneten) gegen 5 Stimmen bei 27 Enthaltungen (unter anderem der deutschen Sozialdemokraten und der Labour-Delegierten) forderte die Beratende Versammlung in ihrer August-Session 1950 „die sofortige Schaffung einer europäischen Armee. Diese soll der Autorität eines europäischen Verteidigungsministers unterstehen, entsprechender demokratischer Kontrolle unterworfen sein und in voller Zusammenarbeit mit den Vereinigten Staaten und Kanada handeln".[86] Implizit war damit allerdings die Teilnahme Großbritanniens an der Europa-Armee ausgesprochen. Noch bevor durch die amerikanische Forderung die Konfrontation Frankreichs mit dem Problem endgültig unumgänglich wurde, war damit auf internationaler Ebene der einzige aussichtsreiche Alternativvorschlag zur Schaffung einer neuen deutschen Armee formuliert worden.

Monnet suchte Ministerpräsident Pleven von der Nützlichkeit des sozialistischen Alternativvorschlags zu überzeugen, und zwar auf die gleiche Weise, wie er es fünf Monate zuvor bei der Projektierung des Schuman-Plans getan hatte. Am 24. Oktober 1950 machte der Ministerpräsident vor der Nationalversammlung den Plan einer supranationalen Europa-Armee als französische Alternative zum amerikanisch-britischen Plan publik. Hätte sich die Pariser Regierung nicht den sozialistischen Alternativvorschlag einer Europa-Armee zu eigen gemacht, so wäre die SFIO nicht für die Aufstellung deutscher Truppen zu gewinnen gewesen.[87] Sowohl der französischen Regierung als auch der PS-SFIO lag es in der Tat zunächst daran, dem amerikanischen Druck auszuweichen. Nachdem sich diese dilatorische Taktik sehr bald als nicht durchsetzbar erwiesen hatte, paßte sich Frankreich nolens volens der Linie der supranationalen kontinentalen Integration an.

Der Pleven-Plan warf aus mehreren Gründen Probleme auf. *Erstens* die militärische Ineffizienz: Das Prinzip der Supranationalität wurde so erklärt: „Die Aufstellung einer europäischen Armee könnte sich nicht einfach aus der Zusammenfassung nationaler Militäreinheiten ergeben, die in Wirklichkeit nur eine Koalition alten Typs verschleiern würde. Unzweifelhaft gemeinsamen Aufgaben können nur gemeinsame Organismen gerecht werden. Eine Armee des geeinten Europas, gebildet aus Männern der verschiedenen europäischen Nationen, soll, soweit dies irgend möglich ist, eine vollständige Verschmelzung der Mannschaften und der Ausrüstung herbeiführen."[88] Mit einer vollständiger Verschmelzung meinte Pleven, die europäischen Kontingente „auf der Basis der kleinstmöglichen Einheit", d.h. nicht auf der Ebene von Division, sondern auf die Ebene von Bataillonen zu integrieren.[89] Damit beabsichtigte die französische Regierung zu verhindern, daß Westdeutschland einen eigenen Generalstab, ein eigenes Verteidigungsministerium und einen eigenen Verteidigungsminister bekäme. Die führenden westlichen - auch die französischen[90] - Militärs hielten jedoch solch eine „auf der Basis der kleinstmöglichen Einheit" zusammengeschmolzene Armee für militärisch ineffizient. Diese mangelnde Effizienz der geplanten Europa-Armee wurde vor allem von amerikanischer Seite nicht zugelassen, weil es dieser mehr auf den Schutz vor dem sowjetischen Ex-

---

86 Resolution, in: EA 5(1950), S. 3350.
87 Lipgens, W., EVG und Politische Föderation, S. 651; Loth, W., Sozialismus und Internationalismus, S. 281 u. 284.
88 Text in: ED, Bd. 2, S. 812-817, Zit. S. 814.
89 ED, Bd. 2, S. 815.
90 Guillen, Pierre, Die französische Generalität, die Aufrüstung der Bundesrepublik und die EVG (1950-1954), in: H.E. Volkmann (Hrsg.), Die Europäische Verteidigungsgemeinschaft, S. 130f.

pansionismus ankam als auf den Schutz vor einem wiedererwachsenden deutschen Militarismus.
Zweitens: die Diskriminierung der Deutschen. „Die gegenwärtig über nationale Streitkräfte verfügenden Teilnehmerstaaten würden ihre eigene Befehlsgewalt über den Teil ihrer bereits bestehenden Armee behalten, den sie nicht in die europäische Armee eingliedern würden".[91] Ein Generalstab oder Verteidigungsministerium sollte den Deutschen nicht erlaubt werden. Diese Diskriminierung nahm dem Plan viel von seinen Chancen, im Deutschen Bundestag akzeptiert zu werden, da die westdeutschen Politiker nach dem Adenauerschen wie nach dem Schumacherschen Konzept im Bewußtsein des vitalen westlichen Interesses an einer Verteidigung an der Elbelinie eine eigene deutsche Verteidigungsleistung möglichst hoch bezahlt wissen wollten und dabei die absolute deutsche Gleichberechtigung als ein vorrangiges Ziel betrachteten. Die USA waren eher als Frankreich dazu bereit, die Gleichberechtigung der Deutschen anzuerkennen.
Drittens: Großbritannien beteiligte sich nicht an der Europa-Armee. Dies ließ die Benelux-Länder ein französisch-deutsches sowie die französischen Sozialisten ein deutsches Übergewicht innerhalb der zukünftigen Verteidigungsgemeinschaft befürchten.
Viertens: Die politische Autorität, der diese Europa-Armee unterstellt sein sollte, wurde nur grob umrissen. Als solche wurde ein europäischer Verteidigungsminister vorgesehen, der von den beteiligten Regierungen ernannt werden und der sowohl dem Ministerrat als auch der europäischen Versammlung verantwortlich sein sollte. Er wurde insbesondere damit beauftragt, die allgemeinen Direktiven auszuführen, die er von einem Rat der nationalen Minister empfangen sollte. Dabei wurde das Prinzip des gemeinsamen Budgets nur ansatzweise erklärt. Mehr noch: Die Europa-Armee war als supranationale Institution konzipiert. Daher war es von vornherein erforderlich, zu klären, wie die politische Führung der Europa-Armee aussehen sollte. Dabei handelt es sich nicht nur um die politische Struktur der Europa-Armee, sondern insbesondere um eine gemeinsame Außen- und Sicherheitspolitik auf der einen Seite und eine zivile und demokratische Kontrolle über die Militärs auf der anderen Seite.
Kurz gesagt krankte die im Plan vorgesehene Supranationalität erstens an der politischen Ungleichheit und zweitens an der militärischen Ineffizienz. Beide Mängel wurden zum Teil während der Verhandlungen korrigiert. Man versuchte von Anbeginn der EVG-Verhandlungen, die dritte Problematik zu lösen, aber die britische Labour-Regierung veränderte ihre Einstellung gegen den kontinentalen Institutionalismus in keiner Weise. Die vierte Problematik der politischen Autorität wurde bis zur Sommerpause der EVG-Verhandlungen 1951 nicht in Angriff genommen.
Aber Lipgens, der das Mißlingen des Bundespakt-Projekts bedauerte, stellte hierzu die Frage: Wie könne auf das Militär, wie auf die Wirtschaft, die Methode der supranationalen Teilintegration des Schuman-Plans angewandt werden? Denn die supranationale Integration des Militärwesens erfordere, vorab die Frage zu lösen, wem die Europa-Armee dienen und gehorchen solle. Ohne diese Frage zu lösen, könne man nur konföderativ die nationalen Armeen zusammenschließen wie in der NATO.[92] Darüber hinaus gab es einen weiteren Grund dafür, die politische Autorität von Anfang an auszudiskutieren. Durch eine supranationale politische

---

91 Text in: ED, Bd. 2, S. 814f.
92 Lipgens, W., Die Bedeutung des EVG-Vertrags, S. 23.

Autorität konnte aus französischer Sicht die Schutzgarantie gegenüber jeder deutschen Gefahr und jedem deutschen Alleingang vervollständigt werden. Warum aber bot die französische Regierung trotz alledem nicht eine politische Autorität über einer Europa-Armee als unmittelbaren Verhandlungsgegenstand an?

Als erstes sind die Umstände, vor denen die französischen Regierung stand, zu berücksichtigen. Für die französischen politischen Verantwortlichen standen „die dringenden Bedürfnisse"[93] im Vordergrund, irgendwie den amerikanischen Forderungen zu begegnen, d.h. zugunsten Frankreichs die NATO-Lösung zu verhindern. Beim Zusammentreffen mit De Gasperi in Santa Margharita in Februar 1951 erklärte Schuman: „l'accord et l'appui américain étaient indispensables à la constitution de l'armée européenne."[94] Schuman ging davon aus, daß es viel Zeit in Anspruch nehmen würde, die politische Struktur der Europa-Armee in der Pleven-Plan-Konferenz zu diskutieren. Deswegen waren solche Verhandlungen nicht zweckdienlich, wenn es zunächst darum ging, den Pleven-Plan als Alternative zur NATO-Lösung für die Amerikaner annehmbar zu machen.

Zweitens hielt Schuman den supranational-funktionalistischen Ansatz hinsichtlich der europäischen Einigung für richtig, hingegen die föderalistische Methode, zuerst eine verfassunggebende Versammlung und eine politische Behörde aufzubauen, für nicht angebracht. „Man hat uns in Frankreich manchmal vorgeworfen", so Schuman auf die Frage eines Korrespondenten auf einer Pressekonferenz im November 1951, „daß wir nicht mit den politischen Institutionen begonnen haben. Wir haben den anderen Weg mit voller Absicht gewählt. Es würde leichter sein, eine Bundesverfassung für Europa auf die Füße zu stellen, wenn die schon laufenden Arbeiten beendet wären. Sie wäre eine leerer Mechanismus, der ohne praktische Natur funktionierte, wenn es nicht vorher wirtschaftliche oder militärische Institutionen gäbe. Ich glaube also, daß wir auf dem richtigen Wege waren. Wir haben nicht mit der Theorie und Doktrin begonnen, sondern haben zunächst praktisch arbeiten und dadurch beweisen wollen, daß wir in der Lage sind, eine europäische Gemeinschaft mit wirtschaftlicher und militärischer Zielsetzung aufzubauen. Die Politik kommt hinterher."[95] Hierzu trug die Entscheidung der Beratenden Versammlung des Europarates zugunsten von Teilintegrationen und Sonderbehörden gegen die föderalistische Integration in der zweiten Sitzungsperiode vom August 1950 bei. Diese Entscheidung war so prägend, daß die französische Regierung sich mit ihrem Vorschlag, als nächste Teilintegration die des Militärwesens vorzusehen, in der richtigen Linie glaubte.[96]

Der dritte und wichtigste Grund aber lag in der Haltung der Sozialisten, die gerne auch Großbritannien als Mitglied der europäischen Gemeinschaft gesehen hätten, begründet.[97] Aus

---

93 Schuman am 15.2.1951 zur Eröffnung der Konferenz über die Bildung der Europäischen Armee, in: ED, Bd. 2, S. 826.
94 AN 457 AP 38, Conférence de Santa Margharita, 12-14 fév. 1951, Procès-verbal.
95 Die Erklärungen R. Schumans vor der Auslandspresse in Paris vom 25.10.1951, in: ID Nr. 81 vom 7.11.1951.
96 Lipgens, W., EVG und Politische Föderation, S. 647. Schuman berief sich am 24. November in seiner Rede vor der Beratenden Versammlung in Straßburg darauf, „Sie (Mitglieder der Beratenden Versammlung, d. V.) selber haben dieses Verfahren empfohlen, indem Sie die Schaffung von Spezialbehörden auf den verschiedenen Gebieten erwogen" (Rede von R. Schuman über Vorschläge zur Schaffung einer Europa-Armee am 24. November 1950. in: ED Bd. 2. S. 820).
97 Loth, W., Die EVG und das Projekt der Europäischen Politischen Gemeinschaft, S. 197.

Sicht der Mehrheit der PS-SFIO um Mollet schien die sofortige Beratung der politischen Autorität der Beginn einer Föderation der sechs Staaten. Diese Sichtweise wurde verdeutlicht, als der Antrag Philips auf eine politische Autorität der Europa-Armee im November 1950 im Europarat von den französischen Sozialisten glatt abgelehnt wurde. Wie oben dargelegt wurde, kämpften sie immer noch um die britische Teilnahme an der europäischen Integration im Rahmen des Europarats. Daher dürfte Schuman diese Frage dem Europarat überlassen haben wollen, der zu jener Zeit dabei war, sich zu dem echten europäischen Parlament und der daraus resultierenden politischen Autorität für weitere Teilintegration umzuwandeln.

3. Das deutsche Europa-Konzept: Gleichberechtigung durch Supranationalität

Die Bundesrepublik Deutschland stimmte mit dem Prinzip der Supranationalität überein. Seit seiner Verkündung bekennt sich das bundesdeutsche Grundgesetz in Artikel 24 „freiwillig zu der Bereitschaft, Hoheitsrechte auf zwischenstaatliche Einrichtungen zu übertragen (...), um in einem System kollektiver Sicherheit eine friedliche und dauerhafte Ordnung in Europa (...) zu sichern."[98] Doch diese Ordnung sollte auf der Gleichberechtigung der Völker beruhen; die europäischen Staaten - Siegermächte wie Verlierer - würden den gleichen staatsrechtlichen Status erreichen. Das Prinzip der Gleichberechtigung war für Adenauer eine conditio sine qua non in der Europapolitik.[99] Das Konzept der deutschen Europapolitik lautete genauer gesagt: Gleichberechtigung durch Supranationalität. Dabei war die französisch-deutsche Versöhnung Adenauers Herzensanliegen. Die kollektive Übertragung von Souveränitätsrechten auf supranationale Organisationen hatte damit auch einen eigennützigen nationalpolitischen Hintergrund, denn der idealistische Artikel 24 muß aus der Perspektive eines Staates gesehen werden, der zu diesem Zeitpunkt nur Souveränitätsrechte abgeben konnte, die er noch nicht besaß. In diesem Sinne war die deutsche Europapolitik auch eine andere Form von nationalstaatlicher Interessenpolitik, wie Brentano vor dem deutschen Bundestag auch ohne Umschweife bekannte: „Ich sagte, daß das grundsätzliche Ziel der deutschen Politik sein mußte, Deutschland aus der Unselbständigkeit und aus der Unfreiheit herauszuheben."[100]
Freiheit und Souveränität waren im Verständnis Adenauers nur über die Bindung an die westlichen Demokratien denk- und machbar, weil Adenauers „Potsdamer Komplex" - vier Siegermächte könnten das Schicksal Deutschlands über die Köpfe der Deutschen hinweg bestimmen - und seine antikommunistische Grundgesinnung ihn zum Westen führten. Trotz heftiger Opposition der SPD hielt Adenauer am Kurs der Westintegration fest. „Ein solcher Erfolg", schrieb er Schuman im August 1951, „würde außerordentlich dazu beitragen, im deutschen Volk die Idee der Demokratie zu festigen und die Überzeugung von der Notwen-

---

98 Auch der Artikel 15 der französischen Konstitution gesteht der Regierung zu, „unter der Voraussetzung der Gegenseitigkeit (...) Beschränkungen seiner Souveränität zuzugestehen, soweit sie zum Ausbau und zur Sicherung des Friedens notwendig sind." Zitiert nach: R. Schuman, in: Bulletin, Nr. 109-13.Juni 1953, S. 930.
99 Tee-Empfang, 20. September 1951, in: Adenauer, Teegespräche 1950-1954, Rhöndorfer Ausgabe, bearb von H.-J. Küsters 1984, S. 146f.
100 Von Brentano am 19. März 1953 anläßlich der dritten Lesung und Verabschiedung des Deutschland - und EVG-Vertrages, in: von Brentano, Deutschland, S. 97.

digkeit einer engen europäischen Zusammenarbeit zu stärken."[101]

Aus Sicht Adenauers war Frankreich ein wichtiger Verhandlungspartner, aber der wichtigste Verhandlungspartner waren die USA. Auf einer Sitzung des Auswärtigen Ausschusses des Bundesrates am 2. Februar 1952 führte er hierzu aus: „Man müsse sich einer Entwicklung widersetzen, wonach Frankreich sich mit Hilfe der europäischen Integrationspläne zum Herrn über die Europapolitik mache. Angesichts der Tatsache, daß Deutschland das Hauptziel eines Angriffs Rußlands sei, müsse man sich bewußt sein, daß eine Rettung Europas nur durch Amerika erfolgen könne. Die Behandlung der europäischen Streitigkeiten müsse darum immer im Hinblick auf die amerikanische Reaktion hierauf verfolgt werden."[102] Gerade die Achse Paris-Washington, die sich durch Monnets Engagement bei den Schuman-Plan-Verhandlungen herausbildete, stellte eine wesentliche Rahmenbedingung für die Europapolitik der Bundesregierung dar. Kurzum: Das Konzept der Bundesregierung zur europäischen Integration war dasjenige einer supranationalen Integration im Rahmen des atlantischen Bündnis. Die Bundesregierung war bereit, zusammen mit Frankreich auf diesem Weg voranzuschreiten, ohne auf die vollständige Teilnahme Großbritanniens an der europäischen Integration zu warten.

Wegen des Primats der Westintegrationspolitik begrüßte die Regierung Adenauer den Schuman- und Pleven-Plan grundsätzlich und beteiligte sich an den Verhandlungen. Sie war nicht in der Lage, die beiden Optionen - EVG-Lösung und NATO-Lösung - von sich aus auszuwählen, da ihr Handlungsspielraum zu jener Zeit begrenzt war. Deswegen stellte die amerikanisch-französische Übereinstimmung über die EVG-Lösung im Sommer 1951 eine bestimmende und notwendige Rahmenbedingung dar, innerhalb derer sich die Bundesrepublik bemühte, Gleichberechtigung aufgrund des Prinzips der Supranationalität zu erlangen. Der deutsche Anspruch auf Gleichberechtigung, den die Amerikaner grundsätzlich als legitim ansahen, stellte auch einen bestimmenden Faktor für das EPG-Projekt dar.

Vor dem Sommer 1951 spielte sich die europäische Integration in zwei sich einander ausschließenden Modellen ab: eine kooperative Integration, an der Großbritannien teilnahm (OEEC, Europarat, NATO) und eine supranationale Integration, an der Großbritannien nicht teilnahm und die daher als eine „kleineuropäische Integration" bezeichnet wurde (die Montanunion und die in den Verhandlungen befindliche EVG). Die amerikanische Regierung betrieb bereits seit Herbst 1949 eine supranationale kleineuropäische Integration unter Führung Frankreichs. Aus Abneigung gegen die Supranationalität distanzierten sich die Briten jedoch von der kleineuropäischen Integration. Eine Achse Paris-Washington im Hinblick auf die supranationale kleineuropäische Integration bildete sich im Gefolge der Verhandlungen über den Schuman-Plan heraus. Bonn war bereit, sich dieser Achse anzuschließen. Dies waren die Rahmenbedingungen für die EPG-Verhandlungen. Aus der britischen Haltung ergab sich eine breite Auseinandersetzung im Europarat darüber, besonders unter den französischen Sozialisten, ob man bei der europäischen Integration ohne Großbritannien weiter voranschreiten sollte. Auch dies machte eine wichtige Rahmenbedingung für das EPG-Projekt aus.

---

101 Schreiben Adenauer an Schuman, 23.8.1951, in: Adenauer, Briefe 1951-1953, Rhöndorfer Ausgabe, hrsg. von Rudolf Morsey/H.-P. Schwarz, Berlin 1987, S. 113-117, hier S. 115.
102 Zitiert nach: Maier, K. A., Die internationalen Auseinandersetzungen, S. 87.

Es war weiterhin offen, wie konsequent Frankreich die durch den Schuman-Plan begonnene kleineuropäische Integration ohne britische Beteiligung verfolgte. Diese Problematik war während der EPG-Phase von entscheidender Bedeutung.

III. Die Diskussion über die politische Integration in den EVG-Verhandlungen

Laut Aide-Memoire über die Genese der EPG vom 9. Februar 1953, das die Europa-Abteilung im Quai d'Orsay für den neuen Außenminister Bidault vorbereitet hatte, wurde eine politische Integration Westeuropas erst seit dem Herbst des Jahres 1951 in Gang gebracht, in welchem die erste Runde der EVG-Verhandlungen beendet wurde und die zweite Runde begann. Die Washingtoner Drei-Mächte-Konferenz im September 1951 war der Ausgangspunkt für alle darauffolgenden Bemühungen um die Schaffung einer EPG.[103] Zwei wichtige Ereignisse stellten hierbei grundsätzlich den Rahmen für die EVG-Phase dar: der Wahlsieg der Gaullisten in Frankreich im Juni 1951 und derjenige der Konservativen in Großbritannien in Oktober 1951.

1. Schumans Plan zur Schaffung einer politischen Autorität der Europa-Armee im September 1951

Nach den zähen Verhandlungen in Paris und in Bonn gelangte die US-Administration schließlich im Juli 1951 zu dem Entschluß, die Frage des deutschen Verteidigungsbeitrages solle künftig nur noch im Rahmen der EVG-Verhandlungen weiter verhandelt werden. Damit wurden „die dringenden Bedürfnisse", mit denen sich Schuman ein Jahr zuvor konfrontiert sah, aus dem Weg geräumt.
Am 14. August 1951 legte Alphand dem am 10. August neugebildeten Kabinett Pleven einen positiv formulierten Bericht über die Ergebnisse der EVG-Verhandlungen vor. Er nannte es „unmöglich, die in Kraft gesetzten wirtschaftlichen und militärischen Projekte nicht auch unverzüglich durch ein politisches Projekt zu ergänzen".[104] Die Regierung Pleven entschied sich am 23. August zur Weiterführung der Konferenz auf dieser neuen Grundlage. Schuman sandte einen Brief an Acheson und Morrison am 26. August 1951, um die bevorstehende Washingtoner Außenministerkonferenz vorzubereiten. Darin machte er klar, daß die Europa-Politik der französischen Regierung von der beherrschenden Idee inspiriert sei, die BRD aus Gründen der Gleichberechtigung in die europäische Gemeinschaft zu integrieren. Diese Gemeinschaft sollte wiederum in die Atlantische Gemeinschaft eingeschlossen werden. So könne man auf ein System der Kontrolle durch Gewalt verzichten, das - wie man nach dem Ersten Weltkrieg erfahren hatte - keine ständige und befriedigende Lösung darstellen konnte. Gleichzeitig jedoch könne man der Gefahr aus dem Weg gehen, daß sich ein nationalistisches Deutschland bildete. Weiterhin sagte Schuman, er wolle die EVG möglichst schnell verwirklichen. So wolle er sich mit der Vorbereitung einer politischen Gemeinschaft unter den freien Staaten des Westens einschließlich der BRD beschäftigen. Er warnte jedoch davor, Deutschland zu schnell seine Souveränität wiederzugeben, bevor es nicht in einer neuen europäischen Gemeinschaft vollständig eingeschmolzen sei. Darum bat er seine Amtskollegen: „(...) the new contractual status will not be put into effect before the treaty for the organization of the

---
103 AN 457 AP 38, AP/MJ, S/Direction du Conseil de l'Europe, aide-mémoire pour cabinet du ministre sur la Genèse de la CPE, 9.2.1953.
104 Zitiert nach: Poidevin, R., Robert, Schuman, Homme d'Etat, 1886-1963, Paris 1986, S. 321.

European Defense Community is signed and ratified by the Parliaments, in particular by the German Parliament. (...) Our entire European policy and especially the integration of German forces would be compromised by the prospect of direct German accession to the Atlantic community. I consider it my duty to point this out to you at this time. At a later date and when the European community, economical, military and political, has been established, we shall be called upon to examine how this community can be adapted to other international organizations." Besonders Morrison bat er trotz der fortdauernd ablehnenden Haltung Großbritanniens, ein integrierter Teil der europäischen Gemeinschaft zu werden, alle Anstrengungen zur Beschleunigung der europäischen Integration zu unternehmen.[105] Schuman bereitete vor der Konferenz eine Drei-Mächte-Erklärung vor, die über Alphand an Acheson ausgehändigt wurde.

Mit dieser Idee Schumans zeigten sich beide Amtskollegen grundsätzlich einverstanden. Auf der Washingtoner Konferenz am 12.9.1951 fragte Acheson, ob die französische Regierung einen besonderen Plan hinsichtlich einer politischen Integration habe. Hierauf antwortete Schuman, er habe sehr wohl einen Plan. Die französische Regierung sei der Ansicht, daß die EGKS und die EVG die Basis einer Struktur bilden würden, welche die Etablierung eines „Daches" über dieser Basis ermögliche. Diese Dachstruktur werde ein realer politischer Aufbau und solle umfassendere Kompetenzen und mehr Mitgliedstaaten umfassen als die beiden sektoriellen Gemeinschaften. Die französische Regierung, führte Schuman weiter aus, plane zwei parlamentarische Aktionen: eine im November zur Ratifizierung des EGKS-Vertrages und eine andere im Dezember zur prinzipiellen Zustimmung zur EVG. Weiterhin plane sie eine Deklaration, die bei diesen beiden Gelegenheiten veröffentlicht werde. Sie sei der Ansicht, daß eine solche Deklaration zum Erfolg beider Aktionen beitragen würde. Schuman legte noch nicht im einzelnen dar, was diese Deklaration enthalten sollte. Er erwähnte lediglich, daß sie den Anfang der Verhandlungen für eine politische Integration herbeiführen könnte, möglicherweise im Rahmen des Europarats oder in einem noch nicht bestimmten anderen Rahmen. Ferner wies er darauf hin, daß die Verhandlungen am Ende zu einem Vertrag führen sollten und daß die geplante Drei-Mächte-Erklärung die erste Etappe dazu darstelle. Er gab weiterhin bekannt, daß in den letzten zehn Tagen De Gasperi und Adenauer mit ähnlichen Vorschlägen zu ihm gekommen wären und ihre Übereinstimmung mit der politischen Integration gezeigt hätten. Sie hätten den Wunsch geäußert, daß Frankreich die Initiative hierzu ergreife.[106]

Nach der Konferenz veröffentlichte man die Erklärung der drei Westmächte, wobei der originale französische Wortlaut ein wenig korrigiert wurde: „Die drei Außenminister erklären, daß die Politik ihrer Regierungen die Eingliederung eines demokratischen Deutschlands auf der Grundlage der Gleichberechtigung in eine europäische kontinentale Gemeinschaft zum Ziel hat, die ihrerseits einer sich immer mehr entwickelnden atlantischen Gemeinschaft angehört. (...) Sie begrüßen den Plan der Pariser Konferenz als einen sehr wichtigen Beitrag zur Organisierung einer wirksamen Verteidigung Europas unter Einschluß Deutschlands. (...) Die britische Regierung wünscht die Schaffung engster Verbindungen mit der europäischen konti-

---

[105] FRUS 1951, III, Part 1, S. 1188ff., The French Foreign Minister (Schuman) to the Secretary of State, Paris, August 26, 1951, secret.
[106] FRUS 1951, III, Part 1, S. 1256f., memorandum of Conversation, by the Assistant Secretary of State for European Affairs (Perkins), Washington, September 12, 1951, top secret.

nentalen Gemeinschaft in allen Stadien ihrer Entwicklung."[107] Hiermit segneten die USA und Großbritannien die Pariser EVG-Verhandlungen und damit auch die sich bildende europäische kontinentale Gemeinschaft ab. Hinzu kam, daß Großbritannien und die USA während der Washingtoner Konferenz anerkannten, daß die Beendigung des Besatzungsstatutes über die Bundesrepublik Deutschland nur dann erfolgen könnte, wenn die EVG ratifiziert würde. Nach der im Anschluß daran stattfindenden NATO-Ratsitzung vom 15.-20.9.1951 in Ottawa erklärte Schuman, Frankreich werde im gegebenen Augenblick die Bildung einer europäischen politischen Organisation vorschlagen, die über eine supranationale Autorität zur Formulierung einer gemeinsamen Außenpolitik verfüge.[108] Nach dieser Erklärung sondierte der italienische Botschafter in Paris, Quaroni, das konkrete Vorhaben der französischen Regierung. Er teilte Schuman die Details der geplanten Vorschläge Italiens zur politischen Integration mit. Dabei signalisierte Schuman in der Frage der Kompetenzen der Versammlung und des Kommissariats seine Unterstützung, sprach sich aber im Hinblick auf die Direktwahl der Versammlung für eine vorsichtige Vorgehensweise aus. Er stellte eine erste Versammlung nach dem Wahlmodus des Europarats (d.h. durch Entsendung von Parlamentariern der nationalen Parlamente) und eine nachfolgende gewählte Versammlung in Aussicht. Die erste Versammlung sollte nach Schuman die Aufgabe besitzen, die Modalitäten für die Direktwahl der nachfolgenden Versammlung auszuarbeiten.[109]

Schuman strebte nun offensichtlich die als Endziel angesehene europäische politische Gemeinschaft an, deren Verwirklichung er bisher als verfrüht bezeichnet hatte. Der britische Botschafter in Paris, Harvey, fragte Margerie, den Stellvertretenden Direktor für politische Angelegenheiten im Quai d'Orsay, welches die praktischen Gründe für die Erklärung von Ottawa seien und warum Schuman die politische Integration jetzt, also in der zweiten Runde der EVG-Verhandlungen, auf die Tagesordnung setzte. Margerie erschien Schuman von den Föderalisten und von der Anregung Achesons bei diesem Richtungswechsel beeinflußt worden zu sein. Schuman sei mit diesem Plan ohne vorherige Beratung an den Quai d'Orsay herangetreten.[110] Die Motive Schumans waren jedoch immer noch nicht klar. Folgende Überlegungen werden in seinem Kalkül jedoch eine wichtige Rolle gespielt haben:

Erstens zeigten die bisherigen EVG-Verhandlungen, daß eine Europa-Armee ohne eine politische Autorität undurchführbar war. Während in der ersten Runde die militärisch-technischen Fragen im Vordergrund standen, ging man in der zweiten Runde auf politische Fragen ein, also auf die parlamentarische Versammlung, den Ministerrat und den Kommissar. Dazu kamen außenpolitische Fragen einschließlich derjenigen nach dem Verhätnis zwischen EVG und NATO. Es war die italienische Delegation, die am 9. Oktober 1951 ihre bisherige Zurückhaltung aufgab und die Frage offiziell auf die Tagesordnung brachte. Ivan Matteo Lom-

---

107 Wortlaut in: Siegler, H. (Hrsg.), Europäische politische Einigung 1949 - 1968, S. 8.
108 Le Monde vom 20.9.1951; Erklärung des französischen Außenministers R. Schuman vom 22. September 1951 über eine gemeinsame deutsch-französische Außenpolitik; in: Siegler, H. (Hrsg.), Europäische Politische Einigung, S. 9. Hier wird diese Erklärung falsch übersetzt, denn es fehlt der Begriff „étrangère".
109 Magagnoli, R., Anregungen zu einer Neubewertung der Europapolitik Alcide de Gasperis, in: Zeitschrift für Geschichte der europäischen Integration, 1998, Vol. 4, Nr. 1, S. 38.
110 DBPO II, Vol. 1, S. 741f., O. Harvey (Paris) to Foreign Office (Received 27 October) 26.10.1951.

bardo, der seit Jahren dem italienischen Föderalisten-Verband MFE angehörte und die italienische Delegation auf der Pariser EVG-Konferenz leitete, legte am 9.10.1951 ein Aide-Mémoire vor, dessen Kerngedanke war, der vorgesehenen europäischen Versammlung die Kontrolle des Verteidigungshaushaltes zu übertragen. Weitere Kernpunkte waren, daß die in einer Übergangszeit von den nationalen Parlamenten gewählte Versammlung allgemeine Wahlen für ein direkt gewähltes Parlament vorbereiten solle und daß dem direkt gewählten europäischen Parlament dann auch das Recht, den Kommissar zu wählen, sowie „umfassende politische Kontrollgewalt über den europäischen Haushalt und die gesamte Amtsführung des Kommissars" zustehe.[111] Die Oktober-Verhandlungen machten deutlich, wie schwierig es war, eine befriedigende Lösung für die Budgetproblematik herauszuarbeiten. Das von den drei größeren Mächten befürwortete Prinzip eines gemeinsamen Budgets stieß auf hartnäckige Ablehnung seitens der drei kleineren Länder. Sie wollten die Vergemeinschaftung der nationalen Kontingente, und damit einen gemeinsamen Etat, möglichst minimieren, da sie in der vorgesehenen EVG nur wenige Einflußmöglichkeiten sahen.[112]
Auf der Auslandspresse-Konferenz vom 25. Oktober 1951 wies Schuman auf die Notwendigkeit der Einführung einer gemeinsamen Außenpolitik im Hinblick auf die Europa-Armee hin. Bei der Montanunion konnte man, wenigstens für die erste Zeit, auf eine außenpolitische Autorität verzichten. Was jedoch die Europa-Armee anbelangte, so schien ihre Bildung und ihr Funktionieren schwierig, solange es keine politische Institution gab, die darüber entschied, welchen Gebrauch man von der europäischen Armee machen sollte. Hierbei handelte es sich um die außenpolitische Entscheidungsbefugnis. Weiterhin stellte Schuman die Frage eines gemeinsamen Budgets in den Vordergrund. „Wir haben", führte Schuman aus, „von einem gemeinsamen Budget gesprochen, das die europäische Armee finanzieren muß. Das wird aus den Beiträgen der einzelnen Länder zusammengesetzt. Man kann annehmen, daß es möglich sein wird, für die Verteilung der Lasten unter die verschiedenen Länder einen Schlüssel zu finden. Aber wird ein nationales Parlament, das über diesen seinem Lande auferlegten Beitrag abstimmt, sich damit abfinden, diese wahrscheinlich sehr bedeutende Summe einer internationalen Stelle zur Verfügung zu stellen, ohne daß es die Möglichkeit hat, die Verwendung dieser Gelder zu kontrollieren?" Dies waren im wesentlichen technische Fragen, sie implizierten jedoch für alle eine schwerwiegende politische Frage: diejenige nach der parlamentarischen Kontrolle. Einer mit der außenpolitischen Befugnis ausgestatteten und parlamentarischer Kontrolle unterworfenen politischen Autorität sollte die Europa-Armee untergeordnet sein und ihre Loyalität beweisen.[113]
Zweitens stand Schuman vor der Notwendigkeit, angesichts einer bevorstehenden Parlamentsdebatte die EVG noch akzeptabler zu machen, wie Schumans Rede auf der Washingtoner Konferenz bereits klar verdeutlichte. Die PS-SFIO gab seit langem der Politik den Vorzug vor der Technokratie. Aufgrund ihrer demokratischen Tradition war für sie die Europa-Armee nur dann akzeptabel, wenn diese demokratisch kontrolliert wurde. Für die EVG-Problematik in der französischen Innenpolitik waren jedoch die Parlamentswahlen vom 17. Juni 1951 von

---

111 Aide-Mémoire der Italienischen Delegation vom 9.10.1951. in: Lipgens, W., EVG und politische Föderation, S. 665-667.
112 Auriol, V., Journal du Septennat 1947-1954, tome V. 1951, S. 736, Bemerkung zu Nr. 39.
113 Die Erklärungen R. Schuman vor der Auslandspresse in Paris vom 25.10.1951, in: ID Nr. 81. vom 7.11.1951.

entscheidender Bedeutung. Die proeuropäischen Parteien MRP und SFIO verloren die Hälfte ihrer Abgeordneten. Andererseits kamen 121 Gaullisten, die einer integrierten Europa-Armee ablehnend gegenüberstanden, in die Nationalversammlung. Außerdem wurden 101 Kommunisten in das Parlament gewählt, die zu jedweder europäischen Integration in Opposition standen. Das bedeutete eine signifikante Verschiebung der Kräfteverhältnisse: von einer der europäischen Integration günstig gesonnenen zu einer dieser eher reserviert, zum Teil feindselig gegenüberstehenden Nationalversammlung. Wie wohlbekannt war, führten die französischen Kommunisten den Kampf gegen die EVG, indem sie Friedensverhandlungen der drei westlichen Mächte mit der Sowjetunion über Deutschland und damit den Pazifismus propagierten. General de Gaulle, der den Europarat wegen der britischen ablehnenden Haltung als bloße „Fiktion" verurteilte, propagierte seit 1949 die Idee einer europäischen Konföderation ohne Großbritannien, dessen Führung Frankreich übernehmen und in die Westdeutschland integriert werden sollte. Er warb für ein Referendum über die Einberufung einer konstituierenden Versammlung für Europa. Jeder Staat sollte seine Souveränität beibehalten, bis auf jene Bereiche, die die Nationen der Gemeinschaft zuteilen würden, um hier die Einigung zu verwirklichen. In einer ersten Periode sollten diese Bereiche die Verteidigung aller Territorien der konföderierten Völker zu Lande, zu Wasser und in der Luft umfassen. Wie diese Konföderation im einzelnen arbeiten würde, d.h. über welche Organe, welche Kompetenzen, welche Prozeduren sie verfügen sollte, darüber schwieg er sich aus. Er betonte jedoch, daß Europa eine politische Autorität benötigte, bevor technische Organisationen geschaffen werden könnten.[114] Die Gaullisten demonstrierten nun offen ihre Abneigung gegen die im Zwischenbericht geschilderte militärisch-technische Gemeinschaft in der Nationalversammlung. Am 10. August 1951 hörte der Auswärtige Ausschuß der Nationalversammlung die Kritik der Abgeordneten des RPF Billotte und Palewski an dem Zwischenbericht Alphands über die EVG-Verhandlungen an. Palewski forderte vor allem eine politische Organisation Europas und die Verstärkung der französischen Armee. Auf der Sitzung des Conseil de la République am 22. August 1951 forderte auch Debré die Schaffung einer politischen Autorität und brachte seine Ansicht zum Ausdruck, daß die deutsche Wiederbewaffnung im Rahmen der NATO vorgenommen werden sollte.[115] Die gaullistische Konzeption zur europäischen Integration war jedoch noch nicht klar festgelegt. Jedenfalls gab der RPF einen Anlaß zu Schumans Versuch einer Flucht nach vorn.

Drittens hielt Schuman eine vollständige Anbindung der Bundesrepublik an den Westen für notwendig. Die EVG-Verhandlungen wurden bis dahin auf der völlig neuen Grundlage der prinzipiellen Gleichberechtigung der Bundesrepublik geführt. Bis zur Washingtoner Konferenz gab Frankreich den Forderungen anderer Verhandlungspartner weit nach. Es stimmte zu, daß unter nationalem Kommando nur noch Truppen in überseeischen Gebieten verbleiben sollten. Das hieß, daß alle Truppen in Europa einem supranationalen Kommissariat unterstellt werden sollten und daß Frankreich nicht mehr auf einer Integration unterhalb der Divisionsebene beharrte, sondern bereit sein würde, national homogene Divisionen in gemischte Ar-

---

114 Von de Gaulle redigierte Erklärung des Conseil de Direction du RPF, 7.8.1949, in: De Gaulle, Discours et messages, Vol. II (1946-1958), Paris 1970, S. 300-304; De Gaulles Interview vom 10.7.1950, in: Ibid., S. 374-378; De Gaulle, Déclaration, 17.8.1950, in: Ibid., S. 379-383.
115 Poidevin, R., Robert, Schuman, Homme d'Etat, 1886-1963, Paris 1986, S. 321.

meekorps zu integrieren. Das war die wesentliche Änderung des ursprünglichen Pleven-Plans, wie G.-H. Soutou verdeutlicht.[116] Nach P. Fischer ist Schumans Initiative eine Antwort auf die Lücke in der Kontrolle Westdeutschlands, die mit diesem Aufweichen des supranationalen militärischen Integrationskonzepts des Pleven-Plans entstanden war. Die Einbindung der Bundesrepublik in eine supranationale politische Gemeinschaft sollte zusätzliche Sicherheiten hinsichtlich der künftigen Ausrichtung der bundesdeutschen Sicherheits- und Außenpolitik schaffen.[117] Der verbliebene Problempunkt, der unbedingt noch geregelt werden mußte, war die außenpolitische Frage, welche Instanz die Außenpolitik der Europa-Armee lenken sollte. Mit der EPG hoffte Schuman vor allem die Vergemeinschaftung der Außenpolitik im Hinblick auf die Verwendung der Europa-Armee zu erreichen und damit auch die Sicherheits- und Außenpolitik der bald souverän werdenden Bundesrepublik der gemeinsamen supranationalen Autorität unterzuordnen. Diese Absicht hob er in seinem oben zitierten Brief an Acheson und Morrison vom 26. August 1951 klar hervor.[118]

2. Die deutsche Reaktion auf Schumans Plan zur Schaffung einer politischen Autorität

Die Tatsache, daß die Amerikaner die EVG als Grundlage der deutschen Wiederaufrüstung anerkannt hatten, brachte Adenauer in die unausweichliche Zwangslage, sich endgültig mit der ungeliebten „EVG-Lösung" arrangieren zu müssen. Nach mühsamen letzten Pariser EVG-Verhandlungen, die sich über fünf Monate hinzogen, rang die deutsche Delegation der französischen schließlich einige Konzessionen in diskriminierenden Punkten ab. Dies reichte der Bonner Regierung jedoch nicht aus. Sie unternahm daher einen Versuch, die Herzensangelegenheit Adenauers, also die baldige Wiedererlangung der Souveränität, zu erreichen. Darum entstand der Plan einer sogenannten „Vorauslösung einer EVG" Ende August 1951, welcher ein zweistufiges Verfahren vorsah. In der ersten Phase sollte man sich darauf beschränken, einen europäischen Verteidigungsrat als treuhänderisches Organ für eine Verteidigungsgemeinschaft zu schaffen, um mit der Aufstellung deutscher Armeeinheiten beginnen zu können. In der zweiten Phase sollte der Verteidigungsrat, der im wesentlichen koordinierende Aufgaben hatte, zu einer wirklichen supranationalen Gemeinschaft ausgebaut werden.[119] Damit zielte die Bundesregierung sowohl auf die baldige Wiedergewinnung der Souveränität ab als auch darauf, eine gleichberechtigte Stellung, sei es im europäischen oder atlantischen Rahmen, zu gewährleisten. Diese zweistufige Lösung stellte weniger die europäische Komponente in den Vordergrund als die nationalen Interessen. Anders formuliert, war dies eine Lösung, die eine „minimale" Variante der europäischen Integration verkörperte. Die

---

116 Soutou, G.H., France and the German Rearmament Problem, in: Rolf Ahmanm et al. (Ed.), The Quest for Stability, Problems of West European Security 1918-1957, Oxford 1993, 487-512. Die französischen Konzessionen wurden von dem Sozialist J. Moch, der maßgebliche Verantwortung für das Einfügen diskriminierender Bestimmungen in den Pleven-Plan gehabt hatte, entschieden abgelehnt.
117 Fischer, P., Die Bundesrepublik, S. 298.
118 FRUS 1951, III, Part 1, S. 1188-1190, The French Foreign Minister (Schuman) to the Secretary of State, Paris, August 26, 1951, secret.
119 BA NL Blankenhorn 7a, S. 114f, «Vorauslösung einer EVG»

Franzosen akzeptierten den deutschen Plan nicht, da sie den Deutschen ihre Souveränität nicht übergeben wollten, bevor die europäischen Gemeinschaft verwirklicht war. Die Amerikaner unterstützten die Franzosen. Dies führte die Deutschen dazu, die Selbstbeschränkung (sprich: Wiederbewaffnung und damit Wiedererlangung der Souveränität nur im Rahmen der als Kontrollfunktion gedachten supranationalen Gemeinschaft) zu akzeptieren, aber dafür nunmehr die Forderung nach einer maximalen Umsetzung der europäischen Komponente in den Vordergrund zu rücken. Hierbei ging es darum, die diskriminierte Stellung der BRD in der Europa-Armee, nämlich ihre Nichtmitgliedschaft in der NATO auszugleichen, indem die EVG mit der strategischen und außenpolitischen Entscheidungsbefugnis ausgestattet und dann die EVG als Ganzes im NATO-Rat repräsentiert werden sollte. Die Washingtoner Erklärung im September 1951 und auch die Ottawaer Erklärung des französischen Außenministers im selben Monat wurden von seiten der BRD in diesem Sinne begrüßt. Blankenhorn kommentierte: „Der wesentliche Sinn der (Washingtoner) Erklärung besteht für die Bundesrepublik in der Eingliederung als gleichberechtigter und gleichverpflichteter Partner nicht nur in die europäische, sondern auch in die übergeordnete atlantische Gemeinschaft."[120] Auf der NEI-Tagung im Bad Ems vom 14.-16. September 1951 betonte von Brentano die logische Forderung: „Wenn Europa gemeinsam verteidigt werden soll, (...) dann müssen auch seine außenpolitischen Maßnahmen gemeinschaftlich geführt werden. (...) Dabei mag es dahingestellt bleiben, ob die Zeit schon reif ist, ein Europäisches Außenministerium zu schaffen, oder ob zunächst in einem Außenministerrat die gegenseitigen Interessen abgestimmt werden sollen. Sicher ist nur, daß die gemeinsame Ausrichtung unerläßlich ist."[121]

Adenauer war ebenfalls dieser Meinung. Nach Schumans Erklärung von Ottawa unterschied Adenauer den Pleven-Plan von der EVG sehr klar, denn letztere beruhte auf dem Prinzip der Gleichberechtigung. Er machte geltend, daß nicht die Außenminister des Atlantikrats, sondern der Stab des obersten Befehlshabers, in dem auch Deutsche sitzen sollten, einheitliche militärische Entscheidungen treffen sollte. Demnach strebte er einen Vertrag an, in dem die gegenseitigen Interessen festgelegt, die Verpflichtung zu gemeinsamer Konsultation ausgesprochen und, wenn möglich, auch die Richtlinien für eine gemeinsame Außenpolitik festgelegt würden.[122] Über die Vorbehalte und Restriktionen hingegen, die im Generalvertrag enthalten sein sollten, war Adenauer offensichtlich beunruhigt. Er glaubte, daß der Vertragsentwurf die Nichtanerkennung Deutschlands als einen gleichberechtigten Partner innerhalb der Europäischen Gemeinschaft bedeutete. Im einzelnen kritisierte er die beabsichtigte Einsetzung eines Botschafterrats, der durch Mehrheitsbeschluß in die Führung der auswärtigen Angelegenheiten der Bundesrepublik eingreifen könnte. Der Hochkommissar hätte in diesem Fall lediglich seinen Namen geändert. Die Idee der Europa-Armee werde zunichte gemacht, falls irgendwelche Restriktionen, etwa in der Frage der Herstellung von Flugzeugen, bestimmter schwerer Waffen oder der atomaren Forschung, nicht für alle Mitglieder dieser Ar-

---

120 BA NL Blankenhorn 7a, S. 119, Tagebuch, Sonntag, den 16. Sept. 1951.
121 BA NL Blankenhorn 8a, Bl. 43-63, Rede von Brentanos bei der NEI-Tagung in Bad Ems, 14.-16.9.1951
122 Tee-Empfang vom 20. September 1951, in: Adenauer, Tee-Gespräche 1950-1954, Rhöndorfer Ausgabe, bearb. von H.-J. Küsters 1984, S. 146ff.

mee gleichermaßen gelten würden.[123] Hieraus läßt sich erkennen, daß Adenauer Schumans Vorhaben, eine europäische politische Autorität zu schaffen, ohne weiteres befürwortete.

3. Der italienische Vorstoß zu einer politischen Integration

Der amerikanische Vorschlag für einen Wiederaufbau deutscher Streitkräfte im Rahmen der NATO im September 1950 wurde von Italien begrüßt, denn der deutsche Beitritt zur NATO hätte auf der einen Seite eine Verschiebung der westlichen Abwehrfront vom Rhein zur Elbe und damit eine bessere Garantie für Italien aus militärstrategischer Sicht bedeutet. Auf der anderen Seite könnte die schnelle Rehabilitation der deutschen Wirtschaft bewirken, daß die finanzielle Belastung Italiens verringert würde. Die italienische Regierung befürwortete durchgängig nach dem Zweiten Weltkrieg die deutsche Gleichberechtigung und wirtschaftliche Rehabilitation.[124] Hingegen war der Pleven-Plan für Italien in dieser Hinsicht eher nachteilig als vorteilhaft. Dazu kam, daß die USA und Großbritannien anfangs dem Plan entgegentraten. So liegt es auf der Hand, daß Italien den amerikanischen Vorschlag gegenüber dem Pleven-Plan bevorzugte. Der Konflikt zwischen Frankreich und den USA im Hinblick auf die deutsche Wiederbewaffnung verursachte jedoch Unruhe in der römischen Regierung, weil Italien aufgrund seiner bilateralen Beziehung mit Paris den Pleven-Plan nicht einfach ablehnen konnte. Frankreich war für Italien ein wichtiger Partner, der auf der internationalen Bühne Sympathie für die italienische Position zeigte. Die christlich-demokratischen Parteien beider Länder, der MRP und die DC, hatten in vieler Hinsicht, vor allem hinsichtlich der europäischen Integration, enge Kontakte zueinander. Die DC mußte für den Fall des Scheiterns des Pleven-Plans und eines daraus folgenden Sturzes der Regierung mit christdemokratischen Beteiligung befürchten, daß sich in Italien ähnliches ereignen würde.[125]

Zwischen dem 12. Und 14. Februar 1951, kurz vor der Eröffnung der Pleven-Plan-Konferenz in Paris am 15. Februar 1951, trafen De Gasperi und Außenminister Sforza mit Schuman und Pleven in Santa Margherita zusammen, um im Vorfeld über den Pleven-Plan und über die europäische Integration im allgemeinen zu sprechen. De Gasperi und Schuman stimmten überein, die supranationalen Sonderbehörden weiterhin analog zur Montanunion zu bilden, in der Hoffnung, daß solche Behörden, einfach durch ihre Addition die Struktur Europas verwandeln könnten, so daß eine enge Verbindung unter den europäischen Staaten entstünde. Schuman brachte zum Ausdruck, es sei wünschenswert, daß die beiden Länder ihre Kooperation in der Pariser Konferenz demonstrieren würden. Ohne darin übereinzustimmen, unterstrich De Gasperi jedoch, es sei notwendig, die Priorität auf die in möglichst enger Verbindung mit der NATO stehende europäische Verteidigungsorganisation zu setzen und die deutschen Streitkräfte so schnell wie möglich in diesem Rahmen aufzustellen. Hieran ist das vorsichtige Herangehen Italiens ersichtlich: Zunächst wartete Italien ab und sah zu.[126] Ungeach-

---

123 FRUS 1951 III Part 2, The United States High Commissioner for Germany (McCloy) to the Secretray of State, Frankfurt, September 25, 1951, secret priority.
124 Vgl. Guillen, Pierre, L'Italie et le problème allemand 1945-1955, Relations internationales, numéro 51, automne 1987, S. 271-275.
125 Varsori, A., Italy and the European Defense Community: 1950-54, S. 103f; ders., Italy between Atlantic Alliance and EDC, 1948-1955, S. 273f.
126 AN 457 AP 38, procès-verbal des entretiens de Santa Margherita, 12.-14. fév. 1951. Außer den

tet der „besonders herzlichen Atmosphäre"[127] schlug der französische Versuch, sich der italienischen Unterstützung in der Konferenz über den Pleven-Plan zu versichern, fehl. Immerhin gelang es Schuman, De Gasperi und Sforza zu einer etwas freundlicheren Erklärung über die Teilnahme Italiens an der Pleven-Plan-Konferenz zu bewegen.[128]
In der ersten Runde der EVG-Verhandlungen war die italienische Delegation zunächst sehr reserviert geblieben. Sie versuchte, die supranationale Komponente der Europa-Armee zu begrenzen. Sie trat für eine kollegiale Formierung des Kommissariats und für das Einstimmigkeitsprinzip im Ministerrat ein. Vor allem wollte sie die Vergemeinschaftung der nationalen Armeen, und damit die der nationalen Verteidigungsetats, möglichst minimieren.[129]
Angesichts des Kurswechsels der USA im Juli 1951 hin zur EVG-Lösung mußte sich die italienische Regierung zwangsläufig für die EVG-Lösung aussprechen. General Murras behauptete zwar weiterhin, Italien solle und könne eine ähnliche Politik wie England betreiben, d.h. an der Pariser Konferenz nur als Beobachter teilnehmen. Sforza entgegnete ihm jedoch in einem Brief vom 21. Juli 1951: „Um eine solche Politik zu betreiben, müßte man wie Großbritannien über ein wirtschaftliches und militärisches Potential und über eine Großmachtposition verfügen, was bei uns leider nicht der Fall ist. Wir dürfen auf gar keinen Fall von den europäischen Initiativen abgeschnitten werden, die zu engeren Übereinkünften zwischen den anderen Staaten des Kontinents führen."[130]
Adenauer stattete De Gasperi in Rom vom 14.-21. Juni 1951 einen Besuch ab, also in der letzten Phase der ersten EVG-Verhandlungen in Paris. Beide Staatsmänner stimmten in der Notwendigkeit einer italienisch-deutschen Kooperation für eine politische Union des alten Kontinents überein. Nach Sforza wurde zwischen dem Besucher und dem Gastgeber Einigkeit über die Hauptfragen erzielt, obwohl immer noch kleinere Fragen zwischen Deutschland und Italien offenließen, ob sich Frankreich, Italien und Westdeutschland nun zu einem „Kleineuropa" zusammenschließen könnten.[131] Beiden Staatsmännern galt die britische Abwesen-

---

europäischen Themen wurden viele beide Länder betreffende Fragen verhandelt. Vor allem äußerte De Gasperi Verständnis für die Schwierigkeit der Ratifizierung der schon unterzeichnete Zollunion beider Staaten in der französischen Nationalversammlung. Dagegen bot Schuman seinem italienischen Amtskollegen an, die italienische Emigration nach Frankreich und dem TOM zu fördern; Vgl, von Guillen, Pierre, L'Italie et le problème allemand 1945-1955, Relations internationales, numéro 51, automne 1987, S. 283.

127 Guillen, Pierre, Les questions européennes dans les rapports franco-italiens de la rencontre de Santa Margherita (févr. 1951) au voyage de Pierre Mendès-France à Rome (janv. 1955), in: E. Serra und J.B. Duroselle (Hrsg.), Italia e Francia, S. 31-48, hier S. 31.

128 Chenaux glaubte, daß die Zusammenkunft einen realen Ausgangspunkt zur europäischen Föderation markierte. Angesichts der Tatsache, daß Schuman und De Gasperi zu jener Zeit die föderalistische Methode nicht befürworteten, ist diese Bewertung jedoch übertrieben (Chenaux, P., Une Europe vaticaine?, S. 159ff).

129 Meier-Dörnberg, Wilhelm, Die Planung des Verteidigungsbeitrages der Bundesrepublik Deutschland im Rahmen der EVG, in: Anfänge westdeutscher Sicherheitspolitik 1945-1956. Bd. 2. Die EVG-Phase. München. 1990. S. 658; Varsori, Antonio, Italy and the European Defense Community: 1950-54, S. 106; Magagnoli, R., Die italienische Europapolitik 1950-1955, Essen 1998, S. 46-56.

130 Zitiert nach: Magagnoli, R, Die Italienische Europapolitik 1950-1955, S. 66.

131 AMAE Europe 44-60, Italien, Vol. 43, Note du 11.7.1951, a.s. Commentaire d'Adenauer devant un cercle d'intimes sur les résultats de son voyage à Rome, 30 juin 1951; PAAA BüSt 1949-1967,

heit in der europäischen Integration nicht als so großes Hindernis, wie sie es Mollet erschien. Im August 1951 teilten De Gasperi und Adenauer ihrem französischen Amtskollegen ihre Übereinstimmung zu einer politischen Integration mit und wünschten, daß Frankreich eine Initiative hierzu ergreifen sollte.[132] In einer Unterredung mit Alphand am 14. Juli 1951 präzisierte Sforza die Bedingungen für die italienische Unterstützung der EVG: So müsse Italien bei der Bewertung eines Vertragsprojekts berücksichtigen, „a) ob das Projekt tatsächlich als essentielle Etappe für die europäische Union eingeordnet werden kann, b) ob zu diesem Zeitpunkt die Haltung der am Pleven-Plan und am Schuman-Plan beteiligten Staaten erkennen läßt, daß vor der parlamentarischen Ratifizierung oder vor dem Inkrafttreten des Vertrages das Problem einer europäischen Föderation einer internationalen Konferenz zur Prüfung vorgelegt wird, c) ob die Vertragsklauseln gewährleisten, daß sich die gemeinsamen Verteidigungsanstrengungen im Einklang mit der wirtschaftlichen und finanziellen Lage der Teilnahmerstaaten vollziehen, soweit es den der supranationalen Autorität zu überweisenden (finanziellen) Beitrag betrifft, (...) was mit anderen Worten heißt, das die reichen Staaten die Ausgaben für die ‚europäische' Bewaffnung der armen Staaten mittragen."[133]
Die italienische Hinwendung zur EVG wurde noch nicht ganz vollzogen. Die italienische Delegation in den EVG-Verhandlungen setzte auf das „Zwei-Lösungen-Modell". Die eine war die bisherige „bescheidene Lösung", die die Beibehaltung der nationalen Verteidigungsministerien und des Verteidigungsetats, die Begrenzung der Vergemeinschaftung der nationalen Streitkräfte unter der supranationalen Organisation etc. vorsah. Die andere war die „ehrgeizige Lösung", die die Bildung einer „wirklichen Teilföderation (...) mit einer Übertragung der staatlichen Beiträge an die föderativen Organe" anstrebte, wobei diesen „die der Verteidigung und eventuell auch die der EGKS inhärenten Aufgaben zugeteilt würden." Dabei sollte der für Italien wichtige Sektor der Arbeitskräfte in die Teilföderation mit einbezogen werden. Die italienische Delegation hielt an diesem „Zwei-Lösungen-Modell" bis zum September 1951 fest, als sich die der italienischen „bescheidenen Lösung" ähnlichen niederländischen und deutschen Minimallösungen als nicht mehr durchsetzbar erwiesen hatten.[134] Nach drei Monate dauernden komplizierten internen Auseinandersetzungen über die Zielsetzungen der italienischen Europapolitik - inzwischen übernahm De Gasperi das Amt des Außenministers von Sforza - wich Italien erst mit dem Aide-Mémoire vom 9. Oktober 1951 von seiner bisherigen obstruktiven Taktik in den EVG-Verhandlungen ab, nahm eine konstruktivere Haltung ein und tendierte nun in Richtung Föderation. Diese italienische Hinwendung zur EVG wurde dadurch gekennzeichnet, daß es an der EVG jedoch nicht teilnehmen wollte, ohne politische Fragen der Europa-Armee zu diskutieren. Das hieß, daß Italien nunmehr auf die bisherige „Minimallösung" verzichtete und zu der „Maximallösung" der europäischen Föderation vorstieß.
Womit ist diese Hinwendung zu erklären? Der bekannte föderalistische Idealismus De Gasperis stellte einen allgemeinen gedanklichen Hintergrund für den italienischen Vorstoß dar.

Bd. 63, aus der „Continental Daily Mail" vom 20.7.1951, Neue Hoffnung für „Klein-Europa" von Graf Carlo Sforza - italienischem Außenminister.
132 FRUS 1951, III, Part 1, S. 1256-1257, memorandum of Conversation, by the Assistant Secretary of State for European Affairs (Perkins), Washington, September 12, 1951, Top secret.
133 Zitiert nach: Magagnoli, R., Die italienische Europapolitik 1950-1955, S. 63-64.
134 Zitiert nach: Ibid., S. 71-72 und 79-91.

Seiner Argumentation zufolge war die Beendigung der Feindschaft zwischen Deutschland und Frankreich, die Italien zu einer immer schwierigen Option zwischen beiden Ländern gezwungen hatte, von enormer Bedeutung.[135] Die italienische Initiative hatte ferner nationale Motive und Hintergründe:

Erstens fürchtete De Gasperi eine deutsch-französische Hegemonie innerhalb der Gemeinschaft und strebte allein schon deshalb eine supranationale Ausrichtung der Gemeinschaft an. Das wurde bereits in den ersten Runde der EVG-Verhandlungen ersichtlich. Die Verhandlungspartner der USA waren Frankreich und Westdeutschland; Italien gehörte nicht dazu. Im atlantischen Kontext konnte Italien eine wichtige Rolle in der südlichen Flanke spielen. Italien erwartete einen amerikanischen „Counterpart" im Rahmen der NATO aufgrund seiner guten bilateralen Beziehungen mit Washington. In der EVG hingegen würde Italien jede Chance zur Vertiefung der bilateralen Kooperation mit Washington und zur Einflußnahme auf die USA zugunsten der für die extreme Rechte wichtigen italienischen Revisionspolitik hinsichtlich Triests verlieren, während allein Frankreich und Westdeutschland die amerikanische Verhandlungspartner wären und so alle Vorteile des militärischen Bündnisses genießen könnten.[136] Diese deutsch-französische Hegemonie wurde ebenso im finanziellen Bereich befürchtet. Hier zeigte sich das Problem der Finanzbeiträge der Mitgliedstaaten bzw. eines gemeinsamen Haushalts. In dem Zwischenbericht vom 24. Juli 1951 wurde diese Frage vorerst offen gelassen. Angesichts der realen Machtverhältnisse, so befürchtete vor allem Wirtschaftsminister Pella, würden die beiden Staaten einen Großteil der relevanten wirtschaftlichen und finanziellen Entscheidungen treffen, und die spezifischen Interessen Italiens würden ignoriert werden. Außerdem würde das EVG-Lohnsystem zu einer krassen Steigerung der niedrigen italienischen Löhne sowohl im militärischen als auch im zivilen Bereich und damit zu einer verheerenden Inflation führen.[137] Diese Angst kam am deutlichsten im Bericht des damaligen italienischen Vertreters in der OEEC, Giovanni Malagodi, zutage: „Eine Gemeinschaft, in der Frankreich und Deutschland vorherrschen würden, würde in Richtung zur Verteidigung der Elbe orientiert und würde zu den Problemen der Grenze mit Jugoslawien und des Mittelmeeres ziemlich unempfindlich sein. (...) Das Projekt einer Verteidigungsgemeinschaft, wie es im Bericht vom 24. Juli aufgezeigt wird, entspricht gerade der schlimmsten Lösung für uns. Nicht nur, daß unsere Außen- und Verteidigungspolitik einem Kommissar unterstellt werden, der kaum beeinflußt werden kann, von einer Versammlung, in der wir höchstens ein Drittel der Stimmen haben, sondern auch unsere Wirtschafts- und Sozialpolitik, die letztendliche Entscheidung über die Höhe der Gehälter, die amerikanischen Hilfsleistungen - kurz gesagt die Kommandostellen der italienischen Wirtschaft - würden in die Zuständigkeit eines Kommissars geraten, ohne daß dieser auch nur ansatzweise gegenüber der Versammlung verantwortlich wäre, die nur für die militärischen Fragen zuständig sein würde."[138]

---

135 Vgl. Preda, D., From a Defense Community to a Political Community, S. 189-206; AMAE Europe 44-60, Italie, Vol. 222, Bl. 16-25, dépêche de F. Duparc à G. Bidault, a.s. La France et l'Italie au début de 1953, 9.1.1953.
136 Varsori, A., Italy between Atlantic Alliance and EDC, 1948-1955, S. 275; Willis, F. Roy, Italy chooses Europe, Oxford 1971, S. 33.
137 Varsori, A., Italy and the European Defense Community, 1950-54, S. 105.
138 Zitiert nach: Varsori, A., Italy between Atlantic Alliance and EDC, 1948-1955, in: Ennio Di Nolfo (ed.), Power in Europe? II, S. 276f.

Eine europäische politische Gemeinschaft, deren Versammlung mit weitgehenden Befugnissen über die Bewilligung des vergemeinschafteten Verteidigungsetats, die Bildung und Abberufung des Kommissariats ausgestattet wurde, hielt die italienische Regierung für am besten geeignet, um ihren Willen mittels der Stimmenzahl der Abgeordneten stärker zur Geltung bringen zu können.
Dazu trug die Enttäuschung, die De Gasperi beim Besuch in Washington vom 24.-26. September 1951 erlebte, in besonderem Maße bei. De Gasperi konnte seine sehr weitgesteckten wirtschaftlichen und politischen Ziele nicht im mindesten erreichen. Der am 26. September von Acheson und Pella unterzeichnete Vertrag über Freundschaft, Handel und Schiffahrt regulierte zwar den Kapitalverkehr zwischen beiden Staaten und schuf damit die Voraussetzungen für vermehrte amerikanische Kredite an Italien, in der zentralen Frage der Emigration waren die Amerikaner jedoch kaum zu einem größeren Entgegenkommen bereit. In den Gesprächen nahm die Frage der EVG neben den zentralen Fragen der Revision des Friedensvertrages und der US-Wirtschaftshilfe einen relativ untergeordneten Stellenwert ein und wurde kaum eingehender behandelt. Die Amerikaner gaben den italienischen Besuchern jedoch deutlich zu verstehen, daß sie die EVG voll unterstützten und die schnelle Unterzeichnung eines Vertrages über die EVG wünschten. Nach Magagnoli ist es plausibel, daß De Gasperi klar geworden war, daß der Wert Italiens in Washington und damit seine Verhandlungsposition in nicht unerheblichem Maße davon abhing, welche Rolle Italien in Europa und im europäischen Integrationsprozeß spielte.[139]

Zweitens erschien eine rein militärische Gemeinschaft den Italienern nicht nur unpraktikabel, sondern im Hinblick auf die geringe Begeisterung der Italiener für militärische Fragen auch problematisch. Die Kommunisten (PCI) und die Nenni-Sozialisten (PSI) verstärkten ihre Friedenspropaganda angesichts der EVG-Verhandlungen. Die DC war nicht stark genug, um diesem Angriff den Wind aus den Segeln zu nehmen. Es schien De Gasperi daher noch dringlicher als früher, anstelle der unpopulären militärischen, die politischen und wirtschaftlichen Aspekte in den Vordergrund zu stellen. De Gasperi hoffte, die öffentliche Meinung davon überzeugen zu können, daß die EVG einen Beitrag für die auf die wirtschaftlichen und politischen Vorteile für Italien abzielende breitere „Friedenspolitik" darstellte. Die politische Integration sollte und konnte „ein nützliches Tarnmanöver zum Verbergen der unangenehmeren Implikationen des Vertrags" sein.[140]

An dritter Stelle sind die wirtschaftlichen Interessen Italiens zu nennen: Mobilität oder Emigration der italienischen Arbeitskräfte in die anderen EGKS-Staaten. Der italienische Vierjahresplan für Liberalisierung und verstärkte Investitionen, welcher der OEEC 1948 vorgelegt worden war, sah zur Bewältigung des Handelsdefizits sowohl amerikanische Hilfe als auch den Zufluß ausländischer Währungen vor, die aus fortgesetzter Emigration resultieren würden. Etwa 10 % aller italienischen Importkosten sollten durch die Überweisungen von Emigranten gedeckt werden. Hinzu kam, daß die Auswanderung zur Lösung der Arbeitslosigkeit dienen sollte. Um diese Ziele zu erreichen, war netto ein Auswanderungssaldo über 800.000 Menschen in vier Jahren erforderlich. Selbst wenn dieses Ziel erreicht worden wäre, hätte die

---

139 Diese Meinung vertrat P. Pastorelli. Dieser schließen sich auch Preda und R. Magagnoli an (Magagnoli, R., Die italienische Europapolitik 1950-1955, S. 87-88).
140 Zitiert nach: Varsori, A., Italy and the European Defense Community: 1950-54, S. 106f.

Arbeitslosenquote 1953 immerhin noch 8 bis 9 % betragen. Dieser Umstand stellte eine ernsthafte Bedrohung für die labile neugegründete Republik Italien dar.[141] Daher wollte die italienische Regierung langfristig ihre Emigrationspolitik im Rahmen der europäischen Gemeinschaft sichern. Die Emigration wurde eine integrale Komponente nicht nur der Wirtschafts-, sondern gleichzeitig auch der Außenpolitik nach dem Zweiten Weltkrieg. Die italienische Regierung mußte die Bedingungen für die wirtschaftliche Stabilität und politische Lebensfähigkeit Italiens durch die Verhandlungen über die Öffnung des ausländischen Arbeitsmarktes schaffen. Dies führte Italien unweigerlich dazu, neben dem traditionellen Bilateralismus die supranationale europäische Integration zu verfolgen. Die italienische Regierung hatte sich immer wieder bemüht, diese Frage auf der europäischen Ebene - etwa in den OEEC-Verhandlungen und in den EGKS-Verhandlungen - zu lösen. Das erwies sich jedoch als nicht erfolgreich. Der EGKS-Vertrag hinterließ nur den bescheidenen Artikel 69, der die nationalen Grenzen allenfalls für qualifizierte Fachleute durchlässig machen sollte.[142]

In den im April 1951 abgeschlossenen EGKS-Verhandlungen sowie in den in Gang gesetzten EVG-Verhandlungen wurde die schwache Position der italienischen Regierung noch deutlicher. Diese Erfahrung ließ De Gasperi versuchen, die Position der italienischen Regierung in den EVG-Verhandlungen zu stärken, indem er weitergehendere Befugnisse der EVG-Versammlung forderte. Obwohl die italienische Delegation die Liberalisierung des Arbeitsmarktes im Oktober-Memorandum nicht erwähnte, verbarg sich diese Absicht mit Sicherheit darin. Dieses Interesse Italiens wurde bereits vor dem Beginn der EPG-Beratungen im September 1952 bekannt. Vor allem, um den französischen und den deutschen Arbeitsmarkt für die italienischen Arbeitskräfte zu sichern, war es für Italien erforderlich, innerhalb der Sechser-Gemeinschaft eine einflußreiche Position zu gewinnen und einen für Italien vorteilhaften Grad an wirtschaftlicher Integration zu schaffen.[143]

Zuletzt ist der Einfluß der europäischen Idee bei der Formierung der neuen Europapolitik De Gasperis zu betrachten. Spinelli war überzeugt, daß Freiheit und Gerechtigkeit, namentlich die Garantie des Menschenrechts, die bis dahin im Rahmen eines Nationalstaates erreicht werden sollte, nun auf der europäischen Ebene garantiert werden sollten. Für ihn war die Schaffung der europäischen Föderation selbst wichtiger als die Frage, ob die Föderation sozialistisch oder kapitalistisch sein sollte und ob sie als „Dritte Kraft" oder aber Amerika-orientiert aufgebaut werden sollte. Das wirkte vorteilhaft für Spinelli in einer Zeit, in welcher die europäische Integration als zunehmend der globalen Politik der USA untergeordnet erschien. In diesem Punkt unterschied sich der Standpunkt Spinellis von dem der Anhänger der Idee der „Dritten Kraft", namentlich der SFIO. Um dieses Ziel zu erreichen, erarbeitete er

---

141 Programma economico italiano a lungo termine 1948-49, 1052-53 presentato dal Boverno italiano all'OCEC nel'ottobre 1948, im Ministerium für Budget. in: Romero, Federico, Migration as an issue in European interdependence and integration: the case of Italy, in: Milward, A. et al. (Hrsg.), The Frontier of national Sovereignty. History and Theory, 1945-1992, London 1993, S. 38. Zur Bedeutung der Emigration von Arbeitskräften Italiens siehe Anhang 1.
142 Romero, Federico, Migration as an issue in European interdependence and integration: the case of Italy, in: Milward A. et al. (Hrsg.), The Frontier of National Sovereignty. History and Theory, 1945-1992, London 1993, S. 38-43.
143 DBPO II, Vol. 1, S. 997, Minute from Mr. Macmillan to Mr. Eden, 25 October 1952; Varsori, Antonio, Italy and the European Defense Community: 1950-54, S. 107.

einige bemerkenswerte Strategien.[144] Er konkretisierte die Umsetzung der konstitutionellen Methode durch die Forderung nach der Einberufung einer verfassunggebenden Versammlung. Seit 1944 drang er auf eine solche, etwa nach dem amerikanischen Philadelphia Modell, als den einzigen Weg zur europäischen Föderation. Diese Strategie leitete sich aus seinem Mißtrauen gegenüber den Berufsbeamten und Diplomaten ab. Spinelli meinte, daß dieser Gedanke in weiten Kreisen der Bevölkerung vorherrschend sei. Er sah in dem Zirkel von Diplomaten, zivilen Beamten und Militärs das größte Hindernis für die europäische Integration, weil ihr Status und ihre Macht auf den Nationalstaaten beruhten. Dagegen könnten die vom Volk gewählten Politiker und Parlamentarier durch die öffentliche Meinung leichter beeinflußt werden als die erste Gruppe. Seine Strategie richtete sich darauf, die Politiker so zu beeinflussen, daß sie eine verfassunggebende Versammlung initiierten. Diese Versammlung sollte eine Verfassung der Vereinigten Staaten von Europa ausarbeiten, die zumindest die Befugnisse in den Angelegenheiten der Militär- und Sicherheitspolitik, der Außenpolitik und den zentralen Bereichen der Wirtschaftspolitik, etwa in der Zoll- und Währungspolitik, innehaben sollten.

Spinellis Strategie der verfassunggebenden Versammlung entsprach seiner Überzeugung, daß man durch die funktionalistische Methode nicht zur europäischen Föderation gelangen konnte. Er hielt den Funktionalismus für einen Kompromiß zwischen dem Nationalstaat, der auf die Souveränität nicht verzichten wollte, und der historisch unvermeidbaren supranationalen Integration Europas. Die Beharrungskraft des Nationalstaates könne, so Spinelli, durch den „Spill-over-Effekt" nicht überwunden werden, sondern nur durch die politische Methode, nämlich durch die Demonstration des Willens zur Integration über die verfassunggebende Versammlung. Vor allem nutzte er den Pleven-Plan über die Europa-Armee zu seinem Zweck geschickt aus. Seine Argumentation lautete: Ohne politische Integration könne eine Europa-Armee nicht sinnvoll funktionieren. Dies betreffe die Außenpolitik und insbesondere die demokratische Legitimation. Diese Argumentation war logisch und dadurch überzeugend. Spinelli versorgte sowohl De Gasperi und Sforza als auch Pleven und Schuman mit zahlreichen Memoranden, in welchen er die Schaffung einer politischen Gemeinschaft als Ausweg aus den Schwierigkeiten der Verhandlungen über die Verteidigungsgemeinschaft empfahl. De Gasperi sah darin die beste Lösung zur Stärkung der italienischen Position innerhalb der Sechser-Gemeinschaft, weil Italien im Parlament der EVG aufgrund der Zahl der Abgeordneten den gleichen Einfluß wie die BRD und Frankreich auf die Gemeinschaft auszuüben in der Lage wäre.

Die italienische EPG-Initiative im Oktober 1951 ist Spinelli in beträchtlichem Maße zuzuschreiben. Die Programmatik Spinellis konnte nur deswegen Einfluß auf die italienische Außen- und Europapolitik nehmen, weil sie sich mit den nationalstaatlich und realpolitisch definierten Interessen Italiens deckte. Darüber hinaus konnte die Unterstützung durch die föderalistische Bewegung in Italien, der zahlenmäßig stärksten in Europa, die innenpolitische

---

144 Hierzu und für das Folgende siehe Pistone, Sergio, Altiero Spinelli and the strategy for the united states of Europe, in: Lucio Levi (ed.), Altiero Spinelli and federalism in Europe and in the world, Milano 1990, S. 134ff; Spinelli, A., Das Wachstum der Europabewegung seit dem zweiten Weltkrieg, in: Haines, C. Grove (Hrsg.), Europäische Integration, Göttingen 1958, S. 35-59; Magagnoli, R., Die italienische Europapolitik 1950-1955, S. 84-86; Preda, Daniela, From a Defense Community to a Political Community, S. 189-206.

Durchsetzbarkeit des EVG-Projekts in nicht unerheblichem Maße erleichtern.[145] Daher ist schlußzufolgern, daß der europäische Idealismus der wichtigen Persönlichkeiten wie De Gasperi und Sforza sowie der Einfluß der föderalistischen Bewegung zwar einen allgemeinen Rahmen zum italienischen Vorstoß bildeten, daß aber die italienische Konzeption zur EPG in erster Linie einen Ausweg aus einer Sackgasse darstellen sollte, in welcher die nationalen Interessen Italiens keine Aussicht auf Durchsetzbarkeit besaßen.[146]

4. Die weiteren EVG-Verhandlungen und die Debatte des Europarats über die politische Autorität: Genese des Artikels 38 des EVG-Vertrags

In der Auslandspressekonferenz vom 25.10.1951 in Paris befürwortete Schuman das italienische Aide-Mémoire, jedoch wollte er von französischer Seite aus keine neue Initiative ergreifen, sondern diese Frage nach Absprache mit den USA und Großbritannien dem Europarat vorlegen. Diese Pressekonferenz führte in der Öffentlichkeit zu Mißverständnissen. In den darauffolgenden Wochen spekulierte man in der Presse über die Existenz eines „zweiten Schuman-Plans". Die zuständige Stelle in Frankreich erklärte, daß es sich bei dem sogenannten „Schuman-Plan Nr. 2" nicht um etwas Neues handele, sondern um eine logische Ausweitung der beiden französischen Europa-Initiativen, um ihre selbstverständliche Krönung. Die Umsetzung der Pläne und das gute Funktionieren der von ihnen vorgesehenen Institutionen müßte notwendigerweise zu einer gemeinsamen außenpolitischen Linie führen, so daß man grundsätzlich nicht von einem Plan Nr. 2 sprechen dürfe. Hinzu kam, daß Schuman angeblich bei dem Essen im Auslandspresseklub eine Woche vorher geäußert haben sollte, Frankreich würde auf der nächsten Versammlung des Europarats die Föderation Europas vorschlagen. Schuman erklärte, daß er falsch verstanden worden sei. Er habe weder von einer Föderation noch von einer französischen Initiative gesprochen. Richtig sei, daß er auf die Notwendigkeit hingewiesen habe, daß sich sowohl der Europarat als auch die einzelnen Mitgliedsregierungen in nächster Zeit wegen der Dringlichkeit des Problems mit der Bildung einer „übernationalen politischen Autorität" beschäftigen müßten.[147] In seiner Rede in Ottawa im September des Vorjahres war klar zum Ausdruck gekommen, daß Frankreich im gegebenen Augenblick die Bildung einer europäischen politischen Organisation vorschlagen werde. Doch jetzt verneinte Schuman diese Aussage und überließ es dem Europarat, sich damit zu beschäftigen. Diese widersprüchliche Haltung Schumans läßt sich auf folgende Gründe zurückführen.

---

145 Magagnoli, R., Die italienische Europapolitik 1950-1955, S. 85.
146 In diesem Sinne ist Romeros Beurteilung zutreffend: „Italy's 'Europeanism' was not only the result of the defeat in the war with a consequent search for respectability, nor just the vague response of a universalist culture to a deeply felt comparative weakness. It was in fact a requirement for the success of the government's policy and a direct function of its effort for the consolidation of the nation-state" (Romero, Federico, Migration as an issue in European interdependence and integration: the case of Italy, S. 38).
147 Die Erklärungen R. Schuman vor der Auslandspresse in Paris vom 25.10.1951, in: ID Nr. 81. Deutsche Pressestelle der Europäischen Bewegung vom 7.11.1951; FAZ vom 22.10.1951 und vom 31.10.1951; BA NL Blankenhorn Nr. 8, Notiz am 9. November 1951; PAAA II, Bd. 815, AZ 221-65, Bd. 1, Bl. 69, Inf.1064/30.10.1951; DBPO II, Vol. 1, S. 741f., O. Harvey (Paris) to Foreign Office, 26.10.1951.

Erstens hielt Schuman die Vergemeinschaftung der Außenpolitik der EVG-Staaten angesichts der schwierigen Verhandlungen über den Generalvertrag, die parallel zu den EVG-Verhandlungen im Spätherbst 1951 verliefen, für politisch inopportun. Der Generalvertrag sollte drei Vorbehalte der Siegermächte enthalten: Erstens in bezug auf Deutschland als Ganzes einschließlich der Wiedervereinigung und des Friedensabkommens, zweitens in bezug auf die Berlin-Frage und drittens in bezug auf das Recht, den Notstand auszurufen, um folgenden gefährlichen Situationen begegnen zu können: „an attack, or threatened attack, against the Federal Territory or Berlin; a serious danger to the security of the Armed Forces of the three Powers caused by a grave disruption of public or constitutional order or the grave threat of such disruption; or again, a specific request from the Federal Government." Die drei westlichen Siegermächte waren sich darin einig, daß die Bundesrepublik keine militärischen oder para-militärischen Streitkräfte einschließlich der Polizei außerhalb der EVG schaffen sollte. Dazu kam eine militärische Restriktion der Herstellung von Flugzeugen, bestimmter schwerer Waffen und der atomaren Forschung. Um die Vorbehaltsrechte zu bewahren und die Implementierung der Abkommen zu garantieren, sei es notwendig, daß die drei Botschafter immer dann in einem Rat zusammenträten, wenn Fragen aufkämen, welche diese Zusammenkunft nötig machten. „Among other things it would be for the Council of Ambassadors to declare a state of emergency, and operating under this Council will be the observation and inspection agency to be set up in security affairs."[148] Der Generalvertrag, der Frankreich als einer der Siegermächte garantieren sollte, die Bundesrepublik zu kontrollieren und in Europa den führenden Status beizubehalten, stieß jedoch auf entschiedene Ablehnung seitens der Bundesrepublik. In diesem Moment schien es Schuman, daß diese Vorbehalte Frankreichs gegenüber Deutschland mit der Vergemeinschaftung der Außenpolitik beider Staaten nicht vereinbar war. Darin lag ein schwer lösbares Dilemma Frankreichs, da es gezwungen war, sich selbst zu binden, um Deutschland zu kontrollieren.[149] Schumans Vorstellung von einer Vergemeinschaftung der Außenpolitik, die die Schutzgarantie gegenüber jeder deutschen Gefahr vervollständigt hätte,[150] verlangte auf der einen Seite von Frankreich zu große Opfer. Auf der anderen Seite war sie aber eine dem Prinzip der Gleichberechtigung entsprechende Initiative und damit ein Angebot an Adenauer. Gerade in diesem Punkt liegt die Besonderheit des EPG-Projekts im Gegensatz zu dem eher diskriminierenden Pleven-Plan. Daher begrüßte die Bundesregierung die Initiative Schumans zu einer politischen Integration, wie oben im Unterkapitel 2 dargelegt wurde.

Einen weiteren Hintergrund für die widersprüchliche Haltung Schumans zur politischen Integration stellte die Debatte des Europarats dar, die nach wie vor um die britische Teilnahme an der supranationalen europäischen Integration kreiste. Die politische Integration in Gestalt der EPG hätte den Eindruck erwecken können, es handele sich bei dieser Organisation um eine Konkurrenzorganisation zum Europarat oder um eine gegen England gerichtete Vereinigung, da der Europarat seit seiner Gründung das Ziel der „Schaffung

---

148 FRUS 1951 III, Part 2, Statement by the Chairman of the Allied High Commission for Germany (Fonçois-Poncet) to the German Federal Chancellor (Adenauer) Concerning the Agreements Reached at Washington, Frankfurt, September 24, 1951, secret; FRUS 1952-1954, V. Part 1. S. 7ff., Foreign Minister Schuman to the Secretary of State, Paris, January 29, 1952, secret.
149 Fischer, P., Die Bundesrepublik, S. 298.
150 Loth, W., Sozialismus, S. 284.

einer politischen Autorität mit beschränkten Funktionen, aber realen Machtbefugnissen" vorangetrieben hatte. Schuman wollte sich über die Haltung der neuen konservativen Regierung in Großbritannien erkundigen, zunächst über die Drei-Mächte-Erklärung und vor allem über die eventuelle europäische politische Gemeinschaft.[151]

Diese Sorge war nicht unbegründet. In den Oktober-Verhandlungen der EVG unterstützten die französische und die deutsche Delegation das italienische Aide-Mémoire, während die niederländische Regierung sich jetzt zwar notgedrungen an den EVG-Verhandlungen beteiligte, dabei aber auf einem Höchstmaß an Anbindung an die NATO beharrte und um eine engere britische Bindung bemüht war. Daher wies sie jeden Gedanken an eine politische Ausweitung der Verteidigungsgemeinschaft ohne Großbritannien weit von sich. In ihrem Kampf gegen die supranationalen Elemente des Vorhabens fand sie die Unterstützung der belgischen Delegation. Die beiden Staaten waren der Überzeugung, daß lediglich die britische Teilnahme die Waage zwischen Deutschland und Frankreich halten würde. Die Entscheidung über den italienischen Vorschlag war wegen der beharrlichen Ablehnung seitens Belgiens und der Niederlande zunächst einmal blockiert.[152]

Die PS-SFIO trat im Sommer 1951 aus der Regierung aus, spielte aber weiterhin eine entscheidende Rolle in der Nationalversammlung. Der Parteivorsitzende Mollet setzte sich seit langem dafür ein, Deutschland innerhalb einer supranationalen Organisation wiederzubewaffnen, so daß von der deutschen Armee nicht zu einem nationalen, sondern zu einem europäischen Zweck Gebrauch gemacht werden sollte. Er brachte zum Ausdruck, „ce caractère supranational de l'armée européenne est essentiel. (...) La création de l'armée européenne rend nécessaire des institutions analogues pour la politique extérieure." Somit trat er für einen „Pool Diplomatique" ein.[153] Zu der Frage, ob die europäische Integration durch ein erstes Stadium der Konföderation gehen sollte, sagte er ganz deutlich nein.[154] Deswegen begrüßte er die amerikanische Anerkennung der supranationalen EVG als Rahmen, in dem die Wiederbewaffnung Deutschlands erfolgen sollte. Die Bezeichnung „europäische kontinentale Gemeinschaft" war seiner Meinung nach jedoch problematisch. Eine supranationale europäische Gemeinschaft ohne Großbritannien war für ihn nicht akzeptabel. Die britische Ablehnung der Supranationalität würde dazu führen, „d'encourager, par contre-coup, certaines périlleuses chimères, tel le projet d'entente à trois: France-Italie-Allemagne, cette „Europe Charlemagne" dont nous avons assez dit qu'elle eût été politiquement inviable, économiquement et socialement désastreuse". Er begrüßte zwar die wohlwollende Erklärung der Briten über eine enge Beziehung zwischen der kontinentalen Integration und Großbritannien, machte aber aus-

---

151 PAAA II, Bd. 815, AZ 221-65, Bd. 1, Bl. 73, FAZ, 2.11.1951, Paris will erst abwarten. Die Entscheidung über Schumans Europa-Föderation hinausgeschoben.
152 Kersten, Albert E., Niederländische Regierung, Bewaffnung Westdeutschlands und EVG, in: Volkmann, H.-E. et al. (Hrsg.), Die Europäische Verteidigungsgemeinschaft, S. 191-219; PAAA II, Bd. 815, AZ 221-65, Bd. 1, Bl. 167, gez. von Wendland, Betr.: Belgischer Vorschlag für eine europäische Föderation, Brüssel, 29.10.1951; PAAA II, Bd. 815, AZ 221-65, Bd. 1 Bl. 71f., Botschaft der BRD in Brüssel an Auswärtiges Amt, Betr.: Senatspräsident Paul Struye zu den Aussichten einer europäischen Union. Brüssel, den 30. Oktober 1951, 221-14 Ber.Nr. 3166/51.
153 OURS AGM 107, Discours prononcé le 28 sep. 1951 faite par Guy Mollet, devant la Commission des Affaires Générales du Conseil de l'Europe.
154 OURS AGM 106, G. Mollet, L'Europe unie doit-elle passer par le stade préliminaire de la confédération?, undatiert.

drücklich klar, daß das nicht genug sei. Daher solle man sich darum bemühen, Großbritannien möglichst eng mit der kontinentalen Gemeinschaft zu assoziieren. Mollet dachte zunächst daran, dies mittels des Europarates zu realisieren.[155]

Die Bundesregierung beabsichtigte, sich vor der Diskussion in Straßburg über die von Schuman vorgeschlagene politische Integration mit der französischen Regierung abzustimmen. Blankenhorn versuchte, sich über das konkrete Konzept Schumans bei Clappier zu erkundigen. Dieser wußte jedoch nichts Genaueres darüber, versprach aber, Blankenhorn einige Tage später Näheres mitzuteilen. Blankenhorn notierte in seinem Tagebuch lediglich, daß das abgesprochene Zusammentreffen mit Clappier stattfand. Was gesagt wurde, ist nicht zu entnehmen.[156]

Monnet hielt die Idee Schumans für ungeschickt, da dies von der Opposition zu heftigen Angriffen gegen die Integration benutzt werden könnte. Daher bremste er Pleven, der seit längerem eine europäische Föderation mit echten politischen Organen vorantrieb. Statt der offenen Diskussion in Straßburg bevorzugte er, daß Schuman und Adenauer persönlich in einer vertraulichen Konferenz die Frage der obersten politischen Behörde prüften. Er wollte Schuman in diesem Sinne beeinflussen.[157] Eine solche Konferenz kam jedoch nie zustande. Das Thema einer politischen Integration wurde ohne vorherige Absprache zwischen Schuman, Gasperi und Adenauer im Europarat im Dezember zur Debatte gestellt.

Die November-Sitzung der Beratenden Versammlung des Europarates vom 27.-29. November 1951 widmete sich dieser und der damit zusammenhängenden Frage der Reform des Statuts des Europarats. In der Debatte der Beratenden Versammlung wurden mehrere Vorschläge vorgelegt. Darunter sind diejenigen der beiden französischen Sozialisten Mollet und De Felice erwähnenswert. Am ersten Tag erläuterte Mollet ein Prinzip, welches die Lösungen der aktuellen Probleme ermöglichen sollte. Wie könne man, so Mollet, die enge Beziehung zwischen Großbritannien, den skandinavischen Ländern und dem Kontinent sichern? Hierfür schlug er vor, daß die Briten und Skandinavier als Beobachter an den Sitzungen des Ministerrats und der Gemeinsamen Versammlung der EGKS teilnehmen sollten. Dadurch würde die Grundlage für eine weitere enge Beziehung zwischen ihnen geschaffen werden. Mollet legte einen Vorschlag zu einer Empfehlung an den Ministerrat vor: Die Beratende Versammlung sei der Auffassung, daß die Schaffung einer wahren Verteidigungsgemeinschaft es voraussetze, eine politische Autorität zu schaffen, die mit einer Kompetenz für die gemeinsame Außenpolitik der EVG-Staaten im militärischen Bereich ausgestattet sei. Weiterhin halte es sie auch für unerläßlich, daß sich Großbritannien aktiv an den EVG-Verhandlungen beteilige und den Charakter des Abkommens, das zwischen Großbritannien und der EGKS abgeschlossen

---

155 Le populaire du 22.10.1951, vers une Communauté „continentale" européenne. Der belgische Senatspräsident, Struye, äußerte die gleiche Meinung am 30.10.1951, nachdem er mit Schuman und Mollet über die Pressekonferenz gesprochen hatte (PAAA II, Bd. 815, 221-65, Bd. 1 Bl. 71-72, Botschaft der BRD an Auswärtiges Amt, Betr.: Senatspräsident Paul Struye zu den Aussichten einer europäischen Union. Brüssel, den 30. Oktober 1951, 221-14 Ber.Nr. 3166/51).
156 BA NL Blankenhorn 8a, Bl. 184, Tagebuch, Dienstag, den 6. November 1951; BA NL Blankenhorn 8b, Bl. 9, Tagebuch, Freitag, den 9. November 1951.
157 BA NL Blankenhorn 8a, Bl. 208-211, Aufzeichnung Blankenhorns für Adenauer, Geheim, 8.11.1951; BA NL Blankenhorn 8b, Bl. 13-15, Schreiben Blankenhorns an Adenauer, Paris, 12.11.1951.

werden sollte, bereits jetzt klar definiere. Darüber hinaus müßte man eine vollständige Integration eines liberalen Europas in die Sterling-Zone und den Commonwealth beschleunigen. Hierzu schlug Mollet eine europäische Konferenz Anfang 1952 vor, an der Repräsentanten der Regierungen und der Parlamente aller liberalen europäischen Länder sowie Vertreter aller europäischen Institutionen, vor allem des Europarates teilnahmen.[158]

De Felice[159] legte einen noch weiterreichenden Empfehlungsvorschlag über die Schaffung einer föderalen europäischen politischen Autorität vor: Die Beratende Versammlung sollte dem Ministerrat empfehlen, daß die sechs EGKS-Staaten ein Abkommen abschlössen, das eine von den Parlamenten gewählte Versammlung beauftragen sollte, einen Pakt auszuarbeiten. Dieser Pakt sollte eine föderale europäische politische Autorität schaffen, die eine enge Beziehung zu den übrigen europäischen Staaten herstellen sollte. Anschließend sollte dieser Pakt den Staaten zur Ratifizierung vorgelegt werden.[160]

Die Debatte der Beratenden Versammlung ergab im wesentlichen folgendes Bild: Der britische Innenminister David Maxwell Fyfe führte aus, daß England an einer europäischen Föderation zwar nicht teilnehmen könne, es aber den Schuman-Plan und den Pleven-Plan sehr begrüße. Zur Schuman-Plan-Behörde werde England, sobald sie eingerichtet sei, eine ständige Delegation entsenden. Was den Pleven-Plan angehe, so werde es nach dessen Verwirklichung prüfen, in welcher Form es am praktischsten an der europäischen Verteidigung mitarbeiten könne. Hingegen hatte Eden nach der NATO-Ratstagung im November 1951 in Rom in einer Erklärung festgestellt, daß Großbritannien nicht an der EVG teilnehmen würde. Diese beiden Erklärungen riefen in der Beratenden Versammlung eine große Bestürzung hervor, denn offenbar hatten viele Delegierte noch mit einer Bereitschaft Großbritanniens, sich an einer Europa-Armee zu beteiligen, gerechnet. Dem französischen offiziellen Beobachter zufolge hieß es: „Les conservateurs n'ont pas témoigné d'un esprit beaucoup plus 'coopératif' que les travaillistes."[161]

Aus diesen Gründen dachte man über kontinentaleuropäische Lösungsmöglichkeiten nach. Die Vertreter der von einer solchen Lösung betroffenen EGKS-Staaten äußerten sich hierzu folgendermaßen: Die italienischen Delegierten Jacini und Santero (beide DC) waren ebenso wie Chiostergi (République) lebhafte Fürsprecher einer politischen Einigung Kontinentaleuropas mit allen Konsequenzen. Die niederländischen Delegierten Serrarens (KVP) und van der Goes van Naters (PvdA) stimmten mit einer gewissen Zurückhaltung zu. Aus Belgien

---

158 OURS AGM 107, G. Mollet AS (3) CR. 20, 27.11.1951; PAAA II, Bd. 815, AZ 221-65, Bd. 1, Bl. 144-146, AS (3) 79, Proposition de Recommandation sur les objectifs de la politique européenne présentée par M. Mollet, 28.11.1951.

159 De Felice war ein Abgeordneter der PS-SFIO, der wie A. Philip den Föderalismus vertrat.

160 PAAA II, Bd. 815, AZ 221-65, Bd. 1, Bl. 150-152, AS (3) 86, Proposition de Recommandation tendant à l'institution d'une autorité politique fédérale Européenne présentée par M. de Felice et plusieurs de ses collègues, 29.11.1951. Der französische Sozialist Jaquet legte auch einen Empfehlungsvorschlag vor. Dieser war dem von De Felice näher als dem von Mollet, obwohl er das Wort „föderal" nicht zum Ausdruck brachte (PAAA II, Bd. 815, AZ 221-65, Bd. 1, Bl. 153-155, AS (3) 88, Proposition de Recommandation sur certaines mesures limitées, souhaitables dans l'attente d'une fédération européenne présentée par M. Jaquet et plusieurs de ses collègues, 29.11.1951).

161 AMAE Europe 44-60, Conseil de l'Europe, Vol. 2, Bl. 81-84, FS/SD, Europe, Télégramme aux Ambassadeurs, 13.12.1951.

zeigte sich insbesondere van Cauwelaert (PSC) ablehnend gegenüber dieser Lösung. Auch aus der sehr zurückhaltenden Rede Rolins (PSB) mußte man eine Ablehnung heraushören. Der luxemburgische Delegierte Margue (Sozialist) wiederum signalisierte Zustimmung für die kontinentaleuropäische Lösung. Die deutschen Stimmen waren nicht einhellig. Carlo Schmid (SPD) lehnte diese Idee ab, da diese England und Skandinavien von Europa wegund zu einer engeren Verbindung mit Amerika hinführen würde, was wiederum aller politischer Erfahrung nach eher zur dauernden Trennung von Europa führen würde. Für die deutschen Regierungsparteien sprachen sich Gerstenmaier, von Rechenberg und von Brentano übereinstimmend für die sofortige Schaffung einer kontinentaleuropäischen Föderation und einer kontinentaleuropäischen Armee aus. Was die französischen Delegierten (abgesehen von denjenigen, die die Empfehlungsvorschläge vorlegten) angeht, standen vier von ihnen im Mittelpunkt. Der Gaullist General Koenig sprach sich für eine politische Föderation aus, deren Grundlagen nach Abstimmung zwischen Deutschland und Frankreich und nach positivem Ausgang einer Volksbefragung durch eine gemeinsame verfassunggebende Versammlung festgelegt werden sollten. Vor einer politischen Einigung sei eine europäische Armee nicht möglich. Die restlichen französischen Abgeordneten äußerten Bedenken gegenüber einer kontinentaleuropäischen Föderation ohne Beteiligung Großbritanniens. Paul Reynaud (Indépendants) bezweifelte, daß das französische Parlament den Vertrag über die EVG ratifizieren würde, wenn England sich nicht beteilige. Teitgen (MRP) hatte Bedenken, ob sich eine kontinentaleuropäische Föderation ohne England verwirklichen lasse und versuchte die Lösung darin zu finden, daß die Grundlage eines kontinentaleuropäischen Zusammenschlusses von Anfang an in enger Verbindung mit England stehen sollte. In derselben Richtung äußerte sich de Menthon (MRP). Die allgemeine Debatte über die Europa-Politik wurde am 29.11.1951 abgebrochen und in der zweiten Hälfte der ersten Dezemberwoche wieder aufgenommen.[162]

Am 10./11. Dezember 1951 fand in Straßburg eine große Debatte statt, bei der die vier Außenminister Schuman, De Gasperi, Adenauer und van Zeeland auf die Rednertribüne stiegen. Als erster Redner brachte De Gasperi zum Ausdruck, daß es wichtig sei, einen Schutz nicht nur gegen äußere Bedrohungen, sondern auch gegen eine Wiederkehr innereuropäischer Bürgerkriege zu schaffen. Dieses könne nur durch die Zusammenlegung nationaler Souveränitäten, gegründet auf demokratische verfassungsgemäße Institutionen, erreicht werden, und nicht durch gemeinsame Verwaltungen ohne gemeinsamen politischen Willen, der lediglich durch zentrale Organe verwirklicht werden würde. Der erste und wichtigste Pfeiler müsse eine von den europäischen Bürgern direkt gewählte Versammlung sein, die mit gewissen Entscheidungsbefugnissen und begrenzten Kontrollrechten über das, was gemeinsam verwaltet werde, ausgestattet sei und von der ein gemeinsames Exekutivorgan abhängig sei. Der zweite Pfeiler sei „a common budget drawing a considerable part of its funds from individual contributions, that its to say, from a system of levies."[163]

---

[162] PAAA II, Bd. 634, AZ 221-25, Bd. 5, Bl. 67-75, Thierfelder, Bericht über den ersten Teil der allgemeinen politischen Debatte im Rahmen des zweiten Teils der dritten Tagung der Beratenden Versammlung des Europarates 27. bis 29 November 1951, Straßburg, den 6.12.1951.
[163] De Gasperi, in: Council of Europe, Consultative Assembly, third ordinary session (26th November - 11th December 1951), Official Report of Debates, Vol. 4, 10.12.1951, S. 988-991 (Zit.S. 990).

Dagegen erklärte van Zeeland, er sehe das Europa von morgen als eine Staaten-Konföderation. Er bezweifle jedoch, ob die geistige Reife für eine solche Lösung in allen europäischen Ländern erreicht sei. Daher weise er in bezug auf eine Autorität über die Europa-Armee die Idee einer festen „superstructure" zurück, die schwierig und sogar gefährlich für Europa sei.[164]

Schuman konstatierte: Eine entnationalisierte gemeinsame Armee dürfe weder als ganzes noch in den sie bildenden Einheiten einer nationalen Autorität gehorchen. Sie müsse der Gemeinschaft Loyalität schwören und die Gemeinschaft allein dürfe die Autorität über sie ausüben. Wenn einzelne Einheiten dieser Armee den Befehlen einer nationalen Regierung gehorchen würden, so würden sie der Desertion und Meuterei schuldig sein. Wenn eine solche Armee gebildet werde, so könne sie nur Befehle von einer Autorität entgegennehmen, die alle Teilnehmerstaaten anerkennen würden. Schuman sah also die Notwendigkeit, eine gemeinsame Außenpolitik und ein gemeinsames Budget herbeizuführen und sie der politischen Autorität zu übertragen. Aber wie sollte diese übernationale Behörde beschaffen sein? Man stelle sich, so Schuman weiter, ein Komitee vor, in dem jede Regierung durch einen Minister vertreten sei. Gründliches Nachdenken erweise die Schwierigkeit des Problems. Das Erfordernis der Einstimmigkeit für ein solches Ministerkollegium würde zur Folge haben, daß jeder Mitgliedstaat die Verwendung der gemeinsamen Armee durch ein Veto verhindern könne. Majoritätsentscheidungen hingegen würden zu einer übernationalen Behörde führen, wären aber mit den Verfassungen der Staaten unvereinbar, in denen das Recht der Kriegserklärung und die Abstimmung über die Militärbudgets den nationalen Parlamenten vorbehalten sei. Die effektive Übertragung von Souveränität auf eine einzige Exekutive genüge also nicht für die europäische Armee. Es wäre gleichzeitig notwendig, ein gemeinsames Parlament und gemeinsame Ressourcen zu schaffen, aber dies würde das Problem nicht zufriedenstellend lösen. Die Minister, die Mitglieder des Rats sind, blieben ihrem nationalen Parlament verantwortlich. Wären sie es in gleicher Weise vor der gemeinsamen Versammlung? Wie solle man sich vorstellen, daß eine europäische Versammlung die Demission eines Ministers erzwingen könnte, wenn er das Vertrauen seines nationalen Parlaments nicht verloren habe? Schuman stellte lediglich die Frage, ohne sie selbst zu beantworten.[165]

Adenauer unterstützte Schuman und De Gasperi. Bei der Planung einer europäischen Armee, so Adenauer, könne man der Frage gar nicht ausweichen, welches Organ über den Einsatz dieses Instruments entscheiden sollte. Es sei unumgänglich, zur eigentlich politischen Integration Europas etwas Entscheidendes beizutragen. Eine ähnliche Problematik ergebe sich bei den Fragen des EVG-Haushalts. In beiden Fällen stelle sich auch unausweichlich die Frage nach einer europäischen parlamentarischen Kontrolle über die Exekutive. Noch könne man kein exaktes Bild dieser Föderation zeichnen, aber man müsse, wenn das Ganze nicht erreichbar sei, den Teil davon verwirklichen, der möglich sei, und davon überzeugt sein, daß all diese Einzellösungen auf eine Koordinierung, ja Verschmelzung hindrängen könnten. Doch solle man rasch handeln. Morgen könne es zu spät sein![166]

---

164 Van Zeeland, in: Ibid., S. 991-1000 (Zit.S. 993 und 998).
165 Schuman, in: Ibid., S. 1002-5 (Zit.S. 1003f); AMAE Europe 44-60, Conseil de l'Europe, Vol. 2, Bl. 79-80, Europe, Télégramme de Parodi aux ambassadeurs, 12.12.1951, circulaire n°234.
166 Adenauer, Council of Europe, Consultative Assembly, third ordinary session (26th November - 11th December 1951), Official Report of Debates, Vol. 4, 10.12.1951, S. 1005-10 (Zit. S. 1007f

Der Austritt der Außenminister fand jedoch nur geringen Widerhall im Europarat. Der Stellvertreter des Präsidenten des Beratenden Versammlung Spaak, Victor Larock, weigerte sich, zwischen Frankreich und England Stellung zu beziehen. Er versagte den Befürwortern der EVG die notwendige Unterstützung. Viele der Abgeordneten im Europarat zögerten nach wie vor, ohne England voranzuschreiten. So zerfielen sie in zwei Gruppen: Die eine glaubte, einen letzten Appell an die Engländer richten zu müssen, die andere nahm die Ablehnung Englands zur Kenntnis und wollte ohne weitere Verzögerung weitermachen. Die erste Gruppe versammelte sich um Mollet, die zweite um Spaak und De Felice.[167]

In ihrer Nachtsitzung am 10./11. Dezember 1951 sprach sich die Beratende Versammlung für die Errichtung einer politischen Autorität im Rahmen des Europarats aus und nahm damit einen Antrag des Allgemeinen Ausschusses, der hauptsächlich von Mollet ausgearbeitet worden war, als Empfehlung 21 an den Ministerrat an. Diese lautete: „Die Versammlung (...) ist der Ansicht, daß die Schaffung einer solchen Autorität (der Vorschlag von de Felice, d. V.) zur Zeit unvereinbar ist mit der Politik mehrerer Staaten, die sich außerstande erklärt haben, eine derartige Lösung anzunehmen. (...) In der Erwägung, daß die auf Europa lastende Bedrohung mit ihrem Zwang zur gemeinsamen Organisation der Verteidigung die Aufstellung einer europäischen Armee höchst wünschenswert erscheinen läßt, an der sich möglichst viele Mitgliedstaaten des Europarats beteiligen sollen, und die ihre Weisungen von einem politischen Kontrollorgan erhalten soll, empfiehlt die Versammlung dem Ministerausschuß, diejenigen Mitgliedstaaten, die zur Konstituierung einer demokratisch-parlamentarisch kontrollierten politischen Autorität bereit sind, zum unverzüglichen Abschluß eines entsprechenden Abkommens zu veranlassen. Die Zuständigkeit dieser Autorität soll auf diejenigen Gebiete der Verteidigung und der Außenpolitik begrenzt sein, auf denen die gemeinsame Ausübung der Souveränität durch die Errichtung einer europäischen Armee und deren Einsatz innerhalb des Rahmens des Atlantikpaktes notwendig wird. Dieses Abkommen soll Form und Art der Verbindungen festlegen, die zwischen der Politischen Gemeinschaft und denjenigen Mitgliedstaaten des Europarats, insbesondere Großbritannien, bestehen, die dieser nicht angehören. Die Versammlung fordert jeden Mitgliedstaat auf, zu dieser Empfehlung Stellung zu nehmen."[168]

Gleichzeitig wurde ein Revisionsvorschlag des Statuts des Europarats angenommen: Die Versammlung „empfiehlt dem Ministerausschuß, jeden Mitgliedstaat aufzufordern, einen besonderen Minister für europäische Angelegenheiten einzusetzen. Diese Minister für europäische Angelegenheiten sollen sich regelmäßig und häufig treffen und als Vertreter ihrer Außenminister gelten, damit der Ministerausschuß die Rolle eines gelegentlichen Konsultativorgans übernehmen kann. Die Aufgabe dieses Konsultativorgans würde es sein, in enger Zusammenarbeit mit den Ländern des Commonwealth die auswärtige Politik der Mitgliedstaaten zu koordinieren. In gewissen Fällen kann diese Zusammenarbeit dazu führen, daß der Ministerausschuß Delegierte des Europarats bestellt. Die Aufgabe der Delegierten kann bestehen in Vertretung von Mitgliedstaaten bei zwischenstaatlichen Verhandlungen oder in der

---

und 1009f).
167 [167] Spaak, P.-H., Memoiren eines Europäers, Hamburg 1969, S. 284-289. Bei den Wahlen im Juni 1951 verlor A. Philip sein Mandat in der Nationalversammlung in Frankreich und damit auch das Mandat in der Beratenden Versammlung des Europarates.
168 Wortlaut in: ED Bd. 1, S. 500-502.

Verwaltung bestimmter internationaler Organisationen; in der Ausarbeitung und Förderung einer gemeinsamen Politik auf dem wichtigsten Sektor europäischer Tätigkeit, um hierdurch die wirtschaftliche, finanzielle und soziale Einigung Gesamteuropas zu fördern."[169] Das Abstimmungsverhältnis betrug 60 gegen 10 Stimmen bei 29 Enthaltungen, vornehmlich der britischen und der skandinavischen Delegierten. Der größte Teil der Neinstimmen entfiel auf die deutschen Sozialdemokraten. Vorher war der von de Felice noch einmal dargelegte Vorschlag zur Schaffung eines Bundespaktes der sechs EGKS-Staaten mit 45 gegen 41 Stimmen bei 13 Enthaltungen abgelehnt worden. Diese Resolution löste zwischen ein und zwei Uhr früh eine äußerst temperamentvolle Debatte aus.[170]

Spaak war von der Zaghaftigkeit derer, die auf die britische Teilnahme nicht verzichten wollten, tief enttäuscht. Am 11.12.1951 erklärte er seinen Rücktritt vom Amt des Präsidenten der Beratenden Versammlung. „Diese Versammlung", so Spaak, „nimmt nicht mehr die Interessen Europas wahr. (...) Wir sind am Ende unseres Abenteuers angelangt und sterben vor lauter Klugheit. (...) Wir haben am Montag (an dem die vier Außenminister ihre Rede hielten, d. V.) die Chance unseres Lebens verpaßt. (...) Wir hatten dazu nichts zu sagen und nur über eine Motion abzustimmen, zu der noch viele Delegierte 'nein' sagten. Wir hätten die sechs Länder auffordern sollen, den Versuch zu machen, ein gemeinsames Verteidigungssystem zu errichten, und wir hätten Empfehlungen abgeben sollen, wie dies am besten zu erreichen wäre. (...) Wir täten besser, die Illusion zu begraben, daß hier etwas Wichtiges passieren werde. Wir sind an nahezu allen günstigen Gelegenheiten zur Errichtung eines geeinten Europas vorbeigegangen." Spaak erklärte abschließend, das Argument, ohne Großbritannien könnte die Einheit Europas nicht erreicht werden, sei eine „bloße Ausrede".[171]

Die Ergebnisse der dritten Session der Beratenden Versammlung würdigte der französische Föderalist Frenay mit dem Ausdruck, daß dieser Tag das Ende einer Epoche und den Beginn einer neuen bedeute. Die früheren Tagungen, so Frenay weiter, hätten unter dem Zeichen von Unklarheiten gestanden, die zu Illusionen führten. Die Unklarheit läge in der ersten politischen Entschließung, die die Beratende Versammlung 1949 annahm: „Das Ziel des Europarats ist die Schaffung einer politischen Autorität mit begrenzten Funktionen, aber realen Befugnissen". Die Kontinentaleuropäer hätten unter „politischer Autorität" Regierung und Parlament verstanden, für die Briten und Skandinavier aber hätte es sich nur um eine „Autorität" im moralischen Sinne des Wortes gehandelt, etwa wie Völkerbund oder UNO, ohne daß die nationalen Staaten ihre Befugnisse übertragen hätten. Diese Unklarheit habe die Hoffnung erweckt, daß die Briten und Skandinavier an der Schaffung spezialisierter übernationaler Einrichtungen teilnehmen würden. Es habe ihrer Haltung zum Schuman- und Pleven-Plan sowie des Schweigens des „großen Europäers" W. Churchill über die europäischen Probleme nach seiner Rückkehr in die Regierung und der Erklärung Maxwell Fyfes in Straßburg bedurft, um jede Illusion verschwinden zu lassen. Jetzt wisse jedermann, daß Europa zu Beginn ohne Großbritannien geschaffen werden müsse.[172] Diese Bewertung Frenays war insofern über-

---

169 Ibid.
170 FAZ, 12.12.1951, „Spaak legt das Präsidentenamt in Straßburg nieder. Die Beratende Versammlung hört Worte bitterer Enttäuschung."
171 Neue Zürcher Zeitung, 12.12.1951.
172 PAAA II, Bd. 815, AZ 221-65, Bd. 1, Bl. 211-212, Presse- u. Informationsamt der Bundesregierung, AFP Paris, 18.12.1951, Bedeutende Fortschritte der Sache Europas, von Frenay, der Präsi-

trieben, als er behauptete, dies sei ein Sieg des Föderalismus. Eins war jedoch klar: Die Option, zunächst ohne Großbritannien auf dem Kontinent eine supranationale politische Autorität aufzubauen, erhielt dadurch größeres Gewicht.
In diesem Zusammenhang warnte Mollet vor dieser Option. Auf einer Vorstandssitzung der SFIO am 12. Dezember 1951 machte er klar, daß die EVG eine politische Autorität brauche, daß jedoch von den Bedingungen, unter denen die SFIO der EVG zustimmen würde, die britische Beteiligung erstrangig und die supranationale politische Autorität zweitrangig sei. In Bezug auf die politische Autorität glaubte Mollet nicht, „que les Anglais puissent s'orienter vers la Fédération. Certains réclament, par priorité, une autorité supranationale. Dans cette hypothèse, il n'y aurait pas de participation britannique ni du Benelux. J'estime que la présence de l'Anglais vaut mieux comme garantie qu'une autorité supranationale. Mais il faut une autorité politique. Pour éviter le danger du droit de veto de l'Allemagne, on a déjà envisagé de réclamer une majorité massive. Seul le droit de veto sera maintenu en cas de déclaration de guerre. Je me sens prêt à faire des sacrifices pour obtenir la présence de la Grande-Bretagne qui vaut, pour moi, plus que n'importe quel traité."[173] In diesem Sinne fand Mollet sich mit der oben dargelegten Empfehlung 21 der Beratenden Versammlung ab, anders als sein sozialistischer belgischer Parteifreund Spaak.[174]
Auf der Außenministerkonferenz der sechs EVG-Verhandlungspartner am 11. Dezember 1951 in Straßburg plädierte De Gasperi sehr ausdrücklich für die Aufnahme von Verhandlungen über die Schaffung einer politischen Autorität der Europa-Armee. Schuman blieb, die schwankende Mehrheit im eigenen Land und die Aversion der Benelux-Vertreter im Blick, um Vermittlung bemüht. Und auch Adenauer, dem Gleichberechtigung und rasche Westintegration wichtiger waren - auch wenn er die politische Integration grundsätzlich begrüßte -, hielt sich zurück. Stikker, van Zeeland und Bech widersprachen. Van Zeeland beharrte vor allem auf der entscheidenden Rolle des Ministerrats, der fast immer einstimmig beschließen sollte, und zwang dadurch die EVG auf der oberen Ebene der politischen Führung auf die kooperative Methode zurück.[175] Man einigte sich darauf, die schwierigen Verhandlungen über den EVG-Vertrag nicht durch die Festlegung der endgültigen Struktur einer europäischen Föderation und der Befugnisse der Versammlung zu komplizieren, also diese Frage nicht jetzt von den Sachverständigen, sondern von der späteren provisorischen Versammlung behandeln zu lassen. Diesem Kompromiß stimmten dann in der dramatischen Nachtsitzung schließlich zunächst van Zeeland und Bech, dann endlich auch Stikker zu. Damit wurde das Problem der politischen Autorität, der die Europa-Armee unterworfen sein sollte, von den unmittelbaren Vertragsverhandlungen abgekoppelt. Auf der nächsten Zusammenkunft der sechs Minister vom 27. bis 30. Dezember 1951 in Paris wurde diese Vereinbarung präzisiert, so daß diese letztendlich als Artikel 38 in den Entwurf des EVG-Vertrages aufgenommen wurde.[176]

---

dent der UEF Interview mit einem Vertreter der agence france-presse.
173 OURS, Comité Directeur, procès-verbal, Vol. 8, Réunion du 12 décembre 1951.
174 OURS AGM 108, Lettre de Mollet à V. Larock (belge), 12.12.1951.
175 Protokoll des Treffens der sechs Außenminister der Konferenz für die Organisation einer europäischen Armee, in: Straßburg, 11.Dezember 1951, in: W. Lipgens, EVG und Politische Föderation,. S. 676f.
176 Zu Artikel 38 des EVG-Vertrags siehe Anhang 2; Protokoll des Treffens der sechs Außenminister

Dieser dilatorische Kompromiß ist ein Hinweis darauf, daß die politische Autorität eine zwar dringend wünschenswerte, aber kaum unabdingbare Voraussetzung für die Europa-Armee war. Er kann durch die Schwierigkeiten bei den politischen Fragen, welche die Benelux-Staaten hervorhoben, erklärt werden. Man sollte jedoch nicht außer acht lassen, daß dieser Kompromiß von der Unentschlossenheit Schumans, die von ihm selbst mehrmals angekündigte politische Autorität konsequent innerhalb der EVG-Verhandlungen zustande zu bringen, mitverursacht wurde.

Der Kompromiß hatte zur Folge, daß nicht die EVG mit der politischen Autorität, die über die politische Dimension der Europa-Armee befinden sollte, ausgestattet wurde, sondern daß diese Entscheidungsbefugnis der NATO zufiel. Dies schien aus Sicht der Bonner Regierung problematisch, da die BRD nicht der NATO angehörte. Daher erschwerte in besonderem Maße die Frage der Beziehung zwischen NATO und EVG die EVG-Verhandlungen bis in das Jahr 1952 hinein. Als die Franzosen am 25. Januar 1952 ihren Hochkommissar im Saarland, Gilbert Grandval, in den Botschafterrang erhoben, wies daraufhin Adenauer aus Protest Staatssekretär Hallstein an, sich auf der EVG-Konferenz in Paris am 27.1.1952 der Stimme zu enthalten.[177] Dort forderte Hallstein gar den alsbaldigen Beitritt der Bundesrepublik Deutschland zur NATO, um zu verhindern, daß die deutschen Einheiten den Befehlen einer Instanz ausgesetzt würden, deren Grundlinien ohne deutschen Einfluß bestimmt werden würden. Schuman protestierte seinerseits gegen den deutschen Wunsch des NATO-Beitritts und die gleichberechtigte Regelung der Saarfrage in einem sehr eindringlichen, vom französischen Kabinett gebilligten Schreiben an Acheson und Eden vom 29. Januar 1952. Schuman ging von der Feststellung aus, daß die Europa-Armee nicht allein das Problem der Sicherheit gegenüber Deutschland lösen könne, da sie als einzig akzeptable Form der Teilnahme der BRD an der gemeinsamen Verteidigung des Westens dem Grundsatz der Nichtdiskriminierung folgen müsse, folglich also nicht die von den Alliierten in Brüssel und Washington beschlossenen Restriktionen umsetzen könne. Er forderte gemeinsame Anstrengungen der Alliierten, um in der Neuregelung des Verhältnisses zu Bonn diese Restriktionen durchzusetzen. Der Bundesregierung warf er vor, sie wolle die in den Annex-Verträgen vorgesehenen Beschränkungen, besonders das Problem der deutschen Rüstungskontrolle und des Unterhalts für die in der BRD stationierten alliierten Streitkräfte, im auf der Gleichberechtigung basierenden EVG-Vertrag regeln, wobei sich die deutsche Delegation jeder Regelung widersetze, die ausschließlich Anwendung auf die BRD finden sollte. Ohne solche Restriktionen erhalte jedoch - so der französische Außenminister - der EVG-Vertrag in Frankreich keine Unterstützung, zumal sich die französische Regierung mit dem ernstzunehmenden Problem des Kräftegleichgewichts innerhalb der künftigen europäischen Gemeinschaft konfrontiert sehe. Frankreichs außereuropäische Verpflichtungen, die demographische Überlegenheit West-

---

der Konferenz für die Organisation einer europäischen Armee, in Straßburg, 11. Dezember 1951, in: Lipgens, W., EVG und Politische Föderation, S. 679-681; Der italienische Verteidigungsminister Randolfo Pacciardi bewertete dieses Ergebnis als sehr erfolgreich und unterstützte De Gasperi weitgehend. (PAAA II, Bd. 815, 221-65, Bd. 2, Bl. 29-35, Rede des italienischen Verteidigungsministers Randolfo Pacciardi (Partito Repubblicano Italiano) auf der Tagung der Föderalisten im Teatro Sistina in Rom am 20. Dezember 1951); Kommuniqué der Pariser Konferenz über die Europa-Armee vom 27-30. Dezember 1951, in: ED Bd. 2, S. 829f.

177 Adenauer, Erinnerungen 1, S. 516ff.

deutschlands, die schnelle Erholung der Ruhrindustrien und der deutschen Wirtschaft insgesamt seien in unterschiedlichem Maße Elemente eines Ungleichgewichts, dem man korrigierende Elemente entgegensetzen müsse. In diesem Zusammenhang nannte es Schuman unabdingbar, daß Frankreich an seiner Saarpolitik festhielt, da die wirtschaftliche Union zwischen Frankreich und dem Saargebiet ein wesentliches Element der wirtschaftlichen Balance innerhalb der europäischen Gemeinschaft darstellte. Es sei auch notwendig, eine Situation zu vermeiden, in der der deutsche NATO-Beitritt auf der Grundlage der Gleichberechtigung die Substanz dieser Restriktionen auflösen und es Westdeutschland erlauben würde, unabhängig von den Restriktionen der europäischen Gemeinschaft die vollkommene Freiheit wieder zu erlangen. Mit ausdrücklichem Hinweis auf die Rede Hallsteins warnte Schuman vor den Folgen eines deutschen NATO-Beitritts, der wegen der deutschen Gebietsansprüche im Osten zweifellos in den Augen eines Großteils der Öffentlichkeit als eine radikale Veränderung des ursprünglich strikt defensiven Charakters des Bündnisses angesehen werden würde. Erst zu einem späteren Zeitpunkt, nach dem wirtschaftlichen, militärischen und politischen Aufbau der europäischen Gemeinschaft, könne man prüfen, wie diese Gemeinschaft anderen internationalen Organisationen angepaßt werden könne.[178]

Großbritannien und die USA waren der Ansicht, auf längere Sicht sei ein deutscher NATO-Beitritt unvermeidlich und wünschenswert, da ein wiederbewaffnetes Deutschland in einem Konsortium, dem die USA und Großbritannien angehörten, leichter unter Kontrolle zu halten wäre. Sie kamen dem französischen Protest jedoch entgegen, vor allem mit Rücksicht auf die öffentliche Meinung Frankreichs. Daher mußte Adenauer sich mit einem Kompromiß abfinden. Nach den zähen Verhandlungen wurde dieses so geregelt, daß die strategische und politische Ausrichtung der EVG ausschließlich durch die NATO-Instanzen erfolgen sollte. Für die Deutschen wurde eine Regel vorgesehen, daß, wenn einer der Mitgliedstaaten der Auffassung war, daß seine Sicherheit schwer bedroht war, die gemeinsame Sitzung des Ministerrats und des NATO-Rats auf Antrag dieses Mitglieds einberufen werden konnte, um geeignete Maßnahmen zu prüfen (Ziffer 1 des Protokolls über die Beziehungen zwischen der EVG und der NATO). Dies war ein Mechanismus, der es der BRD ermöglichte, an Entscheidungen, welche die BRD betrafen, auf der NATO-Ebene mitzuarbeiten, ohne die BRD zur NATO als Vollmitglied beitreten zu lassen.[179] Diese Regelung stellte die Deutschen, die wiederholt auf dem Prinzip der Gleichberechtigung beharrten, nicht zufrieden.

Was die britische Regierung angeht, so wollte diese den Geist der Washingtoner Erklärung unverändert lassen. Die Haltung der neuen konservativen britischen Regierung zu der Frage der kontinentalen Gemeinschaft kann zuerst aus der von Dixon für die bilateralen und trilateralen Gespräche vorbereiteten Denkschrift vom 31. Oktober 1951 entnommen werden. Die britische Haltung sollte von der Drei-Mächte-Erklärung nicht abweichen oder revidiert werden. Andernfalls sei damit zu rechnen, „[that] we shall undoubtedly reawaken the old suspicions and damage our relations with the European countries." Am Rande dieses Satzes notierte Eden: „no need to do this". Damit wurde die Kontinuität der Haltung der britischen Re-

---

178 FRUS 1952-1954, V, Part.1, S. 7ff., Foreign Minister Schuman to the Secretary of State, Paris, January 29, 1952, secret.
179 Maier, K. A., Die internationalen Auseinandersetzungen, S. 92f. u. 104f.

gierung zur europäischen Integration sanktioniert. Als Lösung des herkömmlichen Konflikts zwischen Frankreich und Deutschland wäre die EVG es wert, zustande zu kommen. Was das Vorhaben Schumans zu einer europäischen politischen Autorität anging, so hielt Dixon es für „cut across NATO obligations". Eden äußerte ebenfalls seine Abneigung dazu, indem er am Rande dieses Satzes bemerkte; „I am against this (die europäische politische Autorität, d. V.)." „We have already suggested", bewertete Dixon weiter, „that there should be official tripartite talks about the link-up between NATO and the EDC and until this question has been examined it would be best to leave the idea of a European political authority in the air."[180] Eden machte sich diese Denkschrift zu eigen. Er war grundsätzlich der Auffassung, daß die politische Instanz der Europa-Armee der NATO-Rat sein sollte. Denn die britische Regierung war an diesem beteiligt und konnte somit die deutsche Armee indirekt kontrollieren, ohne Teile der eigenen Souveränität abzugeben. Deswegen setzte er sich gegen die von Schuman vorgeschlagene europäische politische Autorität ein.

Die britische Regierung versuchte, ihre Beziehung zu den kontinentalen Gemeinschaften über drei Wege anzuknüpfen. *Erstens* zu der EGKS über direkte Verhandlungen mit der EGKS. *Zweitens* zu der EVG mittels einer einseitigen Erklärung der Zusicherung, daß Großbritannien angesichts der Erfordernisse der EVG und seiner Verpflichtungen im Rahmen der NATO sowie seiner besonderen Verantwortung gegenüber Deutschland beschlossen habe, seine Streitkräfte so lange auf dem Kontinent zu belassen, wie ihre Anwesenheit erforderlich sei. In der Drei-Mächte-Erklärung vom Mai 1952 wurde dies zusätzlich mit der Beistandspflicht, die im Brüsseler Abkommen niedergelegt worden war, zwischen Großbritannien, den USA und der EVG niedergelegt. „Wenn irgendeine Maßnahme von irgendeiner Seite die Integrität oder Einheit dieser Gemeinschaft bedroht, werden die beiden Regierungen (Großbritanniens und der USA, d. V.) dies als eine Bedrohung ihrer eigenen Sicherheit ansehen. Sie werden gemäß Artikel 4 des Nordatlantikpaktes handeln. Darüber hinaus haben sie beide ihrem Entschluß Ausdruck verliehen, Truppen in derartiger Stärke auf dem europäischen Kontinent einschließlich der Bundesrepublik Deutschland zu stationieren, wie sie es für notwendig und angemessen erachten, um zur gemeinsamen Verteidigung des Gebiets des Nordatlantikpaktes - in Anbetracht ihrer Verpflichtungen im Rahmen des Nordatlantikpaktes, ihrer Interessen an der Integrität der EVG sowie ihrer besonderen Verantwortung in Deutschland - beizutragen."[181] Diese Erklärung wurde in die Pariser Verträge integriert. Diese einseitigen, nicht vertraglich geregelten militärischen Konzessionen der Briten vermochten die Franzosen freilich wenig zu beeindrucken. Die Briten wollten keine zusätzlichen Streitkräfte auf dem Kontinent unterhalten, die den französischen Wünschen nach einem militärischen Kräfteausgleich gegenüber dem bevorstehenden deutschen Militärbeitrag genügt hätten. *Drittens* bemühte sich die britische Regierung, ihre Beziehung zu dem angekündigten EPG-Projekt über die Revision des Europarats, nämlich über den Eden-Plan, anzuknüpfen.

Es ist nicht uninteressant, daß aus finanziellen Gründen - die zusätzliche Unterhaltung der britischen Streitkräfte auf dem Kontinent würde zusätzliche finanzielle Unterstützung von amerikanischer Seite erfordern - Acheson die britische Regierung nicht dazu zwingen wollte,

---

180 DBPO II, Vol. 1, S. 742f., P. Dixon, Brief for the Secretary of State, Paris Talks: European Integration, Foreign Office, 31 October 1951.
181 Drei-Mächte-Erklärung vom 27. Mai 1952, in: ED, Bd. 2, S. 885f.

den französischen Wünschen zu entsprechen.[182] Die Amerikaner drängten folgerichtig die sechs Staaten dazu, sich vorerst ohne Großbritannien in der kontinentalen politischen Gemeinschaft zusammenzuschließen. Diese Meinung wurde vom NATO-Befehlshaber Eisenhower geteilt, der an Pleven und an verschiedene führende Politiker schrieb, daß die politische Gemeinschaft die einzige Lösung für alle Probleme sei und daher die verfassunggebende Versammlung möglichst bald einberufen werden solle.[183] Dazu äußerte er klar: „Jeder Versuch, Großbritannien unmittelbar in die EVG einzugliedern, würde eher als Bremsblock denn als Hilfe wirken. Großbritannien mit seinen Verpflichtungen der ganzen Welt gegenüber, mit seinem weltweiten Commonwealth von Nationen hat der Welt oft bewiesen, daß eine politische und wirtschaftliche Union bereits existiert. Sie ist ein Teil unserer heutigen Existenz, und ich glaube, das ist gut so."[184]

Im Februar 1952 fand in Frankreich eine erste große parlamentarische Debatte über die EVG statt. In dieser machte die SFIO die Zustimmung zum EVG-Vertrag davon abhängig, daß die Regierung mehrere Voraussetzungen erfüllten. Diese lauteten:
- vorläufige Beibehaltung der französischen Nationalarmee zur Erfüllung ihrer außereuropäischen Mission.
- keine Aufnahme der Bundesrepublik Deutschland in die NATO, keine Wiederherstellung einer autonomen deutschen Armee, statt dessen die Integration nationaler Kontingente unterhalb der vorgesehenen Truppenstärke, d.h. unterhalb der Division.
- Erfüllung wirtschaftlicher Vorbedingungen, die Frankreichs Eintritt in die EVG ermöglichen sollten.
- Schaffung einer supranationalen politischen Autorität, der die geplante Europa-Armee untergeordnet sein sollte. Diese sollte mit „compétence limitée mais réelle" einschließlich des Budgetsrechts ausgestattet und „responsable devant les représentants des Assemblées ou des peuples européens" sein. Eine Direktwahl war also keine Voraussetzung, sondern lediglich ein zusätzlicher Wunsch.
- anglo-amerikanische Sicherheitsgarantien im Falle von Vertragsbruch oder Vertragsverletzung durch einen Mitgliedstaat.
- Beteiligung Großbritanniens an den europäischen Institutionen.[185]
In den Februar-Sitzungen der Nationalversammlung 1952 wurde ein Resolutionsantrag der Regierung über den EVG-Vertrag mit einigen Vorbedingungen, die hauptsächlich den sozialistischen Forderungen entsprachen, am 19. Februar 1952 mit 327 gegen 287 Stimmen gebilligt. Das knappe Ergebnis mit einer Mehrheit von nur 40 Stimmen reflektierte das Ausmaß der Opposition gegen die EVG und gegen die Deutschland- und Europapolitik Schumans. 20 der 105 sozialistischen Abgeordneten stimmten dagegen, ebenso alle kommunistischen (97) und die gaullistischen Abgeordneten (113) mit einer einzigen Ausnahme. Die übrigen 57 gegnerischen Abgeordneten setzten sich aus Progressisten (4), einem Fraktionslosen (1) und

---

182 Maier, K. A., Die internationalen Auseinandersetzungen, S. 80.
183 Schröder, H., Jean Monnet, S. 268.
184 Neue Zürcher Zeitung, 24.1.1952, Erklärungen General Eisenhowers.
185 OURS, Populaire du 13 fév. 1952, Armée Européenne, Texte déposé par le groupe socialiste en date du 12 fév. 1952.

Angehörigen der Regierungsparteien (52) zusammen.[186] Die Forderungen der Nationalversammlung konnten bei den verbleibenden EVG-Verhandlungen nicht berücksichtigt werden, da die Grundzüge des EVG-Vertrags im Februar beinahe fertiggestellt waren. Doch diese Forderungen zeigten der französische Regierung, welche Punkte nachträglich verbessert bzw. neu geregelt werden sollten. Dabei ging es vor allem um die britische Teilnahme und um eine politische Integration.

Die Struktur des unterzeichneten EVG-Vertrags ist aus Sicht der Spitzenbeamten des Quai d'Orsay zu betrachten. Auf Grund der Gleichberechtigung erlangte die BRD ihren Spielraum, indem sie eine quasi-nationale Armee, die, aus Sicht der Franzosen, aller Kontrolle entzogen zu werden schien, wieder konstituieren würde. Das entsprach in keiner Weise dem ursprünglichen Zweck des Pleven-Plans. Die Aufstellung der deutschen Armee erfolgte aus Sicht des Quai d'Orsay bedauerlicherweise nicht mittels einer Integration unterhalb der Divisionsebene, statt dessen sollten die national homogenen Divisionen in gemischte Armeekorps integriert werden. An die Stelle eines noch im Pleven-Plan enthaltenen „Europäischen Verteidigungsministers", dessen Amt den Franzosen sehr wahrscheinlich zugeteilt worden wäre, war ein neunköpfiges Kommissariat getreten, wie es die anderen Partnerstaaten aus Gründen der Gleichberechtigung gefordert hatten. In diesem Sinne war die EVG weniger supranational als im Pleven-Plan vorgesehen. Kurzum, die im Pleven-Plan vorgesehenen Garantien waren aus den endgültigen Texten verschwunden.[187] Hinzu kam, daß das angeblich supranationale Kommissariat in fast allen wesentlichen Entscheidungen - bis hin zum Erlaß der Vorschriften und der Ernennung der Kommandeure des Armee-Korps und der Aufstellung des gemeinsamen Rüstungsprogramms sowie in der Ansetzung des Budgets - von einstimmigen Beschlüssen des Ministerrats abhängig sein sollte. Kompliziert war jedoch die Stimmenregelung des Ministerrats. Grundsätzlich besaß jedes Land eine Stimme. In bestimmten Fällen sollten die Stimmen allerdings über einen Mischquotienten ein unterschiedliches Gewicht erhalten, das sich nach dem jeweiligen nationalen Finanzbeitrag zur EVG wie auch nach der Effektivstärke der der EVG zugeführten Truppen bemaß (Artikel 42). Angesichts des Umstandes, daß Frankreich seine außereuropäische Verantwortung weiterführen mußte und seine wirtschaftliche Kapazität zu schwach schien, um sich die Führungsrolle zu sichern, war es aus Sicht des Quai d'Orsay nicht ausgeschlossen, daß der Ministerrat in der Tat durch eine qualifizierte Mehrheit wichtige Entscheidungen über das Budget und das Rüstungsprogramm (Artikel 77bis) zugunsten Deutschlands treffen könnte. Daher könnte Frankreich nach Deutschland und Italien auf den dritten Rang innerhalb der EVG zurückfallen.[188]

Angesichts dieser Probleme war die EVG aus Sicht des Quai d'Orsay nicht ausreichend, um die Konstituierung der deutschen Armee zu verhindern. Es war undenkbar, diesen Mangel

---

[186] Zur parlamentarischen Debatte siehe: Mittendorfer, Rudolf, Robert Schuman - Architekt des neuen Europa, Hidesheim/Zürich/New York 1983, S. 382-418.

[187] AMAE Europe 44-60, Généralités, CED, Vol. 69, Bl. 24-43, JB/SR, Note, 15 mai 1952, A.S. Traité instituant une CED; Vgl. Poidevin, R., Frankreich und das Problem der EVG: Nationale und internationale Einflüsse (Sommer 1951 bis Sommer 1953), in: Volkmann, H.-E. et al. (Hrsg.), Die Europäische Verteidigungsgemeinschaft, S. 114; Soutou, G.H., France and the German Rearmament Problem, S. 487-512.

[188] AMAE Europe 44-60, Généralités, CED, Vol. 69, Bl. 24-43, JB/SR, Note, 15 mai 1952, A.S. Traité instituant une CED.

durch technische Diskriminierung, wie z.B. die Aufstellung deutscher Einheiten unterhalb der Divionsebene, auszugleichen. Statt dessen kam die politische Integration für diesen Zweck in Betracht. Daher war es wünschenswert, „[de] différer la levée de contingents allemands jusqu'à la constitution d'un cadre politique européen, de caractère fédéral ou confédéral, dont la solidité permettrait la formation d'une armée européenne moins intégrée sur le plan technique."[189] Eine politische Integration wurde nicht als ein taktisches Mittel zur Verschiebung der Aufstellung der deutschen Armee gedacht, sondern als ein Mittel zum Ausgleich der Unzulänglichkeiten der EVG bei der Verhinderung der Konstituierung einer nationalen deutschen Armee.

---

189 Ibid.

IV. Die französisch-italienische Initiative zu einer politischen Einigung und der niederländische Vorstoß zu einer wirtschaftlichen Einigung

Die französische Nationalversammlung forderte im Februar 1952 die Regierung auf, sich mit der politischen Autorität der Europa-Armee zu beschäftigen. Die außenpolitische Kommission der Nationalversammlung mahnte am 4. Juni 1952 den französischen Außenminister hierzu erneut an, indem sie den vom Sozialisten Gérard Jaquet gestellten Antrag annahm, in welchem die Regierung aufgefordert wurde, zusammen mit den übrigen EVG-Staaten eine optimale Möglichkeit zur Verwirklichung der politischen Autorität zu finden.[190]

Am 11. Juni 1952 übersandte De Gasperi seinem französischen Amtskollegen ein Aide-Memoire über die EPG. Es sei offensichtlich, daß die Beauftragung der EVG-Versammlung mit der Ausarbeitung eines EPG-Vertragsentwurfs zu erheblichen Verzögerungen führen würde, da man zuerst die Ratifikation des EVG-Vertrags abwarten müsse, bevor die Ausarbeitung in Angriff genommen werden könne. Darum wäre es außerordentlich nützlich, die Versammlung der EGKS damit zu beauftragen, damit diese Ausarbeitung möglichst bald beginnen könne. Zum Schluß schlug De Gasperi seinem französischen Amtskollegen vor, diese Angelegenheit in der bevorstehenden Sitzung des Ministerrats der EGKS auf die Tagesordnung zu setzen und dazu gemeinsam mit ihm die Initiative zu ergreifen.[191]

Verteidigungsminister Pleven in der Nationalversammlung am 18. Juni 1952 und Premierminister Pinay auf der Pressekonferenz am 25. Juni 1952 befürworteten die Initiative zur EPG. Der französische Ministerrat beschloß, der Schuman-Plan-Versammlung ein Mandat zu erteilen, einen Entwurf für die EPG auszuarbeiten, wobei der Eden-Plan berücksichtigt werden sollte. Eine Woche später, also am 1. Juli 1952, gab Schuman diese Entscheidung auf einer Pressekonferenz bekannt und legte später auf der Ministerratssitzung der EGKS im Juli 1952 mit De Gasperi ein französisch-italienisches Memorandum zur EPG vor.[192]

Vorher waren sich Schuman, De Gasperi und Adenauer weitgehend einig, die Arbeiten außerhalb des Europarates in Angriff zu nehmen.[193] Der französisch-italienische Vorschlag für

---

190 AMJ 2/2/1 Dépêche de AFP: L'audition de M. R Schuman par la Commission des Affaires étrangères, M. Leymarie, 4.6.1952.

191 AMAE DE-CE 45-60, CECA, Vol. 522, Bl. 6-8, aide-mémoire pour M. le Président Robert Schuman, 11. juin 1953. Der italienische Rat des Ministers hörte den Plan De Gasperis und stimmte ihm grundsätzlich zu. Er unterstützte alle Vorschläge zur Beschleunigung der Schaffung einer EPG (AMAE DE-CE 45-60, CECA, Vol. 522, Bl. 16-17, Télégramme de Fouques Duparc à MAE, 28. juin 1953). In seinen Memoiren schrieb Monnet die Entscheidung Schumans zur Initiative der EPG im Juli 1952 den Bemühungen de Gasperis zu, Schuman davon zu überzeugen, die im Artikel 38 des EVG-Vertrages vorgesehene Aufgabe vorweg dem Parlament der Montanunion anzuvertrauen (Monnet, J. Erinnerungen, S. 483).

192 PAAA II, Bd. 815, AZ 221-65, Bd. 2, Bl. 90-93, von Walther an Auswärtiges Amt, Betr.: Europapolitik der französischen Regierung, Bezug: Bericht 205 Tgb. Nr. 2243/52 vom 25. Juni 1952, Paris, den 2. Juli 1952; AMJ 2/2/18 Texte de la décision du Gouvernement français, 25.6.1952, deutsche Übersetzung; V. Auriol, Journal, VI 1952, S. 412, Conseil des ministres, Mercredi, 25 juin 1952; PAAA II, Bd. 815, AZ 221-65, Bd. 2, Bl. 88, „Paris Presse" vom 26.6.1952, prochaine initiative française: la convocation de l'Assemblée constituante européenne; AMJ 2/3/1 Dépêche AFP: „Une conférence de presse de M. R. Schuman", 1.7.1952.

193 FRUS 1952-1954 VI. Part I. S. 131f., The Ambassador in France (Dunn) to the Department of State, Paris, July 23, 1952, confidential.

die EPG wurde auf dieser Sitzung jedoch nicht diskutiert, nicht nur weil in den Niederlanden unterdessen Parlamentsneuwahlen stattgefunden hatten und Stikker sich weigerte, der künftigen Regierung in dieser Frage vorzugreifen, sondern auch weil der Sitz der EGKS-Institutionen, vor allem der der Versammlung, noch nicht festgelegt worden war. Es wurde vorläufig vereinbart, auf der nächsten Sitzung der Außenminister über den französisch-italienischen Vorschlag zu sprechen. Diese Sitzung wurde von dem amtierenden Präsidenten des Ministerrats Adenauer in Luxemburg vom 8. bis 10. September einberufen. In der Luxemburger Resolution vom 10. September 1952 erteilten die sechs Außenminister der Versammlung der EGKS das Mandat zur Ausarbeitung der EPG. Durch Zuwahl von Delegierten der Beratenden Versammlung des Europarates sollte die Zahl der Abgeordneten der drei größeren Länder (Frankreich, BRD, Italien) an das Verhältnis angepaßt werden, wie es in der zukünftigen EVG-Versammlung vorgesehen war. Innerhalb von sechs Monaten nach Einberufung der EGKS-Versammlung waren die Ergebnisse vorzulegen. Das Neue an dieser Resolution waren im Vergleich zum französisch-italienischen Vorschlag vom Juli die Bestimmungen über die wirtschaftliche Integration, die in erster Linie auf niederländisches Drängen hin angenommen wurden.[194]

Damit lag zum ersten Mal die Initiative zur Fortführung der Integration nicht mehr bei den nationalen Regierungen, sondern in den Händen von Parlamentariern, und zum ersten Mal wurde - zumindest zu Teilen - die föderalistische Konstituante-Methode angewandt. Das bedeutete, daß man nun begann, das Projekt der EPG getrennt vom EVG-Vertrag zu verhandeln. Somit wurde es zu einem eigenständigen Bestandteil der europäischen Einigungsprojekte in den 50er Jahren. Diese Entscheidung stellte den dritten Schritt der von Schuman und Monnet initiierten Einigung Westeuropas dar. Für die Entwicklungsgeschichte der europäischen Integration bedeutete sie den weiteren Abschied vom Europarat, der bereits durch den Schuman- und den Pleven-Plan 1950 eingeleitet worden war.[195] Die Luxemburger Konferenz war der Geburtsort der Verhandlungen über die EPG.

Man spekulierte viel über die Hintergründe der Initiative Schumans. Zuerst ist die innenpolitische Lage im Zusammenhang mit dem EVG-Vertrag zu nennen. Der britische Gesandte in Paris, Hayter, wies auf die Forderung nach Schaffung einer Europäischen Politischen Autorität seitens der Sozialisten und Gaullisten hin, wie in der EVG-Debatte der französischen Nationalversammlung im Februar 1952 zutage trat. Des weiteren nannte er die von der sowjeti-

---

194 AMAE DE-CE 45-60, CECA, Vol. 522, Bl. 45-49, Compte-rendu de la séance des six ministres des Affaires Etrangères en date du mercredi 23 juillet 1952. Obgleich Stikker schon am 25. oder 26. Juni von dem Kabinett demissioniert worden war, beteiligte er sich im Namen der niederländischen Regierung daran, weil sich das neue niederändische Kabinett bis dahin noch nicht gebildet hatte. (AMAE DE-CE 45-60, CECA, Vol,522, Bl. 15, Télégramme de Garnier à MAE, 26. juin 1952; Ibid., Bl. 38-39, Télégramme de Garnier à MAE, 18. juillet 52, N° 925); AMAE DE-CE 45-60, CECA, Vol. 522, Bl. 50-51, Kommuniqué der Konferenz am 23./24; AMAE DE-CE 45-60, CECA, Vol. 521, Bl. 76, Télégramme de M. Schumann à Ambassadeurs de France, 31.8.1952; Die Luxemburger Entschließung am 10. September 1952, Wortlaut in: ED Bd. 2, S. 921-923; Vgl. Loth, W. Der Weg nach Europa, S. 101f; Harryvan, A.J. et al., Dutch Attitudes, S. 326.
195 Vgl. Loth, W., Der Abschied vom Europarat. Europapolitische Entscheidungen im Kontext des Schuman-Plans. in: Schwabe, K. (Hrsg.), Die Anfänge des Schuman-Plans 1950/51, Paris 1988, S. 183.

schen Noten-Offensive verursachte Unruhe in Westdeutschland.[196] Auch die Saarfrage spielte hier eine Rolle. Hierbei gilt es immer zu beachten, daß die französische Konzeption der EPG die gesamte Europapolitik Frankreichs mit einschloß. Diese sind nacheinander zu betrachten. Die Position der französischen Sozialisten wird im Zusammenhang mit dem Eden-Plan behandelt.

1. Die Position der Gaullisten: Ihre Spaltung

Auf dem Parteitag in Nancy im November 1951 sprach der RPF sich offiziell gegen die EVG aus. Seine Hauptargumentation war, daß die EVG die französische Nationalarmee zu einer staatenlosen Armee machen würde. Er fragte sich, warum von allen Großmächten lediglich Frankreich seine Armee verlieren solle. De Gaulle wollte eine gemeinsame Kommandostruktur, an der sich alle Mitgliedstaaten mit ihren nationalen Armeen beteiligten, auch die Deutschen. Auf diese Weise, meinte er, könne jede Nation, „Deutschland eingeschlossen", „ihren Patriotismus und ihre militärischen Tugenden" in die gemeinsame Verteidigung einbringen, und dennoch könne „niemand eine Hegemonie anstreben." Die negative Einstellung de Gaulles war teilweise auf die Haltung der Armee zurückzuführen, in deren Reihen de Gaulle seine stärksten Anhänger hatte. Das Offiziers-Korps gehörte teils wegen des Bewußtseins der großen militärischen Tradition Frankreichs, teils aber wohl auch aus Furcht vor der Konkurrenz innerhalb einer Europa-Armee zu den heftigsten Gegnern der gesamten Idee. In diesen Kreisen wäre wohl eine deutsche National-Armee im Rahmen der NATO weit eher hingenommen worden als eine supranationale Europa-Armee. De Gaulle war sich jedoch der widersprüchlichen Situation, mit der sich Monnet und Schuman konfrontiert sahen, bewußt. Auf der einen Seite stand die Notwendigkeit für den Westen, sich gegen einen möglichen kommunistischen Angriff zu wappnen, auf der anderen die französischerseits gewünschte Schutzgarantie gegenüber den Deutschen. Um diesen Widerspruch zu lösen, entwickelte er seine eigene Konzeption der europäischen Integration. Sie unterschied sich fundamental von der Konzeption Monnets und Schumans. Die französische Armee, kritisierte de Gaulle auf dem Parteitag in Nancy, würde bei diesem Projekt unter der irreführenden Vokabel „Europa" in einem Zwittergebilde aufgehen. Da aber Europa als eine verantwortliche und souveräne Ganzheit nicht existiere, werde die geplante Europa-Armee in der Praxis dem amerikanischen Kommando übergeben.[197]

Nachdem sich die Politik der Zerstückelung Deutschlands als nicht durchführbar erwiesen hatte, setzte de Gaulle nun auf die Option der europäischen Integration zur Lösung der Deutschlandfrage. Für ihn war die britische Abwesenheit in der europäischen Integration we-

---

196 FRUS 1952-1954 IV Part 1. S. 100, Ambassador in the United Kingdom (Gifford) to the Department of State, July 5, 1952; Ibid., S. 94, The Chargé in France (Achilles) to the Department of State, June 27, 1952; Helmont, Jacques van, Options européennes 1945-1985, Luxembourg 1986, S. 43.

197 BA NL Blankenhorn 8b, Bl. 113-114, Presse- und Informationsamt der Bundesregierung, Der Gaullisten-Kongreß brachte keine Klarheit über Bereitschaft zur Zusammenarbeit mit der Regierung, Bonn, den 27. November 1951; De Gaulles Discours prononcé à Nancy, in: C. de Gaulle, Discours et Messages, Vol. II, S. 474-480, hier 478; De Gaulles Conférence de presse, 21.12.1951, in: Ibid., S. 480-493, Zitat 488.

niger schwerwiegend, anders als für die französischen Sozialisten. Er war kaum bereit, Rücksicht auf Großbritannien zu nehmen. De Gaulles Konzeption für die europäische Integration war eine *Konföderation*. Eine direkte Vereinbarung zwischen dem französischen und dem deutschen Volk sollte die Basis dieser europäischen *Konföderation* bilden. „Damit die Westdeutschen ihre eigene Verteidigung vorbereiten können, ohne das freie Europa zu alarmieren, muß zunächst eine praktische Vereinbarung zwischen ihnen und dem französischen Volk geschlossen werden. Sodann muß auf der Grundlage dieser Vereinbarung die europäische *Föderation* organisiert werden, die das neue Deutschland einrahmt."[198] In seiner Abschlußrede der Tagung des Nationalrats der RPF in November 1951 sagte de Gaulle: „In der heutigen Welt muß das freie Europa, um sich gegen die sowjetische Gefahr verteidigen zu können, in einer *Konföderation* zusammengeschlossen sein, der auch Deutschland angehören muß. (...) Ich wollte, daß Frankreich sich über alle geschichtlichen Erinnerungen hinweg bereit erklären sollte, Deutschland in ein *konföderiertes* Europa einzuordnen."[199] Danach legte er am 28.12.1951 der Nationalversammlung zwei Resolutionsentwürfe einer europäischen Konföderation mit einer Koalitionsarmee vor, die jeweils von Gaston Palewski und General Billotte verfaßt worden waren. Diese *Konföderation* sollte mit einer von der europäischen Bevölkerung direkt gewählten Versammlung ausgestattet werden. Dieser Plan forderte jedoch die Mitgliedstaaten auf, „einen Teil ihrer Souveränität zu delegieren". Die Aufgaben der Konföderation waren umfangreich, sie lagen im Bereich der Sicherheit, der Wirtschaft und der Kultur.[200] Wichtig sei es, so forderte de Gaulle, Frankreich zu verstärken: „Aider au salut de l'Europe en aidant à son unité; mais, d'abord regrouper et rénover la nation française."[201] De Gaulle selbst brachte nicht selten zum Ausdruck, daß die Mitgliedstaaten der Konföderation ihre „Souveränität abtreten" sollten.[202] In einem „Pacte pour une Union d'Etats Européenne", den der überzeugte Gaullist Michel Debré 1950 verfaßte, wurde gefordert, daß die Union „durch Souveränitätsabtretung der beteiligten Staaten" über die Kompetenzen der Verteidigungs- und Wirtschaftsfragen verfügen sollte.[203] Daher entsteht der Eindruck, daß de Gaulle in der früheren Phase der europäischen Integration von einem föderalistischen Ansatz ausging. Dieser ist allerdings nicht mit dem tradierten Bild de Gaulles als Gegner der Supranationalität vereinbar. Vor dem Hintergrund der Aussagen, die de Gaulle in der früheren Phase der europäischen Integration machte, unternimmt Loth einen Versuch, de Gaulles Europapolitik neu zu interpretieren. Seiner Ansicht nach kritisierten die Gaullisten den Schuman-

---

198 De Gaulles Interview vom 10.7.1950, in: Discours et Messages, Vol. II, S. 374-378, Zitat 377; C. de Gaulle, Pressekonferenz am 21.12.1951, in: Ibid., S. 480-493.
199 De Gaulle, Allocution prononcée à Saint-Mandé, à l'occasion de la clôture du Conseil National du RPF, 5.11.1951, in: Discours et Messages, Vol. II, S. 469-474, Zitat, S. 471.
200 Proposition de résolution du Groupe du RPF à l'Assemblée Nationale en vue de l'organisation d'une confédération européenne, décembre 1951, in: Charles de Gaulle, Lettres, Notes et Carnets, Juin 1951-mai 1958, Paris 1985, S. 47-49.
201 Kommuniqué des Parteitags der RPF, 7.8.1949, in: Discours et Messages, Vol. II, S. 300-304, Zitat 304.
202 De Gaulles Déclaration, 17.8.1950, in: Discours et Messages, Vol. II, 379-383, Zitat 381; auch Proposition de résolution du Groupe du RPF à l'Assemblée Nationale en vue de l'organisation d'une confédération européenne, décembre 1951, in: Charles de Gaulle, Lettres, Notes et Carnets, Juin 1951-mai 1958, Paris 1985, S. 47-49.
203 Debré, Michel, Projet de Pacte pour une Union d'Etats Européenne, Paris 1950.

Plan nicht etwa, weil er zuviel, sondern weil er ihrer Auffassung nach zuwenig supranationale Elemente enthielt. Ebenso galt de Gaulles Kritik an der EVG nicht den Eingriffen in die nationale Souveränität, sondern dem Mangel an föderalistischer Durchgestaltung und wirklich europäischer Qualität.[204]

Debrés Erinnerung entkräftet aber die neue Interpretation Loths. Debré bezeugte, daß der „Pacte pour une Union d'Etats Européenne" von der allgemein akzeptierten Annahme nach der Kapitulation Hitlers ausging: „L'Allemagne ne serait pas reconstituée et il fallait donner aux futurs Etats allemands un débouché vers une *confédération* européenne dont la France serait l'animatrice et l'inspiratrice. Du jour où l'Allemagne occidentale (...) reprend avec le soutien américain les chemins de la puissance économique, quand dans le même temps, par son insuffisance, la France redevient l'homme malade de l'Occident (also etwa 1950/51, d. V.), il nous faut réviser nos conceptions de l'Europe. C'est ce que je fais alors en analysant et en condamnant la thèse des *transferts de souveraineté*. La souveraineté n'est pas une marchandise qu'on découpe. (...) L'essentiel pour les Français (...), c'est la France. Mon affirmation est d'autant plus vive que la tendance qui éclaire le traité (de la CED, d. V.) et le projet annexe de Communauté politique (...) ouvre à un démembrement si ardemment souhaité par les fédéralistes et les supranationaux qu'ils voient déjà Paris réduit au rôle de capitale de la région Île-de-France! (...) L'affirmation préalable de l'égalité des droits dans le domaine de la défense et des souveranetés aboutit à abaisser la France."[205] Debrés Erinnerung nach war die Idee der Abtretung von Souveränität - wenn man den föderalistischen Bekenntnissen de Gaulles glaubt - zwar ein Bestandteil der gaullistischen Konzeption der europäischen Integration, aber nur kurzfristig vor den Verhandlungen für die Errichtung der Montanunion. Zudem krankte diese Idee an der politischen Ungleichheit, was mit Monnets Idee der Supranationalität nicht vereinbar war. Aus Debrés Erinnerung wird eindeutig, daß die Gaullisten die Montanunion und die EVG wegen deren Supranationalität ablehnten. Wenn sie tatsächlich die föderalistische Konstruktion Europas hätten verwirklichen wissen wollen, hätten sie die funktionalen supranationalen Gemeinschaften zu ihrem Zweck gut ausnutzen und daher diesen zustimmen können, wie es Föderalisten, z.B. A. Spinelli[206], getan hatten.

Trotz dieser eindeutigen Aussage bleibt das Konzept de Gaulles über die europäische Integration unklar, weil de Gaulle die zwei Begriffe *Konföderation* und *Föderation* benutzte, ohne sie von einander zu unterscheiden.[207] Daher ist unklar, was de Gaulle unter diesen Begriffen verstand. Unter der Föderation (Bundesstaat) versteht man im deutschen Sprachgebrauch eine Verbindung mehrerer Staaten zu einem Gesamtstaat (Bund), in dem jedoch die Staatlichkeit der Gliedstaaten (Länder) erhalten bleibt. Praktisch bedeutet die Föderation, eine Bundesregierung der Vereinigten Staaten von Europa nach dem Muster der USA zu bilden. Unter der Konföderation (Staatenbund) versteht man eine lockere Bindungsform der Staaten, in der die Souveränität der Mitgliedstaaten grundsätzlich unangetastet bleibt. In der Ge-

---

204 Loth, W., De Gaulle und Europa, S. 642.
205 Debré, M., Trois République pour une France. Mémoires II, 1946-1958, Paris 1988, S. 195.
206 Pistone, S., Altiero Spinelli and the strategy for the united states of Europe, in: Levi, L. (ed.), Altiero Spinelli and federalism in Europe and in the world, Milano 1990, S. 133-140.
207 Vgl. Cohen, W. B., De Gaulle et l'Europe d'avant 1958, in: De Gaulle en son siècle, acte du colloque tenu à l'UNESCO (Paris), 19.-24.11.1990, Documentation Française, Paris 1992, Tome V. L'Europe, S. 53-64, hierzu S. 57.

schichte war die Bildung einer Konföderation häufig ein Übergangsstadium zur Föderation, so bei der Entwicklung vom Deutschen Bund (1815) zum Deutschen Reich (1871).[208] In den Quellen des italienischen Außenministeriums findet sich eine fast synonyme Verwendung der Begriffe. Diese wurden in der damaligen italienischen Staatsrechtslehre nicht deutlich voneinander unterschieden.[209] Es kann daher behauptet werden, daß de Gaulles Ausführungen den in Frankreich damals gängigen Sprachgebrauch der fast synonymen Verwendung der Begriffe widerspiegelten. Der Unterschied beider Begriffe war jedoch in Frankreich nicht unklar. Auf einer Vorstandssitzung des MRP vom 4. März 1953, die sich mit dem in Straßburg ausgearbeiteten Entwurf einer EPG befaßte, unterschied Schuman drei Methoden für die europäische Integration: „confédération, fédération et autorité specialisée (institutions restreintes, limitées, mais à caractère supranational)."[210]

Die Interpretation eines zeitgenössischen Kenners de Gaulles, Frank, ermöglicht, das unklares Bild de Gaulles hinsichtlich der europäischen Integration klar zu machen: Für de Gaulle war die europäische Integration vor allen Dingen als Lösung der deutschen Frage gedacht. Er teilte die Auffassung, daß der deutsche militärische Beitrag für die Verteidigung Westeuropas unabdingbar sei. Doch er fürchtete das materielle und physische Übergewicht Deutschlands, das sich zudem im Verhältnis zu Frankreich viel rascher vom Krieg erholt habe. Einen Ausweg glaubte er darin gefunden zu haben, den schrittweisen Methoden des Funktionalismus die Bildung einer europäischen *Föderation (Bundesstaat)* entgegenzusetzen. Er glaubte, Deutschland werde in einem Bundesstaat einer echten demokratischen Kontrolle unterworfen. Es sei jedoch sehr wichtig, so betonte Frank, daß dabei auch der Gedanke mit hineinspiele, daß die Verwirklichung eines europäischen Bundesstaates eine lange Entwicklung erfordere, die Frankreich eine weitere Chance bieten würde, die eigenen Kräfte zu stärken. Die erste Konstruktion sollte *konföderal* sein. Dabei dachte de Gaulle, daß Frankreich eine führende politische Rolle spielen solle. Frank charakterisierte die gaullistische Europapolitik als die Verschmelzung des utopischen Nationalismus der Gaullisten mit dem europäischen Realismus, dem sie sich nicht entziehen konnten.[211] Demnach war für de Gaulle die Föderation das Fernziel, wenn er jedoch von der Konföderation sprach, so bezog er sich auf die in näherer Zukunft liegenden Ziele.

---

208 Renner, G./Krätschell, H., Europäische Union, Informationen zur politischen Bildung Nr. 213, 1995, S. 6. Zur juristischen Definition dieser Begriffe siehe Jaenicke, G., Bundesstaat oder Staatenbund. Zur Rechtsform einer europäischen Staatengemeinschaft, in: völkerrechtliche und staatsrechtliche Abhandlungen. Carl Bilfinger zum 75. Geburtstag (Beiträge zum ausländischen öffentlichen Recht und Völkerrecht. Heft 29). Köln-Berlin 1954, S. 71-108.

209 Magagnoli, R., Anregungen zu einer Neubewertung der Europapolitik Alcide De Gasperis, in: Zeitschrift für Geschichte der europäischen Integration, 1998, Vol. 4, Nr. 1, S. 34.

210 AN MRP 350 AP 50, la Commission Exécutive, Compte rendu de la réunion du 4 mars 1953, 22h, S. 9.

211 PAAA III B11 Frankreich, Frank, General De Gaulle und seine Bewegung, Paris, den 29. Februar 1952, S. 103-129. Die Note ist mit dem Namen „Frank" gezeichnet. Weiteres läßt sich über den Verfasser nicht ermitteln. Der Botschaftsrat von Walther bewertete, daß diese Arbeit von eingehender Kenntnis der Materie sei und in ihren Stellungnahmen und Schlußfolgerungen als sehr abgewogen und fundiert beurteilt werden müsse.

De Gaulles kompromißlose Gegenstimme zur EVG wurde auch im Sommer 1952 laut. Der General verurteilte in einer Presse-Erklärung vom 5. Juni 1952 mit scharfen Worten die Politik der Regierung. Er sprach von „protocoles d'abandon". An der Seite des besiegten Italiens und Deutschlands solle Frankreich seine Männer, seine Waffen und sein Geld opfern. Diese Erniedrigung werde ihm im Namen der Gleichheit der Rechte auferlegt. Frankreich sei von allen großen Nationen, die heute über eine Armee verfügten, die einzige, die ihre verlieren solle. Die Franzosen hätten seit Jahrhunderten ihre Bereitschaft bewiesen, für Frankreich zu kämpfen und zu sterben. In einer entnationalisierten Armee dagegen würde dieser Orientierungspunkt verlorengehen. Führende Politiker Frankreichs müßten daher eine französische Politik treiben und sie dürften sich nicht willenlos der Politik der anderen beugen. „Il faut réaliser directement avec l'Allemagne un accord qui soit la base de la confédération de l'Europe, au lieu de laisser les puissances anglo-saxonnes imposer à cette Europe, dont elles ne font pas partie, une communauté fictive et bourrée d'explosifs."[212] Der überzeugte Gaullist M. Debré vertrat de Gaulle im Rat der Republik vom 12. Juni 1952, und äußerte seine Befürchtung, daß nachträglich die Politik Lavals triumphiere: Verzicht auf die französische Nationalarmee, Unterwerfung unter die USA, Priorität Europas vor der Union Française.[213]

Die gaullistischen Dissidenten lehnten die EVG ebenso ab wie de Gaulle. Trotzdem veranlaßten sie zum Teil die EPG-Initiative Schumans aufgrund ihrer ambivalenten Haltung. Der folgende Abschnitt konzentriert sich auf den Zusammenhang zwischen der gaullistischen Spaltung und der EPG-Initiative.

Die Krise in der gaullistischen Bewegung, die durch die Stimmabgabe des konservativen Flügels für die Regierung Pinay im März 1952 ihren Anfang genommen hatte, verdeutlichte sich im Nationalkongreß der Gaullisten in Saint Maur vom 4. bis 6. Juli 1952. Am 8. Juli hielten 27 Dissidenten erstmals eine eigene Fraktionssitzung ab und äußerten den Wunsch nach Bildung einer eigenen Parlamentsgruppe. Die Krise war weniger auf außenpolitische Fragen, sondern vielmehr auf innenpolitische Fragen zurückzuführen. De Gaulle hielt beharrlich an seiner politischen Grundlinie gegen die Vierte Republik fest und trat gegen jede Koalition mit anderen Parteien ein. Die Opposition des RPF wurde jedoch zunehmend problematisch und führte zu fortschreitender Isolation, da es Ministerpräsident Pinay gelang, die Verhältnisse zu stabilisieren. Der Stimmenverlust der Gaullisten bei den letzten Nachwahlen hatte die Dissidenten in ihrer Überzeugung bestärkt, daß sie nicht das Recht hätten, angesichts der Anstrengungen Pinays um jeden Preis in der Opposition zu verharren. Sie lehnten eine Politik des Chaos' ab, die einzig und allein dem Zweck dienen sollte, die Macht im Staat zu erlangen. Man mußte vielmehr die Anstrengungen Pinays respektieren, die unter anderem auch Teile des gaullistischen Programms verwirklichen würden.[214] Diese Dissidentengruppe umfaßte schließlich 44 Abgeordnete, die sich um Billotte mit dem Fraktionsnamen ARS (Action Républicaine et Sociale) versammelten. Diese Dissidenten waren es, um deren Unterstützung sich Premierminister Pinay bemühte.

---

212 Charles de Gaulle, Déclaration, 5.6.1952, in: Discours et Messages, Vol. II, S. 523-526, Zitat 525.
213 AdG 3516 vom 13./14.6.1952.
214 PAAA III Frankreich, B11, Bd. 174, Bl. 148-149, Hausenstein an Auswärtiges Amt, Betr.: Entwicklungen in der gaullistischen Bewegung, Paris, den 29. April 1952; PAAA III Frankreich, B11, Bd. 174, Bl. 156-158, Hausenstein an Auswärtiges Amt, Betr.: Krise in der gaullistischen Partei, Paris, den 9. Juli 1952.

General Billotte[215], der prominenteste militärische Führer dieser Gruppe, hatte ab Mitte Juni 1952 mehrere Unterredungen mit Pinay. Er unterbreitete ihm das Angebot, die Dissidentengruppe an die Regierung heranzuführen, wenn dafür die Europa-Armee fallengelassen würde. Eine politische „Confédération", so Billotte, wenn sie auch zunächst nur rudimentär war, solle an die Stelle der „Technokratie" à la Monnet eintreten. Die zu schaffende nächste politische Instanz müsse dann als erstes das Sicherheitsproblem in Angriff nehmen. Damit könne auch das französische Volk am leichtesten für den Gedanken eines engeren Zusammengehens mit seinen Nachbarn, insbesondere auch mit dem deutschen Nachbarn zu gewinnen sein. Er habe nie geglaubt, daß die deutsche Wiederbewaffnung durchgeführt werden solle und könne, ehe sie nicht dem französischen Volk durch die Errichtung einer höchsten politischen Instanz in einem konföderierten Europa verständlich und schmackhaft gemacht worden sei.[216]

Die Konzeption Billottes im Hinblick auf die europäische Integration glich derjenigen de Gaulles. Trotzdem war aufgrund seiner innenpolitisch motivierten Koalitionsbereitschaft mit der Regierung Pinays die Möglichkeit nicht gänzlich auszuschließen, die Dissidentengruppe auch in den Angelegenheiten der Europa-Politik auf die Seite der Regierung ziehen zu können. Einige Befürworter der EVG sorgten dafür, daß sich ihnen diejenigen gaullistischen Dissidenten anschlossen, die für andere politische Strategien als de Gaulle plädierten. Unter ihnen war auch Verteidigungsminister Pleven. Während der Debatte in der Nationalversammlung über das Militärbudget, das am 18.6.1952 mit dem überraschend klaren Ergebnis von 507 gegen 99 Stimmen abgesegnet worden war, gab der Verteidigungsminister Erklärungen über die Europapolitik der Regierung ab, die eine besondere Beachtung verdienen. Die Ausführungen Plevens waren als Antwort auf eine Anfrage Billottes über die allgemeinen strategischen Grundsätze der Regierung gedacht, von deren befriedigender Definition Billotte die Zustimmung der gaullistischen Dissidentengruppe zum Militärbudget abhängig machte. Die EVG, so führte Pleven aus, sei kein Selbstzweck, sondern die politische Organisation Europas sei ihre logische Fortsetzung und zugleich die Voraussetzung für ein befriedigendes Funktionieren der EVG. Er wolle daher im Einvernehmen mit Pinay erklären, daß die Schaffung politischer Organe für Europa das nächste und dringendste Anliegen der französischen Regierung sei. Er hoffe, daß Frankreich sich schon in nächster Zeit eine derartige Initiative zu eigen mache.[217] Nach der Unterhaltung mit Spaak stimmte Pinay dem Vorhaben Schumans zur Initiative der EPG in der Kabinettssitzung vom 25. Juni zu. Am 30. Juni erklärte er in einem Interview mit „United Press", er sei mit Eisenhowers Vorschlag, man solle eine verfassung-

---

215 Billotte war unlängst aus dem aktiven Militärdienst ausgeschieden, um sich gänzlich der Politik zu widmen. Er soll den Posten des Außenministers angestrebt haben (Schultz an Ministerialdirektor im Bundesministerium für Angelegenheiten des Marshallplans Albrecht, Vermerk, 6.8.1952, Vertraulich, BA NL Blücher, Bd. 142, Bl. 128-132, BDFD III, Nr. 58).
216 PAAA II, Bd. 987, Botschaftsrat von Walter an das Auswärtige Amt, 18.6.1952; BA NL Blücher, Bd. 142, Bl. 128-132, Schultz an den Ministerialdirektor im Bundesministerium für Angelegenheiten des Marshallplans Albrecht, Vermerk, 6.8.1952, Vertraulich. Dieser Bericht wird in BDFD III Dok. Nr. 58 abgedruckt.
217 PAAA II, Bd. 815, AZ 221-65, Bd. 2, Bl. 85f., von Walther an Auswärtiges Amt, Betr.: Europapolitik der französischen Regierung, Bericht 205 Tgb. Nr. 2243/52, Paris, den 25. Juni 1952; AMJ 2/2/2 déclaration de Pleven devant l'Assemblée nationale, Séance du 18 juin 1952, S. 3027; PAAA III B11(Frankreich), Bd. 174, Telegramm Hausenstein an Auswärtiges Amt vom 15.10.1952.

gebende Versammlung für Europa einberufen, völlig einverstanden. Damit beabsichtigte er, die gaullistischen Dissidenten auf die Seite der EVG zu ziehen, indem er ihren Forderungen nach vorheriger Schaffung einer europäischen konföderalistischen Konstruktion teilweise nachgab.[218]

Es war noch nicht abzusehen, ob das Versprechen der Regierung, sich für die politische Organisation Europas einzusetzen, ausreichte, die Opposition der Gruppe um Billotte gegen die EVG zu besänftigen. Das Gespräch mit den gaullistischen Dissidenten über die EVG war jedenfalls damit in Gang gekommen. Die in Frankreich verbreitete Ansicht, die Gaullisten würden in außenpolitischen Fragen eine einzige Front bilden, verlor durch das Gespräch zwischen Pleven und Billotte an Wahrscheinlichkeit.[219]

2. Mollet versus Monnet: Die Sonderrolle Großbritanniens (Eden-Plan)

2.1 Der Eden-Plan und die Debatte des Europarates: Die Rolle von P.-H. Spaak und A. Spinelli

Nach der Debatte der Beratenden Versammlung des Europarats im Dezember 1951 wurden die Empfehlung 21 zur politischen Autorität und die Empfehlung 24 zur Änderung der Statuten des Europarats gebilligt und auf die Tagesordnung des nächsten Ministerkomitees im März 1952 gesetzt. Das neue Statut zielte darauf ab, die Beratende Versammlung zu einer quasi-föderalen Institution umzugestalten.[220] Für Großbritannien jedoch kam die Änderung des Statuts des Europarats gerichtet auf die Verstärkung seiner Kompetenzen nicht in Frage. Es lehnte auch Mollets Vorschlag zur umfangreichen Zusammenarbeit zwischen Europarat und OEEC auf der einen Seite und zwischen Europa und der Sterling-Zone auf der anderen Seite ab, da dieser möglicherweise „the seeds of the disruption of the Commonwealth and the Sterling Area", welche die Basis für die britische Weltmachtstellung bildeten, mit sich brächte.[221] Angesichts des eindeutigen Scheiterns des Hauptziels des Europarats (Schaffung

---

218 Die europäische Einigung 1952. Ein chronologischer Überblick - Wegzeichen zur Einheit des Kontinents, in: Bulletin Nr. 7. S. 51, vom 13. Januar 1953; „The Ambassador in France (Dunn) to the Department of State am July 3, 1952", FRUS 1952-1954 IV Part 1. S. 96f.
219 PAAA II, Bd. 815, AZ 221-65, Bd. 2, Bl. 85-86, von Walther an Auswärtiges Amt, Betr.: Europapolitik der französischen Regierung, Bericht 205 Tgb. Nr. 2243/52, Paris, den 25. Juni 1952.
220 Das neue Statut beinhaltete als wichtigsten Punkt: der Europarat sollte nunmehr für Verteidigungsfragen und Außenpolitik zuständig sein; er sollte den Brüsseler Fünfmächtepakt (WU) und die OEEC kontrollieren und leiten; die Regierungen der Mitgliedstaaten sollten einen Junior Minister (Minister für europäische Angelegenheit) nominieren, um alle Angelegenheiten bezüglich des Europarats zu verhandeln; alle Verträge, die von den Mitgliedstaaten abgeschlossen werden würden und deren Bereiche in die Zuständigkeit des Europarats fielen, sollten vom Generalsekretariat registriert und publiziert werden; das Sekretariat sollte gegenüber dem Ministerkomitee und der Versammlung verantwortlich sein und als „exclusively supranational" bezeichnet werden (DBPO II, Vol. 1, S. 801, Fußnote Nr. 4 zu Dokument Nr. 421). Dieses Statut berücksichtigte die Anträge von Mollet und Teitgen.
221 OURS AGM 108, Lettre Boothby à G. Mollet, 19.4.1952; DBPO II, Vol. 1, S. 812ff., Note by the Minister of Housing and Local Government, Secret, 16 January 1952; PAAA II, Bd. 839, AZ 221-78, Bd. 1Bl. 131-137, Britische Vorschläge, 22.5.1952, Autor unbekannt (vermutlich Thierfelder); AMAE Europe 44-60, Conseil de l'Europe, Vol. 1, Bl. 250-258, Notes indicatives sur la discussi-

einer gesamteuropäischen politischen Autorität mit begrenzten, aber realen Machtvollkommenheiten) an der Haltung der Briten fügte sich die Beratende Versammlung diesem Faktum und unterstützte nunmehr den Weg zur europäischen Integration durch kleineuropäische Lösungen ohne Großbritannien. Der Generalsekretär des Europarats, C.J. Paris, warnte vor dieser Entwicklung und übersandte den Ministerberatern, die mit der Vorbereitung des Ministerrates im März betraut worden waren, am 17. Februar 1952 ein Memorandum, wonach es das Hauptanliegen des Europarats in dieser Situation sein müsse, zu verhindern, daß der Europarat selbst durch das politische und wirtschaftliche Gewicht der kleineuropäischen Sonderbehörden ganz in den Hintergrund gedrängt würde. Hierbei ging es darum festzustellen, ob die zu bildende kontinentaleuropäische Gemeinschaft außerhalb oder innerhalb des Europarats zu schaffen sei. Von der Antwort auf diese Frage hing die Rolle ab, die der Europarat bei der Organisation Europas spielen würde, ja, darüber hinaus die Art der Beziehungen, die zwischen der kontinentaleuropäischen Gemeinschaft und den europäischen Staaten, die nicht zu ihr gehören, bestehen würden. Er schlug vor, daß der Ministerrat auf der nächsten Sitzung diese Frage vor allen anderen behandeln und zu ihr Stellung nehmen sollte.[222]

War für Großbritannien eine eigenständige Weiterentwicklung des Europarats wünschenswert? Mußte man in London nicht befürchten, massiv an politischem Einfluß auf dem Kontinent zu verlieren? Der Europarat besaß nach britischer Einschätzung weiterhin strategischen Wert. Die konservative Regierung sah ihn als einen Rahmen an, in dem sie weiter einen wirksamen Einfluß auf die kontinentale Gemeinschaft ausüben konnte. Vor diesem Hintergrund schlug der Unterstaatssekretär des Foreign Office Nutting vor, einen Plan auszuarbeiten. Eden zeigte sich einverstanden, und mit der Unterstützung der Experten des Foreign Office legte Nutting innerhalb weniger Wochen dem Außenminister ein Memorandum vor.[223] Dieses Memorandum war wiederum die Grundlage für die Ausarbeitung des Eden-Plans.

Dabei stellte eine Note Churchills für das Kabinett vom 29. November 1951 die Grundlinie dar. „Our first object is the unity and the consolidation of the British Commonwealth. Our second, the fraternal association of the Englishspeaking world; and third, United Europe, to which we are a separate closely and specially-related ally and friend."[224] Im Memorandum stellte Nutting als Motiv der supranationalen Integration neben der Aussöhnung zwischen Frankreich und Deutschland auch nationalistische Motive heraus. „[Frankreich] therefore

---

on général du point 3 de l'ordre du jour de la deuxième réunion des délégués des Ministres, Propositions britanniques; DBPO II, Vol. 1, S. 842f., Mr. Eden to Sir O. Harvey (Paris), 17 March 1952, Priority, Confidential; Ibid., S. 863f., Memorandum by the Secretary of State for Foreign Affairs, 13 May 1952, Confidential; Ibid., S. 868f., Extract from Conclusions of a Meeting of the Cabinet held at 10 Downing Street on Thursday, 15 May 1952, at 11 a.m., secret.

222 AMAE Europe 44-60, Conseil de l'Europe, Vol. 3, Bl. 316-319, PL/LL, DGAP, Europe, Conseil de l'Europe, Note pour Monsieur le Ministre d'Etat, A.S. Problèmes relatifs au Conseil de l'Europe, 25.1.1952; PAAA II, Bd. 839, AZ 221-78, Bd. 1, Bl. 31-34, Abt.IIB, Aufzeichnung, Betr.: Tagung der Ministerberater am 4.2.1952, insbesondere Verhältnis des Europarats zu den Sonderbehörden, undatiert.

223 Nutting, A., Europa kann nicht warten, Mahnung und Ausweg, London 1960, S. 68f. Die Experten verfolgten bereits unter der Labour-Regierung die föderalistischen Bewegungen und Tendenzen und werteten sie aus (DBPO II, Vol. 1, No.414, S. 781-788, Memorandum by the Permanent Under-Secretary's Committee, 12 December 1951, Secret).

224 DBPO II, Vol. 1, S. 772f., Calendar to No.406.

hopes to build an integrated Europe after a pattern of her own making in which German strength will be effectively controlled. Germany, on the other hand, is intent at present in regaining her lost place as an equal member of the European community. No doubt she believes that given formal equality the size and the strength of her resources will confer advantages upon her not enjoyed by all her ‚equal' partners." Aus der Analyse über die gegenwärtigen Gemeinschaften zog Nutting die Konsequenz, daß die supranationale europäische Integration auf kurze Sicht für Großbritannien nicht gefährlich werde. Auf längere Sicht hin könne sie jedoch gefährlich werden, weil die schnell wachsende wirtschaftliche Kraft Westdeutschlands schließlich die Oberhand in der Gemeinschaft über Frankreich gewinnen könne und nicht auszuschließen sei, daß eine dominierende Position Westdeutschlands für Großbritannien wirtschaftlich und politisch mit Nachteilen verbunden wäre. Außerdem existiere die Gefahr, daß sich diese kontinentale Föderation langfristig für die Neutralität zwischen den beiden Blöcken entscheide. Darum solle sich diese Gemeinschaft im Rahmen der breiteren atlantischen Gemeinschaft entwickeln. Großbritannien solle die kontinentalen Gemeinschaften unterstützen, müsse aber gleichzeitig darauf vorbereitet sein, gegebenenfalls Gegenmaßnahmen zu ergreifen. Wegen der Weltmachtposition mit den Commonwealth Staaten jedoch könne Großbritannien an den kontinentalen Gemeinschaften als Vollmitglied nicht teilnehmen. Statt dessen könne und solle Großbritannien sich assoziieren und zu konstruktiver Zusammenarbeit bereit sein. Nutting empfahl Eden, den Europarat zu diesem Zweck zu nutzen.[225] Nuttings Vorschlag zielte darauf ab, es Großbritannien zu gestatten, eine führende Rolle in Europa zu spielen, ohne daß es sich verpflichtete, einem überstaatlichen „Klub" als Vollmitglied beizutreten. Das Ziel war es also, die kontinentale Gemeinschaft dem Europarat unterzuordnen und nicht umgekehrt. Der Eden-Plan entsprach dem traditionellen britischen Konzept der „association without permanent commitment" und dem des „balance of power".[226] Auffallend ist, daß in diesem Memorandum als Konkurrenzpartner nicht Frankreich, sondern Deutschland herausgestellt wurde. Eden übernahm im wesentlichen den Grundgedanken von Nutting und entwarf auf dieser Basis den Eden-Plan.

Am 12. März 1952, als die grundsätzlichen Artikel des EVG-Vertrags bereits feste Form angenommen hatten, legte Eden dem Kabinett einen Plan zur institutionellen Reform des Europarates vor, den er dann am 19. März in einer Ministerratssitzung des Europarates vorstellte. Anschließend präsentierte er auf einer Sitzung der Stellvertreter im Ministerrat des Europarates vom 28. April bis 5. Mai 1952 ein ergänzendes Memorandum. Dieses Vorhaben wurde als „Eden-Plan" bezeichnet. Dem zufolge sollte der Europarat dahingehend umgestaltet wer-

---

225 DBPO II, Vol. 1, S. 781-788, Memorandum by the Permanent Under-Secretary's Committee, 12 December 1951. Der Minister of Housing and Local Government, Macmillan schlug dagegen vor, die kontinentale Gemeinschaft derartig umzugestalten, daß Großbritannien daran aktiv teilnehmen könne, d.h. in Richtung auf eine europäischen Union oder Konföderation, deren Kompetenzen aber auf weitere Bereiche, z.B. „linking of the European currencies to Sterling, the formation of a European Preferential Area interlocking with our system of Imperial Preference, and the setting up of specialized but not supra national Authorities for such matters as Defense and Heavy Industries", ausgedehnt werden könnten (DBPO II, Vol. 1, S. 812ff., Note by the Minister of Housing and Local Government, Secret, 16 January 1952). Eden aber akzeptierte diesen Vorschlag nicht.
226 DBPO II. Vol. 1, S. 837-839, Extract from Conclusions of a Meeting of the Cabinet. 12. und 13. March 1952; Nutting, A., Europa kann nicht warten, S. 66-78; ID Nr. 121 vom 5. September 1952, S. 10f., England und die kontinentale Föderation.

den, daß seine Organe, die Versammlung und der Ministerrat einschließlich des Sekretariats, der EGKS, der EVG und ähnlichen Gemeinschaften zur Verfügung stehen konnten. Der Europarat sollte daher aus zwei Kreisen bestehen: einem engeren, dem die Länder der Montanunion und der EVG angehören würden, und einem weiteren, der aus allen Mitgliedern des Europarates bestehen würde. Der Europarat selbst würde dadurch zu einem Bindeglied zwischen der Gruppe werden, die sich auf übernationaler Basis organisieren wollten, und den Ländern, die, wie Großbritannien, in einen solchen Organismus nicht eintreten wollten. Diese Verbindung konnte durch eine gemeinsame Versammlung und ein gemeinsames Komitee der nationalen Minister hergestellt werden. Dafür mußte also der Europarat zu einem Scharnier zwischen Montanunion, EVG und ähnlichen in der Zukunft entstehenden Organisationen umfunktioniert werden. Das Memorandum des Foreign Office vom 11. April 1952 konkretisierte, daß die Beobachter - ausgestattet mit Rederecht, aber ohne Stimmrecht - nach Einladung der sechs Regierungen an den gemeinsamen Sitzungen teilnehmen sollten. Die räumliche Ansiedlung der spezialisierten Gemeinschaften sollte der des Europarats entsprechen. Die Ausarbeitung der EPG sollte im Rahmen des Europarats erfolgen, d.h. der Beratenden Versammlung in Auftrag gegeben werden.[227]

Der Eden-Plan stieß zunächst auf allgemeine Zustimmung in der Sitzung des Ministerrates im März 1952. Stikker äußerte seine Meinung über die Problematik, die der Eden-Plan in sich barg, zwar sehr vorurteilslos, doch im Grunde genommen stimmte er dem Prinzip des Plans zu.[228] Van Zeeland glaubte, die Schwierigkeiten überwinden zu können. Eden teilte Churchill seine Zufriedenheit mit der bisherigen Entwicklung mit: „Things have gone better than we could have expected."[229] Ohne eine offizielle Stellungnahme überwies der Ministerrat die Vorschläge Edens an den Ausschuß seiner Stellvertreter.

Im Verlauf der Beratungen dieses Ausschusses am 28. April und 3. Mai 1952 fiel eine Meinungsänderung der deutschen und italienischen Stellvertreter - Thierfelder und Cavaletti - auf. Beide sprachen sich nun gegen den Eden-Plan aus, obgleich sie dem zugrunde liegenden Prinzip der britischen Vorschläge zustimmten. Ausdrücklich wiesen sie auf die Gefahr hin, daß weitere Fortschritte in der europäischen Integration gebremst werden könnten, wenn die über supranationale Gewalten verfügenden europäischen Gemeinschaften in den Rahmen einer Organisation der zwischenstaatlichen Zusammenarbeit gepreßt würden. Thierfelder und

---

227 DBPO II. Vol. 1, S. 826f., Memorandum by the Secretary of State for Foreign Affairs, 15 February 1952; Ibid., S. 837f und 839ff., Extract from Conclusions of a Meeting of the Cabinet. 12/13 March 1952; Ibid., S. 838f., Memorandum by the Secretary of State for Foreign Affairs, 12 March 1952; Siegler, H. (Hrsg.), Europäische Politische Einigung, S. 11f; FRUS 1952-1954, VI, S. 61, Memorandum prepared by the Britisch Foreign Office, April 11, 1952.
228 AMJ 1/2/3 „projet de compte rendu de la lère séance ... comité des ministres. 10ème session ... 20.3.1952", 25.3.1952 (CM/10 (52) CR 2), confidentiel; AMAE Europe 44-60, Conseil de l'Europe, Vol. 1, Bl. 223-224, Europe, S/D du Conseil de l'Europe, Seydoux, Télégramme aux ambassadeurs, 21.3.1952, Circulaire N°35; „Robert Schuman gab sich keine Mühe, seine Freude zu verbergen, und faßte die Reaktion seiner Ministerkollegen in den Worten zusammen, die bedeutsamste und ermutigendste Seite des Planes sei darin zu erblicken, daß er eine britische Initiative zur Herstellung einer Anbindung an die europäischen Institutionen darstelle" (Nutting, A., Europa, S. 73).
229 DBPO II Vol. 1, Nr. 442 (Sir O. Harvey (Paris) to Foreign Office, 21 March 1952), Fußnote 4, S. 857.

Cavaletti äußerten daher ihre Auffassung, die Ausarbeitung der EPG sei der sich bald konstituierenden Gemeinsamen Versammlung der EGKS zu übertragen. Diese deutsche Position war bereits im Auswärtigen Amt festgelegt worden.[230] Die Benelux-Ministervertreter (Goffart, Baron Voorst und Calmes) nahmen hinsichtlich einer Konkretisierung des Eden-Plans eine ambivalente Haltung ein, nicht nur wegen der technischen Schwierigkeiten im Hinblick auf die Fusion der supranationalen Gemeinschaften mit dem zwischenstaatlichen Europarat, sondern auch aufgrund ihres Wunsches, den Sitz der EGKS-Organe für ihre Länder zu sichern. Der französische Vertreter Seydoux sprach sich mit Billigung Schumans offen für den Eden-Plan aus. Er vertrat jedoch die Auffassung, daß der Plan auf die Funktion der beschränkten supranationalen Gemeinschaften nicht hemmend wirken sollte. Die Stellvertreter beschlossen, daß auf der nächsten Sitzung, die am 16. Mai beginnen würde, die dem Ministerrat zu unterbreitenden Vorschläge ausgearbeitet werden sollten.[231]

Die zweite Sitzung der Minister-Vertreter vom 16. bis 21. Mai 1952 änderte das vorherige Bild nicht. Auf der Ministerrat-Sitzung am 22./23. Mai 1952 warnte Schuman vor einem zu raschen Vorangehen zur Föderation. Damit wies er nicht nur auf die von Spaak vertretenen föderalistischen Strömungen hin, sondern auch auf die scheinbare italienisch-deutsche Frontenbildung gegen den wohlwollenden britischen Vorschlag. Der Ministerrat konnte auf Detailfragen des Eden-Plans aufgrund ihres beträchtlichen Umfangs nicht eingehen. Auch die Außenminister der EVG-Staaten und Eden verfügten nicht über ausreichende Zeit, da sie mit dem EVG- und Generalvertrag vollauf beschäftigt waren. Deswegen beschloß der Ministerrat neben seiner grundsätzlichen Zustimmung zu dem Prinzip des Eden-Plans lediglich folgende Resolutionen: 1) die Beratende Versammlung aufzufordern, ihre Meinung zu dieser Frage zu äußern; 2) den Generalsekretär zu beauftragen, die Meinungen der Regierungen der Mitgliedstaaten der beschränkten Gemeinschaften einzuholen und um die Meinungen der politischen Repräsentanten der beschränkten Gemeinschaften zu bitten, sobald sie ihre Tätigkeit aufgenommen hätten.[232]

---

230 PAAA II, Bd. 839, AZ 221-78 Bd. 1, Bl. 80-81, Ophüls, Aufzeichnung, Betr.: Britische Vorschläge zur Umgestaltung des Europarats, Paris, den 20. März 1952; PAAA II, Bd. 839, AZ 221-78 Bd. 1, Bl. 148, Telegramm von Thierfelder an Auswärtiges Amt, Nr. 132 vom 29.4.1952, für Staatssekretär, Betr.: Eden-Plan, Bericht auf Veranlassung Professor Ophüls; DBPO II, Vol. 1, S. 862, Calendar to No.445 am 1. May 1952; Ibid., S. 877, Record by Sir W. Strang of a conversation with the French Ambassador am 14. May 1952; Ibid., S. 870f., Mr. Wakefield-Harrey (Strasbourg) to Foreign Office am 23. May 1952; FRUS 1952-54, IV, S. 71f., The Ambassador in France (Dunn) to the Department of State, Paris May 2, 1952.
231 AMAE Europe 44-60, Conseil de l'Europe, Vol. 1, Bl. 238, Télégramme de Saffroy à MAE, 24.4.1952, N°52; Ibid., Bl. 242-243, Télégramme de Saffroy à MAE, 29.4.1952; AMAE Europe 44-60, Généralités, Vol.78, Bl. 239-240, Télégramme de Garnier à MAE, 25.4.1953, N°525/527; AMAE DE-CE 45-60, CECA, Vol. 521, Bl. 64, Télégramme de Seydoux aux ambassadeurs, 5.5.1952; PAAA II, Bd. 839, AZ 221-78, Bd. 1, Bl. 158-160, Thierfelder, Aufzeichnung, Betr.: Stellungnahme zum Eden-Plan, Eilt sehr!, Bonn, den 6.5.1952.
232 PAAA II, Bd. 839, AZ 221-78, Bd. 1, Bl. 131-137, Britische Vorschläge, 22.5.1952, Autor unbekannt (vermutlich Thierfelder); AMAE Europe 44-60, Conseil de l'Europe, Vol. 3, Bl. 344-346, PL/LL, Conseil de l'Europe, Télégramme de La Tournelle aux ambassadeurs, a.s. 11ème Session du Comité des Ministres, 24.5.1952, circulaire N°73; AMAE Europe 44-60, Conseil de l'Europe, Vol. 3, Bl. 347-348, PL/LL, Conseil de l'Europe, Télégramme de La Tournelle aux ambassadeurs, a.s. 11ème Session du Comité des Ministres, 24.5.1952, circulair N°74.

Um die Maisitzung der Beratenden Versammlung des Europarats besser zu verstehen, ist es nützlich, die Debatte im Europarat kurz zurückzustellen, und auf die Entwicklung der von Spaak dirigierten Europäischen Bewegung[233] im Zusammenhang mit dem EPG-Projekt und dem Eden-Plan einzugehen. Durch den Kompromiß bei Artikel 38 drohte die Strategie der Föderalisten der UEF, die EVG als Motor für weitere Schritte des europäischen Zusammenschlusses auszunutzen, zu scheitern. Darauf machte bereits kurze Zeit, nachdem die Vorstellungen der Außenminister über Artikel 38 Ende Dezember 1951 publiziert worden waren, das Zentralkomitee der UEF auf einer Tagung am 12./13. Januar 1952 in Namur aufmerksam. Die UEF sah nur dann Chancen zur Realisierung einer europäischen Föderation, wenn der durch eine verfassunggebende Versammlung zu erarbeitende Entwurf hierfür direkt den Parlamenten zur Ratifizierung vorgelegt werde, „ohne erst den Weg über eine diplomatische Konferenz nehmen zu müssen"[234] Hierbei sind der Beitrag und die Rolle von Spinelli unumstritten. Die Rolle von Spaak hingegen ist weit weniger erforscht worden, doch auch sie ist wichtig und interessant, worauf Daniela Preda aufmerksam macht.[235] Diese Rolle soll im folgenden näher untersucht werden.

Spaak übernahm den Vorstandsvorsitz der Exekutive der Europäischen Bewegung im November 1950 von Sandys. Mit seinem Amtsantritt war die Exekutive überwiegend föderativ ausgerichtet. Spaak jedoch hielt das Postulat der Einberufung einer verfassunggebenden Versammlung für unrealistisch, statt dessen setzte er weiterhin Hoffnung auf die Umgestaltung des Europarates, während die Föderalisten um Spinelli bereits nach der diesbezüglichen britischen Ablehnung im November 1950 die Einberufung einer verfassunggebenden Versammlung außerhalb des Europarates forderten.[236] Erst als Eden endgültig die Umgestaltung des Europarates zu einer supranationalen Dachorganisation für die EGKS und die geplante Europa-Armee im Dezember 1951 ablehnte, änderte er seine Strategie, indem er sein Amt des Präsidenten der Beratenden Versammlung verließ und sich bemühte, die Voraussetzungen für eine Initiative zur politischen Integration außerhalb des Europarates in privater Regie über die

---

233 Die „Europäische Bewegung" entstand im Dezember 1947, um die Koordination zwischen den verschiedenen Bewegungen für die Einigung Europas zu sichern. Der Schwiegersohn Churchills, Duncan Sandys, übernahm den Vorsitz des Exekutivkomitees. 1947 hieß die Europäische Bewegung „Joint International Committee". Erst im Oktober 1948 nahm sie den Namen „Europäische Bewegung" an. Daran nahmen die UEF, die ILEC (Independent League of European Cooperation, der Van Zeeland angehörte), das UEM (United Europe Movement: Churchill) und die Conseil Français pour l'Europe Unie (René Courtin), ein Jahr später das NEI und MSEUE, teil. In dieser Liaisonorganisation waren viele einflußreiche Persönlichkeiten, darunter z.B. Spinelli, H. Brugmans, Retinger, René Courtin, F. Dehousse, Robert Bichet, André Philip, P.H. Teitgen. Als Ehrenpräsident beteiligten sich Lèon Blum, Churchill, De Gasperi, Spaak und später auch Robert Schuman daran. Der wichtige Beitrag der Europäischen Bewegung zur Integration Europas war der Haager Kongreß vom 7. bis 10. Mai 1948 und damit auch die Entstehung des Europarates (Hick, Alan, Die Europäische Bewegung, in: Loth, W. (Hrsg.), Die Anfänge der europäischen Integration 1945 - 1950, Bonn 1990, S. 237-244).
234 EA, 20. Februar 1952, S. 4701.
235 Preda, D., From a Defense Community to a Political Community, S. 205, Fußnote 39.
236 Hick, A., Die Europäische Bewegung, S. 242f. Laut Spinelli sah Spaak zu diesem Zeitpunkt die Forderung zur verfassunggebenden Versammlung „coldly and ironically" (Zitiert nach: Preda, D., From a Defense Community to a Political Community, S. 205, Fußnote 39).

Europäische Bewegung zu schaffen. Das Internationale Exekutivbüro der Europäischen Bewegung beschloß unter seinem Einfluß auf der Sitzung in Paris vom 3. Februar 1952, von da an wieder mit Nachdruck in die internationale Politik einzugreifen. Es forderte für die Europa-Armee eine klare politische Kontrolle. Damit schloß Spaak sich der Strategie des UEF-Generalsekretärs Spinelli an. Spaak spielte in der darauffolgenden Zeit eine wichtige Rolle als Vermittler zwischen den Föderalisten und den Realpolitikern. Außerdem gab der Eden-Plan vom März 1952 Spaak und Spinelli Anlaß dazu, den vorgesehenen Prozeß der Ratifizierung des EVG-Vertrags vorwegzunehmen. Im Eden-Plan sahen Spaak und jene Föderalisten eine Gefahr für ihre Ziele.[237]

Für Spinelli war Artikel 38 nur ein Ausgangspunkt. Bereits als dieser Artikel formuliert wurde, schrieb Spinelli in einem Brief an Ivan Matteo Lombardo, der damals an der Sitzung des NATO-Rates in Lissabon teilnahm: „De Gasperi and yourself have managed to have the formula for a European Constituent Assembly included in the Treaty albeit in a veiled form. Perhaps now it would be worthwhile emphasizing the need to immediately create a political authority in the form of a federal state by getting the Italian delegation to ask that the Constituent Assembly be summoned directly even without awaiting the conclusion of the Defense Treaty. I think it would be a good thing if the Italian government stepped to the forefront again and proclaimed the need to make this move. Basically what is needed is to pull the articles concerning the Assembly out of the Conference and to send them off immediately to be ratified, perhaps after reformulating them in more general terms. Otherwise I'm afraid the Defense Conference may drag on for months and months."[238] Daher konzentrierte Spinelli sich darauf, Artikel 38 vom EVG-Vertrag zu trennen und unabhängig davon die Einberufung einer verfassunggebenden Versammlung für die sechs Staaten zu verwirklichen. Als Spaak und Spinelli in Paris am 25. Februar 1952 zusammentrafen, entschieden sie sich, ein Aktionskomitee zur Propagierung einer verfassunggebenden Versammlung mit Spaak als Vorsitzendem zu gründen. Sie gewannen dafür viele wichtige öffentliche Persönlichkeiten und Organisationen, die bis dahin dieser Initiative ferngeblieben waren. Daraufhin leitete Spaak mit Spinelli konkrete Schritte zur Realisierung eines Verfassungsentwurfes ein. Durch die Initiative von Spaak wurde ein „Comité d'études pour la constitution européenne" unter dem Generalsekretär, dem belgischen Senator und Juristen, Fernand Dehousse, am 6. März 1952 eingesetzt.[239] Die Mitglieder dieser Studienkommission hatten bereits ein Jahr zuvor in dem „Con-

---

237 Spaak, P.-H., La Pensée européenne, S. 373f; ID Nr. 101, 26. März 1952, S. 2-3, Spaak, une Assemblée constituante européenne; Die europäische Einigung 1952, in: Bulletin, Nr. 7/S. 50 vom 13.1.1953.
238 Spinelli, A., Schreiben an Ivan Matteo Lombardo vom 21. Februar 1952, Zitiert nach: Preda, D., From a Defense Community to a Political Community, S. 197f.
239 Dieser Name wurde erstmals am 24. Mai 1952 erwähnt. Davor hieß dieses Komitee 'Comité des Juristes'. Zu dessen Urhebern zählten 12 leitende Juristen und Politiker: Mitglieder der Studienkommission waren; Präsident Spaak, Deputierter, der später zum Präsidenten der Gemeinsamen Versammlung gewählt wurde; Generalsekretär war der Belgier Ferdinand Dehousse, Professor an der Uni. Lüttich, Senator, der später im Unterausschuß I und II des Verfassungsausschusses mitarbeitete; der Deutsche Max Becker (FDP), Rechtsanwalt, M.d.B., der später im Unterausschuß I des Verfassungsausschusses mitarbeitete, der Italiener Lodovico Benvenuti (DC), Deputierter, Unterstaatssekretär für Außenhandel, der später Vorsitzender des Unterausschusses I. des Verfassungsausschusses wurde, der Italiener Piero Calamandrei, Professor an der Uni. Florenz, Depu-

seil des Peuples d'Europe" an der Verfassungsarbeit von Lugano mitgewirkt. Die Rückbesinnung auf diese Arbeit wurde schon im Januar 1952 deutlich, als die UEF einen Band mit den Ergebnissen von Lugano unter dem programmatischen Titel „Die Stunde der Europäischen Einigung" veröffentlichte.[240]
Die UEF appellierte auf dem 4. Kongreß vom 29. bis 31. März 1952 in Aachen an alle Anhänger der europäischen Föderation mit Nachdruck, sich zur Entscheidungsschlacht um die sofortige Einberufung einer verfassunggebenden Versammlung zu sammeln. Durch eine Pressekonferenz Eisenhowers am 7. Mai 1952, in der er diese Forderung ohne Vorbehalte unterstützte, schien die Idee der Konstituante an Boden zu gewinnen. Nunmehr konnten die Politiker sie nicht einfach beiseite lassen.[241] Auf der Jahrestagung des Internationalen Komitees der Europäischen Bewegung in Luxemburg vom 21. bis 23. Mai entwickelten jedoch Spinelli und Spaak unterschiedliche Strategien. Spinelli war der Auffassung, daß man die nationalen Parlamente dazu bewegen sollte, ihre Mitglieder zu einem noch festzusetzenden Zeitpunkt zur Einberufung einer verfassunggebenden Versammlung an einen bestimmten Ort zu senden. Spaak hingegen schlug vor, die in Artikel 38 des EVG-Vertrages vorgesehene Aufgabe vorweg der Versammlung der sich bald konstituierenden Montanunion anzuvertrauen. Beide waren sich jedoch darin einig, daß die Versammlung des Schuman-Plans zur Konstituante erklärt werden sollte, d.h. den Entwurf der europäischen politischen Gemeinschaft den nationalen Parlamenten ohne vorherige diplomatische Beratungen unverzüglich zur Ratifizierung vorzulegen. Das Komitee votierte für den Vorschlag Spaaks, und Spinelli schloß sich dieser Option ohne weiteren Kampf an.[242] Hieran ist festzustellen, daß die extremen Forderungen des Föderalisten durch den realistischen Politiker Spaak gemildert wurden.
Auf Grund dieses Beschlusses formulierte Spaak einen Antrag über die Frage der EPG anläßlich der Sitzung der Beratenden Versammlung vom 26. bis 30. Mai. Er zielte darauf ab, der Schuman-Plan-Versammlung das Mandat zu erteilen, als verfassunggebende Versammlung zu tagen und einen Verfassungsentwurf auszuarbeiten. Der Antrag trug 45 Unterschrif-

---

tierter; der Luxemburger Arthur Calteux, Oberlandesgerichtsrat; Pierre de Félice, Rechtsanwalt, Deputierter des Département Loiret; der Franzose Henri Frenay, Minister a.D., Paris; der Deutsche Hans Nawiasky, Professor an der Uni. München und an der Höheren Handelsschule von Sankt Gallen; der Deutsche Hermann Pünder, Rechtsanwalt, M.d.B.; der Italiener Altiero Spinelli, Generalsekretär der italienischen föderalistischen Bewegung; Cornelis von Rij, Rechtsanwalt, Amsterdam. Zur besonderen Beratung: Robert R. Bowie, Professor an der Law School der Harvard-Univ. und Carl J. Friedrich, Professor an der Graduate School of Public Administration der Havard-Univ. (Projet de statut de la Communauté politique européenne, S. 4).

240 Die Stunde der Europäischen Einigung, hrsg. vom Büro für politische Studien, Frankfurt a.M. 1952.

241 ID Nr. 101, 26. März 1952, S. 9ff., „Diplomatenkonferenz? Föderation oder Konföderation?"; ID Nr. 101, 26. März 1952, S. 8, „Eisenhower erneut für Verfassunggebende Europäische Versammlung".

242 PAAA II, Bd. 840, AZ 221-78, Bd. 2, Bl. 65f., Jansen in Luxemburg an Auswärtiges Amt, Betrifft: Tagung der Europäischen Bewegung in Luxemburg, Luxemburg, den 28. Mai 1952; Die europäische Einigung 1952, in: Bulletin, Nr. 7. vom 13. Januar 1953, S. 51; Preda, D., From a Defense Community to a Political Community, S. 198; Projet de statut de la Communauté politique européenne. Travaux préparatoires. Mouvement Européen. Comité d'études pour la constitution européenne. Bruxelles 1952, S. 7-12; Cardozo, R., The Project for a Political Community (1952-1954), S. 49f.

ten, insbesondere von Abgeordneten der deutschen Regierungsparteien und Italienern und auch von einigen Föderalisten wie De Felice. Dagegen sah der ursprüngliche Kommissionsvorschlag von Mollet vor, einen parlamentarischen Rat für eine EPG aus den Mitgliedern der Beratenden Versammlung zu bilden, deren Staaten einer solchen Gemeinschaft beizutreten wünschten. Dieser sollte den Auftrag erhalten, die zukünftige politische Struktur Europas und die Frage der Koordination aller schon geschaffenen oder noch entstehenden Organisationen im Rahmen dieser politischen Struktur zu studieren. Die Beratende Versammlung als Ganzes sollte in der Weise eingeschaltet werden, daß sie das Recht erhielt, dem Rat geeignete Vorschläge vorzulegen und zu den Ergebnissen des Rates Stellung zu nehmen. Innerhalb von drei Monaten nach Mitteilung der Ergebnisse sollte auf Initiative der im parlamentarischen Rat vertretenen Staaten im Rahmen des Europarats eine Regierungskonferenz einberufen werden, die diese Ergebnisse zu prüfen hatte.[243]

Nach zähen Debatten traten beide Parteien jeweils etwas von ihrer Position zurück. Von seiten Spaaks fielen die Ausdrücke „Verfassunggebende Versammlung" und „Verfassungsentwurf", während Mollet den Kompromiß vorschlug, die Entscheidung, ob die Ausarbeitung der EPG der Schuman-Plan-Versammlung oder der Versammlung des Europarats in eingeschränkter Zusammensetzung aufgetragen werden sollte, den sechs Regierungen zu überlassen. Hiermit wurde also die föderalistische Forderung ein weiteres Mal abgeschwächt. Über diese zwei Anträge wurde zum wiederholten Male heftig debattiert. Es ist bemerkenswert, daß Teitgen Spaaks Idee der Konstituante kritisierte und vorschlug, der Regierungskonferenz einen ausgearbeiteten Vertrag als vorläufiges Ergebnis der Beratungen vorzulegen. Mit den Stimmen der meisten französischen Abgeordneten wurde Spaaks Antrag mit 42 gegen 47 Stimmen abgelehnt, und Mollets Antrag als Entschließung 14 gebilligt.

Die Entschließung 14 lautete: Die Beratende Versammlung war der Auffassung, daß die Abgrenzung der verfassungsrechtlichen Grundlagen der EPG eine unverzüglich in Angriff zu nehmende Aufgabe sei, ohne die Ratifizierung des EVG-Vertrags abzuwarten. Die Beratende Versammlung ersuchte daraufhin die beteiligten Regierungen, entweder die Versammlung der Montanunion oder die in begrenzter Zusammensetzung tagende Versammlung des Europarates zu beauftragen, die Satzung einer supranationalen politischen Gemeinschaft auszuarbeiten, der alle Mitgliedstaaten des Europarates beitreten könnten. Am selben Tag billigte die Beratende Versammlung Edens Vorschlag im Grundsatz mit 99 gegen 0 Stimmen bei 11 Enthaltungen der deutschen Sozialdemokraten und beauftragte das Komitee der allgemeinen Angelegenheiten damit, den Eden-Plan eingehend zu studieren und das Ergebnis in der Septembersitzung der Beratenden Versammlung vorzulegen. Dazu beschloß die Beratende Versammlung eine der Entschließung 14 gegenteilige Resolution, nämlich ein Ad-hoc-Komitee zu schaffen, dessen Mitglieder durch die Ständige Kommission ernannt werden sollten und das die Ausarbeitung eines Vorentwurfs für das Statut einer EPG sofort in Angriff nehmen sollte. Der Versuch der Ständigen Kommission, diese Ad-hoc-Kommtee noch in dieser Sitzung ins Leben zu rufen, mißlang. Der Generalsekretär des Europarats bekam den Auftrag, zum Studium der Verfassungsfrage zunächst eine Arbeitsgruppe von vier Wissenschaftlern aus den Schuman-Plan-Ländern einzuberufen. Die Einberufung erfolgte auf einer Sitzung am

---

243 AMJ 2/2/6 „Note relative à l'Assemblée commune", par J. Van Helmont, 26.5.52; ID Nr. 111/112 vom 9. Juni 1952, Was war in Straßburg?

5./ 6. Juli in Paris. C.J. Paris übersandte gemäß der Entschließung der letzten Ministerratssitzung einen Brief an die sechs Außenminister, in dem er sie ersuchte, bis zum 25. Juni ihre Stellungnahme zur Entschließung 14 abzugeben.[244]
Auf Grund der Debatte der Beratenden Versammlung beurteilte Eden auf der Kabinettssitzung am 10. Juni die Aussichten seines Plans als positiv.[245] Der Eden-Plan beabsichtigte die Umgestaltung des Europarates, doch die tatsächlichen Adressaten waren die Montanunionsländer. Daher hing sein Erfolg davon ab, ob diese Länder den Vorschlag akzeptierten. Falls die sechs Staaten Spaaks Vorschlag annähmen, so meinte Dixon, wäre der Eden-Plan gefährdet. Demnach übermittelte das Foreign Office über den britischen Conceiller in Paris, A. Rumbold, dem Leiter der Europaabteilung des Quai d'Orsay, Seydoux, nachdrücklich den britischen Wunsch, daß die sechs Außenminister auf ihrer Zusammenkunft am 22. Juni die britischen Vorschläge diskutieren sollten. Britischerseits wünschte man, daß sich die beschränkten Gemeinschaften durch ihre ministeriellen und parlamentarischen Verbindungen mit dem Europarat im Rahmen desselben entwickeln sollten.[246]
Betrachten wir kurz die Werbungsaktionen der „Europäischen Bewegung" für die supranationale politische Integration. Am 4. Juni erklärte Spaak, angesichts der Unentschlossenheit vieler Parlamentarier zwischen den beiden Optionen, entweder im Rahmen des Europarates oder im Rahmen der Montanunionsversammlung, sei es Zeit, die Völker über die verfassunggebende Versammlung zu befragen. Am 15. Juni fand eine große Kundgebung der Europäischen Bewegung in Rom statt, zusammen mit Reynaud, Spiecker und vor allem De Gasperi, der selber einen Studienausschuß aus Vertretern des Parlamentes, der föderalistischen Bewegung und des Außenministeriums bildete. Zwei Tage später hielt Spaak auch in Frankreich eine ähnliche Kundgebung ab. Am darauffolgenden Tag bemühte er sich, die französischen Spitzenpolitiker, u.a. Pinay, dafür zu gewinnen. Diese Forderung erhielt weiteren Nachdruck, als sich einflußreiche Politiker wie De Gasperi, Pinay, Pleven und der im Mai 1952 neu ge-

---

244 AMJ 1/6/2 Note sur le „Conseil de l'Europe" relatant une conversation téléphonique avec Rebattet, Secrétaire général du Mouvement européen, 18H jeudi. undatiert. etwa 27 oder 28 Mai 1952; AMAE Europe 44-60, Conseil de l'Europe, Vol. 2, Bl. 94-108, S/D du Conseil de l'Europe, PL/LL, Note A.S. 4ème session de l'Assemblée du Conseil de l'Europe, 5.6.1952; PAAA II, Bd. 840, 221-78, Bd. 2, Bl. 14, Thierfelder, Nachtrag zur Aufzeichnung vom 5.6.1952, Bonn, den 6. Juni 1952, Hallstein vorgelegt; AMAE Europe 44-60, Conseil de l'Europe, Vol. 1, Bl. 268, FS/LR, DGAP, Europe, S/D du Conseil de l'Europe, Lettre de Parodi à Massigli, A/S 4ème session de l'Assemblée de Strasbourg (26-30 mai 1952), 9.6.1952; DBPO II, Vol. 1, S. 871f., Mr. Wakefield-Harrey (Strasbourg) to Foreign Office am 30 May 1952; Ibid., S. 872, Mr. Wakefield-Harrey (Strasbourg) to Foreign Office am 31 May 1952; ID Nr. 111/112 vom 9. Juni 1952, Was war in Straßburg?; Entschließung Nr. 14 der Beratenden Versammlung des Europarates und weitere Resolutionen. Wortlaut in: Siegler, Europäische Politische Einigung, S. 14f; PAAA II, Bd. 840, AZ 221-78, Bd. 2, Bl. 69-72, Schreiben des Generalsekretärs des Europarats an die Außenminister der sechs Länder, Strasbourg, 4 Juni 1952; PAAA II, Bd. 815, AZ 221-65, Bd. 2, Bl. 131f., Thierfelder, gez. Hallstein an Bundesminister des Innern, der Justiz, 7.8.1952, Betr.: Vorarbeiten für eine europäische Verfassung.
245 DBPO II, Vol. 1, S. 874, Wakefield-Harrey (Strasbourg) to Foreign Office am 31 May 1952, Fußnote 8.
246 AMAE DE-CE, CECA, Vol. 521, Bl. 67, Télégramme de Seydoux à Ambassadeur de France à Londres, 11. juin 1952; DBPO II Vol. 1, S. 879, Fußnote zum Doc. Nr. 452; Ibid., S. 877f., Letter from Viscount Hood to Sir A. Rumbold (Paris), Foreign office, 9 June 1952, confidential.

wählte Vorsitzende des MRP, Teitgen, ihr anschlossen.[247] Spinelli beschleunigte auch diesen zügigen Fortgang zur europäischen Föderation mit dem Appell an die sechs Regierungen vom 29. Juni 1952. Darin betonte er die Notwendigkeit, das Mandat zur Ausarbeitung eines EPG-Entwurfes der EGKS-Versammlung zu erteilen.[248] Dazu kam, daß Goudenhove-Kalergi in Lausanne am 5. Mai zur Wiederbegründung seiner Paneuropäischen Union schritt und sich ebenfalls der von Spaak und Spinelli geleiteten Kampagne anschloß.[249] Durch die Bemühungen der Europaanhänger, vor allem Spaaks und Spinellis, erlebte die Idee der europäischen Integration Mitte des Jahres 1952 auf der Ebene des kontinentalen Europas ihre Hochphase. Die Bemühungen der Europaanhänger um die öffentliche Meinung in den europäischen Ländern wirkten sich auf die weitere Entwicklung von Schumans EPG-Initiative aus, doch läßt sich der tatsächliche Einfluß auf die politischen Entscheidungsträger nur schwerlich messen.

2.2 Monnets Anteil an der Initiative Schumans zu einer EPG

Monnet war zwar davon überzeugt, daß der Aufbau eines vereinten Europas sich nur stufenweise vollziehen konnte. Er teilte aber die politischen Ziele der europäischen Föderalisten sowie ihre Argumentation im Hinblick auf die EVG: „Die Armee hat ihren Sinn nicht an sich, sie ist das Instrument einer Außenpolitik, sie steht im Dienste eines Patriotismus. Der europäische Patriotismus entwickelt sich im Rahmen eines föderalistischen Europa."[250] Zweifellos befürwortete er eine volle demokratische Kontrolle über die Europa-Armee, hielt es jedoch für ungeschickt, während der EVG-Verhandlungen näher darauf einzugehen. Der britische Vorstoß regte nun Monnet dazu an, sich mit der politischen Integration zu befassen. Der Eden-Plan bereitete Monnet Sorgen. In der ersten Hälfte des Jahres 1952 versuchte Monnet, besondere Beziehungen zwischen Großbritannien und der EGKS herzustellen, welche die Supranationalität der EGKS nicht in Frage stellen würden, aber gleichzeitig möglichst eng sein sollten. Darüber hinaus mußte Monnet bei der Durchführung des EGKS-Vertrages die national-egoistischen Strömungen bekämpfen. Der EVG-Vertrag wurde zwar unterzeichnet, aber er mußte noch die letzte parlamentarische Stufe durchstehen. In diesem entscheidenden Moment erschien der Eden-Plan Monnet als der Versuch, die von ihm initiierten Gemeinschaften zu vereinnahmen und ihre Supranationalität zu verwässern.[251]

Er machte die amerikanische Administration auf die Gefahren aufmerksam, die der supranationalen europäischen Gemeinschaft aus dem Eden-Plan erwachsen konnte. In einem Gespräch mit Acheson am 6. Mai 1952 vertrat er die Ansicht, daß nichts schädlicher sein könnte, als das Parlament der neuen supranationalen Gemeinschaften, welches einmal das Parlament eines vereinten Europas werden könne, mit einem Organ zu verbinden, das ein reines Debattierforum ohne jegliche Vollmachten sei. Nachdrücklich drängte er den amerikanischen Außenminister, sich näher mit dem Eden-Plan auseinanderzusetzen und, sobald er von Schuman

---
247 Die europäische Einigung 1952, in: Bulletin, Nr. 7. vom 13. Januar 1953, S. 51.
248 Preda, D., From a Defense Community to a Political Community, S. 198f.
249 Die europäische Einigung 1952, in: Bulletin, Nr. 7. vom 13. Januar 1953, S. 51.
250 Monnet, J., Erinnerungen, S. 483.
251 Massigli, René, Une comédie, S. 334; FRUS 1952-1954 IV Part 1. S. 91, The Ambassador in France (Dunn) to the Department of State, June 22, 1952.

oder Eden befragt würde, eine ablehnende Einschätzung des Planes zum Ausdruck zu bringen.[252]
Obgleich die amerikanische Regierung zunächst noch keine klare Position zum Eden-Plan einnahm, konnte Monnet sich der amerikanischen Unterstützung für diese neue Initiative sicher sein oder sie zumindest erwarten. Die Unterstützung Eisenhowers wurde bereits oben erwähnt. Der amerikanische Botschafter, Tomlinson, der zu jener Zeit einen engen Kontakt zu Monnet hatte, äußerte in einem privaten Gespräch mit dem im Auswärtigen Amt für die europäische Integration Zuständigen Ophüls am 4. Mai 1952 die Skepsis der amerikanischen Regierung gegenüber dem Eden-Plan. Tomlinson hatte telegraphisch die Anweisung aus Washington erhalten, die Verwirklichung der Vorschläge Edens nicht zu ermutigen. Er wollte darüber hinaus in geeigneter Weise auf die französischen Stellen einwirken, so daß diese die britischen Vorschläge nicht mehr so lebhaft unterstützten, wie dies in den letzten Tagen geschehen war.[253] Gerade im Juni, als Monnet konzentriert über die neue Initiative zu einer politischen Integration nachdachte, zeigte sich Truman bereit, diese Initiative zu unterstützen. Eigentlich wollte er eine Regierungserklärung zu der neuen Schuman-Initiative abgeben, unterließ dies jedoch, um den Eindruck zu vermeiden, diese Initiative stamme aus den USA. Diese Nachricht erhielt Cavalletti von Tomlinson und Bruce. Am 18. Juni informierte er De Gasperi darüber.[254] Das State Department erteilte am 27.9.1952 dem Repräsentanten in Straßburg folgende Anweisung in der Frage des Eden-Plans: „(...) although [we] wish other countries [to] have close relations with supranational communities [we] believe it important that this be done in such a way as to avoid any watering down supranational principles."[255] Diese Leitlinie wurde auch den amerikanischen Botschaftern in den Montanunionsländern mitgeteilt. Nach dem Bericht des französischen Botschafters in Washington, Bonnet, war diese Einstellung gleichzeitig in Regierungskreisen sowie auch in der amerikanischen Öffentlichkeit maßgeblich vorhanden.[256] Aufgrund der engen Beziehung zwischen Bruce und Monnet ist zu vermuten, daß Monnet über diese amerikanische Position bereits informiert war. Ebenso registrierte die britische Regierung die amerikanische Unterstützung Monnets. Dazu verfolgte Monnet die politischen Strömungen innerhalb der Nationalversammlung, die den Anlaß zur Initiative der EPG zu geben schien, mit besonderer Aufmerksamkeit.[257]
Nachdem der EVG-Vertrag unterzeichnet und die Maisitzung der Beratenden Versammlung mit der Entschließung 14 beendet worden war, ging Monnet auf die Frage der EPG und des Eden-Plans ein. In mehreren Entwürfen eines Memorandums für Schuman betonte er im Juni

---

252 Schröder, H., Jean Monnet, S. 264f.
253 PAAA II, Bd. 839, AZ 221-78, Bd. 1, Vermerk (Geheim) Ophüls vom 4. Mai 1952, Hallstein vorgelegt.
254 Preda, D., From a Defense Community to a Political Community, Fußnote 46, S. 206.
255 FRUS 1952-1954 VI. S. 198, Telegram, The Secretary of State to the Consulate at Strasbourg, 27.9.1952.
256 AMAE Europe 44-60, Généralités, Vol. 60, Bl. 24-27, Lettre de Bonnet à R. Schuman, A/S: L'opinion américaine et l'unité de l'Europe occidentale, 19.9.1952.
257 DBPO II, Vol. 1, S. 906, Letter from Mr. Hayter (Paris) to Sir P. Dixon, Paris, 11 July 1952, Confidential; AMJ 1/6/1, Note pour M. Monnet: de la part de M. Valéry relative à une visite de Géraud-Jouve, délégué français au Conseil de l'Europe, vermutlich Anfang Mai 1952; AMJ 2/21, Dépêche de AFP, „L'audition de M. R. Schuman par la Commission des Affaires étrangères", M. Leymarie, 4.6.1952.

1952 mit Nachdruck die Notwendigkeit, eine EPG umgehend zu errichten. Er war der Auffassung, daß es erforderlich sei, diese Frage auf die Tagesordnung der nächsten Ministerratstagung der EGKS zu setzen. Er ging von der Notwendigkeit einer parlamentarischen Kontrolle der Europa-Armee aus. Darüber hinaus maß er der Deutschlandfrage große Bedeutung bei. Dieser Gedanke wurde in einem späteren Memorandum für Schuman vom 9. Juli 1952 ausführlich dargelegt. Angesichts der von der sowjetischen Notenoffensive verursachten Unruhe in Westdeutschland hielt Monnet die supranationale Gemeinschaft für noch dringender, weil er sich vorstellte, daß die sowjetische Notenoffensive die öffentliche Meinung in Westdeutschland zu Ungunsten der Westintegration und für die Wiedervereinigung verschob, und daß dieser Umschwung zur Niederlage der Regierung Adenauer in den Wahlen 1953 und zum Aufstieg nationalistisch gesinnter Politiker wie Schumacher führen könnte. Das Wiedererstarken des deutschen Nationalismus müsse verhindert werden, zumal nicht sicher sei, wie die politische Führung in Bonn auf die sowjetischen Offerten reagiere. Zu ihrer Entwicklung brauche die Bundesrepublik Exportmärkte. Diese könne sie aber auch im Osten bekommen, wenn sie auf Stalins Notenoffensive eingehe. Eine direkte Verbindung zwischen Deutschland und Rußland habe schon einmal den Tod des Friedens in Europa bedeutet. Umso notwendiger sei es, ernsthafte Schritte zur politischen Einigung einzuleiten. Andernfalls werde die Bundesrepublik den Westen gegen den Osten ausspielen, und Krieg sei die Folge. Westdeutschland - gegebenenfalls auch Ostdeutschland - müsse in den Westen integriert und an die atlantische Gemeinschaft gebunden werden. Der Schuman-Plan und die EVG seien dabei nur erste Schritte. Es bedürfe schnellstens einer politischen Autorität, nicht nur um die Unterstützung Frankreichs zur Ratifikation der Verträge sicherzustellen, sondern auch um den deutschen Nationalismus in eine föderative Behörde noch fester einzubinden. Damit „le moment est venu de fixer les destins de l'Europe dans la vie de l'unité en instaurant une autorité politique à la quelle seront subordonnées les Communautés en formation et en associant directement les peuples à l'édification de ces Etats-Unis d'Europe qui portent leurs espoirs et rassemblent leurs volonté. C'est pourquoi l'objectif immédiat du Gouvernement des six pays est l'organisation, dès 1953 de élection directe d'un Parlement européen," um den von Monnet erstrebten Weg legitimieren zu lassen. Es ging ihm um die allgemeine Direktwahl des europäischen Parlaments im Jahr 1953.[258]

Die Supranationalität bot für die Franzosen nach der Überzeugung von Monnet eine unabdingbare Garantie für die Anbindung der Deutschen an den Westen. Dabei verlor er niemals das Risiko aus den Augen, daß die Deutschen eine dominierende Rolle in der supranationalen Gemeinschaft übernehmen könnten, daher müsse - so glaubte er - eine Form von Gleichgewicht gefunden werden. Aus Sicht Monnets jedoch war eine solche Entwicklung in der Zukunft weitaus wünschenswerter als irgendeine Alternative, die die ultimative Desintegration

---

258 AMJ 2/2/11 Projet de déclaration commençant par les mots: „Depuis 2 ans" von JVH, etwa 22 oder 23 Juni 1952; Mémorandum de Jean Monnet à Robert Schuman, 9.7.52, in: Monnet, J./ Schuman, R., Correspondance, 1947-1953, S. 148; „Annexe 1. Mémorandum relatif à l'élection des représentants français à l'Assemblée de la Communauté charbon acier", in: Ibid., S. 140f; Vgl. FRUS 1952-1954 IV Part 1. S. 89f., The Ambassador in France (Dunn) to the Department of State am June 22, 1952; Vgl. Ibid., S. 95f., The Ambassador in the United Kingdom (Gifford) to the Department of State am July 3, 1952; Vgl. DBPO II, Vol. 1, S. 883, Sir N. Butler (The Hague) to Mr. Eden am 27 June 1952.

Westdeutschlands mit sich brächte.[259] Während Großbritannien dachte, de facto Westdeutschland kontrollieren zu können, war Monnet davon überzeugt, daß nur eine Organisation, die die Mitgliedstaaten de jure festband, Westdeutschland kontrollieren und seine Energien für das Gemeinwohl nutzbar machen könne. Während die britische Europapolitik auf der herkömmlichen „Balance of Power" basierte, beruhte Monnets Konzept auf der Verschmelzung der nationalen Souveränitäten zur Supranationalität. Das war eine wesentlich neue Art der Friedenssicherung in Europa.[260] Daher konnte Monnet in der Sache der Supranationalität im Hinblick auf die Lösung der Deutschlandfrage keinen Schritt zurückweichen.

Monnet präferierte die Schuman-Plan-Versammlung als den Ort, der einen EPG-Entwurf ausarbeiten sollte, denn nur die EGKS-Staaten unter den 15 Staaten des Europarats konnten ihre Zustimmung dazu geben, ihre Souveränität einer Gemeinschaft zu übertragen. Daher konnten nur sie „une unité assez forte et cohérente" bilden, um den entscheidenden Fortschritt der europäischen Integration herbeizuführen. Die Teilnahme der anderen neun Länder an der Ausarbeitung der EPG würde die Sache so komplizieren, daß die Verhandlungen zu lange dauern würden. Er dachte vor allem nicht nur an die Abgeordneten aus Griechenland und der Türkei, sondern auch an die aus dem Saargebiet, die Vollmitglieder des Europarats waren. Damit sollten die mit dem Saargebiet zusammenhängenden Schwierigkeiten vermieden werden.[261] Er war sich jedoch völlig darüber bewußt, daß es notwendig war, die Repräsentanten aus Großbritannien und der USA als Beobachter einzuladen. Auf diese Weise wollte er die Briten und auch die französischen Sozialisten besänftigen. Im Juni warb Monnet gegenüber Schuman für diese Idee.[262]

In der Kabinettsitzung der französischen Regierung vom 25. Juni wurde eine Entscheidung getroffen. Diese lautete: „1) Zwecks rascher Ausarbeitung eines solchen Entwurfs für eine politischen Behörde ist die Versammlung der Montangemeinschaft auf diese besondere Aufgabe nach Maßgabe des Vertrags über die EVG zu erweitern; 2) Vertreter der Länder, die Mitglieder des Europarats und an der Montangemeinschaft nicht beteiligt sind, sind unter noch festzulegenden Bedingungen einzuladen; 3) Ein Ministerrat, der die beteiligten Regierungen vertritt, ist zu den Arbeiten der Versammlung unter Bedingungen hinzuzuziehen, die in gemeinsamen Einvernehmen festzulegen sind; 4) Der vorliegende Beschluß ist dem Ständigen Ausschuß des Europarates mitzuteilen."[263]

Monnets Vorhaben wurde von der französischen Regierung aufgegriffen, ausgenommen Punkt 2, nach dem alle übrigen 9 Länder des Europarats zur Ausarbeitung eingeladen werden

---

259 DBPO II, Vol. 1, S. 745ff., Sir O. Harvey (Paris) to Mr. Eden, Paris, 3 November 1951, Confidential.
260 Vgl. Schröder, H., Jean Monnet, S. 52-56.
261 PAAA II, Bd. 840, AZ 221-78, Bd. 2, Bl. 151, Thierfelder, Aufzeichnung, Hallstein und Blankenhorn vorgelegt, Bonn, den 17.6.1952.
262 AMJ 2/2/5 Autre version du „Projet de mémorandum sur la création d'une autorité politique européenne" - Texte du AMJ 2/2/4 avec un paragraphe supplémentaire au chap.3, undatiert, vermutlich Anfang Juni 1952; AMJ 2/4/1 JVH, Projet de lettre de „Monsieur Robert Schuman à Son Excellence Monsieur le Ministres des Affaires Etrangères de ..." 20.5.1952 - Texte dactylographié annoté par J. M. (Datum falsch. vermutlich 20.6.1952); AMJ 2/2/7 Schéma de déclaration, JVH le 21.6.52; AMJ 2/2/11 Projet de déclaration commençant par les mots: „Depuis 2 ans" von JVH; AMJ 2/6/3 Lettre de J. Monnet à Schuman, 26.6.1952.
263 AMJ 2/2/18 Texte de la décision du Gouvernement français, 25.6.1952, deutsche Übersetzung.

sollten. Dieses Aide-Mémoire wurde dem britischen Außenminister durch Schuman sowie dem Bundeskanzler und den drei Hochkommissaren durch Monnet übersandt. Schuman seinerseits machte diese Entscheidung auf einer Pressekonferenz am 1. Juli bekannt und schickte daraufhin einen Brief an den Generalsekretär des Europarats, C.J. Paris, der damit beauftragt worden war, ein Ad-hoc-Komitee im Europarat für die Ausarbeitung eines Vorentwurfs der EPG aufzustellen.[264]

In London löste dieser Vorgang Unbehagen aus. Sollten diese Pläne durchgeführt werden, so warnte Nutting, würde dies einen schweren Nachteil für die europäische Einigung und einen Schlag gegen die Politik Englands in der europäischen Zusammenarbeit bedeuten.[265] Trotzdem ging man in London vorsichtig vor. Der Aufbau eines machtvollen europäischen Staatengebildes, das allmählich von den Deutschen beherrscht werde - so analysierte P. Dixon - liege in niemandes Interesse und führe zur Isolierung Großbritanniens vom Kontinent. Sich diesem Aufbau zu widersetzen, provoziere mit gewisser Sicherheit den Unmut der Europäer und Amerikaner. Dies zu tun - so der Kommentar von Unterstaatssekretär Nutting - bedeute, den Spaaks und Monnets, deren Hauptziel die Föderation ohne Verbindungen mit Großbritannien sei, in die Hände zu spielen. Die beste Linie sei deshalb, die Europäer in ihren Bestrebungen nicht zu entmutigen, zugleich aber dafür zu sorgen, daß die politische Organisation mit Großbritannien eng assoziiert werde, und zwar über den Europarat unter den im Eden-Plan skizzierten Konditionen.[266]
Eden übermittelte den sechs Außenministern der Montanunionsländer ein Aide-Mémoire. Darin interpretierte die britische Regierung die Entscheidung der französischen Regierung dahingehend, daß Edens Vorschlag von der französische Regierung geteilt werde, und sie machte geltend, daß der von Schuman vorgelegte Vorschlag weder den Europarat ausschalten, noch Edens Vorschlag beeinträchtigen sollte. Sollten sich die sechs Staaten für die Annahme des französischen Plans entscheiden, so Eden, dann sei eine gleichzeitige Annahme des britischen Vorschlags wünschenswert. In dieselbe Richtung zielte seine Aufforderung, von Beginn an die EGKS-Versammlung im Rahmen des Europarates abzuhalten und die Vertreter der Nicht-EGKS-Länder unter den Europarat-Ländern als Beobachter an den De-

---

264 Mémorandum de Jean Monnet à Robert Schuman, 9.7.52, in: J. Monnet/R. Schuman, Correspondance, 1947-1953, S. 148; AMAE Europe 44-60, Conseil de l'Europe, Vol. 1, Bl. 271-274, Lettre de R. Schuman a le Secrétaire Général du Conseil de l'Europe, 3.7.1952.
265 PAAA II, Bd. 840, AZ 221-78, Bd. 2, Bl. 15-21, Thierfelder, Aufzeichnung vom 5.6.1952, Hallstein vorgelegt.
266 DBPO II, Vol. 1, S. 895f, Brief by P. Dixon for Secretary of State, 7.7.1952. Das britische Unbehagen und vorsichtige Vorangehen ist aus folgendem Bericht ablesbar: „(nachdem Schuman Ende Juni mit Eden hierüber eine vorläufige Besprechung geführt hatte,) erschien im 'Observer' ein kurzer Artikel, in dem es hieß, Eden habe sich abgeneigt gezeigt, weil viele Pläne nicht 'in der Linie der britischen Interessen und der britischen Politik' lägen und mit seinem Plan zur Umgestaltung des Europarates nicht zu vereinbaren seien. Bald darauf erfuhr man intern, daß einer der maßgeblichen Mitarbeiter Edens gesprächsweise den Tenor dieses Artikels abgelehnt habe. (...) In der neuen Meldung aus London hieß es, Großbritannien nehme gegenüber den kontinentalen Föderationsbestrebungen die Haltung einer 'wohlwollenden Neutralität' ein" (ID Nr. 121 vom 5. September 1952, S. 10).

batten über die EPG teilnehmen zu lassen.²⁶⁷ Dieser Punkt, die EGKS-Versammlung im Rahmen des Europarates abzuhalten, war entscheidend. Er berührte nicht nur die Sache der EPG, sondern auch die der EGKS, vor allem die Versammlung, den Ministerrat und das Sekretariat.

In der Sitzung vom 5. bis 7. Juli 1952 beschloß die Kommission für Allgemeine Angelegenheiten der Beratenden Versammlung, die immer noch unter dem Einfluß Mollets stand, drei Resolutionen: Die erste war die Bitte an den Präsidenten der Versammlung, den Regierungen der sechs Mitgliedstaaten den Beschluß zu übermitteln, daß ein Weg einzuschlagen sei, der die Ausarbeitung des EPG-Entwurfs innerhalb des Europarates gewährleisten konnte. Die zweite war die Aufstellung einer Ad-hoc-Kommission für den Vorentwurf der EPG. Die Ständige Kommission stellte in der Sitzung vom 7. Juli eine ad-hoc-Kommission auf, die aus 25 Abgeordneten aller Mitgliedstaaten des Europarats bestand. Bei der dritten Resolution ging es um die Umsetzung des Eden-Plans. In ihr wurde gefordert, daß die EGKS-Versammlung als eine beschränkte Tagung der Beratenden Versammlung des Europarates angesehen werden sollte.²⁶⁸

Angesichts dieser Vorgänge bereitete Monnet sich auf die gemeinsame Antwort der sechs Außenminister vor, die auf das britische Ersuchen zu geben war. In bezug auf die britische Assoziation schlug Monnet als Alternative vor, daß Großbritannien nicht über den Europarat, sondern zusammen mit den USA direkt an der Arbeit der supranationalen Gemeinschaften beteiligt werden sollte. Was die organisatorische Verbindung zwischen den Gemeinschaften und dem Europarat anging, drehte seine Argumentation sich immer wieder um den Unterschied zwischen den supranationalen Gemeinschaften und dem zwischenstaatlichen Europarat. Daher konnten der Ministerrat und die Versammlung der EGKS nicht als „formations restreintes du Conseil de l'Europe" angesehen werden, und logischerweise sollte das Sekretariat der EGKS von dem des Europarats völlig unabhängig sein. Eine solche Formation bedeutete praktisch, daß der Ministerrat und die Versammlung der EGKS die Kompetenzen, die vom Europarat erteilt würden, ausüben konnten, und zwar unter der Bedingung, dem Europarat Bericht zu erstatten, um seine Zustimmung zu erhalten. Monnet meinte, daß es, um eine enge Kooperation beider Organisationen zu etablieren, befriedigend sei, wenn die Abgeordneten und die Repräsentanten der sechs Staaten in der EGKS mit denen im Europarat personell identisch wären und die Versammlung sowie der Ministerrat der EGKS regelmäßig die Beratende Versammlung sowie den Ministerrat des Europarats über ihre Aktivitäten unterrichteten. Was die EPG anging, sollte diese organisatorische Verbindung gewährleistet wer-

---

267 PAAA Bd. 857, AZ 224-20-00, Aide Mémoire (Geheim!) und Copy of Aide Mémoire communicated by her Majesty's Ambassador in Paris to M. Schuman on 10th July. Während der Debatte über die Ratifizierung der Bonner Verträge und des britischen Abkommens mit der EVG im Unterhaus am 31. Juli 1952 betonte Eden noch einmal deutlich, daß die Verhandlungen zur EPG im Rahmen des Europarates, an dem Großbritannien beteiligt war, vor sich gehen sollten (ID Nr. 121 vom 5. September 1952, S. 11).
268 PAAA II, Bd. 857, AZ 224-20-00, Bl. 28, Europarat, Kommission für Allgemeine Angelegenheiten, Paris, 7. Juli 1952. Entschließung über die Anwendung der Vorschläge des Vereinigten Königreichs hinsichtlich der Schaffung der EPG, AS/AG (4) 17; PAAA II, Bd. 857, AZ 224-20-00, Bl. 25-27, Entscheidungen des Ständigen Ausschusses am 5. Juli; AMJ 1/6/4 Note sur les résolutions de la Commission des affaires générales du Conseil de l'Europe", par J. Van Helmont, 19.7.1952.

den, einerseits durch regelmäßige Konsultationen im Ministerrat des Europarats, und andererseits durch die Teilnahme der anderen Mitglieder der Beratenden Versammlung als Beobachter an der Plenarsitzung der Versammlung der EGKS sowie durch regelmäßige Berichte der Versammlung der EGKS an die des Europarats.[269] Monnets Alternative lag eine organisatorische Verbindung der europäischen Gemeinschaften zur NATO zugrunde. Er wollte die supranationalen europäischen Gemeinschaften in Verbindung mit der organisatorisch verstärkten NATO setzen, um das Risiko der eventuellen deutschen Herrschaft innerhalb der Gemeinschaften zu minimieren. Der Europarat war aus Sicht Monnets ein ungeeigneter Rahmen für die Minimierung dieser Gefahr, denn die USA waren kein Mitglied des Europarats.[270] Monnet wollte, daß sein für Schuman verfaßter Entwurf eines an Eden zu richtenden Memorandums der Konferenz der sechs Außenminister der EGKS vom 23. bis 25. Juli als Grundlage für ein gemeinsames Aide-Mémoire dienen würde.[271]

Die Benelux-Länder wünschten sich zwar eine möglichst enge britische Teilnahme an der Gemeinschaft, gleichzeitig erkannten sie jedoch die Unvereinbarkeit zwischen der supranationalen Gemeinschaft und dem zwischenstaatlichen Europarat. Hierbei hatten sie, wie bereits oben erwähnt wurde, ein praktisches Interesse am Sitz der EGKS. Vor diesem Hintergrund schien ihnen wahrscheinlich Monnets Vorschlag, der nicht voraussetzte, die Organe der EGKS am Sitz des Europarats anzusiedeln, ein vernünftige Lösung zu sein. Aber wegen der dem Verfasser nur begrenzt zugänglichen Quellen ist hierfür kein Beleg zu finden. Auf jeden Fall nahmen sie keine klare Stellung hierzu ein und warteten die Stellungnahme der drei größeren Staaten ab.[272]

Als der Eden-Plan verkündet wurde, hielt Ophüls dessen Umsetzung im britischen Sinne für unerwünscht. Denn die Gemeinschaft sollte seiner Meinung nach nicht über den Europarat Kontakte zu anderen Ländern herstellen, sondern direkte Beziehungen unterhalten. Das Auswärtige Amt hielt eine einheitliche Stellungnahme zu dem Eden-Plan bereits im Mai für erforderlich. Würden die englischen Vorschläge, die eine politische Resonanz gefunden hatten, völlig abgelehnt - so der im Auswärtigen Amt für den Europarat Zuständige, Thierfelder -

---

269 AMJ 2/3/7 „Projet de mémorandum de M. Robert Schuman à Mr. Eden", 11.7.1952 - texte dactylographié annoté par J. Monnet; AMJ 2/3/9 Autre version du „Projet de réponse à l'aide-mémoire britannique", au nom du Gouvernement français, 17.7.1952; AMJ 2/3/10 „Projet de réponse à l'aide-mémoire britannique, au nom des Gouvernements des pays associés dans la CECA", 21.7.1952; AMJ 2/3/11 „Projet de réponse commune des Gouvernements des Etats membres de la CECA à l'aide-mémoire du Royaume-Uni", undatiert. Nach Einschätzung von Comte de Crouy-Chanel, der gegen die britische Integration eintrat, befürchtete Monnet, daß der Europarat à Quinze als „a Court of Appeal" von einem der sechs Staaten ausgenutzt werden könnte, der verstimmt über einige durch Mehrheitsbeschlüsse gegen ihn getroffene Entscheidungen wäre (DBPO II, Vol. 1, S. 950, Calendar to Doc. No.493, 8 Sept. 1952).
270 DBPO II Vol. 1, S. 912f., Letter from Mr. Hayter (Paris) to Sir P. Dixon, Paris, 18 July 1952, Confidential.
271 AMJ 2/3/20 Lettre de J. Monnet à J. de Bourbon-Busset, Directeur du Cabinet de Schuman, 18.7.1952.
272 DBPO II, Vol. 1, S. 883, Sir N. Butler (The Hague) to Mr. Eden, The Hague, 27 June 1952, Immediate. Secret; Ibid., S. 905, Calendars to Doc. No.467, 11-22 July 1952, Reactions to U.K. Aide-Mémoire; AMAE Europe 44-60, Conseil de l'Europe, Vol. 1, Bl. 279-280, Télégramme de Rivière à MAE, 19.7.1953, N°359/61, réserve, priorité; AMAE Europe 44-60, Conseil de l'Europe, Vol. 1, Bl. 283-284, Télégramme de Saffroy à MAE, 20.7.1952, N°89/91.

entstehe die Gefahr, daß die Engländer die Schuld an dem Versagen des Europarats und damit des gesamteuropäischen Gedankens, für das sie im Grunde selbst verantwortlich seien, den sechs Schuman-Plan-Ländern zuschieben könnten. Diese Gefahr solle nach Möglichkeit vermieden werden. Eine noch größere Gefahr entstünde dann, wenn es nicht gelänge, die sechs Schuman-Plan-Länder zu einer einheitlichen Stellungnahme zu bewegen, denn dann wäre es den Engländern gelungen, einen Keil zwischen die Paktstaaten zu treiben. Aus diesen beiden Gründen sei es notwendig, zu einer Kompromißformel zu gelangen, die nach außen die britischen Vorschläge teilweise akzeptiere, die Eigenständigkeit und die Geschlossenheit der Gemeinschaften aber nicht gefährde. Unter Abstimmung mit Monnet und dessen amerikanischen Freunden entwickelte das Auswärtige Amt in der Folgezeit einen dem Vorhaben Monnets ähnlichen Gedanken, indem es zum Ausdruck brachte, daß es nicht möglich sei, den Ministerrat und die Versammlung der Gemeinschaft als „Formation restreinte" des Ministerkomitees und der Beratenden Versammlung des Europarats zu behandeln.[273] Die Haltung der italienischen Regierung zum Eden-Plan war in diesem taktischen Denken der der deutschen Regierung ähnlich.[274]

Darüber hinaus entwickelte das Auswärtige Amt in seinen internen Planungen Monnets Alternative weiter. Der wesentliche Teil lautete: Titel II enthielt den sachlichen Hauptteil der Anregungen; Kapitel 1 (gemeinsamer Rat) lehnte sich an die Bestimmungen über die Gemeinsamen Sitzungen der Räte der EVG und NATO an und übertrug die dort gefundenen Formen auf das Verhältnis zwischen Großbritannien und der Europäischen Gemeinschaft; Kapitel 2 (Gemeinsamer Parlamentarischer Ausschuß zwischen Großbritannien und der europäischen Versammlung); Kapitel 3 (Gemeinsamer Exekutivausschuß) wiederholte einen Gedanken, der bereits im Verhältnis zwischen der Montanunion und der englischen Delegation zu einer engen und dauerhaften Zusammenarbeit geführt hatte und übertrug diesen Gedanken auf das allgemeine Verhältnis zwischen Großbritannien und der Europäischen Gemeinschaft.[275]

Ophüls begründete die entschiedene Haltung der deutschen Regierung zum Eden-Plan in seinem Artikel „Der Sinn der sechs-Mächte" folgendermaßen: Er unterschied zunächst zwei Bedeutungen des Europagedankens. Ein großer Teil der Bestrebungen, die sich im Zusammenhang mit der neuen europäischen Bewegung entfaltet habe, sei weder neu noch dem in-

---

[273] PAAA II, Bd. 839, AZ 221-78, Bd. 1, Bl. 80-81, Ophüls, Aufzeichnung, Betr.: Britische Vorschläge zur Umgestaltung des Europarats, Paris, den 20. März 1952; Ibid., Bl. 158-160, Thierfelder, Aufzeichnung, Betr.: Stellungnahme zum Eden-Plan, Eilt sehr!, Bonn, den 6. Mai 1952, Hallstein vorgelegt; Ibid., Bl. 153-156, Aufzeichnung, Betr. Besprechung am 28.6.1952 über das Memorandum des Generalsekretärs des Europarats bezüglich der Britischen Vorschläge zur organischen Verbindung von Europarat und Montanunion; PAAA II, Bd. 840, AZ 221-78, Bd. 2, Bl. 229-231, Hallstein an die diplomatischen Vertretungen im Ausland, 221-78II 8815/52, Bonn, den 15. Juli 1952, Betr.: „Eden-Plan" zur Umgestaltung des Europarats; PAAA NL Ophüls, Bd. 1, Entwurf einer gemeinsamen Antwort der Regierungen der Mitgliedstaaten der EGKS auf das britische Aide-Mémoire, undatiert (etwa Mitte Juli 1952); FRUS 1952-1954, VI. Part.1, S. 132, Telegramm. The Ambassador in France (Dunn) to the Department of State, 23.7.1952; DBPO II. Vol. 1, S. 950f., Sir I. Kirkpatrick (Wahnerheide) to Eden, 7. September 1952.

[274] Magagnoli, R., Die italienische Europapolitik 1950-1955, S. 136-140.

[275] PAAA NL Ophüls, Bd. 2, Memorandum, undatiert (etwa November oder Dezember 52), Verfasser unbekannt (vermutlich Ophüls).

neren Wesen nach europäisch. Diese hätten zum Zweck, eine engere Beziehung zwischen den durch zwei Kriege verwüsteten und verfeindeten Staaten herzustellen. Hierunter fiele die wirtschaftliche Zusammenarbeit in weiterem Sinne, die Herabsetzung von Zöllen, die Herstellung der Konvertierbarkeit der Währungen, die Erleichterung des Verkehrs usw. Es handele sich also darum, Verlorenes wiederzugewinnen. Das könnte in den hergebrachten Formen der internationalen Zusammenarbeit geschehen und stehe seiner Natur nach unter globalen Aspekten, insbesondere der Wiederherstellung der Weltwirtschaft. Anders stehe es mit einem weiteren Bestandteil der europäischen Bestrebungen. Hier handele es sich um Dinge, die wirklich neu und ihrem Wesen nach auf Europa bezogen seien. Es seien dies alle diejenigen Bestrebungen, die das alte nationalstaatliche System Europas in gewissem Umfang durch ein einheitliches europäisches System ersetzen wollten. Das bedeute nicht die Wiedergewinnung eines Zustandes, wie er bereits früher einmal in glücklicheren Zeiten bestanden habe, denn der Zustand vor 1914 sei ja ein solcher der getrennten nationalstaatlichen Systeme gewesen, die nur auf der Grundlage der vollen einzelstaatlichen Souveränität zusammengearbeitet hätten. Demgegenüber sei das, was nun angestrebt werde, eine grundsätzliche Aufgabe dieses Systems zugunsten einer Verschmelzung von Souveränitätsrechten. Ein derartiger Versuch müsse sich seiner Natur nach für absehbare Zeit auf Europa beschränken. Er stelle nicht eine Restauration, sondern eine Revolution des unvollkommenen Zustandes dar, einen Ersatz der internationalen Zusammenarbeit, bei der die nationalen Souveränitätsrechte grundsätzlich erhalten bleiben würden, und zwar durch supranationale Zusammenschlüsse, in denen diese Rechte verschmolzen und auf eine neue, über den Staaten stehende Gemeinschaft übertragen werden würden. Diese letzteren, eigentlich europäischen Bestrebungen, seien das vorwärtstreibende Moment der Nachkriegsentwicklung in Europa. Sie seien es, die die besprochene Integration der sechs Staaten angestoßen hätten. Sie entsprächen dem Gebot der Stunde.[276]

Ophüls gab drei Gründe für die supranationale Integration an: einen wirtschaftlichen, einen „geistigen" (Tradition einer übergreifenden Europaidee und die Überwindung der Feindschaft zwischen Frankreich und Deutschland) und nicht zuletzt eine Zukunftsperspektive, die mit der Idee der „Dritten Kraft" zu tun hatte. Ophüls rückte den letzteren der drei genannten Gründe sehr nachdrücklich in den Vordergrund. Nur im Zusammenschluß, so machte er geltend, könnten die Staaten Europas für eine große Politik Handlungsfähigkeit und Gewicht erlangen. Keiner der europäischen Staaten böte im Zeitalter der politischen Weltmächte als einzelner noch die Basis dazu. Ebensowenig aber könne sich andererseits keiner der größeren dieser Staaten aus der Weltpolitik heraushalten, als ob sie ihn nichts anginge. Das gelte insbesondere für Deutschland. Es sei zu groß und zu zentral gelegen, um sich unbeachtet und ungestört abseits der Weltpolitik zu stellen. Andererseits sei es jedoch zu klein, um auf eigene Faust Weltpolitik zu betreiben. Ihm bleibe, wie den übrigen europäischen Staaten, nur im Zusammenschluß ohne Hegemonie seine Interessen zur Geltung zu bringen und daran mitzuwirken, daß in der westlichen Welt, verbunden mit einem mächtigen Amerika, auch ein kraftvolles Europa vorhanden sei. Diese supranationale Gemeinschaft müsse einerseits sachlich stufenweise verwirklicht werden, da das jahrhundertelang verwurzelte Nationalbewußt-

---

[276] PAAA NL Ophüls, Bd. 2, Der Sinn der sechs-Mächte - Integrationen von Gesandten Prof. C.F. Ophüls, erschien im Europe - les „Parlements", 6.10.1952.

sein zu stark sei, um auf einmal eine Föderation zu erreichen, andererseits müsse sie jedoch auch in geographischer Hinsicht stufenweise aufgebaut werden, da lediglich die sechs Staaten darin übereinstimmten, ein Stück ihrer Souveränität zu obengenanntem Zweck einer supranationalen Gemeinschaft abzutreten. Diese Gemeinschaft jedoch sollte nie gegen andere europäische Staaten gerichtet sein.[277]
Doch der deutsche Handlungsspielraum war damals eng begrenzt, da die deutsche Initiative zu dieser Frage den verbreiteten Eindruck bestärken konnte, die Deutschen strebten nach Dominanz. P. Dixon äußerte im Foreign Office hierzu eine beachtenswerte Bemerkung: „The German attitude is equivocal and we are certainly justified in suspecting that, in some German minds at any rate, there is a desire to isolate the groupe of Six and see it dominated by Germany."[278] Bekanntlich war diese Angst in Frankreich überwiegend vorhanden. Daher beriet Professor Holcombe von der Harvard-Universität Hallstein dahingehend, daß, obgleich zweifellos Deutschland ganz von selbst die Führungsaufgabe zufallen werde, die deutschen Politiker sich trotzdem ein Beispiel an George Washington nehmen sollten, der beim Zustandekommen der Verfassung der USA zwar geführt, aber niemals nach außen den Eindruck erweckt habe, als ob er geführt hätte, und der stets bereit gewesen sei, den Ruhm für das Zustandekommen anderen zu überlassen.[279] Das war das Dilemma, das von führenden Politikern wie Adenauer, Hallstein, Blankenhorn und Ophüls wahrgenommen wurde. Deswegen wartete man in Bonn, genauso wie in den Benelux-Ländern, die Stellungnahme der französischen Regierung ab.
Wie fiel die britische Reaktion auf die Alternative Monnets aus? Die Meinungen waren in der britischen Regierung geteilt. Dixon gestand aus theoretischer Sicht zu, daß die USA und Großbritannien unmittelbar an der Ausarbeitung der EPG assoziiert wurden, um das Risiko einer deutschen Herrschaft innerhalb der europäischen Gemeinschaften zu minimieren. Monnets Alternative würde jedoch „tearing up the Eden Plan" mit sich bringen und die Struktur der Beziehungen zwischen den EVG-Staaten, Großbritannien und den USA, die nach zähen Bemühungen hergestellt worden war, in Frage stellen. Damit war gemeint, daß Großbritannien in einer derartigen Konstruktion seiner Vermittlerrolle beraubt würde, da Monnets Alternative letztendlich zur Folgen hätte, daß „the USA + Canada all go in on the same basis and the Atlantic Community as such is organically linked with the European Community". Gallagher, Hood und Roger Makins waren demgegenüber positiv zu Monnets Alternative eingestellt.[280] Die spärliche Quellenlage erlaubt es jedoch nicht, diese Gedankengänge bis zum Ende zu verfolgen. Klar ist jedoch das Ergebnis der Beratungen: Eden hielt an seinem Plan fest.
Die britische Regierung differenzierte Monnet von denjenigen, die die Initiative der EPG befürworteten wie Schuman, Pinay, Pleven und damit vom Quai d'Orsay, während Monnet

---

277 Ibid.
278 DBPO II. Vol. 1, S. 951, Minute P. Dixon, 12. September 1952, Sir I. Kirkpatrick (Wahnerheide) to Eden (Received 8.9.), 7. September 1952, Fußnote 2.
279 PAAA II, Bd. 840, AZ 221-78, Bd. 2, Bl. 79-80, Thierfelder, Aufzeichnung, Hallstein und Blankenhorn vorgelegt, Bonn, den 13. Juni 1952.
280 DBPO II Vol. 1, S. 911, Record by Sir P. Dixon of a conversation with the U.S. Minister, European Political Authority, Foreign Office, 17 July 1952; Ibid., S. 912f., Letter from Mr. Hayter (Paris) to Sir P. Dixon, Paris, 18 July 1952, Confidential, Fußnote 6.

seinerseits diese Persönlichkeiten als „keen supporter of his ideas" bezeichnete. Als der Gesandte der britischen Botschaft in Paris, Hayter, Monnet fragte, ob die Wahl der Schuman-Plan-Versammlung darauf abziele, dem möglichen britischen Einfluß auszuweichen, geriet Monnet in Verlegenheit. Hayter kommentierte: „the idea was obviously new to him." Diesen Satz markierte P. Dixon jedoch mit einem Fragezeichen, und er bemerkte in einem Brief an den britischen Ständigen Delegierten beim NATO-Rat in Paris, Derick Hoyer Millar, daß ihm Monnets Idee ganz anders als die Schumans zu sein schiene.[281] Daß sich Schuman, der anfänglich eine positive Haltung gegenüber dem Eden-Plan einnahm, schließlich entschied, nicht den Europarat, sondern die Gemeinsame Versammlung der EGKS mit dem Studium der EPG zu beauftragen, war nach Einschätzung des Foreign Office auf den Einfluß Monnets zurückzuführen.[282] Ist diese britische Wahrnehmung eine richtige oder eine falsche Einschätzung? Diese wichtige Frage bezeichnete Küsters als „den schwerlich einzuschätzenden taktischen Grund Schumans", ging jedoch nicht weiter darauf ein.[283]

Wie oben bereits erwähnt, kamen Schuman und sein Vertreter Seydoux dem Eden-Plan auf den verschiedenen Sitzungen des Europarats wohlwollend entgegen. Im Quai d'Orsay war die Meinung zum Eden-Plan jedoch geteilt. Auf der einen Seite stand die Gruppe, zu der Massigli, der den Plan am positivsten befürwortete, gehörte, auf der anderen Seite die, zu der H. Alphand, der den Plan für absurd hielt und daher Monnet sehr nahestand, gehörte.[284] Für Schuman war jedoch die parlamentarische Konstellation wichtiger als die interne im Quai d'Orsay. Schuman sprach gegenüber einem italienischen Diplomaten, Quaroni, am 11. Juni 1952 von der Möglichkeit, gemäß dem Mollet-Vorschlag anstelle der EGKS-Versammlung eine entsprechende Formation des Europarats mit der Ausarbeitung eines Föderationsentwurfs zu beauftragen.[285] Er änderte jedoch seine Meinung, so daß das französische Kabinett am 25. Juni eine Entscheidung über die Beauftragung der Schumanplan-Versammlung mit den im Artikel 38 festgelegten Aufgaben traf. Es ist äußerst schwierig, die Gründe für seine Meinungsänderung nachzuvollziehen, da die entsprechenden Noten im Archiv des Quai d'Orsay fehlen. Daher ist nicht auszuschließen, daß die britische Einschätzung richtig war. Man sollte jedoch eine Unterscheidung zwischen den taktischen Überlegungen und der Grundüberzeugung treffen, wenn man Schuman mit Monnet angemessen vergleichen will.

Als Schuman am 27. Juni 1952 London besuchte, übergab er dem britischen Außenminister die französische Entscheidung vom 25. Juni. Anschließend konkretisierte Eden seinen Vorschlag dahingehend, daß die mit der Untersuchung der Errichtung der EPG zu betrauende Versammlung der EGKS von Anfang an „within the framework of the Council of Europe and

---

281 DBPO II. Vol. 1, S. 887ff., Letter from Mr. Hayter (Paris) to Viscount Hood am 28 June 1952, Confidential.
282 DBPO II. Vol. 1, S. 887ff., Letter from Mr. Hayter (Paris) to Viscount Hood am 28 June 1952, Confidential; Ibid., S. 895, Brief by .P. Dixon for Secretary of State, Foreign Office, 7.7.1952, European Political Authority; Ibid., S. 906f., Letter from Mr. Hayter (Paris) to Sir P. Dixon, Paris, 11.7.1952, Confidential.
283 Küsters, H.J., Zwischen Vormarsch und Schlaganfall, S. 267.
284 AMAE Europe 44-60, Conseil de l'Europe, Vol. 1, Bl. 266-267, Télégramme de Massigli à MAE, 8.5.1952, N°2180/87; PAAA II, Bd. 839, AZ 221-78, Bd. 1, Bl. 158-160, Thierfelder, Aufzeichnung, Betr.: Stellungnahme zum Eden-Plan, Eilt sehr!, Bonn, den 6, Mai 1952, Hallstein vorgelegt.
285 Magagnoli, R., Die italienische Europapolitik 1950-1955, S. 139.

in harmony with the British proposals regarding the Council of Europe" errichtet werden sollte. Daraufhin versicherte Schuman dem britischen Außenminister, die französische Regierung werde keinen Alleingang zur Schaffung einer politischen Autorität unternehmen. Auch glaube er nicht, daß die Untersuchungen notwendigerweise zu einer supranationalen europäischen Autorität führen würden. Es könnte auch eine Form konföderaler Zusammenarbeit entstehen. Diese unklare Haltung wurde von politischen Überlegungen beeinflußt, denn er mußte damit rechnen, daß Mollet „the prime advocate of this idea (Eden-Plan, d. V.)" war.[286] Daher schien die britische Wahrnehmung begründet zu sein.

Damit wollte Schuman jedoch nicht den Europarat als Ort der Ausarbeitung des Entwurfes der EPG präferieren, sondern er äußerte so seinen Wunsch, die Briten sollten sich möglichst intensiv, zum Beispiel als Beobachter, an der Ausarbeitung der Schuman-Versammlung beteiligen. Die Gründe, auf denen seine Wahl beruhte, sind aus einem Telegramm an den französischen Botschafter in London vor der Pressekonferenz vom 1. Juli 1952 zu entnehmen. Schuman ging - anders als Monnet - davon aus, daß es sich nicht darum handelte, die EPG-Frage sofort zu einem guten Ende zu bringen, sondern vielmehr darum, ein Studium der EPG zu beginnen, um damit die Ratifikation der EVG in der Nationalversammlung voranzutreiben, da die EPG komplizierte Probleme, die nicht in einigen Monaten gelöst werden konnten, aufwerfen würde. Trotzdem mußte die französische Regierung zumindest eine klare Haltung zu den Punkten, welche erforderlich waren, um die EPG sofort in Angriff zu nehmen, einnehmen. Einer davon war, die Supranationalität der EGKS und der EVG soweit zu bewahren, daß diese Gemeinschaften in einer breiteren europäischen Konstruktion „un noyau solide, autour d'institutions permanentes sans lesquelles l'unité que nous voulons réaliser progressivement se désagrégerait rapidement" aufbauen konnten. Die anderen neun Staaten zeigten sich damit nicht einverstanden. Dazu mußte man die Saarfrage beachten. Da die Saar ein Vollmitglied des Europarats war, könnte das auf die Ausarbeitung der EPG hemmend wirken, wenn sich die Beratende Versammlung mit der EPG-Frage beschäftigen würde. Daher war der Europarat für die EPG-Ausarbeitung als ungeeignet zu betrachten.[287]

Ein anderer Punkt, zu dem klare Stellung bezogen werden sollte, war die enge Kooperation mit dem Europarat. Gerade in diesem zweiten Punkt aber - anders als Monnet erwartet hatte - wich Schuman insofern von Monnets Vorschlag ab, indem er lediglich den Grundsatz über die Zusammenarbeit zwischen dem Europarat und der EGKS-Versammlung in der Sache der EPG im französisch-italienischen Memorandum „d'étudier et d'élaborer un projet de traité instituant une Communauté européenne politique" vom 23. Juli 1953 erwähnte. Der entsprechende Vorschlag lautete: über die regelmäßige Berichterstattung des Ministerrats und der

---

286 DBPO II. Vol. 1, S. 886f., Record of conversation. Eden, Strang, Dixon, Schuman, Bourbon-Busset,. 27.6.1952, European Political Authority.
287 AMAE PA-AP 217-Massigli, Bl. 3-7, Télégramme de R. Schuman à Massigli, 1.7.1952, N° 11870-73; FRUS 1952-54, VI, S. 90, The Ambassador in France (Dunn) to the Department of State, June 22, 1952; Ibid., S. 94, The Chargé in France (Archilles) to the Department of State, Paris, June 27, 1952; DBPO II Vol. 1, No.462, S. 893, Record by Mr. Nutting of a conversation with the French Ambassador (Massigli), 3 July 1952. Ralf Magagnoli interpretierte diese Festlegung Schumans als ein Resultat des Intervenierens De Gasperis bei Schuman (Ders., Die italienische Europapolitik 1950-1955, S. 139). Die französischen Dokumente belegen diese These jedoch nicht. Vielmehr ist es unter der machtpolitischen Konstellation in Europa wahrscheinlicher, daß Schuman den italienischen Vorstoß zu seinem Zweck instrumentalisierte.

Versammlung der EGKS vor dem Europarats hinausgehend, „chaque pays membre du Conseil de l'Europe aura toute facilité de s'associer librement à l'activité de la Communauté dans l'intérêt de celle-ci et de l'unification de l'Europe. (...) (Die Versammlung der EGKS, d. V.) fixera le conditions dans lesquelles des représentants des autres pays membres du Conseil de l'Europe pourront participer aux délibérations en séance publique."[288] Damit wurde Monnets Alternative der direkten britischen Teilnahme an der Ausarbeitung der EPG sowie sein Projekt der gemeinsamen Erklärung zum Eden-Plan nicht aufgenommen.

Aus Sicht des französischen Außenministers war es unerwünscht, die Versammlung der EGKS, die mit der Ausarbeitung der EPG betraut werden sollte, von Anfang an im Rahmen des Europarates zu errichten. Er ging darauf jedoch nicht weiter ein, mit der Begründung, diese Feststellung könne die zukünftige Beziehung zwischen den Gemeinschaften und dem Europarat präjudizieren, da sich die Gemeinschaften zu diesem Zeitpunkt erst in ihrer Formationsphase befanden.[289] Damit trennte er zunächst einmal die EPG-Frage von der Frage der Konkretisierung des gesamten Eden-Plans. Schuman ging im Hinblick auf den Eden-Plan einen Mittelweg zwischen Mollet und Massigli auf der einen Seite und Monnet und Alphand auf der anderen Seite. Schuman war darüber besorgt, daß, wenn Paris offiziell die von Monnet vorgeschlagene Erklärung zum Eden-Plan annehmen würde, der Eindruck erweckt werden könnte, Frankreich trete allein - ohne Großbritannien - in die kontinentale Gemeinschaft ein. Dies aber würde mit Sicherheit negative Konsequenzen für die Ratifikationschance des EVG-Vertrags in der Nationalversammlung provozieren. Während Monnet auf eine baldige Schaffung der EPG durch direkte Wahlen abzielte und daher bereits einen konkreten Arbeitsplan vorbereitet hatte, handelte es sich für Schuman nur um den Anfang des Studiums der EPG, so daß er dafür kein festes Konzept in der Hand hielt, worauf später noch einzugehen sein wird. Übrigens waren beide Persönlichkeiten unterschiedlicher Meinung in der Saarfrage, wie ebenfalls später dargelegt werden wird. Hieran ist festzustellen, daß - wie Hayter bemerkte - Schuman politischer und weniger eilig als Monnet agierte. Dieser Unterschied kann auch dadurch erklärt werden, daß Monnet auf die amerikanische Unterstützung großes Vertrauen setzte, während er die Kraft der nationalistischen Strömung unterschätzte. Er dachte, die innerfranzösischen Schwierigkeiten durch schnelles Voranbringen des Integrationsprozesses überwinden zu können, indem Tatsachen, d.h. Abmachungen und Verträge, geschaffen würden. Sachzwänge würden den Entscheidungsdruck auf das Parlament erhöhen.[290]

Die britische Regierung begriff jedoch nicht, daß Schuman die Konzeption Monnets über die Supranationalität in vollem Umfang teilte. Eden beauftragte den britischen Botschafter in Paris, Harvey, Schuman mitzuteilen: „I (Eden, v. D.) can rely on him to do what he can to restrain M. Monnet."[291] Man kann jedoch keinen Beleg dafür im Quai d'Orsay finden, daß Schuman so handelte. In einer Rede in einer Parteiversammlung des MRP vom 25. Novem-

---

288 AMAE DE-CE 45-60, CECA, Vol. 522, Bl. 41-44, Proposition franco-italienne, 23.7.1952, auch in BDFD I, S. 257f.
289 AMAE Europe 44-60, Conseil de l'Europe, Vol. 1, Bl. 271-274, Lettre de Schuman à le Secrétaire Général du Conseil de l'Europe, 3.7.1952.
290 DBPO II., Vol. 1, S. 906f., Letter from Mr. Hayter (Paris) to Sir P. Dixon, Paris, 11.7.1952, Confidential; Monnet, J., Erinnerungen, S. 504.
291 DBPO II Vol. 1, S. 956, Mr. Eden to Sir O. Harvey (Paris), Foreign Office, 10 September 1952, Priority, Confidential.

ber 1952 kritisierte Schuman an den Gegnern, daß ihr Einwand, man dürfe kein kleines Europa schaffen, oft die Ansicht verberge, zur Einigung Europas überhaupt nichts beizutragen. Wenn die Einigungsbestrebungen der sechs Länder zu sichtbaren Erfolgen führten, sei er überzeugt, daß weitere Länder sich alsbald anschließen würden. Den besten Beweis liefere das Beispiel der Montanunion, wo die Engländer, die mit einem Botschafter und einen großen Stab in Luxemburg vertreten seien, zu überzeugten Vorkämpfern für die Idee der Kohle- und Stahl-Union geworden seien.[292] Der Unterschied zwischen beiden Männern lag also nicht in ihrer jeweiligen Grundüberzeugung, sondern nur in der Taktik.

Angesichts der französisch-italienischen Proposition vom Juli 1952 konnte das Ad-hoc-Komitee des Europarates jedoch nie seine praktische Arbeit beginnen und vertagte seine Arbeit sine die. Lediglich die vierköpfige Arbeitsgruppe trat zusammen.[293] Der Eden-Plan war damit jedoch nicht abgeschlossen. Die Auseinandersetzung verlief wieder im Rahmen des Europarats, und zwar zwischen Camille Jacque Paris und Jean Monnet. Am 10. August konstituierte sich die Hohe Behörde unter dem Vorsitz von Monnet in Luxemburg. Die Ministervertreter des Europarats beschlossen, die Erörterung des Berichtes des Allgemeinen Ausschusses über den Eden-Plan auf ihre nächste Sitzung zu verschieben und gaben ihr grundsätzliches Einverständnis zu der Aufnahme des Kontaktes wegen des Eden-Plans, vor allem zu der Frage des Sekretariats zwischen dem Generalsekretär und der Hohen Behörde. Während Monnet ein getrenntes Sekretariat für die Kohle- und Stahlversammlung vorzog, wodurch von Anfang an deren Unabhängigkeit vom Europarat gekennzeichnet werden würde, brachte J.C. Paris, der als überzeugter Anhänger des Eden-Plans galt, seine Auffassung zum Ausdruck, daß die Versammlung im Geiste der Vorschläge Edens vorläufig vom Straßburger Sekretariat bedient werden sollte. Die britische Regierung unterstützte J.C. Paris. Dabei bat Monnet die EGKS-Staaten um ihre Unterstützung, indem er besonderen Wert auf das Gutachten von M. Lagrange legte, das den EGKS-Regierungen übermittelt wurde. Das machte die Abgrenzung der supranationalen EGKS vom zwischenstaatlichen Europarat sehr nachdrücklich geltend.[294]

---

292 PAAA BüSt 1949-1967, Bd. 59, Bl. 197-205, Hausenstein, Aufzeichnung, Betr: Rede des Außenministere R. Schuman in einer Parteiversammlung des MRP, 26.11.1952, Thema: Warum und wie einigen wir Europa?
293 AA/CC (1) PV 1. Sitzung vom 22. September 1952, in: SvEPG, Va., Aufzeichnungen und Berichte, Paris Oktober 1952 - März 1953.
294 PAAA II, Bd. 840, AZ 221-78, Bd. 2, Bl. 246-248, Thierfelder, Aufzeichnung, Betr.: Behandlung des Eden-Planes auf der fünften Sitzung der Ministervertreter, Bonn, den 17. Juli 1952, Hallstein und Blankenhorn vorgelegt; PAAA II, Bd. 841, AZ 221-78, Bd. 3, Bl. 63-65, Schreiben von Monnet an Paris, 1.8.1952; PAAA NL Ophüls, Bd. 1, Aufzeichnung, Betr.: Konflikt zwischen der Hohen Behörde und dem Generalsekretär des Europarats; Vorbereitung der Montan-Versammlung, Bonn, den 22. August 1952, Geheim! MD Blankenhorn vorgelegt; PAAA II, Bd. 841, AZ 221-78, Bd. 3, Bl. 1-7, Abschrift, Memorandum über die Organisation der ersten Tagung der Gemeinsamen Versammlung am 25.8.1952, Geheim; Ibid., Bl. 85, Thierfelder, Aufzeichnung, Betr.: Versammlung der Gemeinschaft für Kohle und Stahl, Bonn, den 1.9.1952, Ophüls und Blankenhorn vorgelegt; PAAA II, Bd. 857, AZ 224-20-00, Bl. 1-7, VerbWiMin Luxbg, Abschrift von Fernscheiben, Nr. 31 vom 6.9.1952 15Uhr, dringend, Herrn Staatssekretär Prof. Dr. Hallstein; Ibid., Bl. 9-10. Amt des britischen Hohen Kommissars (22c) Wahnerheide Rheinland, britisches Aide-Mémoire; FRUS 1952-54 VI. S. 152ff., The Chargé in Luxemburg (Ketscham) to the Department

Im September, als sich die Gemeinsame Versammlung mit einem eigenen Sekretariat konstituierte, gewann Monnet. Auf der Septembersitzung der Beratenden Versammlung verfolgte jedoch Eden seine Idee durch einen Antrag Amerys weiter. Darin wurde gefordert, daß die EGKS-Versammlung als die in einer beschränkten Zusammensetzung tagende Beratende Versammlung des Europarats angesehen werden sollte und daß weiterhin neun Mitgliedsländer als Beobachter an der Durchführung der EPG-Ausarbeitung teilnehmen sollten. Monnet gab der zweiten Forderung nach, bekämpfte jedoch weiterhin die erste Forderung, mit der Begründung, daß, während die Ad-hoc-Versammlung über kein eigenes Entscheidungsrecht verfügte, sondern allein mit der Ausarbeitung einer Verfassungsstudie beauftragt worden war, der Ministerrat und die Gemeinsame Versammlung der Montanunion Organe einer mit supranationaler Gewalt ausgestatteten Gemeinschaft waren, welche eine Kritik Dritter an der getroffenen Entscheidung nicht hinnehmen konnte. Monnet entschied sich für eine Politik des Abwartens, da er überzeugt war, daß in dem Maße, in dem die Gemeinschaft ihre Autorität in den täglichen Amtsgeschäften ausübte, deren supranationaler Charakter auch vom Europarat verstanden werden würde. Für den unwahrscheinlichen Fall allerdings, daß die Forderung des Europarates von den Organen der Montangemeinschaft aufgegriffen werden würde, war Monnet entschlossen, vor dem Gerichtshof der Gemeinschaft zu klagen, mit der Begründung, daß eine solche Entscheidung im Widerspruch zum EGKS-Vertrag stand. Schließlich erlangte Monnet im Januar 1953 den Sieg zur Bewahrung der Supranationalität, als der Europarat zustimmte, daß die organisatorische Verbindung zwischen der EGKS und dem Europarat durch die Personalidentität der Abgeordneten der Montanunions- und der Europaratsversammlung und die jährliche Zusammenkunft beider Versammlungen geschaffen wurde, und daß des weiteren ständige Vertretungen der Nichtmitgliedstaaten der Montanunion, soweit sie Europaratsmitglieder waren, bei der Hohen Behörde eingerichtet werden sollten.[295]

---

of State, Luxemburg, August 13, 1952; Ibid., S. 166f., The United States Representative in Europe (Draper) to the Department of State, Paris, August 26, 1952; Ibid., S. 170, Memorandum for the Record, by the Deputy Executive Secretary of the Office of the United States Special Representative in Europe (Oulashin), Paris, August 28, 1952; Ibid., S. 177f., The United States Special Representative in Europe (Draper) to the Department of State, Paris, September 3, 1952; Ibid., S. 182ff., S. 187ff. und S. 189f., The Consul at Strasbourg (Andrews) to the Department of State, Strasbourg, September 10, 12 and 13, 1952; DBPO II. Vol. 1, S. 936f , Mr. Eden to Mr. Wakefield-Harrey (Strasbourg), Foreign Office, 2 September 1952, Priority. Confidential.

295 ID Nr. 124/125 vom 24.September 1952, S. 1-7; PAAA II, Bd. 841, 221-78, Bd. 3, Bl. 104-107, Thierfelder, Aufzeichnung, Betr.: Politische Debatte in der Beratenden Versammlung des Europarats vom 15.-18.9.1952, Straßburg, den 19.9.1952, sehr eilig!; FRUS 1952-54. VI. S. 194, Editorial Note; Ibid., S. 203f., The Consul at Strasbourg (Andrews) to the Department of State, Strasbourg, October 3. 1952; Ibid., S. 210ff., Memorandum by the Officer in Chargé of Economic Organization Affairs (Camp) to the Deputy Assistant Secretary of State for European Affairs (Bonbright), Washington October 2, 1952; DBPO II, Vol. 1, S. 966ff., Letter from Mr. Nutting to Sir R. Makins, Strasbourg, 23 September 1952; PAAA II, Bd. 842, 221-78, Bd. 4, Bl. 127-131, Overbeck, Aufzeichnung über die weitere Behandlung der Empfehlung Nr. 3 der Beratenden Versammlung des Europarats vom 30.9.1952, Ophüls vorgelegt, Bonn, den 1.12.1952; AMAE Europe 44-60, Généralités, Vol.78, Bl. 88-89, AF/MJ, Télégramme de Maurice Schumann à Ambassadeurs français, 20. janv. 1953. a.s. Session extraordinaire de l'Assemblée consultative à Strasbourg.

2.3 Mollets Unbehagen gegenüber der französisch-italienischen Initiative zu einer EPG

Gegen den Antrag von Jules Moch, der sich gegen die EVG und für ein direktes Engagement mit den Russen aussprach, bekräftige der 44. Nationalkongreß der SFIO in Montrouge vom 22. bis 25. Mai 1952 seine alte These mit dem Beschluß, eine EVG, „ouverte à toutes les nations démocratiques d'Europe (damit war vor allem Großbritannien gemeint, d. V.) et comprenant notamment une participation allemande", zu schaffen und diese Armee, die „une véritable armée unifiée et non une simple coalition d'armées nationales" sein müsse, der demokratischen Kontrolle der europäischen politischen Autorität unterzuordnen.[296] Angesichts der Entwicklung des Europarats war es jedoch nicht sicher, daß sich diese zwei Bedingungen - britische Teilnahme und supranationale politische Autorität - durchsetzen konnten. Mollet wurde in den Debatten des Europarats doppelt enttäuscht, zum einen von dem inhaltlosen Eden-Plan, zum anderen von der einheitlichen Frontenbildung unter den Deutschen, Italienern, und denjenigen, die sich Monnet und Spaak anschlossen, also gegen den Eden-Plan waren. In einer Note über die Vorschläge Großbritanniens vom 6. Juni 1952 befürwortete Mollet es aus politischen Gründen, die Ausarbeitung der EPG im Rahmen des Europarats durchzuführen. Er war sich jedoch bewußt, daß die Beziehung zwischen der zukünftigen EPG und dem Europarat nicht jetzt in Angriff genommen werden konnte, weil das Statut des Europarats vorher geändert werden mußte, um die supranationalen Gemeinschaften umfassen zu können. Er war sich jedoch der britischen Zustimmung nicht sicher. Trotzdem machte er geltend, die spezialisierten Gemeinschaften im Rahmen des Europarats im Geist des Eden-Plans zu entwickeln.[297]

Mollet äußerte seine Enttäuschung über den französisch-italienischen Vorschlag vom Juli, weil er „écarte de ces travaux le Conseil de l'Europe, en dépit des demandes pressantes du Gouvernement britannique." Er betonte nun mit Nachdruck die Notwendigkeit, daß die neun Europaratsstaaten - unter welchen Konditionen auch immer - an der Ausarbeitung der EPG teilnehmen müßten. Auf der einen Seite äußerte er seinen starken Wunsch, daß „l'Assemblée et le Conseil de Ministres de la CECA prennent des mesures positives dans la ligne du Plan Eden." Er stimmte der britischen Forderung zu, die EGKS-Versammlung als eine beschränkte Tagung der Beratenden Versammlung des Europarats anzusehen. Auf der anderen Seite übte er immer wieder harte Kritik an der Tendenz sowohl in den sechs Staaten als auch in den USA, ohne Großbritannien weiter zu gehen, unter anderem an der Idee einer „politique du fait accompli". Er bezeichnete diese Tendenz degradierend als „fédération à six, le super-Etats, la petite Europe, l'Europe continentale, l'Europe de Charlemagne" und später sogar als „Europe vaticane". Sein Konzept war immer noch eine Gemeinschaft „avec les pouvoirs réels mais une compétence limitée" als Lösung der doppelten Frage nach der britischen Teilnahme und der Supranationalität.[298]

---

296 PAAA III Frankreich, B11, Bd. 174, Bl. 150f., Hausenstein an Auswärtiges Amt, Betr.: Französische Sozialistische Partei und die EVG, Paris, den 7. Mai 1952; Le Monde, 23 mai 1952.
297 AMJ 1/6/1 „Note pour M. Monnet: de la part de M. Valéry" relative à une visite de Géraud-Jouve, délégué français au Conseil de l'Europe, undatiert; OURS AGM 107, Note sur les propositions du Royaume-Uni, Paris, 6.6.1952, Autor unbekannt (vermutlich Mollet).
298 OURS AGM 111, CED, Les Problème européens, Rapport présenté par G. Mollet au nom de la SFIO, en vue de la réunion du Study Group de Bruxelles, 11-12 juillet 1952, auch E5 114 BD

Der Ministerrat der EGKS befürwortete am 9. September 1952 nur das Prinzip der Teilnahme der Europaratstaaten an der Ausarbeitung der EPG, ohne auf die von Großbritannien erwünschte Erklärung, die EGKS-Versammlung im Rahmen des Europarats einzurichten, einzugehen.[299] Am 10. September konstituierte sich die Gemeinsame Versammlung der EGKS mit ihrem eigenen Sekretariat und akzeptierte das Mandat für die Ausarbeitung der EPG. Am 15. September traf sich die Ad-hoc-Versammlung für die Durchführung des Mandates im Rahmen der EGKS-Versammlung zum ersten Mal. Auf selbiger Sitzung fand ein Disput über die Benennung der Beobachter anhand der von Mollet und de Menthon eingebrachten Entschließungsanträge statt. Dabei ging es sachlich zwar um die Verfahrensfrage, ob das in der Ad-hoc-Versammlung zuerkannte Recht der Beobachter, ihre Meinungen mündlich zu äußern, auch in dem Verfassungsausschuß erteilt werden dürfe. Die deutschen Delegierten (von Merkatz, Kopf, Gerstenmaier) mit Ausnahme Pünders wollten das Recht der Beobachter, das Wort im Verfassungsausschuß zu ergreifen, einschränken, wohingegen die französischen Abgeordneten (Mollet, de Menthon und Mutter) das Recht erweitern wollten. Der belgische Vertreter Wigny schloß sich Mollet an. Dahinter verbarg sich jedoch eine wesentliche politische Frage.[300]

Mollet sah in den Anregungen der deutschen Abgeordneten einen Versuch, „die in Betracht kommende Arbeit auf nur sechs zu begrenzen und sie ohne und in absehbarer Zeit vielleicht sogar gegen diejenigen durchzuführen, die nicht beteiligt sind" („*une communauté géographique*"). In diesem Fall wollte er an der Arbeit nicht teilnehmen. Seiner Ansicht nach sollte „die EPG mit wirklichen, aber begrenzten und genau umschriebenen Befugnissen" errichtet werden, „denen Nichtmitgliedstaaten teilweise beitreten oder sich wenigstens assoziieren werden" („*une communauté spécialisée*").[301] In psychologischer Hinsicht war es für Mollet bedauerlich, daß die deutschen Abgeordneten die Bedeutung der Beobachter, vor allem Großbritanniens, niedriger ansetzen wollten. Dagegen begründete Gerstenmaier seine Forderung damit, daß alle europäischen Integrationsvorhaben im Europarat durch britische Ablehnung gebremst wurden und die Arbeit der EPG-Beratung dadurch nicht verhindert werden sollten. Seiner Meinung nach genügte es, den Beobachtern zu erlauben, in der Plenarsitzung der Ad-hoc-Versammlung das Wort zu ergreifen, und sich nötigenfalls auch „mit Zustimmung des ganzen Ausschusses" im Verfassungsausschuß der Ad-hoc-Versammlung zu Wort melden zu können. Schließlich schloß sich Präsident Spaak Mollet mit folgender Begründung an: „Wenn ich die Frage unter dem Gesichtspunkt des Verfahrens regeln müßte, würde ich finden, daß die den Beobachtern im Ausschuß übertragenen Rechte zu weit gehen. Ich glaube aber, daß die Versammlung einen schweren Irrtum begehen würde, insbesondere jetzt, nachdem die Aussprache eröffnet ist, wenn sie den Beobachtern im Ausschuß das Wort zu den

---

(OURS); OURS AGM 107, Réflexion sur le plan Eden, 5.9.1952, Autor unbekannt (vermutlich Mollet); OURS AGM 107, Discours prononcé le 18 sept. 1952 par G. Mollet, Conseil de l'Europe; Mollets Rede vor den Militanten der Sozialisten in Arras vom 25. Oktober 1952, seine zwei Beiträge („autorités spécialisées" vom 29. Oktober 1952 und „Où en sont les maximalistes?" vom 30. Oktober 1952) zu »Le Populaire de Paris«, in: Mollet, G., Textes choisis sur l'Europe (1948-1955), Bulletin de la Fondation Guy Mollet, n° 14, nov. 1988, S. 45-48.

299 Die Luxemburger Entschließung am 10. September 1952, Wortlaut in: ED Bd. 2, S. 921-923.
300 SvEPG, Aussprache, Straßburg 1953, S. 16-21.
301 Mollet, Autorités spécialisées, in: Mollet, G., Textes choisis sur l'Europe (1948-1955), Bulletin de la Fondation Guy Mollet, n° 14, nov. 1988, S. 46.

Artikeln verweigern wollte." Damit wurde Ziffer IV. des von Mollet und de Menthon eingebrachten Entschließungsantrages - „die Versammlung beschließt, daß die Beobachter im Ausschuß das Wort ergreifen können" - angenommen. Dieser Beschluß stand in Einklang mit dem britischen Vorschlag, den Mollet und Spaak aus politischen Beweggründen verwirklicht wissen wollten. In diesem Sinne äußerte Spaak auf einer kurz danach abgehaltenen Pressekonferenz, daß die Auseinandersetzung um „Groß"- und „Klein"-Europa beendet sei.[302]

3. Das Saarproblem

Für Schuman war die Saarfrage ein nicht unerhebliches Motiv für seine Initiative, die Schuman-Plan-Versammlung anstelle des Europarates mit der Ausarbeitung des Entwurfes der EPG zu beauftragen.
Wie oben beschrieben wurde, stellte die Saarfrage ein schwer zu lösendes Problem in den EVG-Verhandlungen dar. Die Europäisierung der Saar wurde in diesem Rahmen noch nicht erwogen. Die deutschen Bemühungen konzentrierten sich auf die Beseitigung undemokratischer Zustände an der Saar, während die französischen Anstrengungen auf die politische Isolierung der Saar von Westdeutschland und auf ihre wirtschaftliche Verbindung mit Frankreich ausgerichtet waren. Beide Seiten akzeptierten die jeweiligen Bemühungen der anderen Seite nicht. Die deutsche Seite mit der Begründung der Gleichberechtigung und Nicht-Präjudizierung der späteren Lösung in der Frage des Ostgebiets; die französische Seite mit dem Argument, daß die deutsche Forderung einen Nationalismus, wie nach dem ersten Weltkrieg, hervorrufen würde, was die Beziehung beider Staaten zueinander sehr beeinträchtigen könnte. Die Saarfrage belastete das deutsch-französische Verhältnis umso mehr, als für beide Europäer, Schuman und Adenauer, in dieser Angelegenheit innenpolitisch die jeweiligen Handlungsspielräume stärker eingeschränkt waren als in der Frage der europäischen Integrationspläne. Die SPD und die FDP drängten den Bundeskanzler dazu, im Europarat die Einsetzung eines Ausschusses zu verlangen, der sich mit den demokratischen Freiheiten an der Saar, z.B. der Zulassung der pro-deutschen Partei, befassen sollte. Dieses Vorhaben spitzte die Situation aus Sicht Frankreichs sehr zu.[303]
Genauso wie im Fall der EGKS und der EVG entschied sich Schuman, um den zunehmende Konflikt zu entschärfen, für die Europäisierung der Saar, indem Saarbrücken zu einer Art „European District of Columbia", d.h. zum endgültigen Sitz der Europäischen Gemeinschaften gemacht werden sollte. Nach den Eindrücken von De Gasperi war Schuman bereit, wirkliche Konzessionen zu machen, zum Beispiel eine Einbeziehung von Lothringen ernstlich ins Auge zu fassen, wenn dies auch mehr eine symbolische Geste bedeutete als einen Verzicht

---

302 SvEPG, Aussprache, Straßburg 1953, S. 16-21; AMAE DE-CE, CECA, Vol. 521, Bl. 80-81, Télégramme de MAE (Europe/Conseil de l'Europe) aux Ambassadeurs de France, 16.9.1952; „Klärung in Straßburg, in: ID Nr. 124/125 vom 24.9.1952, S. 4; DBPO II Vol. 1, S. 963, Mr. Wakefield-Harrey (Strasbourg) to Foreign Office, 17 September 1952.
303 PAAA BüSt 1949-1967, 200-14, Bl. 4 Telegramm Hallsteins an diplomatische Vertretungen in Europa, 4.2.1952, Geheim; BA NL Blankenhorn 11, Bl. 193, Tagebuch, Dienstag, den 18. März 1952; BA NL Blankenhorn 11, Bl. 76-77, Schuman an Adenauer, Paris, den 21. April 1952; Frankfurter Allgemeine Zeitung vom 4. Juli 1952; BA NL Blankenhorn 13, Bl. 59, Tagebuch, Freitag, 4. Juli 1952; Vgl. Schwarz, H.-P., Die Ära Adenauer: Gründerjahre der Republik 1949-1957, Stuttgart 1981, S. 222f.

auf ein größeres Territorium. Auf der Ministerratssitzung der EGKS im Juli 1952 schlug Schuman vor, Saarbrücken zum endgültigen Sitz der Europäischen Gemeinschaften zu machen, ohne Lothringen zu erwähnen. Adenauer zeigte sich über den Vorschlag zunächst überrascht. Nach langen Überlegungen stimmte er dem Prinzip der Europäisierung der Saar zu. Die Sitze der Organe der EGKS wurden jedoch nach zähen Verhandlungen vorübergehend unter Vorbehalt der endgültigen Sitze so festgelegt: für die Versammlung Straßburg, für den Ministerrat und die Hohe Behörde Luxemburg.[304]

Die EPG-Initiative stand damit in Zusammenhang. Zur europäischen Lösung des Saarproblems benötigte man dringend eine politische Gemeinschaft, da die Frage des internationalen politischen Status des Saargebiets im Vordergrund stand. Wenn die EPG entstünde und die Saar europäisches Territorium werden würde - so meinte Schuman - dann wäre der erwartete Verzicht Deutschlands auf die Saar kein Verzicht zugunsten nationaler Ansprüche eines anderes Nationalstaats.[305] Die EPG wurde demnach auch als europäische Lösung der Saarfrage betrachtet. Schuman hielt jedoch den Europarat diesbezüglich für ungeeignet. Denn wenn dieser mit der Ausarbeitung der EPG beauftragt werden würde, würden die Deputierten der Saar als assoziierte Mitglieder daran teilnehmen, was sicherlich Widerstand aus Bonn hervorrufen würde. Das würde den Status der Saar im Europarat in Frage stellen, was wiederum die gesamte Frage der EPG unnötig komplizieren würde. In der EGKS-Versammlung konnten sich dagegen die Franzosen und die Deutschen damit einverstanden erklären, daß die Franzosen die Saar repräsentierten. Aus demselben Grund zog das deutsche Kabinett die Versammlung des Schuman-Plans dem Europarat vor. In diesem Punkt wünschte Monnet - anders als Schuman - die Saarfrage in der konstituierenden Phase der europäischen Integration vorläufig auszuklammern, da sie die erste supranationale Gemeinschaft belasten könnte.[306]

Die Besprechungen, die daraufhin im Laufe des August 1952 zwischen Außenminister Schuman und Staatssekretär Hallstein in Paris stattfanden, offenbarten die Schwierigkeiten des Problems. Die französische Regierung zeigte sich zwar bereit, eine Autonomie des Saarlandes unter der Kontrolle europäischer Organe anzuerkennen, sie war bis dahin jedoch nicht bereit, ihre auf Grund der saarländisch-französischen Konventionen bestehende wirtschaftliche Vormachtstellung aufzugeben. Die Bundesregierung vertrat die Auffassung, daß diese Vormachtstellung mit dem Gedanken der Europäisierung nicht vereinbar sei, sondern daß vielmehr anstelle der Konventionen eine Rechtslage geschaffen werden müsse, die Deutsch-

---

304 Blankenhorn, H., Verständnis und Verständigung. Blätter eines politischen Tagebuchs 1949 bis 1979, Main/Berlin/Wien 1980, S. 135f; BA NL Blankenhorn 13, Bl. 123, Tagebuch, Mittwoch, 23. Juli 1952; BA NL Blankenhorn 10, Bl. 126ff., Tagebuch, Donnerstag, 24. Juli 1952,; PAAA III Italien, Bestand 11, Bd. 260, Bl. 41-43, Clemens von Brentano, Bericht an Auswärtiges Amt, 752-05 Nr. 4751/52, Inhalt: Empfang beim Ministerpräsidenten De Gasperi, Rom, den 1. August 1952.
305 Schmidt, Robert, Saarpolitik 1945-1957, Band. 2, Berlin 1960, S. 577.
306 FRUS 1952-1954 IV Part 1. S. 94, The Chargé in France (Archilles) to the Department of State am June 27, 1952; DBPO II Vol.1, No. 462, S. 893f., Record by Mr. Nutting of a conversation with the French Ambassador (Massigli), 3 July 1952; Ibid., S. 922, Letter from Mr. Hayter (Paris) to Viscount Hood, 29 July 1952. In seiner Note wurde Straßburg als der Sitz der europäischen Gemeinschaft empfohlen, ohne Saarbrücken zu erwähnen. (AMJ 2/4/1 JVH, Projet de lettre de „Monsieur Robert Schuman à Son Excellence Monsieur le Ministres des Affaires Etrangères de ..." 20.5.1952 - Texte dactylographié annoté par J. M. (Datum falsch. vermutlich 20.6.1952)).

land und Frankreich als gleichberechtigten Partnern wirtschaftliche Interessen an der Saar sicherte. Von deutscher Seite wurde ferner in den darauffolgenden Verhandlungen der Standpunkt vertreten, daß die erstrebte Lösung einer Europäisierung nur dann in Kraft treten könne, wenn sie von einer frei gewählten Vertretung der saarländischen Bevölkerung gebilligt würde und wenn bereits an ihrer Ausarbeitung möglichst früh demokratisch legitimierte Vertreter der Saarbevölkerung beteiligt werden würden.[307]

Für Frankreich war seine wirtschaftliche Verbindung mit der Saar unabdingbar, um eine Balance innerhalb der europäischen Gemeinschaft gegenüber der immer schneller wachsenden Wirtschaft Westdeutschlands zu bewahren. Diese Einstellung bildete den überwiegenden Grundgedanken in Frankreich zur Zeit der EPG-Verhandlungen.[308] Für die Bundesrepublik dagegen bedeutete die wirtschaftliche Gleichberechtigung Deutschlands an der Saar eine Voraussetzung für deren echte Europäisierung. Darüber hinaus entwickelte man im Auswärtigen Amt eine weitgehende europäische Idee zur Saarfrage. Um die Unabhängigkeit der europäischen Gemeinschaft von den Mitgliedstaaten zu gewährleisten, sei es erforderlich, die Saar zu einem den Einzelstaaten gegenüber exterritorialen Gebiet, vergleichbar dem „District of Columbia", zu machen. Dies bedeutete, nachdem der Ministerrat das Saargebiet als Sitz der Organe der Gemeinschaft ins Auge gefaßt hatte, daß der Status des Saargebiets in einer diesen Erwägungen entsprechenden Weise ausgestaltet werden mußte. Das Saargebiet mußte demgemäß gegenüber den Mitgliedstaaten den Charakter eines exterritorialen Gebietes gewinnen, welches allen Mitgliedstaaten in gleicher Weise zugänglich sein und in welchem keiner der Mitgliedstaaten ein Vorrecht genießen sollte. Es durfte einzig und allein einer *europäischen* Kontrolle unterstehen, die insbesondere dafür zu sorgen hätte, daß die Exterritorialität gewahrt und jede vorherrschende Einflußnahme eines Mitgliedstaates ausgeschlossen würde.[309]

Hieran ist festzustellen, daß, während das europäische Statut für Paris im wesentlichen die Funktion eines Feigenblatts hatte, hinter dem sich die getrennte politische Entwicklung gegenüber der Bundesrepublik und die wirtschaftliche Orientierung des Saarlandes auf Frankreich fortsetzen sollte, es sich für Bonn um den tatsächlichen Aufbau einer supranationalen europäischen Gemeinschaft handelte. Dies erweckt den Eindruck, Frankreich sei realistisch und widersprüchlich, Westdeutschland hingegen sei grundsätzlich idealistisch und der Europa-Idee treu gewesen. Man muß jedoch berücksichtigen, daß hinsichtlich der europäischen Integration Frankreich als Siegermacht das Interesse hatte, die Deutschen zu kontrollieren,

---

307 BA NL Blankenhorn 13, Bl. 138-147, Kurzprotokoll der Besprechung, die am Freitag, den 1. August 1952 im Quai d'Orsay, Paris, über die Neuordnung der Saarfrage stattgefunden hat; BA NL Blankenhorn 13Bl. 159-170, Niederschrift über die Besprechung, die zwischen Schuman und Hallstein über die Lösung der Saarfrage am Mittwoch, dem 13. August 1952 im Quai d'Orsay stattgefunden hat; PAAA BüSt 1949-1967, 200-14, Bl. 7-12 MB 1270/52, gez. Hallstein, Informationserlaß an sämtliche Auslandsmissionen, Betr.: Außenpolitische Ereignisse der letzten Wochen, 16. September 1952, Vertraulich.
308 AMAE Europe 44-60, Sarre, Vol. 268, Bl. 160-177, S/D Sarre, Note, a/s: Conversations franco-allemndes sur la Sarre, 30.10.1952, confidentiel; AMAE Europe 44-60, Sarre, Vol. 223, Bl. 70-72, S/D Sarre, Maillard, Note, a/s: Révision des conventions franco-sarroises et pourparlers franco-allemands sur la Sarre, 19.1.1953.
309 PAAA NL Ophüls, Bd. 1, Vorlage beim Ophüls, Betr.: Exterritorialität des Saargebiets, Bonn, den 20. September 1952.

während es Westdeutschland als besiegtem Staat darum ging, in der internationalen Gesellschaft wieder als gleichberechtigtes Mitglied anerkannt zu werden. Das Saarproblem gab immer neuen Stoff zu Krisen, an denen sich die nationalen Leidenschaften sowohl in Frankreich als auch in der BRD entzündeten. Diese Frage belastete die EPG-Verhandlungen sehr, wie noch zu zeigen sein wird.

4. Konzeptionen der beteiligten Regierungen und der Akteure für eine EPG

Monnet, Spinelli und Spaak gehörten zu den Persönlichkeiten, die sich damals mit der EPG beschäftigten und deren Meinungen von den jeweiligen Regierungen geachtet wurden.[310] Im folgenden soll ihre Konzeption zur EPG, als nächstes die der betroffenen Regierungen betrachtet werden.

4.1 Spaak, Spinelli und Monnet

Spaaks Idee der verfassunggebenden Versammlung, welche die Föderalisten immer wieder gefordert hatten, schien aus Sicht des MRP, der den Ruf einer Europapartei in Frankreich genoß, zu extrem. Nachdem der neugewählte Parteivorsitzende des MRP Teitgen auf einer Sitzung der NEI in Genf am 16. Juni 1952 die Unterstützung anderer christlicher Parteien für seine Kritik an der Idee Spaaks erhalten hatte, traf er inoffiziell mit Spaak zusammen, um dessen weitreichende Zielvorstellungen zu mildern.[311] Nach langdauernden Diskussionen gelangte man zu dem Schluß, den EPG-Entwurf, den die EGKS-Versammlung ausarbeiten sollte, nicht direkt den nationalen Parlamenten zur Ratifizierung, sondern erst einer diplomatischen Konferenz vorzulegen, die nach Prüfung den definitiven Text des Vertrags allen Parlamenten zur Ratifizierung vorlegen sollte. Spinelli stimmte dem jedoch nicht zu. Er sah in der diplomatischen Konferenz die Gefahr, daß der EPG-Entwurf nach ergebnislos sich hinziehenden Diskussionen im Sande verlaufen könnte. Das wollte er vermeiden, indem er die diplomatische Konferenz irgendwie zu umgehen versuchte. Er schlug vor, die Regierungen an der Ausarbeitung des EPG-Entwurfs aktiv zu beteiligen, so daß der Entwurf bereits ihre grundsätzliche Zustimmung erhalten und dann direkt den nationalen Parlamenten zur Ratifizierung vorgelegt werden konnte.[312]

Was die Zuständigkeiten der künftigen EPG und die direkte Wahl anging, stimmten die oben genannten Persönlichkeiten im allgemeinen überein. Die Studienkommission der Europäi-

---

310 AMJ 2/6/2 UEF, 3ème mémorandum, „Des moyens de réaliser sans délai les buts définis à l'article 38 du traité de la CED, 23.6.1952; AMJ 2/6/3 Lettre de J. Monnet à Schuman, 26.6.1952; PAAA NL Ophüls, Bd. 1, Ministerrat in Luxemburg am 8. und 9. September 1952, Besprechung der Außenminister (Tagesordnung anliegend), (etwa 5.9.52); PAAA II, Bd. 815, AZ 221-65, Bd. 2, Bl. 142-148, Thierfelder, Aufzeichnung zum Punkt der Tagesordnung: Europäische politische Autorität, Bonn, den 23. August 1952, Ophüls und Hallstein vorgelegt.
311 An diesem Treffen nahmen auch zwei andere Parteifreunde (Coste-Floret, Bichet), drei Sozialisten (Philip, Jaquet, de Felice), drie Föderalisten (Courtin, Lhuiller, Frenay) teil.
312 BA NL Blankenhorn 10, Bl. 264-281, von Spreti, Protokoll betr.: Sitzung in Genf am 16. Juni 1952; AMJ 2/6/1 „conclusions de la réunion officieuse du 18.6.1952", 20.6.1952; AMJ 2/6/2 UEF, 3ème mémorandum, „Des moyens de réaliser sans délai les buts définis à l'article 38 du traité de la CED, 23.6.1952.

schen Bewegung, die unter dem Vorsitz Spaaks neben den zwei Föderalisten Frenay und Spinelli neun bedeutende Staatsrechtler aus den EGKS-Staaten umfaßte, hielt zwischen März und September 1952 insgesamt 19 Sitzungen ab und legte neun Resolutionen vor. Die Resolutionen dienten dem späteren Verfassungsausschuß als Basisdokumente. In diesen Resolutionen wurde die politische Autorität ausdrücklich als „die Regierung der Gemeinschaft" bezeichnet, die die EGKS und die EVG in sich vereinigen und von der direkt gewählte Versammlung neben der unter den Parlamentariern gewählten Versammlung demokratisch kontrolliert werden sollte. Außerdem sollten der Ministerrat und der Gerichtshof der EGKS und der EVG in die EPG unverändert übernommen werden. Die EPG sollte außer den Kompetenzen, die der EGKS und der EVG zugewiesen worden waren, über die Verstärkung der finanziellen Befugnisse hinaus auch für die gemeinsame Außenpolitik zuständig sein. Bezüglich der wirtschaftlichen Integration ordneten die Resolutionen lediglich eine schrittweise Integration an.[313] Spaak sah bereits in seinem Antrag zur EPG im Mai 1952 anläßlich der Debatte der Beratenden Versammlung voraus, daß das Problem der überseeischen Territorien eine lang andauernde Diskussion herbeiführen würde, weil die Deutschen und die Italiener daran großes Interesse hatten. Daher hielt er es für wünschenswert, daß die Regierungen vorher eine Grundlinie dafür festlegten. Der einleitende Bericht des Juristenausschusses des Europarates über die Frage einer EPG schlug vor, die überseeischen Länder eines Mitgliedstaates durch einen Sondervertrag der EPG zu assoziieren.[314]

Spinelli setzte sich während der Diskussionen der Studienkommission stärker als seine Kollegen für den Gedanken einer Föderation ein. Es gelang ihm jedoch nicht, sich durchzusetzen. Später bereitete er einen eigenen Vorschlag vor, wonach der EPG auch die Kompetenzen für die Errichtung eines gemeinsamen Marktes und eine gemeinsame Währung zugeteilt werden sollten.[315]

Monnet legte großen Wert auf die direkte Wahl, wodurch die EPG von der Bevölkerung demokratisch legitimiert werden konnte. Um diese im Jahr 1953 stattfinden lassen zu können, war es aus Sicht Monnets notwendig, keine anderen, neuen Kompetenzen als die der EGKS und der EVG, z.B. die der gemeinsamen Außenpolitik, an die EPG zu erteilen, da es sonst zu langwierigen und eventuell ergebnislosen Diskussionen kommen konnte. Daher sollten alle

---

313 Der Text in: Lipgens, 45 Jahre Ringen um die europäische Verfassung, S. 319-328. In der späteren Ad-hoc-Versammlung, die den EPG-Verfassungsentwurf ausarbeiten sollte, waren wiederum die Kommissionsmitglieder Spaak, Dehousse, Becker und Pünder vertreten. Dadurch war der Einfluß der Europäischen Bewegung gesichert.
314 AMJ 2/2/6 „Note relative à l'Assemblée commune", par Van Helmont, 26.5.52; „Einleitender Bericht des Juristenausschusses über die Frage einer EPG" am 17. September 1952 in: ED, Bd. 1 S. 454ff. Die vom Ständigen Ausschuß des Europarats eingesetzte Arbeitsgruppe für die EPG, die aus dem Vorsitzenden Fernand Dehousse (Belgien), der später auch Vorsitzender des 2. Unterausschusses für die Organe wurde, Roberto Ago (Italien), Paul Reuter (Frankreich), Helmut Ridder (BRD) und Jean H. W. Verzijl (Niederlande) bestand, legte dem inzwischen mehr oder weniger überholten Ad-hco-Komittee des Europarates einen abschließenden Bericht, „Einleitender Bericht des Juristenausschusses über die Frage einer EPG" am 17. September 1952 vor. Dieser Bericht, der auch als Grundlage vom Verfassungsausschuß benutzt wurde, war im Grunde genommen den 9 Resolutionen gleich.
315 Projet de statut de la Communauté politique européenne. Travaux préparatoires. Mouvement Européen. Comité d'études pour la constitution européenne. Bruxelles 1952; AMJ 4/1/2b „2. suggestions concernant les résolutions de principe" (par Spinelli ?), Octobre 1952.

Aufgaben, welche die EPG später in Angriff nehmen sollte, im EPG-Vertrag niedergelegt werden. Der von der EPG ausgearbeitete Vertrag hierzu sollte später durch die nationalen Parlamente ratifiziert werden. Dazu gehörten die Außenpolitik, das Steuerrecht, eine gemeinsame Währung, eine allgemeine wirtschaftliche Integration, usw. Es war unmöglich, zu diesem Zeitpunkt eine „Regierung" der europäischen Gemeinschaft vorzusehen. Die Exekutive der EPG sollte jedoch in dem gleichen Maße supranational wie die Hohe Behörde konstituiert werden. Monnet sah in dieser zurückhaltenden Vorgehensweise drei große Vorteile: Erstens konnte der Entwurf der EPG auf diese Weise sehr einfach und schnell angefertigt werden. Wollte man hingegen darüber hinaus gehen, so konnten nur endlose Auseinandersetzungen die Folge sein. Zweitens konnte eine bald stattfindende direkte Wahl zu einer schnellen Ratifikation der EVG in höchstem Maße beitragen, weil die Idee der „populären" Kontrolle über die „technocrats" in Luxemburg und die „generals" in Paris eine große positive Resonanz in der Bevölkerung und bei den Parlamentariern fand. Drittens konnte man zu guter Letzt einen für die Entstehung der Vereinigten Staaten von Europa unabdingbaren Schritt gehen. Monnet war überzeugt, daß dieses vorsichtige und stufenweise Vorgehen größere Chancen zur Verwirklichung habe als die ehrgeizigen Versuche, die Verfassung einer europäischen Föderation in einem Schritt zu entwerfen. Spinelli versuchte Monnet im Verlauf der Verhandlungen zu überzeugen, die Befugnisse der EPG in der gemeinsamen Außenpolitik zu stärken, aber es gelang ihm nicht.[316]

Anders als Spaak wünschte Monnet, die komplizierte Frage der französischen überseeischen Gebiete von dem EPG-Projekt von Anfang an zu trennen. Er bat Schuman, „d'éviter que soient désignés à l'Assemblée Commune des représentants des territoires d'outre-mer et que par suite puisse être mise en discussion maintenant la position des territoires d'outre-mer de l'Union Française par rapport à la Communauté européenne." Die TOM sollten erst zu dem Zeitpunkt einer deutschen Wiedervereinigung mit einbezogen werden, um auf diese Weise die Balance zu bewahren.[317]

Von dem Moment an, als Monnet das Memorandum der UEF vom 23. Juli 1952 erhalten hatte, neigte er dazu, dem Vorschlag Spinellis im weiteren Prozedere entgegenzukommen. Kurze Zeit später änderte er seine Meinung erneut. In dem von seinem Sekretär van Helmont verfaßten „Projet de mandat" strich Monnet den Ausdruck, „sans qu'il ait préalablement à être discuté dans une conférence diplomatique", in dem an Schuman übersandten „Projet de mandat: texte définitif" vom 18. Juli 1952. Die Prozedur für die Zustimmung und die Unterzeichnung der Regierungen schien demnach für ihn realisierbar und notwendig zu sein. Um

---

316 AMJ 2/2/5 Autre version du „Projet de mémorandum sur la création d'une autorité politique européenne" - Texte du AMJ 2/2/4 avec un paragraphe supplémentaire au chap.3, undatiert vermutlich Anfang Juni 1952; AMJ 2/4/1 JVH, Projet de lettre de „Monsieur Robert Schuman à Son Excellence Monsieur le Ministres des Affaires Etrangères de ..." 20.5.1952 - Texte dactylographié annoté par J. M. (Datum falsch. vermutlich 20.6.1952); AMJ 2/3/21b „Projet de mandat: texte définitif". vor 18.7.1952; DBPO II. Vol. 1, S. 888f., Letter from Mr. Hayter (Paris) to Viscount Hood am 28. June 1952; FRUS 1952-1954, VI, S. 200-202, Telegram. Ambassador in France (Dunn) to the Department of State vom 1952.10.2; Melchionni, Maria Grazia, Altiero Spinelli et Jean Monnet, Fondation Jean Monnet pour l'Europe Centre de recherches européennes, Lausanne 1993, S. 31-49.
317 Lettre de Jean Monnet à Robert Schuman le 28 juin 1952, in: Jean Monnet Robert Schuman, Correspondance, 1947-1953, S. 148.

diese Prozedur jedoch in möglichst kurzer Zeit beenden zu können, schlug er vor, die Repräsentanten der Regierungen an allen Sitzungen der Versammlung und des Ausschusses zu beteiligen.[318]

4.2 Die Fragebogenkonferenzen in Bonn im Oktober 1952

Monnets Vorschlag über die aktive Teilnahme der Regierungen an der Ausarbeitung der EPG in der Schuman-Plan-Versammlung wurde in der Luxemburger Resolution vom 10. September 1952 aufgenommen. Darin wurde festgelegt, eine Fragebogen-Konferenz der Regierungen einzuberufen, um die Arbeit der Ad-hoc-Versammlung zu erleichtern. Diese sollte die Fragen formulieren, die sich zum Beispiel auf folgendes bezogen: „die Sachgebiete, auf denen die Organe der EPG ihre Zuständigkeit ausüben werden; die Maßnahmen, die erforderlich sind, um eine Verschmelzung der Interessen der Mitgliedstaaten auf diesen Sachgebieten herbeizuführen; und die Befugnisse, die diesen Organen zu übertragen sind." Ab Mitte November 1952 nahmen die Vertreter der Regierungen an der Sitzung des Verfassungsausschusses teil.[319]

Vor der vorgesehenen Fragebogenkonferenz bemühte Rom sich, zu einem vorher abgestimmten Grundkonsens mit Paris zu gelangen. Der italienische Botschafter in Paris, Quaroni, schlug Schuman vor, „unter uns einen Gedankenaustausch über den „Fragebogen" vorzunehmen und zu sehen, ob es möglich ist, sich auf einen einheitlichen Text zu verständigen, den wir dann gemeinsam den anderen interessierten Parteien vorlegen können", um „die Arbeiten der Versammlung auf einen realistischen und am Möglichen orientierten Weg zu lenken." Der Vorschlag Quaronis wurde zunächst von Schuman aufgegriffen, der noch am selben Tag Seydoux die Weisung erteilte, Kontakt mit dem Italiener Cavalletti aufzunehmen. Die italienische Plan wurde jedoch nicht realisiert. Schuman teilte Quaroni später mit, nach französischer Auffassung solle der Fragebogen nicht den Standpunkt der Regierungen zum Ausdruck bringen, sondern einfach die Resolution von Luxemburg bekräftigen.[320] Dieser kleine Zwischenfall signalisierte das düstere Schicksal des EPG-Projekts.

Die Fragebogenkonferenz fand trotz des niederländischen Wunsches, die Konferenz zu verschieben, am 4. Oktober 1952 in Bonn unter dem Vorsitz Hallsteins statt. Dabei legten nur Frankreich und die BRD einen Entwurf vor.[321] Der von dem französischen Vertreter Seydoux

---

318 AMJ 2/2/5 Autre version du „Projet de mémorandum sur la création d'une autorité politique européenne" - Texte du AMJ 2/2/4 avec un paragraphe supplémentaire au chap.3, undatiert, vermutlich Anfang Juni 1952; AMJ 2/3/21a „Projet de mandat", JVH; AMJ 2/3/21b „Projet de mandat: texte définitif". von 18.7.1952; AMJ 2/3/20 Lettre de J. Monnet à J. de Bourbon-Busset, Directeur du Cabinet de R. Schuman, 18.7.1952.
319 Die Luxemburger Entschließung vom 10. September 1952, Wortlaut in: ED Bd. 2, S. 921-923; PAAA II, Bd. 860, AZ 224-20/53, Bl. 176, Beyen an Adenauer, der niederländische Vorschlag für die Zusammenarbeit der Minister mit der Ad-hoc-Versammlung, 20.10.1952; AMAE DE-CE 45-60, CECA, Vol. 521, Bl. 97, Brief von Calmes an von Brentano, 23.10.52; PAAA NL Ophüls, Bd. 2, Schreiben Hallstein an Erhard, 30. Oktober 1952; PAAA NL Ophüls, Bd. 2, Ophüls, Aufzeichnung, Betr.: Beteiligung von Regierungsvertretern an den Beratungen der Ad-hoc-Versammlung, des Verfassungsausschusses usw. Bonn, den 6.11.1952, Hallstein vorgelegt.
320 Zitiert nach: R. Magagnoli, Die italienische Europapolitik 1950-1955, S. 176f.
321 PAAA II, Bd. 857, AZ 224-20-00, Bl. 45, Telegramm von Blankenhorn an diplomatische Vertre-

vorgelegte Entwurf beschränkte die Ausarbeitung der Ad-hoc-Versammlung strikt auf die Schaffung der in Artikel 38 EVG-Vertrag vorgesehenen endgültigen Versammlung für die Montanunion und die EVG, die aus einer Kammer bestehen sollte. Das französische Projekt biete den Vorteil, so führte er aus, daß es erlaube, in einer relativ kurzen Zeit eine Versammlung zu schaffen, welche so beschaffen sei, daß sie eines der Elemente einer späteren föderalen oder konföderalen Organisation darstellen könne. Befugnisse dieser Versammlung sollten auf die in beiden Vertragswerken festgelegten Rechte begrenzt bleiben. Was die wirtschaftliche und soziale Frage anbelangte, sollte die geplante Gemeinschaft nur über ein Empfehlungsrecht an die Regierungen verfügen. Hingegen legte er großen Wert darauf, möglichst bald die Direktwahl durchzuführen und eine Versammlung ins Leben zu rufen, anstatt sich lange Zeit mit vielfältigen institutionellen Fragen über das Kammersystem, besonders mit der Frage, ob die neue Gemeinschaft föderal oder konföderal gegründet werden sollte, zu beschäftigen. Das hieß, daß der EPG eine außenpolitische Entscheidungsbefugnis auf dem Gebiet beider Gemeinschaften vorläufig nicht übertragen werden und eine komplette Konstruktion der EPG zunächst nicht in Angriff genommen werden sollte.[322]

Der deutsche Entwurf basierte auf dem Bericht von Dehousse, „dem einleitenden Bericht des Juristenausschusses des Europarates vom 13.9.1952". Dieser war umfangreicher als der französische und schien aus Sicht Seydouxs zu weit zu gehen. Im deutschen Entwurf wurde das Interesse an einer gemeinsamen Außenpolitik wie folgt ausgedrückt: „Welche damit zusammenhängenden Befugnisse soll die politische Gemeinschaft erhalten, insbesondere auf dem Gebiet der Beziehungen zu internationalen Organisationen und dritten Staaten etwa; (a) hinsichtlich handelspolitischer Verhandlungen, Entscheidungen und Abkommen auf dem Gebiet von Kohle und Stahl; (b) hinsichtlich solcher Verhandlungen, Entscheidungen und Abkommen, welche die Frage der Verteidigung der Gemeinschaft unmittelbar betreffen." Das ließ erkennen, daß das Auswärtige Amt auf die Vervollkommnung beider Gemeinschaften durch die EPG abzielte; und zwar insofern, daß die Koordinierungsrolle der EPG in starkem Maße betont wurde. Hallstein und Blankenhorn standen mehr oder weniger im Einvernehmen mit den Franzosen, obwohl sie dazu tendierten, die Organisation mit umfassenderen Kompetenzen, als von den Franzosen geplant, auszustatten. Was die Struktur anging, betonten sie jedoch das Zweikammersystem, da das Einkammersystem dazu führen könnte, daß die Rechte einzelner Mitglieder der Gemeinschaft gefährdet würden, zumal diese nun einmal aus großen,

---

tung, 27.9.1952; PAAA NL Ophüls, Bd. 1, Ophüls, Entwurf eines Schreibens, das der Herr Bundeskanzler als Präsident des Ministerrats an die Außenminister der 5 übrigen Länder der Montanunion richtet, undatiert. (vor dem 1. Okt. 1952). Der Stellvertretende Leiter der internationalen Vertragsabteilung des niederländischen Außenministeriums Schokker äußerte, daß die Entsendung eines holländischen Delegierten mit ausreichenden Vollmachten mangels genügender Vorbereitung leider unmöglich sei. Die niederländische Regierung brauche mindestens 3 Monate für die Vorbereitung. Sie frage sich deshalb ernstlich, ob die Bundesregierung die in Aussicht genommene Konferenz nicht vertagen könne. Im übrigen sei die niederländische Regierung der Meinung, daß es zweckmäßig sei, vor Beratung der Organisation der zukünftigen europäischen politischen Autorität deren Kompetenzen festzulegen (PAAA Ref.200 Bd. 87a, Schreiben Holleban an Adenauer vom 1.10.1952).

322 PAAA II, Bd. 857, 224-20-00, Bl. 109-110, Projet déposé par la délégation française. am 4.10.1952; PAAA Ref. 200. Bd. 87a, Niederschrift über die Konferenz der Delegierten. Anlage zu Tgb.Nr. 1958/52, Bericht Sahm an Opfüls vom 7.10.1952.

mittleren und kleinen Staaten bestehe. Um die europäische Entwicklung nicht zu gefährden, sei es notwendig, eine Ordnung zu schaffen, die es allen Ländern gestatte, ihre Stimme zu Gehör zu bringen. Ohne ein Zweikammersystem müßte der Ministerrat die Aufgabe einer zweiten Kammer erfüllen.[323]
Der italienische Delegierte, Cavaletti, für den die französische Zurückhaltung ein Schock war, wollte den Auftrag allgemeiner formuliert wissen, so daß der Verfassungsausschuß entsprechende Handlungsfreiheit hätte, eine mit umfassenden Kompetenzen ausgestattete Organisation aufzubauen. Die Italiener wollten den Bericht des Juristischen Ausschusses des Europarates vom 13. September, und damit die 9 Resolutionen der Studienkommission der Europäischen Bewegung, zur Grundlage des Fragebogens machen.[324] Der niederländische Vertreter, Riphagen, legte seine Position über die Organe der EPG zunächst nicht dar. Für die Niederlande war es zweckmäßig, vor der Beratung der Organisation über die zukünftigen europäische politische Autorität deren Kompetenzen festzulegen.[325] Angesichts der Fragebogenkonferenz gab die belgische Regierung ihrem Vertreter die Anweisung, „le gouvernement belge se placerait dans une situation inextricable s'il allait de l'avant sans tenir compte de l'opinion de la Commission", die van Zeeland eingesetzt hatte.[326] Demnach legte der belgische Vertreter Walravens keine eigenen Vorschläge vor. Vielmehr zeigte er sich von der französischen Reserviertheit überrascht, die seine restriktive Haltung unterstützte, und begrüßte sie mit „surprised relief".[327] Der luxemburgische Vertreter verhielt sich zunächst ebenso abwartend. Daher bestand aus Sicht des italienischen Abgeordneten Alvarra die Gefahr, daß Westdeutschland und Italien allein der Opposition der anderen vier Länder gegenüber stünden. Dadurch könnte der Eindruck einer erneuten „Achsenpolitik" aufkommen. Das sollten beide Seiten jedoch unbedingt vermeiden.[328]
Bei den Regierungsbeauftragten traten Differenzen zutage, so daß sie den Fragebogen nicht bis zum 6. Oktober fertigstellen konnte. Am 17. Oktober 1952 trafen die Vertreter der sechs Staaten erneut in Bonn zusammen. Dabei führte gerade das Anliegen der belgischen Regierung, die Staatenvertretung stark zu gestalten, zur Verzögerung der Vorlage eines gemeinsa-

---

323 PAAA II, Bd. 857, AZ 224-20-00, Bl. 111-115, Projet déposé par la délégation allemande. am 4.10.1952; PAAA Ref. 200. Bd. 87a, Niederschrift über die Konferenz der Delegierten. Anlage zu Tgb.Nr. 1958/52, Bericht Sahm an Ophüls vom 7.10.1952.
324 PAAA II, Ref.200 Bd. 87a, Aufzeichnung über die italienische Einstellung, Sahm an Hallstein vom 3.10.1952; Niederschrift über die Konferenz der Delegierten. Anlage zu Tgb.Nr. 1958/52, Bericht Sahm an Opfüls vom 7.10.1952; DBPO II. Vol. 1, S. 976, Letter from Hayter (Paris) to Viscount Hood, 6.10.1952.
325 PAAA Ref.200 Bd. 87a, Schreiben Holleban an Adenauer vom 1.10.1952. „Dutch desire a definite commitment on the transfer of sovereignty in the economic field, and particulary in agriculture, before they agree to the new political arrangements sought by the French" (FRUS 1952-1954, VI, S. 201, Telegram. Ambassdor in France (Dunn) to the Department of State vom 1952.10.2).
326 Zitiert nach: Dumoulin, M., Les paradoxes de la politique belge, S. 351; Diese Kommission (Commission d'Etudes Européennes) wurde von Van Zeeland am 26. Juni 1952 eingesetzt, um die Konditionen der europäischen Integration zu untersuchen.
327 DBPO II. Vol. 1, S. 975-977, Letter from Hayter (Paris) to Viscount Hood, 6.10.1952. Hayter erkannte den feinen Unterschied zwischen den niederländischen und den belgischen Vertreter nicht, anders als der amerikanische Beobachter Bruce.
328 PAAA Ref.200 Bd. 87a, Aufzeichnung über die italienische Einstellung, Sahm an Hallstein vom 3.10.1952.

men Regierungsfragebogens. Die niederländische Delegation machte geltend, die wirtschaftliche Integration in den Fragebogen mit einzugliedern. Den leicht geänderten französischen Text versuchte Seydoux nicht ernsthaft durchzusetzen. Schließlich wurde der offizielle Regierungsfragebogen, der dem Verfassungsausschuß der Ad-hoc-Versammlung am 24. Oktober überreicht wurde, im wesentlichen auf Grundlage der deutschen und italienischen Vorschläge fertiggestellt. Aus Sicht des Quai d'Orsay schien die italienisch-deutsche Delegation entschlossen zu sein, „à faire triompher leurs conceptions. C'est sans doute l'espoir qu'ils fondent sur l'action directe qu'exerceraient leurs représentants à l'égard de l'Assemblée ad hoc qui les a amenés à faire preuve de modération dans l'établissement du questionnaire."[329]

Im wesentlichen beinhaltete der Fragebogen neben der Frage der Organe die Fragen der direkten Wahl und der Zuständigkeit der EPG:

- Wie sollte die Bildung einer auf direkter demokratischer Wahl beruhenden parlamentarischen Versammlung erfolgen? Nach welchem Modus und unter welchen Konditionen sollte sie gewählt, nach welchen Normen sollte die zweite Kammer eingerichtet werden, und welche Rolle sollte sie spielen?
- Sollte die EPG lediglich die Zuständigkeiten der Montanunion und der EVG zusammenfassen oder über diese hinaus neue Zuständigkeiten erhalten? Also: Welche neuen Befugnisse auf dem Montan- und Verteidigungsgebiet und hinsichtlich der Vorbereitung der Währungskoordinierung zur Förderung einer rationellen Erzeugung und des freien Warenaustausches sowie zur Verbesserung des Austausches von Arbeitskräften zwischen den Mitgliedstaaten und zum für die Erfüllung ihrer Aufgabe notwendigen Haushalt (Besteuerungsbefugnis) sollte sie erhalten?
- Sollte die EPG zugleich mit Fortschritten in der wirtschaftlichen und sozialen Integration verbunden werden?
- Inwieweit sollten aufgrund der Schaffung einer Versammlung als Element einer EPG die Verträge über die EGKS und über die EVG abgeändert werden? War eine Verschmelzung der bestehenden Organe der EGKS und der EVG zwecks Schaffung eines einzigen europäischen Organs angebracht?
- In welcher Verbindung sollte die EPG mit den bestehenden internationalen Organisationen, vor allem mit dem Europarat, stehen?[330]

Am Ende dieser Sitzung kamen die sechs Regierungsvertreter darin überein, daß die Regierungen sich volle Handlungsfreiheit in bezug auf den Text des Fragebogens vorbehielten, sowie im Bereich der Arbeiten, die das Ergebnis der Ad-hoc-Versammlung bilden würden. Dementsprechend faßten die Regierungsvertreter folgende Verfahren ins Auge: Ausarbeitung von Vorschlägen durch die Ad-hoc-Versammlung, welche die Form von Verträgen hätten; Mitteilung dieser Vorschläge an die Versammlung der EVG, sowie an die Außenminister der sechs Länder; eine von den beteiligten Regierungen beschickte Konferenz, die mit der Prüfung besagter Vorschläge beauftragt würde.[331]

---

329 PAAA Bd. 854, AZ 224-10 Bd. 1, Schwarz-Liebermann und Walter an Ophüls vom 23. Oktober 1952; AMAE Europe 44-60, Généralités, Vol.78, Bl. 30-32, Télégramme du MAE aux ambassadeurs, 18.10.1952
330 Wortlaut in: Bulletin, Nr. 165 vom 28.10.52.
331 AA/CC (2) PV 3 vom 24.10.1952, Anlage I (Calmes an von Brentano vom 23. Oktober 1952), in: SvEPG. Va. Aufzeichnungen und Berichte, Bd. IV; PAAA II, Bd. 860 AZ 224-20/53, Schreiben

Zur Frage, ob eine Staatenbund- oder Bundesstaaten-Lösung anzustreben sei, schwiegen sich die Regierungen aus. Auch brachten sie anders als die neun Resolutionen der Studienkommission der Europabewegung das Ziel einer gemeinsamen Außenpolitik kaum zum Ausdruck. Aus Sicht der Föderalisten wurde dieses Schweigen als Zeichen für die Zurückhaltung der Regierungen in diesem Punkt gewertet. Die allgemeinen Wahlen zur europäischen Versammlung und die Grundkonzeption der EPG als Dachorganisation der EGKS und der EVG wurden mit Nachdruck betont. Außerdem wurden auch die Interessen der Niederlande berücksichtigt. Insgesamt schienen die Luxemburger Resolution und der Fragebogen der Position von Monnet nahe zu stehen. War dies jedoch die wirkliche Haltung der sechs Regierungen?

4.3 Frankreich

Es ist besonders bemerkenswert, daß Großbritannien und die USA die Position der französischen Regierung unterschiedlich beurteilten. Nach Einschätzung des amerikanischen Botschafters in Paris, Dunn, war die Position von Schuman grundsätzlich nicht anders als die von Monnet, genauso wie die vorherrschende Meinung im Quai d'Orsay im Einvernehmen mit der Auffassung Monnets stand.[332] Die Beurteilung des britischen Gesandten in Paris, Hayter, war von anderer Färbung: „It is amusing to note that Quai d'Orsay is always about one stage behind Monnet. At first they were opposed both to the Schuman Plan and to the E.D.C., then they accepted them but said they could go no further, i.e. no Political Authority. At this stage Monnet was saying that the Political Authority must be strictly confined to providing a superstructure for the two technical communities. The Quai have now advanced to this position, but I strongly suspect that by now Monnet has got well beyond it. The Quai is considerably more sensitive to public opinion in France than Monnet is, and they probably realize that it will not be easy to get French public opinion even over this relatively low hurdle, let alone the high one that Monnet is setting up. Seydoux was very pessimistic about this."[333]
Wie war nun aber die Position der französischen Regierung? Zunächst ist die offizielle Position des MRP, dem die führenden Politiker im Quai d'Orsay angehörten, zu einer politischen Autorität zu betrachten. Der MRP gab einen neuen Anstoß zur Initiative Schumans zu einer EPG. Der MRP war bis Mai 1952 hinsichtlich der europäischen Konstruktion vorsichtig vorgegangen. Seine Haltung hierzu bezeichnete der ehemalige Vorsitzende, Maurice Schumann, im Januar 1951 als „ni fonctionnelle, ni institutionnelle," sondern „tout simplement inductive".[334] Damit meinte er die Vorsicht, mit welcher die Führung des MRP den Weg des Schuman-Plans beschritt.[335] Die föderalistisch orientierten Parteigänger (Robert Bichet, Paul Coste-Floret, Pierre-Henri Teitgen usw.) waren in der Minderheit. Diese Kräfteverhältnisse än-

---

Calmes an Hallstein vom 18.11.1952.
332 FRUS 1952-1954, VI, S. 202, Telegram. Ambassador in France (Dunn) to the Department of State, October 2, 1952.
333 DBPO II. Vol. 1, S. 977, Letter from Hayter (Paris) to Viscount Hood, 6.10.1952.
334 Schumann, Maurice, L'impossible Europe ou la parabole du phénix, in: Terre humaine, janv. 1951, S. 58
335 Chenaux, P., Le MRP face au projet de Communauté Politique Européenne (1952-1954), in: Le MRP et la construction européenne (1944-1966), Bruxelles 1993, S. 168.

derten sich in der Endphase der EVG-Verhandlungen zugunsten der Föderalisten. Schließlich, auf dem 8. Parteitag in Bordeaux am 22.-25. Mai 1952, gewannen diese die Oberhand: Teitgen wurde zum Vorsitzenden gewählt. In seinem Bericht über die Europapolitik forderte Coste-Floret die Regierung auf, eine neue Initiative für eine europäische politische Autorität zu ergreifen. Nach seiner Bewertung sei die Teilintegrationspolitik der französischen Regierung an dem Punkt angekommen, wo die Schaffung einer politischen Autorität notwendig sei, um die Teilgemeinschaften zu koordinieren. Gerade jetzt sei diese Aufgabe umso dringlicher, weil die Armee ein Instrument der Politik sein müsse. Daher solle Artikel 38 des EVG-Vertrags „parallèlement et simultanément à la mise en oeuvre de la procédure de ratification du Traité" verwirklicht werden, so daß „une Autorité Politique Européenne réelle, avant la constitution de l'Armée Européenne", konstituiert werde. Lediglich durch diese Methode könne man diejenigen befriedigen, die bereit seien, den EVG-Vertrag zu akzeptieren, aber auf der Bedingung beharrten, eine reale politische Autorität zur Führung der europäischen Armee zu schaffen. Daher solle die Regierung „une Commission d'Etudes des six Pays du Plan Schuman, chargée d'élaborer la procédure selon laquelle pourra être convoquée et réunie une Constituante Européenne" konstituieren. Zunächst solle diese Commission auf sechs Staaten beschränkt werden, um eine effektive Arbeit zu garantieren. „L'Europe unie ne peut, en effet, s'achever sans la création d'une Autorité politique, clé de voûte indispensable de la construction entreprise." Dieser Rapport wurde im Nationalkongreß angenommen.[336]

Welche Konzeption entwickelte der Quai d'Orsay, vor allem Schuman, dessen bisheriges Wirken als geradezu symbolisch für die Europapartei MRP galt? Vor und nach der Unterzeichnung des EVG- und Generalvertrages im Mai 1952 begannen hochrangige Beamte im Quai d'Orsay, die bis dahin an der Debatte über die Europapolitik und Kolonialpolitik von Schuman nicht aktiv teilgenommen hatten, die darin enthaltenen Probleme zu erkennen: die Union Française, die Rolle Frankreichs in Europa und in der Welt und die Beziehungen zu den USA im Zusammenhang mit der Deutschlandpolitik.[337]

In einer Beurteilung der Lage in Westdeutschland am 2. Mai 1952 warnte der Leiter der Abteilung Europa im Quai d'Orsay, Seydoux, vor dem Wiedererstarken der deutschen Wirtschaftskraft und als Folge des deutschen Nationalismus. Angesichts dessen, daß Frankreich den Weg, „qui doit aboutir normalement à la constitution de l'autorité politique supranationale et de la Fédération occidentale", weiter zu verfolgen habe, warnte Seydoux schon Anfang Mai davor, daß das nach zähen Verhandlungen erreichte schwache Übergewicht Frankreichs gegenüber Westdeutschland auf Grund der Vorbehalte der drei Siegermächte, die im Generalvertrag niedergelegt worden waren, gefährdet würde. Man müsse darauf aufmerksam machen, daß zwischen der Situation, in welcher die französische Regierung den Grundstein der europäischen Konstruktion gesetzt habe und der momentanen Situation, sich die Position von Frankreich und die Position von Westdeutschland auf bemerkenswerte Weise modifiziert hätten. Vor zwei Jahren sei Frankreich als der natürliche Inspirator und Leiter der Konstrukti-

---

[336] AN MRP 350 AP 23, VIIIe Congrès National, 22-25 mai 1952, Bordeaux, Rapport de politique extérieure par Alfred Coste-Floret (membre à l'Assemblé Nationale de la Commission des Affaires Etrangères), Bordeaux 22-25 mai 1952, S. 10-16; Ibid., Séance du Samedi 24 Mai (Aprés-Midi), Sténotypie de discours; Ibid., Séance du Samedi 25 Mai (Aprés-Midi), Sténotypie de discours.
[337] Massigli, R., Une comédie, S. 339.

on Europas erschienen. Frankreich errichtete Europa für alle, doch im Grunde für sich selbst. Heutzutage sei dem nicht mehr so. Der Aufstieg der deutschen Wirtschaftskraft übertreffe alle Erwartungen. Je stärker sich die Deutschen wirtschaftlich entwickelten, umso mehr würden sie nach der Wiedervereinigung, nach einem Kompromiß mit der UdSSR und nach den Märkten in Osteuropa und in Asien (China) verlangen. Was die EVG betreffe, würden die Deutschen sich auf dem Kontinent schnell und leicht den Löwenanteil sichern, sollte der Indochina-Krieg lang andauern und sich die Situation in Tunesien und Marokko weiter verschlechtern. Im übrigen sei zu erwarten, daß in einem Europa, wo immer noch die Rivalität zwischen Frankreich und Deutschland vorhanden sei, Frankreich sich in Zukunft kaum entfalten könne. Frankreich könne nicht Großbritannien und die USA um Unterstützung bitten, ohne ein Stück seiner eigenen Politik in Europa und in der Welt zu desavouieren. Mangels einer Austrittsklausel bliebe Frankreich in dem begrenzten Zirkel gefangen. Das hindere Frankreich, an Aktivitäten in den internationalen Organisationen teilzunehmen, vor allem in der NATO, und zwar steigend in dem Maße, in dem die Deutschen und die Italiener ihre Aktivität in dieser Gemeinschaft verstärken würden, wie es sich im Europarat bereits bemerkbar mache. Seydoux befürchtete vor allem, daß die Deutschen aufgrund des Prinzips der Gleichberechtigung in der supranationalen EGKS-EVG-EPG geltend machen würden, daß „les arrangements contractuels (General-Vertrag, d. V.) apparaissent, dès à présent, aux Allemands comme dépassés par les événements et comme incompatibles avec l'esprit d'association sur un pied d'égalité, qui inspire les traités négociés entre les six Etats de l'Europe de l'Ouest." Damit warnte er abschließend, daß „les arrangements contractuels seront condamnés à une fin prochaine".[338]

Am 26. Juni 1952, also einen Tag, nachdem das französische Kabinett über die EPG entschieden hatte, lenkte der Leiter der Unterabteilung Zentraleuropa im Quai d'Orsay, Sauvanargues, die Aufmerksamkeit auf die Frage, ob die EPG mit der Position von Frankreich als „troisième Grand" vereinbar sei. Diese Position gründe sich auf die französische Verantwortung gegenüber Deutschland und auf die Union Française. Die EGKS und die EVG hätten nichts mit den französischen überseeischen Gebieten zu tun. Diese Verträge würden Frankreichs Position als „puissance africaine, donc puissance mondiale" nicht berühren. Wenn es Frankreich gelänge, eine Lösung für den Indochina-Krieg zu finden, könne, bei Beibehaltung lediglich der nordafrikanischen Territorien, in einem solchem System nur „une légère marge de supériorité" im Verhältnis mit Westdeutschland gesichert werden. Das Problem liege nicht in der juristischen Unteilbarkeit der Republik Française, sondern in der amerikanischen Europa- und Frankreich-Politik. Der Leiter der Deutschlandabteilung im US-State Department, Byroade, lasse erkennen, daß die USA auf dem europäischen Kontinent die Integration und in den Kolonialgebieten, vor allem in Nordafrika, die Unabhängigkeit fördern würden. Angesichts dieser amerikanischen Politik sei die Initiative zu einer europäischen Föderation fehlgeleitet. Denn „dans une telle fédération en effet, le maintien au profit de la France d'un secteur 'national' paraît peu concevable. La logique du système comporte la 'mise en pool' des possessions outre-mer. La fédération une fois constituée, il n'y aura

---

[338] AMAE Europe 44-60, Allemagne, Vol. 378, Bl. 222-227, Seydoux, Note, La politique franco-allemande, 2.5.1952; Vgl. AMAE Europe 44-60, Allemagne, Vol. 1,055, Bl. 57-63, S/D Centraleurope (Sauvagnargues), Note, A.S. Arrangements contractuels entre les Trois Puissances Alliés et la République Fédérale d'Allemagne, 8.6.1952.

d'ailleurs, par définition, plus à se préoccuper de la position mondiale de la France, la fédération elle-même devant normalement prendre notre place aux côtes des Etats-Unis et de la Grande-Bretagne." Wenn Frankreich proklamiere, daß die Föderation das Endziel sei, sei es schwierig, die USA davon zu überzeugen, daß das Beibehalten der momentanen Position in Nordafrika für Frankreich lebenswichtig sei.[339] Die Frage des französischen Nordafrika war umso mehr ein ernstzunehmendes Problem, als man im Umkreis der Industriellen in Westdeutschland und Frankreich eine Kooperation in Nordafrika anstrebte, die aus Sicht des Quai d'Orsay zur Folge hätte, „le régime de la porte ouverte" zu etablieren oder „un système fermé du type Eurafrique à l'intérieur duquel les pays membres jouiraient des mêmes droits et obligations" zu schaffen, was letztendlich die französische Position in Nordafrika in Frage stellen würde.[340]

Im Zusammenhang mit der EPG-Initiative kam es für die von Seydoux und Sauvanargues repräsentierte Gruppe im Quai d'Orsay darauf an, daß dieses Projekt das Verhältnis zwischen NATO und EVG, die französischen Vorbehaltsrechte der Siegermacht in bezug auf Westdeutschland und die Union Française nicht beeinträchtigen sollte. Diese Auffassungen standen im Begriff, sich im Quai d'Orsay zur Mehrheitsposition zu entwickeln.

In einer Sondersitzung des Vorstands des MRP, die am 30. Oktober 1952 einberufen wurde, um die Frage der EPG zu beraten, wiederholte der Staatssekretär des Quai d'Orsay, Maurice Schumann, die oben geschilderten Noten fast wörtlich. Darüber hinaus äußerte er, „il n'est pas vrai que la CED ne soit viable qu'à la condition d'instituer une autorité politique européenne. Elle ne se suffit pas à elle-même? C'est vrai. Il ne saurait y avoir d'armée européenne sans une politique commune? Certes, mais cette politique existe: c'est la politique atlantique. Elle constitue en définitive le meilleur contrepoids à l'influence allemande." Mit „la politique atlantique" war in erster Linie die NATO gemeint. Damit verneinte er die Einführung einer gemeinsamen Außenpolitik. Er ging sogar noch weiter. Er warnte vor der Tendenz, zu schnell zur Föderation überzugehen. Er betonte nachdrücklich, der Quai d'Orsay solle nur soweit gehen wie, „le Plan Schuman et la CED pourraient être dotés d'une Assemblée commune élue au suffrage universel direct sans pour autant que soit instituée une autorité politique." Außenminister Schuman stimmte dem zu, besonders nachdrücklich verneinte er die gemeinsame Außenpolitik und beschränkte sich darauf, Probleme zu nennen, die aus der EPG hervorgehen konnten, ohne dazu deutlich Position zu beziehen.[341] Gerade diese These vertrat Seydoux mit Zustimmung Schumans auf der Fragebogenkonferenz in Bonn im Oktober 1952.[342] Teitgen war überrascht: „Si telle est bien la position du Ministre des Affaires Etrangères et de son Secrétaire d'Etat, comment ont-ils pu commettre de telles imprudences? (...) Vous (Schuman, d. V.) nous avez mis dans un situation intenable. Je ne suis pas maximaliste, mais je pense que l'autorité politique doit être l'occasion de faire un pas en avant." Der Föderalist Marc Scherer zeigte sich enttäuscht: „L'intérêt de la politique d'unification eu-

---

339 AMAE Europe 44-60, Allemagne, Vol. 378, Bl. 263-267, Sauvagnargues, Note, 26.6.1952.
340 AMAE Europe 44-60, Allemagne, Vol. 436, Bl. 108-111, S/D Centraleurope, Note, a/s. l'Afrique française et l'Allemagne, 2.5.1952.
341 AN MRP 350 AP 50, Commission exécutive 1952-1953, Réunion du 30 oct. 1952 relative aux problèmes posés par l'Autorité politique européenne, sous la présidence de M. de Menthon.
342 AMAE PA-AP, 217-Massigli, Vol.76, Bl. 12-13, Lettre de R. Schuman à le Ministre de la France d'Outre-Mer, 11.10.1952.

ropéenne n'est-il pas de libérer le vieux continent de sa dépendance à l'égard des Etats-Unis?"[343] Einige Tage später stellte Teitgen im gleichen Gremium fest: „La vérité est qu'il y a entre nous et nos ministres un désaccord fondamental. Pour eux, la CED est un organisme de gestion des effectifs et le pouvoir de décision, le pouvoir politique est au NATO. Tandis que nous, nous voulons une Europe qui puisse gagner de l'indépendance entre les deux blocs, et cela implique un minimum de décisions politiques à l'Europe". Er mußte sich jedoch in der Frage der gemeinsamen Außenpolitik fügen.[344] Teitgen vertrat gerade diese These des Quai d'Orsay zu einer gemeinsamen Außenpolitik in den Verhandlungen der Ad-hoc-Versammlung, wie im folgenden Kapitel gezeigt wird.

Die Betrachtung des britischen Diplomaten war zutreffender als die des amerikanischen, da er den feinen Unterschied erkannte. Der französische Vorschlag, genauer gesagt, der Vorschlag des französischen Außenministeriums, blieb hinter der Auffassung von Monnet zurück. Monnets Vorstellung schien der des Quai d'Orsay sehr nahezukommen, und zwar in den Punkten, die die Zuständigkeitsgebiete der EPG auf die der Montanunion und der EVG beschränkten und die die Direktwahl betrafen. Während der Quai d'Orsay beabsichtigte, daß beide Gemeinschaften, ausgestattet mit der direkt gewählten gemeinsamen Versammlung, ohne organisatorische Verbindung nebeneinander stehen würden, genauer gesagt, keine politische Gemeinschaft, sondern nur eine direkt gewählte Versammlung ohne substantielle Befugnisse verwirklicht wissen wollte, beabsichtigte Monnet einen Schritt weiter zu gehen. Er forderte eine organisatorisch vollkommene Verschmelzung beider Gemeinschaften zur EPG. Deshalb wollte er die Organe der EPG mit supranationalen Befugnissen ausstatten. Eine derartige EPG besaß in sich bereits ein entwickelbares Element für eine europäische Föderation. Gerade dies wollte der Quai d'Orsay vermeiden. Daher fand er, um der Ratifizierung des EVG-Vertrages in der französischen Nationalversammlung dienlich zu sein und gleichzeitig einer europäischen Föderation ausweichen zu können, einen äußerst fragilen Kompromiß. Diese Position war auf die Angst vor einer Wiederbelebung der deutschen Wirtschaftsmacht und vor dem Verlust der französischen Weltmachtposition zurückzuführen, was bereits in den Noten von Seydoux und Sauvanargues im Mai 1952 angesprochen wurde. Monnet hingegen wollte gerade über eine supranationale Gemeinschaft dieser Gefahr begegnen. Hieran kann man deutlich die Unterschiede zwischen Monnet und dem französischen Außenministerium erkennen.

Die Position Schumans war jedoch mit der von Seydoux, Sauvanargues und Maurice Schumann vertretenen Meinung nicht völlig identisch. Obgleich Schuman auf der Sondervorstandssitzung des MRP vom 31. Oktober 1952 den Ausführungen von M. Schumann grundsätzlich zustimmte, erweckte er den Eindruck, zwischen verschiedenen Möglichkeiten hin und her zu schwanken. Er dachte sogar daran, eine konföderale Form auf der Ebene des Ministerrats einzuführen, um eine gemeinsame Außenpolitik zu ermöglichen, d.h. dem Ministerrat der künftigen EPG anzuvertrauen, eine gemeinsame Außenpolitik zu bestimmen, soweit sich diese auf die Verteidigung bezog. Wenn dieser Grundsatz einmal angenommen wäre, so Schuman, könnte man hoffen, daß sich eine gemeinsame Meinung bilde und es nicht mehr

---

343 AN MRP 350 AP 50, Commission exécutive 1952-1953, Réunion du 30 oct. 1952 relative aux problèmes posés par l'Autorité politique européenne, sous la présidence de M. de Menthon.
344 AN MRP 350 AP 50, Commission exécutive 1952-1953, Réunion du 14 novembre 1952, 21h.

notwendig wäre, abzustimmen und dabei den Grundsatz der absoluten Mehrheit oder der Einstimmigkeit anzuwenden. Er redete in London davon, daß die EPG eine Art Konföderation werden könne.[345] Ein anderes Mal betrachtete er die Direktwahl zur Versammlung mit Skepsis. Auf einer Parteiversammlung vom 25. November 1952 äußerte er, daß er die Zeit für eine europäische Bundesregierung und für ein europäisches Parlament, das aus direkten Wahlen hervorgehe, noch nicht für gekommen halte. Man müsse bedenken, daß Frankreich in einem solchen Parlament nicht einmal 25 % der Stimmen innehaben und eventuell in Entscheidungen über Krieg und Frieden majorisiert würde. Der Vertrag über die EVG biete die Möglichkeit, zunächst einmal eine gemeinsame europäische Außenpolitik zu entwickeln. Wenn das mit Erfolg geschehen sei, könne man an die Bildung einer europäischen Bundesregierung denken.[346]

Er betonte fortlaufend die Schwierigkeiten, welche das EPG-Projekt mit sich bringen würde. Diese Schwierigkeiten lagen zunächst nicht bei den anderen fünf Staaten, sondern in der innerpolitischen Lage Frankreichs. Einerseits war die Haltung der Nationalversammlung unklar. Die gaullistische Forderung der EPG schien nur taktisch motiviert zu sein. Der sozialistische Anspruch schien zwar ernsthaft zu sein, aber die wahren Absichten, die dahinter steckten, waren nicht zu durchschauen. Andererseits stieß Schuman auf das starke nationale Bewußtsein von Beamten im Quai d'Orsay. Als der Schuman-Plan und der Pleven-Plan verhandelt worden waren, hatten die führenden Politiker die dahinter verborgene Gefahr, daß Westdeutschland in der kontinentalen Gemeinschaft eine dominierende Rolle übernehmen könnte, nicht aus den Augen verloren. Sie bemühten sich zwar, dies zu verhindern, nahmen das Risiko jedoch in Kauf, weil sie glaubten, daß eine andere Alternative zu einer ultimativen Abkopplung Deutschlands von Westeuropa führen konnte.[347] Nun befanden sie sich in einem Umdenkungsprozeß. Die in dem EPG-Vertrag Westdeutschland zustehende Gleichberechtigung schien aus Sicht des Quai d'Orsay über das Maß hinaus zu gehen, das Frankreich akzeptieren konnte. Gerade hierin lag die Begrenzung des französischen Begriffs „Supranationalität".

Aus den bis dahin getätigten Äußerungen Schumans ist zu entnehmen, daß er beabsichtigte, einerseits den kleinsten gemeinsamen Nenner beider parlamentarischen Fraktionen, also die Verstärkung der parlamentarischen Kontrolle über die Gemeinschaften durch eine direkte Wahl, vorläufig zur offiziellen Position des Quai d'Orsay zu machen und die französischen Parlamentarier selbst, die zur EPG-Initiative aufgefordert hatten, mit der Ausarbeitung derselben zu beschäftigen. Er wartete die Ergebnisse ab, damit er konkret parlamentarisch taktieren konnte. Daher wollte er die Ausarbeitung der EPG durch die Parlamentarier in der Ad-hoc-Versammlung nicht präjudizieren. Aus dem selben Grund lehnte er die Bitte des Ministers der France d'Outre-Mer, P. Pflimlin, zusammenzutreten, um über die Beziehungen der Union

---

345 „Echo der Woche" vom 22.3.1952, Schuman, „Laßt uns Europa einigen", in: ID Nr. 101, 26.3.1952, S. 6f; DBPO II Vol. 1, S. 886f., Record of conversation at No.1 Carlton Gardens on Friday, 27 June 1952, confidential.
346 PAAA BüSt 1949-1967, Bd. 59, Bl. 197-205, Hausenstein, Aufzeichnung, Betr: Rede des Außenminister R. Schuman in einer Parteiversammlung des MRP vom 25.11.1952, 26.11.1952.
347 DBPO II Vol 1, S. 745ff., Sir O.Harvey (Paris) to Mr. Eden, No.505, Paris, 3 November 1951, Confidential.

française zur künftigen EPG zu beraten, ab.[348] Andererseits wollte er damit der Kritik ausweichen, er schiebe die Frage der europäischen politischen Autorität auf, indem er zum Studium dieses Problems aufrief, um die Frage nach der politischen Struktur der EVG zu klären.[349] Er könnte, wenn alles gut verliefe, den EVG-Vertrag der Nationalversammlung zur Ratifikation vorlegen, bevor man in den EPG-Verhandlungen zu konkreten Ergebnissen gekommen sei. Schuman wollte es in der Tat im Oktober 1952 tun. Er fand jedoch keine Zustimmung im Conseil des Ministres. Er selbst war nicht überzeugt, daß der EVG-Vertrag zu jener Zeit eine Mehrheit in der Nationalversammlung erhalten würde. Zusammenfassend ging es Schuman beim EPG-Projekt lediglich um eine „Studie", d.h. um das Durchspielen anstelle des Durchsetzens seiner Politik.[350] Hieran kann man deutlich erkennen, daß Schumans Konzeption für eine EPG von der oben gezeigten offiziellen Position des MRP tatsächlich entfernt war. Damit spielte er ein gefährliches Spiel, für dessen Ergebnis er die Verantwortung nicht übernehmen mußte, denn diese schwierige Aufgabe lastete nun auf den Schultern seines Nachfolgers, G. Bidault.

4.4 Die Bundesrepublik Deutschland und Italien

Nachdem Monnet den Text der beabsichtigten französischen Regierungsinitiative dem Bundeskanzler vor der offiziellen Bekanntgabe durch die französische Regierung zur Kenntnis übersandt hatte, stimmte Adenauer bereits im wesentlichen zu. Er sah die politische Behörde als Dachorganisation zur EGKS und EVG an, jedoch ließ er die Organisationsform und die Kompetenzen der EPG gänzlich offen, mit Ausnahme der Direktwahl und der gemeinsamen Außenpolitik. Während er auf die direkten europäischen Wahlen hinwies, die 1953 stattfinden sollten, hegte er Zweifel daran, ob Frankreich zum damaligen Zeitpunkt wirklich zu weitreichenden Schritten bereit war und seine Außenpolitik in der europäischen Gemeinschaft gemeinsam mit Deutschland führen wollte. Trotzdem äußerte er die Hoffnung, die gemeinsame Außenpolitik komme von selbst, sobald eine gemeinsame politische oberste Stelle errichtet sei. Dabei betonte er, „man sollte sehen, daß (...) die Entspannung weitergeht, auf der anderen Seite aber auch die Integration Europas weitergeht, die wir nötig haben, gleichgültig ob eine Entspannung eintritt oder nicht." Sollte sich allerdings eine Möglichkeit der engeren politischen Abstimmung ergeben, so würden Vereinbarungen - allein um die Ratifikation der Ver-

---

348 AMAE PA-AP, 217-Massigli, Vol.76, Bl. 12-13, Lettre de R. Schuman à le Ministre de la France d'Outre-Mer, 11.10.1952.
349 Der Rechtsberater im Quai, Gros, hielt das EPG-Projekt Schumans für „une manière de prendre au piège de leurs propos les adversaires de la politique du Gouvernement depuis 1950 qui pensaient s'en tirer par une surenchère." (AN 457 AP 38, le jurisconsulte (Gros), Note pour le secrétaire général (Parodi), 17. janv. 1953, a/s. Bilan des engagements du Gouvernement français en matière de CPE). Mit „les adversaires" waren hauptsächlich die Gaullisten gemeint, da die Sozialisten grundsätzlich der Europapolitik der Regierung zustimmten. Die Auffassung von Gros übersah jedoch, daß Schuman mit diesem Projekt die Zustimmung der Sozialisten zur EVG gewinnen wollte.
350 AMAE PA-AP 217-Massigli, Bl. 3-7, Télégramme de R. Schuman à Massigli, 1.7.1952, N° 11870-73; DBPO II, Vol. 1, S. 886f., Record of conversation at No.1 Carlton Gardens on Friday, 27 June 1952, confidential; AN MRP 350 AP 50, Compte rendu de la Commission exécutive du 7 janvier 1953.

träge nicht zu gefährden - an Bonn nicht scheitern. Während die parlamentarische Kontrolle über die Europa-Armee in Frankreich ein wichtiges Anliegen im EPG-Projekt war, bedurfte man in Westdeutschland einer Erklärung über die Mitbestimmung Deutschlands über Krieg und Frieden vor der Ratifizierung der EVG- und General-Verträge.[351]

Der Vorsitzende des Verfassungsausschusses der Ad-hoc-Versammlung, von Brentano, kam mit der Konzeption Monnets grundsätzlich überein. Seine Konzeption ist aus seiner dem Unterausschuß II vorgelegten Aufzeichnung vom November 1952 zu entnehmen. Die Grundsätze, auf denen die Ausarbeitung des Verfassungsausschusses beruhen sollte, waren die, daß unter Aufrechterhaltung der bereits geschaffenen Ordnung (EGKS) und unter Anerkennung der geplanten Ordnung (EVG) eine neue Gemeinschaft gegründet werde, die es erstens erlaube, die bestehende und die werdende Gemeinschaft aufzunehmen, ohne dabei die bereits ratifizierten bzw. unterzeichneten Verträge im wesentlichen abzuändern und es zweitens nicht notwendig mache, von den Teilnehmerstaaten im Augenblick einen weiteren Verzicht auf Teile ihrer Souveränität zu verlangen.[352] Diese brachte er zum Ausdruck mit dem Satz: „Wir können im Augenblick nicht mehr tun und sollten nicht mehr tun, als möglich ist, aber auch nicht weniger, als unbedingt notwendig."[353]

Gemäß diesem Grundgedanken bereitete das Auswärtige Amt den deutschen Entwurf des Regierungsfragebogens vor. Es ging dabei jedoch weiter, indem es die Punkte konkretisierte, die Monnet später in Angriff nehmen wollte. Die zwei Pfeiler des deutschen Projekts der EPG lagen teils in der Notwendigkeit, die bisherige und zukünftige Integration *im Inneren* der Gemeinschaft zu koordinieren, teils in dem Wunsch, die Politik der Gemeinschaft *nach außen* hin einheitlich zu lenken. Während die Integration im Innern mit der organischen Verschmelzung der EGKS und der EVG zur EPG zu tun hatte, bezog sich die Politik der Gemeinschaft nach außen auf die gemeinsame Außenpolitik. Letzteres ist es wert, ausführlich betrachtet zu werden.

Ophüls begründete die Notwendigkeit einer gemeinsamen Außenpolitik folgendermaßen: Sowohl der Schuman-Plan wie der EVG-Vertrag enthielten Bestimmungen über das Verhältnis der Gemeinschaft zu dritten Staaten und zu internationalen Organisationen außerhalb der Gemeinschaft. Die Wahrnehmung dieser Beziehungen sei den Organen dieser Gemeinschaften übertragen. Das sei jedoch nur eine behelfsmäßige Lösung. Beide Male handele es sich um die Außenpolitik der Gemeinschaft. Beide Male könnten die Aufgaben nicht allein unter dem speziellen Gesichtspunkt der Kohle- oder Verteidigungsspezialisten erledigt werden. Die speziellen Gemeinschaften erforderten darüber hinaus Entscheidungen, deren Schwerpunkte außerhalb des Fachgebietes lägen und welche die Mitgliedstaaten als ganzes in Mitleidenschaft zögen. Das sei besonders bei der Verteidigungsgemeinschaft der Fall. Die Entschei-

---

351 AMJ 2/2/4, „Projet de Mémorandum sur la création d'une autorité politique européenne", undatiert (vermutlich Mitte Juni 1952); AMAE DE-CE 45-60, CECA, Vol. 522, Bl. 9, Télégramme de F. Poncet à MAE, 19 juin 1952, Réserve, Urgent; Zitat, Presse-Tee, 11.7.1952, in: Adenauer. Teegespräche 1950-1954, S. 332; PAAA NL Ophüls, Bd. 2, Paul Bausch (Abgeordneter; CDU) an Adenauer, Bonn, den 9. Oktober 1952.
352 Brentanos Aufzeichnung über die Instituionen der Politischen Gemeinschaft vom 18. November 1952 (AA/CC/SCP (2) 7), S. 1, in: SvEPG. Va. UafpI. Aufzeichnungen und Berichte.
353 Heinrich von Brentano, Montanunion - EVG - Politische Gemeinschaft, in: Bulletin Nr. 4 vom 8. Januar 1953, S. 26-27.

dung über die Verwendung der europäischen Streitkräfte bedeute in Wirklichkeit eine Entscheidung über Krieg und Frieden für alle Mitgliedstaaten im Verhältnis zur Außenwelt. Diese großen Entscheidungen der Außenpolitik könnten nicht im Rahmen der speziellen, bisher bestehenden Integrationen getroffen werden. Das Gewicht dieser Entscheidungen bringe es ferner mit sich, daß auch auf den Gebieten, die nicht unmittelbar davon berührt würden, die Außenpolitik der Gemeinschaftsstaaten nicht ohne Koordination bleiben könne. Wenn die Gemeinschaftsstaaten nur zusammen in den Krieg eintreten könnten, wäre es nicht ratsam, erst zu diesem Zeitpunkt mit der gemeinsamen Politik zu beginnen. Die Gemeinsamkeit des Schicksals in der äußersten Eventualität des Politischen ziehe die Notwendigkeit nach sich, auch in früheren Stadien zusammenzuarbeiten. Das gelte insbesondere für die Haltung in der Atlantikpaktorganisation, gegebenenfalls auch in der UNO.[354]

Als geeignete Maßnahme wurden entsprechende organisatorische Einrichtungen vorgeschlagen: Sie sollten im Anschluß an die Organe der bestehenden Gemeinschaften und in Analogie zu entsprechenden staatlichen Einrichtungen aufgebaut und von vornherein so organisiert werden, daß sie den Übergang zu entwickelteren und differenzierteren Formen europäischer Organisation offenhalten und erleichtern würden. Die zur Lösung dieser Probleme in Betracht kommenden Einrichtungen wären ein „Großer Rat", eine Europäische Kommission (dazu ein Europäisches Außen- und Planungsamt), ein Parlament mit Zweikammer-System und ein Gerichtshof. Außer dem „Großen Rat" gestalteten sich die drei anderen analog zur EGKS. Die Besonderheit des Projekts Ophüls' lag im von den Mitgliedstaaten zu beschickenden „Großen Rat" in Analogie etwa zum Bismarck'schen Bundesrat. Dieser sollte aus den Ministerpräsidenten oder in deren Vertretung aus den Außenministern bzw. deren Stellvertretern bestehen. Bei besonders wichtigen Beratungen sollten außerdem die Mitglieder des Ministerrats der Montanunion und der EVG teilnehmen. In besonderen Fällen könnten sie durch die Minister, die nicht in den Organen dieser Gemeinschaft säßen (Finanzminister usw.), verstärkt werden. Der „Große Rat" würde ein ständiges Sekretariat von nationalen Vertretern unterhalten (etwa im Botschafter- und Gesandtenrang). Er sollte sowohl auf dem Gebiet der äußeren wie auch der inneren Koordination für die allgemeinen Richtlinien und für besondere Einzelentscheidungen zuständig sein. In ihm würden sich die Konsultationen über die Außenpolitik vollziehen, und er würde ferner anstelle der Ministerräte der Montan- und Verteidigungsgemeinschaft die für diese vorgesehenen Entscheidungen und Richtlinien beschließen.[355]

Diese Denkschrift von Ophüls über den „Großen Rat" bildete zusammen mit seiner Denk-

---

354 PAAA NL Ophüls, Bd. 2, Aufzeichnung. Betr.: Politische Gemeinschaft. Übertragung politischer Befugnisse aus dem Montanvertrag und EVG-Vertrag, (etwa 6.10.52); PAAA NL Ophüls, Bd. 1, Ophüls gez. Abschrift. Vorschlag einer Europäischen Gemeinschaft für Außenpolitik und Koordination, Paris, den 20. November 1952. Im Findbuch Nachlaß Carl Friedrich Ophüls befindet sich ein interessanter Band 45, dessen Titel »Vorschlag einer Europäischen Gemeinschaft für Außenpolitik und Koordination - Verf. Ophüls (Entwurf), 1951. Nov. 19.« lautet. (S. 13) Dessen Inhalt kommt der zitierten Denkschrift gleich. Ophüls entwarf die Denkschrift am 19. Nov. 1952 und korrigierte sie am darauffolgenden Tag. Diese korrigierte Denkschrift stellt die Denkschrift des Bandes 45 dar. Doch das Datum 1951 wurde als Tippfehler nachgewiesen von Dr. Biewer, der für die Bearbeitung dieses Nachlasses zuständig ist. (29. Juni 1998) Denn Ophüls trat seinen Dienst im Auswärtigen Amt erst am 01.02.1952 an.
355 Ibid.

schrift über eine alternative Methode der britischen Teilnahme an der Gemeinschaft, die im vorigen Unterkapitel (III. 2. 2) bereits zitiert wurde, die Grundlage, auf der Adenauers Vorschlag am 3. Dezember 1952 im Bundestag beruhte: einen Rat der Ministerpräsidenten der vertragschließenden Mächte, mit britischer Beteiligung, ins Leben zu rufen. Dadurch sollte und konnte eine gemeinsame Außenpolitik und die britische Teilnahme schrittweise herbeigeführt werden.[356]

Hieran ist festzustellen, daß Adenauer zunächst aus mehreren taktischen und grundlegenden Überlegungen heraus die Notwendigkeit einer EPG in den Vordergrund stellte und dieses Vorhaben vorbehaltlos unterstützte. Im Hinblick auf die Schwierigkeiten, die der Weiterbehandlung des EVG-Vertrages in der Pariser Nationalversammlung von Anfang an entgegenstanden, hatte die Bundesregierung den neuerlichen Integrationsvorstoß des französischen Außenministers als Zeichen einer konstruktiven Ratifizierungspolitik begrüßt. Dabei ließ sich auf diesem Weg zugleich demonstrieren, daß die Bundesrepublik sich nicht nur, wie in Frankreich offenbar befürchtet wurde, aus rein taktischen Erwägungen auf die Politik des europäischen Zusammenschlusses eingelassen hatte, sondern auch zu einer Fortsetzung der Integrationspolitik über den engeren Kontext der Wiederaufbauproblematik hinaus bereit war. Dazu kam ein wichtiges Ziel, das Adenauer während seiner Amtszeit nie aus den Augen verlor: der Potsdam-Komplex. Nur durch die Weiterführung der europäischen Integrationspolitik auf der Basis der Gleichberechtigung konnte der Gefahr eines umfassenden französisch-russischen Rapprochements sowie einer Entspannungspolitik der Großmächte auf Kosten Deutschlands begegnet werden. Diese wurde von Adenauer bis zum Inkrafttreten des Deutschlandvertrages stets zu den größten Bedrohungen der deutschen Außenpolitik gezählt.[357] All diese Hintergründe im Kopf, sagte Franz Josef Strauß in der Studientagung des deutschen Zweiges des internationalen Instituts für Sozialwissenschaft und Politik in Würzburg im April 1952: „Der beste Beitrag Deutschlands für die Wiedergutmachung der Kriegsschäden besteht nicht in Reparationen, Restitutionen, Beschränkungen und Verboten usw., wie die Alliierten sie nach dem Kriege verhängt haben, sondern besteht in einem aktiven Beitrag für die Schaffung Europas."[358] Daher stellte das Auswärtige Amt die Idee einer handlungsfähigen europäischen Gemeinschaft in der Weltpolitik, die unabhängig von Entspannungszeichen weitergehen sollte, bewußt wiederholt in den Vordergrund. Obgleich anerkannt werden kann, daß die Bundesregierung es damit ernst meinte, war der idealtypische Europäismus der Bonner Regierung nicht zuletzt nationalpolitisch bedingt, genauer gesagt, vom nationalen Interesse insofern stark motiviert, als man es für sehr wahrscheinlich halten kann, daß sie, wenn die Bundesregierung ihre Souveränität nicht verloren hätte, die supranationale Integration weniger enthusiastisch vorangetrieben hätte.[359]

---

356 PAAA BüSt 1949-1967, 200-14, Bl. 123ff., Informationserlaß an sämtliche Auslandsmissionen, Betr. : Außenpolitische Ereignisse der letzten Woche, vom 6.11-20.12.1952, geheim.
357 Weidenfeld, W., Konrad Adenauer und die EVG. Eine Studie zum subjektiven Faktor in der Politik, in: Volkmann, H.-E. et al (Hrsg.), Die Europäische Verteidigungsgemeinschaft, S. 362; Vgl. Sitzung der Bundesregierung vom 17.6.1952, Protokoll, Kabinettsprotokolle, Bd. 5, S. 93; Hans-Peter Schwarz, Adenauer und Europa, S. 480ff.
358 Ein Vortrag von F. Strauß „Europäische Verteidigungsgemeinschaft und europäische Föderation" auf der Würzburger Studientagung des Deutschen Zweiges des Internationalen Instituts für Sozialwissenschaft und Politik, in: ID Nr. 108, 14. Mai 1952, S. 1f.
359 Adenauer gab zu, „wenn wir (Deutsche, d. V.) noch eine Wehrmacht hätten, wäre bei uns die

Wie es sich auf der Fragebogenkonferenz zeigte, legte die römische Regierung ein hohes Maß an Flexibilität an den Tag, vermied es aber, sich in stärkerem Maße mit den Zuständigkeiten der Gemeinschaft im wirtschaftlichen Bereich zu beschäftigen. Die Haltung der italienischen Regierung zu einer politischen Autorität zeichnete sich durch eine starke Betonung der politisch-institutionellen Aspekte aus.[360] Die italienische Regierung stand damit der Bonner Position nahe. Während sich die Bundesregierung jedoch für eine gemeinsame Außenpolitik interessierte, zeigte die römische Regierung eher Interesse an der Verstärkung der Befugnisse der Versammlung. Diese beiden Interessen ergänzten einander.

4.5 Die Niederlande: Vorstoß zu einer wirtschaftlichen Einigung

Der entscheidende Kurswechsel der niederländischen europäischen Integrationspolitik begann mit der Ablösung des Außenministers Stikker durch die beiden Politiker, Jan-Willem Beyen und Joseph Marie Antoine Hubert Luns, im dritten Kabinett des Ministerpräsidenten Drees am 1. September 1952, etwa zwei Monate nach der Wahl vom 25. Juni 1952. Beyen nahm als Außenminister mit Portefeuille die internationalen und insbesondere die europäischen Kontakte wahr, während Luns als der für die Angelegenheiten der Benelux-Länder zuständige Minister ohne Portefeuille das Außenministerium leitete.[361] Im Dezember 1952 schickte Beyen an seine fünf Amtskollegen ein Memorandum, worin er seine Idee der Zollunion innerhalb der sechs Staaten konkretisierte. Das Memorandum wurde von Zeitgenossen als „Beyen-Plan" bezeichnet, mit dem die Niederlande ihre eigene Europapolitik bis zum Zustandekommen der EWG 1957 vorantrieben.

Im Gegensatz zur militärisch-politischen Integration zeigten die Niederlande großes Interesse an der wirtschaftlichen Integration. Dies Interesse erklärte sich aus der Tatsache, daß die Entwicklung der niederländischen Wirtschaft in starkem Maße von der des Welthandels abhing.[362] Daneben spielten machtpolitische Überlegungen eine Rolle. Das ist klar aus der Fest-

---

Überwindung von Vorurteilen (über die Souveränität, d. V.) um den großen Schritt nach vorwärts in die Europäische Gemeinschaft zu tun, viel schwerer gewesen" (BA NL Blankenhorn 18a, Bl. 67-75, Mitteilung an die Presse. Anläßlich der Eröffnungsveranstaltung des „Deutschen Presseklubs Bonn" in der Redoute in Bad Godesberg am 12. Januar erklärte Bundeskanzler Dr. Adenauer in einer Rede).

360 Magagnoli, R. Die italienische Europapolitik 1950-1955, S. 184.
361 Drees gehörte der sozialistischen Partei (PvdA) an. Das dritte Kabinett Drees bestand aus 16 Mitgliedern: fünf Sozialisten, sechs Katholiken (KVP: darunter Luns), zwei Antirevolutionäre (ARP) und zwei Christlich-Historische (CHU) und ein Parteiloser (Beyen). Diesmal wurde die niederländische liberale Partei (VVD), der Stikker angehörte, aus dem Kabinett ausgenommen. (Schneider B./Ullner R., Europäer aus Tradition: Jan Willem Beyen und Joseph Luns, in: Jansen.T./Mahncke D. (Hrsg.), Persönlichkeiten der Europäischen Integration, Bonn 1981, S. 379-410). Beyens Ernennung wurde als großer Fehler des Ministerpräsidenten Drees bezeichnet. So wie Stikker war Drees der Ansicht, daß sich Großbritannien möglichst eng an der kontinentalen Integration beteiligen und die supranationale Integration innerhalb der EGKS-Staaten langsam realisiert werden sollte. Um der philo-integrationistischen Tendenz der katholischen Politiker wie Luns entgegenzutreten, berief er einen Bankier zum zweiten Außenminister. (Griffiths, R. T., The Beyen Plan, S. 168).
362 PAAA III Niederlande, Bestand 11, Bd. 133, Bl. 2-5, Holleben, Bericht an Auswärtiges Amt, 205-

stellung des Generalsekretärs des Außenministeriums, Hendrik N. Boon, zu entnehmen: „Das Gewicht der kleineren Staaten in der Waagschale des Machtgleichgewichts in der Welt ist als Folge der hohen Entwicklung auf wirtschaftlichem Gebiet am größten, geographisch oft weniger groß, militärisch und politisch meist sehr gering. Daher wiegen die Bedenken gegenüber der Aufgabe eigener nationaler Kompetenzen desto schwerer, je mehr diese sich auf der Richtung der technisch ökonomischen hin zur hauptsächlich militärischen oder letztendlich politischen Integration bewegen."[363]

Die niederländische Regierung zog die NATO-Lösung der EVG-Lösung aus militärischen, finanziellen und nicht zuletzt politischen Gründen vor. Während der EVG-Verhandlungen zeigte sich immer wieder ihre Angst, in der EVG von den drei großen Ländern majorisiert zu werden. Die Niederlande trauten den Franzosen die Führungsrolle in einer kleineuropäischen Gemeinschaft nicht zu. Daher versuchte die niederländische Delegation immer wieder die Supranationalität der EVG zu mildern, was für Frankreich nicht akzeptabel war. Der französische Widerstand gegen die Supranationalität war so hartnäckig, daß die EVG-Verhandlungen Ende Dezember 1951 in eine Sackgasse gerieten. So setzten die Amerikaner die Niederlande unter Druck. Die Haager Regierung mußte nachgeben. Hier zeigte sich, daß ihr Handlungsspielraum in den internationalen Verhandlungen sehr gering war.[364] Die niederländische Angst verdeutlichte sich angesichts der EPG-Initiative.[365] Außenminister Stikker rechtfertigte seine ablehnende Haltung zu einer politischen Integration damit, daß eine politische Integration verfrüht sei, solange das soziale, wirtschaftliche und finanzielle Fundament fehle.[366] Diese Argumentation wiederholte er mit Nachdruck auch nach seiner Ablösung. Daher spekulierte man darüber, ob die Initiative des neuen Außenministers Beyen eine Verzögerungstaktik war oder einem konstruktiven Motiv entsprang.[367]

Stikker hielt Großeuropa für den geeigneten Rahmen einer wirtschaftlichen Integration, die seiner Meinung nach eine supranationale Behörde nicht voraussetzte, sondern auf einem funktionalen Weg schrittweise realisiert werden konnte. Im Juni 1950, als Stikker Vorsitzender des OEEC-Rates wurde, legte er deswegen der OEEC einen Plan vor, den Tarif, die Quoten und andere Handelshemmnisse auf einen Schlag zu reduzieren bzw. zu liberalisieren, und zwar gemäß der funktionalistischen Methode, in einzelnen wesentlichen Wirtschaftszweigen eine Integrierung schrittweise durchzuführen. Dies sollte durch die Einrichtung und

---

00 Kontr.Nr. 26, Den Haag, den 6.1.1953.
363 Zitiert nach: Kersten, A.E., Die Niederländische Europapolitik 1945-1955, S. 104.
364 BA NL Blankenhorn, Tagebuch, Sonntag, den 30. Dezember 1951.
365 Loth W., Der Weg nach Europa, S. 70f; Stikker, Dirk U., Bausteine, S. 211-230 u. 336-358; Kersten, A.E., Die Niederländische Europapolitik 1945-1955, S. 117f; Harryvan, A.J. et al., Dutch Attitudes, S. 323; Kersten, A.E., Niederländische Regierung, Bewaffnung Westdeutschlands und EVG, in: Volkmann, H.-E. et al. (Hrsg.), Die Europäische Verteidigungsgemeinschaft, S. 191-219; Ders., The functional approach to European integration, in: Foreign Affairs, XXIX, No.3, April 1951. S. 436-444; Harst, Jan van der, The Pleven Plan, in: Griffiths, R. T. (Hrsg.), The Netherlands, S. 145ff.
366 FRUS 1952-1954 VI. Part I. S. 141, Telegramm. The Ambassador in the Netherlands (Chapin) to the Department of State, 28.7.1952.
367 AMAE DE-CE 45-60, Vol. 522, Bl. 79, Télégramme de Garnier à MAE, 31.7.1952; PAAA II, Bd. 897, AZ 224-90 Bd. 1, Bl. 22-24, Ophüls, Aufzeichnung, Ber.: Niederländisches Memorandum zur wirtschaftlichen Integration, 22.12.1952.

Verwendung eines europäischen Integrationsfonds erleichtert werden. Dieser Fonds sollte den Regierungen die Modernisierung von Industrien erleichtern, die durch Liberalisierungsmaßnahmen unrentabel geworden waren, oder die Förderung neuer Investitionen in die übrigen Industriezweige. Der Landwirtschaft wurde unter allen Sektoren von vornherein ein Sonderstatus zugebilligt. Die Aufgabe, eine europäische Marktordnung für die Landwirtschaft zu entwickeln, fiel an Landwirtschaftsminister Sicco Mansholt. Der Stikker-Plan an sich war jedoch nicht durchführbar. Um den Plan in Gang zu setzen, war es notwendig, Industrien zu finden, die in den gesamten Industriezweigen der OEEC ohne einen schweren Verlust liberalisiert werden konnten, da der Integrationsfonds sehr begrenzt war. Tatsächlich war die OEEC nicht in der Lage, solche Industrien ausfindig zu machen. Hinzu kam, daß keine der Regierungen der OEEC viel Enthusiasmus für den Stikker-Plan zeigte. Die amerikanische Administration äußerte Bedenken, daß der Plan unrealisierbar sei, und selbst wenn man eine oder zwei geeignete Industriesektoren fände, dieses vielmehr zur Stärkung der protektionistischen Tendenz führen würde. Damit war der Stikker-Plan bereits zum Scheitern verurteilt. Trotzdem wurde eine Studiengruppe eingesetzt, die bis in das Jahr 1952 hinein entsprechende Studien fortführte.[368]

In einem Brief an Drees vom 24. September 1951 äußerte Stikker seine Angst, daß eine kontinentale Föderation die protektionistischen Tendenzen in Frankreich, Westdeutschland und Italien noch verstärken würde.[369] Durch den französisch-italienischen Vorschlag zur EPG geriet die niederländische Regierung in eine Art „Panik", wie ein niederländischer Historiker, A.E. Kersten, die Stimmung der niederländischen Regierung bezeichnet.[370] Der niederländischen Diplomatie wurde bewußt, daß ihr bis dahin die Formulierung einer eigenen Europapolitik kaum gelungen war. Sie konnte den französischen Vorschlag nicht einfach ablehnen. Um aus dieser Sackgasse herauszukommen, setzte Stikker einerseits im Juli eine interministerielle amtliche Kommission ein, welche die bisherige niederländische Europapolitik noch einmal überdenken und einen Ausweg finden sollte. Andererseits bereitete er eine Reihe von Änderungsvorschlägen vor, die zumindest inhaltlich den Schaden begrenzen sollten. Die Änderungsvorschläge beinhalteten, daß die sechs Regierungen Instruktionen an die Schuman-Plan-Versammlung richten und sich über deren Entwurf für eine politische Gemeinschaft ein abschließendes Urteil vorbehalten sollten. Der wichtigste Gegenvorschlag war, daß man mit der politischen Integration fortschreiten konnte, solange sie eine wirtschaftliche Organisation ermöglichte.[371] Letztendlich war dieses trotz seines grundsätzlichen Interesses an einem gemeinsamen Agrarmarkt innerhalb der sechs Staaten eine Verzögerungstaktik, da er keine Zollunion innerhalb der sechs Staaten haben wollte. Dies ist in seiner Ablehnung des Beyen-Planes deutlich nachvollziehbar. In einem Brief an seinen Nachfolger Beyen vom 5. März 1953 empfahl er ihm, daß eine pro-britische kommerzielle Politik angestrebt werden sollte,

---

368 Stikker, Dirk U., Bausteine, S. 187f; Brusse, Wendy Asbeek, The Stikker Plan, in: Griffiths, R.T. (Hrsg.), The Netherlands, S78ff; Milward, Alan S., The European Rescue of the Nation State, London 1992, S. 180f; PAAA II, Bd. 897, AZ 224-90, Bd. 1, Bl. 39-48, ERP-Unterlage 1/53, Betrifft: Integrationsstudien im Rahmen der OEEC. Stand 15. Januar 1953.
369 Harst, Jan van der, The Pleven Plan, S. 146.
370 Kersten, A.E., Die Niederländische Europapolitik 1945-1955, S. 101.
371 Ibid., S. 104f.

anstelle einer Zollunion im Rahmen der sechs Staaten.[372] Hieran ist festzustellen, daß Stikker nicht nur einer militärisch-politischen kontinentalen Integration ohne Großbritannien, sondern auch einer wirtschaftlichen Integration ablehnend gegenüberstand.

Stikkers Auswahl des weiteren institutionellen Rahmens für die wirtschaftliche Integration war einer der Gründe für seine Entlassung aus dem Außenministerium. Denn die im Juli neu gewählten Parlamentarier zeigten mehr Interesse an der europäischen Integration der EGKS-EVG-Länder.[373] Hendrik N. Boon deutete bereits Ende Juli im Gespräch mit dem französischen Botschafter in Den Haag, Garnier, eine neue Orientierung der zu bildenden Regierung an, nämlich insofern, daß die niederländische Regierung sich mehr für die wirtschaftlich-landwirtschaftliche Integration interessiere als für die politische. Mit einigen Vorbehalten bewertete Garnier diese Darstellung als „le sentiment dominant des cercles gouvernemantaux."[374] Am 3. September 1952, zwei Tage nachdem das neue Kabinett seine Arbeit aufgenommen hatte, bereitete der niederländische Ministerrat eine Instruktion für die kommende Ministerkonferenz der EKGS in Luxemburg eine Woche später vor. Beyen erklärte, daß er sich die von Stikker konzipierte Instruktion zu eigen mache. Während diese für Stikker nur ein Verzögerungsmanöver darstellte, nahm sie Beyen im konstruktiven Sinne auf. Der Ministerrat beschloß eine positive und konstruktive Instruktion zur Unterstützung des EPG-Projekts, aber unter der Voraussetzung, daß man den sechs Staaten Zeit für einen Entwurf eines Fragebogens für die Ausarbeitung der Ad-hoc-Versammlung lasse und der Ad-hoc-Versammlung eine Instruktion gebe, zusätzlich die Möglichkeiten einer wirtschaftlichen Integration zu untersuchen.[375]

Im Bericht der interministeriellen amtlichen Kommission vom Oktober 1952 wurde empfohlen, daß die Niederlande im Hinblick auf das Vorhaben Beyens langsam und vorsichtig vorangehen sollten. Es sei für die Niederlande schwierig, schnelle Resultate im Bereich der wirtschaftlichen Integration, vor allem der Agrarunion, zu erzielen. Die EPG-Verhandlungen würden höchstwahrscheinlich nur die Annahme des Prinzips, daß sich die EPG für die wirtschaftliche Integration interessiere, ergeben. Der Prozeß bis zur Akzeptanz der wirtschaftlichen Integration im niederländischen Sinne könne viel Zeit in Anspruch nehmen. Als Taktik sei zu empfehlen, in den Vordergrund zu stellen, daß die Niederlande nicht an der EPG teilnehmen könne, wenn keine gesicherten Fortschritte in der Sache wirtschaftlicher Integration erzielt würden. Es sei erforderlich, eine Studienkommission mit detaillierten Instruktionen aufzustellen, weil nur auf diese Weise die Verhandlungen der EPG zugunsten der Niederlande verlaufen könnten.[376]

Darüber hinaus mußte Beyen seine Position in innenpolitischen Kreisen festigen. Als parteiloser Politiker mangelte es ihm an organisierter Unterstützung für seine neue Europapolitik. Im Ministerrat stieß er wiederholt auf den Widerstand des Ministerpräsidenten Drees, der die wirtschaftliche Integration nur als ein taktisches Instrument zur Absage des EPG-Projektes ausnutzen wollte. Dies wurde offenbar, als Drees im April 1953 Außenminister Beyen mit

---

372 Harst, Jan van der, The Pleven Plan, S. 155f; Stikker, Dirk U., Bausteine, S. 344ff; Harryvan, A.J. et al., Dutch Attitudes, S. 326; Griffiths, R.T., The Mansholt Plan, S. 99f.
373 Stikker, Dirk U., Bausteine, S. 242-270 und 278.
374 AMAE DE-CE 45-60, Vol. 522, Bl. 79, Télégramme de Garnier à MAE, 31.7.1952.
375 Harryvan, A.J. et al., Dutch Attitudes, S. 327.
376 Griffiths/Milward, The Beyen-Plan and the European Political Community, S. 600f.

Rücktritt drohte.[377] Beyen wurde jedoch von einigen pro-integrationistischen hochrangigen Beamten, wie dem Agrarminister S. L. Mansholt, dem Wirtschaftsminister J. Zijlstra, dem Generaldirektor der Außenministeriums E. van der Beugel, dem Leiter der Abteilung für westliche Kooperation J. Stuyt und weiteren einflußreichen Persönlichkeiten, unterstützt.
In den Kabinettsitzungen vom November 1952 legte Beyen ein Memorandum mit dem Titel „Grundlagen der niederländischen Position über die europäischen Integration"[378] zur Beratung vor. Dies stellte die Basis des oben erwähnten Dezember-Memorandums Beyens an die fünf anderen Außenminister dar. Er stellte die wirtschaftlich-soziale Sicherheit im Kampf gegen die kommunistische Bedrohung gegenüber der militärischen in den Vordergrund. Er betonte, daß die politische Integration eine Verschmelzung der gemeinsamen Interessen, eine echte gemeinsame Verantwortung und eine kooperative Gesinnung unter den sechs Staaten erfordere. In diesem Sinne sei eine „politische" Integration ohne wirtschaftliche Basis sinnlos und für die Niederlande unannehmbar. Der gemeinsame Markt der Montanunion solle auf alle anderen Wirtschaftsgebiete erweitert werden. Dieser Gesichtspunkt sei jedoch für Frankreich inakzeptabel. Hierin lag das Problem, wie Beyen klar erkannte. Wenn die Niederlande eine politische Gemeinschaft ohne wirtschaftliche Integration absolut ablehnen würden, würde es zu keiner Vereinbarung kommen. Daher müsse man einen Kompromiß finden: Eine beschränkte politische Integration der sechs Staaten wäre für die Niederlande akzeptabel, wenn diese mit einem Fortschritt auf dem Gebiet der „generellen" wirtschaftlichen Integration gekoppelt wäre. So sollten die niederländischen Vorschläge und ihre diplomatische Kampagne sich zugleich mit zwei Dingen befassen: a) das Ausmaß der niederländischen Bereitschaft zur Akzeptanz einer supranationalen politischen Gemeinschaft und b) ihre präzisen Forderungen für eine wirtschaftliche Integration.
Zum Punkt a) schlug Beyen vor, die Befugnisse der EPG als Dachorganisation zur EGKS und EVG - z.B. partieller Verzicht auf Einstimmigkeit der Entscheidung des Ministerrates - sowie die Verstärkung der Befugnisse der Versammlung der EPG verglichen mit denen der EGKS und der EVG zu akzeptieren. Die direkte Wahl sollte abgelehnt werden, nicht nur weil dieses Verfahren ein destruktiv agierendes, kommunistisches Element in die künftige EPG-Versammlung einführen würde, sondern weil die so gewählten Parlamentarier der EPG-Versammlung der vorhandenen kooperativen europäischen Gesinnung vorauseilen würden. Denn die direkt gewählten Abgeordneten sollten Verantwortung tragen vor den Wählern, die weiterhin an ihrer engherzigen nationalistischen Gesinnung festhielten. In diesem Fall könnte dies, statt die europäische Integration zu fördern, zum gegenteiligen Resultat führen. Es gab jedoch eine Strömung in der Umgebung der Katholiken, die die Idee der Direktwahl günstig bewerteten. Beyen war auch skeptisch in bezug auf das Zweikammersystem. Statt dessen präferierte er eine Kammer und einen Rat der Nationalen Minister. Die neue Institution sollte auf der Supranationalität basieren. Sie könne so konstruiert werden, daß sie im Laufe der Zeit weitere Zuständigkeiten erhalten würde, die schrittweise durch gouvernementale Abkommen vereinbart würden. Beyen war also nicht bereit, eine automatische und selbständige Erweiterung der Zuständigkeit der EPG durch die Versammlung im allgemeinen - anders als in der

---

377 Harryvan, A .J. et al., Dutch Attitudes, S. 328.
378 Ibid., S. 329.

wirtschaftlichen Integration - und eine von den Föderalisten geforderte Zuständigkeit für die Außenpolitik zu akzeptieren.[379]
Zu Punkt b) schlug er vor, daß alle Arten von Handelsbeschränkungen reduziert oder beseitigt werden sollten, um die Produktion und die Produktivität, die zur Verbesserung des Lebensstandards notwendig seien, zu fördern. Die von Stikker vorangetriebene sektorale Methode sollte durch eine allgemeine Methode ersetzt werden. Dies stellte einen bemerkenswerten Kurswechsel mit großer Tragweite dar. Das Endziel sollte eine allgemeine Zollunion der beteiligten Staaten sein. Dieses Ziel sollte in den EPG-Vertrag eingefügt werden. Dessen Realisierung würde allmählich erfolgen, zuerst sollte man sich darum bemühen, die protektionistischen Zollbeschränkungen zu reduzieren. Die supranationale EPG sollte daher die Aufgabe wahrnehmen, die Regelungen dafür und zugleich die gemeinsamen Maßnahmen für den Ausgleich der durch den Integrationsprozeß auftretenden Nachteile zu entwerfen. Die Frage der Währung, der Adenauers besonderes Interesse galt, sollte jedoch im größeren Rahmen der OEEC gelöst werden. Beyen vergaß nicht die agrarpolitischen Interessen der Niederlande. Es könne denkbar sein, so fügte er zum Schluß seines Dezember-Memorandums hinzu, im Rahmen der EPG-Verhandlungen auch die Agrarunion zu verhandeln.[380]
Der Ministerrat traf die Entscheidung, erneut eine „interministerielle beratende Kommission für die europäische Integration" unter der Leitung von Beyen, die sogenannte Beyen-Kommission, aufzustellen. Diese erarbeitete und modifizierte von Dezember 1952 bis Mai 1953 die oben geschilderte Konzeption Beyens. Der Beyen-Plan blieb offizielle niederländische Europapolitik bis zum Jahr 1957.[381]
Welche Motive lagen der Konzeption des Beyen-Plans zugrunde? Bis zur Aufstellung des Beyen-Plans hatten die Niederländer die Liberalisierung der verschiedenen Handelsschranken innerhalb der OEEC verfolgt. Die Liberalisierungspolitik der OEEC zielte nicht auf die Zollsenkung ab, sondern auf die Beseitigung der quantitativen Handelshemmnisse. Für die Niederlande war ersteres von größerer Bedeutung. Die Niederlande schützten ihre Industrie hauptsächlich durch quantitative Beschränkungen. Ihre Zölle waren im Vergleich zu denen der anderen europäischen Staaten niedrig. Hinzu kam: Während in Zukunft kaum Erfolge in der Liberalisierung der Handelshemmnisse im Rahmen der OEEC zu erwarten war, weil Frankreich wegen seiner wirtschaftlichen Schwierigkeiten seit Anfang 1952 alle OEEC-Programme zur Liberalisierung der Handelshemmnisse blockierte, hatten die Niederlande mit den EGKS-Verhandlungen positive Erfahrungen gemacht, wie Spierenburg bestätigte. Anläßlich des amerikanischen Kurswechsels fand am 28. August 1951 eine niederländische Botschafterkonferenz statt, an welcher auch Kabinettsmitglieder und hochrangige Beamte teilnahmen. Der niederländische Delegationsleiter in den EGKS-Verhandlungen und Vertreter des Wirtschaftsministeriums, Dirk Spierenburg, vertrat die Meinung, daß sich die Niederlande an den EVG-Verhandlungen voll beteiligen sollten. Neben realpolitischen Gründen - so argumentierte er - könnten die Niederländer, während ihr Handlungsspielraum und Einfluß im Rahmen der NATO sehr begrenzt sei, da die NATO vornehmlich von den „großen drei

---

379 Ibid., S. 329ff; AMAE Europe 44-60, Généralités, Vol.78, Télégramme Garnier (La Haye) à Bidault, 20. janv. 1953, a/s: Projet de communauté politique européenne.
380 Harryvan, A.J.(et al), Dutch Attitudes, S. 329ff; PAAA II, Bd. 860, AZ 240-20/53, Schreiben Beyen an Adenauer vom 1.11.1952.
381 Harryvan, A.J. et al., Dutch Attitudes, S. 328f.

Mächten" beherrscht würde, ihren Einfluß auf die kontinentalen Integrationsverhandlungen, wie z.B. in den EGKS-Verhandlungen, vermehren.[382] Darüber hinaus erfuhren die EGKS und die EVG starke Unterstützung seitens der USA. Hinzu kam, daß, während die Bedeutung der britischen und belgisch-luxemburgischen Märkte abnahm bzw. stagnierte, die des westdeutschen Marktes zunahm (hierzu siehe Anhang 3). Aus zweierlei Gründen schien es für die Niederlande attraktiv zu sein, den gemeinsamen Markt für Kohle und Stahl auch auf andere Waren zu erweitern, d.h. einen gemeinsamen Markt innerhalb der sechs Staaten zu schaffen. Erstens befanden sich die zwei größten Märkte der Niederlande in den EGKS-Ländern, also in Belgien-Luxemburg und in Westdeutschland, die zudem kontinuierlich wuchsen. Zweitens würden auch die zwei großen Staaten Frankreich und Italien Mitglieder der Zollunion werden, deren hohe Tarife durch die Zollunion innerhalb der sechs Staaten reduziert werden würden, was den Niederlanden zusätzliche kostengünstige Absatzmärkte bieten würde.[383]

Die europäische Agrarintegration trug besonders in den Niederlanden zur Attraktivität der Sechser-Gemeinschaft bei. Am 10. Oktober 1950 stellte Mansholt seinen überarbeiteten Plan als eigene agrarpolitische Initiative vor. Sein Plan sah vor, wie bei der Montanunion, gemeinsame Erzeugerpreise für alle Agrarprodukte von einer Hohen Behörde festlegen zu lassen, die auch den Handel sowie die gemeinsame Ein- und Ausfuhrpolitik für Agrarprodukte lenken sollte.[384] Das entsprach zwar der Vorstellung Monnets, aber nicht der liberalistischen Idee von Stikker, die eine supranationale Behörde nicht vorsah. Trotzdem stimmte das Kabinett dem Mansholt-Plan zu. Das zeigte die Dringlichkeit der Agrarprobleme in den Niederlanden. Der Mansholt-Plan hatte zunächst gute Aussichten, da der französische Landwirtschaftsminister Pflimlin einen eigenen Plan zur supranationalen Agrarunion vorbereitet hatte. Die französischen und niederländischen Pläne strebten eine supranationale Hohe Behörde mit weitgehenden Kompetenzen an. Sie unterschieden sich im wesentlichen durch die Auswahl der Produkte, die der gemeinsame Markt umfassen sollte. Während Mansholt bereit war, der Hohen Behörde die Zuständigkeit für alle Agrarprodukte zu erteilen, strebte Pflimlin diesen Markt nur für die Produkte - Getreide, Zucker und Wein - an, bei denen die französischen Bauern gegenüber den anderen Produzenten in Europa im Vorteil waren.[385]

Auf der vorbereitenden Agrarkonferenz in Paris am 25. März 1952 erläuterte als erster der französische Landwirtschaftsminister Camille Laurens, der Pflimlin abgelöst hatte, die schon bekannten französischen Vorschläge. Er stellte die institutionelle Frage in den Vordergrund und betonte noch einmal, daß Frankreich an einer supranationalen Hohen Behörde festhalten werde. Mansholt argumentierte ähnlich wie Laurens für eine supranationale Lösung der institutionellen Frage, wollte aber umgehend feststellen lassen, welche der teilnehmenden Staaten bereit wären, einer supranationalen Institution beizutreten. Darüber hinaus stellte er die Verhandlungen in den Zusammenhang mit der EVG und des damit verbundenen Vorschlages De Gasperis zur Errichtung einer politischen Integration auf: „Die niederländische

---

382 Harst, Jan van der, The Pleven Plan, S. 145f.
383 Milward, Alan S., The European Rescue of the Nation State, London 1992, S. 183f; AMAE Europe 44-60, Généralités, Vol.78, Bl. 66-67, Saffroy, Luxembourg, Télégramme à AME, 2. janvier 1953.
384 Griffiths, R.T., Mansholt Plan, in: Ders. (Hrsg.), The Netherlands, S. 95ff.
385 Noel, Gilbert, Du Pool vert à la politique agricole commune. Les tentatives de communauté agricole européenne entre 1945 et 1955, Paris 1988. S. 136ff.

Regierung ist der Auffassung, daß das Problem der landwirtschaftlichen Integration Europas ein Teil des Problems der wirtschaftlichen Integration als Ganzes ist. Man kann niemals eine politische Föderation des europäischen Kontinents zustande bringen, wenn sich die Regierungen nicht bereit zeigen, gleichzeitig auf allen Wirtschaftssektoren Fortschritte zu machen."[386] Auf dieser Konferenz war die niederländisch-französische Einigkeit klar erkennbar. Die Bundesrepublik und Italien schlossen sich an, Belgien und Luxemburg zogen nolens volens mit. Andere Staaten inklusive Großbritannien, die an der supranationalen Institution nicht teilnehmen wollten, sollten die Möglichkeit erhalten, sich eng zu assoziieren. Die Konferenz am 15. Mai 1952 setzte einen Interimsausschuß der Agrarexperten aus 16 Ländern zur Vorbereitung der Agrarkonferenz, die im Herbst 1952 stattfinden sollte, ein. Die Beratungen erwiesen sich als kompliziert, hauptsächlich im Hinblick auf die zu integrierenden Agrarprodukte. Daher dauerten sie bis zum Jahr 1953 an.[387]

Mansholt mußte wiederholt die Position Westdeutschlands in besonderem Maße berücksichtigen, dessen Markt er für den größten und wichtigsten hielt. Im Mai 1952 sandte das Auswärtige Amt einen Bericht über den Verlauf der vorbereitenden Konferenz an die wichtigsten diplomatischen Vertretungen. Darin wurde betont, daß die seit Jahrzehnten geschützte deutsche Landwirtschaft nicht ohne weiteres der freien Konkurrenz ausgesetzt oder Objekt einer übernationalen Planung werden konnte. Hinzu kam, daß die Sechser-Gemeinschaft agrarwirtschaftlich für die Deutschen nicht vorteilhaft war. Aus ökonomischen Gründen war die supranationale Agrarunion innerhalb der EGKS-Staaten für die Bundesrepublik wenig anziehend. Die Bundesrepublik war nicht in der Lage, Agrarprodukte der übrigen fünf Staaten zu importieren, wenn diese fünf Staaten nicht ihrerseits von der Bundesrepublik entsprechende Industrieprodukte bezögen.[388] Adenauer war dennoch dazu bereit, die Agrarunion zu unterstützen, da Frankreich am agrarpolitischen Zusammenschluß interessiert war und durch die guten Erfolgsaussichten für den Pool Vert günstige Vorbedingung für ein Gelingen der EVG geschaffen werden würden. Schließlich hing die Wiedererlangung der deutschen Souveränität von der EVG ab. Mansholts geschickte Taktik gründete sich auf die französischen und deutschen nationalen Interessen. Auf diese Weise hing für ihn die Agrarunion nicht allein von agrarpolitischen Fragen ab, sondern vielmehr von einer politischen Lösung im Rahmen der gesamten europäischen Integration in den 50er Jahren.

Um zu einem niederländisch-französischen „Schulterschluß" zu kommen, nahm Mansholt in Den Haag im November 1952 erneut Kontakt zum französischen Landwirtschaftsministerium auf. Mansholt stellte die Luxemburger Resolution, die die EPG mit der wirtschaftliche Integration verband, nachdrücklich in den Vordergrund. Er betonte, daß diese Resolution die sechs Staaten verpflichtete, diese Zielsetzung zu verwirklichen und daß „il serait presque impossible pour les Pays-Bas d'entrer dans une communauté politique si celle-ci n'avait pas une base économique suffisamment large et si, en particulier, sa compétence n'était pas étendue au domaine de l'agriculture." Darüber hinaus brachte er zum Ausdruck, daß eine supranationale Agrargemeinschaft, ähnlich der EGKS, zu schaffen sei. Diese solle einen gemeinsamen

---

386 BA B 116/7292, deutsche Übersetzung der Rede Mansholts auf der Vorkonferenz.
387 Noel, Gilbert, Du Pool vert à la politique agricole commune, S. 272ff.
388 PAAA II, Bd. 771, AZ 221-48, Bl. 63-64; PAAA II, Bd. 897, AZ 224-90, Bd. 1, Bl. 16-20, Ophüls, Aufzeichnung, Betr.: Niederländisches Memorandum über die wirtschaftliche Integration im Zusammenhang mit der Politischen Gemeinschaft, 19.12.1952.

Agrarmarkt für bestimmte Produkte einrichten und auch die allgemeine nationale Agrarpolitik im Hinblick auf Preise, Kredite, Investitionen usw. koordinieren. Er schlug vor, eine gemeinsame Konferenz der Außen- und Agrarminister der sechs Staaten vor der Agrarkonferenz der sechzehn Staaten einzuberufen, um eine Abstimmung in diesen zwei Punkten unter ihnen zu erzielen. Laurens teilte die Meinung seines niederländischen Amtskollegen grundsätzlich und sicherte ihm zu, seinen Vorschlag einer gemeinsamen Konferenz an die französische Regierung weiterzuleiten.[389]

Der Besuch des französischen Landwirtschaftsministers in Den Haag war aus niederländischer Sicht ein voller Erfolg. Dort dominierte die Vorstellung, das französische Interesse an der Agrarunion könne Frankreich dazu bewegen, den Beyen-Plan zu akzeptieren. Diese Auffassung teilte Beyen, was in seinem Memorandum angedeutet wird. Daher kooperierte Mansholt mit Beyen bei der Konzipierung des Planes zur Errichtung eines gemeinsamen Marktes und dessen Koppelung mit dem EPG-Projekt. Damit wurden das EPG-Projekt, der Beyen-Plan für eine Zollunion und der Mansholt-Plan für eine Agrarunion als Ganzes eng miteinander verbunden.

4.6 Belgien

Während die Niederlande mit der Ablösung des Außenministers eine Kehrtwendung in der Europapolitik vollzogen, blieb die belgische Europapolitik unverändert. Die Haltung der belgischen Regierung im Hinblick auf das EPG-Projekt war weiterhin folgende: Wenn Großbritannien seinen Einfluß für eine eher konföderative Ausrichtung der EPG einsetzen würde, dann sei es das Ziel der belgischen Regierung, London mit aller Kraft zu unterstützen. Wenn die Briten jedoch der Durchsetzung der föderativen Konzeption widerspruchslos zuschauen sollten, bedeute dies für Belgien, daß eine Beteiligung an der EPG abgelehnt werden müsse. Denn die belgische Regierung glaubte, daß Belgien von den drei größeren Staaten bei Fernbleiben Großbritanniens majorisiert würde. In diesem Sinne wiederholte van Zeeland, daß die kleineuropäische Integration ein Ungleichgewicht auf dem Kontinent schaffen würde. Daher versuchte er den britischen Außenminister davon zu überzeugen, „Great Britain must be there." Darüber hinaus präferierte er nicht den Weg, den Schuman eingeschlagen hatte, basierend auf EGKS, EVG und EPG, sondern den weiter gefaßten und kooperativen Weg, basierend auf Europarat, OEEC, NATO und Brüsseler Verträgen (WU). Demnach schlug er vor, den Brüsseler Vertrag (WU) zu revitalisieren, was Eden aber für ungeeignet hielt.[390]

Van Zeeland setzte bereits im Sommer 1952, als die französisch-italienische Initiative zu einer EPG offenkundig wurde, eine Studienkommission für die europäische Integration ein, um einen belgischen Entwurf auszuarbeiten, den Belgien einem etwaigen, wahrscheinlich zuun-

---

389 AMAE DE-CE 45-60, Pool Vert 1950-1955, Vol. 580, Bl. 228-234, Compte rendu du voyage de Laurens à La Haye, 18.11.1952; Vgl. AN 457 AP 41 (Communauté européenne d'Agriculture), Memo. secret, 15.11.1952; Vgl. Mansholt S. L., Toward European Integration: Beginning in Agriculture, in: World Affair Vol. 31, No.1 October 1952, S. 106-113; Vgl. Thiemeyer G., Vom »Pool Vert« zur Europäischen Wirtschaftsgemeinschaft, S. 78.
390 DBPO II. Vol. 1, S. 989f., Extract from a record of M. Van Zeeland's discussion with Sir R. Makins and Sir P. Dixon an 15.10.1952; DBPO II. Vol. 1, S. 987f., Mr. Eden to Sir Warner (Brussels) on 17.10.1952.

gunsten Brüssels ausfallenden, EPG-Vertragsentwurf gegenüberstellen konnte. Deren Präsident war Léon Cornil, der Berichterstatter Etienne de la Vallée Poussin. Die beiden gehörten der PSC an und standen van Zeeland nahe.[391] Ähnlich wie van Zeeland beim Gespräch mit Eden in London am 15. Oktober 1952 die belgische Position in bezug auf die EPG geschildert hatte, erklärte er diese am nächsten Tag Cornil und de la Vallée Pussion: Die belgische Regierung sei nicht bereit, und halte es für unerwünscht, „de se laisser entraîner à des solutions qui fussent de nature à créer une autorité supranationale, de caractère susceptible de supprimer la souveraineté des différents Etats et à faire disparaître éventuellement le rôle de ces Etats comme intermédiaires entre les individus qui la composent et cette autorité supranationale."[392] Die EPG-Konzeption van Zeelands war nichts anderes als eine Konföderation der europäischen souveränen Staaten, und zwar nicht begrenzt auf sechs Staaten, sondern einen weitaus größeren Kreis von Staaten umfassend, insbesondere Großbritannien. Damit verdeutlichte er seine Ablehnung des Konzeptes einer gemeinsamen Außenpolitik.

Was die wirtschaftliche Integration innerhalb der Sechser-Gemeinschaft anging, unterstützte van Zeeland den neuen niederländischen Außenminister, als letzterer in Luxemburg im September 1952 zur wirtschaftlichen Integration innerhalb der Sechser-Gemeinschaft aufforderte. Diese Unterstützung diente vorwiegend taktischen Zwecken: der Desavouierung der französisch-italienischen Initiative. Dies zeigte sich in seinem Gespräch mit Eden in London am 15 Oktober 1952: „While the three countries were still determined to go forward with their plans for creating Benelux and while the spirit of their discussions was most friendly, they were running into serious difficulties over the economic problems. The Dutch were difficult people to negotiate with. One of the main problems was the difference between the wage scales of the two countries. Belgian wages were as much as 30 % higher than Dutch wages and Belgium would be confronted with unendurable competition if an entirely free trade area were to be set up." Vor allem hielt er den Beitritt Großbritanniens zum gemeinsamen Markt für unabdingbar.[393]

Diese Grundlinien der belgischen Regierung manifestierten sich in der Note für die konkreten Anweisungen vom 19. November 1952. Als wichtigste sind hieraus folgende zu nennen:
- Die Ad-hoc-Versammlung sollte lediglich beratende Funktion haben, ihre Beschlüsse für die beteiligten Staaten nicht verbindlich sein.
- Die EPG sollte „une communauté d'Etat souverains" sein, die nur die Ausübung einiger beschränkten Funktionen den europäischen Organen übertragen würden. Der konföderale Charakter der Gemeinschaft war die Basis.
- Diese Konföderation sollte „par un traité diplomatique pour une période déterminée" etabliert werden.
- Die zweite Kammer sollte die der Staaten, die „paritairement" aus den von den Staaten no-

---

391 Dumoulin, M., Les paradoxes de la politique belge, S. 350; AMAE Europe 44-60, Généralités, Vol.78, Bl. 179-182, Télégramme de Rivière à MAE, 28. avril 1953.
392 AMAEB, dr. NA 14603, janvier-octobre 1952, compte-rendu sommaire des conversations du 15.10.1952 entre M. Paul Van Zeeland et M. Anthony Eden und réunion dans le bureau de M. Van Zeeland le jeudi 16.10.1952 à 10h45, Zitiert nach: Dumoulin, M., Les paradoxes de la politique belge, S. 351f; Vgl. DBPO II. Vol. 1, S. 987f., Mr. Eden to Sir Warner (Brussels) on 17.10.1952.
393 DBPO II. Vol. 1, S. 986f., Mr. Eden to Sir Warner (Brussels) on 17.10.1952; Dumoulin, M., Les paradoxes de la politique belge, S. 352.

minierten Delegierten bestand, sein.
- Die Exekutive sollte kollegial organisiert, der Ministerrat ein Bestandteil der Exekutive sein.
„L'administration confédérale dépend uniquement de l'Exécutif confédéral."
- Die EPG sollte einen europäischen Markt etablieren. Dieser Markt sollte möglichst viele europäische Staaten umfassen.[394]

Die EPG war kein Selbstzweck, sondern wurde lediglich als ein behelfsmäßiges Instrument zur Ratifizierung des EVG-Vertrags eingesetzt. Neue Impulse zur Erweiterung der Zielsetzung kamen aus Rom. Die römische Regierung wurde notgedrungen seit dem Sommer 1951 in eine militärischen Integration mit einbezogen. In dieser militärischen Gemeinschaft besaß sie im Vergleich zur Pariser Regierung und der Bundesregierung ein sehr geringes Einflußvermögen. Sie entschloß sich, ihre Machtposition durch die Maximalforderung der Verstärkung der Befugnisse der EVG-Versammlung zu verbessern. Italien war in der Lage, gemäß der Anzahl der Bevölkerung eine größere Einflußmöglichkeit in der EVG-Versammlung zu erhalten. Diese Forderung schloß auch die Direktwahl für die Versammlung mit ein. Ähnlich dachte auch die Bonner Regierung, da die EVG die politische Integration ausschloß. Dies bedeutete praktisch eine Diskriminierung für die Bundesregierung, da wichtige politische Entscheidungen in der NATO, der aber die BRD nicht angehörte, gefällt werden sollten. Daher wollte die Bonner Regierung diesen diskriminierenden Charakter durch eine Maximalforderung einer außenpolitischen Integration zu ihren Gunsten korrigieren. Angesichts der Bewegung hin zu einer politischen Integration innerhalb der sechs Staaten geriet die niederländische Regierung in Panik, da sie Angst davor hatte, in einer politischen Gemeinschaft von den drei größeren Staaten majorisiert zu werden. Daher forderte sie ein Junktim zwischen politischer Integration und Zollunion. Diesem Wunsch lag der Gedanke zugrunde, daß kleine Länder wie die Niederlande nur durch wirtschaftliche Integration bei ihrem Aufgehen in einer europäischen politischen Gemeinschaft ihr Gewicht beibehalten könnten. Allerdings hatte die niederländische Regierung mehr Interesse an einer wirtschaftlichen Integration, insbesondere an der landwirtschaftlichen, als an einer militärisch-politischen. Ihre Neuorientierung der Europapolitik zugunsten der supranationalen Integration der sechs Staaten in der Phase der politischen Integration war nicht nur auf wirtschaftliches Kalkül zurückzuführen, sondern auch - und möglicherweise sogar eher - auf ein machtpolitisches. Das niederländische Junktim zwischen wirtschaftlichen und politischen Integrationsmaßnahmen war jedenfalls der Versuch, aus der Logik des stärkeren Einflußvermögens der größeren Staaten auszubrechen. Die französische Regierung war zurückhaltend gegenüber der politischen Integration eingestellt. Selbst Schuman, einer der Initiatoren des EPG-Projekts, handelte vorsichtig in Fragen der politischen Integration. Er ließ die Idee des Pool Diplomatique letztendlich fallen, lehnte den italienischen Vorschlag für die Erweiterung der Befugnisse der EVG-Versammlung ab und nahm schließlich sogar keine eindeutige Haltung zu der Direktwahl der EVG-Versammlung ein. Ihm kam es nach wie vor darauf an, das EPG-Projekt lediglich als ein taktisches Instrument für die Erleichterung der Ratifizierung des EVG-Vertrags einzusetzen. Belgien und Luxemburg waren gegenüber der politischen Integration negativ eingestellt.
Die ursprüngliche französische Zielsetzung, die Deutschen durch eine supranationale Integra-

---

394 Zitiert nach: Dumoulin, M., Les paradoxes de la politique belge, S. 352.

tion zu kontrollieren, wurde nach und nach durch die Kompensationsforderungen Italiens, Westdeutschlands und der Niederlande auf eine Quasi-Föderation hin erweitert. Die föderalistischen Konzeptionen standen diesen Maximalforderungen nahe. Die französische Regierung war zurückhaltend eingestellt und nicht bereit, sich dieser zunehmenden Tendenz anzuschließen. Monnet war sich dessen bewußt. Seine Konzeption wurde hauptsächlich der französischen Lage gerecht. Diese verschiedenen Konzeptionen zur EPG sollten in der nächsten Phase miteinander konkurrieren. Das war das politisch-topologische Bild, vor dessen Hintergrund das EPG-Projekt in der Ad-hoc-Versammlung verhandelt wurde.

V. Die Arbeit der Ad-hoc-Versammlung an einem Verfassungsentwurf der EPG von September 1952 bis März 1953: „Der Vertragsentwurf zur Errichtung einer Satzung der Europäischen Gemeinschaft"[395]

In diesem Kapitel soll der Verfassungsentwurf der EPG analysiert werden, der am 10. März 1953 von der Ad-hoc-Versammlung verabschiedet wurde und der die Grundlage der weiteren Regierungsverhandlungen bildete. Der Verfassungsentwurf war ein Kompromiß der unterschiedlichen nationalen und parteipolitischen Differenzen. Im folgenden soll sowohl dem Kerninhalt des Kompromisses, als auch den Differenzen, die bei dem Entwurf der Artikel des Verfassungsentwurfs auftauchten, nachgegangen werden. Die Haltungen der französischen Sozialisten, der Gaullisten und eines Urhebers des EPG-Projekts Monnets zu den EPG-Verhandlungen der Ad-hoc-Versammlung sind von wesentlichem Interesse. Zum Schluß möchte der Verfasser ihre Haltungen zusammenfassen. Kurz vorher soll die Verfahrensweise der Arbeit der Ad-hoc-Versammlung nachgezeichnet werden.

1. Die Entstehung und der Verlauf der Ad-hoc-Versammlung

Auf der konstituierenden Sitzung der Versammlung der EGKS am 10. September 1952 wurde Spaak zum Präsidenten gewählt.[396] Die Versammlung nahm den Auftrag der Regierungen am 13. des Monats mit 51 gegen 4 Stimmen (SPD 4, die restlichen vier deutschen Sozialdemokraten waren abwesend)[397] bei 4 Stimmenthaltungen (3 Gaullisten und der christlichsoziale Belgier Paul Struye) an und erklärte sich nach der Zuwahl von je drei zusätzlichen Abgeordneten der drei großen Mitgliedsländer am selben Tag zur „Ad-hoc-Versammlung", die wie die geplante EVG-Versammlung 87 Mitglieder umfassen sollte. Am 15. September

---

[395] Dies war der offizielle Titel des von der Ad-hoc-Versammlung am 10. März fertiggestellten Verfassungsentwurfs.

[396] Dabei kam es zwischen Spaak und Heinrich von Brentano zu einer Kampfabstimmung um das Präsidentenamt, die P.-H. Spaak mit 38 gegen 30 Stimmen für sich entschied. Ausschlaggebend war die Unterstützung der deutschen Sozialdemokraten für den belgischen Sozialisten und das Votum der französischen Rechten, die nicht für von Brentano gestimmt hatten. Während die deutsche Seite gespalten war, stimmten die Franzosen geschlossen für Spaak (Paul-Henri Spaak, Memoiren eines Europäers, Hamburg 1969, S. 292f; FRUS 1952-1954, VI. Part I. S. 187-189, Telegram. The Consul at Strasbourg (Andrews) to the Department of State, 13.9.1952). Die Christdemokraten in der Bundesregierung waren enttäuscht. Sie hatten damit gerechnet, eines der herausragenden Ämter der Gemeinschaft mit einem Deutschen besetzen zu können (AdG vom 15.9.52, S. 3652).

[397] Herbert Wehner begründete die Gegenstimmen der SPD damit, daß die Versammlung der EGKS dadurch von ihren vordringlichsten wirtschaftlichen Aufgaben abgelenkt werde und die SPD sich gegen einen Vorgriff auf den noch nicht ratifizierten EVG-Vertrag wende. (AdG vom 15.9.52. S. 3652) Ein weiterer Grund war, daß sie in diesem Vorhaben ein neues Hindernis für den konstruktiven und umfassenden Ausbau eines lebensfähigen Europas sah. (AdG vom 16.9.1952, S. 3654) Der Parteivorstand der SPD billigte diese Haltung der sozialdemokratischen Mitglieder der Versammlung. In Wirklichkeit wollten sich die deutschen Sozialdemokraten nicht an einem Unternehmen beteiligen, das ihrer Meinung nach die Bundesrepublik nur noch weiter mit dem Westen verstricke und die Teilung Deutschlands vertiefe (AdG vom 31.10.1952, S. 3720).

1952 hielt die Ad-hoc-Versammlung die erste Sitzung zur Beratung einer EPG in Abwesenheit der deutschen sozialdemokratischen Delegierten ab. Sie beschloß, das Präsidium der Montanversammlung sowie deren Geschäftsordnung und Sekretariat zu übernehmen und einen Verfassungsausschuß einzusetzen.[398] Auf derselben Sitzung wurde eine Diskussion über den Namen dieser Versammlung geführt. Man schwankte zwischen „*Assemblée constituante* (verfassunggebende Versammlung)" und „*Assemblée ad hoc* (Ad-hoc-Versammlung oder Sonderversammlung)". Spaak bevorzugte die letztere Bezeichnung, da sie, so Spaak, aus der Gemeinsamen Versammlung der EGKS hervorgehe. Sein Vorschlag wurde angenommen.[399] Die eigentliche Absicht dieser Bezeichnung lag darin, den provisorischen Charakter dieses Gremiums und seiner Vorschläge zum Ausdruck zu bringen, damit die Ausarbeitung durch die Versammlung nicht von den Realpolitiker als radikal bewertet werden konnte. Der Verfassungsausschuß, zu dessen Präsident von Brentano gewählt wurde,[400] wurde am 22. September in Straßburg eingesetzt. Er umfaßte 26 ordentliche Mitglieder und 13 Beobachter aus dem Europarat sowie Regierungsbeobachter.[401] Ohne den Fragebogen der Regierungen

---

398 LDV, Oktober - November 1952, S. 7-8; SvEPG, Aussprache, S. 11-24; Van Helmont (Monnets persönlicher Sekretär), de Nérée und Noël (Mollets persönlicher Sekretär), die zum Sekretariat der Versammlung gehörten, wurden der Ad-hoc-Versammlung zur Verfügung gestellt.

399 SvEPG, Aussprache, S. 23-24.

400 Von Brentano wollte eigentlich nicht für das Amt kandidieren. Der Kanzler „drängte", und es gelang ihm von Brentano zu überzeugen (BA NL Blankenhorn 14a, Bl. 85, Tagebuch, Freitag, 19. September 1952). Die Wahl des Deutschen war das Trostpflaster für die vorangegangene Abstimmungsniederlage. Von Brentano bildete einen persönlichen Arbeitsstab unter Dr. Brand.

401 EA 7 (1952), S. 5193; Davon entfallen je 6 Sitze auf Deutschland, Frankreich und Italien, je 3 Sitze auf Belgien und die Niederlande, 2 Sitze auf Luxemburg. (Frankreich umfaßte die Vertreter der Saar)

	Frank.		BRD		Saar		Italien		Belgien		Niederl.		Luxemb.		Summe	
Chr-Demo.	4	1	8	4	2		14	4	5	2	6	2	2	1	41	14
	4		8		1	1	6	1	4	1	3	1	1		27	5
Sozialist	7	2	4	2			1	1	1				1	1	14	6
Liberalen Etc.	3		1										1		5	1
Summe	18	5	21	6	3	1	21	6	10	3	10	3	4	2	87	26

Beobachter : 3 Großbritanniens, je 2 der Türkei, Griechenlands und Schwedens sowie je 1 Dänemarks, Irlands, Islands und Norwegens. Nur die Engländer nahmen regelmäßig an Unterausschußsitzungen teil, andere Mitgliedsstaaten des Europarates dagegen nur sporadisch. Später wurde durch eine Entscheidung des Verfassungsausschusses zugelassen, daß zu den Arbeiten des Verfassungsausschusses der Sekretär der Hohen Behörde der Montanunion als Vertreter der Hohen Behörde (Kohnstamm M.), der Generalsekretär des Europarates (J.-C. Paris), der Sekretär des Besonderen Ministerrats der EGKS (Calmes Christian) hinzugezogen werden konnten sowie die Vertreter der 6 Länder, wenn sie dies wünschten. (AA/CC (2) PV 2 Rev. vom 23. Oktober 1952 und AA/CC (2) PV 3 vom 24. Oktober 1952; Bericht des Verfassungsausschusses vom 20.12.1952, S. 106ff; PAAA II, Bd. 854, AZ 240-10, Bd. 1, Interner Vermerk über Entscheidung des Verfassungsausschusses vom 23.10.1952; Ibid., Telegramm Schwarz-Liebermann an Ophüls vom 24.10.1952; Ibid., Entwurf einer Erklärung des Verfassungsausschusses über die Beteiligung der Regierungsvertreter vom 27.10.1952; PAAA NL Ophüls, Bd. 2, Brief von H. von Brentano an Adenauer, undatiert, etwa im Oktober 1952); Es war merkwürdig, daß die Beteiligung von J.-C. Paris der Bemühung von Mollet zu verdanken war. (AA/CC (1) PV 1 vom 22. September 1952) Die Beteiligung der Regierungsvertreter wurde von niederländischer Seite vorgeschlagen. Außer

tagte eine vom Verfassungsausschuß eingesetzte Arbeitsgruppe vom 6. bis 8. Oktober in Brüssel, um einen Arbeitsplan aufzustellen. Auf den Sitzungen des Verfassungsausschusses vom 23. bis zum 27. Oktober 1952 in Paris wurde der Arbeitsplan offiziell angenommen, und danach vier Unterausschüsse für die Zuständigkeitsgebiete (I), die politischen Institutionen (II), den Gerichtshof (III) und die Verbindungen zu anderen Ländern und Organisationen (IV) gebildet. Eine Arbeitsgruppe, bestehend aus Mitgliedern des Büros des Verfassungsausschusses, Vorsitzenden und Berichterstattern der Unterausschüsse und einigen vom Ausschuß besonders ernannten Mitgliedern, wurde damit betraut, die Arbeit der Unterausschüsse zu koordinieren. Eine erste Antwort auf den Fragebogen der Regierungen wurde vom Verfassungsausschuß am Schluß seiner Plenarsitzungsperiode vom 15. bis 20. Dezember 1952 vorgelegt. Die Unterausschüsse und die Arbeitsgruppe traten inzwischen in Paris vom 12. bis 25. November und erneut vom 1. bis 6. Dezember zusammen.[402]

Vom 7. bis 10. Januar 1953 hielt die Ad-hoc-Versammlung die Plenarsitzung ab, in der der Verfassungsausschuß zusammen mit seinen Entschließungen vom 20. Dezember 1952 einen Bericht über die Motive und Ziele dieser Entschließungen vorlegte, worüber eine allgemeine Debatte stattfand. Dabei stimmte man über zahlreiche Änderungs- und Entschließungsanträge ab. Damit erhielt der Verfassungsausschuß neue Anweisungen, auf deren Grundlage er seine Arbeit fortsetzen konnte.[403] Trotz einer großen Anzahl von Änderungsvorschlägen (53 Änderungsvorschläge, 4 Zusatzverträge, 4 Entschließungsvorschläge), die in dieser Sitzung vorgebracht wurden, wurde der vom Verfassungsausschuß ausgearbeitete Entwurf im wesentlichen unverändert angenommen: Allein die Bestimmungen über die wirtschaftliche Integration und das Verhältnis des Europäischen Exekutivrates zum Rat der nationalen Minister wurden geändert. Die Änderungswünsche der Ad-hoc-Versammlung wurden dem Verfassungsausschuß in einer besonderen „Richtlinie" übergeben. Anschließend fand eine Sondersitzung der Beratenden Versammlung des Europarates statt. Die Beratende Versammlung übergab der Ad-hoc-Versammlung eine Direktive des Europarates zur Ausarbeitung des Vertragsentwurfs über die EPG am 17. Januar 1953.[404]

Vom 29. Januar bis zum 2. Februar tagte die Arbeitsgruppe in Rom, um einen weiteren Arbeitsplan aufzustellen. Am 5. Februar 1953 nahm der Verfassungsausschuß auf einer Plenarsitzung in Paris die Vorschläge der Arbeitsgruppe entgegen. Vom 6. bis zum 10. Februar tagten die vier Unterausschüsse in Paris. Vom 12. bis zum 20. Februar formulierte die Arbeitsgruppe einen Verfassungsentwurf. Daran anschließend tagte der Verfassungsausschuß, um seine Arbeit an dem Verfassungsentwurf am 25. Februar 1953 zu beenden. Eine Sonderministerratssitzung der Montanunion, die in Rom vom 24. bis 25 Februar stattfand, brachte

---

von Belgien wurde diese von den übrigen fünf Ländern positiv angenommen (PAAA II, Bd. 854, AZ 240-10, Bd. 1, von Brentano, Aufzeichnung der Arbeit des Verfassungsausschusses, 18.10.1952, betr: Beteiligung von Regierungsvertretern vom 6. 11.1952).

402 LDV. Oktober - November 1952. S. 8-13; PAAA II, Bd. 854, AZ 240-10, Bd. 1, Telegramm Nr. 335 Kuhna an Ophüls vom 27.10.1952.

403 SvEPG, Kurzbericht der Beratungen der dritten Sitzung der Ad-hoc-Versammlung vom 9. 1.1953, S. 2.

404 Der Text in: H. von Siegler (Hrsg.), Europäische Politische Einigung, S. 58ff. Diese Direktiven sind jedoch in den nachfolgenden Beratungen des Verfassungsausschusses nur zum Teil berücksichtigt worden, da sie nicht in allen Punkten dem bei der Integration verfolgten, durch den EGKS-Vertrag vorgezeichneten System entsprachen (von Puttkamer, Der Entwurf, S. 108f).

keine Änderung des Entwurfes. Er wurde dann auch im wesentlichen unverändert am 10. März durch die Ad-hoc-Versammlung mit 50 Stimmen und 5 Enthaltungen verabschiedet. Einen Tag vor Ablauf der Frist, am 9. März 1953, überreichte der Präsident der Ad-hoc-Versammlung, Spaak, dem amtierenden Präsidenten des Ministerrates der EGKS, dem französischen Außenminister Bidault den Verfassungsentwurf.

2. Zuständigkeiten der EPG

Anhand des Regierungsfragebogens, des einleitenden Berichts des Juristenausschusses der Beratenden Versammlung und der neun Resolutionen der Studienkommission der Europabewegung befaßte sich der Verfassungsausschuß in der Sitzung vom 24. bis 27. Oktober 1952 mit den Grundprinzipien der Statuten der EPG. Auf Wunsch von Teitgen und Mollet wurde vereinbart, die Debatte über die Frage der Beteiligung der französischen überseeischen Gebiete an der EPG auf einen späteren Zeitpunkt zu verschieben. Nach mehrstündigen Debatten wurde der aus Benvenuti, Dehousse, Teitgen, Mollet, van der Goes van Naters, Blaisse und von Merkatz bestehende Arbeitsplanausschuß aufgestellt. Nach eingehender Debatte gelangte dieser Ausschuß zu einem Arbeitsplan für den Verfassungsausschuß. Demnach sollten sich die Arbeiten des Verfassungsausschusses zuerst darauf konzentrieren, eine europäische Versammlung durch Direktwahl auf demokratischer Grundlage zu bilden und die bereits bestehenden Gemeinschaften in die EPG einzugliedern. Die Zuständigkeiten der EPG waren sehr strittig. Auf Vorschlag Teitgens wurde ein Kompromißvorschlag angenommen. Demnach sollte der Unterausschuß die Zuständigkeitsbereiche der EPG festlegen;
„a) Übertragung der Zuständigkeiten der EVG und der Montanunion auf die EPG;
b) Prüfung der allfälligen Zuständigkeiten der EPG;
- auf dem Gebiet der auswärtigen Angelegenheiten und des Außenhandels
- auf dem Gebiet der Verteidigung (z.B. der Produktion und der wirtschaftlichen Mobilmachung, etc.)
- auf finanziellem, wirtschaftlichem und sozialem Gebiet
c) Zuständigkeiten in den Fragen der Saar, Triests und Ostdeutschlands."[405]
Dieses Arbeitsprogramm wurde auf der darauffolgenden Sitzung des Verfassungsausschusses angenommen. Von Anfang an war unumstritten, daß die grundsätzliche Zuständigkeit der EPG der Montanbereich und die Verteidigung sein sollte. Dahingegen führte die heikle und schwierige Frage der Erweiterung der Kompetenz auf außenpolitische Angelegenheiten und die Wirtschaftspolitik zu langanhaltenden und leidenschaftlichen Auseinandersetzungen. Dies hatte zur Folge, daß die EPG zwar ein Vorschlags- und Initiativrecht (Artikel 55) besaß, aber die Entscheidung über die Erweiterung der Zuständigkeit den Mitgliedstaaten überlassen wurde (Artikel 111).

---

[405] AA/CC (2) PV 3, vom 24. Oktober 1952 in: SvEPG, Va. Aufzeichnungen und Berichte, Paris, Oktober 1952 - März 1953, Bd. IV; AA/CC/CPT (2) PV 1 vom 25. Oktober 1952, in: SvEPG. Va. Ag. Aufzeichnungen und Berichte. Bd. III; PAAA II, Bd. 854, AZ 224-10 Bd. 1, der Bericht über die Tagung des Verfassungsausschusses der Sonderversammlung, 23.-27.10.1952 in Paris; LDV. Oktober-November 1952, S. 26-31; AA/CC/CPT (2) PV.1 vom 25. Oktober 1952, in: SvEPG. Va. Ag. Aufzeichnungen und Berichte. Bd. III; AA/CC (2) PV 4 vom 25. Oktober 1952, S. 3, in: SvEPG. Va. Aufzeichnungen und Berichte. Bd. IV; AdG vom 31.10.1952, S. 3720.

Während der Verhandlungen wurden diejenigen, die Befugnisse jedes Organs zugunsten der Bewahrung der nationalen Souveränität erteilen wollten, „Minimalisten", diejenigen, die eine Stärkung der EPG forderten, „Maximalisten" genannt.

2.1 Erweiterung der Zuständigkeiten auf außenpolitischem Gebiet: Eine gemeinsame Außenpolitik?

Eine gemeinsame Außenpolitik und die Einbeziehung der überseeischen Gebiete der Mitgliedstaaten in die EPG hingen eng miteinander zusammen. Deswegen werden beide Themen in diesem Abschnitt zusammen betrachtet.

Die Artikel 67 bis 74 betreffen die Frage der Außenpolitik. Mit den Artikeln 67 und 74 (das aktive und passive Vertretungsrecht der EPG im Rahmen der Zuständigkeiten) schien die EPG mit dem selbständigen übernationalen Hoheitsrecht in der Außenpolitik im Rahmen der ihr übertragenen Zuständigkeiten - auf den Sachgebieten Kohle-Stahl und Verteidigung - ausgestattet zu werden. Aber diese Befugnisse erwiesen sich aufgrund Artikel 68 als von außerordentlich geringem Umfang. Gemäß Artikel 68 Abs. 2 konnte der Exekutivrat nur in dem Maße eine eigene übergeordnete Außenpolitik führen, wie es der Hohen Behörde der EGKS und dem Kommissariat der EVG zuerkannt worden war. Daher konnte der Exekutivrat das Vertretungsrecht ausschließlich mit Abstimmung des Ministerrats ausüben.

Die Möglichkeit zur Bildung einer gemeinsamen Sicherheits- und Außenpolitik im Rahmen der NATO und die dazu entsprechende Koordinierungsfunktion des Ministerrats der EVG wurde in Artikel 69 und 70 ausdrücklich festgelegt. Die EPG sorgte für eine Koordinierung der Außenpolitik der Mitgliedstaaten, um die ihr durch Artikel 2 des Verfassungsentwurfs übertragenen Aufgaben[406] besser erfüllen zu können. Der Exekutivrat konnte Verhandlungen mit Drittstaaten nur auf Grund eines einstimmig erteilten Auftrages des Ministerrates führen und auch dann nicht etwa im Namen der Gemeinschaft, sondern im Namen der Mitgliedstaaten (Artikel 69).

Ein wesentlicher Punkt im Bereich der Vorschriften über die außenpolitischen Zuständigkeiten war das in Artikel 72 enthaltene Verbot für die Mitgliedstaaten, zwischenstaatliche Verträge oder Abkommen zu schließen oder solchen beizutreten, „die den von der Gemeinschaft übernommenen Verpflichtungen widersprechen." Artikel 73 verpflichtete die Mitgliedstaaten, den Exekutivrat „über die im Verhandlungsstadium befindlichen Vertragsentwürfe oder jede von ihnen ergriffene Initiative, welche die Interessen der Gemeinschaft berühren", zu unterrichten. Ob ein solcher Entwurf oder eine solche Initiative der Anwendung der Satzung entgegenstehen oder die Interessen der Gemeinschaft beeinträchtigen könnte, war, falls eine Verständigung darüber nicht erzielt wurde, durch ein Vermittlungsverfahren oder im Falle des Scheiterns durch ein Schiedsverfahren festzustellen; Sanktionsmaßnahmen waren jedoch nicht vorgesehen.

Was den territorialen Geltungsbereich anbelangte, kamen zwei Artikel in Betracht. Bevor hierauf eingegangen wird, ist es ratsam, die Struktur der Union Française kurz zu betrachten.

---

[406] Hier handelt es sich um folgende Aufgaben: Wahrung der Menschenrechte und Grundfreiheiten; Schutz der Mitgliedstaaten gegen jede Aggression; Koordinierung der Außenpolitik der Mitgliedstaaten; fortschreitender Ausbau eines gemeinsamen Marktes.

Nach den Bestimmungen der französischen Verfassung vom 13. Oktober 1946 über die Union Française (Artikel 60 bis 82) setzten sich die überseeischen Gebiete Frankreichs aus folgenden vier Kategorien zusammen;

1) Die Départements d'outre-mer (DOM): Hierzu zählten die drei Départments Algériens; ferner auf Grund des Gesetzes vom 19. März 1947 la Martinique, Réunion, Guadeloupe und Französisch-Guyana, die je ein Département bildeten (insgesamt ca. 10 Millionen Einwohner).

2) Die Territoires d'outre-mer (TOM): Hierunter fielen alle überseeischen Gebiete, die früher als „Kolonien" bezeichnet worden waren (insgesamt ca. 25 Millionen Einwohner).

3) Die Territoires associés: Hierunter fielen die Mandatsgebiete Kamerun und Togo, die unter Aufsicht des Treuhänderrates der UNO verwaltet wurden (insgesamt ca. 4 Millionen Einwohner).

4) Die Etats associés: Hierunter fielen die Protektoratsgebiete Marokko, Tunesien, sowie Indochina (insgesamt 35,5 Millionen Einwohner).

Die Départements und Territoires d'outre-mer bildeten zusammen mit der France métropolitaine den staatsrechtlichen Verband der Französischen Republik (Artikel 60 der französischen Verfassung von 1946). Diese bildeten zusammen mit den Territoires associés und den Etats associés die Union Française.[407]

Gemäß Artikel 101 des EPG-Vertragsentwurfs wurden diejenigen Teile der Union Française, die der Hoheitsgewalt Frankreichs unterstanden, durch Vertragsunterzeichnung in das Geltungsgebiet der Satzung einbezogen, falls Frankreich bei der Unterzeichnung des Vertrages keine Einwände vorbrachte. Frankreich konnte sie auch nachträglich durch protokollarische Erklärung einbeziehen, falls es sie zunächst von der Einbeziehung ausgeschlossen hatte. Darüber hinaus konnte Frankreich bei der Anwendung der Satzung und der Gemeinschaftsgesetze nach seinem Ermessen Modifikationen anbringen. Es handelte sich hierbei um die DOM und die TOM. Nicht unmittelbar einbezogen wurden die übrigen Teile der Union Française, d.h. die Territoires associés und die Etats associés, die nicht der Hoheitsgewalt Frankreichs unterstanden, sondern für die Frankreich lediglich die Hoheit im internationalen Verkehr ausübte. Diese konnten ebenfalls durch besondere protokollarische Erklärung Frankreichs einbezogen werden.[408] Gemäß Artikel 15 wurden 7 Sitze der Völkerkammer der Französischen Republik für ihre überseeischen Gebiete, d.h. die DOM und die TOM, zusätzlich zuerkannt, daher insgesamt 70, falls diese in die EPG einbezogen würden.

Insgesamt übertrug der EPG-Entwurf der Ad-hoc-Versammlung keine erweiterten Zuständigkeiten hinsichtlich der auswärtigen Angelegenheiten. Letzten Endes verblieb die Außenpolitik bei den Mitgliedstaaten. Darum ist festzustellen, daß dieser Entwurf sowohl dem Wunsch der Föderalisten als auch dem logischen Anspruch nicht gerecht wurde: „keine ge-

---

407 PAAA II, Bd. 889, AZ 224-41-03, Bl. 160, Vermerk über die Struktur der Union Française, insbesondere der Départements et Territoires d'outre-mer; Catroux, L'Union Française. Son concept, son état, ses perspectives, in: Politique étrangère, 1953, Nr. 4/53, 233-266. Delbos Aufzeichnung über die Stellung der überseeischen Gebiete oder Länder, die integrierende Bestandteile der Französischen Republik bilden oder mit ihr assoziiert sind und über die Probleme, die sich aus dieser Stellung hinsichtlich der Teilnahme Frankreichs an der EPG ergeben (AA/CC/SCA (2) 3).

408 PAAA II, Bd. 889, AZ 224-41-03, Bl. 158f., Ophüls, Einbeziehung der überseeischen Gebiete (Union Française) vom 30. Mai 1953.

meinsame Armee ohne gemeinsame Politik". Jedoch ist zu beachten, daß ein neues Verfahren zur ständigen Koordinierung der Außenpolitik ein Instrument von großer Entwicklungsfähigkeit schaffte: Wenn sich die Mitgliedstaaten einmütig entschlossen hätten, den Bereich ihrer gemeinschaftlichen Interessen auszuweiten, dann hätte zweifellos dieses Verfahren der EPG den Weg zu einer veritablen Föderation Europas erleichtern können.[409] Dies war der „übernationale Charakter" (Artikel 1) der EPG in bezug auf die Außenpolitik, und zwar nicht in dem Sinne, daß die EPG ein selbständiges Hoheitsrecht über die Außenpolitik besaß, sondern, daß dieser Entwurf einer gemeinsamen Außenpolitik überhaupt erst die Möglichkeit der Verwirklichung eröffnete.[410] Vor diesem Hintergrund stellt sich eine Frage: Warum wurde die politische Autorität mit den Befugnissen der gemeinsamen Außenpolitik, der eine Europa-Armee untergeordnet werden sollte, nicht herbeigeführt, obgleich diese ursprünglich eine der Hauptantriebsmotive zur Aufnahme von Verhandlungen über die EPG war?

Erst am 22. November 1952 wurde die Frage der Außenpolitik thematisiert. Dabei wurde die Aufzeichnung von Benvenuti über die Zuständigkeit der EPG vorgelegt. Der Grundgedanke kann wie folgt zusammengefaßt werden. Die Frage der gemeinsamen Außenpolitik war mehr durch die Europa-Armee beeinflußt als durch die Montanunion. Der EVG-Vertrag sah vor, daß der Ministerrat und danach der NATO-Rat einstimmig eine gemeinsame Außenpolitik, zum Beispiel in Fragen wie Kriegserklärungen, Truppeneinsätzen, diplomatischen Beziehungen usw. im Rahmen der gemeinsamen Verteidigungspolitik bestimmen sollten. Die Koordinierung der Außenpolitik gehörte zu dem von Artikel 124 des Vertrags der EVG geregelten Bereich. So bestimmte Artikel 47 des EVG-Vertrags, daß der Ministerrat der EVG (durch Mehrheitsbeschluß) darüber entscheide, ob eine gemeinsame Sitzung des NATO-Rates und des Ministerrates der EVG beantragt werden sollte. Diese gemeinsamen Sitzungen waren dazu bestimmt (Ziffer 1 des Protokolls über die Beziehungen zwischen der EVG und der NATO), die Fragen, welche die gemeinsamen Ziele beider Organisationen betrafen, zu diskutieren, sowie gegebenenfalls die Maßnahmen zu prüfen, die ergriffen werden mußten. Der Ministerrat konnte im Laufe der Beratung, in der er darüber entschied, ob eine solche gemeinsame Sitzung beantragt werden sollte, eine erste Prüfung der Fragen vornehmen. Es war vorauszusehen, daß sich die sechs Regierungen vor der gemeinsamen Sitzung mit dem NATO-Rat bemühen würden, ihre Einstellungen auf einen Nenner zu bringen. Auf diese Art und Weise bot der EVG-Vertrag eine Möglichkeit, zunächst einmal eine gemeinsame Position der EVG-Staaten zu bilden. Hinsichtlich außenpolitischer Fragen konnte in der Tat der Ministerrat, und damit jede Regierung, „politische" Entscheidungen treffen.[411]

Da die Gemeinschaft ausschließlich defensive Ziele verfolgte, war der Augenblick zu bestimmen, in dem die Streitkräfte der Gemeinschaft zu diesem Verteidigungszweck eingesetzt werden mußten. Der EVG-Vertrag überließ es jedoch dem Ermessen jedes einzelnen Mitgliedstaates, festzustellen, ob eine Angriffshandlung gegen einen von ihnen oder gegen die Streitkräfte der Gemeinschaft vorlag. Jede abweichende Einschätzung unter den Mitglied-

---

409 Von Puttkamer, Der Entwurf, S. 120f.
410 Ophüls, Zur ideengeschichtlichen Herkunft der Gemeinschaftsverfassung, in: Probleme des europäischen Rechts. Festschrift für Walter Hallstein zu seinem 65. Geburtstag, Frankfurt am Main 1966, S. 388.
411 Benvenuti, Bericht des Verfassungsausschusses vom 20. Dezember 1952. S. 18-19.

staaten in diesem Punkt würde demnach verhindern, daß die Streitkräfte der Gemeinschaft in Aktion traten. Das galt auch für den Fall, daß der atlantische Oberkommandeur die NATO-Streitkräfte einschließlich derjenigen der EVG einsetzen wollte.[412] Benvenuti bezeichnete diese Lücke des EVG-Vertrages als „die konkurrierende Zuständigkeit der Gemeinschaft und der Staaten".[413] Damit wollte er den Widerspruch des EVG-Vertrages verdeutlichen.
Debré hingegen war gegenteiliger Meinung. Es sei nicht angebracht, so Debré, der EPG die Entscheidung über Krieg und Frieden sowie die Entscheidung über Fragen der Mobilisierung und des militärischen Kräfteeinsatzes zu überlassen. Eine derartige Entscheidungsbefugnis der EPG würde das Gleichgewicht der Kräfte, das zwischen den einzelnen Mitgliedstaaten und der EPG gewahrt werden müßte, erheblich stören. Gegenüber einer in diesem Falle nahezu totalen Aufgabe der Souveränitätsrechte der einzelnen Staaten, die zudem fast jede nationale Politik ausschließen würde, biete die EPG kein hinreichendes Äquivalent. Schwerwiegende Folgen könnten sich insbesondere für die Staaten ergeben, die überseeische Besitzungen hätten und auf diesen Territorien Kriegsgefahren begegnen müßten.[414]
Debré legte bereits am 13. November 1952 einen Vorentwurf des Paktes für eine europäische Staatenunion vor, worin er ausdrücklich betonte, daß der Fehler des Systems der „Europäischen Gemeinschaften" in der Zweiheit politischer Systeme bestehe: einem nationalen politischen System und einem europäischen. Dies erschien ihm auf die Realität nicht anwendbar. Es sei zweifelhaft, ob ein Europäisches Parlament eine europäische Regierung legitimieren könnte. Die parlamentarische Demokratie sei an die Nation gebunden. Debré stellte auch den der europäischen Integration von Monnet zugrunde liegenden Gedanken des „teilweisen Verzichts der Souveränität" in Frage. Für ihn sei dies eine verführerische und weltfremde Theorie, da die Souveränität ihrem Wesen nach unteilbar sei. Die Politik schließe die Errichtung von Scheidewänden aus. Es gebe nicht *eine* Wehrpolitik, *eine* Wirtschaftspolitik, *eine* Sozialpolitik. Alles stehe miteinander in Zusammenhang. Damit stand Debré gleichzeitig im Gegensatz zu Monnet, Schuman und Mollet. Debré kritisierte an ihnen, daß sie durch unrealistische Konzeptionen die europäische Idee einem vorzeitigen Ende zuführen würden.[415]
Statt der supranationalen Teilintegration schlug Debré eine europäische „Staatenunion", eine Art des herkömmlichen Zusammenschlusses der europäischen Mächte, vor. Die politische Behörde sollte durch ein wesentlich politisches Organ repräsentiert werden. Ziel sei die Bildung einer europäischen Macht durch den Zusammenschluß der nationalen Regierungen und der nationalen Parlamente. Die europäische Macht gründe sich auf Verpflichtungen, die von den Nationalstaaten übernommen würden. Diese Verpflichtungen wären in die verfassungsmäßigen nationalen Organe eingebunden. Auf diese Weise könne die Staatenunion Fortschritte in anderen Bereichen machen.[416]

---

412 Benvenutis Aufzeichnung über die Zuständigkeit der Europäischen Politischen Gemeinschaft (AA/CC/SCA (2) 16), in: SvEPG. Va. UafZ. Aufzeichnungen und Berichte.
413 Benvenutis Ausführung in der Sitzung der Ad-hoc-Versammlung vom 7. Januar 1953, in: SvEPG. Aussprache, S. 33.
414 PAAA II, Bd. 854, AZ 240-10, Bd. 1, Schwarz-Liebermann, Aufzeichnung über die Verhandlungen des 1. Ausschusses (Attributions) vom 21.11.1952.
415 AA/CC (3) 11; Zusammenfassung des Referates des Abg. Debré in der Sitzung des Unterausschusses I. vom 13. November 1952 (AA/CC/SCA (2) 9).
416 AA/CC (3) 11; Zusammenfassung des Referates des Abg. Debré in der Sitzung des Unterausschusses I. vom 13. November 1952 (AA/CC/SCA (2) 9).

Nachdem Debré in bezug auf das aktive und passive Gesandtschaftsrecht wiederholt einwandte, die für die EPG vorgesehene Befugnis der Ernennung aktiver und passiver Vertretungen könne nur zu einer unerwünschten Vermehrung diplomatischer Dienststellen führen, unterstützte der belgische Abgeordnete Wigny ein Parteifreund van Zeelands, die These Debrés. Die EPG werde, so Wigny, in ihrer Form mehr einer Konföderation als einer Föderation gleichen. Es werde auch in der Zukunft ein großer Teil der Souveränitätsrechte bei den einzelnen Mitgliedstaaten verbleiben.[417] Allen Widerständen zum Trotz sprach sich der Unterausschuß I dafür aus, daß der EPG das passive und aktive Gesandtschaftsrecht eingeräumt würde und sie auf den Gebieten ihrer Zuständigkeit das Recht bekäme, Verträge abzuschließen. Diese Verträge würden vom Ministerrat der EPG (auf Grundlage eines einstimmigen Beschlusses) geschlossen und von der europäischen Versammlung genehmigt werden. Die Entwürfe von Verträgen, die die Staaten selbständig auf den Gebieten, die zur Zuständigkeit der Gemeinschaft gehörten, zu unterzeichnen beabsichtigen, waren der EPG vor ihrer Ratifikation zur Stellungnahme vorzulegen. Am Ende der Sitzung wurde vereinbart, daß Benvenuti als Berichterstatter einen Zwischenbericht in der nächsten Sitzung (1. Dezember) vorlegen sollte, der sämtliche Schlußfolgerungen zusammenfassen sollte, zu denen der Unterausschuß gelangt war.[418]

Am 1. Dezember 1952 tagte der Unterausschuß I erneut. Benvenuti legte eine im wesentlichen von Noël abgefaßte Note vor. Der Inhalt dieses Dokuments war „nicht kühn"[419], da er die von Debré und Wigny symbolisierten Gedankenstränge der nationalen Souveränität in vollem Umfang berücksichtigen mußte. Dabei ging es darum, daß Artikel 124 des EVG-Vertrages (in unbestimmten allgemeinen Fällen) in der Koordinierung der Außenpolitik Anwendung finden sollte. Benvenuti ging, abgesehen vom Recht auf Vertragsabschluß und auf aktive und passive Vertretung, das in den vergangenen Sitzungen bereits vereinbart worden war, einen Schritt weiter in Richtung föderalistische Integration. Der Fortschritt lag in den Absätzen 8 und 12 seines Zwischenberichtes, wobei es um die Bestimmungsbefugnisse des Exekutivorgans hinsichtlich der Ziele der gemeinsamen Außenpolitik ging:

„8. Die Gemeinschaft bestimmt gemäß den in den Absätzen 12 und 13 festgelegten Modalitäten die gemeinsamen außenpolitischen Ziele der Mitgliedstaaten auf den Zuständigkeitsgebieten der EVG und der Montanunion.(...)

12. Bis zum Ablauf einer Übergangszeit (von noch zu bestimmender Dauer),
- werden die gemeinsamen außenpolitischen Ziele der Gemeinschaft vom Exekutivorgan mit einhelliger Zustimmung des Rates der nationalen Minister und unter der Kontrolle des Parlamentes der Gemeinschaft bestimmt
- kann das Exekutivorgan im Rahmen der auf diese Weise bestimmten allgemeinen Politik im Namen der Gemeinschaft Verhandlungen über zwischenstaatliche Abkommen führen. Diese werden nach einhellig erteilter Ermächtigung seitens des Rats der nationalen Minister von

---

417 Diese Ansicht entspricht der von Van Zeeland. Siehe Kap. VI. 4.3.4.
418 PAAA II, Bd. 854, AZ 240-10, Bd. 1, Schwarz-Liebermann und Walther, Aufzeichnung über die Verhandlung des Unterausschusses I vom 21. November 1952; Wignys Aufzeichnung über die Zuständigkeit der Europäischen Politischen Gemeinschaft (AA/CC/SCA (2) 14 Rev.); AA/CC/SCA (2) PV 7 vom 21. November 1952, S. 3 und 6.
419 PAAA II, Bd. 854, AZ 240-10, Bd. 1, Schwarz-Liebermann und Walther, Aufzeichnung über die Verhandlung des Unterausschusses I vom 21. November 1952.

ihm unterzeichnet und erforderlichenfalls dem Parlament der Gemeinschaft zwecks Ermächtigung zur Ratifizierung vorgelegt. (...)"[420]

Nach Benvenuti sollte die Definition der gemeinsamen Ziele der Gemeinschaft auf politischem Gebiet Sache der Europäischen Exekutive sein. Um die Befugnisse der Exekutive zu stärken, wollte er die Exekutive während der Übergangszeit zumindest mit der Befugnis zu Verhandlungen über internationale Abkommen ausstatten. Für die praktische Umsetzung der bestimmten Gemeinschaftsziele waren jedoch die Mitgliedstaaten verantwortlich. Die Meinungen über den Mittelweg Benvenutis waren gespalten.

Erstens ist, wie oben kurz erwähnt wurde, die zurückhaltende Einstellung Debrés (RPF) zu beachten. Das Problem der TOM war ein wichtiges Argument dafür, der EPG keine Entscheidungsbefugnis der Außenpolitik zu erteilen. Denn es war eindeutig, daß Debré die Weltmachtstellung Frankreichs, die auf die Union Française beruhte, für unvereinbar mit der Vergemeinschaftung der Außenpolitik hielt. Das Gespräch des Beobachters der Bundesregierung an der Sitzung des Verfassungsausschusses, Schwarz-Liebermann, mit dem Rechtsberater im Quai d'Orsay, L. Hubert, der ebenfalls als Beobachter an der Sitzung des Verfassungsausschusses teilnahm, gab aufschlußreiche Hinweise dafür. Hubert erklärte ihm, es handle sich bei der Frage der Außenpolitik eher um eine „explicitation" als um ein „pouvoir addictionel" oder „attribution additionelle". Es könne von einer einheitlichen Außenpolitik nicht im Rahmen der EVG, sondern lediglich im Rahmen der NATO gesprochen werden.[421]

Die Abgeordneten aus den Benelux-Ländern schlossen sich Debré an, und zwar aus anderem Interesse: Sie hatten Angst davor, von den größeren Ländern majorisiert zu werden. Im Gegensatz zu den Gaullisten wollten die Sozialisten (Mollet und Jaquet) der EPG autonome auswärtige Befugnisse erteilen.[422] Diese Haltung der französischen Sozialisten entging nicht der Aufmerksamkeit des Beobachters der französischen Regierung: „Mollet, lui-même fort restrictif sur le chapitre de la compétence générale, puisqu'il souhaitait borner celle-ci aux questions de la Défense, réclamait néanmoins des pouvoirs accrus en matière de relations extérieures."[423] Somit waren die Meinungen der französischen Abgeordneten zu den auswärtigen Angelegenheiten der EPG gespalten.

Zweitens ist zu erwähnen, daß der außenpolitische Sprecher der FDP-Fraktion, Max Becker, der sich an der Studienkommission der Europäischen Bewegung beteiligt hatte, gegen diejenigen argumentierte, die die Souveränität der nationalen Staaten durch das Einstimmigkeitsprinzip des Ministerrates bewahren wollten. Becker stellte einen Änderungsantrag hinsichtlich des Vorschlags Benvenutis (Zielsetzung der gemeinsamen Außenpolitik durch die Exekutive der EPG). Über diese Zielsetzung hinaus sollte die Gemeinschaft auf dem Gebiet der

---

420 Benvenutis Vorentwurf der Entschließung über die Zuständigkeitsgebiete der Europäischen Politischen Gemeinschaft (AA/CC/SCA (2) 27), Absatz 8-13.
421 PAAA II, Bd. 854, AZ 240-10 Bd. 1, Vermerk über die Arbeiten des Unterausschusses I. und II. am 5.-6. Dezember 1952. Schwarz-Liebermann; Vgl. AMAE DE-CE 45-60, CPE, Vol. 577, Bl. 441-445, Le conseiller juridique (L. Hubert), Note, 12.12.1952, A/S des travaux de la Commission constitutionnelle de l'Assemblée ad hoc (1ère sous-commission-attributions).
422 Wie z.B. Jaquets Abänderungsantrag Nr.33, in: Kurzbericht Nr. 4 der Beratungen der vierten Sitzung am 10. Januar 1953, S. 21-25.
423 AMAE DE-CE, CECA, Vol. 521, Bl. 187-197, Direction générale des Affaires Politique/Europe/ S/Direction du Conseil de l'Europe, note, 15.1.1953, a.s. Réunion des travaux de l'Assemblée ad hoc.

Außenpolitik im Rahmen ihrer Kompetenz nicht nur die Außenpolitik der Mitgliedstaaten koordinieren, sondern sie auch ausführen. Becker stellte in den Vordergrund, daß Europa durch die Integration die verlorengegangene, einflußreiche Position in der Welt wieder gewinnen könnte und sollte. In diesem Sinne titulierte er absichtlich seinen Änderungsantrag mit den Worten „l'union fait la force". Auf Seiten der Deutschen standen italienische Abgeordnete wie Dominedo, de Vita, Boggiano Pico und Bovetti.[424]

Nach zähen Debatten zwischen beiden Parteien wurden die dem Exekutivrat zugestandenen Befugnisse über die außenpolitische Zielsetzung und die Verhandlungsbefugnis während der Übergangsphase wieder aberkannt. Statt dessen fand man sich mit dem Kompromiß ab, ein neues Verfahren zur ständigen Koordinierung der Außenpolitik einzuführen.[425]

Was das Verhältnis der EPG zu den französischen überseeischen Gebieten anging, so ließ Teitgen die Komplexität und Sensibilität dieses Problems schon in der Sitzung des Verfassungsausschusses vom 24. Oktober 1952 erkennen. Er ging zunächst davon aus, daß „la France n'est pas seulement une puissance européenne, mais aussi une puissance mondiale, dont les intérêts dépassent le cadre du continent européen" und daß die Verbindung zwischen dem Mutterland und ihren überseeischen Gebieten „indivisible" war. Angesichts dessen, daß der EPG, über die Zuständigkeiten der EGKS und der EVG hinaus, weitergehende Zuständigkeiten, wie z.B. auswärtige Angelegenheiten, erteilt werden sollten, müßte das Verhältnis zwischen den französischen überseeischen Gebieten und den europäischen Gemeinschaften einem tiefgehenden Studium unterzogen werden, da die EPG in der bisherigen Form in der Lage wäre, die französische Außenpolitik hinsichtlich der überseeischen Gebiete zu beeinflussen. Teitgens Meinung nach war der Vorschlag des Juristenausschusses der Beratenden Versammlung über die individuelle Assoziation unannehmbar, da diese Assoziation die Verbindung der französischen überseeischen Gebieten untereinander in Frage stellen würde. Ohne selbst Vorschläge hierzu zu machen, wies Teitgen nur auf die Wichtigkeit und Komplexität dieser Frage hin.[426]

---

[424] AA/CC (3) PV 10 vom 19. Dezember 1952; Becker, L'union fait la force, (AA/CC/SCA (2) 25), in: SvEPG. Va. UafZ. Aufzeichnungen und Berichte; Becker, Änderungsanträge II zu den Entschließungsanträgen des Unterausschusses für Zuständigkeitsgebiete (AA/CC (3) 16); BA NL von Brentano 119, Brand, Aufzeichnung über den Entwurf der Entschließung über die Zuständigkeitsgebiete der EPG, (undatiert); Abänderungsantrag Nr. 44 vom Dominedo de Vita, Boggiano Pico und Bovetti. Abänderung des Dok.1, in: SvEPG. Sitzungsperiode Januar 1953. Sitzungsprotokolle. Sitzungsdokumente; Protokoll Nr. 3 vom 9. Januar 1953, 1. Teil; Kurzbericht der Beratungen der dritten Sitzung vom 9. Januar 1953, S. 4f., in: Ibid.

[425] PAAA Materialsammlung MD Dr. Herbert Blankenhorn, Auswärtiges Amt, Satzung der Europäischen Gemeinschaft. Materialien. Dokumente und Bemerkungen, 31. März 1953, S. 128,; AA/CC/GT (3) PV 8 und 11 vom 29. Januar und 2. Februar 1953, und AA/CC/GT (3) PV 14 vom 13. Februar 1953, in: SvEPG. Va. Ag. Aufzeichnungen und Berichte, Band III; Satzung der Europäischen Gemeinschaft. Redaktionsentwurf am 2. Februar 1953, Teil III Kapitel III „Die zwischenstaatlichen Beziehungen der Gemeinschaft" (AA/CC (4) 25), und Satzung der Europäischen Gemeinschaft. Entwurf der Artikel der Arbeitsgruppe vom 18. Februar 1953 (AA/CC (4) 28), Teil III Kapitel I „Die zwischenstaatlichen Beziehungen der Gemeinschaft", in: SvEPG. Va. Aufzeichnungen und Berichte, Band II.

[426] AN 457 AP 42, Déclaration faite par Teitgen à la commission preconstituante, 24.10.1952; Teitgen, Aufzeichnung über die erste Kammer vom 12. November 1952 (AA/CC/SCP (2) 2), S. 2 in:

Im Anschluß daran legte der französische Abgeordnete Delbo in der Sitzung des Unterausschusses I am 8. November 1952 eine mit den Ausführungen Teitgens übereinstimmende Note zu diesem Thema vor. Auffällig war, daß er hervorhob, daß Frankreich seine Position nicht festlegen konnte, bevor es Großbritannien, Belgien und die Niederlande, die alle eine außereuropäische Verantwortung trugen, über diese Frage eingehend konsultiert hatte. Delbo verfaßte die Note unter offiziöser Abstimmung mit dem Quai d'Orsay. Da die französische Regierung dazu jedoch nicht offiziell Stellung nahm, wurde dieser Note keine besondere Aufmerksamkeit zuteil.[427]

Erst die Aktivität Debrés im Unterausschuß für die Zuständigkeitsgebiete ließ die Bedeutung der Frage erkennen. In der Sitzung vom 4. Dezember 1952 wurde Wignys Aufzeichnung über die Mitgliedschaft der überseeischen Gebiete in der EPG vorgelegt. Wigny war jedoch nicht in der Lage, Vorschläge zu dieser Frage zu machen, da dieses Problem nur Frankreich betraf. Kongo, Indonesien und Somalia waren damals in der Tat von ihren jeweiligen Mutterländern Belgien, den Niederlanden und Italien, unabhängig oder zumindest autonom. Als während der Beratungen die Auffassung zutage trat, daß nicht-europäische Staaten keinesfalls Vollmitglieder werden könnten und auch außereuropäische Teritorrien, die zu den europäischen Staaten in einem verfassungsrechtlichen Verhältnis stünden, nur assoziiert werden sollten, wie der Juristenausschuß der Beratenden Versammlung vorgeschlagen hatte, vertrat Debré dagegen die Position, daß die französischen afrikanischen Gebiete (TOM) als Vollmitglieder in die EPG einzubeziehen seien und dafür eine lockere Konstruktion der EPG ohne Entscheidungsbefugnis über die Außenpolitik verwirklicht werden müsse. Denn wenn die EPG mit Befugnissen ausgestattet würde, könnte sie in die Angelegenheiten der überseeischen französischen Gebiete eingreifen. Er wies darauf hin, daß für Frankreich außerordentliche verfassungsrechtliche Schwierigkeiten bestanden, Gebiete der Union Française unterschiedlichen Regimen zu unterwerfen. Die Bemerkungen Debrés waren, nach Ansicht Schwarz-Libermanns, nicht allein durch seine gaullistische Einstellung zu erklären. Zu jener Zeit waren vergleichbare Argumente auch in verschiedenen Journals sowie innerhalb der Regierung (die Worte Pflimlins auf dem Conseil de la République am 3. Dezember 1952) zu finden. Außerdem erkannte man während der Debatte die zwei widersprüchlichen Tendenzen, einerseits durch die zusätzlichen Sitze für diese Gebiete die Gewichtung innerhalb der EPG zugunsten Frankreichs zu verschieben, andererseits die Befürchtung, durch den Eintritt in eine EPG die politischen Bande der Union Française zu lockern oder in Frage zu stellen.[428]

SvEPG. Va. Unterausschuß für Politische Institutionen, November 1952 - Dezember 1952.
427 AN 457 AP 42, Note de Delbo sur problème de l'TOM, 8.11.1952. Delbos Aufzeichnung über die Stellung der überseeischen Gebiete oder Länder, die integrierende Bestandteile der Französischen Republik bilden oder mit ihr assoziiert sind, und über die Probleme, die sich aus dieser Stellung hinsichtlich der Teilnahme Frankreichs an der EPG ergeben, (AA/CC/SCA (2) 3); AN 457 AP 42, MAE, DGAP, Direction d'Afrique-Levant, s/d d'Afrique (Jurgensen), Note, 29. janv. 1953, a.s./ Europe et Union Française.
428 AA/CC/SCA (2) PV 11 vom 4. Dezember 1952; Wignys Aufzeichnungen über die Frage der Zugehörigkeit (Mitgliedschaft) (AA/CC/SCA (2) 2 und AA/CC/SCA (2) 22); PAAA II, Bd. 854, AZ 240-10 Bd. 1, Schwarz-Liebermann, Bericht über die Tätigkeit der Unterausschüsse des Verfassungsausschusses vom 3.-4. Dezember 1952; Vgl. PAAA II, Bd. 854, AZ 240-10 Bd. 1, Telegramm Pfeiffer (diplomatische Vertretung in Belgien) an Ophüls vom 29.11.52; Vgl. PAAA II, Bd. 889, AZ 224-41-03, Bl. 157, Ophüls, C.F., Einbeziehung der überseeischen Gebiete (Union

Trotzdem wurde in der Sitzung des Verfassungsausschusses am 20. Dezember 1952 zunächst vereinbart, daß die außereuropäischen Staaten, die durch Verfassungsbestimmungen mit einem Mitgliedstaat verbunden waren, der EPG durch angemessene Abkommen assoziiert werden könnten. Laut Ziffer 2 der Entschließung III waren die Sitze in der Völkerkammer wie folgt verteilt: Deutschland, Frankreich und Italien verfügten über je 63, Belgien und die Niederlande über je 30 und Luxemburg über 12 Sitze. Damit legte man keine spezifische Regel hinsichtlich der TOM fest.[429]

In der Plenarsitzung der Ad-hoc-Versammlung am 7. Januar 1953 machte der französische Senegalese Léopold-Sédar Senghor geltend, daß die französischen überseeischen Gebiete (TOM) in die EPG rechtmäßig einbezogen werden sollten. Für Senghor, der ein überzeugter Anhänger der Idee „Eurafrika" war, war unverständlich, daß die TOM, die einen integrierten Bestandteil der République Française darstellten, aus der EPG ausgeschlossen werden sollten. So verfahren, liefe man Gefahr, daß die TOM einen anderen Weg – die Unabhängigkeit von Frankreich – gingen. Diese Gebiete seien bereit, ihren Markt für Europa zu öffnen, jedoch nur unter der Bedingung, daß man sie um ihre Zustimmung ersuche und sie nicht von der künftigen Gemeinschaft fernhalte. Er brachte einen Abänderungsvorschlag ein, die Frankreich zugeteilte Zahl der Sitze von 63 auf 83 zu erhöhen, 20 Sitze waren dabei für die überseeischen Gebiete vorgesehen. Über diesen Vorschlag fand eine heftige Debatte statt. Beinahe alle französischen Abgeordneten einschließlich Debré behandelten die Aufnahme der TOM in die EPG als bereits entschieden oder selbstverständlich, obwohl sie die Meinung Senghors nicht völlig teilten, und traten daher aus Angst vor der Trennung der TOM vom Mutterland für den Vorschlag Senghors ein. Einige andere Abgeordnete, wie Benvenuti und Motz, befürworteten den Antrag Senghors. Dehousse und von Brentano hingegen traten dagegen ein. Von Brentano war der Auffassung, die Frage der Verteilung der für den einzelnen Staat festgelegten Sitze sei eine interne Angelegenheit. Der Adressat der Forderung des Abgeordneten Senghors sei also nicht die Ad-hoc-Versammlung, sondern die französische Regierung. Eine Verteilung der Sitze gemäß der Bevölkerungszahl würde entsprechend bei einer Wiedervereinigung Deutschlands eine automatische Erhöhung der Zahl der deutschen Sitze nach sich ziehen. Die Debatte und die Äußerungen darüber blieben jedoch ergebnislos. Eine Abstimmung über diese Frage wurde daher von Präsident Spaak verhindert.[430]

In der Februarsitzung des Verfassungsausschusses bemühten sich die französischen Abgeordneten erneut, die französischen überseeischen Gebiete in die EPG einzubeziehen. Teitgen schlug zunächst vor, die französischen überseeischen Gebiete wenigstens „symbolisch" in der Völkerkammer vertreten zu lassen, und zwar dadurch, daß die Frankreich zuerteilten Sitze

---

Français) vom 30.5.1953.
429 AA/CC (3) PV 11 vom 20. Dezember 1952 S. 4; Entschließung II des Verfassungsausschusses vom 20. Dezember 1952, Ziffer 35; Entwurf der Entschließung über die Zuständigkeitsgebiete der Europäischen Politischen Gemeinschaft vom 6. Dezember 1952 (AA/CC/SCA (2) 29), Absatz 35; AA/CC/SCA (2) PV 13 vom 6. Dezember 1952.
430 Abänderungsvorschlag zum Bericht des Verfassungsausschusses Nr. 40 (Senghor), in: SvEPG, Kurzbericht der Beratungen der dritten Sitzung vom 9. Januar 1953, S. 15-23; SvEPG. Aussprache. Wörtlicher Bericht über den Verlauf der Sitzungen, S. 199f; AMAE DE-CE, CECA, Vol. 521, Bl. 187-197, Direction générale des Affaires Politique/Europe/ S/Direction du Conseil de l'Europe, note, 15.1.1953, a.s. Réunion des travaux de l'Assemblée ad hoc. Diese Note bezeichnete das Auftreten von Senghor als „une intervention très remarquée".

aufgestockt wurden. Von Brentano versuchte dieser ungleichen Verteilung entgegenzutreten. Der deutsche Abgeordnete von Merkatz hingegen brachte folgende Kompromißvorschläge ein: 1) die Anzahl der Vertreter Frankreichs auf 70 Sitze zu vergrößern, und 2) falls Gebiete, die bis zum 31. Dezember 1937 zu einem Mitgliedstaat gehört hatten, wieder mit diesem vereinigt würden, mit dem Tag ihrer Wiedervereinigung als Bestandteil des betreffenden Mitgliedstaates entsprechend der vergrößerten Bevölkerungszahl die Anzahl der Sitze automatisch zu erhöhen. Mit Ausnahme der „automatischen" Erhöhung der Anzahl der Sitze wurden seine Vorschläge in der Sitzung des Unterausschusses II am 10. Februar 1953 angenommen.[431] Diese Bestimmung fand ihren Niederschlag in Artikel 103 des Satzungsentwurfs der EPG.

Danach wurden die Modalitäten der Einbeziehung der französischen überseeischen Gebiete in die EPG in die Beratung mit einbezogen. In der Sitzung des Verfassungsausschusses am 25. Februar 1953 wurde die endgültige Fassung des Artikels 101 beschlossen. Die besondere Problematik lag in dem komplizierten verfassungsrechtlichen Aufbau der Union Française. Aus diesem Grund war die Gestaltung des Artikels 101 schwierig. Jedenfalls ist feststellbar, daß die Frage der Einbeziehung der überseeischen Gebiete in die EPG zu Gunsten Frankreichs gelöst wurde. Anzumerken ist, daß Senghor die bedingungslose Anwendung der Satzung, nämlich den Wortlaut des Vorbehalts, „sofern nicht vor Unterzeichnung des Vertrages von den beteiligten Mitgliedstaaten etwas anderes erklärt wird" zu streichen verlangte. Dieser Antrag wurde jedoch mit großer Mehrheit abgelehnt.[432]

2.2 Erweiterung der Zuständigkeiten der EPG im Bereich der wirtschaftlichen Integration : Ein gemeinsamer Markt?

Auch die Passagen über die wirtschaftlichen Zuständigkeiten der EPG (Artikel 82 bis 87) riefen viele leidenschaftliche Debatten hervor. Die EPG hatte nach Artikel 82 die Aufgabe, einen gemeinsamen Markt, beruhend auf dem freien Güter- und Kapitalumlauf und der Freizügigkeit der Menschen, zwischen den Mitgliedstaaten fortschreitend zu verwirklichen. Die Zuständigkeit der EPG wurde also über den Montanunions- und Rüstungswirtschaftsbereich hinaus allgemein hinsichtlich der Schaffung eines gemeinsamen Marktes begründet. Zu diesem Zweck war sie unter Anwendung der in Artikel 2 bis 4 des Montanvertrags aufgeführten Grundsätze befugt, die notwendigen Maßnahmen zu ergreifen, jedoch nicht vor Ablauf eines Jahres nach Inkrafttreten der Satzung.

Innerhalb eines Zeitraums von fünf Jahren, vom zweiten bis zum sechsten Jahr seit Inkrafttreten, sollte die Versammlung zur Gesetzgebung befugt sein, wobei jedoch die Entwürfe vom Exekutivrat zum gemeinsamen Markt und zur Koordination der Währungs-, Kredit- und Finanzpolitik der Mitgliedstaaten vom Ministerrat einstimmig auszuarbeiten waren (Ar-

---

431 PAAA II, Bd. 855, AZ 240-10 Bd. 2, von Brentano an Hallstein am 7. Februar 1953; Ibid., Schwarz-Liebermann an Ophüls vom 11.2.1953; AA/CC/SCP (4) PV 14 vom 10. Februar 1953; PAAA Materialsammlung MD Dr. Herbert Blankenhorn, Auswärtiges Amt, Satzung der Europäischen Gemeinschaft. Materialien. 31. März 1953, S. 45-47 und 174-176.
432 AA/CC (4) PV 18 vom 25. Februar 1953, S. 12f.; PAAA Materialsammlung MD Dr. Herbert Blankenhorn, Auswärtiges Amt, Satzung der Europäischen Gemeinschaft. Materialien. 31. März 1953, S. 175f.

tikel 84 §1). Erst dann würden sie der Versammlung der Gemeinschaft im normalen Gesetzgebungsverfahren vorgelegt (Artikel 84 §2). Bis zu diesem Zeitpunkt sollten also die beteiligten sechs Staaten - von den Bindungen durch die Montanunion abgesehen - für staatliche Maßnahmen sowie für Abschlüsse entsprechender internationaler Verträge oder Abkommen zuständig bleiben.[433]
Mit Beginn des siebten Jahres ab Inkrafttreten der Satzung war die einstimmige Zustimmung des Ministerrates zu den Entwürfen des Exekutivrates nicht mehr erforderlich. Statt dessen war im Gesetzgebungsverfahren nur eine Zweidrittelmehrheit des Senats vorgeschrieben (Artikel 84 §3). Von diesem Zeitpunkt an wäre, falls die EPG konkrete Maßnahmen zur Einrichtung des gemeinsamen Marktes ergriffen hätte, eine sogenannte konkurrierende Zuständigkeit zwischen der EPG und den Mitgliedstaaten entstanden. Zur Bewältigung aufkommender Streitigkeiten aufgrund der konkurrierenden Zuständigkeit waren in der Satzung zwei Vorgehensweise vorgesehen.
Zunächst wurde jedem Mitgliedstaat die Möglichkeit gegeben, den Gerichtshof anzurufen, wenn er der Auffassung war, die beschlossenen Maßnahmen würden schwerwiegende wirtschaftliche Störungen hervorrufen. Nach Feststellung der Störung durch den Gerichtshof konnte auf Antrag die Durchführung der Maßnahmen für das betreffende Staatsgebiet gerichtlich ausgesetzt werden, bis das zuständige Organ der Gemeinschaft die Bestimmungen angenommen hatte (Artikel 86).
Zum anderen legte Artikel 87 zur Vermeidung von Überschneidungen und zur Stärkung der Befugnisse der EPG eine Konsultationspflicht für die Mitgliedstaaten beim Europäischen Exekutivrat fest, bevor sie untereinander Abkommen abschlössen oder ihrerseits Maßnahmen ergriffen, die den Güterverkehr und den Austausch von Arbeitskräften beeinträchtigen konnten. Der Exekutivrat konnte an die beteiligten Mitgliedstaaten Vorschläge richten, wenn er feststellte, daß die Maßnahmen den Zielen des Artikels 82 zuwiderlaufen oder schwere wirtschaftliche Störungen in einem Mitgliedstaat hervorrufen würden. Die Konsultationspflicht galt stets und für alle von den Mitgliedstaaten untereinander geplanten Abkommen.
Zur Erleichterung des fortschreitenden Ausbaus eines gemeinsamen Marktes sah Artikel 85 die Einrichtung eines Europäischen Umstellungsfonds vor, der durch Beiträge der Mitgliedstaaten, Anleihen und eine gesetzlich näher festzulegende jährliche Umlage gespeist werden sollte. Der Fonds sollte Beihilfen für Unternehmen und Arbeitnehmer zur Verfügung stellen, die durch Maßnahmen zur Schaffung eines gemeinsamen Marktes betroffen gewesen wären. Ob der Fonds über den Ausgleich reiner Umstellungsverluste hinaus auch zu einem währungspolitischen Instrument einer gemeinsamen europäischen Wirtschaftspolitik hätte dienen können, erschien fraglich. Eine nur auf Beihilfen begrenzte Fondspolitik dürfte für währungspolitische Maßnahmen, wie sie zum Ausbau des gemeinsamen Marktes erforderlich sind, kaum ausgereicht haben. Besondere Bestimmungen hierfür wies die Satzung nicht auf, da das allgemein gehaltene Gebot in Artikel 82 Abs. 2, die Währungs-, Kredit- und Finanzpolitik der Mitgliedstaaten in Einklang zu bringen, über den Weg und die Mittel nichts aussagte.[434]
Erst in der Sitzung des Unterausschusses I vom 21. November 1952 konnte die allgemeine wirtschaftliche Integration anhand des revidierten schriftlichen Antrags Wignys beraten wer-

---

433 Genzer, Walter E., Die Satzung der Europäischen Gemeinschaft, in: EA vom 5.5.1953, S. 5658.
434 Ibid. S. 5659.

den. Dabei äußerten der Niederländer Blaisse und der Franzose Delbo gegenteilige Ansichten. Blaisse wollte seine positive Einstellung zum EPG-Projekt revidieren, wenn es keine Erweiterung der Zuständigkeit für die allgemeine wirtschaftliche Integration, z.B. durch die Zollunion, gäbe. Dagegen war Delbo der Auffassung, daß zum damaligen Zeitpunkt Vorschläge hinsichtlich des Souveränitätsverzichts auf anderen Gebieten die Zustimmung zur EPG durch Frankreich aufs Spiel gesetzt hätten. Wigny schlug eine Kompromißformel vor: „Die Gemeinschaft kann auf dem Gebiete der wirtschaftlichen Vereinheitlichung ein Recht zur Stellungnahme erhalten. Die Entwürfe, die ihre zuständigen Organe auf diesem Gebiete ausarbeiten, haben nur den Wert von Empfehlungen." Delbo sprach sich jedoch gegen den bescheidenen Vorschlag Wignys aus. Monnet bemühte sich seinerseits, Blaisse für seine Konzeption der EPG zu gewinnen, wonach die wirtschaftliche Integration auf eine spätere Phase verschoben werden sollte. Während der darauffolgenden Debatten befürwortete niemand so sehr die allgemeine wirtschaftliche Integration wie Blaisse. Der Unterausschuß I stimmte dem Vorschlag Blaisses zwar dahingehend zu, diesen in seine eigenen Entschließungen vom 20. Dezember zu inkorporieren, jedoch eher in der Form eines Protokolls, von dessen Annahme die Ratifizierung des Vertrages über die Gründung der EPG unabhängig sein sollte.[435]
Bei der Sitzung des Verfassungsausschusses am 20. Dezember 1952 kamen bei den vorgeschlagenen Bestimmungen die entgegenstehenden Position erneut auf. Einerseits versuchten Blaisse und van der Goes van Naters die Bestimmungen des vorgesehenen Protokolls in die Satzung einzugliedern, um der Gemeinschaft mehr als lediglich das Gutachtensrecht auf wirtschaftlichem Gebiet zu übertragen. Sie machten die niederländische Zustimmung zur Gründung der EPG wiederholt davon abhängig, daß der EPG beträchtliche wirtschaftliche Zuständigkeiten eingeräumt wurden. Dieser Antrag wurde jedoch mit 20 gegen 0 Stimmen abgelehnt. Andererseits machten Mollet und Jaquet geltend, daß sie zwar dem Grundsatz der wirtschaftlichen Integration zustimmten, unter politischen Gesichtspunkten es zu jener Zeit jedoch nicht für zweckmäßig hielten, diese Bestimmungen zusammen mit der Satzung auszuarbeiten und den Parlamenten zur Ratifizierung vorzulegen. Sie schlugen vor, diese Bestimmungen einschließlich der Ziffer 2 (Aufgaben und allgemeine Ziele der EPG) zu streichen. Doch auch dieser Antrag wurde mit 18 Stimmen gegen eine Stimme bei eine Stimmenthaltung abgelehnt. Die Mehrheit stimmte den Vorschlägen, die vom Unterausschuß I bereits angenommen worden waren, zu (Entschließung II Ziffer 25 des Verfassungsausschusses vom 20. Dezember 1952).[436]

---

435 Aufzeichnung von Wigny, AA/CC/SCA (2) 14. Rev.; AA/CC/SCA PV 7 vom 21. November 1952, S. 4-5; Benvenutis Zwischenbericht über die Zuständigkeitsgebiete einer EPG (AA/CC/SCA (2) 23), Ziff.24, 25; AA/CC/SCA (2) PV 10 vom 3.12.1952; AA/CC/SCA (2) PV 10 vom 3. Dezember 1952; Bergmanns Aufzeichnung über die Zuständigkeiten der Politischen Gemeinschaft auf dem Gebiete der wirtschaftlichen Integration (AA/CC/SCA (2) 24), in: SvEPG. Va. UafZ. Aufzeichnungen und Berichte; PAAA II, Bd. 854, AZ 240-10 Bd. 1, Zwischenbericht über die Beratungen des I. und II. Unterausschusses vom 3.12.1952; AA/CC/SCA (2) PV 23 vom 6. Dezember 1952; Entwurf der Entschließung über die Zuständigkeitsgebiete der EPG, der zur Vorlage im Va. vom Unterausschuß am 6. Dezember 1952 angenommen wurde. (AA/CC/SCA (2) 29); AMJ 4/4/3 Note relative à un texte adopté à la réunion des 2 bureaux et à l'attitude de divers participants, 15.12.1952.
436 Mollet und Jaquet, Abänderungsantrag V zum Bericht des Ausschusses für Zuständigkeitsgebiete (AA/CC (3) 16), in: SvEPG. Va. Aufzeichnungen und Berichte, Bd. I; Blaisse, Abänderungsantrag

Angesichts des ungünstigen Verlaufs bereitete der niederländische Außenminister Beyen am 11. Dezember 1952 ein Memorandum vor. Darin schlug er vor, zunächst während einer begrenzten Zahl von Jahren eine Zollunion unter den EGKS-Staaten als Vorstufe für einen gemeinsamen europäischen Markt zu schaffen. Während in dem niederländischen internen Memorandum vom 14. November 1952, dem Blaisses Vorschlag über die wirtschaftliche Integration entsprach, die Vorbereitung der Beseitigung der Handelshemmnisse als Aufgabe der zu schaffenden EPG vorgesehen worden war, insistierte das Dezember-Memorandum, daß man sich darüber hinaus auf einen konkreten Zeitplan vor der Schaffung der Institution einigen sollte.[437]

Beyens Vorstoß blieb nicht ohne Wirkung. Nach der Vorlage der Entschließungen des Verfassungsausschusses in der Sondersitzung der Ad-hoc-Versammlung vom 7. bis 10. Januar 1953 kam es zu einer hitzigen Debatte. Zunächst fand ein ähnlicher Wortstreit wie zuvor zwischen van der Goes van Naters und Jaquet statt. Bemerkenswert hierbei war, daß der deutsche Abgeordnete Viktor Preusker mit Nachdruck für van der Goes eintrat: Wenn die Grundlagen, also ein gemeinsamer Markt, eine Zollunion und eine gemeinsame europäische Währung, fehlen würden, könne es später zu einer großen Enttäuschung kommen. Aus diesem Grunde stellte er einen Änderungsvorschlag zum Gutachtensrecht (Ziff. 21 der Entschließung II). Statt dessen sollte die EPG die Aufgabe haben, als erstes eine bindende Verpflichtung aller Mitgliedstaaten vorzubereiten und Maßnahmen zur Schaffung eines gemeinsamen Marktes den Mitgliedstaaten zur Ratifizierung vorzulegen. Die Maßnahmen sollten nicht vertikal, sondern horizontal, d.h. nicht branchenweise, sondern gesamtwirtschaftlich geregelt werden. Dieser Vorschlag war durch den Anspruch gekennzeichnet, zusammen mit den Liberalisierungsmaßnahmen die verschiedenen Währungs- und Wirtschaftspolitiken der Teilnehmerländer koordinieren zu müssen. Am darauffolgenden Tag, also am 8. Januar, sprachen sich fast sämtliche niederländische Abgeordnete, Vixseboxse (CHU), Nederhorst (PvdA), Korthals (Liberale Partei, VVD), Blaisse (KVP) und auch Dehousse (Belgien, PSB), Wigny (Belgien, PSC), Ziino (Italien), Parri (Italien), unabhängig von ihrer unterschiedlichen Parteipolitik, nachdrücklich dafür aus, das Protokoll über die wirtschaftliche Integration in den Text des Verfassungsentwurfes der EPG einzugliedern und der EPG Befugnisse hierfür zu erteilen.[438]

VII zum Bericht des Ausschusses für Zuständigkeitsgebiete (AA/CC (3) 16), in: Ibid; van der Goes van Naters, Abänderungsantrag VIII zum Bericht des Ausschusses für Zuständigkeitsgebiete (AA/CC (3) 16), in: Ibid; AA/CC (3) PV 11 vom 20. Dezember 1952, in: SvEPG. Va. Aufzeichnungen und Berichte, Bd. IV; Bericht des Verfassungsausschusses vom 20. Dezember 1952. S. 21 und 32.

437 PAAA II, Bd. 897,AZ 224-90 Bd. 1, Beyen an Adenauer vom 10.12.1952; Ibid., Memorandum Beyens vom 11.12.1952; FRUS 1952-1954, VI Part1, S. 257f., Telegram, The Ambassador in France (Dunn) to the Department of State, 21.12.1952.

438 Ausführung von van der Goes, Kurzbericht der Beratung der ersten Sitzung vom 7. Januar 1953. Ad-hoc-Versammlung, S. 29; Jaquets Ausführung, in: Ibid., S. 30; Preuskers Ausführungen, in: Ibid., S. 32f; BA B 102-11418 Heft 2, Abänderungsvorschlag Nr. 8 (Preusker), Kurzbericht Nr. 1 S. 32, Materialien zur Verstärkung der wirtschaftlichen Integration Europas durch die EPG; Vixseboxses, Nederhorsts, Korthals, Blaisses und Dehousses Ausführung, Kurzbericht der Beratung der zweiten Sitzung vom 8. Januar 1953. Ad-hoc-Versammlung, S. 13f., 19f., 21f und 33; Wignys Ausführung in der Sitzung der Ad-hoc-Versammlung vom 8. Januar 1953, Kurzbericht der Beratungen der zweiten Sitzung, S. 24; Abänderungsvorschlag Nr. 29 (Wigny), in: Ibid; Abänderungsvorschlag Nr. 36 (Zilino), in: Ibid; Antrag zu den Ziffern 21-25 der Entschließung II des Verfas-

Die Debatte wurde in der Sitzung vom 9. Januar 1953 weiter geführt. Wigny trat für den niederländischen Vorschlag ein und kritisierte gleichzeitig Mollet, der hartnäckig darauf bestand, daß die erste der Ad-hoc-Versammlung übertragene Aufgabe darin bestehe, eine EPG ins Leben zu rufen, die die politische Verantwortung in Verteidigungsangelegenheiten zu organisieren habe. Unerwarteterweise stimmte Debré, der sich nach wie vor gegen eine supranationale Integration aussprach, dem niederländischen Antrag zu. Auffallend war ebenfalls die Befürwortung des niederländischen Antrags durch von Brentano. Er hielt die Behauptung Mollets, die Erweiterung der Zuständigkeit auf die wirtschaftliche Integration gehe über den der Ad-hoc-Versammlung anvertrauten Auftrag hinaus, für falsch. Denn die Präambeln des EGKS- und EVG-Vertrags enthielten das Prinzip des gemeinsamen Marktes und die Luxemburger Resolution forderte darüber hinaus, die wirtschaftliche Integration zu berücksichtigen. Aus diesem Grund war er der Auffassung, daß der niederländische Antrag auf wirtschaftliche Integration vom Verfassungsausschuß geprüft werden sollte. Der belgische Abgeordnete Motz verdeutlichte das Kernproblem im Hinblick auf die Ratifizierung des EVG-Vertrags. Motz verstand die Befürchtung Mollets, daß sich das französische Parlament gegenüber der Aussicht einer Erweiterung der EPG auf wirtschaftlicher Ebene zurückhaltend zeigen würde. Er verdeutlichte, daß es in anderen Parlamenten, sowohl im belgischen als auch im niederländischen, äußerst schwierig sein würde, eine politische Autorität durchzusetzen, wenn man nicht gleichzeitig gewisse Aussichten hinsichtlich der wirtschaftlichen Integration eröffnete. Von Brentanos Antrag wurde mit Unterstützung der anderen Abgeordneten - abgesehen von einigen französischen (SFIO, Radicaux) - angenommen. Somit sollte sich der Verfassungsausschuß mit der neuen Fassung der Bestimmungen zur wirtschaftlichen Integration beschäftigen.[439]

In der Sitzung des Unterausschusses I vom 6. Februar 1953 legte Blaisse einen schriftlichen Antrag über die wirtschaftlichen Zuständigkeiten der EPG vor. Die niederländischen Forderungen waren dabei noch konkreter geworden. Sein Vorschlag beinhaltete eine Verpflichtung der Teilnehmerländer, eine Zollunion zu gründen, deren Verwirklichung sich auf einen längeren Zeitraum (z.B. 8 Jahre) ausdehnen würde. Als einen wichtigen Punkt nannte er eine automatische Zollsenkung, die jährlich genau festgelegt sein sollte. Über diesen Antrag fand eine allgemeine Aussprache statt. Blaisse stieß jedoch erneut auf Ablehnung derjenigen, die eine derart weitgehende Übertragung von Souveränität der EPG auf wirtschaftliche Bereiche nicht wünschten. Daher erfolgte keine Einigung auf dieser Grundlage, abgesehen von Artikel 2 (Allgemeine Ziele und Aufgaben).[440] Am selben Tag war das „hervorstehendste" Ereignis

---

sungsausschusses (Blaisse) und Abänderungsvorschlag zum Bericht des Verfassungsausschusses Nr. 10 (Blaisse), in: Ibid.

439 Aussprache in der 4. Sitzung der Ad-hoc-Versammlung vom 9.1.1953, in: SvEPG. Aussprache, S. 171-177; PAAA II, Bd. 855, AZ 240-10 Bd. 2, Schwarz-Liebermann, Aufzeichnung über den Verlauf der Sitzung der Ad-hoc-Versammlung am 7. 8. und 9. Januar 1953; AMAE DE-CE, CECA, Vol. 521, Bl. 187-197, DGAP/Europe/ S/Direction du Conseil de l'Europe, Note, 15.1.1953, a.s. Réunion des travaux de l'Assemblée ad hoc.

440 Aufzeichnung betreffend der wirtschaftlichen Zuständigkeiten einer politischen Gemeinschaft von Blaisse vom 30.1.1953 (AA/CC/GT (3) 8), in: SvEPG. Va. Ag. Aufzeichnungen und Berichte. Bd. I; PAAA II, Bd. 855, AZ 240-10 Bd. 2, Telefongespräch Schwarz-Liebermann mit Ophüls am 2. Februar 1953; AA/CC/GT (3) PV 9 und 10 vom 30. und 31 Januar 1953; Blaisse und von Merkatz, Resolutionsentwurf über die wirtschaftlichen Zuständigkeiten der Gemeinschaft (AA/CC/GT

die „leidenschaftliche" Erklärung des niederländischen Abgeordneten Blaisse, daß die sofortige Übernahme supranationaler Befugnisse auf Wirtschaftsbereiche für Holland die conditio sine qua non darstelle, um die EPG zu akzeptieren.[441]
Nachdem Blaisse seinen Vorschlag vorgebracht hatte, schlug Benvenuti einen Kompromiß vor. Demnach wurde die Bildung eines gemeinsamen Marktes als Grundsatzverpflichtung beschlossen. Konkrete Maßnahmen sollten jedoch erst nach Ratifikation des Statuts von der Exekutive vorgeschlagen und gemäß den in Abhängigkeit vom Zeitraum (Ein Jahr-Fünf Jahre-Fünf Jahre) unterschiedlichen Entscheidungsverfahren durch den Ministerrat genehmigt werden. Zwar wurde die Pflicht zur Schaffung eines gemeinsamen Marktes festgestellt, doch lag alles weitere in den Händen der Regierungen. Anschließend wurde darüber debattiert, welcher von beiden Anträgen zur Grundlage der Beratungen gemacht werden sollte. Delbo verhielt sich weiterhin zurückhaltend. Der luxemburgische Abgeordnete Margue stand diesen Vorschlägen ebenso reserviert gegenüber. Er proklamierte in endlosen Erklärungen die Sicherung der nationalen Souveränität durch Zustimmung der nationalen Parlamente zu jedem - auch noch so kleinem - Fortschritt in der supranationalen Integration. Seitens Italiens (Bergmann und Santero) und Deutschlands (Becker, Kopf) wurde Benvenutis Antrag als durchaus konstruktiv angesehen. Jedoch boten alle Erörterungen keine klaren Anhaltspunkte hinsichtlich der Haltung der beteiligten Länder. Auf der Basis der genannten Vorschläge erfolgte keine Einigung. Dies war nicht auf eine allgemein negative Haltung zur Frage der Übertragung neuer wirtschaftlicher Zuständigkeiten und Befugnisse an eine supranationale Autorität zurückzuführen, sondern auf die Befürchtung, daß die anwesenden Abgeordneten durch voreilige Beschlüsse in Ermangelung eigener weitreichender Fachkenntnisse mehr zerstörend als aufbauend wirken könnten, und auf die Tatsache, daß die beteiligten Staaten noch keine klaren Stellungnahmen zu dieser Frage vorgelegt hatten. In diesem Zusammenhang kam der geplanten Außenministerkonferenz vom 24. bis 25. Februar in Rom eine entscheidende Bedeutung zu.[442]
Benvenutis Vorschlag fand einstimmige Billigung, so daß er seinen Niederschlag in Artikel 84 des Satzungsentwurfes der EPG fand. Es war nicht ausgeschlossen, daß die Bestimmungen der wirtschaftlichen Integration nicht verwirklicht werden würden, sollten die sechs Regierungen nicht gewillt sein, sofort konkrete Maßnahmen in Angriff zu nehmen. Dies bereitete insbesondere den Niederländern große Sorge.

---

(3) 12) vom 31. Januar 1953, in: SvEPG. Va. Ag. Aufzeichnungen und Berichte; AA/CC/SCA (4) PV 14 vom 6. Februar 1953, in: SvEPG. Va. UafZ. Aufzeichnungen und Berichte, Bd. 2, Januar - Februar 1953.
441 PAAA II, Bd. 855, AZ 240-10 Bd. 2, Schwarz-Liebermann, Aufzeichnung über die Beratungen des Verfassungsausschusses der Ad-hoc-Versammlung über die wirtschaftlichen Zuständigkeiten einer EPG am 10. Februar 1953.
442 Benvenuit, Vorschlag zu den wirtschaftlichen Zuständigkeiten der Gemeinschaft vom 7. Februar 1953 (AA/CC/SCA (4) 34), in: SvEPG. Va. UafZ. Aufzeichnungen und Berichte, Bd. 2, Januar - Februar 1953; PAAA II, Bd. 855, AZ 240-10 Bd. 2, Schwarz-Liebermann, Aufzeichnung über die Arbeit des I Unterausschusses am 7.2.1953; Ibid.., Schwarz-Liebermann, Aufzeichnung über die Beratungen des Verfassungsausschusses der Ad-hoc-Versammlung über die wirtschaftlichen Zuständigkeiten einer EPG am 10. Februar 1953; AA/CC/SCA (4) PV 15 vom 7. Februar 1953.

2.3 Verstärkung der Befugnisse auf finanziellem Gebiet

Im Vergleich zu den Bereichen der Außenpolitik und der wirtschaftlichen Integration stellte der Sachbereich Finanzen (Artikel 75 bis 81 der Satzung der EPG) einen relativ wenig umstrittenen Teil der Verhandlungen des Verfassungsausschusses dar. Die Entschließungen II Ziffer 15 bis 20 des Verfassungsausschusses vom 20. Dezember 1952 wurden nahezu unverändert in die Satzung der EPG der Ad-hoc-Versammlung vom 10. März 1953 eingegliedert. Wie bei der EGKS und der EVG oblag es dem Exekutivrat, den Haushaltsplan vorzuschlagen und durchzuführen. Das Verfahren für die Festsetzung der Beiträge der Mitgliedstaaten sowie deren Höhe sollten auf Vorschlag des Exekutivrates durch einstimmigen Beschluß des Ministerrates, wofür auch die Zustimmung der jeweiligen Parlaments erforderlich war, bestimmt werden. Es wurde also durch die Satzung noch kein unmittelbarer Eingriff in Hoheitsrechte der Mitgliedstaaten auf dem Gebiet der Finanzen vorgenommen. Ihrem Wesen nach unterschied sich die Regelung der EPG nicht von denen des EGKS- und des EVG-Vertrages. Zwei Dinge wurden neu eingeführt. Erstens ging die Befugnis der EPG insofern über die entsprechenden Vorschriften des EGKS-Vertrags hinaus, als daß die Steuern oder die Umlage der EPG weder hinsichtlich des Sachgebiets, auf dem sie erhoben werden konnten, eng begrenzt (wie die „Umlagen auf die Erzeugung von Kohle und Stahl" im EGKS-Vertrag Artikel 49), noch zweckgebunden waren (wie im EGKS-Vertrag Artikel 50).[443] Das hieß, daß der EPG eine erweiterte steuerliche Befugnis zuerkannt wurde.
Zweitens ging es um die Kompetenz der Versammlung. Zu den Haushalten hatte die Versammlung der EVG nur das Vorschlagsrecht, den vom Ministerrat gebilligten Haushaltsplan in Form von Streichung, Herabsetzung, Erhöhung oder neuen Einnahmen oder Ausgaben zu ändern (Artikel 87 § 3 des EVG-Vertrages). Die Kompetenzen der Versammlung der EPG wurden soweit erweitert, daß der Versammlung die Annahme des Budgets, die Genehmigung der Abrechnung des Haushalts und die Zustimmung zur Aufnahme von Anleihen oblag (Artikel 76, 79 und 81). Die Bestimmungen der Versammlung über die Modalitäten der Steuerveranlagung, die Festlegung des Steuersatzes und die Bedingungen für die Erhebung der Steuern der EPG, deren Inhalt vom Exekutivrat mit Einstimmigkeit des Ministerrates ausgearbeitet werden sollte, sollten als Gesetze der EPG verkündet werden (Artikel 78). Damit wurde der Versammlung eine steuerliche und gesetzgeberische Kompetenz zuerkannt. Nach Ablauf der in Artikel 59 für die beiden Teilgemeinschaften der EGKS und der EVG festgelegten Anpassungszeit von zwei Jahren konnte die EPG deren Haushaltsmittel in den eigenen, letztlich umfassenden Haushaltsplan aufnehmen.
Zusammenfassend entstand eine Doppelstruktur der parlamentarischen Kontrolle: Für die nationalen militärisch-finanziellen Beiträge fiel die Kontrollfunktion den nationalen Parlamenten, für die steuerlichen Einnahmen dem europäischen Parlament zu. Damit hing die effektive Kontrolle der Europa-Armee von der guten Zusammenarbeit beider parlamentarischer Instanzen ab. Jedenfalls ist festzustellen, daß eine der Bedingungen, die Italien zur Initiative des EPG-Projekts veranlaßt hatte, zum größten Teil erfüllt wurde.

---

443 Von Puttkamer, Der Entwurf, S. 125f.

3. Befugnisse der Organe der EPG und ihre Verhältnisse untereinander

Die Integration der EGKS und der EVG in die EPG bildete das wesentliche Fundament für die Zuständigkeiten der EPG (Artikel 56). Diese beruhte auf der in Artikel 5 und 6 gegebenen Grundlage, daß die EPG mit den beiden engeren Gemeinschaften eine Rechtseinheit bildete. Für diese Überleitung war eine Anpassungsperiode von höchstens zwei Jahren festgesetzt worden (Artikel 59).[444] Auf der einen Seite war der Unterausschuß II darum bemüht, die Einrichtungen zu bestimmen, die erforderlich waren, um die EGKS und die EVG unter einer politischen Behörde zusammenzufassen und einer demokratischen Kontrolle durch das Parlament, dessen Mitglieder direkt gewählt werden sollten, zu unterstellen. Auf der anderen Seite wollte man vermeiden, durch die neue Konstruktion die Pfeiler früherer Konstruktionen, welche die EPG tragen sollten, vorzeitig einzureißen oder auch nur zu gefährden.[445] Für die einzelnen Etappen der Verschmelzung waren folgende Termine vorgesehen:
a) Mit Inkrafttreten des Vertrags sollte,
- an die Stelle der Besonderen Ministerräte der EGKS und der EVG der Rat der nationalen Minister
- an die Stelle des bisherigen Gerichtshofs (Artikel 60 § 2) der in der Satzung vorgesehene Gerichtshof treten.

b) Der Senat, dessen Abgeordnete mit denjenigen der Beratenden Versammlung des Europarats identisch waren, sollte sich innerhalb eines Monats nach dem Inkrafttreten des EPG-Vertrags konstituieren (Artikel 94) und den Zeitpunkt der Wahlen für die Völkerkammer festsetzen. Die direkten Wahlen mußten innerhalb von sechs Monaten nach dem Inkrafttreten des EPG-Vertrags stattfinden (Artikel 13 und 95). Daher würden sich die Regierungen und Parlamente zugleich mit der Ratifizierung der Vertragsentwürfe darauf festlegen, unverzüglich die Bestimmungen zur Wahl zu erlassen. Mit Konstituierung der Völkerkammer sollte das Parlament der EPG an die Stelle der Gemeinsamen Versammlung der EGKS und der EVG treten (Artikel 60 §1). Unmittelbar nach Konstituierung der Völkerkammer sollte der Senat den Präsidenten des Europäischen Exekutivrates wählen (Artikel 98).

c) Die Überleitung der Exekutive brachte die größten Schwierigkeiten mit sich. Für die zweijährige Anpassungszeit war ein Fortbestehen der Hohen Behörde und des Kommissariats unter Kontrolle und Verantwortung des Exekutivrats vorgesehen (Artikel 61), wobei der Präsident der Hohen Behörde und der Präsident des Kommissariats dem Europäischen Exekutivrat mit beschließender Stimme angehören, im übrigen aber ihre alte Rechtsstellung behalten sollten. Auch dann, wenn der Europäische Exekutivrat endgültig an die Stelle der Hohen Behörde und des Kommissariats getreten wäre, würden die Hohe Behörde und das Kommissariat insoweit ihre eigene Struktur beibehalten, als sie unter Leitung und Aufsicht des Exekutivrats als besondere Abteilungen ihre Tätigkeit fortsetzten (Artikel 63).

---

444 Ibid., S. 123.
445 Dehousses Bericht des Verfassungsausschusses vom 20.12.1952, S. 37f.

3.1 Das Parlament

Das Parlament der EPG unterschied sich in mehrfacher Hinsicht von der Gemeinsamen Versammlung der EGKS und der EVG. Abgesehen von dem Zweikammer-System war entscheidend, daß die Völkerkammer der EPG durch allgemeine Wahlen gewählt werden sollte. Ihren Funktionen nach wurde sie mit zusätzlicher Gesetzgebungsgewalt über den Haushalt und erweiterten parlamentarischen Kontrollbefugnissen ausgestattet. Im folgenden sollen die erweiterte parlamentarische Kontrolle, das Zweikammer-System, und daran anschließend der Senat und die Völkerkammer analysiert werden.

Um die vorhandenen Verträge nicht modifizieren zu müssen und gleichzeitig die selbst entwickelte Dynamik der EPG zu erhalten, gingen die Unterausschüsse I und II den Kompromiß ein, daß dem Parlament in gewissen Fällen gesetzgebende Befugnisse zuerkannt wurden. Hier handelte es sich um die Artikel 58 und 109 des Verfassungsentwurfs. Artikel 58 lautete: „Die Anordnungen, welche die Hohe Behörde oder das Kommissariat auf Grund des Artikels 95 Abs. 1 des EGKS-Vertrages und des Artikels 124 des EVG-Vertrages zu treffen befugt sind, müssen dem Parlament zur vorgängigen Zustimmung unterbreitet werden. In dringenden Fällen sind die getroffenen Anordnungen dem Parlament unverzüglich zur nachträglichen Billigung zu unterbreiten." Nach Artikel 109 wurde Artikel 95 § 3 und 4 des EGKS-Vertrages und Artikel 125 des EVG-Vertrages aufgehoben.

Die EGKS- und EVG-Verträge gestanden den Ministerräten und der Hohen Behörde bzw. dem Kommissariat eine gewisse gesetzgebende Befugnis zu, ohne von den nationalen Parlamenten oder den Versammlungen der EGKS bzw. der EVG kontrolliert zu werden. Diese Befugnis bestand in zwei Fällen: die in dem Vertrag konkret und die darin nicht konkret festgelegten Fälle (Artikel 95 Abs.1 des EGKS-Vertrags und Artikel 124 des EVG-Vertrags). In Folge dessen entzogen die beiden Verträge den nationalen Parlamenten die Kontrollbefugnis, die sie inne hatten. In diesem Sinne war die Forderung der Nationalversammlung nach Verstärkung der parlamentarischen Kontrolle der Gemeinschaften nicht unbegründet.

Dieser Zustand ließ sich ohne eine Modifizierung der Vertragsbestimmungen, in denen die Normen für die Ausübung der Befugnisse der EGKS und der EVG festgelegt waren, nicht ändern. Doch der Verfassungsausschuß schloß die Möglichkeit der Abänderung mit folgender Begründung aus: Falls es zu einer Änderung käme, würde das Inkrafttreten des ganzen Systems, das auf den beiden Verträgen beruhte, Gefahr laufen, verzögert oder sogar in Frage gestellt zu werden. Dies verhinderte jedoch nicht, Möglichkeiten einer späteren fortschreitenden Umgestaltung durch das Eingreifen der EPG selbst ins Auge zu fassen. Was jedoch die nicht konkret vorgesehenen Fälle, nämlich Artikel 95 des EGKS-Vertrages und Artikel 124 des EVG-Vertrages anging, war der Verfassungsausschuß der Auffassung, daß diese Artikel verändert werden sollten, um das Parlament der EPG für die Entwicklung der EPG verantwortlich zu machen, also daß es unzulässig sein würde, die künftige Entwicklung der EPG festzulegen, ohne daß das Parlament der EPG dabei mitzureden hätte. Die Revision der Artikel 95 EGKS-Vertrag und 124 EVG-Vertrag würde umso notwendiger, sobald eine nach allgemeinen Wahlrecht gewählte Völkerkammer entstünde. Diese Revision mußte gleichzeitig mit der Übertragung der Zuständigkeiten der EGKS und der EVG erfolgen, sobald die Satzung der EPG in Kraft getreten war. Daher wurde vereinbart, daß die nach dem Wortlaut der beiden Artikel zu treffenden Maßnahmen dem Parlament der EPG zur vorherigen Genehmigung oder, in dringenden Fällen, zur nachträglichen Bestätigung zu unterbreiten waren, also vom Parlament kontrolliert werden sollten.[446] Diese Vereinbarung fand ihren Niederschlag in Artikel 58 und 109 des Verfassungsentwurfs.

Wenden wir uns nun dem Zweikammer-System und seiner Konstruktion zu. Auf der Fragebogenkonferenz im Oktober 1952 beabsichtigte Hallstein, daß gewisse Funktionen des Ministerrates möglichst vom Parlament der EPG übernommen werden sollten. Dementsprechend strebten die deutschen Abgeordneten weiterhin eine Bundesratslösung an. Diesem Vorschlag schlossen sich andere föderalistische Abgeordnete an. Jedoch nicht nur bei den französischen, sondern auch bei den niederländischen Abgeordneten stieß der Vorschlag auf nahezu unüberwindliche Bedenken. Daher versuchten drei deutsche Abgeordnete (von Merkatz, Semler, Kopf) den Ministerrat zur tatsächlichen zweiten Kammer zu machen. Doch dies mißlang. Die Bedenken der Niederländer beruhten auf der Angst, von den größeren Ländern majorisiert zu werden. Diese Meinung teilten auch die Belgier. Ihrer Ansicht nach konnte die zweite Kammer keine derartige Schutzgarantie des Nationalinteresses wie der Rat der Nationalen Minister bieten. Monnet war ebenso der Meinung, der deutsche Vorschlag brächte praktisch eine neue Übertragung von Souveränität mit sich. Der Unterausschuß II war zu einem Kompromiß, zu einer neuartigen Konzeption gelangt, daß ein dreidimensionales Kontrollorgan für den Exekutivrat vorgesehen werden sollte. Dieses dreidimensionale Kontrollorgan setzte sich zusammen aus dem Ministerrat als Vertreter der Regierungen, dem durch die nationalen Parlamente oder Regierungen indirekt beschickten Senat (der zweiten Kammer) und der von den Völkern direkt gewählten Völkerkammer (der ersten Kammer) als Vertretung der in der europäischen Gemeinschaft geeinten Völker. Dabei wurde die Forderung des Unterausschusses IV berücksichtigt, daß die Abgeordneten der zweiten Kammer mit denjenigen der Beratenden Versammlung personell identisch sein sollten.[447]

Besonders heftig debattiert wurde die Frage, ob der Senat „paritätisch" oder wie die Völker-

---

446 BA NL von Brentano 118, Brand, Aufzeichnung über den Entwurf der Entschließung über die Zuständigkeiten der EPG, S. 5f; Benvenuti, Zwischenbericht über die Zuständigkeitsgebiete einer Europäischen Politischen Gemeinschaft vom 30. November 1952 (AA/CC/SCA (2) 23), S. 13ff; AA/CC/SCA (2) PV 9 vom 2. Dezember 1952; Bericht des Verfassungsausschusses vom 20.12.1952, S. 15.

447 PAAA Ref.200 Bd. 87a, Sahm, Niederschrift Fragebogenkonferenz am 4.10.1952; von Merkatz, Aufzeichnung über die Sicherung einer Staatenvertretung im Rahmen der Institutionellen Organisation einer zu schaffenden EPG vom 14. November 1952 (AA/CC/SCP (2) 5), S. 2; BA NL von Brentano 118, Schreiben von Brentano an Nawiasky. 6.11.1952; PAAA II, Bd. 854 AZ 240-10 Bd. 1, Schwarz-Liebermann, Aufzeichnung über die Verhandlungen des zweiten Unterausschusses zur Frage der zweiten Kammer vom 17.11.1952; Dehousse, Aufzeichnung über das Problem der zweiten Kammer (AA/CC/SCP (2) 8; AA/CC/SCP (2) PV 4 vom 17. November 1952; AA/CC (3) PV 11 vom 20. Dezember 1952; AA/CC/SCP (2) PV 8 vom 3. Dezember 1952; PAAA II, Bd. 854 AZ 240-10 Bd. 1, Schwarz-Liebermann, Aufzeichnung über die Verhandlungen des zweiten Unterausschusses zur Frage der zweiten Kammer vom 17.11.1952; von Merkatz, Semler und Kopf, Abänderungsantrag IX zum Bericht des Unterausschusses für Politische Institutionen (AA/CC (3) 14); Becker, Abänderungsantrag zum Bericht des Unterausschusses für Politische Institutionen (AA/CC (3) 14); AMJ 4/3/6 Van Helmont, Note sur les idées directrices et la Structure du projet de Communauté politique, 12.12.1952, adressé à Spaak, R. Mayer, Dehousse.

kammer nach dem Grundsatz der „gewichteten" Sitzverteilung gebildet werden sollte. Von Merkatz vertrat das Prinzip der Stimmenwägung und wies darauf hin, daß in Deutschland schon vor 1866, zu Zeiten der Konföderation, eine Stimmenwägung erfolgt sei. Der belgische Sozialist, Dehousse, stimmte diesen Ausführungen insgesamt zu und erklärte, daß die Schaffung Europas die Stimmenwägung genauso fordere wie das Prinzip des Mehrheitsentscheides. Er fragte: „Wollen Sie Europa oder nicht? Sie brauchen nur Ihre Ansicht offen zu sagen. Wenn nein, dann muß eben auf dieser Ebene der Kampf über diese Fragestellung entbrennen und wir nehmen ihn auf. Aber Europa zu proklamieren und gleichzeitig nicht eine Stimmenwägung durchzuführen ist miteinander unverträglich."[448] Diese Äußerung war umso beachtlicher, als sie von einem Vertreter eines kleineren Staates kam. In diesem Punkt war das Lager der belgischen Abgeordneten in zwei Gruppen gespalten. Teitgen stimmte Dehousse zu. Damit wurde die gleiche Stimmenwägung wie im Europarat (21:21:21:10:10:4) vereinbart.[449] Den Hintergrund hierfür bildete der Gedanke, den Senat zum Verbindungsorgan zwischen der EPG und dem Europarat mittels der personellen Identität der Abgeordneten beider Organisation zu machen.

Erst auf der Plenarsitzung des Verfassungsausschusses vom 16. bis 20. Dezember 1952 stellte der belgische Christdemokrat Wigny einen Antrag gegen diese Stimmenwägung, wonach alle Staaten in dem Senat über die gleiche Zahl von Sitzen verfügen sollten. Dieser Antrag wurde jedoch abgelehnt. Den gleichen Antrag brachte er auf der Januarsitzung der Ad-hoc-Versammlung ein. Trotz der Unterstützung der Abgeordneten aus den Benelux-Staaten erlitt er dasselbe Schicksal. Wigny konnte sich mit der gleichen Forderung in der Februarsitzung des Unterausschusses II ebenfalls nicht durchsetzen.[450] Die Verteilung der Sitze des Senats entsprach somit genau der für die EVG-Versammlung vorgesehenen (Artikel 17). Hierzu trug der Föderalist Dehousse beträchtlich bei.

Was die Sitzverteilung der Völkerkammer der EPG anging, wurde die Zahl der Abgeordneten erhöht, und zwar hatte Frankreich 70 Sitze, Deutschland und Italien je 63, Belgien und die Niederlande je 30 und Luxemburg 12. Das System der Verteilung war dasselbe wie bei der

---

448 PAAA II, Bd. 854 AZ 240-10 Bd. 1, Schwarz-Liebermann, Aufzeichnung über die Verhandlungen des zweiten Unterausschusses zur Frage der zweiten Kammer vom 17.11.1952.

449 Von Merkatz, Aufzeichnung über die Sicherung einer Staatenvertretung im Rahmen der institutionellen Organisation einer zu schaffenden EPG (AA/CC/SCP (2) 5; Dehousse, Aufzeichnung über das Problem der zweiten Kammer (AA/CC/SCP (2) 8); PAAA II, Bd. 854 AZ 240-10 Bd. 1, Schwarz-Liebermann, Aufzeichnung über die Verhandlungen des zweiten Unterausschusses zur Frage der zweiten Kammer vom 17.11.1952; AA/CC/SCP (2) PV 4 vom 17. Oktober 1952, S. 2, in: SvEPG. Va. Uafpl. Aufzeichnungen und Berichte, November-Dezember 1952.

450 Bericht des Verfassungsausschusses vom 20.12.1952, S. 44; AA/CC (3) PV 11 vom 20. Dezember 1952, S. 10; Wigny, Abänderungsantrag VII zum Bericht des Unterausschusses für Politische Institutionen (AACC (3) 14); Wigny, Abänderungsvorschlag Nr. 28 zum Bericht des Verfassungsausschusses; Klompé, Entschließungsvorschlag (Dok.6) zur Festsetzung bestimmter Direktiven für den Entwurf eines Vertrages zur Gründung einer Politischen Gemeinschaft, in: SvEPG. Sitzungsperiode Januar 1953; Kurzbericht Nr. 3 der Beratungen der dritten Sitzung, in: SvEPG. Sitzungsperiode Januar 1953, S. 27-33; von Puttkamer, Der Entwurf, S. 117; PAAA II, Bd. 855 AZ 240-10 Bd. 2, von Puttkamer, Aufzeichnung betr. 2. Unterausschuß am 6. und 7. Februar 1953 in Paris; PAAA Materialsammlung MD Dr. H. Blankenhorn, Auswärtiges Amt, Satzung der Europäischen Gemeinschaft. Materialien. 31. März 1953, S. 50.

Versammlung der EVG. Die in diesem Vertrag vorgesehene Zahl von Mandaten wurde einfach mit drei multipliziert. Diese Sitzverteilung entsprach nicht der Bevölkerungszahl der einzelnen Mitgliedstaaten. Die Ad-hoc-Versammlung war der Ansicht, daß der demokratische Charakter und das Gleichgewicht der Teilnehmerstaaten besser gewahrt werden konnten, wenn die größeren Länder im Umfang ihrer Vertretung ein Opfer brächten. Diese Sitzverteilung wurde also weder nach einem nationalen Paritätssystem, noch nach einem den demokratischen Grundsätzen entsprechenden strengen Proporzsystem, wonach die luxemburgische Bevölkerung lediglich einen Abgeordneten, die drei größeren Länder hingegen über 70 Abgeordnete hätten wählen durften, sondern nach dem System einer „gewichteten" Systemverteilung, d.h. nach einem dem Verhältnis der Bevölkerungszahl der einzelnen Mitgliedstaaten nur ungefähr angepaßten Schlüssel, bestimmt.[451] Die Abgeordneten des Saarlandes waren in der Zahl der französischen Abgeordneten mit eingeschlossen. Angesichts der französischen überseeischen Gebiete erhielt Frankreich jedoch 7 zusätzliche Abgeordnetenmandate (Artikel 15).

Der umstrittene Teil war die Direktwahl. Die Gemeinsame Versammlung der EGKS und der EVG sollte aus Abgeordneten bestehen, die einmal jährlich nach einem von jedem Mitgliedstaat zu bestimmenden Verfahren von den Parlamenten aus deren Mitte zu ernennen oder in allgemeinen direkten Wahlen zu wählen waren. De facto jedoch wurde sie aus der Mitte der jeweiligen Parlamente ausgewählt. Während der Senat der EPG aus der Mitte der nationalen Parlamente gewählt werden sollte, sollte die Völkerkammer der EPG von allen europäischen Völker direkt gewählt werden. Ein Gesetz der EPG sollte die Grundsätze des Wahlverfahrens festlegen. Der Wahlmodus der ersten Wahl blieb jedoch den beteiligten Staaten überlassen, ausgenommen der Leitlinie, daß die Abgeordneten „nach dem Verhältniswahlrecht mit der Möglichkeit der Listenverbindung" zu wählen waren (Artikel 13 und 96).

In der Sitzung vom 14. November 1952 des Unterausschusses II wurden die schriftlichen Anträge Teitgens als Grundlage der Beratungen vorgelegt. Darin wurde nachdrücklich betont, daß die Völkerkammer auf Grund des allgemeinen Wahlrechts gewählt werden sollte, um die öffentliche Meinung für das begonnene Werk zu gewinnen, der Völkerkammer die erforderliche Autorität zu verleihen und der EPG die erwünschte Dynamik zu geben. Daran anschließend verlas van der Goes van Naters eine Erklärung, daß in den Beratungen über die Institutionen der EPG der Eden-Plan große Berücksichtigung finden solle. Nach seiner Ansicht stand die direkte Wahl der Völkerkammer im Widerspruch zum Eden-Plan. Aus all diesen Gründen sei die Aufrechterhaltung des in Artikel 25 der Satzung des Europarates vorgesehenen Wahlsystems für alle neuen Gemeinschaften zwingend, d.h. ein System, in dem das nationale Parlament das Wahlkollegium für jede europäische Vertretung bleibe. Nach allgemeinen Aussprachen gelangte man zu dem Kompromiß, die Abgeordneten der Völkerkammer nach zwei verschiedenen Systemen zu bestimmen: einem vorläufigen (in der Übergangsperiode) und einem endgültigen Direktwahl-System. Weiterhin legte man fest, daß der Vertrag das Verfahren des Übergangs von einem zum anderen System im einzelnen festlegen mußte.[452]

---

451 Bericht des Verfassungsausschusses vom 20.12.1952. S. 38 und von Puttkamer, Der Entwurf, S. 115f.
452 Teitgen, Aufzeichnung über Politische Organe vom 12. November 1952, S. 1, in: SvEPG. Va. UafpI vom November - Dezember 1952; Erklärung von Abg. van der Goes van Naters in der Sit-

Die darauffolgenden Debatten kreisten immer wieder um die Regelung während der Übergangszeit. Auf der einen Seite standen die Abgeordneten aus den Benelux-Ländern, die forderten, eine Übergangszeit, in der die direkte Wahl ausgeschlossen werden sollte, festzusetzen. Sie begründeten diese Ansicht damit, daß kein Wahlsystem vorgesehen sei, welches die Möglichkeit böte, die Wahl kommunistischer Abgeordneter in die parlamentarischen Organe der EPG auszuschließen, daß die öffentliche Meinung noch nicht für europäische Wahlen vorbereitet sei, und es weder europäische Parteien noch europäische Programme gebe.[453] Auf der anderen Seite standen die Abgeordneten aus den drei größeren Ländern, die eine solche Übergangszeit für unzweckmäßig und nicht erforderlich hielten. Sie polemisierten gegen die obengenannten Begründungen. Schon im November schlug der Vorsitzende des Unterausschusses II, Teitgen, in seinem Vorschlag über den Abstimmungsmodus vor, falls man es zur Ausschaltung der Kommunisten für wünschenswert hielt, in der Völkerkammer nur diejenigen politischen Tendenzen oder Organisationen zu vereinen, welche die Grundsätze der Satzung des Europarats anerkannten, wäre es angebracht, das französische Wahlsystem, nämlich die Verhältniswahl mit fakultativer Listenverbindungen, einzuführen. Für den Fall, daß die verbundenen Listen die absolute Mehrheit der abgegebenen Stimmen erhielten, gewännen sie alle Sitze. Der Vorschlag wurde vom Unterausschuß II bereits in der Sitzung vom 14. November angenommen.[454] Es war jedoch fraglich, ob dieses Wahlsystem effektiv genug gewesen wäre, um den Einzug der Kommunisten in das europäische Parlament zu verhindern. Auf die zweite Begründung erwiderte Teitgen für die überwältigende Mehrheit des Unterausschusses II, daß dies stets bei einer ersten europäischen Parlamentswahl so wäre. Die Mehrheit sprach sich gegen die Einführung einer Übergangsperiode aus.[455]
In diesem Zusammenhang ist die Erklärung des belgischen Abgeordneten Dehousse bemerkenswert, die Annahme einer Übergangsregelung würde der EPG ihren wesentlichen Gehalt und ihre Überzeugungskraft rauben. Er wies nachdrücklich darauf hin, daß „man in einem Augenblick, in dem die Ratifizierung des Gründungsvertrages der EVG in mehreren Ländern auf große Schwierigkeiten stieße, auf diese Weise die Möglichkeit, diesen Vertrag zu verbessern und die europäische Armee der Kontrolle einer Völkerversammlung zu unterstellen, preisgeben würde."[456] Der Wortstreit zwischen den beiden Seiten hielt bis zum Ende der Verhandlungen der Ad-hoc-Versammlung an und endete schließlich mit dem Sieg der zweiten Gruppe, also der Abgeordneten der drei größeren Länder. Damit fand die Idee der direkten Wahl für die Völkerkammer ihren Niederschlag in Artikel 13 des EPG-Entwurfs.[457]

---

zung des Unterausschusses II vom 14. November 1952 (AA/CC/SCP (2) 3); AA/CC/SCP (2) PV 2 vom 14. November 1952.
453 PAAA II, Bd. 854, AZ 240-10 Bd. 1, Schwarz-Liebermann, Zwischenbericht über die Verhandlungen der Unterausschüsse I. und II. vom 3.12.1952.
454 Teitgen, Aufzeichnung über Politische Organe vom 12. November 1952, S. 3, in: SvEPG. Va. Unterausschuß für Politische Institutionen, November - Dezember 1952; BA NL von Brentano 118, Schreiben von Merkatz an Hallstein vom 17. November 1952; AA/CC/SCP (2) PV 2 vom 14. November 1952.
455 PAAA II, Bd. 854, AZ 240-10 Bd. 1, Schwarz-Liebermann, Vermerk über die Arbeit des Unterausschusses I. und II. vom 5. und 6.12.1952; AA/CC/SCP (2) PV 10 vom 5. Dezember 1952; Bericht des Verfassungsausschusses vom 20.12.1952. S. 38.
456 AA/CC/SCP (2) 11 vom 6. Dezember 1952, S. 2-3 und Anlage I, Ziffer 36.
457 AA/CC/SCP (2) PV 2 vom 12 November 1952, PV 3 vom 15. November 1952, PV 7 vom 21.

Anhand dieser Beratungen läßt sich feststellen, daß die Überzeugung, der EPG-Plan würde aufgrund der demokratischen Kontrolle durch eine direkt gewählte Völkerkammer die Ratifizierung des EVG-Vertrages erleichtern, in den Niederlanden nicht vorhanden war. Diese waren vielmehr umgekehrt der Meinung, eine direkt gewählte Völkerkammer würde die Ratifizierung des EVG-Vertrages zusätzlich erschweren, da sie im Parlament der EPG wegen ihrer geringen Bevölkerungszahl von den größeren Ländern majorisiert werden würden. Vor allem die niederländischen Abgeordneten bemühten sich bis zum Ende, die Übergangszeit vertraglich festzusetzen. Die niederländische Ablehnung ist verständlicher, wenn man sie im Zusammenhang mit dem Beyen-Plan betrachtet. Die Niederländer lehnten den entscheidenden Schritt hin zur Einigung Europas ab, bevor nicht die wirtschaftliche Integration in gewissem Maße verwirklicht werden würde. Die Ablehnung der Direktwahl wurde also von niederländischer Seite „taktisch" eingesetzt, um andere Länder für den Beyen-Plan zu gewinnen.

3.2 Der Europäische Exekutivrat und der Rat der nationalen Minister

Der Europäische Exekutivrat sollte die Regierung der EPG wahrnehmen (Artikel 27). Der Präsident des Europäischen Exekutivrats sollte die EPG in ihren auswärtigen Beziehungen vertreten (Artikel 34). Seine Mitglieder sollten als „Minister der Europäischen Gemeinschaft" bezeichnet werden (Artikel 28 §4). Der Präsident war jedoch kein Staatsoberhaupt (Entschließung III Ziff.13 des Verfassungsausschusses vom 20. Dezember 1952). Man war sich über die Verstärkung der EPG im Hinblick auf die Zusammensetzung des Exekutivrates einig. Weder bei der Bestellung noch bei der Abberufung sollten die nationalen Regierungen, repräsentiert durch den Ministerrat, im Gegensatz zur EGKS und der EVG eine Rolle spielen. Die Ernennung der Mitglieder war ausschließlich Sache des Präsidenten, der seinerseits durch den Senat bestimmt werden sollte (Artikel 28). Einsetzung und Abberufung (Mißtrauensvotum) des Exekutivrats war ebenfalls allein Angelegenheit von Senat und Völkerkammer (Artikel 31).

Über das Verhältnis des Europäischen Exekutivrates zum Rat der nationalen Minister wurde heftig debattiert. Die Befugnisse des Ministerrates der Montanunion waren geringer als die der EVG. Dieses Ungleichgewicht hätte dazu führen können, daß die Unabhängigkeit der Hohen Behörde der Montanunion gemindert würde, wären beide Ministerräte zu einem Rat der nationalen Minister der EPG verschmolzen. Das bereitete Monnet Sorge.

Diese Debatte fand jedoch erst in der Sitzung des Unterausschusses II vom 18. November statt. Vor der weiteren Betrachtung dieser Debatte möchte der Verfasser zunächst den schriftlichen Antrag Wignys hinsichtlich der Exekutive vom 7. November untersuchen. Darin zeigte

---

November 1952, PV 11 vom 6. Dezember 1952; AA/CC (3) PV 11 vom 20. Dezember 1952 S. 6; Wigny, Abänderungsantrag VII zum Bericht des Unterausschusses für politische Institutionen (AA/CC (3) 14); Kurzbericht der Beratungen der dritten Sitzung vom 9. Januar 1953, S. 11-14; Abänderungsvorschlag zum Bericht des Verfassungsausschusses Nr. 26 (Wigny); PAAA II, Bd. 854, AZ 240-10 Bd. 1,Schwarz-Liebermann, Aufzeichnung über den bisherigen Stand der Arbeit des zweiten Unterausschusses vom 14. und 15. November 1952; PAAA II, Bd. 855, AZ 240-10 Bd. 2, Schwarz-Liebermann, Aufzeichnung über den Verlauf der Ad-hoc-Versammlung am 9. Januar 1953; über die einzelne juristische Struktur des Parlaments siehe Bindschedler, R.L., Rechtsfragen der europäischen Einigung, Basel 1954, S. 346-349.

Wigny einen grundsätzlichen Konflikt zwischen dem Wunsch, ein europäisches Organ zu schaffen, und der Sorge um die nationale Souveränität auf. Dabei ging es um das Verhältnis zwischen der Exekutive und dem Ministerrat. Er schlug zwei Möglichkeiten vor, entweder den Rat der nationalen Minister zur Exekutive zu machen oder, wenn sich dies als unmöglich erweisen sollte, den Rat in die Exekutive mit einzubeziehen. Jedenfalls sollte von jeder Regierung ein europäischer Fachminister ernannt werden, der dann der Regierung angehören sollte. Dieser trug eine doppelte Verantwortung: einerseits gegenüber der Europäischen Versammlung, andererseits gegenüber seinem nationalen Parlament. Auf diese Weise wollte Wigny die einzelstaatliche Souveränität so weit wie möglich bewahren.[458]

In der Sitzung des Unterausschusses II vom 18. November 1952 sprach sich Dehousse gegen den Ministerrat als Exekutive aus. In einer EPG müsse es eine Europäische Exekutive geben. Außerdem sollten die Verantwortlichkeiten klar definiert werden. Undenkbar sei eine Simultanverantwortlichkeit vor europäischen und nationalen Parlamenten. Er wollte die Exekutive mit erweiterten Befugnisse ausstatten. Van der Goes dagegen erklärte, es müsse sich schon um eine europäische Hohe Behörde handeln, doch sei zu erwägen, daß der Ministerrat gewisse mitwirkende Funktionen ausübe. Diesem Vorschlag schloß sich der Generalsekretär des Europarates, Paris, an. Zustimmend äußerte der luxemburgische Vertreter, Schauss, daß eine bloße Europäische Behörde im allgemeinen politischen Gebiet nicht tragbar sei. Man müsse darauf abzielen, daß ein Ministerrat die Richtlinien bestimme, während die Behörde eine Exekutive im eigentlichen Sinne sei. Der Vorsitzende des Unterausschusses, Teitgen, erläuterte alsdann anhand der Struktur der EGKS und EVG, daß ein großer Bereich auf der Ebene der Durchführung bei den Mitgliedstaaten verbleibe und sich deshalb eine Einbeziehung eines Ministerrates von selbst verstehe. Er schlug eine Exekutive vor, der ein Ministerrat als koordinierendes und richtliniengebendes Organ beigeordnet sei.[459]

Nach kurzer Pause machte von Brentano einen Kompromißvorschlag, der vorsah, daß die Exekutive der EPG aus einer kollegial gebildeten Europäischen Behörde bestehen sollte, die sich aus den Ministerräten der EGKS und der EVG sowie aus sechs weiteren (europäischen) Ministern zusammensetzen sollte, die von der zweiten Kammer der EPG berufen würden, und die für ihre Amtsführung des Vertrauens der beiden Kammern bedürfe. Eine Abberufung der sechs von der zweiten Kammer bestellten Mitglieder der Europäischen Exekutive mache die gesamte Exekutive arbeitsunfähig und zwinge zur Neubestellung mindestens dieser sechs, unter Umständen sogar aller achtzehn Mitglieder. Nach zähen Verhandlungen gelangte man im Dezember zu einem vorläufigen Abschluß, der in Ziffer 14 der Entschließung III des Berichts des Verfassungsausschusses vom 20. Dezember ausgedrückt ist: „14. Der Aufbau der Exekutive der Gemeinschaft umfaßt den Europäischen Exekutivrat und den Rat der nationalen Minister." In der Januarsitzung der Ad-hoc-Versammlung wurde vereinbart, daß der Präsident vom Senat gewählt werde.[460]

---

458 Wigny, Aufzeichnung über die Exekutive (AA/CC/SCP (2) 1), in: SvEPG. UafpI, Aufzeichnungen und Berichte, Bd. 1, Paris.
459 PAAA II, Bd. 854, AZ 240-10 Bd. 1, Schwarz-Liebermann, Aufzeichnung über die Verhandlungen des zweiten Unterausschusses vom 16. November 1952.
460 Von Brentano, Aufzeichnung über die Institutionen der Politischen Gemeinschaft (AA/CC/SCP (2) 7), in: SvEPG. UafpI, Aufzeichnungen und Berichte, Bd. 1 (Oktober 1952 - Dezember 1952); Dehousse, Kurzbericht über das Problem der Exekutive (AA/CC/SCP (2) 9) in, Ibid; PAAA II,

Wegen der oben genannten Entschließung III wandte Monnet sich alarmiert an Spaak, von Brentano und weitere führende Mitglieder der Versammlung. Die vorgeschlagene Regelung, so Monnet, stehe in Widerspruch zum angestrebten supranationalen Charakter der EPG und mache weitere Fortschritte in der europäischen Einigung unmöglich. Wenn die vorgesehene Einstimmigkeit auch nicht für Entscheidungen aufgrund des EVG- oder des EGKS-Vertrages gelten sollte, befürchtete Monnet doch, daß auch deren supranationaler Charakter in Frage gestellte werde, wenn diesen beiden Organisationen eine lediglich zwischenstaatliche Politische Gemeinschaft aufgepfropft werden würde. Er stellte eine wesentliche Frage in bezug auf die Bedeutung der allgemeinen Wahl: „Peut-on faire voter les peuples afin d'élire un Parlement qui contrôle un Exécutif incapable de décider par lui-même et qui cependant serait responsable devant ce Parlement?"[461] Monnets schriftliche Aktion erweckte in der Öffentlichkeit den Eindruck, als wolle er die Parlamentarier der Ad-hoc-Versammlung veranlassen, dem Entwurf der EPG des Verfassungsausschusses entgegenzutreten. Auf einer Pressekonferenz am 13. Januar 1953 dementierte von Brentano zwar diese Fehlinformation, bedauerte jedoch, daß Monnet durch ein solches Schreiben den Eindruck erweckt habe, er sei gegen die Arbeit des Verfassungsausschusses.[462] Es ist schwer einzuschätzen, welche Wirkung Monnets Brief tatsächlich hatte. Mit Sicherheit jedoch blieb er nicht gänzlich ohne Folgen.

Die Einbeziehung des Ministerrates, der nach dem Einstimmigkeitsprinzip entscheiden sollte, in die Exekutive griff der deutsche Abgeordnete Becker bereits in einer Note des Unterausschusses I vom 1. Dezember heftig an. In der Sitzung des Verfassungsausschusses vom 16. Dezember 1952 und in der Sitzung der Ad-hoc-Versammlung vom 7. Januar 1953 stellte Becker mit Montinis Unterstützung erneut den Antrag, in allen Bestimmungen den Rat der nationalen Minister zu streichen, mit der Begründung, daß auch ein einzelner Minister mit seinem Vetorecht das Funktionieren der Gemeinschaft lahmlegen könnte. Trotzdem fand dieser Vorstoß keine Gegenliebe unter den meist zurückhaltenden Abgeordneten. Der französische Sozialist Jaquet stellte einen ähnlichen Abänderungsantrag, nämlich die Zuständigkeiten des Rates der nationalen Minister der EVG zu begrenzen. Dieser Antrag wurde dem Verfassungsausschuß zur Prüfung überwiesen. Damit blieb der Vorrang, den der Ministerrat in den EGKS- und EVG-Verträgen genoß, gewahrt.[463]

Bd. 854, AZ 240-10 Bd. 1, Schwarz-Liebermann, Aufzeichnung über die Verhandlungen des zweiten Unterausschusses vom 16. November 1952; AA/CC (3) PV 11 vom 20. Dezember 1952, S. 11-12, in: SvEPG. Va. Aufzeichnungen und Berichte, Oktober 1952 - März 1953, Paris, Bd. IV; Protokoll Nr. 4 der vierten Sitzung der Ad-hoc-Versammlung am 10. Januar 1953, in: SvEPG. Sitzungsperiode Januar 1953, Kurzbericht über die Beratungen vom 7.-10. Januar 1953, Straßburg, Bd. I; Vermeylen, Entschließungsvorschlag (Dok.5), in: Ibid., Bd. II; Richtlinien für die Ausarbeitung des Verfassungsentwurfs zur Gründung einer EPG (Dok.10) in: Ibid., Bd. II.

461 BA NL von Brentano 118, Lettre de J. Monnet à von Brentano, 5 janvier 1953; AMJ 5/7/1, Kohnstamm, Communication de M. Jean Monnet aux membres de la Haute Autorité; AMJ 5/7/3, Lettre de Jean Monnet à Paul-Henri Spaak, 6 janvier 1953; AMJ 5/8/1 Lettre de P.E. Taviani à J. Monnet, 2.1.1953; AMJ 6/4/1 Note relative à une lettre que J. Monnet aurait écrite aux membres de l'Assemblée constitutionnelle, signée Streiter, 9.1.1953.

462 AMAE CE-CE, CECA, Vol. 521, Bl. 186-7, Télégramme de F. Poncet à MAE, 10.1.1953; AMAE Europe 44-60, Généralités, Vol.78, Bl. 82-84, Haut-Commissaire de la République en Allemagne à G. Bidault, 13. janvier 1953, a/s d'une conférence de Presse de M. von Brentano; BA NL von Brentano 118, Schreiben von Brentano an Monnet vom 15. Januar 1953.

463 Becker, L'union fait la force, (AA/CC/SCA (2) 25), in: SvEPG. Va. UafZ. Aufzeichnungen und

In der Sitzung der Arbeitsgruppe vom 8. und 9. Januar wurden alle Abänderungsanträge zu diesen Ziffern (14, 19 bis 24 der Entschließung III) zusammenfassend diskutiert. Bei den Beratungen zeichnete sich ab, daß die Abgeordneten aus den kleineren Ländern (Wigny, Blaisse, Bruins Slot) der Auffassung waren, dem Rat der nationalen Minister eine ziemlich wichtige Rolle zuerkennen zu müssen, um auf diese Weise eine Garantie für die nationale Souveränität der kleineren Staaten zu erhalten. Daher beabsichtigten sie, die Ziffern der Entschließung III beizubehalten. Klompé, Spaak und Dehousse bildeten hierbei Ausnahmen. Spaak sagte, daß es besser sei, das ganze Projekt zurückzustellen, als eine zweiköpfige Exekutive anzunehmen. Klompé brachte einen noch weiter gehenden Antrag ein. Die Abgeordneten aus der Bundesrepublik und Italien hingegen waren der Auffassung, die Befugnisse der Exekutive stärken und dementsprechend die des Rates der nationalen Minister abschwächen zu müssen. Die französischen Abgeordneten waren gespalten. Auf der einen Seite stand Debré, der sich gegen die supranationale Gestaltung der Gemeinschaft aussprach. Die anderen befürworteten eine Stärkung der Exekutive, wobei Mollets Parteifreund, Jaquet, hervortrat. Er wollte die EVG in eine echte supranationale Organisation verwandeln, indem die Befugnisse des Ministerrates der EVG begrenzt werden sollten, was wiederum voraussetzte, den bereits unterzeichneten Text des EVG-Vertrages abzuändern.[464] Obwohl dieser Antrag sich nicht durchsetzte, wurde die Argumentation der Stärkung der Exekutive berücksichtigt, so daß der Europäische Exekutivrat unabhängig vom Ministerrat zusammengesetzt werden und die Hohe Behörde und das Kommissariat in sich verschmelzen sollte. Dafür wurde eine Übergangszeit von zwei Jahren vorgesehen.[465]

Hiermit wurde die allgemeine Debatte zugunsten derjenigen, die die Befugnisse des Exekutivrates stärken wollten, z.B. Monnets, zwar geändert, doch nicht soweit, daß es Mollet und seine Parteifreunde zufriedenstellte. Das Vorrecht und Vetorecht der Regierungen durch den

---

Bericht; Becker, Änderungsanträge (AA/CC (3) 14) vom 16. Dezember 1952; Beckers Ausführung in der Sitzung der Ad-hoc-Versammlung vom 7. Januar 1953, Kurzbericht der Beratung der ersten Sitzung vom 7. Januar 1953. Ad-hoc-Versammlung, S. 25f. Montinis Ausführung, Kurzbericht der Beratung der ersten Sitzung vom 7. Januar 1953. Ad-hoc-Versammlung, S. 34; AA/CC/GT (3) PV 6 vom 8. Januar 1953 und 7 vom 9. Januar 1953, in: SvEPG. Va. Ag. Aufzeichnungen und Berichte. Oktober 1952-März 1953, Bd. III; Bericht des Verfassungsausschusses vom 20.12.1952. S. 45f; PAAA II, Bd. 855, AZ 240-10 Bd. 2, Schwarz-Liebermann, Aufzeichnung über den Verlauf der Sitzung der Ad-hoc-Versammlung am 7./8. Januar 1953.
464 ID, Nr. 141 am 14. Januar 1953, S. 6; AA/CC/GT (3) PV 6 und 7 vom 8 und 9 Januar 1953, in: SvEPG. Va. Ag. Aufzeichnungen und Berichte, Band III; Arbeitsgruppe, Zusammenstellung der Änderungsanträge zu den Ziffern des Berichtes des Ausschusses, über welche die Versammlung abzustimmen beschlossen hatte. (AA/CC/GT (3) 3) vom 8. Januar 1953, in: SvEPG. Va. Ag. Aufzeichnungen und Berichte, Band I; Dehousses Ausführungen in der Sitzung der Ad-hoc-Versammlung vom 9. Januar 1953, in: SvEPG. Aussprache, S. 218-221; Jaquet, Abänderungsanträge Nr. 32, 33, 34 und 35 zu dem Bericht des Ausschusses, in: SvEPG. Sitzungsperiode Januar 1953. Sitzungsprotokolle. Sitzungsdokumente. Verschiedenes.
465 Vorschläge der Arbeitsgruppe zu Ziff. 14, 19-24 der Entschließung III (Dok.9), in: SvEPG. Sitzungsperiode Januar 1953. Sitzungsprotokolle. Sitzungsdokumente. Verschiedenes; Dehousses Ausführung in der Sitzung der Ad-hoc-Versammlung vom 9. Januar 1953, in: SvEPG. Aussprache, S. 220f; die vierte Sitzung der Ad-hoc-Versammlung am 9. Januar 1953, in: SvEPG. Aussprache, S. 217-230.

Ministerrat blieb erhalten. Der Rat der nationalen Minister verfügte nach wie vor über die gleichen Entscheidungsbefugnisse. Dagegen blieb der Exekutivrat de facto ein Verwaltungsorgan, das über die Möglichkeit verfügte, mit der Gesetzgebungsinitiative an der künftigen Entwicklung der Europa-Armee teilzunehmen. Das war bescheiden im Vergleich zu den Bestimmungen in den Resolutionsentwürfen der Studienkommission der Europäischen Bewegung, nach der die wesentlichen Funktionen des Ministerrates der EGKS und der EVG von der Regierung (Exekutivrat) der EPG ausgeübt werden sollten. Trotzdem sah der Beobachter der französischen Regierung dieses bescheidene Ergebnis als „une diminution certains du rôle des représentants gouvernementaux" an.[466]

4. Das Verhältnis der EPG zu Drittländern und internationalen Organisationen

Der Entwurf der Satzung der EPG sah zwei Verbindungsmöglichkeiten zu Drittländern und anderen internationalen Organisationen vor: den Assoziationsvertrag (Artikel 90 bis 93) und das Protokoll über die Verbindungen mit dem Europarat sowie die personelle Identität der Abgeordneten im Senat der EPG und in der Beratenden Versammlung des Europarats. Darüber hinaus wurde auch das Verhältnis der EPG mit der NATO beraten.

Bei der Ausarbeitung des Unterausschusses IV für diese Verbindungen wurde größter Wert darauf gelegt, Großbritannien auf irgendeine Weise an der kleineuropäischen Integration zu beteiligen. Denn ein beträchtlicher Teil der Mitglieder der Ad-hoc-Versammlung hielt dies für die unerläßliche Voraussetzung für das Zustandekommen der EPG.[467] Diese Frage wurde erst in der Sitzung vom 24. und 25. November diskutiert. Dabei bildeten die Aufzeichnungen Margues und Wignys die Grundlage der Beratungen. Margue war gleicher Meinung wie Mollet, Artikel 38 des EVG-Vertrages beauftrage die vorläufige Versammlung der EVG nicht, ein politisches Statut zur Errichtung eines europäischen Bundesstaates oder Staatenbundes vorzubereiten, sondern begnüge sich mit der Bestimmung, daß die neue Organisation gegebenenfalls einen Bestandteil einer späteren bundesstaatlichen oder staatenbündischen Struktur darstellen solle, die zu diesem Zeitpunkt nicht vorgesehen sei. Seiner Auffassung nach habe die Luxemburger Resolution vom 10. September 1952 die eigentlichen Inhalte des Artikels 38 des EVG-Vertrages verschleiert, indem sie weniger genaue Ausdrücke verwende, die die Vermutung aufkommen ließen, daß die EPG ein autonomes Gebilde sein solle, welches in keinster Weise der EVG eingefügt sei, sondern diesen Rahmen überschreite und sich sowohl dieser Gemeinschaft als auch der bereits bestehenden Montanunion überordne. Margue war der Ansicht, daß der Europarat die mit der Ausarbeitung der europäischen politischen Statuten anvertraute Instanz sein sollte. Daher schlug er vor, daß alle Institutionen der

---

[466] Resolutionsentwürfe der Studienkommission der Europäischen Bewegung vom 20.9.1952, in: Lipgens, 45 Jahre Ringen um die Europäische Verfassung. S. 123; AMAE DE-CE, CECA, Vol. 521, Bl. 187-197, Europe, S/D du Conseil de l'Europe, Note, 15.1.1953, a.s. Réunion des travaux de l'Assemblée ad hoc.

[467] Van der Goes van Naters, Erklärung in der Sitzung des Unterausschusses II vom 14. November 1952, in: SvEPG. Va. UafpI. vom November - Dezember 1952; Lord Layton, Little Europe and Britain, in: International Affairs, London, Vol. 29 1953. S. 299-301; PAAA Materialsammlung MD Dr. H. Blankenhorn, Auswärtiges Amt, Satzung der Europäischen Gemeinschaft. Materialien. 31. März 1953, S. 206.

Sonderbehörden - so weit irgend möglich - in den Rahmen des Europarates gestellt werden sollten. Der Rat der sechs Minister dürfte selbst dann nicht vom Rat der fünfzehn Minister des Europarates losgelöst werden, wenn er sich mit den besonderen Angelegenheiten einer beschränkten Gemeinschaft befaßte. Die Versammlungen der verschiedenen Gemeinschaften müßten Unterabteilungen der Beratenden Versammlung sein.[468]
Wigny, der im Grunde die Auffassung Margues teilte, schlug eine konkrete Alternative vor. Die Ad-hoc-Versammlung sollte gleichzeitig über die Bildung einer kontinentalen Gemeinschaft und über die Änderung des Statuts des Europarats beraten. Hinsichtlich des letzteren schlug er mehrere Alternativen vor. Zuerst unterschied er zwischen inneren und äußeren Verbindungen. Die inneren Verbindungen bestanden darin, den Europarat dahingehend umzugestalten, daß er den Charakter einer politischen Gemeinschaft annahm, damit er die EPG als eine weiterentwickelte Untergruppe in sich aufnehmen könnte. Die äußeren Verbindungen zielten darauf ab, ohne Satzungsänderung des Europarates ein Koordinierungssystem beider Organisation herzustellen. Wigny stellte die internen Verbindungen stark in den Vordergrund. Auf die äußeren Verbindungen sollte man dann zurückgreifen, wenn erstere sich als unmöglich erwiesen. Obgleich die Aufgabe von Souveränitätsrechten im Europarat nicht verlangt werden durfte, so Wigny, konnte eine gewisse organisatorische Umgestaltung des Europarats ins Auge gefaßt werden, z.B. die obligatorische Konsultation der Beratenden Versammlung vor der Entscheidung der nationalen Regierungen hinsichtlich europäischer Angelegenheiten. Darüber hinaus sollte die Beratende Versammlung jener Versammlung der Europäischen Gemeinschaft gleichen, die nach Artikel 38 des EVG-Vertrages auf demokratischer Grundlage gewählt werden sollte. Die europäische Satzung könne den nationalen Gesetzen die einzelnen Regelungen überlassen, z.B. bei der Frage nach direkter oder indirekter Wahl, Verhältniswahlrecht, Wahlverfahren etc. Wenn auf dieser breiten Grundlage eine Verbindung zwischen der Versammlung des Europarates und der der EPG hergestellt werden könnte, so bestünde kein Hindernis dafür, daß die beiden Versammlungen ineinander übergriffen. Daher sollte zumindest die persönliche Identität der Abgeordneten aus den sechs Staaten in der Versammlung der EPG und in der Beratenden Versammlung gesichert werden.[469]
Über die Konkretisierung des Eden-Plans hinaus beinhaltete Wignys Vorschlag eine substantielle Änderung der Satzung des Europarats. Sein Vorschlag wurde zunächst wohlwollend im Unterausschuß IV aufgenommen. Entscheidend war jedoch die britische Haltung. In der Sitzung vom 1. und 2. Dezember 1952 wurde über den Vorschlag Wignys ausgiebig diskutiert. Hierbei waren Lord Layton, Gorden und Jacobsen der Ansicht, die Statutenänderungsvorschläge Wignys gingen zu weit. Sie erinnerten daran, daß ähnliche Vorschläge, die aus der Beratenden Versammlung gekommen waren, vom Ministerkomitee bereits zurückgewiesen

---

468 Margue, Aufzeichnung über die zwischen der EPG und dem Europarat zu schaffenden Verbindungen (AA/CC/SCL (2) 1), in: SvEPG. Va. UafV. Aufzeichnungen und Berichte.
469 Wigny, Aufzeichnung (AA/CC/SCL (2) 4), S. 2-5, in: SvEPG. Va. UafV. Aufzeichnungen und Berichte; PAAA II, Bd. 852 AZ 240-10 Bd. 1, Schwarz-Liebermann, Aufzeichnung über den Verlauf der Sitzung des Unterausschusses für Verbindungen am 19.11.1952. Wigny bezeichnete den angepaßten Europarat als „Europäische Gemeinschaft", die der Verfassungsausschuß EPG nannte, und die EPG als „kontinentale Gemeinschaft" (Wigny, Aufzeichnung (AA/CC/SCL (2) 4), S. 1). Diese Vermischung der Begriffe schien für den persönlichen Sekretär von Brentanos, Brand, gewollt zu sein. (BA NL von Brentano 119, Brand, Aufzeichnung über das Problem der Verbindung, Stand vom 5.12.1952).

worden waren. Für die britische Regierung war eine geringfügige Kompetenzerweiterung des Europarates bis zu diesem Zeitpunkt nicht annehmbar. Der englische Standpunkt wurde von Amery deutlich zum Ausdruck gebracht: keine obligatorische Konsultation und vorerst keine Assoziation, sondern Beobachterstatus mit Mitspracherecht, der sich langsam hin zu einer Assoziation entwickeln könnte. Nur die äußeren Verbindungen wurden angenommen. Damit wurde dem Vorhaben Wignys zu den internen Verbindungen ein Riegel verschoben.[470] Aus den Beratungen ergab sich, daß dem Eden-Plan bereits mit folgenden Möglichkeiten Genüge getan war;

1) mit der Möglichkeit der Assoziation;
2) mit der Möglichkeit von Verbindungen, die bereits festgelegt waren
  a) durch den Beschluß des Unterausschusses II, daß der zu schaffende Wirtschafts- und Sozialrat der Sechs in dem Wirtschafts- und Sozialrat des Europarats aufgehen sollte, falls ein solcher geschaffen würde
  b) durch nachstehende Beschlüsse des Unterausschusses II vom 4. Dezember

„Der Senat kann die Zulassung von Beobachtern beschließen, die von dritten Staaten, die Mitglieder des Europarats sind, ernannt werden. Diese Beobachter nehmen an den Verhandlungen des Senats und seiner Ausschüsse teil; sie ergreifen das Wort nur auf Aufforderung des Präsidenten der Versammlung.

Die Völkerkammer kann die Zulassung von Beobachtern beschließen, die von dritten Staaten, die Mitglieder des Europarats sind, ernannt werden. Diese Beobachter nehmen an den Verhandlungen der Kammer teil; sie können nicht das Wort ergreifen.

In keinem Falle nehmen die Beobachter an der Abstimmung teil."[471]

Damit wurde die eigentliche Absicht von Eden nur geringfügig realisiert, jedoch in der Form, daß die Teilnahme der britischen Beobachter an der Versammlung der EPG in den Händen der EPG lag. Dieser Grundgedanke fand seinen Niederschlag im Satzungsentwurf der EPG (Artikel 107 des Verfassungsentwurf, Protokoll über die Verbindungen mit dem Europarat).

Die Frage der Assoziation, die in engem Zusammenhang mit der Union Française stand, wurde sowohl im Unterausschuß IV als auch in den Unterausschüssen I und II in zweckmäßiger Weise geregelt. Deswegen ist hier nicht auf die einzelnen Beratungen einzugehen. Die Bestimmungen der Assoziation wichen von denen der EGKS- und der EVG-Verträge ab. Die EPG konnte Assoziationsverträge mit dem Ziel abschließen, mit dritten Staaten auf bestimmten Gebieten eine enge Zusammenarbeit mit einander entsprechenden Rechten und Pflichten herbeizuführen. Diese Verträge konnten abgeschlossen werden mit einem europäischen Nichtmitgliedstaat oder, unter den im Grundgesetz des betreffenden Staates festgesetzten Bedingungen, mit einem überseeischen Staat, wenn dieser überseeische Staat durch ver-

---

470 Van der Goes van Naters, Vorschlag (AA/CC/SCP (2) 12) vom 3.11.1952; PAAA II, Bd. 852 AZ 240-10 Bd. 1, Schwarz-Liebermann, Aufzeichnung über den Verlauf der Sitzung des Unterausschusses für Verbindungen am 19.11.1952; PAAA II, Bd. 852 AZ 240-10 Bd. 1, Schwarz-Liebermann, Aufzeichnung über die Verhandlungen des vierten Unterausschusses für Liaison vom 24./25.11.1952; AMJ 4/3/13 Communication téléphonique de M. van Helmont à Monnet, 25.11.1952; AA/CC/SCL (2) PV 4 vom 25. November 1952; BA NL von Brentano 119, Brand, Aufzeichnung über das Problem der Verbindung (Stand vom 5.12.1952).
471 BA NL von Brentano 119, Brand, Aufzeichnung über das Problem der Verbindung (Stand vom 5.12.1952); AA/CC/SCP (2) PV 9 vom 4. November 1952, S. 2-3.

fassungsrechtliche Bande einem Mitgliedstaat oder einem mit der Gemeinschaft bereits assoziierten Staat angeschlossen war (Artikel 90). Ob der Staat, der durch verfassungsrechtliche Bande einem Mitgliedstaat angeschlossen war, der EPG beitrat oder assoziiert war, war ausschließlich vom Mutterland abhängig.
Was die Verbindung der EPG zur NATO anging, war es von vornherein unbestritten, daß alle Bestimmungen des EVG-Vertrages über die Beziehung zur NATO in den Artikeln des EPG-Vertrages umgesetzt werden sollten. Als die Kollektivvertretung der EVG-Länder bei der NATO auf den Novembersitzungen des Unterausschusses IV diskutiert wurde, traten der französische Abgeordnete Mutter und der deutsche Abgeordnete Kopf für eine gemeinsame kollektive Vertretung der EVG-Länder im NATO-Rat ohne selbständige einzelstaatliche Vertretung bei der NATO ein, und zwar mit der Begründung, daß die kollektive Vertretung nach Ansicht Mutters ein Gegengewicht gegenüber den USA zu sichern und nach Ansicht Kopfs die Gleichberechtigung zu gewähren schien. Diese Frage hing mit der Kompetenz der außenpolitischen Angelegenheiten zusammen. Darum schlug eine Dreiergruppe (Semler, Kopf und Mutter) vor, daß man sich mit dem ersten Unterausschuß für Zuständigkeiten in Verbindung setze.[472] Wie oben bereits erläutert, war der Integrationswille Frankreichs und der Benelux-Länder hinsichtlich einer gemeinsamen Außenpolitik nicht vorhanden. Demnach war von der Kollektivvertretung durch die EPG nicht mehr Rede.
Diese Bestimmungen über die Verbindung und die Assoziation stellten diejenigen, die den Beitritt Großbritanniens an der kleineuropäischen Integration als wichtig ansahen und erwünschten, vor allem die Benelux-Länder und die von Mollet vertretenen französischen Sozialisten, nicht zufrieden. Von Anfang an beteiligte sich selbst Mollet nicht aktiv an der Frage der Verbindung mit Großbritannien.

5. Der Störfaktor Saarfrage

Die Saarverhandlungen zwischen Schuman und Hallstein waren inzwischen unbefriedigend verlaufen, und wurden schließlich ab November 1952 wegen der Landtagswahl im Saargebiet und der Wirtschaftskonvention zwischen Frankreich und dem Saargebiet ausgesetzt. Anfang des Jahres 1953 wurden Pinay und Schuman jeweils durch Mayer und Bidault abgelöst, die die Lösung der Saarfrage versprachen, ohne aber entsprechende Grundsätze festzulegen. Angesichts der unsicheren Situation preschten die drei Vertreter des Saargebiets in der Ad-hoc-Versammlung (Braun, Singer und Müller) vor. Sie machten die Vereinbarung zwischen Schuman und Adenauer - die Lösung der Saarfrage nicht im Rahmen der EPG-Verhandlungen, sondern nur in deutsch-französischen Saarbesprechungen - zunichte. Sie legten wiederholt einen Entschließungsantrag über die Einbeziehung des Saargebiets in beide

---

[472] Aufzeichnung von Mutter über die Verbindungen zur NATO (AA/CC/SCL (2) 2); Aufzeichnung von Kopf über die Beziehungen zwischen der Politischen Gemeinschaft und der NATO, (AA/CC/SCL (2) 3); Vorschläge von Semler, Kopf und Mutter über die Beziehungen zwischen der Politischen Gemeinschaft und der NATO (AA/CC/SCL (2) 8); AA/CC/SCL (2) PV 2 vom 19. November 1952, in: SvEPG. Va. UafV. Aufzeichnungen und Berichte; PAAA II, 240-10 Bildung.1, Schwarz-Liebermann, Aufzeichnungen über den Verlauf der Sitzung des Unterausschusses IV (Liaison) am 19., 24. und 25. November 1952.

Kammern des Parlaments der EPG und über dessen eigenständige Mitgliedschaft ab der Januarsitzung der Ad-hoc-Versammlung ein.[473]

Die deutschen Abgeordneten (von Merkatz, Pelster und Kopf) protestierten dagegen mit der Begründung, einer Vertretung des Saargebietes im Senat, der nach dem vorliegenden Entwurf eine Repräsentation der Staaten sein solle, könne nicht zugestimmt werden, da das Saargebiet kein Staat sei. Außerdem bestünde die Gefahr präjudizierender Wirkung für die endgültige Regelung der deutschen Ostgebiete in einem Friedensvertrag mit Deutschland. Daher wollten sie nicht, daß die Saarfrage auf die Tagesordnung gesetzt werde. Lediglich das allgemeine Prinzip könne in den Satzungsentwurf eingefügt werden.[474]

Diese Streitigkeiten belasteten die EPG-Verhandlungen, da sie die empfindlichen nationalen Gefühle hinsichtlich des Saargebietes auf Seiten der französischen und deutschen Abgeordneten berührte. Charakteristisch dafür waren die Ausführungen Teitgens, der, angesichts der wiederholten hartnäckigen Proteste der Deutschen gegen den Vorschlag der saarländischen Vertreter, zwischenzeitlich mit der öffentlichen Verlesung der bedingungslosen Kapitulationsurkunde von 1945 drohte. Dank der Vermittlung Dehousses und des Briefwechsels zwischen Adenauer und Bidault und ihrer Zusammenkunft am Rande der Außenministerkonferenz vom 24./25. Februar 1953 in Rom konnte man sich darüber einigen, Artikel 102 über die Vertretung der Saar[475] in der endgültigen Fassung des Satzungsentwurfes der Ad-hoc-Versammlung am 10. März 1953 zu streichen. Damit wurde die Saarfrage dem Wunsch der deutschen Abgeordneten entsprechend gelöst.[476]

---

473 Brauns Ausführung in der Sitzung der Ad-hoc-Versammlung vom 8. Januar 1953, Kurzbericht der Beratungen der zweiten Sitzung, S. 8, in: SvEPG. Sitzungsperiode Januar 1953. Sitzungsprotokolle. Sitzungsdokumente. Verschiedenes, Straßburg, 7.-10. Januar 1953; Dokument 8 der Ad-hoc-Versammlung. Sitzungsperiode Januar 1953. Entschließungsvorschlag bezüglich der Einbeziehung des Saarlandes in die EPG (Singer, Müller, Braun); Aussprache in der Sitzung der Ad-hoc-Versammlung vom 9. Januar 1953, in: SvEPG, Aussprache, S. 199f; Aussprache in der Sitzung der Ad-hoc-Versammlung vom 10. Januar 1953, S. 253f; AA/CC/SCP (4) PV 12 vom 6. Februar 1953, in: SvEPG. Va. UafpI, Bd. 2, Januar-Februar 1953.

474 AA/CC/SCP (4) PV 12 vom 6. Februar 1953, in: SvEPG. Va. UafpI, Bd. 2, Januar-Februar 1953; PAAA II, Bd. 851, AZ 224-00, Bl. 2-5, von Puttkamer, Aufzeichnung, 8.2.1953, Betr. Vertretung des Saargebietes im Parlament der EPG; Ibid., Bl. 6, von Puttkamer, Vermerk für Herrn Staatssekretär, Bonn, den 9. Februar 1953; BA NL von Brentano 118, Schreiben von Brentano an Hallstein, 11.2.1953; BA NL Blankenhorn 18a, Notiz Blankenhorn, 16.2.1953.

475 [475] Die vorgesehene Fassung lautete: „Bis zu einer endgültigen Entscheidung über den Status der Saar und ohne dieser Entscheidung vorzugreifen, wird die Vertretung der Saarbevölkerung in der Europäischen Gemeinschaft wie folgt geregelt:
Die Saarbevölkerung entsendet in die Völkerkammer ... Vertreter und drei Vertreter in den Senat (...);
Die Vertreter der Saarbevölkerung in den beiden Kammern des Parlaments werden gemäß Artikel 13 Absatz 1 dieses Vertrages gewählt. Die erste Wahl wird in allgemeiner, gleicher, geheimer und unmittelbarer Abstimmung nach dem Grundsatz der Verhältniswahl und nach Bestimmungen durchgeführt, die vor Ratifizierung dieses Vertrages durch eine Vereinbarung zwischen der Saar, der Bundesrepublik Deutschland und der Französischen Republik festgelegt werden."

476 AA/CC/SCP (4) PV 13 vom 7. Februar 1953 und PV 18 vom 25. Februar 1953, in: SvEPG. Va. Uafp I, Bd. 2, Januar-Februar 1953; BA NL von Brentano 118, Schreiben von Brentano an Hallstein am 11. Februar 1953; Schreiben Adenauer an Bidault am 16. Februar 1953, in: Adenauer. Briefe 1951-1953, S. 342-344; BA NL Blankenhorn 18a, Schreiben Bidault an Adenauer am 21.

6. Das Engagement der französischen Sozialisten, der Gaullisten und Monnets während der Verhandlungen der Ad-hoc-Versammlung

Das EPG-Projekt war ursprünglich in Frankreich initiiert worden, um die Ratifizierung des EVG-Vertrags in der Nationalversammlung zu erleichtern. Hier ging es vor allem darum, die Sozialisten und die Gaullisten für die Ratifizierung zu gewinnen. Monnet arbeitete hinter den Kulissen daran, Mollet für das EPG-Projekt zu gewinnen. Daher ist deren Engagement während der Verhandlungen der Ad-hoc-Versammlung überaus interessant.

Im Arbeitsplanausschuß, der im September 1952 von dem Verfassungsausschuß eingesetzt worden war, um einen Arbeitsplan aufzustellen, arbeitete Mollet mit. Er enthielt sich jedoch bei der Abstimmung über den Arbeitsplan der Stimme und war anschließend bei der Abstimmung über den Plan im Verfassungsausschuß im Oktober 1952 abwesend. Darüber hinaus wollte Mollet an den Beratungen des Unterausschusses nicht teilnehmen. Mollet wollte so die Opposition der Sozialisten gegen den Arbeitsplan durch seine Abwesenheit demonstrieren. Er gab eine Erklärung ab und legte den Grund seiner Abwesenheit dar: Mollet bestritt keineswegs, „daß, vom juristischen Standpunkt aus betrachtet, der Ausschuß - gestützt auf das Schreiben der Minister in Luxemburg - berechtigt sei, gemäß seiner Vollmacht zur Prüfung möglichst weitgehender Zuständigkeiten einzuschreiten. Er bedauerte jedoch, daß der Ausschuß aus politischen Gründen sich nicht bereit gefunden habe, seine Bestrebungen - also seine Aufgabe - zu beschränken auf die Durchführungen der Bestimmungen von Artikel 38 des EVG-Vertrages."[477] Was meinte Mollet mit „aus politischen Gründen"?

Er begründete seine Opposition mit folgender Argumentation. Er ging zuerst von seiner bekannten These aus, „une communauté specialisée" versus „une communauté géographique", wie bereits oben ausgeführt wurde. Für Mollet sollte die politische Autorität auch „une communauté specialisée" sein, also zuerst einmal die Probleme der Außenpolitik im Bereich der Verteidigung, und wenn erforderlich und möglich, auch noch die auswärtigen Probleme der EGKS wahrnehmen, so wie er Artikel 38 des EVG-Vertrages ebenso dementsprechend beschränkend auslegte. Zudem bemühte er sich, die Entscheidungsbefugnisse des EVG-Ministerrates einzuschränken und die des Kommissariats und der Versammlung zu erweitern. Gleichzeitig strebte er eine möglichst enge Assoziation Großbritanniens an diese Gemeinschaft an. Die britische Beteiligung und die Supranationalität der Gemeinschaft waren für Mollet zwei Bedingungen dafür, den Nationalismus in Deutschland einzudämmen. Die erste stand für Mollet im Vordergrund. Er war sogar bereit, bei der Supranationalität weitgehend nachzugeben, um Großbritannien für die Teilnahme an der Gemeinschaft zu gewinnen.[478]

Februar 1953; AMAE Europe 44-60, Bd. 269, Bl. 152-155, Note, Compte Rendu de l'entretien du President Bidault et du Chancelier Adenauer à la villa Madame, le 26 fév. 1953 à 11H; PAAA II, Bd. 855, AZ 40-10 Bd. 2, von Puttkamer, Aufzeichnung über die Verhandlungen der Ad-hoc-Versammlung am 7.3.1953; Kurzbericht Nr. 8 Zweiter Teil, S. 15f. vom 10. März 1953, in: SvEPG. Sitzungsperiode März 1953, Band I Kurzbericht über die Beratungen Sitzungsprotokolle, Straßburg, 6.-10. März 1953.

477 DBPO II Vol. 1, S. 998f., Record by Mr. Nutting of a conversation with Lord Layton, Foreign Office am 3. November 1952; AA/CC/CPT (2) PV.1 vom 25. Oktober 1952, in: Va. Ag. Aufzeichnungen und Berichte. Bd. III, S. 4; AA/CC (2) PV 4 vom 25. Oktober 1952, S. 3, in: SvEPG. Va. Aufzeichnungen und Berichte. Bd. IV. (die Unterstreichung in der Zitat im Original).

478 Mollets Rede vor den Militanten der Sozialisten in Arras vom 25. Oktober 1952, seine zwei Bei-

Seiner Meinung nach neigten die meisten einflußreichen Abgeordneten, wie Dehousse, Benvenuti, von Merkatz, von Brentano, deutlich zur „communauté géographique", also zur „Fédération à Six". Der erste Schritt auf diesem Weg war die Luxemburger Resolution, welche die wirtschaftliche Integration als Ziel formulierte. In den ersten Sitzungen des Verfassungsausschusses erschien die Tendenz zur „communauté géographique" und auch „hostilité envers la Grande-Bretagne" noch deutlicher, insbesondere da die „Maximalisten", statt die Beschränkung der Zuständigkeit der EPG auf die in Artikel 38 vorgesehenen Kompetenzen festzulegen, vielmehr der Ad-hoc-Versammlung ein weitreichendes Mandat erteilten, und zwar „de rechercher les moyens d'étendre cette compétence à de multiple domaines, c'est-à-dire outre les problèmes de défense et de politique extérieure, aux questions financières, monétaires, économiques, commerciales et sociales". Die Saarfrage, das Triest-Problem und die politischen Probleme, die mit den deutschen Ostgebieten und mit den französischen überseeischen Gebieten zu tun hatten, wurden in das EPG-Projekt einbezogen. Der Unterschied zwischen Monnet und den Föderalisten war für Mollet weniger von Bedeutung. Er attackierte die Föderalisten, Monnet eingeschlossen - der Unterschied zwischen Monnet und den Föderalisten war für ihn weniger von Bedeutung -, als „partisan de la Petite Europe, qui se croient maximalist" oder als „partisan d'un renversement des alliances, mûs par une anglophobie plus ou moins sournoise." Mollet warnte die „Maximalisten", daß sie den gesamten Aufbau Europas durch ihre Vorgehensweise zum Scheitern bringen und somit das Gegenteil ihrer Absichten erreichen würden. Außerdem spielte dabei für den Sozialisten Mollet die sogenannte „Europe vaticane" eine unübersehbare Rolle. Derartige Kritik an der Arbeit der Ad-hoc-Versammlung wiederholte sich während der gesamten Zeit ihres Bestehens.[479]

Daher weigerte sich Mollet, an den EPG-Verhandlungen im bald beginnenden Unterausschuß des Verfassungsausschusses teilzunehmen, obwohl der Verfassungsausschuß seinem Anliegen entsprechend beschloß, Mollet an den Arbeiten des Unterausschuß IV für die Verbindung zu beteiligen. Statt dessen nahm er lediglich an den Plenarsitzungen des Verfassungsausschusses und der Ad-hoc-Versammlung teil. Darüber hinaus bemühte er sich in der außerordentlichen Sitzung der Beratenden Versammlung des Europarates vom 14 bis 17. Januar 1953, dieses Forum dazu zu benutzen, ein grundsätzlich ablehnendes Votum gegen die Arbeit des Verfassungsausschusses zu erwirken. Dies gelang ihm jedoch nicht. In der Vorstandssitzung vom 21. Januar versuchte Mollet sogar, die Delegation der SFIO aus der Ad-hoc-Versammlung zurückzuziehen. Er scheiterte jedoch auch hierbei am Widerspruch von Philip

---

träge („autorités spécialisées" vom 29. Oktober 1952 und „Où en sont les maximalistes?" vom 30. Oktober 1952) zu „Le Populaire de Paris", in: Mollet, G., Textes choisis sur l'Europe (1948-1955), Bulletin de la Fondation Guy Mollet, n° 14, nov. 1988, S. 45-48; OURS, Comité Directeur, procès-verbal, Vol. 9, 25 mai 1952-26 juin 1953, Réunion du 22 octobre 1952.

479 Mollet, „autorités spécialisées" vom 29. Oktober 1952 und „Où en sont les maximalistes?" vom 30. Oktober 1952) in „Le Populaire de Paris" und ein weiterer Artikel in „Le Peuple", organe du Parti Socialiste Belge (numéro du 14 jan. 1953); Mollets Ausführung in der Sitzung der Ad-hoc-Versammlung vom 8. Januar 1953, Kurzbericht der Beratungen der zweiten Sitzung, S. 31f; PAAA II, Bd. 854, AZ 240-10 Bd. 1, Bericht über die Tagung des Verfassungsausschusses der Sonderversammlung vom 23. bis 28. Oktober 1952 in Paris; OURS AGM 106, G. Mollet, une Note, 1952; OURS E9 16 MM, Mollet, „L'Europe unie, Pourquoi? Comment?", janv. 1953, S. 28-42; Mollet an von Brentano, 25.2.1953, in: Bulletin de la Fondation Guy Mollet, n°14, nov. 1988, S. 54f.

und Jaquet, die dies für nicht vereinbar mit der offiziellen Linie der SFIO zur EPG hielten. Weiterhin versuchte Mollet die Delegation der SFIO dazu zu bringen, am 10. März 1953 gegen den Verfassungsentwurf in Straßburg zu votieren. Wiederum konnte er sich nicht durchsetzen. Die Abgeordneten der SFIO enthielten sich lediglich ihrer Stimmen.[480]
Der luxemburgische Sozialist N. Margue teilte die Beurteilung Mollets zwar in vollem Umfang, verstand aber nicht, warum Mollet nicht aktiv mitarbeiten wollte, so daß die EPG seiner Konzeption einer „communauté specialisée" entsprechend gestaltet werden konnte. Mollet rechtfertigte sich damit, daß, wenn er sich nur auf die Arbeit des Verfassungsausschusses konzentriert hätte, er zusammen mit Teitgen und Delbo aktiv daran mitgearbeitet hätte. Angesichts dessen, daß die Gegner der europäischen Integration in Frankreich stärker wurden, mußte ein „Français sincère" - er hielt sich selbst für einen solchen - dafür Sorge tragen, auf die Integration „les limites nécessaires" zu setzen.[481]
Mollets Vertrauensmann Emile Noël, der dem Sekretariat der Ad-hoc-Versammlung angehörte, entwickelte zu diesem Zeitpunkt die Idee, wonach der Verfassungsausschuß die Initiative ergreifen und umgehend ein Protokoll des EVG-Vertrages ausarbeiten sollte, in dessen Mittelpunkt eine direkt gewählte Versammlung stehen sollte, ganz unabhängig vom EPG-Projekt. Parallel dazu sollte die Ad-hoc-Versammlung ihr eigentliches Mandat erfüllen und ihr Ergebnis der EVG-Versammlung, die im folgenden Jahr tagen würde, vorlegen. Er erkundigte sich bei Dehousse danach, ob der Regierungsfragebogen dem Verfassungsausschuß ermögliche, eine Revision des EVG-Vertrages vorzuschlagen. Beide erkundigten sich hinter den Kulissen bei einflußreichen Persönlichkeiten danach, ohne diese Angelegenheit in der Sitzung des Verfassungsausschusses offiziell auf die Tagesordnung zu setzen. Von Brentano, Monnet und De Gasperi standen dieser Idee positiv gegenüber. Hingegen waren die für Europa Zuständigen im Quai d'Orsay, Parodi und Seydoux, zurückhaltend. Der italienische Abgeordnete Azara machte sich den Vorschlag zu eigen. Anlaß dafür war die Abwesenheit Mollets bei der Sitzung des Verfassungsausschusses am 27. Oktober 1952, in der über den Arbeitsplan entschieden wurde. Auf Grundlage der Idee Noëls entwarf Monnet einen kurzen Vertragstext. Azara und Monnet hielten es angesichts der engen Beziehung zwischen Mollet und Noël[482] für sehr wahrscheinlich, daß Noëls Idee von Mollet kam. Der deutsche Berichterstat-

---

480 BA NL Brentano 118, Schreiben Brentano an Guy Mollet vom 28. Oktober 1952; PAAA II, Bd. 855, AZ 240-10, Bd. 2, Schwarz-Liebermann an Ophüls, Aufzeichnung über die außerordentliche Sitzung der Beratenden Versammlung des Europarates vom 14. bis 17. Jan. 1953; AMAE Europe 44-60, Généralités, Vol.78, Bl. 88-89, AF/MJ, Direction du Conseil de l'Europe, Maurice Schumann, Telegramm an verschiedene Botschafter, 20. janv. 1953. a.s. Session extraordinaire de l'Assemblée consultative à Strasbourg; AMJ 6/4/6 Communication téléphonique de M. Fontaine, 15.1.1953; AMJ 6/4/7 Problème des liaison, Résolution proposés par la Commission des Affaires générales, communication téléphonique de M. Fontaine, 16.1.1953; AMJ 6/4/9 „Texte dicté par Fontaine, de Strasbourg", 17.1.1953; OURS, Comité Directeur, procès-verbal, Vol. 9, 25 mai 1952-26 juin 1952, Réunion du 21 jan. 1953, du 28 janv. 1953 und du 4 mars 1953; AN 457 AP 38, Note, confidentielle, 30.1.1953, Autor unbekannt.
481 N. Margue an G. Mollet, 3 novembre 1952, in: Mollet, Guy, Textes choisis sur l'Europe (1948-1955), Bulletin de la Fondation Guy Mollet, n° 14, nov. 1988, S. 48f; G. Mollet an Margue, 19 novembre 1952, in: Ibid., S. 50f.
482 Zu der Beziehung zwischen Mollet und Noël siehe „le bulletin du centre G. Mollet" N°28-décembre 1996, Hommage à E. Noël (1922-1996).

ter Schwarz-Liebermann hingegen stellte - fälschlicherweise - zunächst fest, daß Noëls Idee aus dem Quai d'Orsay stamme, da sie dem in der Fragebogenkonferenz von Seydoux vorgelegten französischen Vorschlag inhaltlich gleiche. Jedenfalls änderte von Brentano seine Meinung. Er sah nunmehr das Vorhaben als den Versuch, die Schaffung der politischen Gemeinschaft, wie in der Fragebogenkonferenz vom 17. Oktober 1952 grundsätzlich vereinbart worden war, ihres entscheidenden Antriebs zu berauben. Deswegen regte er die Mitglieder des Verfassungsausschusses dazu an, den Vorschlag zu verwerfen. Azaras Vorschlag wurde demnach in der Sitzung vom 27. Oktober lediglich als ein weiteres Arbeitspapier an den zweiten Unterausschuß für Institutionen verwiesen.[483] Konkrete Gründe für die Meinungsänderung des Präsidenten des Verfassungsausschusses sind nicht belegbar. So entstand Verwirrung in der Beurteilung der Absichten Mollets. Woher kam Noëls Idee? War es seine eigene oder die Mollets?

Ein Schreiben von Mollet an Noël vom 7. November 1953 belegt, daß die Idee von Noël selbst stammte. Mollet sprach sich darin gegen das Vorhaben aus. Der Eden-Plan war für ihn die conditio sine qua non einer auf sechs Staaten beschränkten EPG. Noëls Idee einer Direktwahl sei nicht dienlich, sondern hinderlich, weil die so einberufene Versammlung einen bahnbrechenden Schritt hin zur Abgrenzung der Sechser-Gemeinschaft vom Europarat darstellen würde. In der Tat spielten die britischen Beobachter in dem Verfassungsausschuß bereits darauf an. Sie bemühten sich immer noch, sollte die Idee eines direkt gewählten europäischen Parlaments aufgegeben werden und das herkömmliche System der entsandten Repräsentanten erhalten bleiben, eine Fusion der politischen Autorität mit dem Europarat zustande zu bringen. Mollets Meinung nach sollte das in Artikel 25 der Satzung des Europarates vorgesehene Wahlsystem für alle neuen Gemeinschaften aufrechterhalten werden, also ein System, in dem das nationale Parlament das Wahlkollegium für jede europäische Vertretung blieb.[484] Dieser Brief zeigt, daß Mollet Noëls Idee nicht teilte. Infolgedessen wurde Azaras Vorschlag in der Sitzung des Unterausschusses II vom 21. November 1952 abgelehnt, indem nur dessen Grundgedanken bei der Abfassung der Schlußfolgerungen Rechnung getragen werden konnte. Damit wurde Monnets Vorarbeit für den Vertragstext zunichte gemacht.[485]

Mollet engagierte sich im Rahmen des Europarats weiterhin energisch für den Eden-Plan. Nachdem der Kampf um den Eden-Plan zwischen Monnet und Eden letztlich mit dem Sieg Monnets im Januar 1953 endete, demonstrierte Mollet sein Unbehagen und erklärte, das Amt

---

[483] AMJ 4/2/28 communication téléphonique de M. van Helmont, 23.10.1952; AMJ 4/2/29 communication téléphonique de M. van Helmont, 24.10.1952; Azaras Vorschlag in: LDV Oktober - November 1952, S. 31-32; PAAA II, Bd. 854, AZ 240-10 Bd. 1, Telegramm von Schwarz-Liebermann und Walter an Ophüls vom 23.10.1952; Ibid., Telegramm von Schwarz-Liebermann an Ophüls vom 26.10.1952; Ibid., Telegramm von Hausenstein an Ophüls vom 26.10.1952; Ibid., Telegramm Schwarz-Liebermann an Ophüls vom 27.10.1952; AA/CC/CPT (2) PV.2 vom 27. Oktober 1952, S. 2; AA/CC (2) PV 5 vom 27. Oktober 1952, S. 3.

[484] OURS AGM 108, Lettre de G. Mollet à E. Noël (Conseiller chargé du Secrétariat de la Commission Constitutionnelle), 7.11.1952; DBPO II Vol. 1, S. 979, Conclusions of a Meeting over the Eden Plan and the EPA which was held under Nutting's Chairmanship on the 9th October 1952; DBPO II Vol. 1, S. 999, Extract of a minute of 6 November, Lord Hood.

[485] AA/CC/SCP (2) PV 7 vom 21. November 1952; AMJ 4/5/1 Projet 1, 29.10.1952, inspiré de la proposition Azara visant à des élection immédiat; AMJ 4/5/7 projet 2, 3.11.1952; AMJ 4/5/8 Projet 3, début 12.1952; AMJ 4/4/1 Lettre de J. van Helmont à J. Monnet, Paris, le 21.12.1952.

des Vorsitzenden des Ausschusses für allgemeine Angelegenheiten im Europarat aufzugeben. Parallel dazu bemühte er sich, durch direkte Kontakte mit der Labour-Party eine substantielle Assoziation Großbritanniens zur EVG herbeizuführen. Im Rahmen der „Internationale der Sozialisten" im Februar 1953 trafen Mollet, Ollenhauer und die beiden Briten M. Phillips und Rose zusammen. Ollenhauer und die Briten sprachen sich weiterhin gegen alle Projekte der auf den sechs Staaten beschränkten politischen Autorität aus. Sie dachten an eine „politique de remplacement." Für die Deutschen bedeutete dies eine autonome deutsche Nationalarmee im Rahmen der atlantischen Koalition. Die Briten waren jedoch dagegen. Sie präsentierten daher ihre Absicht, den Ministerrat der EVG tatsächlich mit der Entscheidungsbefugnis in allen wichtigen Fragen auszustatten und das Kommissariat zur Exekutive im eigentlichen Sinne des Wortes herabzusetzen, das hieß, die Supranationalität der EVG weitgehend zu dämpfen. Obgleich Mollet unsicher war, wie die konservative Regierung auf die Absicht der Labour-Party reagieren würde, äußerte er seine grundsätzliche Bereitschaft zur Revision in diese Richtung, um Großbritannien für die Teilnahme zu gewinnen, und forderte gleichzeitig ein vertragliches Abkommen zwischen Großbritannien und der EVG, wonach die britische Armee in der damaligen Stärke während der Geltungsdauer des EVG-Vertrags von 50 Jahren auf dem Kontinent stationiert bleiben sollte. Mollet bat den Quai d'Orsay, in dieser Frage Kontakt zu Großbritannien aufzunehmen.[486]

Daran ist abzulesen, daß Mollet weder die Erweiterung der Kompetenzen der EPG auf wirtschaftliche Bereiche, noch den Kern des EPG-Projekts, nämlich die Verstärkung der parlamentarischen Kontrolle durch die Direktwahl, wünschte. Von der Verstärkung der parlamentarischen Kontrolle der EVG durch die Direktwahl hatte Mollet offiziell immer wieder gesprochen. In diesem Sinne war sein Verhalten in den EPG-Verhandlungen widersprüchlich. „Die politischen Gründe", die Mollet zu diesem Widerspruch führten, bestanden darin, daß er die britische Teilnahme an der kontinentalen Gemeinschaft für vorrangig gegenüber dem supranationalen Charakter dieser Gemeinschaft hielt.[487]

Nun sollen die Gaullisten einer genaueren Betrachtung unterzogen werden. Auf dem Conseil National vom 11./12. Oktober 1952 in Neuilly legte der RPF angesichts der Eröffnung der Verhandlungen im Rahmen der Ad-hoc-Versammlung seine Europapolitik erneut fest: Er war gegen die EVG in der jetzigen Form, aber für die Europa-Armee, die aus den Nationalarmeen bestehen und von einer politischen Instanz, z.B einem Rat der Regierungschefs, gesteuert werden sollte. M. Debré, von einem gaullistischen Dissidenten, Maroger, der dem ARS von Billotte angehörte, unterstützt, vertrat die Meinung des RPF in vollem Umfang in

---

[486] AMJ 6/4/6 Communication téléphonique de M. Fontaine, 15.1.1953; AMJ 6/4/7 Problème des liaison, Résolution proposés par la Commission des Affaires générales, communication téléphonique de M. Fontaine, 16.1.1953; AMJ 6/4/9 „Texte dicté par Fontaine, de Strasbourg", 17.1.1953; OURS, Comité Directeur, procès-verbal, Vol. 9, 25 mai 1952-26 juin 1953, Réunion du 22 octobre 1952, du 21 janv. 1953, du 28 janv. 1953 und du 4 mars 1953; OURS AGM 106 Lettre de Mollet au Président, Londres le 5 février 1953; AMAE Europe 44-60, Généralités, CED Vol. 69, Bl. 228, Télégramme de R. Schuman à Massigli (Londres), 8.12.1952.

[487] Dieser Widerspruch zwischen der EPG und der britischen Teilnahme wurde vom ehemaligen französischen Außenminister, dem Sozialisten Edgar Faure, bestätigt (Sein Interview mit Gerhard Kiersch, in: G. Kiersch, Parlament und Parlamentarier in der Außenpolitik der IV. Republik, Berlin 1971, S. 1064f.).

der Ad-hoc-Versammlung. Bereits am 4. November 1952, und noch einmal in der Sitzung der Ad-hoc-Versammlung vom 7. Januar 1953 legte Debré dem Verfassungsausschuß einen auf anderen Grundsätzen als denen des Verfassungsausschusses beruhenden Gesamtplan eines „Pakts für die Union der europäischen Staaten" vor. Es war für den Verfassungsausschuß schwer, auf diesen Vorschlag einzugehen, da es sich dabei um ein System handelte, das mit den politischen und juristischen Voraussetzungen unvereinbar zu sein schien, auf denen die Vorbereitungsaufgaben beruhten, die dem Verfassungsausschuß von der Ad-hoc-Versammlung übertragen worden waren. In der Sitzung der Ad-hoc-Versammlung vom 7. bis 10. Januar 1953 fand sein Gegenvorschlag - abgesehen von Maroger - keine Unterstützung. Dabei wurde lediglich beschlossen, daß der Vorschlag von Debré nicht an den Verfassungsausschuß weitergeleitet wurde. Obgleich seine Konzeption durch seinen Parteigänger General Koenig in der Sondersitzung der Beratenden Versammlung im Januar 1953 mit Nachdruck unterstützt wurde, wurde somit sein Gegenvorschlag endgültig zurückgewiesen.[488]

Debré bezeichnete den Grundsatz der Supranationalität, auf die sich der Verfassungsausschuß stützte, als „fausse conception de l'Europe"[489] und kritisierte sie konkret an drei Punkten: 1) Seinem Dafürhalten nach könne ein liberales Staatswesen nur dann aufgebaut werden, wenn man von einer Nation ausgehe. Solange man sich mit dem europäischen Bundesstaat oder Ähnlichem nicht solidarisch fühle, meinte er, sei es unmöglich, ein Staatswesen darauf aufzubauen. Darum könne das Machtgefüge, das aus dem Zusammenschluß hervorgehe, nur ein Staatenbund, eine Verbindung der Politik der Einzelstaaten sein. Für Debré schien es unmöglich, die Souveränität zu teilen, worum sich Monnet seit zwei Jahren bemühte. Darüber hinaus hielt er es für einen Fehler, die Autorität durch allgemeine Wahlen zu schaffen, obgleich er eigentlich die Direktwahl schätzte. 2) Die supranationale EPG würde die Bindungen Frankreichs zu ihren überseeischen Ländern schwächen, vielleicht sogar brechen. Als Folge wäre Europa nicht mehr lebensfähig. Gegen die Behauptung, daß Europa als Voraussetzung für den Wohlstand zuerst einen Gemeinsamen Markt schaffen sollte, argumentierte er, daß Europa genauso dringlich auswärtige Märkte und auswärtige Lieferanten brauche. „Nehmen wir an, die gegenwärtigen (kolonialen, d. V.) Verhältnisse und damit umfassende Möglichkeiten (...) bleiben erhalten", so meinte er, „dann können die Europäer leben. Nehmen wir an, es wird ein Gemeinsamer Markt errichtet und alle Möglichkeiten einer Versorgung von außen werden abgeschnitten, dann ist Europa nicht mehr lebensfähig." 3) Die auf sechs Staaten beschränkte Gemeinschaft lasse Europa einen verfehlten und unnatürlichen Weg einschlagen, stürze die alte Allianz und bringe eine Gefahr der deutschen Dominanz mit sich.[490]

---

488 PAAA III Frankreich, B11, Bd. 174, Bl. 167-168, Hausenstein an Auswärtiges Amt, Betr.: Tagung des Conseil National der gaullistischen Partei (11./12. Oktober in Neuilliy), Paris, den 15. Oktober 1952; Bericht Benvenuti, in: Bericht des Verfassungsausschusses vom 20.12.1952, S. 28; Maroger, Ausführung in der Sitzung der Ad-hoc-Versammlung vom 8. Januar 1953, Kurzbericht der Beratungen der zweiten Sitzung vom 8. Januar 1953, S. 18f; Kurzbericht der Beratungen der dritten Sitzungen der Ad-hoc-Versammlung vom 9. Januar 1953, S. 2; Protokoll Nr. 4 der Ad-hoc-Versammlung vom 10. Januar 1953, S. 7; AMAE Europe 44-60, Généralités, Vol.78, Bl. 88-89, AF/MJ, Télégramme de Maurice Schumann à Ambassadeurs, 20. janv. 1953. a.s. Session extraordinaire de l'Assemblée consultative à Strasbourg.
489 AN 457 AP 34, Debré, Note à l'attention de M. Bidault, 30.1.1953.
490 Debrés Aussprache in der Sitzung der Ad-hoc-Versammlung vom 7. Januar 1953, in: SvEPG.

Was war seine konstruktive Alternative? Genauso wie fast alle führenden französischen Militärs trat auch er für den Beitritt der deutschen Armee zur NATO ein. Als politische Konstruktion, die als Kontrollorgan gegenüber Westdeutschland gedacht war, schlug er einen „Pakt für die Union der europäischen Staaten" vor. Demnach sollte die Union über die Kompetenzen für die Verteidigung, das Gesundheitswesen, die Herstellung eines freien gemeinsamen Marktes, die Vereinheitlichung des Verwaltungsrechts und die Koordinierung der Außenpolitik verfügen (Artikel 2). Über all diese Dinge sollte ein „Politischer Rat" der Regierungschefs der Mitgliedstaaten einmal im Monat mit Stimmenmehrheit befinden (Artikel 3, 4 und 5). Die politische Autorität sollte weder dem direkt gewählten Parlament noch dem aus Ministern bestehenden Rat, sondern dem Politischen Rat des Regierungschefs zukommen. Seine Entscheidungen sollten für die Mitgliedstaaten verbindlich sein (Artikel 5). Bei Einsprüchen überstimmter Staaten sollte eine parlamentarische Versammlung, die aus Vertretern der Parlamente der Staaten bestehen sollte, in letzter Instanz entscheiden (Artikel 5, 12 und 18). Außerdem wurden die Kontrollbefugnisse der Versammlung durch die Ablehnung des Haushalts und durch einen Mißtrauensantrag gegen den politischen Rat ausgeübt (Artikel 12 bis 17). Dieser Pakt sollte nach einer auf dem allgemeinen Wahlrecht beruhenden Volksabstimmung der Staatsbürger aller Mitgliedstaaten in Kraft treten, aber nur für die Dauer von 12 Jahren abgeschlossen werden (Artikel 33). In einem Interview de Gaulles mit dem Reuter-Korrespondenten Harold King am 2. Januar 1953 und in dem Nationalrat des RPF vom 27. Februar bis zum 1. März 1953, wo Debré unter dem Titel „Pour l'Europe associé contre l'armée européenne" den Bericht über die Verhandlungen der Ad-hoc-Versammlung erstattete, segnete de Gaulle die Konzeption Debrés weitgehend ab.[491]

Auf den ersten Blick schien dieser Plan mit seiner Konzeption von Mehrheitsentscheidungen im Politischen Rat ein Verfassungsentwurf für eine supranationale Föderation zu sein. Eine unabhängige europäische ausführende Exekutive wie die Hohe Behörde wurde jedoch nicht vorgesehen. Das hieß, daß jeder Regierung die Ausführung der Entscheidung anvertraut wurde. Daraus leitete sich ab, daß die Verbindlichkeit der Entscheidung des Politischen Rates nicht garantiert war. Dazu würde beitragen, daß dieser Pakt lediglich für 12 Jahre galt, worauf der deutsche Abgeordnete Becker aufmerksam machte. Wie der amerikanische Botschafter in

---

Aussprache. Wörtlicher Bericht über den Verlauf der Sitzungen, S. 53-62; Kurzbericht der Beratungen der ersten Sitzung der Ad-hoc-Versammlung. Sitzungsperiode Januar 1953, S. 20-24, in: SvEPG. Sitzungsperiode Januar 1953. Sitzungsprotokolle. Sitzungsdokumente. Verschiedenes, Straßburg, 7-10, Januar 1953.

491 AN 457 AP 34, Conseil de la République, Debré, Note à l'attention de M. Bidault, 30.1.1953; Debré, Pakt für die Union der europäischen Staaten (AA/CC (3) 11) vom 4. November 1952, in: SvEPG. Va. Aufzeichnungen und Berichte. Bd. 1; Bericht über die Behandlung des Vertragsentwurfes nach dem 10. März 1953, vorgelegt von Dr. von Brentano auf der Tagung des Verfassungsausschusses am 23. Juni 1953, LDV, Mai-Juli 1953, S. 35-37; M. Debré, Motion für die Sitzung des RPF-Nationalrats vom 27.2.-1.3.1953, „Le Rassemblement", 5.-11.3.1953, Pour l'Europe associé contre l'armée „européenne", BDFD III Nr. 111; Pressereferent im Bundesministerium für Angelegenheiten des Marshallplans Sonnenhol an Bundesminister Blücher, Aufzeichnung, 24.10.1952, AdL, NL Dehler, Sig. 2216, Frankreich und die Ratifizierung des EVG-Vertrages, BDFD III, Nr. 108; Maier K.A, Die internationalen Auseinandersetzungen, S. 140f; vgl. Georges Henri Soutou, France and the German Rearmament Problem, in: Rolf Ahmann/Adolf M.Birke/Michael Howard (eds.), The Quest for Stability, Problems of West European Security 1918-1957, Oxford, 1993, 487-512.

Paris, Dunn, bemerkte, lehnte Debré mit diesem Plan jeden gemäßigten Verfassungsentwurf in der Ad-hoc-Versammlung ab, mit der Begründung, daß vor der Errichtung einer echten europäischen Regierung jede Abtretung der nationalen Souveränität an eine im Bildungsprozeß befindliche Gemeinschaft unmöglich war. Man darf jedoch nicht übersehen, daß diese Argumentation keineswegs selbstverständlich ist, denn hätten die „Vereinigten Staaten von Europa" bereits existiert, hätte niemand den Souveränitätsverzicht ablehnen können, ohne des Dissidententums bezichtigt zu werden. Damit begründete Debré die Ablehnung einer gemeinsamen Außenpolitik in der Novembersitzung des Unterausschusses II. Es kam bei der Ausarbeitung des Verfassungsausschusses darauf an, wie man zu den Vereinigten Staaten von Europa gelangen sollte und konnte. Darüber machte sich Debré gar keine Sorgen, denn, wie Lipgens zutreffend bemerkte, war sein Gegenentwurf nur eine Taktik für die Bewahrung der nationalen Souveränität und für die Entwicklung der europäischen Integration hin zu einer Konföderation.[492]

Inzwischen waren die Verhandlungen zwischen Billotte und Pinay soweit vorangeschritten, daß sich beide darüber einig waren, den EVG-Vertrag auf der Basis der Koalitionsarmee (Aufgabe der supranationalen Gemeinschaft und ihre Ersetzung durch eine Koordination, die von einer Ministerkonferenz gesteuert werden sollte), wie Billotte vorgeschlagen hatte, abzuändern. Sie wurden von dem Vorschlag des „Großen Rates" Adenauers vom 3. Dezember 1952 dazu ermutigt, sich über die Idee der Konföderation mit Adenauer zu verständigen. Beide bemühten sich, eine Zusammenkunft mit Adenauer herbeizuführen. Das Auswärtige Amt überzeugte Pinay jedoch davon, daß diese Konferenz nur dann zustande kommen könne, wenn am Inhalt des Vertragswerks nichts Wesentliches geändert würde und wenn zudem dafür gesorgt würde, daß Außenminister Schuman, der offenbar nicht vom französischen Regierungschef unterrichtet worden war, an den Besprechungen teilnähme. Die Besprechung kam jedoch nicht zustande, weil die offizielle Einladung von Pinay und Billotte wegen der Regierungskrise in Frankreich ausblieb.[493]

Loth ist der Ansicht, daß die Gaullisten die Kompetenzen, die der EPG in dem Verfassungsentwurf der Ad-hoc-Versammlung zugestanden wurden, für ungenügend hielten und daher zunehmend dazu tendierten, den EVG-Vertrag abzulehnen. Er interpretiert den Angriff de Gaulles vom 25. Februar 1953 auf den Souveränitätsverlust, der von der EVG/EPG auszugehen drohte, als Kurswechsel de Gaulles gegenüber der europäischen Integration. Daher plädiert er für eine Revision des traditionellen Bildes General de Gaulles: „Gegenüber einem

---

[492] Beckers Aussprache in der Sitzung der Ad-hoc-Versammlung vom 7. Januar 1953, in: SvEPG. Aussprache. Wörtlicher Bericht über den Verlauf der Sitzungen, S. 62-68; Kurzbericht der Beratungen der ersten Sitzung der Ad-hoc-Versammlung. Sitzungsperiode Januar 1953, S. 24-26, in: SvEPG. Sitzungsperiode Januar 1953. Sitzungsprotokolle. Sitzungsdokumente. Verschiedenes, Straßburg, 7-10, Januar 1953; FRUS 1952-1954, VI, S. 231, The Ambassador in France (Dunn) to the Department of State, Paris, October 29, 1952; PAAA II, Bd. 854 AZ 224-10, Bd. 1, Aufzeichnung über die Verhandlung des Unterausschusses I. vom 21.11.1952, Schwarz-Liebermann; PAAA II, Bd. 855 AZ 224-10, Bd. 2, Vermerk betr. Verfassungsentwurf der EPG. Sitzung der Ad-hoc-Versammlung vom 7.-10.1.1953; Lipgens, 45 Jahre Ringen um die Europäische Verfassung. S. 329.

[493] BA NL Blankenhorn 15b, Bl. 196, Tagebuch, Montag, 15. Dezember 1952; BA NL Blankenhorn 15b, Bl. 202f., Schreiben von Billotte an Adenauer, etwa vor dem 15. Dezember 1952; BA NL Blankenhorn 15b, Bl. 206, Tagebuch, Mittwoch, 17. Dezember 1952.

verbreiteten Klischee, das die Gaullisten als strikte Gegner der politischen Supranationalität zeichnet, muß ausdrücklich festgehalten werden, daß dieser Kurswechsel erst nach der Verabschiedung des ad hoc-Entwurfs erfolgte." Er entwickelt seine These soweit, daß „die EVG nicht an einem Zuviel an Supranationalität gescheitert ist, sondern eher an einem Zuwenig."[494] Debré, der die Konzeption de Gaulles während der Ausarbeitung der Ad-hoc-Versammlung vertrat, kritisierte von Anfang an den Verfassungsentwurf weniger wegen der für ungenügend gehaltenen Kompetenzen als wegen der Supranationalität, genauer gesagt, galt seine Kritik dem supranationalen Europäischen Exekutivrat. Er war, erinnerte sich er in seinen Memoiren „le seule partisan du respect des Patries, le seul opposé à l'idéologie supranationale, bref, le «merle blanc»" in dem Verfassungsausschuß.[495] Zudem basierte seine Gegenargumentation auf der aus der supranationalen Integration resultierenden Lockerung der Bindung zwischen dem Mutterland und den überseeischen Gebieten. Debré forderte zu keinem Zeitpunkt eine „supranationale" politische Gemeinschaft. De Gaulle erwies sich als strikter Gegner der politischen „Supranationalität". Er glaubte, daß die europäische Gemeinschaft zunächst nicht supranational konstituiert sein sollte, das hieß, daß jeder Regierungschef im Rat das Vetorecht beibehalten sollte. Die EVG entsprach also nicht seiner Konzeption der europäischen Integration. Wenn man seine Konzeption hätte annehmen wollen, hätte man unbedingt auf die derzeitige EVG verzichten müssen. Die Gaullisten beabsichtigten tatsächlich über eine konföderale politische Integration indirekt die EVG dahingehend zu revidieren, daß die EVG aus den nationalen Armeen bestehen sollte. Dies wird in folgendem Kapitel nachgezeichnet.

Wie wirkte nun ein Urheber des EPG-Projekts, Monnet, konkret auf die Verhandlungen der Ad-hoc-Versammlung ein? Er beteiligte sich nicht direkt an ihnen, weil er vollauf damit beschäftigt war, dem „Unternehmen zum Erfolg zu verhelfen, das von allen als die Avantgarde der europäischen Konstruktion angesehen wurde". Er beschränkte sich darauf, die Leitprinzipien für die auszuarbeitende Verfassung zu formulieren und für deren Unterstützung durch die Teilnehmerstaaten zu werben. Er wurde durch die Berichterstattung seines persönlichen Mitarbeiters van Helmont, der offiziell als Mitglied des Kabinetts des Präsidenten der Ad-hoc-Versammlung gelegentlich an den Beratungen des Verfassungsausschusses teilnahm, über die EPG-Verhandlungen auf dem laufenden gehalten. Vor allen Dingen betonte Monnet immer wieder die große Bedeutung der Direktwahl. Hierdurch wird ersichtlich, daß er sehr ernsthaft seine Geschöpfe, EGKS und EVG, durch die europäische Bevölkerung legitimiert wissen wollte. Dabei verlor er die politische Situation in der französischen Nationalversammlung hinsichtlich der Ratifizierung des EVG-Vertrags nicht ein einziges Mal aus den Augen. Seiner Meinung nach waren die Sozialisten entscheidender als die Gaullisten, deren Konzeption mit seiner Konzeption der europäischen Integration nicht in Harmonie gebracht werden konnte. Monnet war sich bewußt, daß eine stärkere Assoziierung Englands für die Haltung der Sozialisten wichtig sein würde. Trotzdem gab er in der Sache der Supranationalität während seines Kampfes gegen den Eden-Plan nicht nach. Vielmehr bat er die Amerika-

---

494 Loth, W., Der Weg nach Europa. S. 103f. und Anmerkung Nr. 26 (S. 156); ders., Die EVG und das Projekt der Europäischen Politischen Gemeinschaft, S. 191 und 194f.
495 Debré, M., Trois République pour une France. Mémoires II, 1946-1958, Paris 1988, S. 184.

ner, Druck auf die Briten auszuüben, damit diese sich so eng wie von Mollet gewünscht mit der supranationalen Gemeinschaft assoziieren würden. Hierin lag der grundsätzliche Unterschied zwischen Monnet und Mollet. Es ist jedoch nicht belegbar, ob Monnet wußte, daß Mollet gegen die Direktwahl eintrat, und damit zusammenhängend, inwiefern parlamentarisch-taktische Gründe in Frankreich in Monnets Denken über die Direktwahl mitspielten. Übrigens hielt er die Argumentation Mollets, die Sechser-Gemeinschaft sei „Europe vaticane", für nicht unbegründet, da nur die SFIO unter den einflußreichen sozialistischen Parteien in Europa daran teilnahm. Daher bat Monnet die deutsche Regierung, die vehemente Ablehnung der SPD gegenüber der Sechser-Gemeinschaft zumindest zu entschärfen. Wie im Fall der EGKS und der EVG konnte er jedenfalls seine Konzeption der EPG gelten lassen, jedoch mit zwei Ausnahmen.[496]

Erstens hatte Monnet die Absicht, den Vorschlag Azaras wirklich zu realisieren, wie oben gezeigt wurde. Monnet hielt es für gut, wenn die Arbeiten der Ad-hoc-Versammlung in einer kurzen, als Vertragstext geeigneten Form zusammengefaßt würden. Er meinte, daß die Versammlung selbst oder der Versammlungsausschuß dazu nicht in der Lage seien. Vielleicht sollte man deshalb eine Gruppe von 5 oder 6 Persönlichkeiten mit der Aufgabe betrauen. Er sprach sich ferner dafür aus, daß sich der französische Außenminister, Adenauer und Spaak möglichst bald träfen, um sich über die wesentlichen Grundsätze zu einigen.[497] Sein Vorhaben fiel vor allem deswegen ins Wasser, weil sich sowohl die französischen Abgeordneten als auch der Quai d'Orsay dagegen stellten.

Zweitens wurde die niederländische Forderung nach wirtschaftlicher Integration stärker berücksichtigt, als Monnet es vorgehabt hatte. Das hatte jedoch keine negativen Folgen, da die Niederlande nicht stark genug waren, um sich mit ihrer Konzeption durchzusetzen. Das hieß, es würde sich als nicht allzu schwierig erweisen, diese Forderung während der weiteren Verhandlungen, falls es sich als notwendig herausstellen würde, fallen zu lassen.

7. Zusammenfassung der Verhandlungen der Ad-hoc-Versammlung

Gemäß der Einschätzung des deutschen Abgeordneten von Merkatz war der Entwurf weder „maximalistisch" noch „minimalistisch", um in Straßburger Begriffen zu sprechen, sondern realistisch, d.h. er grenzte nicht ohne Kühnheit im einzelnen das Mögliche vom Unmöglichen ab.[498] Das Mögliche war die als Instrument der effektiven parlamentarischen Kontrolle ge-

---

[496] Monnet, J., Erinnerungen, S. 484f; BA NL H. Blankenhorn 15a, Franz Etzel an Adenauer, Luxemburg, den 7. November 1952; BA NL Brentano 118, Schreiben von Merkatz an Hallstein vom 17. November 1952; BA NL Herbert Blankenhorn 15a, Bl. 124, Tagebuch über das Gespräch mit Adenauer, Monnet, Erhard, Etzel, Westrick, 26.11.1952; FRUS 1952-54, VI, S. 251ff., Memorandum of Conversation, by the Secretary of State, December 14, 1952; BA NL Blankenhorn 18a, Bl. 2-3, Ophüls, Vermerk, Bonn, den 2. Januar 1953.
[497] BA NL Brentano 118, Schreiben von Merkatz an Hallstein vom 17. November 1952; BA NL Herbert Blankenhorn 15a, Bl. 124, Tagebuch über das Gespräch mit Adenauer, Monnet, Erhard, Etzel, Westrick, 26.11.1952; AMAE Europe 44-60, Généralités, Vol.78, Bl. 40, Télégramme de Saffroy (Luxembourg) à MAE, 13.12.52; AMJ 4/4/1 Lettre de J. van Helmont à J. Monnet, Paris, le 21.12.1952; BA NL Blankenhorn 18 a, Bl. 2-3, Ophüls, Vermerk, Bonn, den 2. Januar 1953.
[498] Von Merkatz, Auf dem Wege zur Einigung Europas, in: Bulletin Nr. 53 vom 19. März 1953, S. 446; Vgl. Monnet, J., Erinnerungen, S. 500.

dachte Direktwahl und die organische Verschmelzung der EGKS und der EVG zu einer EPG, ohne eine bemerkenswerte Erweiterung der Kompetenzen herbeizuführen. Ausnahmsweise prüfte die Ad-hoc-Versammlung die Möglichkeit eines gemeinsamen Markts. Im Vertragsentwurf war eine gewisse automatische Erweiterung hierzu enthalten. Es handelte sich jedoch lediglich um den Ausbau eines Mechanismus, durch den die fortschreitende Verwirklichung dieses gemeinsamen Marktes ermöglicht werden konnte, und nicht um die Durchführung einer technischen Untersuchung der Probleme des gemeinsamen Marktes. Eine gemeinsame Außenpolitik hingegen wurde ausgeschlossen. Außerdem blieb eine Anzahl von Problemen ungelöst, die mit der Vertretung der überseeischen Gebiete, der Verteilung der Sitze in der Völkerkammer, der Vertretung der Saar sowie mit Artikel 103 über das deutsche Ostgebiet zu tun hatten. Die Tatsache, daß bei der Abstimmung des Entwurfes 32 Abgeordnete fehlten - die Hälfte davon waren als Gegner des Entwurfs bekannt -, deutete an, daß der Satzungsentwurf der Ad-hoc-Versammlung wegen der nationalen und parteipolitischen Unterschiede nicht uneingeschränkt konsensfähig war.[499] Welche nationalstaatlichen und parteipolitischen Interessen verbargen sich hinter den Artikeln des Verfassungsentwurfes?

In der Frage der gemeinsamen Außenpolitik wollten die italienischen und die deutschen Abgeordneten der EPG möglichst mehr Entscheidungsbefugnis zuweisen, während die Abgeordneten aus den Benelux-Ländern eher zurückhaltend waren. Die französischen Abgeordneten spalteten sich entsprechend den Parteien, denen sie angehörten. Delbo (Radicaux) und Debré (Gaullist) verhielten sich zurückhaltend, dagegen wollten Mollet und Jaquet (SFIO), wie die italienischen und deutschen Abgeordneten, eine uneingeschränkte Entscheidungsbefugnis. Die endgültige Lösung der Koordinierung der Außenpolitik der Mitgliedstaaten ging auf die drei großen christlich-demokratischen Parteien (von Brentano (CDU), Teitgen (MRP), Benvenuti (DC)) zurück.

In der Frage des gemeinsamen Marktes spielten die niederländischen Abgeordneten eine herausragende Rolle. Während die belgischen Abgeordneten den niederländischen Vorschlag unterstützten, verhielten sich die luxemburgischen zurückhaltend. In diesem Punkt bildeten die Benelux-Staaten keine einheitliche Front. Die italienischen und deutschen Abgeordneten waren zwar grundsätzlich damit einverstanden, sie unterstützten den Vorschlag aber nicht so vehement wie die belgischen Abgeordneten. Die französischen Abgeordneten weigerten sich, mit der EPG zusammen einen gemeinsamen Markt herbeizuführen.

In der Frage der Institutionen (Zweikammer-System, Direktwahl für die Völkerkammer, Sitzverteilung des Senats, Übergangszeit, Verhältnisse des Europäischen Exekutivrats zum Rat der nationalen Minister) war bezeichnend, daß die Abgeordneten aus den kleineren Staaten unabhängig von ihrer Parteizugehörigkeit, die nationale Souveränität bewahrt wissen wollten. Die einzige Ausnahme stellte die belgische sozialistische Partei dar, deren Mitglieder Spaak und Dehousse bekannte Föderalisten waren.

In der Frage der Verbindung der EPG zum Europarat im Hinblick auf den Eden-Plan wollten die Abgeordneten aus den drei großen christ-demokratischen Parteien (CDU, MRP und DC) und aus der belgischen sozialistischen Partei - ähnlich wie Monnet - zuerst eine echt supranationale Gemeinschaft auf dem Kontinent bilden, und erst danach möglichst enge Beziehungen

---

[499] AMAE Europe 44-60, Généralités, Vol.78, Bl. 119-120, Télégramme de Seydoux à Ambassadeurs de France, 12. mars 1953.

zu Großbritannien knüpfen. Es war die SFIO, die am stärksten gegen eine kontinentale Gemeinschaft opponierte. Die Abgeordneten aus den Benelux-Staaten schlossen sich ihrer Auffassung an.
Die unterschiedlichen nationalen und parteipolitischen Interessen traten auch klar bei der Debatte in der Beratenden Versammlung des Europarates vom 17. Januar 1953 zutage. Die Christlichen Demokraten Italiens stimmten mit den italienischen Sozialdemokraten für die EPG. Während die CDU/CSU, FDP, DP für den EPG-Plan stimmten, verweigerte die SPD jede Mitarbeit im Verfassungsausschuß und stimmte im Europarat gegen den EPG-Plan, weil sie grundsätzlich gegen die EVG eingestellt war. Der MRP und andere kleine Parteien Frankreichs stimmten dafür. Die Gaullisten waren gegen die EVG ebenso wie gegen die übernationale EPG, während die SFIO unter Führung Mollets, der ebenfalls wie die SPD schon die Mitarbeit im Verfassungsausschuß verweigert hatte, den EPG-Plan in der vorgeschlagenen Gestalt ablehnte, hauptsächlich wegen der Frage der britischen Assoziation.[500] Demgegenüber waren die belgischen Sozialisten unter Führung Spaaks und Dehousses die eifrigsten Verfechter der EPG, während die Christlich-Sozialen Belgiens (Wigny) deren schärfste Gegner waren. Die niederländischen Parteien stellten ihre parteipolitischen Unterschiede hinsichtlich der EPG nicht klar heraus. Sie waren grundsätzlich einverstanden, jedoch lediglich unter der Voraussetzung eines gemeinsamen Marktes.
Warum konnte und wollte man trotz dieser nationalen und parteipolitischen Unterschiede auf die Supranationalität nicht ganz verzichten? In dieser Frage geht es um den Grundsatz, auf dem die gesamte Tätigkeit der Ad-hoc-Versammlung beruhte. Das EPG-Projekt zielte aus Sicht der politischen Realität ursprünglich auf Erleichterung der Ratifizierung des EVG-Vertrages ab. Dafür mußte die Supranationalität der EPG zumindest genauso gewährleistet werden, wie die der EGKS und der EVG. Die Hauptfiguren der Ad-hoc-Versammlung, Spaak, von Brentano, Teitgen, Benvenuti und Dehousse waren sich dieser Zwecke klar bewußt. Mit Sicherheit spielte bei ihnen die amerikanische Unterstützung für Monnets Konzept der EPG eine zentrale Rolle. Sie bildeten eine gemeinsame Front gegen die Abgeordneten aus den Benelux-Ländern und die Gaullisten (Debré). Allgemein ist festzustellen, daß, während aus föderalistischer Sicht dieser Satzungsentwurf sehr bescheiden war, sich das realistische Konzept Monnets im großen und ganzen durchsetzte. Man muß dabei jedoch ins Auge fassen, daß, obgleich die meisten Hauptfiguren ihre Energien auf das Erforderliche für die Ratifizierung des EVG-Vertrags in der Nationalversammlung konzentrierten, das Ergebnis der mühsamen Ausarbeitung der Ad-hoc-Versammlung dem ursprünglichen Zweck nicht dienlich sein konnte, vor allem deswegen, weil sich die französischen Sozialisten während der Verhandlungen sehr zurückhielten und sich bei der Abstimmung am 10. März 1953 ihrer Stimmen enthielten, von der Haltung der Gaullisten ganz abgesehen. Darüber hinaus war die Haltung der französischen Regierung zu dem Satzungsentwurf in hohem Maße von diesen beiden parlamentarischen Fraktionen abhängig.
Die Unzweckmäßigkeit des Satzungsentwurfs der Ad-hoc-Versammlung ist letzten Endes darauf zurückzuführen, daß die Ansprüche, nämlich einerseits Mollets offizielle Anforderung

---

500 PAAA II, Bd. 855, AZ 240-10 Bd. 2, Schwarz-Liebermann, Aufzeichnung über den Verlauf der Verhandlungen der Ad-hoc-Versammlung am 10. Januar 1953; Europa-Test in Straßburg. Der Verfassungsentwurf der Europäischen Politischen Gemeinschaft vor der Beratenden Versammlung des Europarates. in: Bulletin Nr. 14 vom 22.1.1953, S. 105.

an eine supranationale politische Autorität und andererseits sein Unwillen, sich ohne Großbritannien, das solch einer Gemeinschaft beizutreten noch nicht bereit war, auf die kleineuropäische Gemeinschaft einzulassen, im Widerspruch zueinander standen. Aus der Sicht Mollets waren die supranationale Integration und die britische Teilnahme als Garantie gegen die eventuelle deutsche Dominanz zwei unabdingbare Voraussetzungen. Übrigens löste die Ablösung der Regierung Pinay/Schuman durch Mayer/Bidault in Frankreich vom 8. Januar 1953 einige Unruhe in Straßburg aus. Eine gewisse Besorgnis über das Schicksal des Vertrages über die EVG wurde dort laut. Man äußerte, daß das ganze Werk der europäischen Verfassung möglicherweise umsonst sein könnte, wenn der EVG-Vertrag zu Fall gebracht und durch eine Koalition der Nationalarmeen ersetzt würde.[501] All diese Faktoren schienen dem Satzungsentwurf der Ad-hoc-Versammlung den Wind aus den Segeln zu nehmen.

---

501 PAAA III B11(Frankreich) Bd. 89-2, Schreiben Eckardt an das Auswärtige Amt (undatiert).

VI. Ein zufälliger „Schulterschluß" zwischen Frankreich und den Benelux-Ländern: Die Haltungen der sechs Regierungen zu dem Verfassungsentwurf der Ad-hoc-Versammlung

Zum Jahreswechsel 1952/53 sah die Zukunft der europäischen Integration trotz der erfolgreichen Konstituierung der Organe der Montanunion und der laufenden Beratungen der EPG keineswegs rosig aus. Allenthalben schien der nationale Gedanke wieder auf dem Vormarsch zu sein, es machte sich die Sorge breit, die Erfolge in Europa könnten ernsthaft in Frage gestellt werden, so skizzierte Blankenhorn die Lage.[502] Vor allem gaben verschiedene Entwicklungen in Frankreich Anlaß zur Sorge. Während die Positionen von Westdeutschland, Italien, und den Benelux-Ländern über die EPG bereits bekannt waren, war die französische Position, die von entscheidender Bedeutung für die EPG war, sehr unklar.[503] In diesem Sinne ist die Einstellung der französischen Regierung hoch interessant. Zunächst ist jedoch die Position der niederländischen Regierung zu betrachten, da sie eine Zollunion vorschlug und die anderen fünf Regierungen darauf, sei es positiv oder negativ, reagieren mußten. Da Luxemburg in diesem Zusammenhang keine bedeutsame Rolle spielte, wird die Position dieses Landes nicht im einzelnen erläutert. Kurz gesagt: Luxemburg brachte während der EPG-Verhandlungen uno acto zum Ausdruck, daß es innerhalb der EPG von größeren Ländern nicht majorisiert werden und seine Souveränität bewahren wollte.[504]

1. Die Niederlande

Nach der Analyse der EPG-Verhandlungen der Ad-hoc-Versammlung und dem internen Memorandum Beyens vom Oktober 1952 ist festzustellen, daß die niederländischen Abgeordneten, die in engem Kontakt zu ihrer Regierung standen, unabhängig von parteipolitischen Unterschieden, gemäß den Instruktionen Beyens in bezug auf die Direktwahl, die gemeinsame Außenpolitik und die wirtschaftliche Integration an die Verhandlungen herangingen. Ihre Kampagne gegen die Direktwahl brachte insgesamt kaum befriedigende Ergebnisse mit sich. Die wirtschaftlichen Bestimmungen der Dezember-Entschließungen des Verfassungsausschusses stellten die führenden Politiker in Den Haag nicht zufrieden. Das bescheidene Resultat, so analysierte man dort, sei vor allen Dingen darauf zurückzuführen, daß die französischen Abgeordneten der sofortigen wirtschaftlichen Integration im Rahmen der EPG sehr ablehnend gegenüberstanden, und daß daraus eine Angst unter den anderen Abgeordneten

---

502 BA NL Blankenhorn 15b, Notiz Blankenhorn, 31.12.1952.
503 PAAA II, Ref.200 Bd. 87a, Gespräch mit Monnet. Schreiben Etzel an Adenauer vom 19.9.52; DBPO II. Vol. 1, S. 989f., Extract from a record of M. Van Zeeland's discussion with Sir R. Makins and Sir P. Dixon an 15.10.1952; FRUS 1952-1954 V, S. 766-769, The United States Observer to the Interim Committee of the European Defense Community (Bruce) to the Department of State, top secret, Paris, March 12, 1953.
504 Zum Beispiel, PAAA II, Bd. 860, AZ 224-20/48, Bl. 47-48, Jansen an Auswärtiges Amt, Betr.: Außenminister Bech zur letzten Tagung der Ad-hoc-Versammlung, 18.1.1953; Nies-Berchem, M., Un petit pays face à l'Union Politique. Le cas du Luxembourg, in: Trausch, G. (Hrsg.), Die europäische Integration, S. 379-392.

entstand, daß der niederländische Vorstoß die Ratifikation der EVG in der französischen Nationalversammlung gefährden würde.[505]
Um die gegen niederländische Interessen laufende Tendenz der Verhandlungen der Ad-hoc-Versammlung anzuhalten und um eine Berücksichtigung der niederländischen Vorschläge bei der Ausarbeitung des Verfassungsentwurfes sicherzustellen, bemühte sich Beyen, in diese Verhandlungen über die Instanz des Ministerrats einzugreifen. Beyen und seine Kommission bereiteten ein Memorandum vom 11. Dezember 1952 aufgrund eines von ihm vorgelegten Memorandums vom 14. November vor.[506] In diesem Memorandum hielt er fest, daß die niederländische Regierung ihre Zustimmung zum Projekt der politischen Integration von der Bereitschaft der anderen fünf Regierungen zur Aufnahme konkreter Maßnahmen zur Schaffung eines gemeinsamen Marktes abhängig mache. Zuerst stellte er die Ziele der europäischen Integration in den Vordergrund: die Verstärkung der Verteidigung und die Hebung des allgemeinen Lebensstands der europäischen Völker. Dazu müsse die europäische Produktion erhöht und verbessert sowie die Produktionskraft gesteigert werden. Dieses Ziel werde durch die Handelsschranken beeinträchtigt. Daher sollten folgende konkrete Maßnahmen in Angriff genommen werden:
a) Während einer begrenzten Anzahl von Jahren eine Zollunion unter den EGKS-Staaten zu schaffen, und zwar durch stufenweise Beseitigung der Zölle innerhalb der sechs Staaten und Einführung gemeinsamer Außentarife.
b) Die Verhandlungen hätten auch andere Hindernisse auf dem Gebiet des Handels (gemeint waren die quantitativen Beschränkungen, d. V.), der unsichtbaren Transaktionen und des Verkehrs zu berücksichtigen.
c) Die Staaten müßten im Hinblick auf vorübergehende Störungen in der nationalen Wirtschaft, die nach Maßgabe der fortschreitenden Integration auftreten, eine gemeinsame Verantwortung tragen. Damit waren die Anpassungsfonds und angemessene Sicherungsklauseln gemeint.
d) Die supranationale Organisation sollte auf dem Gebiet, das bereits in Detail untersucht wurde, sofort hergestellt werden. Im Rahmen der EPG-Verhandlungen werde besonders auf die europäische Agrarunion hingewiesen.[507]
Im Vergleich zu dem internen Memorandum vom 14. November 1952, das lediglich das langfristige Ziel der Zollunion vorgesehen hatte, betonte das Dezember-Memorandum einige wichtige Sofortmaßnahmen, vor allem legte es größten Wert auf die Tarifgemeinschaft auf dem Weg zu einem gemeinsamen Markt. Im Gegensatz dazu wurde die Beseitigung der quantitativen Beschränkungen, die durch die OEEC durchgeführt worden war, weniger betont, ebenso die Konvertibilität der Währungen. Während in dem November-Memorandum als Aufgabe der zu schaffenden EPG vorgesehen war, die Beseitigung der Handelshemmnisse vorzubereiten, insistierte das Dezember-Memorandum, sich auf eine allgemeine Leitlinie und einem konkreten Zeitplan vor der Schaffung der Institution zu einigen.
In einem Brief, der diesem Memorandum beigefügt wurde, regte Beyen bei den anderen fünf Außenministern an, vor der Plenarsitzung der Ad-hoc-Versammlung vom 7. bis 10. Januar

---

505 Harryvan, A.J. et al., Dutch Attitudes, S. 329f.
506 Sitzungsprotokoll des Ministerrates vom 17.11.1952 und vom 24.11.1952, in: Harryvan A.J et al., Dutch attitudes, S. 329.
507 BA B 102/11409, Memorandum Beyens vom 11.12.1952.

1953 eine Sondertagung des Ministerrates der EGKS, die dem Gedankenaustausch zu seinem Vorschlag einer Zollunion dienen sollte, einzuberufen. Der turnusmäßig amtierende Vorsitzende des Ministerrates van Zeeland stimmte dem Grundgedanken Beyens über die wirtschaftliche Integration zu, schlug jedoch vor, am 2. Februar in Brüssel zusammenzutreten. Wegen der innenpolitischen Situation in Italien wurde diese Zusammenkunft jedoch auf den 24./25. Februar in Rom verschoben.[508] Um konkretere und verbindlichere Bestimmungen für eine Zollunion zum Bestandteil der Satzung der EPG zu machen, bereitete Beyen am 14. Februar 1953 ein Memorandum vor und sandte es seinen Amtskollegen. Diesem Memorandum zufolge sollte der Beschluß zur Gründung einer Zollgemeinschaft zur Ausarbeitung entsprechender Bestimmungen als Bestandteil des Vertrages führen. Diese Bestimmungen müßten die Frist festlegen, innerhalb derer die Zollunion zu verwirklichen wäre, sowie das Verfahren, das ihre Gründung während der auf diese Weise festgelegten Frist sicherstellte. Auffälligerweise wurde immer wieder betont, daß die Agrarunion in die vorgeschlagene Zollgemeinschaft eingegliedert werden sollte.[509] Damit ist festzustellen, daß Beyen in die EPG-Verhandlungen übereilt eingriff, nicht nur um die entscheidungsbefugten Außenminister für seinen Plan zu gewinnen, sondern auch um die im März 1953 anberaumte Agrarkonferenz zu unterstützen.

Beyen bemühte sich vor allem, Frankreich für seine Ziele zu gewinnen. Am 18. Februar schickte er eine Note an Bidault, in der er zum Ausdruck brachte, daß sich die am 24./25. anberaumte Rom-Konferenz zunächst mit der Frage der Kompetenzen der EPG, namentlich bezogen auf die wirtschaftliche Integration, beschäftigen sollte, weil „l'étude des problèmes institutionnels ne pourra à son avis être abordée avant qu'un accord de principe au sujet des compétences et des attributions de la Communauté Politique soit intervenu." Beyen selber suchte Bidault in Paris am 20. Februar 1953 auf.[510] Das Ergebnis dieser Begegnung wird im folgenden Kapitel VI. 2. noch ausführlich behandelt.

Was die Agrarunion anging, waren die Verhandlungen in Gang gekommen. Der französische Landwirtschaftsminister Laurens stimmte sich mit Bidault über den Vorschlag Mansholts ab, und am 22. Januar 1953 entschied das französische Kabinett über das Datum der Agrarkonferenz (16. März 1953) und über die Einberufung einer vorbereitenden Konferenz.[511] Mansholt

---

508 PAAA II, Bd. 897, AZ 224-90 Bd. 1, Bl. 14, Schreiben Ophüls an die Botschaft der BRD in Den Haag am 17.12.1952; Ibid., Bl. 7f., Schreiben Beyen an Adenauer am 10.12.1952; Ibid., Bl. 32f., Telegramm Holleben (Den Haag) an Ophüls am 9.1.1953; Ibid., Bl. 37f., Notiz Ophüls am 22.1.1953; Ibid., Vermerk betreffend Außenministerkonferenz über das niederländische Memorandum am 21.1.1953; AMAE Europe 44-60 Généralités, Vol.78, Bl. 64-65, DGAE/Europe, Sousdirection de l'Europe du Nord, Télégramme au départ à La Haye, Bruxelles, Luxembourg, Bonn, Rome, Londres et Washington, a.s. Mémorandum hollandais sur l'intégration économique européenne; AMAE Europe 44-60 Généralités, Vol.78, Bl. 102, Télégramme de Seydoux à ambassadeurs, 23. jan. 1953.
509 PAAA II, Bd. 897, AZ 224-90 Bd. 1, Beyens Memorandum vom 14.2.1953.
510 AMAE CECA, Vol. 521, Bl. 249-252, Note néerlandaise à Bidault du 18 février 1953; AMAE Europe 44-60, Généralités, Vol.78, Bl. 103, Télégramme de Garnier à MAE, 24. janv. 1953; AN 457 AP 38, Compte-rendu de Entretiens entre le Président Bidault et M. Beyen, Ministre des Affaires Etrangères des Pays-Bas, 20. février 1953.
511 AN 457 AP 41, eine handschriftliche Notiz, die der Note (DGAEF, Service de CE, AF/FN, Communication au conseil des ministres, 21.1.1953) hinzugefügt wurde.

besuchte Adenauer am 15. Januar 1953 in Bonn, um den Kanzler für seine Idee zu gewinnen. Adenauer stimmte dessen Vorschlag einer Sechser-Konferenz zur Vorbereitung einer supranationalen Agrarunion als Bestandteil der EPG zu, betonte jedoch, daß die Bundesrepublik als Großimporteur Kompensationen auf anderen wirtschaftlichen Sektoren erhalten müsse, wenn sie einer europäischen Agrarunion zustimme.[512]

Es gab jedoch Anzeichen dafür, daß die Sechserbesprechungen auf dem Agrargebiet für die politische Einigung der Sechs eher eine Gefahr als eine Förderung bedeutete. Die nationalen agrarischen Interessen wurden während des Interimsausschusses der 16 Staaten, dessen Arbeit erst am 7. Januar 1953 beendet wurde, nicht ausgeglichen. Der italienische Agrarminister Fanfani stand dem Vorschlag Mansholts sehr zurückhaltend gegenüber. Er interessierte sich lediglich für eine gemeinsame Nutzung der Arbeitskraft in einer Agrargemeinschaft, die, seiner Meinung nach, möglichst viele Produkte und viele Staaten umfassen sollte. Belgien hatte eigentlich kein Interesse an der Agrargemeinschaft. Es wäre erheblich besser gewesen, so Ophüls, wenn man die Agrarfragen erst nach der politischen Einigung in Angriff genommen hätte. Laurens war auch dieser Meinung. Selbst Mansholt stimmte zu.[513]

Ungeachtet dieser ungünstigen Vorzeichen trieb Mansholt seinen Plan weiter voran. Er nahm seinen Vorschlag für die gemeinsame Vorkonferenz der Außen- und Agrarminister der sechs Staaten nun jedoch zurück. Statt dessen hoffte er, daß sich die Außenminister auf ihrer Sitzung vom 24./25. Februar 1953 über politische Weisungen für die Landwirtschaftsminister der sechs Staaten einigen würden. Diese Weisungen sollten als Grundsätze festlegen, daß die Agrargemeinschaft von der supranationalen Hohen Behörde geführt würde und sich auf die Landwirtschaft im ganzen, nicht nur auf Einzelprodukte beziehe.[514]

Den Haag wollte, unabhängig von der Ratifizierung des EVG-Vertrags, die politische, wirtschaftliche und vor allem agrarische Integration gleichzeitig verwirklichen. Deswegen beeilte es sich nicht in den EPG-Verhandlungen. Diese grundlegende niederländische Haltung während der EPG-Verhandlungen schien dem Zustandekommen der EPG und damit der EVG hinderlich zu sein, insbesondere aus der Sicht Bonns, Roms und Washingtons. Aber man nahm eine grundsätzliche Unterscheidung zwischen van Zeeland und Beyen vor. Während van Zeeland, in Augen des amerikanischen Vertreters bei der Montanunion, Cleveland, den Beyen-Plan zur Verzögerungstaktik instrumentalisierte, meinte es die niederländische Regierung mit den Beyen-Mansholt-Plänen ernst. Deshalb war es die amerikanische Politik, Einflußnahme seitens van Zeelands zu verhindern und Beyen für die EPG zu gewinnen, indem man seinen Forderungen soweit als möglich entgegenkam, vorausgesetzt, daß der Beyen-Plan die Ratifizierung des EVG-Vertrages im Hinblick auf die Verhältnis zwischen der EVG und der EPG nicht behinderte.[515]

---

512 PAAA NL Ophüls, Bd. 3, Brief von Hallstein an Hermes, 17. Januar 1953; Thiemeyer, G., Vom »Pool Vert« zur Europäischen Wirtschaftsgemeinschaft, S. 90f.
513 PAAA NL Ophüls Bd. 3, Ophüls an Hallstein, Betr.: Französische Vorschläge für eine Sechserbesprechung im Rahmen der Agrarunion, Bonn, den 5. Februar 1953; AN 457 41, DGAEF, Service de CE, AF/FN, 16 janvier 1953, Note chronologique pour le Président, a.s. Pool Vert.
514 PAAA NL Ophüls, Bd. 3, Aufzeichnung von Minister Mansholt, etwa 19.2.1953; Ibid., Ophüls, Aufzeichnung, Betr.: Niederländische Wünsche zur Landwirtschaftsunion auf der Außenministerkonferenz vom 24. Februar, Bonn, den 18.2.1953, Sofort! Hallstein vorgelegt.
515 PAAA II, Bd. 897, AZ 224-90 Bd. 1, Bl. 22-24, Ophüls, Aufzeichnung. Betr: Niederländisches Memorandum zur wirtschaftlichen Integration, am 22.12.1952.

2. Frankreich: „Vocation mondiale" als Hindernis auf dem Weg zu einer politischen Integration

Während der EPG-Verhandlungen der Ad-hoc-Versammlung befand sich Paris in einer Regierungskrise, die mit der Ablösung von Außenminister Schuman durch Bidault um die Jahreswende endete. In dieser Krise konnten den französischen Abgeordneten keine Anweisungen in bezug auf die Ausarbeitung der Ad-hoc-Versammlung erteilt werden.[516] Die französischen Abgeordneten, die sich daran beteiligten, gingen lediglich gemäß ihrer Parteipolitik an die Ausarbeitung heran. Dies war ein Grund dafür, daß die Interessen der französischen Abgeordneten auseinander gingen und man kaum zu einer einheitlichen französischen Interessenfront fand. Im folgenden werden zunächst die Ursachen der Demission Schumans insofern kurz dargelegt, als diese mit der EPG in Zusammenhang standen, und dann die Konzeption der neuen Regierung Mayer/Bidault hinsichtlich der EPG betrachtet.

Seit der Unterzeichnung des Bonn- und Paris-Vertrages im Mai 1952 war die Regierung Pinay/Schuman in der Nationalversammlung zunehmender Kritik ausgesetzt: Man fördere durch den europäischen Integrationsprozeß den Ausverkauf der nationalen Souveränität Frankreichs und seiner historischen Großmachtstellung.[517] Der Angriff auf die Politik Schumans bezog sich konkret auf den EVG-Vertrag und die Politik der Union Française.

Um den EVG-Vertrag zur Ratifizierung in der Nationalversammlung vorzulegen, bemühte sich Schuman, neben dem EPG-Projekt, die britische und amerikanische Unterstützung in Europa, Indochina und Nordafrika, zu gewinnen. Gleich nach Unterzeichnung der Verträge, am 28. und 29. Mai 1952, diskutierte Schuman mit Acheson und Eden über die Erfüllung der von der französischen Nationalversammlung gestellten Bedingungen. Dabei unterstrich er die Notwendigkeit höherer Hilfeleistungen für Frankreich und Indochina und die der moralischen Unterstützung in Nordafrika. Schuman wiederholte gegenüber seinen Kollegen den französischen Standpunkt, daß Frankreich seinen Beitrag in Europa nicht leisten könne, wenn es durch den Indochina-Krieg und den Autoritätsverlust in Nordafrika geschwächt werde. Über die Besprechungen wurde ein Kommuniqué herausgegeben, das nur die allgemeine Zustimmung und keine konkreten Zusagen enthielt. Es lautete, Acheson und Eden würden anerkennen, daß die Erfüllung der französischen Verpflichtungen in Nordafrika und in Südostasien eine wichtige Verteidigungssäule für die Nordatlantische Gemeinschaft war. Solche vagen Erklärungen, die nicht ausreichend waren, um den EVG-Gegnern in Frankreich den Wind aus den Segeln nehmen zu können, wiederholten sich in den darauffolgenden Verhandlungen bis zur Demission Schumans. Die britische Teilnahme an der EVG wurde von Mollet immer wieder angeregt. Schuman nahm jedoch erst im Dezember 1952 entsprechende Verhandlungen mit Großbritannien auf.[518]

Insgesamt trugen Schumans Bemühungen um die Ratifizierung des EVG-Vertrags auf diese

---

516 Massigli, Une comédie, S. 341.
517 Fischer, P., Die Bundesrepublik, S. 286.
518 Mittendorfer, R., Robert Schuman, S. 451f; AMAE Europe 44-60, Généralités, CED Vol. 69, Bl. 216-219, Télégramme de R. Schuman à Massigli, 5.12.1952, communiqué à anderen französischen Botschafter in Europa. Réserve, très urgent, N°19938/949; Ibid., Bl. 229-231, Télégramme de Massigli à Schuman, 12.12.1952, N°2012/12.

Weise keine sichtbaren Früchte. Inzwischen verstärkten sich hingegen die Stimmen der Gegner der EVG. Neben dem Engagement der Gaullisten trugen der Präsident der Republik, V. Auriol[519], und ein einflußreicher Radikalsozialist, Herriot, dazu bei. Da die Radikalsozialisten, die der Regierungskoalition angehörten, von besonderer Bedeutung für die EVG waren, ist ihr bemerkenswerter Umschwung näher zu betrachten.

Auf dem Parteitag der Radikalsozialisten in Bordeaux vom 17. bis 18. Oktober 1952 richteten sich scharfe Angriffe gegen die EVG. Der hochangesehene Parteivorsitzende und Präsident der Nationalversammlung, E. Herriot, der drei Jahren zuvor einen maßgeblichen Einfluß in der Bewegung für die europäische Einheit ausgeübt, aber immer Bedenken gegenüber der Europa-Armee geäußert hatte[520], wandte sich mit Nachdruck gegen den EVG-Vertrag in der gegenwärtigen Form. Großes Aufsehen erregte die Behauptung Herriots, daß der EVG-Vertrag Geheimklauseln enthalte. Der Vertrag würde mit der französischen Verfassung nicht übereinstimmen, da er die Preisgabe von Souveränitätsrechten ohne Gegenleistung vorsehe. Der ehemalige Ministerpräsident E. Daladier sprach sich aus Furcht vor einer deutschen Hegemonie sogar grundsätzlich gegen die EVG und für die Verständigung mit der Sowjetunion aus. Dabei wirkte die anti-amerikanische Stimmung sicherlich mit. Durch die Rede Daladiers und durch den großen Beifall, den diese fand, entstand eine so gefährliche Situation, daß sogar Herriot selbst eingreifen mußte, um die Entwicklung abzufangen und wenigstens im Prinzip den Gedanken einer Europa-Armee zu retten. Prominente EVG-Befürworter der Radikalsozialisten, wie Edgar Faure und René Mayer, relativierten ihre Haltung, indem sie ihre grundsätzliche Zustimmung zur EVG mit Bedingungen verknüpften: vorherige Schaffung einer politischen Autorität, Regelung der Saarfrage und Aufschiebung der Ratifikation, solange nicht im Zusammenhang mit Indochina eine Lösung hinsichtlich des Gleichgewichts der deutschen und französischen Streitkräfte in Europa gefunden wurde. Der Kongreß in Bordeaux wurde mit einer Resolution abgeschlossen, die den Grundsatz einer Europa-Armee zwar bejahte, jedoch gegen den EVG-Vertrag schwerwiegende Vorbehalte geltend machte. Der Kongreß der Radikalsozialisten hatte die Wirkung einer gegen die EVG geworfenen Bombe.[521] Der Kampf gegen die EVG wurde auch durch einflußreiche Spitzenbeamte des Quai d'Orsay heimlich verstärkt geführt. Wie oben dargelegt wurde, begannen die meisten Spitzenbeamten im Quai d'Orsay sich gegen die Europapolitik ihres Chefs zu wenden, gerade zum Zeitpunkt der Unterzeichnung des EVG-Vertrages. Gleichzeitig zogen sie die Möglichkeit in Erwägung, statt der EVG-Lösung eine kleine deutsche Nationalarmee in die NATO einzubeziehen.[522]

---

519 AP 1952, S. 574; Auriol, V., Journal, IV 1952, S. 666.
520 Schon im November 1950 hatte Herriot einen wenig beachteten Artikel in der Parteizeitung „L'Information Radicale-Socialiste" geschrieben: „Réarmement de l'Allemagne: Attention!" Und bereits auf dem Außerordentlichen Parteitag des Parti radicaux in Paris am 23./24.5.1952 hatte Herriot in seiner „Allocution sur la politique étrangère" Bedenken gegen die EVG angemeldet und ausdrücklich die Kritik Daladiers unterstützt: „Alors je dis comme Daladier, je dis qu'il faut essayer de négocier" (FNSP, Service de documentation, Sign. 118/7, Bl. 128, in: BDFD III Nr. 108 Anmerkung Nr. 10, S. 333).
521 AdG, 22. Oktober 1952, S. 3705; Vgl. Pressereferent im Bundesministerium für Angelegenheiten des Marshallplans Sonnenhol an Bundesminister Blücher, Aufzeichnung, 24.10.1952, AdL, NL Dehler, Sign.2216, in: BDFD III S. 331-334, Dok. Nr. 108.
522 Wettig, G., Entmilitarisierung, S. 530; Rochefort, R., Robert Schuman, S. 315. Nach Aussage von

Angesichts dieser sogenannten „Anti-Schuman-Welle" oder „Anti-EVG-Welle" konnten Schuman und seine Partei das Ratifikationsverfahren nicht in Gang bringen. Der Conseil des Ministres dachte, daß es ratsam sei, zunächst auf die Präsidentenwahl in den USA, auf das Urteil des Bundesverfassungsgerichts zur EVG - aufgrund der Klage der SPD - und auf das Ergebnis der EPG-Verhandlungen zu warten. Die Politik des Abwartens war nicht nur auf die innenpolitischen Schwierigkeiten zurückzuführen, sondern auch auf die außenpolitische Taktik. Paris wollte das parlamentarische Prozedere nutzen, um von den USA und Großbritannien in Indochina größere Unterstützung zu bekommen, wo die politische Stellung Frankreichs geschwächt war.[523]

Ein relevantes Element der Kampagne gegen Schuman war die Kritik an seiner Politik gegenüber der Union Française im allgemeinen und gegenüber Tunesien im besonderen. Die Schwierigkeiten Frankreichs in den überseeischen Besitzungen nahmen stetig zu, nicht zuletzt wegen der eigenmächtigen Politik der französischen Generalresidenten, die häufig Anweisungen aus Paris mißachteten. Immer nachdrücklicher forderte Tunesien Reformen und schließlich seine Unabhängigkeit. Das französische Protektorat Tunesien war nach dem Kriege für Frankreich zum Problemfall geworden. Theoretisch hätte Tunesien freie Hand in innenpolitischen Angelegenheiten haben müssen, während das Land nach außen von der Schutzmacht Frankreich vertreten wurde. Faktisch erfolgte die Verwaltung jedoch direkt von Paris, und viele Franzosen verfügten über größere ökonomische und administrative Macht als die Tunesier.[524] Diese forderten daher immer dringlicher die interne Autonomie und letztendlich die Unabhängigkeit.

Aus der Sicht Schumans war es nach den Erschütterungen des Zweiten Weltkrieges vergebliche Mühe, den Willen dieser Völker zur Emanzipation zu brechen. Er war davon überzeugt, eine enge euro-afrikanische Kooperation auf wirtschaftlichem Gebiet herbeiführen zu müssen. Allerdings interessierte sich Schuman wenig für die Kolonialpolitik. Seiner Präokkupation mit Europa war es zuzuschreiben, daß er in die überseeischen Konflikte erst spät und zögernd eingriff. Die liberalen Reformideen Schumans wurden von den französischen Ministern innerhalb der tunesischen Regierung und von der französischen Kolonial-Lobby in Paris heftig bekämpft. Zu dieser Gruppe zählte G. Bidault. Schuman hatte zwar dem unruhigen Tunesien die Unabhängigkeit in Aussicht gestellt, aber durch den Vorrang der drängenden Probleme in Europa, denen er sich mit ganzer Kraft widmen mußte, nahmen mehr und mehr die Experten des Quai d'Orsay die nordafrikanische Frage in ihre Hände. Die Interessengegensätze, der amerikanische Druck auf eine grundsätzliche Änderung der französischen Kolonialpolitik, die Ablehnung der tunesischen Forderungen nach der Autonomie am 15. Dezember 1952 sowie die Verhaftung tunesischer Minister verschärften den Konflikt. Die gestörten französisch-tunesischen Beziehungen trugen zur Ablösung Schumans bei.[525]

Vor diesem Hintergrund gelangten Gerüchte über eine Demission des Außenministers in

---

Hervé Alphand war; „la majorité du Quai était en désaccord". Der Quai war im großen und ganzen nationalistisch (Interview Mittendorfer mit Alphand am 3.12.1980, in: Ders., Robert Schuman, S. 543).

523 Auriol, V., Journal, VI 1952, S. 645, 651; AdG, 22. Oktober 1952, S. 3705; FAZ vom 23.10.1952; BA NL von Brentano 118, Schreiben von Merkatz an Hallstein, 17.11.1952.
524 Mittendorfer, R., Robert Schuman, S. 455.
525 Rochefort, R., Robert Schuman, S. 299ff.

Umlauf. „Er hatte einen Demissionskomplex. Fast jeden Tag sprach er mit mir darüber und ersuchte mich, ihm ein Datum vorzuschlagen." schrieb der Kabinettschef des französischen Außenministeriums, Bourbon-Busset.[526] Die Regierung Pinay demissionierte formal wegen der Budgetfrage am 23. Dezember 1952. In der Tat spielte jedoch die außenpolitische Frage eine große Rolle dabei. Die Parlamentsfraktion des MRP versagte der Regierung die Gefolgschaft, um gegen die Wirtschaftspolitik Pinays zu demonstrieren; die Gaullisten, um die Europapolitik Schumans zu desavouieren.[527]
Nach mehreren vergeblichen Versuchen, die Krise zu meistern, wurde der Radikalsozialist René Mayer mit der Regierungsbildung beauftragt. Mayer hatte sich in der Vergangenheit als engagierter Europäer profiliert und unterstützte die Europapolitik Schumans. Er wollte eigentlich die Sozialisten in die Regierung aufnehmen und dadurch den Einfluß der Gaullisten auf die Regierung ausschalten. Dies gelang ihm jedoch nicht. So war er ungewollt auf die Unterstützung der Gaullisten angewiesen. Mayers Regierungsantritt war den gaullistischen Dissidenten zu verdanken, die ihn gegen de Gaulle unterstützten.[528] In der Sitzung der Nationalversammlung zur Bildung einer neuen Regierung spitzte sich die Diskussion zum ersten Mal auf das Problem der Europa-Armee zu. Die gaullistischen Dissidenten machten ihre Zustimmung zur Berufung Mayers vom Rücktritt des Außenministers Schuman abhängig. Mayer glaubte daher, Schumans Europapolitik mit einer anderen Person leichter fortsetzen zu können und präsentierte sein neues Kabinett mit dem bedeutsamen Wechsel an der Spitze des Quai d'Orsay offiziell am 8. Januar 1953. Nachdem Schuman seit Juli 1948 einen achtmaligen Machtwechsel unbeschadet überstanden hatte, löste ihn nun sein Vorgänger und Parteifreund Georges Bidault ab.[529] Daß die Gaullisten sich mit Bidault abfanden, hatte folgenden Grund. Bidault hatte seit Herbst 1952 private Kontakte zu de Gaulle aufgenommen. In einer Note an de Gaulle hatte er seine Idee einer „directoire à Trois au sein de l'Alliance atlantique" und einer politischen Organisation „coiffant la CECA et la CED" verteidigt. Natürlich sollte die Supranationalität dieser politischen Organisation gemäß der gaullistischen Konzeption modifiziert werden.[530] Wie de Gaulle glaubte Bidault an die Nation, an die Unabhängigkeit und an die historische Aufgabe Frankreichs. Er betrachtete sich selbst nicht zu Unrecht als den einzigen Vermittler zwischen Volksrepublikanern und Gaullisten.[531] Obgleich offiziell erklärt wurde, die bisherige Europa-Politik unter der neuen Regierung unverändert mit dem Ausgangspunkt der Lösung der Saarfrage, Ratifizierung der Europa-Armee mit ge-

---

526 Zitiert nach: Rochefort, R., Robert Schuman, S. 312.
527 EA vom 5.1.1953, S. 5422; Mittendorfer, R., Robert Schuman, S. 470.
528 PAAA III B11(Frankreich) Bd. 89, Telegramm von Walter an Auswärtiges Amt, 5.1.1953; Ibid., Schreiben der britischen Regierung an Kanzler Adenauer am 14.1.1953.
529 Mittendorfer, R., Robert Schuman, S. 475; PAAA BüSt 1949-1967, Bd. 59, Bl. 152-161, Hausenstein, Aufzeichnung über meinem Besuch bei Herrn R. Schuman am 19. Januar 1953 und als Anlage zu meinem Brief vom 21. Januar 1953.
530 Soutou, G.-H., Georges Bidault et la construction européenne 1944-1954, in: Revue d'histoire diplomatique, 1991, S.297.
531 Elgey, Georgette, Histoire de la IVe République. La République des Contradictions (1951-1954), Paris 1968, S. 357. François Seydoux schrieb über ihn: „Ich habe den Eindruck, daß er nur von Franzosen wirklich verstanden und geliebt werden kann. Ausländer setzt er in Erstaunen. Seine Empfindlichkeit in Sachen Nationalismus läßt ihn leicht aggressiv werden. Die Résistance und die Befreiung haben aus ihm einen Sieger gemacht" (Seydoux, F., Beidersets des Rheins, S. 165).

wissen Modifikationen und Weiterführen der Arbeiten an einer EPG fortzusetzen, spekulierte man viel darüber, ob die Regierung Mayer/Bidault die bisherige Europapolitik fortsetzen oder verändern wollte, und differenzierte zwischen Bidault auf der einen Seite und Schuman und Mayer auf der anderen Seite.[532] Wie war die Europapolitik der neuen Regierung, vor allem gegenüber der politischen Gemeinschaft, beschaffen?

Die EVG, so erkannte sehr zutreffend der Rechtsberater des Quai d'Orsay, Gros, sei die Notlösung, um der amerikanischen Forderung der deutschen Wiederbewaffnung auszuweichen. Das Projekt der EPG sei nur mit dem Zweck initiiert worden, um „prendre au piège de leurs propos les adversaires de la politique du Gouvernement depuis 1950 qui, alors, pensaient s'en tirer par une surenchère." Die französische Regierung habe das EPG-Projekt jedoch bis dahin immer wohlgesonnen aufgenommen, ohne sich ernsthaft damit zu beschäftigen, welche Konsequenzen diese Gemeinschaft für Frankreich bringen würde. Nun sei der Zeitpunkt gekommen, um diese Konsequenzen zu prüfen.[533] Im folgenden wird ihre Kritik nach den einzelnen Themenkomplexen, also der Struktur der EPG, deren außenpolitischer und wirtschaftlicher Kompetenzen, der EVG, dem Pool Vert und zuletzt der Problematik, die sich um die Union Française drehte, analysiert.

Was die Struktur der EPG anging, machte Seydoux zunächst auf die französischen Intentionen angesichts der EPG-Verhandlungen, wie bereits in der Fragebogenkonferenz aufgezeigt worden war, aufmerksam: Ziel sei es, der Gefahr aus dem Wege zu gehen, daß die Schaffung einer EPG im Vergleich zu EGKS und EVG einen neuen Verzicht auf Souveränität mit sich brächte, und zu verhindern, von Anfang an eine komplette institutionelle Struktur, die bereits einen föderalistischen Charakter trage, einzusetzen. Aus diesem Gesichtspunkt sei lediglich das direkt gewählte europäische Parlament, dessen Verwirklichung in der anfänglichen Phase der EPG jedoch nicht unbedingt notwendig werde, erforderlich, aber die Schaffung einer neuen Exekutive, welche diejenigen der EGKS und der EVG ersetzen sollte, schien unnötig, sogar gefährlich, weil „sa seule création risquait d'entraîner ipso facto des extensions nouvelles de compétences, donc de nouveaux abandons de souveraineté."[534] Die Versammlung und der Gerichtshof sollten eine Rolle für die Verbindung zwischen der EGKS und der EVG spielen. In bezug auf die zweite Kammer war Seydoux ebenso skeptisch, weil ihre Schaffung zu kompliziert schien und auch der Ministerrat als solcher die anvisierte zweite Kammer sein könnte. Aus dieser institutionellen Sicht, bewertete Seydoux, seien die Entschließungen des Verfassungsausschusses vom Dezember 1952 weit entfernt von den französischen Intentionen. „Dans l'ensemble, les conclusions de la Commission ad hoc paraissent se caractériser par un certain manque de réalisme et traduisent un saut brutal de la méthode fonctionnelle suivie jusqu'à présent pour édifier l'Europe à une méthode institutionnelle qui affecte de considérer

---

532 Vgl. PAAA III B11(Frankreich), Bd. 89, Telegramm Hausenstein an den AA, 3.1.1953; Ibid., Telegramm Hausenstein an Auswärtiges Amt vom 7.1.53; PAAA III B11 (Frankreich) Bd. 174, Informationssammlungen des Presse- und Informationsdiensts anläßlich der Kabinettsbildung Mayers an Kanzler, 8.1.1953.
533 AN 457 AP 38, le jurisconsulte (Gros), Note pour le secrétaire général (Parodi), 17. janv. 1953, a/s. Bilan des engagements du Gouvernement français en matière de CPE.
534 AMAE DE-CE 45-60, Vol. 578, Bl. 1-6 Note de Seydoux, 2.1.1953, a.s: Communauté politique européenne; Diese Note wurde in der BDFD I, Dok. Nr. 70 veröffentlicht.

dès l'abord le problème comme résolu."535 Gros schätzte auch die Arbeit des Verfassungsausschusses als zu föderalistisch und „des travaux purement théorétiques de construction politique européenne en laissant entièrement de côté les réalités que l'on veut unir" ein.536
Bis zu jener Zeit war die Frage des Verhältnisses zwischen der Union Française und der europäischen Integration nicht ausreichend diskutiert worden. Das Projekt berührte jedoch die konstitutionelle Verbindung zwischen der Union Française und dem Mutterland. So machte die Abteilung der Afrique-Levant des Quai d'Orsay auf die Konsequenz, die die Direktwahl hinsichtlich dieser Verbindung mit sich bringen konnte, aufmerksam. Ihre Argumentation war es, daß die mit der Direktwahl vorgesehene föderalistische Konstruktion Europas logischerweise diese Verbindung ernstlich lockern und, in absehbarer Zeit, auflösen würde. Daher brachte die Abteilung zum Ausdruck, daß diese föderalistische Form durch die konföderalistische - unter Wahrung des Prinzips der Union der Nationen - und dadurch auch das direkt gewählte Parlament durch eine indirekt aus der Mitte der nationalen Parlamente gewählte Versammlung zu ersetzen sei. Dieses System sei sozusagen die zweistufige demokratische Legitimation.537

In einer Sitzung im Büro des Generalsekretärs Parodi am 27. Januar 1953, wo die führenden Beamten des Quai d'Orsay über die EPG-Frage berieten, wurden drei Grundlinien anhand der oben genannten Gedanken festgelegt: 1. Es war nicht ausgeschlossen, daß das demokratische Parlament aus den Abgeordneten, die aus der Mitte der nationalen Parlamenten gewählt wurden, bestünde. 2. Dieses Parlament besäße die Kompetenzen der EGKS und der EVG und darüber hinaus ein Empfehlungsrecht über die weitere wirtschaftliche und soziale Integration. 3. Die Hohe Behörde und das Kommissariat sollten nicht zu einer Exekutive verschmolzen werden.538

In außenpolitischen Angelegenheiten kritisierte man im Quai d'Orsay scharfsinnig selbst das bescheidene Ergebnis der Ausarbeitung der Ad-hoc-Versammlung, also die Koordination der Außenpolitik unter den Mitgliedstaaten. Gros fragte sich, wie ein Staat, der seine außenpolitischen Entscheidungsbefugnisse an die EPG abtrat, seine weltweite Verantwortung tragen konnte. Seiner Meinung nach lag es gerade an dieser Verantwortung, daß Großbritannien seine Verbindung mit den Commonwealth-Staaten beibehalten und an der kontinentalen Gemeinschaft nicht teilnehmen wollte. Mit dieser weltweiten Verantwortung meinte er den Status Frankreichs innerhalb der Vier-Siegermächte gegenüber dem besiegten Deutschland einschließlich des Saargebietes, der NATO und ferner der UNO und der Union Française.539

Was den Beyen-Plan anbelangte, stimmte der Leiter des Service de Coopération Economique des Quai d'Orsay, Olivier Wormser, seinen Zielen grundsätzlich zu. Die Liberalisierung der

---

535 Ibid.
536 AN 457 AP 38, le jurisconsulte (Gros), Note pour le secrétaire général (Parodi), 17. janv. 1953, a/s. Bilan des engagements du Gouvernement français en matière de CPE.
537 AN 457 AP 42, DGAP, Direction d'Afrique-Levant, sous-direction d'Afrique, Note, 12.1.1953, a.s./Europe et Union Française.
538 AMAE DE-CE 45-60, CECA, Vol. 521, Bl. 199-206, DGAP/Europe, Note, 31.1.53, a/s Projet de statut de la Communauté politique européenne.
539 AN 457 AP 38, le jurisconsulte (Gros), Note pour le secrétaire général (Parodi), 17. janv. 1953, a/s. Bilan des engagements du Gouvernement français en matière de CPE; AN 457 AP 38, le jurisconsulte (Gros), Note pour le secrétaire général (Parodi), 18. fév. 1953, a/s. Projet de Fédération politique européenne.

Warenaustausches, die Reduzierung des Zolltarifs und die Stabilität des Warenverkehrs, so Wormser, widersprächen nicht der seit 1946 betriebenen französischen Liberalisierungspolitik im Rahmen der OEEC, der GATT und auch der EGKS. Dadurch solle die französische Wirtschaft ihre alte protektionistische Tradition verlassen und ihre Produktivität erhöht werden. Er dachte jedoch wirtschaftlich realistisch. Der Beyen-Plan erkläre sich durch die wirtschaftlichen Interessen der Niederlande, also die Agrargemeinschaft und die Zollunion. Die niederländischen Zölle seien im Vergleich zu den anderen fünf Staaten der EGKS niedrig. Dagegen sei das französische Interesse an der Pool Vert mittlerweile deutlich abgeschwächt. Aus wirtschaftlichen Gesichtspunkten würde der Zollabbau für Frankreich eher Nachteile als Vorteile mit sich bringen. Außerdem gebe es keine politischen Gründe dafür, diesen wirtschaftlichen Nachteilen zum Trotz den Beyen-Plan zu akzeptieren, weil das französische Interesse am EPG-Projekt selbst, geschweige denn am Entwurf der Ad-hoc-Versammlung, abgenommen habe.[540] Hinzu kam, daß das französische Wirtschaftssystem weniger auf dem Export und Import als das niederländische und deutsche angewiesen war und daß, nachdem die Preissteigerungen infolge des vom Korea-Krieg verursachten allgemeinen Aufrüstungsbooms erneut zu einer dramatischen Verschlechterung der französischen Handelsbilanz geführt hatten, die französische Regierung im Februar 1952 Importrestriktionen verhängen und auch die quantitativen Liberalisierungsmaßnahmen innerhalb der OEEC seitdem stoppen mußte. Unter diesen Umständen konnte der Zollabbau für Frankreich umso nachteiliger sein.[541]

Daher konnte der Beyen-Plan, der eine supranationale Behörde vorsah, als solcher von vornherein keine Gegenliebe in Frankreich finden. Es war aber nicht ausgeschlossen, daß der Plan mit gewissen Modifikationen schrittweise akzeptiert werden konnte. Interessant war, daß die hochrangigen Beamten der französischen Regierung aus diesen gemeinsamen Lagebeurteilungen anders nuancierte Schlußfolgerungen gerade im Hinblick auf diesem Punkt zogen. Zum Gedankenaustausch trafen die Verantwortlichen der drei Ministerien und der Banque de France im Büro des Generaldirektors der Direction des Affaires économiques et financières im Quai d'Orsay, Charpentier, am 9. Februar 1953 zusammen. Wormser und Calvet (der Vize-Präsident der Banque de France) waren über die Idee einer Zollunion entsetzt. Hingegen zeigten das Wirtschafts- und Finanzministerium Interesse an dem Plan, und sogar Charpentier war nicht so negativ eingestellt wie Wormser. Die Gemeinsamkeit ihrer Auffassungen lag in der Ablehnung des Prinzips der Supranationalität, die Beyen und Mansholt vorsahen.[542]

Zunächst ist die Position von Wormser zu betrachten. Seines Erachtens sollte Frankreich vorläufig die supranationale institutionalistische Europapolitik Monnets aufgeben. Dieser

---

540 AMAE Europe 44-60, Généralités, Vol.78, Bl. 55-63, DGAEF/Service de CE, Wormser, Note, a.s. Attribution économique de la CPE, 29 décembre 1952; AMAE DE-CE 45-60, CECA, Vol. 521, Bl. 215-230, Note du DGAEF Service de CE, a.s. intégration économique. Entretiens avec M. Beyen et Conférence de Rome, 9.2.1953.
541 Loth, W., Der Weg nach Europa, S. 103.
542 AMAE DE-CE 45-60, CPE 1948-1954, Bl. 60-61, DGAEF, Le Directeur général, Note, 11.2.1953, A/S. Plan Beyen. Teilnehmer: Clappier (Directeur de la Direction des relations économiques extérieures du ministère des Finances ou du secrétariat d'Etat aux Affaires économiques), Guindey (Finances), Calvet (second sous-gouverneur de la Banque de France), de Clermont-Tonnerre (secrétaire général du Secrétariat Général du Comité Interministériel chargé des question de coopération économique européenne), de Lavergne (Economique), Wormser und Charpentier.

Methode zufolge würde zunächst eine Institution eingerichtet, gleichzeitig verschiedene Maßnahmen für die Lösung der Probleme, die die Integration in den nationalen wirtschaftlichen und sozialen Bereichen verursachten, in Angriff genommen. Statt dessen empfahl Wormser, zuerst notwendige Maßnahmen zur Anpassung an die Integration einzuleiten, danach schrittweise auf die Integration einzugehen. Darüber hinaus bestand er nachdrücklich darauf, daß Frankreich die supranationale Integration, die von Schuman und Monnet verfolgt worden war und zu jener Zeit durch das EPG-Projekt verstärkt wurde, verlassen und den intergouvernementalen Weg wählen sollte. Seine Energie sollte sich der Erhöhung der internen wirtschaftlichen Konkurrenzfähigkeit durch die Verstärkung der Union Française widmen. Die Belebung der Wirtschaft der Union Française konnte nur durch die Unterstützung der USA und der europäischen Staaten erreicht werden. Diese Unterstützung sollte jedoch nicht über die Vermittlung der EPG, sondern durch einzelne intergouvernementale Vereinbarungen erhalten werden. Ferner war die Zusammenarbeit mit Großbritannien in diesem Bereich erwünscht. Diese Ansicht wurde von anderen hochrangigen Beamten im Quai d'Orsay, wie zum Beispiel Parodi, de la Tournelle, Seydoux, Gros und du Vignaux, geteilt.[543]

Im Gegensatz zu Wormser befürworteten die im Finanzministerium und im Wirtschaftsministerium für die Außenwirtschaftsbeziehung Verantwortlichen sowie zum Teil auch Charpentier im Quai d'Orsay, daß Frankreich dem Beyen-Plan mit einigen wesentlichen Vorbehalten zustimmen sollte, weil die wirtschaftliche Integration zunächst innerhalb der sechs Staaten eher vorteilhaft als nachteilig war. Bei den Vorbehalten handelte es sich um eine Garantie gegen „brutale" wirtschaftliche und soziale Umwälzungen, die der Zollabbau mit sich bringen konnte. Hierbei waren die Anpassungsfonds von großer Bedeutung. Frankreich sollte stufenweise, in der Anfangsphase ohne eine supranationale Behörde, diesen Weg beschreiten, aber mögliche Maßnahmen, wie zum Beispiel Zusammenarbeit in Investitionen oder Einrichtung eines Investititionsfonds, sollten sofort in Angriff genommen werden.[544]

Was führte beide Seiten zu unterschiedlichen Schlußfolgerungen? Sie waren unterschiedlich in der Einschätzung verschiedener Faktoren. Im folgenden wird exemplarisch die Note von Wormser mit der von de Clermont-Tonnerre verglichen.

1) Die beiden stimmten darin überein, daß die eventuelle wirtschaftliche Integration die Währungsunion nicht umfaßte, da diese gemeinsame Währung einen weitgehenden Verzicht der monetären, finanzpolitischen und budgetären Souveränität in der internen und externen Poli-

---

543 AMAE DE-CE 45-60, CECA, Vol. 521, Bl. 211-214, Note, a/s: proposition Beyen, 7.2.1953; Ibid., Bl. 215-230, Note du Service de CE, a.s. intégration économique. Entretiens avec M. Beyen et Conférence de Rome, 9.2.1953; AN 457 AP 38, Note pour le président, 14.2.1953.
544 AMAE DE-CE 45-60, CPE, Vol. 578, Bl. 60-61, DGAEF, Le Directeur général, Note, 11.2.1953, A/S. Plan Beyen; AN F/60 SGCICEE Vol. 3077, Comité Interministériel pour les Questions de Coopération Economique Européenne, Secrétariat Général (Thierry de Clermont-Tonnerre), Note pour le Président du Conseil (Mayer), N°127, 16.2.1953, objet: Questions économiques figurant à l'ordre du jour de la Conférence de Rome (24.2.53); AMAE DE-CE 45-60, CPE, Vol. 578, Bl. 89-91, Projet, 16.2.1953; das Comité Interministériel pour les Questions de Coopération Economique Européenne unterstand formal dem Präsidenten der Conseil des ministres, (zu jener Zeit Mayer), aber tatsächlich dem Finanzminister; Wirtschaftsminister Robert Buron befürwortete grundsätzlich bereits im Dezember 1952 den Beyen-Plan; „L'unification économique est le complément nécessaire de l'unification politique et elle doit être poursuivie parallèlement à celle-ci" (N°28 Samedi 20 décembre 1952, Numéro spécial pour l'Europe, Forces Nouvelle, AN 350 AP 128).

tik - wie zum Beispiel Zinspolitik, Kreditpolitik, Export- und Importpolitik, Devisenpolitik, Maßnahme für Arbeitslosigkeit usw. - mit sich brächte. „Un Essai véritable d'intégration économique conduirait presque inéluctablement à l'institution entre les Six d'une monnaie commune", so meinte Wormser. Dagegen war de Clermont-Tonnerre der Auffassung, daß die wirtschaftliche Integration nicht unbedingt zur Währungsunion führte, sondern daß sie lediglich der Konvertibilität der nationalen Währungen bedurfte, die bereits im Rahmen der EZU praktiziert worden war. Diese Konvertibilität setzte zwar eine gewisse gegenseitige Verpflichtung der Mitgliedstaaten voraus, die Souveränität über die Geldpolitik blieb aber im Grunde genommen in den Händen der nationalen Staaten.

2) Wormser sah im Abbau der Zölle und der quantitativen Beschränkungen die Gefahr, daß das „Equilibre de la structure sociale française" gestört werden könnte. Vorausgesehen wurde, daß innerhalb des gemeinsamen Marktes einige nicht konkurrenzfähige Industrien teils verschwinden, teils sich langsam an die Konkurrenz mit Hilfe zeitweiliger Subventionen oder Investititionen anpassen würden. In Frankreich gäbe es vielerorts mittlere Gewerbe von so großer Zahl, daß die französische Regierung sie nicht ignorieren könnte. Sie seien fast alle nicht konkurrenzfähig, für das „Equilibre de la structrue sociale" jedoch wichtig. Sie alle finanziell zu stützen, sei unmöglich. Es bestünde die Gefahr einer nachhaltigen Störung der Sozialstruktur. Gerade in diesem Punkt sah de Clermont-Tonnerre die Notwendigkeit zur Erneuerung der französischen Wirtschaft. „La vérité est que la France, qu'elle agisse seule ou de concert avec les pas de la Communauté, est dans la nécessité absolue de réadapter sa structure sociale et économique." Das setzte natürlich voraus, daß diese Integration gewisse Modalitäten vorsehen sollte, die eine zu radikale Transformation der französischen Wirtschaft ausschloß. Während Wormser meinte, daß diese Modalität nicht eingeführt werden konnte, hielt de Clermont-Tonnerre dies umgekehrt für möglich.

3) Wormser warf eine sozialpolitisch wichtige Frage auf, nämlich die Arbeitslosigkeit. Die wirtschaftliche Integration brächte notwendigerweise die Bewegungsfreiheit der Arbeitskräfte in naher Zukunft mit sich. Italien, die BRD und auch in gewissem Maße die Niederlande litten unter Überbevölkerung und einer hohen Arbeitslosenquote. Hinzu kam, daß sich diese Länder konstitutionell und gesellschaftspolitisch nicht zu einer Vollbeschäftigung verpflichteten, anders als Frankreich. Dagegen hielt de Clermont-Tonnerre es für möglich, zusammen mit anderen Ländern tragbare Maßnahmen einzuleiten, so daß sich das Niveau der Arbeitslosigkeit nicht erhöhen wurde.

4) Frankreich sei nicht in der Lage, gleichzeitig im Mutterland und in den überseeischen Gebieten in unproduktive wirtschaftliche Bereiche zu investieren, ohne andere Länder daran zu beteiligen. Wormser sah in diesen Vorgängen die Gefahr, daß, obgleich diese Länder unter für Frankreich günstigen Voraussetzungen daran teilnahmen, die Märkte der überseeischen Gebiete den anderen fünf Staaten ohne entsprechende Gegenleistungen geöffnet würden und dadurch die Frankreich zuerkannten Privilegien in der Union Française, vor allem die wirtschaftlichen Gewinne - fast 40 % aller Exporte Frankreichs wurden zu dieser Zeit in die Union Française abgesetzt - verloren gingen. Das hätte enorme politische Probleme zur Folge. Vor allem verlöre Frankreich seine Weltmachtposition. De Clermont-Tonnerre machte hingegen geltend, daß die Schlußfolgerung Wormsers erst durch ein tiefergehendes Studium bestätigt werden könnte. Hinzu kam, daß die anderen Partnerländer zunächst die Einbeziehung der Union Française in die EPG unter den von Frankreich gestellten Bedingungen nicht

wollten, da sie sie für unberechtigt hielten. Daher könne Frankreich einstweilen an der EPG teilnehmen, mit dem Vorbehalt, daß es später, wenn notwendig, die Union Française in die EPG einbeziehen könne.

5) Wormser befürchtete, daß das Gewicht der Sechser-Gemeinschaft in der Weltwirtschaft nicht ausreichend sein würde, um sich gegenüber den Amerikanern und den Briten zu behaupten, weil die Sechs nicht über genügende Rohstoffe verfügten, um unabhängig von der Dollar- und Sterling-Zone wirtschaftlich selbständig zu sein. Wenn zum Beispiel bestimmte wesentliche Rohmaterialien in der Welt knapp würden und die Sechser-Gemeinschaft in einen Konflikt mit der Dollar- und Sterling-Zone geraten würden, könne Frankreich mit Hilfe der unzulänglichen Gemeinschaft diesen Konflikt zu eigenen Gunsten nicht lösen. Frankreich würde, so Wormser, auf die anderen fünf Staaten noch stärker angewiesen sein als bisher. In diesem Fall dachte de Clermont-Tonnerre erneut anders als Wormser. Er glaubte, daß die Sechser-Gemeinschaft in ihrer Gesamtheit und daraus resultierend auch Frankreich als Nationalstaat seine Verhandlungsfähigkeit erhöhen könnte.

6) Wormser hatte nicht zuletzt Angst vor der erstarkenden deutschen Wirtschaft. Beyens Konzeption eines gemeinsamen Marktes beruhe auf dem Prinzip der freien Konkurrenz. Das Spiel der freien Konkurrenz aber führe unweigerlich zu einer Konzentration der Unternehmen, wobei diejenigen im Vorteil seien, die schon jetzt über die modernsten Produktionsbedingungen verfügten. Die jetzt schon Reichen würden noch reicher, ganze Industriezweige würden sich in einem einzelnen Land ansiedeln. Dies hätte zur Folge, das Equilibrium in der Gemeinschaft zu zerstören. Darum „sans vouloir ici le spectre d'une pastoralisation de la France - une des idées dominante du nazisme - il est clair qu'il est nécessaire d'aboutir à un système équilibré ou l'économie ne serait pas ordonné en fonction du seul critère du plus bas prix de revient." Während Wormser meinte, daß dieses „système équilibré" einstweilen innerhalb der Sechser-Gemeinschaft nicht möglich sei, hielt de Clermont-Tonnerre es für möglich, weil kein Staat eine rein wirtschaftlich orientierte Wirtschaftspolitik betrieb. Also spielten dabei soziale und politische Überlegungen eine wichtige Rolle. De Clermont-Tonnerre glaubte, daß sich die sechs Regierungen über ein soziales Sicherungssystem einig werden könnten.[545]

Beide Seiten waren grundsätzlich überzeugt, daß die wirtschaftliche Integration für die Modernisierung der französischen Wirtschaft notwendig war. Wormsers Auffassung nach sollte die französische Wirtschaft aber zunächst nicht durch den Druck der Konkurrenz, die durch die Integration von Außen her kam, sondern mittels zwischenstaatlicher Beziehungen, in deren Rahmen Frankreich protektionistische Maßnahmen ergreifen konnte, modernisiert und konkurrenzfähig werden, und danach durch die wirtschaftliche Integration verstärkt werden. Darüber hinaus berücksichtigte Wormser, mehr als de Clermont-Tonnerre, die politisch-parlamentarische Realität in Frankreich. Die französische Regierung hing von der parlamentarischen Mehrheit ab. Das Parlament konnte durch ein einfaches Mehrheitsvotum die Regie-

---

[545] AMAE DE-CE 45-60, CECA, Vol. 521, Bl. 211-214, Note, a/s: proposition Beyen, 7.2.1953; Ibid., Bl. 215-230, Note du Service de CE, a.s. intégration économique. Entretiens avec M. Beyen et Conférence de Rome, 9.2.1953; Ibid., Bl. 241-248, Comité Interministériel pour les Questions de Coopération Economique Européenne, Secrétariat Général (Thierry de Clermont-Tonnerre), Note pour le Président du Conseil (Mayer), N°127, 16.2.1953, objet: Questions économiques figurant à l'ordre du jour de la Conférence de Rome (24.2.53).

rung abberufen. Die Gesellschaft war von verschiedenen wirtschaftlichen und sozialen Interessen, die die Abgeordneten vertreten sollten, zerrissen. Als Folge davon konnte man in der Nationalversammlung mehrheitlich keine politische Front bilden, weder in der Innen- noch in der Außenpolitik. Deswegen war der Verhandlungsspielraum der Regierung sehr beschränkt. Obgleich die theoretische Richtigkeit der Konzeption von de Clermont-Tonnerre anerkannt wurde, mangelte es dieser Konzeption aus der Sicht Wormsers an Realitätssinn, weil sie von der Nationalversammlung höchst wahrscheinlich nicht gebilligt werden würde. Wormser wartete darauf, daß die Hauptverursacher dieser politischen Schwäche Frankreichs - die Kommunisten und die extremen Reaktionäre, womit die Gaullisten gemeint zu sein schienen - geschwächt würden.[546] Dagegen sah de Clermont-Tonnerre vielmehr eine Chance, daß die französische Wirtschaft unter dem Druck der Konkurrenz schnell modernisiert werden könne. Er meinte sogar, daß Frankreich eine Rolle als Hauptlieferant der Nahrungsmittel für alle Gebiete übernehmen könne, was wiederum der französischen Landwirtschaft zur Modernisierung verhelfen könne. Die Position von de Clermont-Tonnerre stand der von Monnet im Hinblick auf die wirtschaftliche Modernisierung nahe, während Wormser im Gegensatz zu Monnet stand. Anders gesagt, während Wormser der Auffassung war, „la conditio sine qua non de l'adhésion de la France au plan d'intégration économique est le maintien de la vie économique et sociale française à son niveau actuel", verfocht de Clermont-Tonnerre den Standpunkt, „un certain abaissement de son niveau pourrait être consenti en échange de l'augmentation du potentiel économique et donc militaire de l'Europe occidentale prise dans son ensemble."[547]

Das Comité National du Patronal Français nahm keine eindeutige Stellung zu dem Beyen-Plan ein. Vor der Generalversammlung des CNPF am 16. Januar 1953 erklärte Georges Villers: „Die Errichtung Europas ist heute eine Tatsache. (...) Die jüngsten Arbeiten in Straßburg lassen einen europäischen Zusammenschluß in noch viel weiterem Sinne in naher Zukunft als durchaus möglich erscheinen. Sie haben der europäischen Idee im Prinzip ihre Zustimmung gegeben. Diese Idee steht heute nicht mehr zur Diskussion. Wir müssen vielmehr alle unsere Aufmerksamkeit auf die Bedingungen richten, unter denen sie Wirklichkeit wird." Villers stimmte der Notwendigkeit der wirtschaftlichen Integration zu, jedoch nur unter bestimmten Voraussetzungen. Dazu betonte er, daß die Initiative hierzu nicht von der französischen Industrie, sondern von der Politik ausgehen sollte. Aus diesem Grund entschied sich der CNPE, eine neutrale Stellung zu den Vorschlägen Beyens einzunehmen. Später unterstützte er die Regierung, die sich offiziell von diesen Vorschlägen fernhielt.[548]

Die Spitzenbeamten des Quai d'Orsay signalisierten zu dieser Zeit auch einen Meinungswechsel hinsichtlich des EVG-Vertrags.[549] Sie beurteilten Schumans Hauptidee der EVG als

---

546 AMAE DE-CE 1946-1960, CPE, Vol. 578, Bl. 105-110, JMS/BP, Service de CE, Note, 17.2.1953.
547 AMAE CE-CE 45-60, CPE, Vol. 578, Bl. 201-207, O. Wormser, Note pour Monsieur Clappier, 26.2.1953, Objet: Le Plan Beyen d'intégration économique.
548 Zitiert nach: Chotard, Yvon, Wie stehen Frankreichs Unternehmer und Gewerkschaften zu Europa, in: Dokumente Nr. 10, 1954, S. 39-46, Zitat, S. 43; Mioche, Philippe, Le patronat français et les porjets d'intégration économique européenne dans les années cinquante, in: Trausch, G. (Hrsg.), Die europäische Integration, S. 249.
549 AN 457 AP 34, A. Gros, Résumé de la conversation du samedi 24 janv. 1953, verfaßt am 27.1.1953; AN 457 AP 34, de La Tournelle (directeur politique) et al., Note sur la CED, 28.1.1953; auch BDFD I, Dok.Nr. 124; Diese Note wurde außer de la Tournelle unterzeichnet von

bereits gescheitert, weil kraft des General-Vertrags die Deutschen ein „Ministère de la Guerre" und die „Etat-Major général gruppé autour du Délégué du Commissariat" einrichten könnten. Sie argumentierten weiter, daß diese es praktisch ermöglichten, eine deutsche Nationalarmee aufzustellen. Deswegen sei es „des faux dilemmes", die Europa-Armee der deutschen Nationalarmee gegenüberzustellen. Bei den neu einberufenen Offizieren und jungen Soldaten in der deutschen Division würden die nationalen Gefühle nicht verschwunden sein, sondern immer vorhanden bleiben. „Les forces irrationnelles et instinctives sont (...) plus fortes que les textes," so meinten die hochrangigen Beamten, „surtout dans un pays où l'on a le goût et l'habitude de la conspiration et où, dans les années qui viennent, des thèmes aussi puissants que la restauration de l'unité allemande entretiendront la flamme du nationalisme."
Nun gehe es nicht mehr darum, die Aufstellung einer deutschen Nationalarmee zu verhindern, sondern zu vermeiden, daß das wiederbewaffnete Deutschland die Franzosen in ein kriegerisches Abenteuer in Richtung Osten hineinziehen könne. Dieser Gefahr könne nicht durch schriftliche Dokumente begegnet werden, sondern nur durch die Tatsache, daß in Westdeutschland als Bollwerk gegen den Osten zahlreiche Soldaten der westlichen Alliierten stationiert würden, so daß die Deutschen nie einen politischen Alleingang wagen könnten. Daher sollten sich die Bemühungen der französischen Regierung auf diese reale Garantie konzentrieren.[550]

Die EVG sei des weiteren im Hinblick auf die Union Française sehr problematisch. Durch die Beibehaltung der Union Française könnten die Franzosen neben den Briten und den Amerikanern den Weltmachtanspruch haben und das Gleichgewicht gegen die wiedererstarkende deutsche Macht auf dem Kontinent wahren. Die Beamten verstanden sehr genau, daß sich die Briten gerade wegen dieser Überlegungen von der Supranationalität entfernten. Im Hintergrund spielte der Weltmachtbegriff der Beamten eine Rolle: „Dans l'état actuel du monde, les[77] sources de la puissance d'un Etat sont multiples: elles résident à la fois dans l'abondance de ses ressources naturelles, dans le développement de son potentiel économique, dans les vertus de ses citoyens, mais aussi dans sa force militaire. Rien n'est changé, contrairement à ce que certains voudraient croire, au fondement des relations internationales. Bien au contraire, jamais le monde n'a peut-être été aussi dominé qu'aujourd'hui par la puissance matérielle, même si les moyens d'expression de cette dernière ont changé. Ce n'est donc pas le moment, pour une nation qui a de vastes intérêts à défendre, de renoncer à son armée." Nun beeinträchtige aber die EVG, die sich nun zu einer supranationalen politischen Gemeinschaft entwickeln würde, gerade die Weltmachtposition Frankreichs insofern, daß sie die französische Armee in zwei Teile spaltete - in eine Armee für das Mutterland, die andere für die überseeischen Gebiete - und dadurch Frankreich seine überseeischen Gebiete verliere. So werde Frankreich, so die Spitzenbeamten weiter, die Souveränität in den militärischen und rüstungspolitischen Bereichen innerhalb der EVG entzogen, obwohl das Abzugsrecht im Fall einer Krise in der Union Française für Frankreich vorgesehen sei. Die Unabhängigkeit der Wirtschaftspolitik würde innerhalb der politischen Gemeinschaft gänzlich der französischen Kontrolle entgleiten. „La CED hypothéquerait notre politique étrangère et économique." In

---

Gros (chef du service juridique), Seydoux (directeur d'Europe), de Leusse (chef du service de Presse) und Boegner (chef du service des Pactes); AN 457 AP 34, Lettre de la Tournelle à Pierre Louis Falaize (directeur du Cabinet de Bidault), 29.1.1953.
550 A77N 457 AP 34, de La Tournelle (directeur politique) et al., Note sur la CED, 28.1.1953.

einer solchen Situation könne Frankreich seine unabhängige Außenpolitik nicht bewahren. Innerhalb der NATO sei dies dagegen anders. Trotz der Beeinträchtigungen, die sich von der größeren Macht der USA ableiteten, könne Frankreich bis jetzt seine außenpolitische Autonomie, auch in den Verhandlungen mit den Russen und außereuropäischen Ländern, bewahren und sich von Zeit zu Zeit durchsetzen: „(...) nous ne pourrons pas à la fois entrer les six et demeurer aux côtés des deux grands".

Aufgrund dieser Überlegungen verfochten die Spitzenbeamten die Ansicht, daß Frankreich eine Kehrtwendung vollziehen solle: die EVG aufgeben, gleichzeitig die NATO soweit entwickeln, um die Deutschen an militärischen Alleingängen hindern zu können. Man müsse aber die aus dem französischen Abweichen resultierenden Schwierigkeiten, vor allem hinsichtlich der Beziehungen mit den USA, berücksichtigen. In einem solchen Fall könne also die deutsche Nationalarmee ohne Beschränkung wiederhergestellt und in die NATO einbezogen werden, selbst wenn Frankreich dagegen arbeiten würde. Darum müsse man einen anderen Ausweg finden, indem man einerseits die Verhandlungen mit den Engländern über eine Beteiligung wieder aufnehme. Andererseits bestehe die Möglichkeit, „de retrancher du traité, pour une période provisoire pouvant être renouvelée, les dispositions les plus dangereuses". Gleichzeitig müsse man durch eine derart modifizierte EVG, mit der sich Großbritannien möglichst eng assoziieren solle, die Aufnahme der deutschen Armee in die NATO verhindern. Wenn dies nicht gelänge, wäre es für Frankreich besser, die EVG fallen zu lassen und die NATO-Option zu wählen. Die Beamten dachten, daß die Modifikation hinsichtlich einer britischen Assoziation mit der EVG von den anderen fünf Mächten ohne große Schwierigkeiten akzeptiert werden würde. Der Hebel sei in den Händen Washingtons und Londons. Einige von ihnen überlegten auch die Möglichkeit einer Integration der europäischen Rüstungsindustrien. Diese Alternative habe den Vorteil, einer politischen Autorität, die für Frankreich sehr gefährlich schien, nicht zu bedürfen.[551] Die obigen Argumentationen vertraten im allgemeinen die EVG-Gegner, vor allem de Gaulle und auch Billotte. Damit näherten die Spitzenbeamten des Quai d'Orsay, die diese Note gemeinsam unterschrieben, sich den Gegnern der EVG an.[552]

Der überzeugte Befürworter der EVG und Präsident des EVG-Interimsausschusses, Alphand - von seinen Kollegen alarmiert - übte dagegen Kritik an dieser Sichtweise der EVG.[553] Die „faux dilemmes" sei, seiner Meinung nach, eine falsche Interpretation des EVG-Vertrags. Das „Ministère de la Guerre" sei kein Verteidigungsministerium im eigentlichen Wortsinn, sondern sorge für die militärisch-administrative Seite, wie zum Beispiel die Mobilisierung. Es gebe nicht den „Etat-Major général allemand", sondern den „Etat-Major général européen et intégré". Darüber hinaus gebe es eine ganze Reihe von Garantien gegen einen deutschen Al-

---

551 Ibid; AN 457 AP 34 RL/SB, Les objections faites à la CED au cours des débats de l'Assemblée nationale, du Conseil de la République et de diverses manifestation politique, confidentiel, undatiert; AN 457 AP 34 Billotte, Note sur les nouveaux protocoles additionnels remise au Conseil par Bergasse, undatiert; AN 457 AP 34, Debré, Note à l'attention de M Bidault, 30.1.1953.

552 AN 457 AP 34, RL/SB, Les objections faites à la CED au cours des débats de l'Assemblée nationale, du conseil de la république et de diverses manifestations politique, confidentiel, undatiert (etwa Januar 1953); Ibid., Billotte, Note sur les nouveaux protocoles additionnels remise au Conseil par Bergasse. undatiert (etwa Januar oder Februar 1953); Ibid., Le maréchal de France Inspecteur général des Forces Armées Françaises, Juin, à Pleven, 30.1.1953, très secret.

553 AN 457 AP 34, Alphand, Note pour le Président, 10. fev. 1953. secret.

leingang: ein gemeinsames Budget, ein gemeinsames Rüstungsprogramm, das Verbot, einige wichtige Waffen in Deutschland herzustellen, und letztendlich die Überwachung durch die NATO. Daher ermögliche der EVG-Vertrag es den Deutschen keineswegs, eine homogene Nationalarmee aufzustellen. Alphand argumentierte gegen die Kritik, die EVG beeinträchtige die französische Verantwortung gegenüber der Union Française und gefährde die Weltmachtposition Frankreichs, daß sie die juristische, wirtschaftliche und moralische Verbindung Frankreichs mit der Union Française keineswegs in Frage stelle. Die überseeische Marine sei nicht Gegenstand der Integration. Einstweilen blieben etwa 50 % des französischen Heeres unter nationaler Autorität. Darüber hinaus sähen die Zusatzprotokolle[554], die zu jener Zeit verhandelt wurden, das Privileg für Frankreich vor, im Fall einer Krise der überseeischen Gebiete seine Armee relativ schnell und unbeschränkt abziehen zu können. Die einzige Hypothek, die die Außenpolitik Frankreichs beschränke, sei die Außenpolitik in bezug auf die Verteidigung in Europa. Diese Beschränkung werde einerseits durch die Vorbehalte Frankreichs in Deutschland, die im Bonner Vertrag garantiert worden waren, andererseits durch die Verantwortung in der Welt ausgeglichen. Damit bleibe Frankreich in der „Permanent Group" der NATO neben den USA und Großbritannien. „La France fait partie de deux systèmes", so drückte Alphand aus, „l'un européen qui se matérialisera sous la forme de la Communauté, l'autre mondial, qui est l'Union française ; la France tout en devenant européenne, demeurera une Puissance mondiale." Für Alphand war die oben genannten Alternative unannehmbar. Der Versuch einer NATO-Erweiterung erweise sich bereits wegen des amerikanischen Unwillens als gescheitert. Obgleich die möglichst enge britische Assoziation mit der EVG erwünscht sei, sollte die Aufweichung der Supranationalität der EVG hin zu einer Konföderation der nationalen Armee zur Gewinnung der britischen Zusicherung nicht in Kauf genommen werden. Die Verzögerungstaktik erweise sich bereits als unmöglich, weil in der Zwischenzeit die Nationalarmee in Deutschland aufgestellt würde. Ein Aufgeben der EVG kam für Alphand keinesfalls in Frage. Er sträubte sich gegen eine Kehrtwendung.[555]

Der Unterschied beider Gedankengänge lag auf den ersten Blick darin, daß, während Alphand die Beschränkung der Souveränität in Kauf nahm, um die deutsche Nationalarmee zu verhindern, de la Tournelle diese nicht in Kauf nahm, sondern die deutsche Nationalarmee gezwungenermaßen akzeptierte. Dahinter steckte aber der Unterschied in der Beurteilung

---

554 Dabei handelte es sich um:
   ein Abkommen über die Austauschbarkeit des französischen Militärpersonals der Land- und Seestreitkräfte;
   - eine Vereinbarung über Anwendung der Artikel 10 (Rekrutierung und Unterhalt nationaler Streitkräfte) und 31 (Verleihung von Dienstgraden und Dienststellungen) des EVG-Vertrages
   - ein Protokoll über die Stimmwägung im Ministerrat
   - ein Protokoll zu Artikel 75 (Mobilmachung)
   - ein Protokoll über die Einrichtung der Schulen
   - ein Protokoll zu Artikel 107 (Rüstungswirtschaft)
   - ein Protokoll über Artikel 13 (Entscheidung über den Abzug von EVG-Streitkräften).
   Darüber hinaus gab er den Wunsch der französische Regierung nach einem Abkommen über das Statut und Finanzregelung für die in Deutschland stationierten nichtdeutschen Truppen und einer Durchführungskontrolle zu Artikel 99 (Außenhilfe) zu erkennen (Zum Wortlaut der Protokolle in englischer Übersetzung, FRUS 1952-1954, V, S. 722-726; BDFD I, Dok.Nr. 125, Anmerkung 3).
555 AN 457 AP 34, Alphand, Note pour le Président, 10. fev. 1953. secret.

darüber, wie Frankreich weiter Weltmacht bleiben konnte, und, damit eng verbunden, in der Einschätzung, welche Möglichkeit im Rahmen der kommunistischen Bedrohung für Frankreich gefährlicher war: die des eventuellen deutschen Alleingangs oder die der möglichen Auflösung der Union Française. Während Alphand vor allem kraft der europäischen Integration Frankreich modernisieren und stärken wollte, wollte de la Tournelle dies hauptsächlich durch die Verstärkung der Union Française erreichen. Für Alphand war die deutsche Schaukelpolitik mit den Russen und auch mit den Amerikanern, für de la Tournelle die Auflösung der Union Française gefährlicher.

Die französische europäische Agrarpolitik glich sich ebenfalls an den allgemeinen Kurswechsel der Europapolitik des Quai d'Orsay an. Am 17. Januar 1953 traf Laurens, der trotz des Regierungswechsels in seinem Amt verblieb, mit Bidault zusammen, um die Agrarpolitik mit der allgemeinen Europapolitik der Regierung abzustimmen. Laurens berichtete Bidault über das von Mansholt vorgeschlagene Zusammentreten der Agrar- und Außenminister der sechs Staaten. Seines Erachtens gab es kaum eine Chance, innerhalb der sechs Staaten zu einem konstruktiven Kompromiß zu kommen, weil Belgien und Italien die Agrargemeinschaft der Sechs ablehnte. Aber Laurens wollte nicht völlig auf den Pflimlin-Plan verzichten. Es machte einen schlechten Eindruck, wenn Frankreich ein Projekt aufgebe, das einst von dem französischen Landwirtschaftsminister, Pierre Pflimlin, eingeleitet wurde. Dazu kam, daß ein Teil der französischen Landwirte weiterhin den europäischen Agrarmarkt wünschte. Deswegen hoffte er auf den Kompromiß, daß ein Agrarmarkt für einige Agrarprodukte im Rahmen der Sechzehn realisiert werden würde. Daher hielt er sehr viel von der Agrarkonferenz der sechzehn Staaten. Bidault informierte Laurens über das Ergebnis der Botschafter-Konferenz, die vor kurzem im Quai d'Orsay gehalten worden war: keine Initiative hinsichtlich weiterer Pools. Im Moment „la question de la mise sur pied d'une autorité politique constitue désormais un élément fondamental dans toute décision relative à l'intégration europénne." Daher müsse man zunächst auf das Ergebnis der bald einzuberufenden Außenministerkonferenz der EPG in Rom warten. Bidault meinte auch, daß Frankreich den Pool Vert nur schwer aufgeben könne. Um dem Vorwurf, „vous lancez de belles idées, puis vous les abandonnez vous-mêmes", aus dem Weg zu gehen, erachtete Bidault eine Vorkonferenz der Sechs als nützlich, die französische Regierung könne die Initiative hierzu bei der kommenden Außenministerkonferenz ergreifen.[556] In einer Sitzung am 22. Januar 1953 befaßte sich der Conseil des ministres mit der Frage der Agrarkonferenz. Diese Sitzung beschloß, eine Agrarkonferenz in Paris am 16. März 1953 (16 Staaten) einzuberufen und den fünf Außenministern anläßlich ihrer Zusammenkunft in Rom eine vorbereitende Konferenz für die Haupt-Agrarkonferenz vorzuschlagen, wie Bidault und Laurens vereinbart hatten. Aber Bidault nahm das TOM-Problem nicht in Angriff.[557] Mansholts Vorschlag einer Zusammenkunft der Agrar- und Außenminister der sechs Staaten wurde damit von der französischen Regierung akzeptiert. So wurde das Schicksal der Agrarunion in Paris eng mit dem der EPG verknüpft, das wiederum

---

556 AMAE DE-CE 45-60, Pool Vert Vol. 580, Note pour l'ambassadeur, secrétaire général, Conversation entre MM. Bidault et Laurens au sujet du pool vert, 21.1.1953.
557 Thiemeyer, G., Vom »Pool Vert« zur Europäischen Wirtschaftsgemeinschaft, S. 83; AN 457 AP 41, de Vignauxs handschriftliches Memo zu einer Note (DGAEF, Service de CE, AF/FN, Communication au conseil des Ministres, 21.1.1953).

mit dem der EVG verbunden war. Zumindest in diesem Punkt hatten Beyen und Mansholt mit ihrer Initiative Erfolg. Es war jedoch zweifelhaft, ob sich dies für sie als Vorteil erweisen würde.

In der Zwischenzeit begannen die Gegenstimmen zum Pflimlin-Plan an Boden zu gewinnen. Laurens blieb zwar Befürworter der Agrarunion, aber ein Großteil der Ministerialbürokratie vollzog gemeinsam mit einem Großteil der Berufsverbände den Wechsel von der proeuropäischen Landwirtschaftspolitik hin zu einem nationalstaatlich-protektionistischen Konzept. Dieser Kurswechsel wurde durch die schlechte Ernte des Jahres 1951 ausgelöst, durch die Frankreich, anstatt Getreide und andere Nahrungsmittel zu exportieren, zum Importeur geworden war, um den eigenen Bedarf zu decken. Das ließ zumindest erwarten, daß Frankreich nicht immer Vorteile aus dem geplanten gemeinsamen Agrarmarkt ziehen würde.[558] Daher verloren die ureigenen politischen Gründe für den Pool Vert an Boden. Vielmehr erschien die supranationale Struktur für die Agrarpolitik nicht praktikabel zu sein, weil über ein Drittel der europäischen Bevölkerung hiervon betroffen wäre, anders als im Fall der EGKS. Die vom Interimsausschuß der Agrarkonferenz vorgeschlagenen Agrarprodukte, für die ein gemeinsamer Markt eingerichtet werden konnte, schloß zwar Zucker und Milchprodukte unter den von Frankreich gewünschten Agrarprodukten ein, Wein und Weizen hingegen aus. Die meisten der eingeladenen Regierungen zeigten kein Interesse an einem europäischen Agrarmarkt entsprechend den französischen Vorstellungen. Die Chancen, zu einem konkreten Ergebnis zu kommen, waren demnach minimal. Der britische Agrarabsatzmarkt war für Frankreich wichtig im Gegensatz zum Montanbereich. Deswegen war der Ausschluß dieses Marktes aus der eventuellen Sechser-Agrargemeinschaft unerwünscht. Hinzu kam, daß in einem auf der liberalen Konkurrenz beruhenden Agrarmarkt sich nur die modernsten Betriebe durchsetzen konnten. Aber ein Großteil der französischen Landwirtschaft war dazu nicht in der Lage.[559] Die Zurückhaltung gegenüber der supranationalen Sechser-Gemeinschaft spiegelte sich auch in den Überlegungen über die Agrargemeinschaft wider.

Ein strittiger Punkt war noch übrig: die Frage des Verhältnisses der TOM zum geplanten Agrarmarkt. Die bisherigen Agrar-Verhandlungen zeigten, daß diese Frage nicht mehr umgangen werden konnte. Die wirtschaftliche Abteilung des Quai d'Orsay veranlaßte Bidault, auf der oben genannten Sitzung des Ministerrats am 21. Januar 1953 diese Frage aufzuwerfen. Er sprach diese jedoch nicht an. Erst auf der nächsten Sitzung am 28. Januar beschloß der Ministerrat, eine interministerielle Konferenz hierzu im Quai d'Orsay einzuberufen.[560] Diese Konferenz, an der die Spitzenbeamten aus dem Quai d'Orsay, dem Ministère d'Etat, dem Innenministerium, dem Ministerium für la France d'Outre-Mer, dem Wirtschaftsministerium und dem Landwirtschaftsministerium teilnahmen, fand unter der Verantwortung von dem conseiller technique du cabinet de Bidault, du Vignaux, am 2. und 5. Februar statt.[561]

---

558 Thiemeyer, G., Vom »Pool Vert« zur Europäischen Wirtschaftsgemeinschaft, S. 80f.
559 AN 457 AP 38, Note pour le président, Wormser, 14.2.1953 a.s. pool agricole.
560 AN 457 AP 41, DGAEF, Service de CE, AF/FN, Communication au conseil des Ministres, 21.1.1953, die zu dieser Note hinzugefügte handschriftliche Verzeichnung von M. du Vignaux; AN 457 AP 42, MAE, DGAEF, Service de CE, Communication au conseil des ministres, 27.1.1953. a.s./ l'organisation européenne des marché agricoles et les TOM.
561 AMAE DE-CE 45-60, CPE, Vol. 577, Bl. 354-390, Rapport sur la création d'une Communauté européenne de l'agriculture et de l'alimentation présenté par M. Philippe Lamour au nom de la

Für diese Sitzung legten Wormser und du Vignaux zunächst die entsprechenden Standpunkte des Quai d'Orsay vorläufig fest.[562] Im Gegensatz zu Stahl und Kohle war die Agrargemeinschaft für das Verhältnis Mutterland-TOM von großer Bedeutung, da in den wirtschaftlichen Beziehungen der Agrarsektor dominierte. Es gebe fünf mögliche Lösungen hierfür: 1) totaler Ausschluß der TOM aus der europäischen Agrargemeinschaft, 2) System der EGKS, 3) partieller Einschluß, 4) totaler Einschluß der TOM in die Agrargemeinschaft und 5) Änderung der Struktur der Agrargemeinschaft. Die Lösungen 1) und 2) würden das Mutterland von den TOM trennen. Die Lösung 4), die die Verbindung am stärksten berücksichtigte, stieß auf unüberwindbare Hindernisse, wenn die Agrargemeinschaft zum Ziel habe, einen supranationalen Agrarmarkt einzurichten. Das Mutterland sei für die TOM ein wichtiger Absatzmarkt, ebenso wie die TOM für das Mutterland wichtige Abnehmer von agrarischen (vor allem, Zucker, Weizen und Konserve der Nahrungsmittel) und industriellen Produkten darstellten. Diese würden momentan durch das Präferenzsystem auf höherem Preisniveau dort abgesetzt. Wenn die agrarischen Absatzmärkte der europäischen Staaten durch die Integration der TOM in die europäischen Gemeinschaft den TOM geöffnet würden, sei dies für die TOM günstig. Die europäischen Staaten würden dies akzeptieren unter der Bedingung, daß ihre industriellen Produkte dort abgesetzt würden. Dies bedeutete für Frankreich ein großes Opfer, weil das Mutterland nicht mehr allein von dem Präferenzsystem profitieren würde. Das wesentliche Problem sei, ob die europäischen Partner die Verantwortung gemeinsam mit dem Mutterland tragen wollten, also die Verantwortung für die sozialen Entwicklungen und Sicherungen, wenngleich dies - wirtschaftlich gesehen - sehr unproduktiv sei. Für die Lösung 3) galten alle Argumentationen zu den Lösungen 1), 2) und 4). Wormser empfahl die Lösung 5): Wenn sich Frankreich nicht opfern wolle, sei es notwendig, „(de) renoncer à fixer comme but à cette communauté l'établissement d'un marché commun", sondern „(d')envisager d'organiser les échanges de certains produits essentiels en tenant dûment compte dans nos négociations avec nos partenaires européens, de notre commerce avec nos territoires d'Outre-Mer."[563] Eine Organisation dieser Art würde keineswegs eine europäische Gemeinschaft, sondern nur eine bilaterale und zwischenstaatliche Organisation sein. Daher sei es besser, die Frage der Agrargemeinschaft im Rahmen der OEEC zu verhandeln.

Alle Teilnehmer der interministeriellen Konferenz teilten den Grundgedanken dieser Note, daß der geplante gemeinsame Agrarmarkt die wirtschaftliche und politische Verbindung zwischen dem Mutterland und den TOM keineswegs lockern und den wirtschaftlichen Interessen Frankreichs nicht schaden sollte. Sie waren jedoch nicht in der Lage, alle politischen Probleme, die durch die europäische landwirtschaftliche Integration hervorgerufen wurden, anzuschneiden.[564] Der Kurswechsel Frankreichs in der Agrargemeinschaft wurde nicht nur von

---

Commission de l'Agriculture, Paris, 16.10.1952, Conseil Economique Ph.L./J.B. 1625/Agr./120; AN 457 AP 42, Note relative aux réunions tenues au Quai d'Orsay les 2 & 5 fév. 53 entre les cabinets ministériels en vue de la préparation d'un comité interministériel, 7.2.1953.

562 AN 457 AP 42, MAE, DGAEF, Service de CE, Communication au conseil des ministres, 27.1.1953. a.s./ l'organisation européenne des marché agricoles et les TOM; AN 457 AP 38, Note pour le président, Wormser, 14.2.1953 a.s. pool agricole; AN 457 AP 38, Note pour le président, Wormser, 14.2.1953 a.s. pool agricole.

563 AN 457 AP 42, MAE, DGAEF, Service de CE, Communication au conseil des ministres, 27.1.1953. a.s./ l'organisation européenne des marché agricoles et les TOM.

564 AN 457 AP 42, Note relative aux réunions tenues au Quai d'Orsay les 2 & 5 fév. 53 entre les ca-

den agrarwirtschaftlichen Interessen der französischen Agrarverbände, sondern auch durch die Frage der Beziehungen der TOM zur Agrargemeinschaft verursacht.[565]

In Frankreich hingen die EVG, die EPG, die Zollunion und die Agrargemeinschaft sämtlich eng mit der Frage der Beziehungen der TOM zur europäischen Integration zusammen. Bemerkenswert war, daß die Abteilung für die Afrique-Levant Schuman mehrmals, bereits im Oktober 1952, als der Verfassungsausschuß seine Arbeit aufnahm, vor der Problematik der europäischen Integration für die Union Française warnte. Damals wurde diese Warnung von Schuman nicht ernstgenommen. Dieses Problembewußtsein wurde indirekt von der Straßburger Empfehlung der Beratenden Versammlung vom September 1952 über die gemeinsamen Investitionen in allen überseeischen Gebieten der europäischen Länder, direkt durch die EVG und die EPG-Verhandlungen der Ad-hoc-Versammlung hervorgerufen.[566] Im Conseil de la République und in der Assemblée d'Union Française war diese Problematik 1952 mehrmals im Hinblick auf die EVG diskutiert worden. Als Antwort zu einer Frage Debrés am 30. Oktober 1952 sagte Maurice Schumann als Vertreter von Schuman: „(...) il est certain qu'au centre de l'intégration européenne, il y a le problème de l'équilibre franco-allemand et que la condition essentielle de l'équilibre franco-allemand, c'est le maintien intégral des positions africaines de la France, et d'une manière plus générale, des positions de la France d'outre-mer."[567] Delbo, der auf diese Problematik in dem Verfassungsausschuß aufmerksam gemacht hatte, stimmte sich vorher mit Maurice Schumann ab. Während der Plenarsitzung der Ad-hoc-Versammlung im Januar 1953 bildete sich eine gemeinsame Front in dieser Frage unter den französischen Parlamentariern der Ad-hoc-Versammlung: nämlich, wie Teitgen vorschlug, nur die Französische Republik in die europäische Gemeinschaft zu integrieren und dafür zusätzliche Sitze in der Versammlung zu bekommen.
Angesichts dieses Vorgehens begann der Quai d'Orsay, in diese Problematik einzugreifen. Die Abteilung für Afrique-Levant dachte an eine vorläufige Lösung, daß die Vertreter aus den überseeischen Gebieten an der Versammlung der EPG teilnähmen, der EPG aber am Anfang keine Befugnisse über die französischen überseeischen Gebiete erteilt werden sollten, und ihre Befugnisse später nur durch Frankreich schrittweise auf dem außereuropäischen Gebiete erweitert werden sollten. Dies war der Inhalt des Artikels 101 des Satzungsentwurfs der Ad-hoc-Versammlung. Trotzdem blieben Probleme bestehen: „1) Refuser l'extension dont il

---

binets ministériels en vue de la préparation d'un comité interministériel, 7.2.1953.
565 Dieser Punkt wird in der bisherigen Forschung über den Pool Vert vernachlässigt.
566 AN 457 AP 42, DGAP, Direction d'Afrique-Levant, sous-direction d'Afrique, Note, 12.1.1953, a.s./Europe et Union Française; AN 457 AP 42, Direction des Affaires politique 3ème Bureau, Pour M. le Ministre (à l'attention de le professeur Luchaire), 6.2.1953, le Directeur-adjoint, Delteil, objet: Proposition de résolution tendant à inviter le Gouvernement à constituer une Commission chargée d'étudier les rapports entre l'Union Française et l'Organisation Politique de l'Europe présentée par Débre, au Conseil de la République, AMAE DE-CE 45-60, CPE, Vol. 577, Bl. 420-424, L'entre des TOM dans la Communauté Européenne, 26.11.1952, G. Peter, Office du Niger (organisme publique autonome) à Wormser ou Brunet; AN 457 34, RL/SB, les objections faites à la CED au cours des débats de l'Assemblée nationale, du Conseil du République et de diverses manifestations politique, confidentiel, undatiert.
567 AN 457 AP 34, JJ/LR, Direction d'Afrique-Levant, S/D d'Afrique, Note a.s: Chambrun, Question n°4, 17.2.1953.

s'agit. L'inconvénient est alors qu'une coupure et un traitement discriminatoire apparaîtront entre la métropole et les territoires d'outre-mer." Angesichts der amerikanischen Antikolonialpolitik und der sich verstärkenden Strömungen hin zur Unabhängigkeit innerhalb der Staaten der Union Française, wie zum Beispiel Indochina, Marokko, Tunesien usw. würde die Teilung der französischen Souveränität sehr wahrscheinlich zur „coupure" des französischen Empires führen. „2) l'admettre. Deux inconvénients au moins en résulteront nécessairement: a) Coupure cette fois entre la „République" et le reste de l'Union Française; b) Partage de la souveraineté française, avec l'Allemagne et l'Italie notamment, dans le domaine considéré." Hinzu komme, daß es keine Garantie dafür gebe, daß die französischen Abgeordneten aus Afrika ihrem Mutterland gegenüber loyal agieren würden. Es sei zu erwarten, daß die Verbindung zwischen der Metropole und der Union Française durch die zwischen der europäischen Gemeinschaft und der Union Française ersetzt werden würden. Dieses Dilemma, das als „l'extrême gravité" der von der europäischen Integration hervorgerufenen Probleme bezeichnet wurde, war das grundlegendste, dem sich Frankreich in allen Bestrebungen zur europäischen Integration nun, also am Jahreswechsel 1952/1953, gegenübersah. Das lag darin, daß „toute la difficulté vient en effet de ce que la France ne peut appartenir *au même degré* à une Communauté Européenne et à l'Union Française, à moins qu'il n'y ait fusion totale entre les deux."[568]

Nach Ansicht M. Debrés ging es hierbei um die Frage der Priorität der Politik. Niemand könne die Notwendigkeit einer europäischen Organisation und die Realität und die Nützlichkeit der Union Française verneinen. Wenn es Schwierigkeiten zwischen beider Politik gebe, so fragte er, wo solle man die Priorität setzen? Einige würden auf Europa setzen, wie Monnet und Schuman, andere aber auf die Union Française. Debré plädierte für die zweite Option, der zufolge das supranationale Europa Monnets, das Debré als „une immense aventure" für alle, und „une sorte de cauchemar" für viele bezeichnete, dahingehend verändert werden sollte, daß die Entscheidungsbefugnis in dem Rat der Regierungschefs blieb, die Versammlung aber keineswegs mit „pouvoir gouvernemental et législatif" ausgestattet werden und der Exekutivrat nur administrativ fungieren sollte. Also das hieß „une coalition d'autorités nationales" oder „une association des souverainetés".[569] Durch Debré wurde die Hauptströmung des Conseil de la Republique und der Assemblée de l'Union Française und auch des dem CNPF nahestehenden Comité d'études et de liaison du patronat de l'Union Française (CELPUF) vertreten.[570] Der neue Minister von France d'Outre-Mer, Jacquinot, teilte die Auffassung De-

---

568 AMAE PA-AP, 217-Massigli, Vol.76, Bl. 34-37, DGAP, Note sur la représentation des TOM dans une éventuelle Assemblée européenne, 10.11.1952; AN 457 AP 42, DGAP, Direction d'Afrique-Levant, sous-direction d'Afrique, Note, 12.1.1953, a.s./Europe et Union Française; AN 457 AP 42, Direction d'Afrique-Levant, s/d d'Afrique (Jurgensen), Note, 29. janv. 1953, a.s./Europe et Union Française.
569 AN 457 AP 34, Debré, Note à l'attention de M. Bidault, 30.1.1953.
570 AGM 110, Lettre du Secrétariat Général de l'Assemblée de l'Union Française à G. Mollet, 13.1.1953; AN 457 AP 42, Conseil de la République, N°14 année 1953, annexe au procès verbal de la séance du 20 janv. 1953, Proposition de Résolution tendant à inviter le Gouvernement à constituer une commission chargée d'étudier les rapports entre l'Union Française et une organisation politique de l'Europe présenté par M. Michel Debré, Exposé des motifs; AN 457 AP 42, »L'Union Française et l'Europe«, travaux de la conférence plénière du CELPUF des 13 et 14 janvier 1953. Das CELPUF bestand aus den Chefs der Unternehmer von la Métropole, de l'Algérie, des Dépar-

brés: „La réalisation de l'Union Française prime et précède pour nous celle de l'entité européenne. (...) On ne saurait oublier que la grandeur française est faite de sa métropole et aussi de tous ses TOM."[571] Ein Großteil der französischen Regierungsbeamten neigte dazu, dieses Dilemma nicht durch die Veränderung des alten französischen Kolonialsystems, sondern durch eine Korrektur der Struktur der europäischen Integration meistern zu wollen: von „un régime fédéral ou fusionné pour aller vers un régime confédéral ou associatif, l'Union Française considérée comme un tout indissociable ne contractant qu'un lien suffisamment souple avec l'Europe."[572] Hinzu kam, daß man aus dieser Lösung den zusätzlichen Vorteil ziehen könnte, mit Großbritannien in einer derartigen Konföderation Europas im Hinblick auf die europäischen und überseeischen Angelegenheiten zusammenarbeiten zu können. Das bedeutete praktisch den Rahmen des großen Europas (OEEC, EZU, Europarat) oder der atlantischen Allianz (NATO). V. Auriol war sich der Problematik der Union Française bewußt, die die EPG mit sich bringen würde. Er wurde immer mehr Anhänger der Konföderation. Unter Berücksichtigung der Anträge des Conseil de République und der Assemblée de l'Union Française empfahlen die Spitzenbeamten des Quai d'Orsay ihrem Chef, so bald wie möglich eine interministerielle Konferenz einzuberufen, um die beste Lösung für dieses schwerwiegenden Problem zu finden.[573]

Im Gegensatz zu diesen Gedankengängen waren die Führungen des MRP und der SFIO positiv zu der Frage der Einbeziehung der französischen überseeischen Gebiete in die europäischen Gemeinschaften eingestellt. Über die negative Einstellung der Assemblée de l'Union Française in Versailles war Mollet überrascht. Er war der Auffassung, daß die spezialisierten Gemeinschaften nur auf Europa beschränkt werden sollten, aber auf lange Sicht Frankreich nicht in der Lage war, allein die Probleme der unterentwickelten französischen überseeischen Gebiete zu lösen. „C'est en s'inspirant de cela que notre position doit être determinée." Rosenfeld und Alduy betonten - in voller Übereinstimmung mit Mollet - die Notwendigkeit, die Frage der europäischen Bank für Investition in den TOM möglichst bald in Angriff zu nehmen. Darüber hinaus stimmte eine Note, die sich im Nachlaß Mollet Nr.106 (Articles et interventions de Mollet sur l'Europe, 1948-1955) befindet, dem von Teitgen vorgeschlagenen

---

tements d'Outre-Mer, des Territoires d'Outre-Mer, des Territoires Associés, des Etats Associés, des Etats protégés. Sein Präsident : der Vorsitzende des Comité National du Patronal Français, G. Villiers, président-ajoint : Paul Bernard, Secrétaire du CELPUF : M.A.Garand. Das widmete seine Plenarsitzung vom 13 et 14 Januar 1953 dem Studium des Problemes, die durch die Schaffung einer EPG und eines gemeinsamen Marktes der Union Française gestellt wurden. (AN 457 AP 42, lettre de Villiers à Bidault, 20.1.1953); AN 457 AP 42, N°111, Conseil de la République, année 1953, annexe au procès-verbal de la séance du 26 fév. 1953, Rapport fait au nom de la Commission des affaires étrangères sur la proposition de résolution de M. Michel Debré tendant à inviter le Gouvernement à constituer une commission chargée d'étudier les rapports entre l'Union Française et une organisation politique de l'Europe par M. Marius Moutet (sénateur).

571 AN 457 AP 42, Le Monde, 27.1.1953, Discours de M. Jacquinot, 25.1.1952.
572 AN 457 AP 42, Direction d'Afrique-Levant, s/d d'Afrique (Jurgensen), Note, 29. janv. 1953, a.s./Europe et Union Française.
573 AN 457 AP 42, Direction d'Afrique-Levant, s/d d'Afrique (Jurgensen), Note, 29. janv. 1953, a.s./Europe et Union Française; Auriol, V., Journal, VII 1953-1954, S. 59, 26 février 1953; Massigli, R., Une comédie, S. 353; AN 457 AP 42, MAE, DGAP, Europe, S/Direction du Conseil de l'Europe, Note, 27.1.1953, A/S. Situation des Territoires d'Outre-Mer à l'égard des Communauté européenne.

Artikel 101 des Verfassungsentwurfs in vollem Umfang zu.[574] Die Sonderausgabe der Parteizeitung des MRP (Forces Nouvelles) vom 20. Dezember 1952 machte das Ergebnis der internen Überlegungen des MRP im Hinblick auf diese Problematik bekannt. Nach Ansicht des Experten für die Union Française, G. Le Brun Keris, wurde diese von Gegnern zur europäischen Integration als taktisches Instrument verwendet. Aber „nous ne pouvons sacrifier ni l'Union européenne, solution de la pression allemande entre autres bénéfices, ni notre Outre-Mer, à quoi nous lient tant de liens moraux et sans quoi nous ne serions qu'une très petite puissance." Le Brun Keris befürwortete daher, daß die französische Republik als ganze in die EPG integriert und damit die Kompetenz der EPG auf die französischen überseeischen Gebiete erweitert werden sollte. Er machte jedoch geltend, daß man einen angemessenen Weg zur Balance zwischen dem Weiterführen der europäischen Integration und der Bewahrung der Union Française finden sollte. „La législation et la réglementation de la Communauté européenne, ainsi que la France l'a reconnu nécessaire pour sa propre législation et sa réglementation, doivent être adaptées à la situation des différents pays d'Outre-Mer par le moyen de règles d'application établies au sein de la République Française par les organes compétents." Der Parteivorsitzende des MRP, Teitgen, der sich an den Verhandlungen der Ad-hoc-Versammlung engagiert beteiligte, vertrat ebenfalls diese These.[575]

Was war die offizielle Position der neuen französischen Regierung zur europäischen Integration als ganze? Mayer wurde im allgemeinen als der Premierminister angesehen, der die Europapolitik Schumans weiter verfolgen würde. Seine Haltung kann in einem Brief an Bidault klar erkannt werden, in dem er vor der Gefahr warnte, daß viele Spitzenbeamten im Quai d'Orsay eine nationalistische Kehrtwendung vorzunehmen schienen.[576] Hingegen wurde bezweifelt, daß Bidault Schumans Europapolitik fortsetzen würde.
Im Frühjahr 1949, als der Europarat gegründet wurde, formulierte Bidault seine Konzeption wie folgt: „la confédération en vue de la fédération". Er bezeichnete die britische Konzeption „Unionismus" als „peur des institutions". Der Föderalismus, die Idee einer europäischen Konstituante, schien ihm zu extrem zu sein. Dazwischen stand der Konföderalismus, der die Nationalstaaten nicht verschwinden lassen würde, aber gemeinsame Institutionen hervorbrachte. In vollem Umfang stimmte Bidault de Menthon zu, der wegen der Union Française ein konföderales Europa für momentan erwünscht hielt.[577] Diesen Gedanken entwickelte Bidault allerdings, bevor der Funktionalismus durch die Montanunion angewandt wurde und vor der Gründung der BRD. An dieser Aussage knüpfte er gewissermaßen an, als er zum

---

574 OURS, Comité directeur, procès-verbal, Vol. 9, 25 mai 1952 - 26 juin 1953, Réunion du 26 novembre 1952; OURS AGM 106, Note, undatiert, Autor unbekannt (G. Mollet ?).
575 AN 350 AP 128, Forces Nouvelles N°28 Samedi 20 décembre 1952, »C'est toute la République qui doit rentrer dans la Communauté européenne par G. Le Brun Keris«; AN 457 AP 42, G. le Brun Keris, Note sur les rapports à établir entre les pays d'outre-mer membres de la République française et la Communauté politique européenne, undatiert. Le Brun Keris schlug als eine Maßnahme für diese Balance vor, anfangs keine Direktwahl einzuführen. In diesem Punkt distanzierte sich Teitgen von Le Brund Keris (AN 457 AP 39, Lettre de G. Le Brun Keris (Conseiller de l'Union Française) à Bidault, 24.2.1953).
576 AN 363 AP 37, Mayer à G. Bidault, 16.3.1953, strictement personnelle.
577 AN 350 AP 71, Rapport de F. de Menthon sur l'Union européenne à la commission exécutive du 10 février 1949 du MRP, 11.2.1949.

zweiten Mal Außenminister wurde.

Auf der Konferenz der französischen Botschafter aus Washington (Bonnet), London (Massigli) und aus den anderen fünf Ländern der EGKS mit Mayer und Bidault am 16. Januar 1953 brachte Massigli die Notwendigkeit der engen britischen Assoziation an die EVG zum Ausdruck. Bidault war ebenfalls von dieser Notwendigkeit überzeugt, äußerte jedoch Skepsis, daß die Briten eine vertragliche Zusicherung, eigene Truppen auf dem Kontinent zu stationieren, eingehen konnten. Außerdem wollte er durch die Änderung des Artikels 13 des EVG-Vertrages diejenigen besänftigen, die befürchteten, gegenüber den Briten benachteiligt zu werden. Bidault schien sehr verlegen, als die Diskussion auf das Thema „Ad-hoc-Versammlung" kam. Angesichts der Tatsache, daß man in Straßburg von einer mit ausgedehnten Befugnissen ausgestatteten Föderation träumte, distanzierte sich Bidault von diesen Strömungen. Diese Perspektive gefiel ihm nicht. Vorsicht und Langsamkeit sei, meinte er, erforderlich; man solle nichts überstürzen. Massigli zeigte sich damit einverstanden und brachte zum Ausdruck, daß „il fût mis fin à des initiatives non préparées ou insuffisamment étudiées et qui nous plaçaient vis-à-vis des gouvernements étrangers dans une situation ridicule." Niemand sprach sich dagegen aus.[578]

Bidault ließ die Erarbeitung der Zusatzprotokolle zu dem unterzeichneten EVG-Vertrag, die von dem Interimsausschuß der EVG schon im Oktober 1952 begonnen worden war, mit neuem Schwung in Gang setzen. Die französischen Zusatzprotokolle sollten demnach beinhalten, die französische Nationalität innerhalb der EVG zu bewahren und die vertragliche Bindung Großbritanniens an die EVG zu erreichen. Als wichtige Zusatzprotokolle sind folgende zu nennen. Das Zusatzprotokoll zum Artikel 13 des EVG-Vertrags erleichterte den Abzugsprozeß der französischen Truppen aus der Europa-Armee. Demnach sollte SHAPE die Genehmigung zum Abziehen von Truppen im Falle einer schweren Krise großzügig handhaben. Das Zusatzprotokoll zur britischen Garantie beinhaltete, daß die britischen Truppen, die derzeit in Europa stationiert waren, nicht abgezogen werden, sondern weiter bleiben sollten, und daß eine ständige britische Vertretung bei den Organen der EVG wie in Luxemburg (Montanunion) eingerichtet werden sollte. Das Zusatzprotokoll zum Artikel 43a des EVG-Vertrags beinhaltete, daß Frankreich für die Dauer des Abzugs der Streitkräfte sein Stimmgewicht im Ministerrat der EVG trotzdem behalten sollte. Dieses Problem sorgte überraschenderweise in Frankreich für erhebliche Aufregung. Denn es war leicht zu lösen, indem man die Übergangsvorschriften (von 8 Monaten) in eine Dauerregelung verwandelte, wie die oben zitierte Note der Spitzenbeamten des Quai d'Orsay zur EVG aufzeigte.[579]

Hieran ist erkennbar, daß Bidault bereits gewisse Änderungen der Europapolitik seines Vor-

---

578 Massigli, R., Une comédie, S. 352-355 und 359-361.
579 PAAA II, Bd. 1063, Bericht über die Sitzung des Lenkungsausschusses vom 11.2.1953, Geheim; Zum Wortlaut der Protokolle in englischer Übersetzung, FRUS 1952-1954, V, S. 722-726; BDFD I, Dok. Nr. 125, Anmerkung 3; „Die französischen Truppen sollten auf die Dauer von 2 Jahren ihr jetziges Statut behalten, bzw, das gleiche Statut wie die britischen und amerikanischen Truppen, und zugleich aus dem gemeinschaftlichen Haushalt der EVG bezahlt werden." Dieser anfangs angefügte französische Vorschlag zum Zusatzprotokoll tauchte in der Endfassung des französischen Vorschlags zum Zusatzprotokoll nicht auf, weil dies zu diskriminierend war. Das Auswärtige Amt war zudem der Auffassung, daß alle französischen Forderungen nicht von Charakter der Ergänzung oder Auslegung, sondern der Änderung seien (PAAA II, AZ 232-00E Bd. 1, deutsches Aide-Memoire, 14.2.1953).

gängers zu Gunsten der Position derer, die nationale Gefühle am stärksten vertraten, andeutete. Er ging jedoch nicht soweit, das Erreichte zunichte zu machen. Der erfahrene französische Diplomat Chauvel empfahl Bidault am 25. Januar 1953, zwar die EVG zu realisieren, sie aber gleichzeitig durch die Verhandlungen über die Modalitäten „entre le pôle MRP et le pôle RPF" zu modifizieren. Bidault akzeptierte diese Empfehlung. Am 21. April 1953 wies Bidault die Forderung der Militärs, die festgelegte Übergangszeit in eine unbestimmte Zeit zu ändern, und auch die Forderung auf den Verzicht der EVG, und damit die oben zitierte Note der Spitzenbeamten des Quai d'Orsay zur EVG, deutlich zurück. Bidault berücksichtigte zum Teil das starke Nationalbewußtsein in Frankreich, ohne die supranationale Europa-Armee grundsätzlich in Frage zu stellen.[580] Bidault stand also der Position Alphands näher als der Parodis, und seine Haltung gegenüber der EVG war auch die Basis seiner Position in bezug auf die EPG.

Um die französische Position angesichts der am 24./25. Februar anberaumten Außenministerkonferenz in Rom festzulegen, berief Bidault am 11. Februar 1953 die Spitzen des Quai d'Orsay zu einer Beratung über die französische Europapolitik ein.[581] Teitgen wurde dazu eingeladen, um Bericht über den Verlauf der Arbeit der Ad-hoc-Versammlung zu erstatten. Er betrachtete die Kompetenzen der Außenpolitik und der wirtschaftlichen Integration, das Verhältnis der EPG zu den TOM, und die Integration des Saargebietes als umstrittene Fragen. Er verteidigte das bescheidene, zumindest aus seiner Sicht realistische und vernünftige Ergebnis der Beratung des Verfassungsausschusses. Die Spitzenbeamten kritisierten Teitgen an verschiedenen Punkten. Dabei kreiste die Debatte darum, ob die Deutschen in der supranationalen europäischen Gemeinschaft ausreichend kontrolliert werden konnten oder umgekehrt die Gemeinschaft in absehbarer Zeit letztendlich von Deutschen gesteuert würde, und auch darum, ob der Weltmachtanspruch Frankreichs, basierend auf der Union Française, und das Weiterführen der supranationalen europäischen Integration kompatibel sein konnten. Auf der einen Seite standen Teitgen, Alphand und in gewissem Maße auch Maurice Schumann, die die Fortsetzung der Europapolitik Schumans und die Kompatibilität dieser Politik mit der Bewahrung der Union Française verfochten. Auf der anderen Seite standen Parodi, de la Tournelle, de Maroerie, Gros, Seydoux, Wormser, Sauvagnargues und du Vignaux, die sich umgekehrt für die Änderung der Europapolitik Schumans und für die Gewichtsverlagerung der französischen Außenpolitik von Europa auf die Union Française aussprachen. In ihren Argumentationen wurden die Gedanken ihrer oben bereits analysierten Noten wiederholt. Hierfür waren die Worte des Generalsekretärs des Quai d'Orsay, Alexander Parodi, und vom Europaabteilungsleiter, Seydoux, repräsentativ. Parodi erläuterte das Projekt noch einmal im

---

580 AN 457 AP 34, Chauvel, Note, 25. janv. 1953; Soutou, G., Bidault et la construction européenne 1944-1954, in: Revue d'histoire diplomatique 1991, S. 298. Der Conseil des ministres vom 28.1.1953 billigte l'exposé des motifs der Verträge (Bonn und Paris) und entschied, die Verträge in dem Büro der Nationalversammlung vorzulegen (Auriol, V., Journal, VII 1953-1954, S. 59, 14 janv. 1953; Massigli, Une comédie, S. 355).

581 AMAE DE-CE 45-60, CPE 1948-1954, Vol. 578, Bl. 286-308, Compte Rendu de la réunion tenue le Mercredi 11 février à 20h30 chez M.Bidault sur l'organisation politique de l'Europe. Teilnehmer: Bidault, Maurice Schumann (secrétaire d'Etat), Pierre-Heinri Teitgen (Vorsitzender des MRP), Parodi (secrétaire général), de la Tournelle (directeur des Affaires politiques), Alphand (Präsident des Interimsausschusses der EVG), de Maroerie, Prof. Gros, Seydoux (Europe), Wormser (Affaires économique), Brouillet, Sauvagnargues (Afrique-Levant), du Vignaux, de Folin.

Zusammenhang mit der gesamten französischen Außenpolitik. Mit dem Schuman-Plan sei Frankreich den übrigen europäischen Staaten weit vorausgeeilt, es habe die Initiative ergriffen und damit auch Tempo und Richtung des europäischen Integrationsprozesses bestimmt. Nach und nach habe Paris aber die Initiative abgegeben, es werde mehr und mehr getrieben und sehe sich nun der Luxemburger Resolution gegenüber. „Qu'est-ce que tout cela signifie? Que la France, comme *état indépendant*, doit disparaître, car c'est bien de cela qu'il s'agit. Le choix est donc considérable. (...) D'autre part, cette communauté européenne ne sera pas dominée par nous. Quand les projets de C.E.C.A. et de C.E.D. ont été mis an avant, il était permis de penser que l'Europe dont on parlait serait à direction française. Il est clair que la direction de cette communauté sera *allemande*." Wenn die TOM an Europa gegeben würden, so artikulierte er laut und deutlich, dann würde Frankreich seinen Rang als Weltmacht verlieren.[582] Dem entgegnete Bidault, daß Frankreich, Großbritannien und die USA die westliche Welt führen müßten. Seydoux vertrat die Auffassung, daß es nicht sein könne, daß Frankreich der Sechser-Gemeinschaft angehöre und sich gleichzeitig zu den drei Großmächten zähle. Dem entgegnet Bidault noch einmal, daß beides kompatibel bleiben sollte. Bidault schien offenkundig hin und her gerissen zu sein, aber stand Teitgens Gruppe näher als der Parodis. Bidault wünschte, das Wesentliche zu retten: „Il ne s'agit pas de créer des possibilités d'extension de l'autorité européenne à des domaines illimités. Il s'agit seulement de réunir la CECA et la CED pour avoir des organismes peu nombreux et regroupés." Er erklärte sich, „sinon pour le minimum, tout au moins contre le maximum." G. Bossuat interpretierte, daß die Direktwahl mit „le minimum" und der Beyen-Plan mit „le maximum" gemeint waren. Da sich Bidault aber nach der wirtschaftsbezogenen Kritik Wormsers an der EPG wie zitiert äußerte, ist die Interpretation logischer, daß mit „le minimum" die prinzipielle Zustimmung zum Beyen-Plan und mit „le maximum" die vollständige Zustimmung gemeint waren. Als neues Element im EPG-Projekt nannte Bidault, „(d')ouvrir des fenêtres par le moyen du suffrage universel." Bidault war der Meinung, daß es keine Demokratie ohne Direktwahl gab, verlor die sich daraus ergebenden gefährlichen Konsequenzen jedoch nicht aus den Augen. Trotzdem war er bereit, den „dynamisme", der sich durch die Direktwahl entwickeln würde, hinzunehmen. Hingegen nahm er zur Frage der Union Française, die er als „notre grand souci" bezeichnete, keine klare Position, abgesehen vom oben zitierten Grundsatz.[583]
Bei dem Besuch Beyens in Paris am 20. Februar 1953 vertrat Bidault nicht die Position Wormsers, der hinsichtlich der wirtschaftlichen Kooperation für eine Kehrtwendung plädierte und anstelle der supranationalen Gemeinschaft als Rahmen der zwischenstaatlichen OEEC favorisierte, sondern sprach sich dafür aus, die Möglichkeit zur engen wirtschaftlichen Kooperation innerhalb der sechs Staaten nicht auszuschließen. Die öffentliche Meinung in Frankreich, so Bidault, verfolge die Probleme der EVG sehr aufmerksam. Die weitreichende und automatische Zollunion, die Beyen vorgeschlagen hatte, rufe heftige negative Reaktionen in Frankreich hervor, und zwar nicht nur wegen der momentanen wirtschaftlichen Schwierigkeiten, sondern auch wegen der Frage der Union Française. Das wirke sich wiederum negativ auf die Ratifizierung des EVG-Vertrags aus. Bidaults Argumentation kreiste um die Taktik

---

582 Ibid.
583 Ibid; Gérard Bossuat, La vraie nature de la politique européenne de la France (1950 - 1957), S. 210f.

zur Ratifizierung des EVG-Vertrags. Er war bereit, der Gemeinschaft eine Möglichkeit der Entwicklung in der Zukunft zu schaffen. Damit war die Direktwahl gemeint, von der er viel zu halten schien. Er beendete seine Argumentation mit einem zweideutigen Ausdruck: „Il y a les maximalistes (...) et nous sommes de coeur avec eux (...). Il y a les minimalistes (...) et nous sommes de par notre raison avec eux. (...) Mais nous, au sein du Gouvernement français, nous sommes existentialistes, c'est à dire que nous nous prononçons pour la solution qui donnera lieu à la naissance de quelque chose qui existera." Beyen brachte zum Ausdruck, daß die Niederlande es nicht eilig mit der wirtschaftlichen Integration hätten. Er wollte jedoch wissen, ob die französische Regierung beabsichtigte, den EVG-Vertrag gleichzeitig mit dem EPG-Vertrag dem Parlament zur Ratifizierung vorzulegen, oder ob sie sich mit „perspectives favorables" hinsichtlich der Schaffung einer politischen Gemeinschaft zufrieden geben würde. Beyen meinte, daß die erste Hypothese zwischen beiden Staaten Schwierigkeiten mit sich brächte, weil das französische Parlament die wirtschaftliche Integration nicht wolle, das niederländische Parlament aber im Gegenteil dazu die EPG ohne die wirtschaftliche Integration ablehnte. Bidault entgegnete: „le Parlement français a énoncé, parmi d'autres nécessités, celle de créer une Communauté politique. Il n'est pas sûr qu'aujourd'hui il ferait de même qu'il y a un an." Er forderte daher nicht, daß der EPG-Vertrag vor der Ratifizierung des EVG-Vertrags unterschriftsreif sein müsse. Seine Beurteilung war nicht unbegründet, weil Bidault davon informiert worden war, daß die Sozialisten, die ein Jahr zuvor diese Voraussetzung zum EVG-Vertrag am nachdrücklichsten gefordert hatten, ihre Delegation aus der Ad-hoc-Versammlung zurückzuziehen versuchten.[584] Damit schien es, daß beide Staatsmänner in der zweiten Hypothese übereinstimmten.

Bidaults „existentialisme" oder „réalisme" legte einige Grundsätze fest: die Balance zwischen Europa und der Union Française („vocation européenne et mondiale"); Weiterführen der Integration im Rahmen der sechs Staaten; die Kompetenzen der EPG sollten anfangs lediglich denjenigen der EGKS und der EVG entsprechen; keine weitere Aufgabe von Souveränität; wirtschaftliche Kooperation zur Gewährleistung eines reibungslosen Funktionierens der EVG, auch bei Investitionen; der EPG sollte nur das Studium im Hinblick auf den gemeinsamen Markt und das Vorschlagsrecht hierzu anvertraut werden. Bidault trat damit dem Beyen-Plan entgegen, schloß aber die wirtschaftliche Integration im Rahmen der EGKS-Staaten nicht aus. Außer der Direktwahl blieben die Frage nach der konkreten Struktur der EPG im Hinblick auf die Exekutive und die nach dem Verhältnis zwischen der EPG und der Union Française offen.[585] Von der Notwendigkeit der Direktwahl war Bidault jedoch nicht überzeugt. Auf der Vorstandssitzung des MRP vom 4. März 1953 sagte Bidault: „Il me parait fort incertain qu'on fasse adopter le Suffrage universel." A. Colin entgegnete: „Le Suffrage universel est indispensable pour donner un certain dynamisme." Auf dem Zusammentreffen mit

---

584 AN 457 AP 38, Note, 20.2.1953, a.s. Entretien entre le Président Bidault et M. Beyen, Ministre des Affaires Etrangères des Pays-Bas, le 20 février 1953; AMAE DE-CE 45-60, CECA, Vol. 521, Bl. 187-197, DGAP/Europe/ S/Direction du Conseil de l'Europe, note, 15.1.1953, a.s. Réunion des travaux de l'Assemblée ad hoc; AN 457 AP 38, Note, confidentielle, 30.1.1953, Autor unbekannt.
585 AN 457 AP 38, Note du Gouvernement française relative au projet de marché commun, 21.2.1953; AN 457 AP 38, Conception française pour l'organisation et le fonctionnement de l'organisation exécutive, undatiert (aber es ist sicher, daß diese Note vor der Außenministerkonferenz in Rom im Februar abgefaßt wurde), Autor unbekannt.

Adenauer vom 9. März 1953 äußerte Bidault: „Die Frage der europäischen Integration bringe große Probleme mit sich, für deren Lösung man wahrscheinlich im Volke größeres Verständnis finde als in den Parlamenten. Die französische Regierung werde deshalb mit diesen Problemen eines Tages vor das Volk treten." Er zog die Möglichkeit eines Referendums über die EVG in Erwägung.[586] Die Direktwahl war von Bidault nicht als Mittel zur Dynamisierung der europäischen Integration gedacht, wie es Colin vorschwebte, sondern nur als ein taktischen Instrument für die Erleichterung der Ratifizierung des EVG-Vertrags.

Als wichtigstes Element ist zu nennen, daß Bidault der Auffassung war, es sei ausreichend, daß die EPG-Verhandlungen nur „perspectives favorables" einer zukünftigen politischen Struktur der Europa-Armee veranschaulichen konnten, bevor der EVG-Vertrag ratifiziert würde, wie Schuman es beabsichtigt hatte, als er dieses Projekt initiiert hatte. Wenn man mit der EPG zu eilig vorangehe, würde es viele unüberwindbare Probleme sowohl im Hinblick auf die wirtschaftliche Integration als auch auf die Union Française hervorrufen. Der Beyen-Plan hinderte die Franzosen zwar daran, die EPG der Ad-hoc-Versammlung grundsätzlich zu akzeptieren. Unabhängig davon, wollte Bidault die EPG wegen der internen Problematik in bezug auf die Gaullisten und die Sozialisten jedoch nicht so gern realisiert wissen. Vielmehr bildete sich bereits eine erstaunliche, von diametralen Positionen ausgehende, gänzlich verschieden motivierte Übereinstimmung der nationalen Interessen der französischen und holländischen Regierung, bevor die Verhandlungen über die EPG überhaupt erst begonnen hatten: Beide wollten die EPG-Verhandlungen nicht beschleunigen, zumindest bevor der EVG-Vertrag ratifiziert wurde. In diesem Punkt unterschied sich Bidaults Position von der des Parteivorsitzenden des MRP, Teitgen, der das Ergebnis der Ausarbeitung der Ad-hoc-Versammlung größtenteils akzeptierte und daher die EPG-Verhandlungen beschleunigen wollte. In der Vorstandssitzung des MRP vom 4. März 1953, als Teitgen den Satzungsentwurf der Ad-hoc-Versammlung verfocht, beurteilte Bidault diesen sehr kühl, indem er sagte: „au fond c'est une autorité spécialisée qui coiffe les deux autres (...) Pour l'ensemble, constructions intéressantes. Il en tombera pas mal - limité, rapetissé, il sera convenable."[587]

Bidault vertrat diese realistische Position am 20. Februar 1953 im Conseil des ministres. Finanzminister Maurice Bourges-Mounoury (Rad.) befürwortete die stufenweise wirtschaftliche Integration. Wirtschaftsminister Robert Buron (MRP) trat für die wirtschaftliche Integration durch die Harmonisierung der Sozial- und Finanzpolitik mittels einer Errichtung einer Investitionsbank ein. In dieser Sitzung fand jedoch keine ausführliche Debatte über die EPG statt. Der Conseil des ministres stimmte der Auffassung des Außenministers in vollem Umfang zu.[588] Vor dem Hintergrund der zögernden Haltung der französischen Regierung hinsichtlich der EPG war folgender Zwischenfall zu verstehen. Der französische Hohe Kommissar François-Poncet sprach sich gegen jegliche Veto-Rechte des Rates der nationalen Minister

---

[586] AN 350 AP 50, Commission exécutive du 4 mars 1953, S. 10; BA NL Blankenhorn 18b, S. 35f., Aufzeichnung. Am Montag, dem 9. März 1953, nachmittags 16 Uhr, fand in der Préfecture in Straßburg eine einstündige Aussprache zwischen Adenauer und G. Bidault statt; AN 457 AP 34, Lettre de Paul Coste Floret à Bidault, 21.3.1953. Dieser Brief wurde einer Note pour le président du conseil, A/S l'éventualité d'un référendum sur le Traité sur le Traité de CED hinzugefügt.
[587] AN 350 AP (MRP) 50, la Commission Exécutive, Compte rendu de la réunion du 4 mars 1953, 18h, S. 9
[588] Auriol, V., Journal, VII 1953-1954, S. 59, 20 février 1953.

in der EPG am 28. Januar 1953 aus, da sie die Gefahr mit sich brächten, die Bemühungen um Europa zu erschweren. Der Quai d'Orsay distanzierte sich unmißverständlich von diesen Ausführungen und äußerte Erstaunen. Das französische Außenministerium zog sogar den Wechsel des Hohen Kommissars in Erwägung.[589]

Die oben festgelegte Grundposition des französischen Außenministers zur Europapolitik wurde in seiner Rede vor der Nationalversammlung vormittags am 9. März 1953 offenkundig. „Das Ziel ist," so spitzte er zu, „Europa aufzubauen, ohne Frankreich abzubauen. Das ist eine ungeheure Aufgabe, die, selbst wenn man über die anzuwendenden Mittel nicht einig ist, nicht geschmäht werden darf. Europa schaffen, aber sich nicht darin auflösen. Im Gegenteil, Frankreich an die Spitze der Europäischen Gemeinschaft heben, deren Initiator und Inspirator es sein muß. Wir nehmen unseren Platz in der Führung der Weltpolitik nicht durch Gunst oder durch Überleben ein. Wir sind stolz auf unsere Vergangenheit, aber auf die Gegenwart und auf unseren Sinn für die Zukunft gründet sich unsere Entschlossenheit. Wir sprechen im Namen von 120 Millionen Menschen. In ihrem Namen erstreben wir die Stärkung der Französischen Union und die Schaffung Europas."[590]

Monnet bemühte sich allerdings, die neue französische Regierung für sein Konzept der europäischen Integration zu gewinnen. Am 29. Dezember 1952, dem Tag als René Mayer zum Ministerpräsident bestimmt wurde, schrieb Monnet ihm einen Brief, in dem er ihn ungewohnt eindringlich vor der Gefahr des Wiederauflebens des deutschen Nationalismus warnte, der nur durch eine supranationale, nicht aber durch eine konföderale europäische Gemeinschaft im Zaum gehalten werden könne. Monnet ahnte nicht, daß die französische Regierung die EPG, was die Integrität der Union Française betraf, mittlerweile als problematisch bewertete. Außerdem war Monnet nicht mehr in der Lage, die Entscheidungen wirklich zu beeinflussen.[591] Für Monnet war die Supranationalität kein Selbstzweck, sondern notwendig zur Sicherung eines Rahmens, in welchem Frankreich und Deutschland versöhnt und Westdeutschland ausreichend kontrolliert werden konnte. Er glaubte auch, daß so die Führungsrolle in seiner supranationalen Gemeinschaft und damit auch die Weltmachtposition Frankreichs gewährleistet würde. Seine Überzeugung leitete sich davon ab, daß ohne eine enge Zusammenarbeit mit den USA die Weltmachtposition Frankreichs nicht gesichert wäre. Die USA betrieb zu jener Zeit eine weltweite antikommunistische Strategie, indem sie mit Großbritannien hauptsächlich in den außereuropäischen Gebieten, mit Frankreich hauptsächlich in Europa eng zusammenarbeiteten. Aufgrund seiner Überzeugung war Monnet bereit, ein noch größeres Stück der Souveränität Frankreichs abzutreten als die Gaullisten und die mit starkem nationalem Bewußtsein erfüllten hochrangigen Beamten im Quai d'Orsay.[592] Diese hielten die

---

589 PAAA II, Bd. 859 AZ 224-20/22, Brief Hausenstein an Ophüls vom 28.1.53.
590 Bericht über die Behandlung des Vertragsentwurfes nach dem 10. März 1953, vorgelegt von Dr. von Brentano auf der Tagung des Verfassungsausschusses am 23. Juni 1953, LDV, Mai-Juli 1953, S. 47.
591 AN 363 AP 28, Jean Monnet à R. Mayer, Luxembourg, 29 décembre 1952; AN 363 AP 23 J. Monnet au président, 6 janvier 1953; Gérard Bossuat, La vraie nature, S. 209.
592 Gérard Bossuat beurteilte die französische Ablehnung des Beyen-Plans zugespitzt: „C'est un rejet du plan Beyen de marché commun sous une autorité supranationale. C'est un échec de l'élargissement du plan Schuman à l'ensemble des économies. C'est l'échec de Monnet." (Bossuat, G., La vraie nature, S. 212) Später korrigiert Bossuat tatsächlich seine falsche Bewer-

Monnetsche supranationale Gemeinschaft für keinen ausreichenden Rahmen, um die Deutschen zu kontrollieren. Vielmehr sahen sie hierin die Gefahr, Frankreich könne auf lange Sicht die dominante Position in der europäischen Gemeinschaft an die Deutschen verlieren. Die Gaullisten, die Mehrheit im Quai d'Orsay und die EVG-Gegner im allgemeinen glaubten, daß die französische Weltmachtposition von der Union Française abhing, weniger von Europa. Angesichts der Krise der Union Française und des amerikanischen Anti-Kolonialismus hielten sie die Monnetsche supranationale Gemeinschaft für einen Ausverkauf der nationalen Souveränität Frankreichs und seiner historischen Großmachtstellung. Auf der einen Seite waren sie mit der herkömmlichen „Grandeur française" gedanklich intensiv beschäftigt, auf der anderen Seite waren Abneigung und auch Haß gegenüber den Deutschen noch zu verbreitet, um mit ihnen gut zusammenzuarbeiten.[593] Obgleich die Sozialisten Europapolitik einer Politik der Union Française bei weitem vorzog und an der EVG festhielten[594] - wenngleich sich eine offizielle Haltung der Partei zur EVG noch nicht endgültig herauskristallisiert hatte -, waren auch sie der Auffassung, daß die Monnetsche supranationale Gemeinschaft nicht genug Kontrolle gegenüber den Deutschen garantierte. Hier liegt jedoch ein anderer Grund vor als bei den Gaullisten: die Frage der britischen Teilnahme. Die Sozialisten waren bereit, die Supranationalität in gewissem Maße aufzugeben, um die Briten an der europäischen Integration zu beteiligen. Mit seinem „réalisme" zielte Bidault darauf ab, allen Tendenzen in der Frage der europäischen Integration in Frankreich gerecht zu werden. Es war auf den ersten Blick nicht ausgeschlossen, daß all diese Gruppen einen gemeinsamen Nenner im „réalisme" Bidaults finden konnten.

3. Die Bundesrepublik Deutschland

Für Adenauer war das EPG-Projekt als Instrument zur Ratifizierung des EVG-Vertrags nützlich[595], aber kaum ein entscheidendes Moment, weil die Gegner des EVG-Vertrags als Vor-

---

tung (ders., „Jean Monnet, le Département d'Etat et l'intégration européenne (1952-1959)", in: Girault, R. et Bossuat, G. (Hrsg.), Europe brisée, S. 301-340). Zu jenem Zeitpunkt hielt Monnet selbst die Zollunion für verfrüht und trat daher dagegen ein. Wenn man von „l'échec de Monnet" reden will, muß man seine Ursache in der Kehrtwendung der französischen Regierung gegenüber der Monnetschen Idee der supranationalen Integration suchen.

593 Dieses Gefühl der Spitzenbeamten im Quai d'Orsay entsprach der damaligen öffentlichen Meinung. Nach dem unveröffentlichten Ergebnis der Umfrage durch die amtlichen französischen Institute für Erforschung der öffentlichen Meinung nannte die überwiegende Mehrheit der Befragten Deutschland und weniger als 10% Rußland, zu der Frage, wer der Feind Nr. 1 von Frankreich sei. (Hausenstein an Blankenhorn, 18.2.1953, PAAA III Bd. 11 (Frankreich) Bd. 90-1).

594 G. Mollet, L'Europe unie, Pourquoi? Comment?, Supplément à la Documentation Politique n°131 hebdomadaire - Janvier 1953, OURS, E9 16MM.

595 Z.B. siehe die Rede Adenauers auf einer Bundestagsausschußsitzung am 3. September 1952. Adenauer: „Dann hat Herr Kollege Brandt gesagt: Wir sind für die Integration Europas, aber welches Europa, was soll der Inhalt sein? Da muß man doch nun auf die Dynamik der Entwicklung vertrauen, (...) Gerade der Artikel 38 des EVG-Vertrages ist der Artikel, in dem die Schaffung eines europäischen Parlaments in Aussicht genommen ist. Das ist doch die Quelle der dynamischen Entwicklung. Diesen Artikel 38 betrachte ich als einen der allerwichtigsten Artikel des ganzen Vertrages über die EVG. Er zeigt, daß es nicht etwa mit den militärischen Dingen und mit der Montanunion sein Ende haben soll, sondern, daß nun wirklich ein Europa, und zwar, Herr Kollege

bedingung für das Gelingen der Europa-Armee eine politische Autorität nicht ernstlich verlangten. Vielmehr benutzte er es zum langfristigen Zweck, seine Westintegrationspolitik zu legitimieren. Das EPG-Projekt hatte keine realpolitische Dringlichkeit in der Bundesrepublik. Daher standen idealtypische Elemente immer im Vordergrund, wie in Kapitel IV. gezeigt wurde. Aus der Perspektive der Bonner Republik lag die realpolitische Notwendigkeit des EPG-Projekts in der politischen Lage Frankreichs begründet. Die Nützlichkeit des EPG-Projekts für Bonn wurde daher von der französischen Haltung dazu bedingt.[596] Die Haltung der westdeutschen Regierung zum EPG-Projekt wurde von den Abgeordneten der Regierungskoalition während der Verhandlungen der Ad-hoc-Versammlung im großen und ganzen vertreten. Die Bonner Regierung war insgesamt mit den Ergebnissen zufrieden.[597] Im folgenden werden drei Themenbereiche, die außenpolitische Integration, die Direktwahl, die Union Française und Beyen-Plan, betrachtet.

Adenauer beabsichtigte nicht, die Integration im Bereich der Außenpolitik zu beschleunigen. Er wußte wohl, daß sich die Franzosen eine gemeinsame Außenpolitik mit der Bundesrepublik zu diesem Zeitpunkt nicht leisten konnten. Von Brentano selbst hielt die idealistische Forderung einiger deutscher Wissenschaftler, wie z.B. Nawiasky und Rider, für nicht realistisch und akzeptierte sie daher nicht.[598] Diese war in langfristiger Hinsicht jedoch notwendig. Daher schlug Adenauer im Dezember 1952 einen gemäßigten Weg vor: einen Großen Rat innerhalb der Gemeinschaft der sechs Staaten einzurichten. Adenauers Vorschlag erregte jedoch im Quai d'Orsay den Verdacht, die Deutschen würden damit praktisch darauf abzielen, indirekt der NATO beizutreten. Hingegen zeigten Billotte und Debré Interesse an dem Vorschlag des Bundeskanzlers, da sie dachten, ihn für ihre Konzeption der Konföderation ausnutzen zu können. Bidault hingegen zog Adenauers Vorschlag nicht in Betracht, da er die Außenpolitik der EVG auf der NATO-Ebene bestimmen lassen wollte. Damit wurde er, obwohl er ansonsten eine konstruktive Initiative zum Gelingen der EPG hätte sein können, nicht realisiert.[599]

Brandt, ein demokratisches Europa geschaffen werden soll. Dieser Artikel 38 ist vor allen anderen abgesehen so unendlich wertvoll, daß ihn, glaube ich, kaum ein Europäer verneinen dürfte." (BA NL Blankenhorn Nr. 14, S. 18f).

596 Vgl. Adenauer, Teegespräche, bearb. v. Hanns Jürgen Küsters, Bd. 1: 1950-1954, Berlin 1984, S. 413, Tee-Empfang am 22. Februar 1953; Vgl. Fischer, P., Die Bundesrepublik, S. 284.
597 PAAA NL Ophüls, Bd. 3, Ophüls, Aufzeichnung. Betr.: Allgemeine europäische Integration, Bonn, den 4. Februar 1953.
598 BA NL Brentano, Schreiben von Nawiasky an Brentano, 13.10.1952; Ibid., Schreiben von Brentano an Nawiasky, 6.11.1952; PAAA II, Bd. 853, AZ 224-00-01, Bl. 42-43, Abschrift aus „Die Neue Zeitung", staatsrechtlehrer üben Kritik am Straßburger Vertragsentwurf, 26.3.1953.
599 AMAE Europe 44-60, Généralités, CED Vol. 69, Bl. 236-237bis, Télégramme de F. Poncet à M. Schumann, N°9921/30, 15.12.1952, Réserve. urgent; AMAE Europe 44-60, Généralités, CED Vol. 69, Bl. 245-256, Télégramme de F. Poncet à M. Schumann, N°9933/36, 16.12.1952, Réserve. urgent; BA NL Blankenhorn 15b, Bl. 212-215, Mitteilung an die Presse, Rundfunkgespräch Bundeskanzler-Friedländer 17. Dezember 1952; BA NL Blankenhorn 18a, Bl. 2-3, Ophüls, Vermerk, Bonn, den 2. Januar 1953; BA NL Blankenhorn 15b, Bl. 202f., Schreiben von Billotte an Adenauer, etwa vor dem 15. Dezember 1952; AMAE DE-CE 45-60, CPE, Vol. 578, Bl. 27-33, DGAP/Europe, Note, 15.1.1953, A/S. CPE; AN 457 AP 34, Debré, Note à l'attention de M. Bidault, 30.1.1953.

Die Bonner Regierung hielt die Direktwahl, der Paris große Bedeutung zu verleihen schien, für wünschenswert. Am 5. Januar 1953 hielten von Brentano und Hermann Schaefer (Chef der parlamentarischen Fraktion der FDP) eine Pressekonferenz ab. Sie erklärten die Grundzüge der Entschließungen des Verfassungsausschusses am 20. Dezember 1952. Dabei brachten sie die Notwendigkeit der direkten Wahlen für die Völkerkammer etwa im Herbst 1953 zum Ausdruck. Dazu präzisierte Schaefer, daß „il serait, à son avis, souhaitable que les grands partis nationaux fusionnent sur le plan international et qu'il soit permis à un électeur allemand de voter pour un candidat français, et vice-versa. C'est dans ces conditions seulement que l'on arrivera vraiment à intéresser les opinions publiques à la formation d'une Europe unie."[600]

Was die Union Française anging, dachte Ophüls anders als Brentano, der mit folgenden Begründungen gegen den Vorschlag Teitgens eintrat: 1) Die Vertreter außereuropäischer Länder bestimmten im Montan-und EVG-Vertrag nicht mit. 2) Der Vorschlag Teitgen stellte eine Verschiebung des Stimmgewichts zugunsten Frankreichs dar. 3) Innenpolitisch waren in Deutschland Vorwürfe zu erwarten, daß die Parität gegenüber Frankreich in der Politischen Gemeinschaft preisgegeben worden sei. Ophüls hielt es für möglich, daß das Problem 1) durch die Modifikation des Vorschlags Teitgens gelöst werden konnte, d.h. durch eine Bestimmung, daß die außereuropäischen Vertreter in den Sonderverträgen einstweilen nicht mitstimmten. Zum Problem der Verschiebung des Stimmengewichts zugunsten Frankreichs gestand er zu, daß sich dies, wenn man die außereuropäischen Gebiete Frankreichs wirklich einzubeziehen wünschte, auf die Dauer nicht umgehen ließ. Er sah jedoch hierin einen Vorteil für die Deutschen, d.h. einen Präzedenzfall für die Neugestaltung der Stimmenverhältnisse im Fall der Wiedervereinigung Deutschlands. Darüber hinaus sei es nicht wahrscheinlich, so Ophüls weiter, daß die außereuropäischen Abgeordneten immer mit Frankreich stimmen würden. Im Gegenteil bestünde vielleicht die Möglichkeit, bei geschicktem Vorgehen für deutsche Interessen Sympathie zu gewinnen, da das Verhältnis zu ihnen nicht durch Kolonialkonflikte getrübt sei. Ophüls meinte, daß man der erwarteten internen Kritik aus dem Wege gehen konnte, indem man geltend machte, daß der französische Zuwachs praktisch nicht ins Gewicht falle und wesentlich symbolischen Charakter habe, daß sich Deutschland der Zubilligung einer derartigen symbolischen Vertretung sowohl aus allgemein demokratischen Gründen als auch im Hinblick auf die Notwendigkeit eines guten Verhältnisses zu den farbigen Völkern nicht habe entziehen können, und daß andererseits in der getroffenen Regelung ein günstiges und zwingendes Präjudiz für den Fall der Wiedervereinigung Deutschlands liege.[601]

Hieran ist zu erkennen, daß, obwohl Adenauer seine Haltung hierzu noch nicht äußerte, das Auswärtige Amt die französische Sonderstellung verstand und ihr im weiten Umfang entgegenkam. Hingegen gab es keine vom Quai d'Orsay befürchteten ehrgeizigen Wünsche oder Perspektiven im Auswärtigen Amt, die französischen überseeischen Gebiete zu deutschen Gunsten durch ihre Einbeziehung in die europäische Gemeinschaft auszunutzen. Vielmehr wünschte Bonn diese Einbeziehung eigentlich nicht.

---

600 AMAE Europe 44-60, Généralités, Vol.78, Bl. 76-78, Ambassadeur de France, Haut-Commissaire de la République en Allemagne à Robert Schuman - Direction d'Europe -, 6. janvier 1953, a.s,: Opinion de MM. von Brentano et Hermann Schaefer sur la future constitution européenne.
601 PAAA NL Ophüls Bd. 3, Abt.II B, Aufzeichnung, betr.: Stellung der französischen Union, in der EPG (Stimmzahl in der Völkerkammer), Bonn, den 12. Februar 1953.

Das Memorandum Beyens gab dem Auswärtigen Amt neuen Anlaß, Prinzipien für die wirtschaftliche Integration innerhalb der Sechser-Gemeinschaft auszuarbeiten. Es nahm das Memorandum als Ausdruck einer gewandelten konstruktiven Haltung der niederländischen Regierung zum EPG-Projekt grundsätzlich positiv auf.[602] Infolgedessen fanden mehrmals Ressortsbesprechungen der Vertreter der betreffenden Ministerien unter dem Vorsitzenden Ophüls im Auswärtigen Amt statt. Anhand der Ergebnisse wurde der Standpunkt der Bonner Regierung zum Beyen-Plan auf der Kabinettssitzung am 20.2.1953 festgelegt.[603]
In Bonn herrschte Konsens darüber, daß die europäische Gemeinschaft ohne wirtschaftliche Basis nicht zu errichten sei. Von allen Seiten begrüßte man vor allem das den niederländischen Vorschlägen zugrunde gelegte Prinzip der „horizontalen Wirtschaftsintegration" und damit die Gelegenheit, eine Korrektur an dem bisher eingeschlagenen Integrationskurs der ungeliebten sektoralen Teilintegration vorzunehmen. Dieser Gesichtspunkt wurde stark von den Untersuchungsergebnissen der OEEC unterstützt. Es scheine, so schlußfolgerte Albrecht in einem Bericht über die Integrationsstudien im Rahmen der OEEC an Ophüls am 15. Januar 1953, daß das Problem der Integration einzelner Industriezweige nicht unabhängig von der Gesamtwirtschaft betrachtet werden könne, und daß, wenn die Schaffung eines einheitlichen Marktes für gewisse Industriezweige erwogen werde, die Auswirkungen auf die Grundstoffmärkte und die anderen Industrien zu berücksichtigen wären.[604]
In einigen wesentlichen Punkten war die Position Bonns anders als die Den Haags. In der Rangfolge der wirtschaftlichen Integrationsmöglichkeiten war die Währungsfrage wichtiger als die Zollsenkung. In einem Brief vom 19. Februar 1953 machte der Wirtschaftsminister geltend, daß es erforderlich zu sein schien, „für das Gebiet der Wirtschafts- und Finanzpolitik der beteiligten Mitgliedsstaaten gewisse einheitliche Prinzipien vertraglich festzulegen, um damit zu einer entsprechenden Koordinierung zu gelangen. (...) In Übereinstimmung hiermit halte ich es für zweckmäßig, das Schwergewicht dieser Prinzipien vorerst darauf zu legen, daß die mengenmäßigen Beschränkungen beseitigt und die freie Konvertibilität der Währungen hergestellt wird. Darüber hinaus sollten Subventionen und sonstige Maßnahmen, die geeignet sind, den freien Wettbewerb zu gefährden, verhindert werden. Dagegen scheint mir die völlige Beseitigung der Zölle, die praktisch zu einer Zollunion führen würde, nicht von der

---

602 PAAA II, Bd. 897, AZ 224-90, Bd. 1, Ophüls an den deutschen Botschafter in Den Haag vom 17.12.1952,; Aufzeichnung Ophüls. Betr: Niederländisches Memorandum zur wirtschaftlichen Integration, am 22.12.1952, (Ophüls privates Gespräch mit dem amerikanischen Vertretung bei der Montanunion Cleveland) PAAA II, Bd. 897, AZ 224-90 Bd. 1; FRUS 1952-1954, VI Part1, S. 257f., Telegram, The Ambassador in France (Dunn) to the Department of State, 21.12.1952.
603 Kabinettssitzung am Freitag, den 20. Februar 1953, in: Die Kabinettsprotokolle der Bundesregierung, Bd. 6 (1953), S. 179f.
604 BA B 102/11408, „Bericht über eine Besprechung im Auswärtigen Amt über Wirtschaftsverhandlungen zwischen den Montanunionsländern" vom 13.1.1954; PAAA II, Bd. 897, AZ 224-90 Bd. 1, Kurzprotokoll über eine Ressortbesprechung im Auswärtigen Amt am 5.2.1953, Betr: wirtschaftliche Integration; PAAA II, Bd. 897, AZ 224-90 Bd. 1, ERP-Unterlage 1/1953. Betr: Integrationsstudien im Rahmen der OEEC. Stand 15.1.1953. Albrecht an Ophüls; PAAA II, Bd. 897, AZ 224-90 Bd. 1, von Maltzan (Handelspolitische Abteilung; AA IV), Aufzeichnung. Betr: Europäische wirtschaftliche Integration, 19. Februar 1953; PAAA NL Ophüls, Bd. 3, Ophüls, Aufzeichnung, zu Punkt 1 der Tagesordnung der Rom-Konferenz; Niederländisches Memorandum: wirtschaftliche Integration im Rahmen der Politischen Gemeinschaft, Bonn, den 19 Februar 1953.

gleichen Dringlichkeit zu sein."[605] Für Den Haag hingegen war die Währungsfrage nicht von gleicher Dringlichkeit wie der Zollabbau.[606] Zur Sicherung der Koordinierung der Wirtschafts- und Finanzpolitik der beteiligten Staaten schlug Erhard vor, einer übergeordneten Institution gewisse Hoheitsbefugnisse einzuräumen, Dirigismus aber zu vermeiden. Dabei wäre insbesondere an folgende Möglichkeiten zu denken: a) Konsultativpflicht der Mitgliedsstaaten gegenüber der Gemeinschaft; b) Auskunftspflicht der Gemeinschaft gegenüber den Mitgliedsstaaten; c) Mitspracherecht der Gemeinschaft bei Integrationsverhandlungen der Mitgliedsstaaten; d) Vetorecht der Gemeinschaft gegenüber gewissen Maßnahmen der Mitgliedsstaaten; e) Recht der Gemeinschaft zur Abgabe von für die Mitgliedsstaaten rechtsverbindlichen Empfehlungen. D.h., die Gemeinschaft sollte lediglich darauf beschränkt sein, Vorschläge auszuarbeiten, deren Billigung bei den einzelnen Staaten lag. So war die überwiegende Stellungnahme der deutschen Fachressorts zurückhaltender als die Vorschläge der Ad-hoc-Versammlung, nach denen die Gemeinschaft nicht nur bei der Vorbereitung, sondern auch bei der Entscheidung über die neu zuzuweisenden Zuständigkeiten beteiligt sein sollte. Dabei ließen sich wiederum verschiedene Abstufungen denken, insbesondere in der Weise, daß in der Übergangszeit der Einfluß der Staaten, in der endgültigen Periode der Einfluß der Gemeinschaft überwog. Ophüls empfahl Adenauer, die Vorschläge der Ad-hoc-Versammlung anzunehmen. Übrigens bestanden in Bonn auch Bedenken gegen die Einrichtung eines Umstellungsfonds und Sicherungsklauseln.[607]

Es gab in Bonn einen wesentlichen Meinungsunterschied darüber, ob ‚Groß-Europa' oder ‚Klein-Europa' als Rahmen der wirtschaftlichen Integration angemessener sei. In Bonn betrachtete man wie auch in Paris und Den Haag das Pool Vert im Zusammenhang mit dem Beyen-Plan und damit dem EPG-Projekt. Wie in Kapitel IV. gezeigt wurde, war einerseits Mansholts Vorschlag einer supranationalen Agrargemeinschaft innerhalb der sechs Staaten für Bonn keineswegs vorteilhaft. Andererseits ließ sich die französisch-holländische Anregung auf vorbereitende Sechserbesprechungen nicht abweisen, da das der politischen Gesamttendenz zur Integration der sechs Staaten widerspräche. Hiernach sollte, empfahl Ophüls, die BRD diese Anregung grundsätzlich begrüßen, aber deutsches Interesse an dem größeren Raum vorsichtig äußern.[608] Erhard hatte trotz grundsätzlicher Zustimmung einige Bedenken hinsichtlich der wirtschaftlichen Integration. So äußerte er in einem Schreiben an das Auswärtige Amt vom 13. Februar, daß wirtschaftliche Integrationsmaßnahmen aus wirtschaftspolitischen Gesichtspunkten „einen möglichst weiten räumlichen Bereich umfassen" sollten. Dementsprechend war eine Abstimmung mit der OEEC, der EZU und dem GATT erforderlich.[609] Außerdem hegte er die Angst, daß die Monnetsche supranationale Behörde uner-

---

605 BA B 102/11418 Heft 2, Schnellbrief Erhard an Auswärtiges Amt, 19. Febr. 1953; BA B 102/11408, Schreiben Erhard an die Abteilung II des Auswärtiges Amtes vom 13.2.1953.
606 PAAA II, 240-20/53, Schreiben Beyen an Adenauer am 1.11.1952.
607 BA B 102/11418 Heft 2, Schnellbrief Erhard an Auswärtiges Amt, 19. Febr. 1953; Vgl. PAAA II, Bd. 897, AZ 224-90 Bd. 1, Schreiben Erhard an Ophüls vom 4. und 5. März 1953; PAAA NL Ophüls, Bd. 3, Aufzeichnung, zu Punkt 1 der Tagesordnung der Rom-Konferenz; Niederländisches Memorandum: wirtschaftliche Integration im Rahmen der Politischen Gemeinschaft, Bonn, den 19. Februar 1953.
608 PAAA NL Ophüls, Bd. 3, Ophüls an Hallstein, Betr.: Französische Vorschläge für eine Sechser-Besprechung im Rahmen der Agrarunion, Bonn, den 5. Februar 1953.
609 BA B 102/11408, Schreiben Erhard an die Abteilung II des Auswärtigen Amtes vom 13.2.1953.

wünschte dirigistische Einflüsse mit sich brächte. Hieraus ist zu entnehmen, daß er die OEEC-EZU der Sechser-Gemeinschaft als Rahmen der europäischen wirtschaftlichen Integration vorzog. Der Minister für den Marshallplan und Vorsitzende der FDP, Franz Blücher, äußerte den gleichen Gedanken öffentlich. Daraufhin kritisierte Adenauer heftig, daß er sich gegen die offizielle Politik der Bundesregierung aussprach.[610] Die Bedenken Erhards und Blüchers wurden nicht berücksichtigt, als Ophüls alle Meinungen der Fachressorts zum Beyen-Plan zusammenfaßte.

Trotz der von Erhard und Blücher geäußerten Zweifel an einigen Grundsätzen der wirtschaftlichen Integration stimmten alle betreffenden Fachressorts einschließlich des Auswärtigen Amtes über die Verfahrensfrage vollkommen überein. Der Gemeinschaft von vornherein wirtschaftliche Befugnisse zu geben, wie Beyen forderte, war jedoch abzulehnen, da die dann notwendigen Auseinandersetzungen über die Einzelheiten das Verfassungswerk aufhalten würden und andernfalls die Gefahr überstürzter und undurchdachter Entscheidungen bestände. Die Verhandlungen der EPG sollten weiter laufen, unabhängig von dem Beyen-Plan. Auf der Kabinettsitzung am 20. Februar 1953 wurde diese Empfehlung festgelegt. Obgleich Adenauer an dieser Sitzung nicht teilnahm, machte er sich diese Empfehlung ohne Bedenken zu eigen.[611]

4. Italien

Ein Teil des italienischen diplomatischen Korps, wie Taviani und Magistrati, beklagten die unzureichenden Supranationalität im Hinblick auf die Exekutive und die Versammlung in den Dezember-Entschießungen der Ad-hoc-Versammlung. Im Verlauf ihrer Beratungen vom Januar und Februar schienen für Rom jedoch die Ergebnisse ebenso akzeptabel, wie sie sich aus Bonner Sicht darstellten.[612] Fast alle italienischen Abgeordnete leisteten einen gewaltigen Beitrag zur Ausarbeitung des EPG-Satzungsentwurfs der Ad-hoc-Versammlung, zusammen mit den deutschen.

Die Außenministerkonferenz in Rom wurde etappenweise vom 2. auf den 12., 16., 20. und schließlich auf den 24. Februar 1953 verschoben. Diese Verschiebung war hauptsächlich die

---

610 BA B 102/11418 Heft 2, Schreiben Kutscher an Abteilung I des Bundeswirtschaftsministerium. 24.1.1953; BA B 102/11408, Schreiben Erhard an die Abteilung II des Auswärtigen Amtes vom 13.2.1953; PAAA NL Ophüls, Bd. 3, Ophüls an Hallstein, Betr.: Französische Vorschläge für eine Sechser-Besprechung im Rahmen der Agrarunion, Bonn, den 5. Februar 1953; Schreiben von Adenauer an Blücher am 4. September 1952, in: Adenauer, Briefe, bearb. v. Hans-Peter Mensing, Bd. 4: 1951-1953, Berlin 1987, S. 278.
611 PAAA II, Bd. 897, AZ 224-90 Bd. 1, von Maltzan (Handelspolitische Abteilung; AA IV), Aufzeichnung. Betr: Europäische wirtschaftliche Integration, 19. Februar 1953; PAAA NL Ophüls, Bd. 3, Ophüls, Aufzeichnung, zu Punkt 1 der Tagesordnung der Rom-Konferenz; Niederländisches Memorandum: wirtschaftliche Integration im Rahmen der Politischen Gemeinschaft, Bonn, den 19 Februar 1953; BA A 102/11418 Hefte 2, Schreiben Jentsch an Auswärtiges Amt am 19. Februar 1953; PAAA II, Bd. 897, AZ 224-90 Bd. 1, Schreiben Blücher an Auswärtiges Amt. 19.2.1953; Kabinettssitzung am Freitag, den 20. Februar 1953, in: Die Kabinettsprotokolle der Bundesregierung, Bd. 6 (1953), S. 179f.
612 AMJ 5/8/1 Lettre de P.E. Taviani à J. Monnet, 2.1.1953; AN 457 AP 38, MAE, DGAP, Europe, Note, 19.2.1953, A/S. Déclaration d'intention concernant notre accord sur la politique européenne; Magagnoli, R., Die italienische Europapolitik 1950-1955, S. 182f.

Schuld der italienischen Seite. Auf den ersten Blick schien dies widersprüchlich, weil es stets De Gasperis Anliegen gewesen war, die europäische politische Integration voranzutreiben. In der Tat beabsichtigte De Gasperi, so analysierte Seydoux, Zeit zu gewinnen, weil, nachdem die Arbeit des Verfassungsausschusses am 20. Februar zu Ende gebracht worden war, die sechs Außenminister über den Text, der als Basis der Diskussion angesehen werden konnte, verfügen, und selbst oder durch die Experten sein Studium in Angriff nehmen konnten.[613]
Innerhalb der italienischen Regierung gab es jedoch gegenteilige Meinungen im Hinblick auf die wirtschaftliche Integration, vor allem hinsichtlich des Pool Vert. De Gasperi äußerte seine Einstellung zu dem Beyen-Plan in einer Rede vor der Beratenden Versammlung vom 13. Dezember 1952. Er erklärte, daß ohne ein „Minimum an wirtschaftlicher Solidarität" die „Solidarität bei den militärischen Anstrengungen" nicht gewährleistet werden könne, aber die Realisierung der politischen Einigung das zentrale Element sei. Seiner Meinung nach hing die Realisierung der wirtschaftlichen Solidarität von den Kompromißformeln ab, die von den verschiedenen interessierten Verwaltungen ausgearbeitet wurden. Dies würde sehr wahrscheinlich die EPG-Verhandlungen belasten. Daher sprach er sich dafür aus, zuerst jene Bereiche „der Kompetenz der zentralen politischen Autorität zu unterstellen", die nötig seien, „um die gemeinsame Verteidigung (...) zu garantieren und wirksam zu gestalten und der Gemeinschaft die gesamte dafür notwendige Kapazität und Autorität zu geben."[614] De Gasperi befürchtete eine Erschwerung der anstehenden Verhandlungen durch die Frage der Wirtschaftsintegration und trat daher für eine elastische Formel bei der Wirtschaftsintegration ein.
In der italienischen Regierung beurteilte man den Beyen-Plan kritischer als De Gasperi. Die Kritikpunkte der Beamten und Diplomaten betrafen zum einen den engen geographischen Rahmen der Wirtschaftsintegration, zum anderen die unzulänglichen Maßnahmen, die von niederländischer Seite vorgeschlagen worden waren und die die zentralen Bereiche der Wirtschaft, z.B. Arbeitskräftemarkt und Wirtschafts- und Sozialpolitik, außer acht ließen. Die Abteilung für wirtschaftliche Angelegenheiten in Palazzo Chigi - Abteilungsleiter war Grazzi - argumentierte, daß, ohne diese Bereiche gleichzeitig in Angriff zu nehmen, die Senkung der Zolltarife nur die Folge hätte, „die gegenwärtigen wirtschaftlichen Ungleichgewichte zu verschärfen und die gesamtwirtschaftliche Situation Europas zu verschlechtern." Grazzi hielt die Zollunion für einen schlechten Weg hin zu einer wirtschaftlichen Integration. Des weiteren nahm er in der Frage des geographischen Rahmens eine negative Position ein: Man könne nicht über eine Zollunion reden, wenn an dieser nicht die wichtigsten Staaten Europas, wie z.B. Großbritannien, teilnähmen. Ungleich kritischer sprach sich Landwirtschaftsminister Fanfani gegen die Sechser-Gemeinschaft aus. Er bevorzugte die OEEC, die Großbritannien und die skandinavischen Länder einschloß sowie ohnehin schon als Absatzmarkt für die italienischen Agrarprodukte diente, vor der Sechser-Gemeinschaft. Darum zog er die zwischenstaatliche Kooperation der supranationalen Steuerung vor.[615]

---

613 AN 457 AP 38, MAE, DGAP, Europe, Note 24.1.1953, A/S Réunion de la Conférence des six Ministres des Affaires Etrangères et du Comité des Ministres du Conseil de l'Europe; AN 457 AP 38, MAE, DGAP, Europe, Note, 17.2.1953, A./S. Conférence de Rome; AN 457 AP 38, MAE, DGAP, Europe, Note, 19.2.1953, A/S. Déclaration d'intention concernant notre accord sur la politique européenne.
614 Zitiert nach: Magagnoli, R., Die italienische Europapolitik 1950-1955, S. 184.
615 Zitiert nach: Ibid., S. 187.

Um eine abgestimmte Position der italienischen Regierung zum Beyen-Plan festzulegen, fanden am 6. und 17. Februar Beratungen eines interministeriellen Ausschusses für den Wiederaufbau statt, bei dem die Minister Pella, Vanoni, Campilli, Fanfani, La Malfa, Staatsekretär Taviani sowie Zoppi, Magistrati und der Gouverneur der Banca d'Italiea Menichella anwesend waren. Hierbei war eine taktische Überlegung, die Quaroni vorher angestellt worden war, maßgeblich. Quaronis Meinung zufolge war es möglich und wünschenswert, daß, während man im Begriff sei, eine politische Föderation zu Sechst zu realisieren, man in anderen Sektoren nur die Integration im Rahmen der OEEC zuließ. Die Teilnehmer dieser Sitzungen schlugen folgende Etappen und Schritte vor: 1. die Liberalisierung des Warenverkehrs entsprechend der von der OEEC festgelegten Sätze; 2. die nachfolgende 100%ige Freigabe des Warenverkehrs durch die Beseitigung der mengenmäßigen Beschränkungen; 3. die Durchführung progressiver Reduzierung der Zolltarife durch die künftige supranationale Gemeinschaft, durch die eine wirkliche Zollunion ohne größere Erschütterungen erreicht werden könne. Zudem lehnten die Minister die Gründung weiterer sektoraler Gemeinschaften - ob im Bereich der Landwirtschaft oder in anderen Bereichen - mit oder ohne supranationale Autorität ab. Diese sektorale Integration trug nicht dazu bei, die Strukturprobleme der italienischen Wirtschaft zu lösen, sondern machte die Lage eher schwieriger. Obgleich die Minister die OEEC bevorzugten, ließen sie den Rahmen der Sechser-Gemeinschaft als Bezugsrahmen für eine weitere wirtschaftliche Integration bestehen. Gleichzeitig wurde entsprechend der Interessenlage der italienischen Wirtschaft auf einige zentrale Elemente des Pella-Plans (die Beseitigung der diskriminatorischen Maßnahmen und der mengenmäßigen Restriktionen, sowie die Schaffung eines Investitions- und Sozialfonds) zurückgegriffen, die eine umfassendere Wirtschaftsintegration ermöglichen sollten. Obwohl die Freizügigkeit der Arbeitskräfte nicht im Vordergrund stand, wurde diese Frage unter Nr.3 zusammengefaßt.[616]

Diese Vorschläge, die die Grundlage für ein Dokument bilden sollten, das den italienischen Standpunkt zur Wirtschaftsintegration klarstellen sollte, wurden vom De Gasperi akzeptiert. Sie machten aber nicht klar, ob die Wirtschaftsintegration gleichzeitig mit der politischen Integration oder erst nachher angestrebt werden sollte. De Gasperi wählte aus politischen - vor allem aus Rücksicht auf die französische Lage - und wirtschaftlichen Gründen die zweite Option. Während er die extreme Forderung der Haager Regierung nicht in vollem Umfang akzeptierte, näherte sich die römische Regierung in diesem taktischen Gesichtspunkt der Bundesregierung an, obgleich in einzelnen wirtschaftlichen Punkten, wie z.B. in der Frage des Sozialfonds, beide Partner nicht übereinstimmten.

5. Belgien

Wigny beteiligte sich gemäß den im Kapitel IV. geschilderten Anweisungen van Zeelands engagiert an der Ausarbeitung des Verfassungsentwurfs in der Ad-hoc-Versammlung. Der Standpunkt van Zeelands wurde in vollem Umfang von dem Conceil d'Etat und von der er-

---

616 Ibid., S. 187f; Vgl. AN 457 AP 38, MAE, DGAEF, le Directeur général, Note, 14.2.1953, a.s./ Conversation avec M. Cattani; Vgl. AN 457 AP 38, MAE, DGAP, Europe, Note, 17.2.1953, A./S. Conférence de Rome; Vgl. AN 457 AP 38, MAE, DGAP, Europe, Note, 19.2.1953, A/S. Déclaration d'intention concernant notre accord sur la politique européenne.

sten Kammer im Januar bzw. im Februar 1953 unterstützt.[617] Was den Beyen-Plan anbelangte, war van Zeeland mit dem Prinzip der Zollunion im Grunde einverstanden, aber er kritisierte den Beyen-Plan dahingehend, daß die Zollunion andere Maßnahmen zur Realisierung eines gemeinsamen Marktes beiseite ließ. Seine Kritik war nachvollziehbar angesichts der Erfahrung mit der Benelux-Union, die wegen unterschiedlicher sozialer und wirtschaftlicher Bedingungen keine großen Fortschritte gemacht hatte. Darüber hinaus wollte van Zeeland diese Zollunion im Rahmen der OEEC konkretisiert wissen.[618] Die Frage der Einbeziehung der belgischen überseeischen Gebiete (Congo) in die Europäische Gemeinschaft stellte zwar ein Problem dar, war hier aber nicht so problematisch wie in Frankreich. Brüssel wollte die Frage im Zusammenhang mit der EPG ausgeklammert wissen. Die Zusammensetzung und Verantwortung des Exekutivrates war ein weiteres Problem, das aus Brüsseler Sicht aber nicht so entscheidend wie die Unauflöslichkeit der Gemeinschaft und die Parität des Senats war.

Anfang Februar 1953, als die belgischen Forderungen in bezug auf die Unauflöslichkeit der Gemeinschaft und den paritätischen Senat im Verfassungsausschuß unwiderruflich abgelehnt worden waren, griff van Zeeland durch den direkten Kontakt zu anderen Außenministern in die EPG-Verhandlungen ein. Beyen sicherte ihm seine Unterstützung zu, wenngleich er die belgischen Forderungen nicht sonderlich ernst nahm. Bonn entgegnete van Zeeland, daß man zunächst bis zum 10. März 1953 abwarten sollte. Bidault antwortete, daß die Frage der Unauflöslichkeit sekundär sei, und schwieg über die Parität des Senats. Rom antwortete, daß der Senat paritätisch zusammengesetzt werden könnte, aber unter der Voraussetzung, daß die Völkerkammer gemäß dem Prinzip der Ponderation direkt gewählt werden sollte.[619] Die Anstrengungen des belgischen Außenministers waren kaum von Erfolg gekrönt. Umso entschiedener trat er dem Verfassungsentwurf der Ad-hoc-Versammlung entgegen.

Es ist festzustellen, daß van Zeeland keine supranationale politische Gemeinschaft der sechs Staaten wollte, egal, ob sie zu einem gemeinsamen Markt erweitert würde. Er begann sehr früh eine Gegenkampagne. Die Angst, daß Belgien von größeren Staaten innerhalb der Sechser-Gemeinschaft ohne Großbritannien majorisiert würde, war offensichtlich. Diese Angst wurde von den Niederlanden geteilt. Trotzdem machten die Niederlande eine Kehrtwendung hin zur Sechser-Gemeinschaft. Hingegen verharrte van Zeeland immer noch auf seiner alten Europapolitik. Anders als die Niederlande hatte Belgien ein innenpolitisches Problem. Nach Ansicht guter luxemburgischer Kenner der belgischen Verhältnisse seien der Grund für die belgische Zurückhaltung die zentrifugalen Kräfte im belgischen Staat, vor allem auf flämischer Seite. Diese würden aktiver. Angesichts der Spannungen zwischen Wallonen und Flamen werde den Prärogativen der Krone, insbesondere dem Oberbefehl über die belgische Armee, eine besonders große Bedeutung beigemessen, da die Krone als wirksamste Klammer angesehen werde, um den belgischen Staat zusammenzuhalten. Aus der Sorge um den staatlichen Weiterbestand glaube van Zeeland daher, in allen Fragen von verfassungsändernder

---

617 Dumoulin, M., Les paradoxes de la politique belge, S. 352f; PAAA II, Bd. 859 AZ 224-20-/07, Bl. 16, Aufzeichnung, autor unbekannt, Bonn, den 25 Februar 1953.
618 Dumoulin, M., Les paradoxes de la politique belge, S. 354; AMAE DE-CE 45-60, CECA, Vol. 521, Bl. 215-230, Note, a.s. intégration économique, Entretiens avec M. Beyen et Conférence de Rome, 9.2.1953
619 Dumoulin, M., Les paradoxes de la politique belge, S. 353f.

Wirkung vorsichtiger als die anderen europäischen Partner sein zu müssen.[620]
Anders als van Zeeland, der der christlich-demokratischen Partei angehörte, war der Sozialist Spaak ein überzeugter Unterstützer des Verfassungsentwurfs. Hinsichtlich des Beyen-Plans war er der Auffassung, daß die EPG-Verhandlungen gewissermaßen die Frage der wirtschaftliche Integration einbeziehen sollten. Seinem Dafürhalten nach würde sich die Währungsfrage als essentiell für die Entwicklung der europäischen Integration erweisen.[621]

6. Die Außenministerkonferenzen in Rom am 24./25. Februar 1953 und in Straßburg am 9. März 1953, die Verhandlungen der Zusatzprotokolle des EVG-Vertrages und die Landwirtschaftskonferenzen in Paris vom 14. bis 16. März 1953

Eine Außenministerkonferenz der Montanunionsländer, die von Beyen veranlaßt wurde, fand am 24./25. Februar in Rom statt. Außerdem bot sie Bidault eine Gelegenheit, sein Vorhaben über die Zusatzprotokolle des EVG-Vertrags den anderen fünf Amtskollegen zu erklären und mit Adenauer unter vier Augen über die Saarfrage zu sprechen.
Beyen vertrat den in seinen zwei Memoranden bereits niedergelegten Gedanken. Auf eine Frage Adenauers nach der Konvertibilität der Währung, gab Beyen eine negative Antwort.[622]
Bidault las die intern abgestimmte Note der französischen Regierung vor. Er zeigte zunächst einmal das französische Interesse an der EPG im Zusammenhang mit der EVG. Die wesentliche Aufgabe der EPG bestehe gegenwärtig in einer Sicherstellung der Lasten der Verteidigung und in der Errichtung einer politischen Gewalt, die die französische Nationalversammlung zur Bedingung für die Ratifikation des Vertrages über die EVG machte. Bidault äußerte sich gegen Beyens Vorschlag: Zwar sehe Frankreich die Schaffung eines gemeinsamen Marktes als erstrebenswertes Ziel an, doch ein Plan zur Verwirklichung eines gemeinsamen Marktes solle nicht im EPG-Vertrag festgelegt werden, sondern zum Gegenstand eines besonderen Vertrags zwischen den beteiligten Regierungen werden. Man dürfe jedoch nicht vergessen, der Frage der Union Française, welche besonders heikle Aspekte in Frankreich aufwies, große Beachtung zu geben. Außerdem zeigte er französische Interessen an der Frage der gemeinsamen Investition. Damit beabsichtigte Bidault, nur allgemeine Grundsätze für die wirtschaftliche Integration in den Verfassungsentwurf einzubeziehen und darüber hinausgehende Bestimmungen wie die Frist für die Errichtung einer Zollgemeinschaft, wie Beyen forderte, aus dem Entwurf zu streichen. Bidault vertrat die These von Thierry de Clermont-Tonnerre und folgte nicht der negativen Haltung Wormsers, der den supranationalen Rahmen

---

[620] PAAA II, Bd. 859, AZ 224-20/07, Bl. 6. Vermerk, dem Herrn Staatssekretär, 5. Januar 1953, Autor unbekannt.
[621] DBPO II Vol. 1, S. 997f., Minute from Mr. Macmillan to Mr. Eden, 25 Oktober 1952 und Fußnote 4.
[622] PAAA II. 224-21-01, Protokoll. Sitzung der sechs Außenminister vom 24. und 25.2.1953 in Rom; PAAA II, 224-21-04, Abteilung IV Ref. VLR Dr. Sachs, Aufzeichnung Tagung der Außenminister in Rom am 24. und 25. Februar 1953; AN 457 AP 38, Télégramme de Bidault à Ambassadeur de France, 25.2.25. Das erstere Protokoll war das offizielle, die vom Sekretariat des Ministerrates der EGKS abgefaßt wurde. Diese entsprachen im Grunde einander, waren aber im einzelnen nicht identisch. Deswegen wäre es besser, drei Akten zusammenzufassen. Das Protokoll des Gesprächs über die Zusatzprotokolle des EVG-Vertrages wird in einer anderen Aktenserie (PAAA II, AZ 232-00E Bd. 1) über den EVG-Vertrag im Auswärtigen Amt verwahrt.

der Sechs in bezug auf die Wirtschafts- bzw. Institutionsfrage verlassen wollte.[623] De Gasperi war mit einer graduellen Entwicklung der wirtschaftlichen Integration einverstanden, war jedoch bereit, der Errichtung einer von der wirtschaftlichen Integration getrennten Politischen Gemeinschaft zuzustimmen, falls diese Methode von der französischen Regierung vorgezogen werden sollte. Der luxemburgische Außenminister Bech sah die Schaffung eines gemeinsamen Marktes zwar als erstrebenswertes Ziel an, unterstrich aber, daß Luxemburg nur dann einen weiteren Teil seiner Souveränität abtreten könne, wenn die souveränen Befugnisse der supranationale Behörde, politischer, militärischer oder wirtschaftlicher Art in präzisester Weise abgegrenzt würden. Für Bech war die Verwirklichung dieses Gemeinsamen Marktes keine unerläßliche Bedingung der EPG. Adenauer sprach sich ebenfalls grundsätzlich für eine wirtschaftliche Integration im Rahmen der politischen Gemeinschaft aus. Er betonte die Frage des Währungsproblems. Er unterstrich, daß die Verwirklichung der Politischen Gemeinschaft sicherlich Zeit beanspruchen werde. Es müsse vermieden werden, daß in dieser Zeitspanne wirtschaftliche Kämpfe zwischen den Teilnehmerländern entbrennen würden. Anders als De Gasperi und Adenauer sah van Zeeland die Notwendigkeit, das Problem der EPG vom von Beyen vorgeschlagenen Standpunkt der wirtschaftlichen Integration aus gründlich zu prüfen.[624]

Aus der ganzen Debatte ging hervor, daß die horizontale wirtschaftliche Integration als das anzustrebende Ziel der Gemeinschaft anerkannt wurde. Obgleich im allgemeinen die Notwendigkeit der Koordinierung der nationalen Wirtschaftspolitik und damit die der gemeinsamen Schutzmaßnahmen berücksichtigt wurde, gab es unterschiedliche Akzentuierungen über den Schwerpunkt, der bei der Realisierung eines gemeinsamen Marktes als erstes ausgewählt werden sollte. Die Holländer gaben der Zollabsenkung den Vorrang, die Deutschen der Konvertibilität der Währung, die Italiener der freien Beweglichkeit der Arbeitskräfte, die Franzosen der gemeinsamen Investition. Die Meinungen über das einzuschlagende Tempo divergierten noch erheblicher. Den Kompromißvorschlag Benvenutis, der in Artikel 84 des Entwurfes der Ad-hoc-Versammlung ohne konkrete Maßnahmen zur Verwirklichung des gemeinsamen Marktes schließlich umgesetzt wurde, sah Beyen als unzureichende und unverbindliche Regelung an. Es schien ihm, daß diese Bestimmungen es nötig machten, einen neuen Vertrag auszuhandeln, um einen gemeinsamen Markt doch noch zu errichten. Die Entschließung des Verfassungsausschusses über die wirtschaftlichen Integration vom 20. Dezember 1952 entsprach der Einstellung der französischen Regierung. Für Bidault schien aber der Vorschlag Benvenutis zu weit zu gehen. Van Zeeland schloß sich Beyen an. De Gasperi und Adenauer fanden sich grundsätzlich mit dem Kompromißvorschlag Benvenutis ab und wollten möglichst bald die EPG-Verhandlungen zum Abschluß kommen lassen. Bech lehnte sich mehr oder weniger an Bidault an, anders als Belgien und die Niederlande erwartet hatten. Somit kamen die sechs Außenminister zu keiner endgültigen Entscheidung im Hinblick auf die wirtschaftliche Integration.

Anschließend an die Debatte über das Memorandum Beyens fand eine Diskussion über die Überreichungszeremonie des Verfassungsentwurfs der Ad-hoc-Versammlung an den Mini-

---

623 AN 457 AP 38, Télégramme de Bidault à Ambassadeur de France, 25.2.1953.
624 PAAA II. 224-21-04, Abt. IV Ref. VLR Dr. Sachs, Aufzeichnung Tagung der Außenminister in Rom am 24. und 25. Februar 1953; PAAA II. 224-21-01, Protokoll. Sitzung der sechs Außenminister vom 24. und 25.2.1953 in Rom.

sterrat statt. Dabei handelte es sich um die Teilnahme der Parlamentarier an der Zeremonie und an den weiteren Verhandlungen der Regierungen, die Spaak vorschlug, und um die weiter folgende Prozedur. Van Zeeland äußerte Angst vor einem Mißverständnis, das daraus entstehen würde, daß die feierliche Entgegennahme des Entwurfs durch die sechs Außenminister die Meinung aufkommen lassen könnte, daß die Ergebnisse der Arbeiten der Versammlung in dieser Form angenommen worden wären. Da Belgien diesem Entwurf nicht zustimme, müsse ein Weg gefunden werden, jede Möglichkeit eines Mißverständnisses zu vermeiden. Man müsse hervorheben, daß es sich hier lediglich um einen Entwurf handle, welcher die Regierungen nicht verpflichte. Darum sei es erwünscht, daß eine vorzeitige Besprechung zwischen den Ministern und den Parlamentariern vermieden werden solle. Van Zeeland war der Meinung, daß sich die Ad-hoc-Versammlung nach der Überreichung des Entwurfes auflösen sollte. Dagegen trat De Gasperi dafür ein, daß die Mitarbeit der Mitglieder der Ad-hoc-Versammlung bei den weiteren Verhandlungen der Regierungen von Vorteil wäre. Andere stimmten dem Grundsatz zu, die Erfahrungen der Parlamentarier nutzbar zu machen, aber schließlich beschlossen sie, daß die Parlamentarier an der Zusammenkunft der Minister am 10. März zunächst einmal nicht teilnehmen sollten.[625]

Adenauer schlug vor, unabhängig von den EPG-Verhandlungen ein neutrales Sachverständigengremium hochqualifizierter volkswirtschaftlicher Experten mit dem Studium des Beyen-Plans zu beauftragen. Diesem Vorschlag entgegnete Beyen, man solle einen mit der Vorbereitung der in Artikel 38 des EVG-Vertrages vorgesehenen Konferenz der Regierungen betrauten Ausschuß einsetzen, der den niederländischen Vorschlag in bezug auf die wirtschaftlichen Befugnisse der Gemeinschaft prüfen sollte. Dieses Verfahren biete, so betonte Beyen, den Vorteil, auch dann anwendbar zu sein, wenn in der Zwischenzeit der EVG-Vertrag nicht ratifiziert werden würde.[626] Die Frage des weiteren Verfahrens wurde jedoch in Rom nicht eingehend behandelt, sondern auf die Tagesordnung der nächsten Zusammenkunft der Minister gesetzt.

Anders als bei der feierlichen Verabschiedung des Verfassungsentwurfes durch die Ad-hoc-Versammlung war das Auftreten des turnusmäßigen Ratsvorsitzenden Bidault bei der Übergabe dieses Entwurfes an die Außenminister sehr reserviert. Seine Rede entsprach zwar den vorherigen Vereinbarungen der Minister, aber man konnte aus seinem Benehmen seine innere Ablehnung des Verfassungsentwurfes ablesen. Er beendete eine Begrüßung anläßlich der Überreichung des Verfassungsentwurfes mit der ironische Aussage, „Salut aux chercheurs d'aventure."[627] Der amerikanische Beobachter, D. Bruce, beschrieb diese Szene so: „Minister meeting in Strasbourg under Bidault's chairmanship was something of a fiasco. (...) Bidault arrived 40 minutes late, was ill-mannered; distorted and confused discussions intentionally; indulged in frivolity and bad jokes; and seemed to wish to be as disagreeable as possible. (...) Both Adenauer and De Gasperi left Strasbourg irritated and angry. (...) Members of Ad Hoc Assembly in general are very irritated by off-hand treatment received from Ministers and in-

---

625 Ibid. Das Datum der Zusammenkunft wurde auf französischen Wunsch hin vom 10. März auf den 9. März vorgezogen.
626 Ibid.
627 AN 457 AP 39, réunion des 6 ministres des affaires etrangères, Strasbourg 9 mars 1953, secrétariat 251f. 16 mars 1953, n°8.

terpret prudent speech of Bidault as rebuff."[628] Die westliche Welt wisse seit dem Tage, da die Idee Europa mit dem Gedanken der deutschen Wiederbewaffnung gekoppelt wurde, daß diesem Europa ein Gegner entstehen mußte: Frankreich. Die französische Regierung entscheide sich nun gegen das so stark gebildete Europa, so meldete die Frankfurter Allgemeine Zeitung am 16. März 1953.[629] Diese Art der Interpretation, die damals allerorts angestellt wurde, übersah jedoch den Unterschied zwischen Bidault und denjenigen, die die Europapolitik Schumans ganz verlassen wollten.

Die Verhandlungen der Zusatzprotokolle des EVG-Vertrags gingen nicht zugunsten Frankreichs aus. Am 20. und 21. Februar fanden erneut lange Sitzungen des Lenkungsausschusses des Interimsausschusses der EVG in Paris statt. Dabei wurde der französische Text ausführlich verhandelt. Außer der Frage der europäischen Schule stieß er auf die ablehnende Haltung der anderen Delegierten, vor allem auf „une obstruction très tenace des représentants allemands", so daß sich Alphand nicht durchsetzen konnte.[630] Die Sitzung wurde vormittags am 24. Februar 1953 in Rom aufgenommen. Es kam der französischen Delegation offensichtlich darauf an, für die Außenministerkonferenz überhaupt einige positive Ergebnisse zu erzielen, selbst wenn nur die Einigung auf gewisse Grundprinzipien gelänge. Dieser französische Plan war aber an dem geschlossenen Widerstand der Belgier, Holländer und Italiener gescheitert, dem sich Deutschland anschloß, ohne sich besonders exponieren zu müssen. Schließlich erklärte Alphand, daß die französische Delegation ein neues Projekt der Zusatzprotokolle, welche die präsentierten Meinungsunterschiede berücksichtigte, vorbereiten würde, und es wurde vereinbart, diesen Text auf der nächsten Sitzung zu prüfen.[631]

Auf der Konferenz der Außenminister, die nachmittags am gleichen Tag stattfand, wurde über die französischen Zusatzprotokolle diskutiert. Nach der Bemerkung des französischen Botschafters, Fouques Duparc, führte Adenauer „une violente attaque contre les protocoles additionnels".[632] Adenauer war also der Meinung, daß die französischen Zusatzprotokolle

---

628 FRUS 1952-1954 VI, S. 296f., US Representative to the ECSC (Bruce) to the Department of State; Kohler, Adolph, Ein Überzeugungstäter. Alcide de Gasperi, in: T. Jansen und D. Mahncke (Hrsg.), Persönlichkeiten der europäischen Integration, Bonn 1979, S. 282; Vgl. Jean Monnet, Erinnerungen, S. 500. Monnet begriff, daß diese Ausarbeitung durch die Absage Bidaults, „Gegrüßt seien die Abenteurer", zum Untergang verdammt war; Vgl. Gilbert Ziebura, Die deutsch-französischen Beziehungen seit 1945. Mythen und Realitäten, Stuttgart 1970, S. 77f.
629 Weinstein, Artikel in: FAZ am 16.3.1953, in: BDFD III S. 212-214 Dok. Nr. 61.
630 PAAA II, Bd. 1063, Sitzung des Lenkungsausschusses des Interimsausschusses der Konferenz zur Schaffung der EVG vom 20.2.1953, Geheim; PAAA II, Bd. 1063, Sitzung des Lenkungsausschusses des Interimsausschusses der Konferenz zur Schaffung der EVG vom 21.2.1953, Geheim. Diese beiden Protokolle sind in: BDFD I, Dok. Nr. 125 und 126 abgedruckt; AN 457 AP 38, Délégation permanente de la France auprès de l'OTAN (Alphand) à Bidault, 21.2.1953.
631 PAAA II, AZ 232-00E Bd. 1, Kurzbericht über die Sitzung des Lenkungsausschusses des Interimsausschusses am 24.2.1953 vormittags in Rom; AN 457 AP 38, Compte-rendu de la réuion des Chefs de délégation au Comité Intérimaire tenu à Rome le mardi 24 Février à 11 heures. 24.2.1953, secret.
632 AN 457 AP 38, Télégramme de Fouques Duparc à MAE, 26.2.1953; Auriol bemerkte: „L'Allemagne se raidit car elle a été encouragée par Dulles et les faveurs américaines. Les flatteries de Dulles ont été néfastes. Vraiment les Américains sont naïf, ignorants et ne comprennent rien" (Auriol, V., Journal, VII 1953-1954, Conseil des minstres am 18. Februar 1953, S. 55).

vertragsändernden Charakter hätten. De Gasperi erkannte die Schwierigkeiten Frankreichs in Indochina zwar an, forderte jedoch die Ratifizierung des EVG-Vertrags, so wie er war. Dem schlossen sich die Außenminister der Benelux-Länder an. Daraufhin erwiderte Bidault, daß die Zusatzprotokolle vertragserläuternden Charakter hätten, und nur darauf abzielten, es Frankreich zu ermöglichen, seine Verteidigungsverpflichtungen innerhalb und außerhalb Europas zu erfüllen. Frankreich wolle, so Bidault, die Protokolltexte in der gegenwärtigen Form niemandem aufzwingen, doch müsse die Tür für Verhandlungen offen bleiben. Er betonte, die französische Regierung könne nicht hinnehmen, daß sie sich wegen der Ablehnung ihres Vorschlags durch andere Partners „humiliant"[633] fand und schlug vor, daß die Verhandlungen selbst möglichst unauffällig und schnell im Interimsausschuß geführt werden sollten. Die sechs Außenminister einigten sich auf drei Grundsätze: 1) Kein Zeitverlust dürfe eintreten. 2) Die Protokolle sollten nur auslegenden Charakter in der Linie des Vertrages unter Berücksichtigung der für bestimmte Vertragschließende bestehenden überseeischen Aufgaben haben. 3) Die Verhandlungen sollten im Interimsausschuß stattfinden.[634]

Nach den zähen Verhandlungen einigte sich der Lenkungsausschuß des Interimsausschusses der EVG am 24. März 1953 dank des französischen Nachgebens, unmittelbar vor dem Abflug Mayers nach Washington, über alle Fragen. Entsprechend dem Beschluß der Romkonferenz der Außenminister waren Formulierungen gefunden worden, die den Rahmen des EVG-Vertrages einhielten. Die vereinbarten Zusatzprotokolle stellten aber nur Empfehlungen der Sachverständigen an ihre Regierungen dar. Da sie in der Folgezeit von keiner Macht offiziell akzeptiert wurden, blieb ihre Rechtsverbindlichkeit fraglich.[635] Der Plan Bidaults, durch die Zusatzprotokolle die Zustimmung der Gaullisten zu dem Vertrag zu erkaufen, so die Bewertung des amerikanischen Beobachters Bruce in einem Gespräch mit Blankenhorn, werde wohl scheitern. Es komme jetzt darauf an, die Sozialisten für die Ratifizierung zu gewinnen, was auf dem Umweg über weitere Konzessionen Englands möglich sei.[636] Der Mißerfolg des Versuchs Bidaults ist nicht nur darauf zurückzuführen, daß die französischen Vorschläge der Zusatzprotokolle auf die Ablehnung der fünf anderen Regierungen stießen, sondern auch darauf, daß die Gaullisten die französischen Vorschläge selbst für unzulänglich hielten, um dem EVG-Vertrag zuzustimmen.

Inzwischen bemühten sich Mayer und Bidault bei ihrem Besuch in London am 12./13. Februar 1953, britische Garantien dafür zu erlangen, daß die britischen Streitkräfte in ihrer bestehenden Stärke in Europa stationiert blieben. Außerdem drängte Bidault, daß Großbritannien ein militärisches Beistandsversprechen für den Fall eines Angriffs auf die EVG abgeben sollte, und zwar über die Vertragsdauer der NATO (20 Jahre) hinaus für die Geltungsdauer des EVG-Vertrages (50 Jahre). Schließlich sollte eine starke britische Delegation den Kontakt

---

633 AN 457 AP 38, Télégramme de Fouques Duparc à MAE, 26.2.1953; Auriol, V., Journal, VII 1953-1954, S. 71, 2 mars 1953.
634 PAAA II, AZ 232-00E Bd. 1, Kurzprotokoll über die Sitzung der Außenministerkonferenz am 24./25. Februar 1953.
635 PAAA II, AZ 232-00E Bd. 1, Telegramm Ophüls an Diplogerma Washington, 12.,17. und 24.3.1953; Wetting, Entmilitarisierung, S. 547.
636 PAAA II, AZ 232-00E Bd. 1, Telegramm Kessel an Auswärtiges Amt, 5.3.1953, Betr: Gespräch zwischen Blankenhorn, Alphand und Kessel (deutsche Delegation beim Interimsausschuß); Bruce zeigte volles Verständnis für die deutsche Haltung in der Frage der Zusatzprotokolle.

zu den leitenden Organen der Gemeinschaft sicherstellen. Er schlug eine ständige Konferenz der „Drei" im Rahmen der NATO vor. Wenn es nach Ansicht einer der Drei die internationale Situation verlangte, sollte diese Konferenz auf höchster Ebene zusammentreten. Bei diesem letzten Punkt ging es um den Rang Frankreichs unter den „Grands" der westlichen Allianz, was Bidault am Herzen lag. Dieser Vorschlag konnte, so erwiderte Eden, von zwei Außenministern nicht entschieden werden. Nach Konsultation der Amerikaner könne die britische Position beschlossen werden. Übrigens wurde die Entscheidung der anderen französischen Vorschläge ebenfalls auf spätere Zeit verschoben.[637] Das britische Kabinett war sich nicht einig, inwieweit es den französischen Wünschen entgegenkommen sollte. Eden trat für eine möglichst weitreichende Assoziation ein, während Churchill es ablehnte, Frankreich auf Kosten der britischen Handlungsfreiheit zu helfen.[638] Daher schlug die britische Regierung praktisch lediglich die Entsendung von Vertretern zu den Organen der EVG vor, und zeigte sich bereit, sich für 50 Jahre an der Seite der Verteidigungsgemeinschaft zu engagieren, falls auch die USA während dieser Zeit ihren Rückhalt gaben, ohne sich aber hinsichtlich der Höhe der englischen Truppenkontingents oder der Dauer des Verbleibens in Europa irgendwie zu binden. Das bedeutete praktisch die britische Ablehnung des französischen Vorschlags.[639] Insgesamt konnte Bidault seine Ziele beim Zusatzprotokoll-Projekt nicht durchsetzen. Es war jedoch nicht ausgeschlossen, einen Kompromiß mit der britischen Regierung über die Stationierung der britischen Truppen zu schließen. Die französische Regierung mußte daher die britische Reaktion abwarten.

Anders als Mansholt gehofft hatte, fand während der Gespräche der sechs Außenminister in Rom kein konkreter Gedankenaustausch über die bevorstehenden Agrarkonferenz statt. Die Agrarkonferenzen der sechs Staaten und 16 Staaten brachten auch im März keine konkreten Ergebnisse, setzten noch einmal ein Imterimskomitee ein und vertrauten damit praktisch der OEEC die Verhandlungen über „produit par produit" an. Dies ist nicht nur auf die ablehnenden Haltungen von Westdeutschland, Italien und Belgien zurückzuführen, sondern auch auf gewisse Änderungen in der französischen Europapolitik. Die Frage der Union Française spielte dabei eine Rolle. So wurde das Projekt der Agrarunion aus der EGKS-EVG-EPG-Bündel ausgeklammert.[640]
Die Gespräche zwischen Bidault und Adenauer über die Saarfrage im Februar und März zeigten lediglich auf, wie schwer zwischen beiden Seiten ein Kompromiß zu erreichen war. Bidault wollte auf die französisch-saarländische Wirtschaftsunion nicht verzichten.[641]

---

637 Nutting, A., Europa, S. 58 und. 81; Wetting, Entmilitarisierung, S. 549; Massigli, Une comédie, S. 359-361; Auriol, V., Journal, VII 1953-1954, Conseil des minstres am 18. Februar 1953, S. 55. Die USA lehnten diesen ehrgeizigen Vorschlag Bidaults letztendlich ab.
638 Nutting, A., S. 39f; Wetting, Entmilitarisierung, S. 549.
639 PAAA II, AZ 232-00E Bd. 1, Telegramm Walter an Auswärtiges Amt, 3.3.1953.
640 AN 457 AP 41, Ministre de l'Agriculture, Cabinet, Note relative à la conférence européenne de l'Agriculture, 10.3.1953; Ibid., Mémorandum de la délégation française à la conférence européenne de l'agriculture, 18.3.1953; Ibid., Malecot, Note au sujet de la Conférence européenne sur l'organisation des marchés agricoles, 23.3.1953; Thiemeyer, G., Vom »Pool Vert« zur Europäischen Wirtschaftsgemeinschaft, S. 95f. Er berücksichtigte die Frage der Union Française nicht.
641 AN 457 AP 38, COMPTE RENDU DE L'ENTRENTIEN UD PRESIDENT BIDAULT ET DU CHANCELIER ADENAUER A LA VILLA MADAME, LE 26 FEVRIER 1953 à 11H; Presse-

7. Verfahrensfrage der weiteren EPG-Verhandlungen: Die Außenministerkonferenzen in Paris am 12./13. Mai 1953 und in Baden-Baden am 7./8. August 1953: Zwischenbilanz

Sobald der Verfassungsentwurf den Ministern überreicht war, lag sein Schicksal in Händen der Regierungen. Das Verfahren, wonach diese den Entwurf weiter verhandeln sollten, wurde von vornherein nicht präzise festgelegt. Artikel 38 des EVG-Vertrags verpflichtete die Regierungen, nach Zuleitung der Vorschläge der Versammlung, „binnen drei Monaten eine Konferenz zur Prüfung der Vorschläge einzuberufen". Die Regierungskonferenz wurde im Normalfall von den politisch Verantwortlichen begonnen, und nach mehrmaligen Verhandlungen der Sachverständigen kamen die höchsten Regierungsvertreter zu einem letzten Treffen zusammen, um sodann einen Vertrag oder ein Abkommen zu unterzeichnen. Artikel 38 bestimmte lediglich das Datum, innerhalb dessen die erste Konferenz einberufen werden sollte. Hinzu kam, daß der Verfassungsentwurf von vornherein nicht verbindlich war, wie die Regierungsvertreter am 17. Oktober 1952 festgestellt hatten. Daher war das Schicksal dieses Entwurfs fraglich.

Die Außenministerkonferenz vom 9. März widmete sich der Frage der Prozedur der Regierungsverhandlungen. Vorher unterbreitete Beyen seinen Amtskollegen ein Memorandum, in dem er die Schaffung eines vorbereitenden Ausschusses vorschlug, der beauftragt würde, den EPG-Entwurf der Ad-hoc-Versammlung zu analysieren und eine Tagesordnung vorzubereiten. Dabei könnten die Parlamentarier der Ad-hoc-Versammlung sich den Arbeiten des Ausschusses anschließen und nützliche Erläuterungen der Texte geben. De Gasperi war mit diesem Vorschlag einverstanden und schlug vor, dem Sekretariat des Ministerrates die von Beyen vorgeschlagene Arbeit zu übertragen. Darüber hinaus schlug er eine Zusammenkunft der Minister nach Ablauf von zwei Monaten vor. Diese könne zwar nicht die endgültige sein, aber es sollte zumindest zu einen Gedankenaustausch zwischen den Außenministern anhand der inzwischen durchgeführten internen Untersuchungen kommen. Er war der Ansicht, daß es nötig sei, daß der Vorsitzende des Ministerrates Bidault schon jetzt mitteile, daß die Regierungen eine Konferenz zur Prüfung des Verfassungsentwurfs einberufen würden. Damit war Adenauer in vollem Maße einverstanden. Van Zeeland stimmte den Vorschlägen des italienischen Außenministers zu. Aber er äußerte starke Bedenken gegen die Teilnahme der Parlamentarier an der Arbeit der Regierungskonferenz. Daran schlossen sich Bidault und Bech an. Ihre Bedenken waren darauf zurückzuführen, daß sie den von den Parlamentariern erarbeiteten Verfassungsentwurf als Ganzes ablehnten, wie oben bereits gezeigt wurde. Diese Frage war bei der nächsten Zusammenkunft zu lösen.[642]

Einigung wurde in Straßburg auf der Grundlage eines niederländischen Memorandums und auf konkrete Initiative De Gasperis lediglich darüber erzielt, daß die nächste Zusammenkunft am 12. Mai einer ersten Erörterung über den Verfassungsentwurf der Ad-hoc-Versammlung vor der Einberufung der offiziellen Regierungskonferenz der Sachverständigen dienen sollte. Über den Vorschlag De Gasperis, man müsse auf der Zusammenkunft am 12. Mai schon Po-

---

Empfang. 10.3.1953, in: Adenauer, Teegespräche 1950-1954. S. 414-421, hier S. 417f.
642 PAAA 224-24-01, Protokoll der Zusammenkunft der Sechs Außenminister in Straßburg am 9. März 1953 (Sekretariat, Luxemburg, den 16. März 1953, P/(53) PV.2); Beyens Memorandum wurde als Anlage hierzu angefügt.

sitionen der Regierungen wenigstens zu den wichtigen Punkten austauschen, schwieg das Presse-Kommuniqué. Auffallend war, daß das, was der ursprüngliche, vom Redaktionsausschuß ausgearbeitete Entwurf des Presse-Kommuniqués beinhaltete, in dem offiziellen Kommuniqué nicht enthalten war. Darin hieß es: „Die Minister sind übereingekommen, nach einer Frist von drei Monaten eine mit der Prüfung des Entwurfs der Ad-hoc-Versammlung beauftragte Konferenz der Regierungen einzuberufen. (...) am 12. Mai neuerdings zusammenzutreten, (...) zwecks Festlegung (...) auf die Form, in welcher die Erfahrung der an der Vorbereitung des Entwurfs beteiligten Parlamentarier nutzbar gemacht werden könnte."[643] Dieser Zwischenfall leitete sich, wie Seydoux genau wußte, aus den sehr unterschiedlichen grundlegenden Einstellungen zu dem EPG-Projekt ab. Damit bildete sich eine Front zwischen Italien und Bundesrepublik einerseits und Frankreich, den Niederlanden, Belgien, Luxemburg andererseits. Erstere wollten die Schaffung der EPG beschleunigen, letztere wollten diese verlangsamen. Nach Seydoux durfte es nicht außer acht gelassen werden, daß „l'attitude de la France sera déterminante" und daß „il nous sera difficile de nous abriter derrière les objections de tel ou tel des Etats du Benelux."[644] Aus dieser stärksten Position konnte Frankreich jedoch sehr schwer profitieren, da es in einen „immobilisme" geriet.

Die Ad-hoc-Versammlung löste sich nach dem 10. März nicht auf, sondern betraute den Verfassungsausschuß mit drei Aufgaben: 1) in Verbindung mit dem Büro der Ad-hoc-Versammlung das Vorgehen der Regierungen hinsichtlich des Vertragsentwurfes über die Satzung zu verfolgen; 2) die notwendigen Maßnahmen zu ergreifen, um gegebenenfalls den Regierungen die von der Versammlung während der Beratungen des Vertragsentwurfes erworbenen Erfahrungen zugänglich zu machen und 3) der Versammlung zu gegebener Zeit Bericht zu erstatten.[645] Die Arbeitsgruppe der Ad-hoc-Versammlung trat in Bonn am 15./16. April 1953 zusammen. Sie trat dafür ein, daß die Arbeiten des Verfassungsausschusses fortgesetzt und dessen Mitglieder auf der Außenministerkonferenz gehört werden sollten. Darüber bestand ein Dissens unter den sechs Außenministern. Während van Zeeland dies ablehnt, sprachen sich Adenauer und De Gasperi dafür aus, und Bech, Beyen und Bidault blieben unentschieden. Schließlich setzten sich Adenauer und De Gasperi in dieser Frage durch. Einige bedeutende Autoren des Entwurfs konnten während der Konferenz im Mai 1953 gehört werden. Die Entscheidung über das Fortbestehen wurde auf die Tagesordnung der Konferenz gesetzt.[646]

Der damalige Vorsitzende des Ministerrates Bidault forderte seine fünf Amtskollegen in einem Brief am 21. März 1953 auf, ihre Meinungen zu der Frage zu äußern: „Es war damals (in der Tagung des Ministerrats am 9. März, d. V.) anscheinend der Wunsch mehrerer unserer Kollegen, daß es der Tagung der Minister überlassen werden solle, zu entscheiden, ob sie

---

643 PAAA 224-24-01, Presse-Kommuniquè der Außenministerkonferenz der EGKS in Straßburg am 9.3.1953.
644 AN 457 AP 39, Europe, Note, 12.3.1953, A/S. Projet de statut sur la Communauté Européenne.
645 AA/CC (3) PV 13 vom 14. Januar 1953, S. 4, in: SvEPG. Va. Aufzeichnungen und Berichte, Band IV; LDV, Mai-Juli 1953, S. 5.
646 AMJ 7/3/2 Rapport sur la séance du Groupe de Travail de l'Assemblée ad hoc, ténue à Bonn les 15 et 16 avril 1953, signé Kohnstamm, confidentiel; PAAA II, 240-10 Bd. 2, Pressekonferenz der Arbeitsgruppe am 16.4.1953, Palais Schaumburg in Bonn; AN 457 AP 40, Brief von Bidault an von Brentano, 2.5.1953; BA NL von Brentano 118, Schreiben von Brentano an Hallstein, 3.5.1953.

selbst als Regierungskonferenz (die in Artikel 38 des EVG-Vertrags vorgesehen worden war, d. V.) zu gelten habe oder ob diese unter einer anderen Form und in einer anderen Zusammensetzung zusammentreten solle."[647] Frankreich, Belgien, Luxemburg und auch die Niederlande waren der Meinung, daß die Maitagung nicht als Regierungskonferenz abgehalten werden durfte, sondern nur über die Prozedur zur Einsetzung der Regierungskonferenz entscheiden sollte. Dagegen wünschten sich Adenauer und De Gasperi, daß die nächste Ministertagung am 12. Mai zu einer Prüfung der Gesichtspunkte der Regierungen wenigstens hinsichtlich der durch den Vertragsentwurf aufgeworfenen wichtigsten Fragen führen solle und daß es vermieden werden solle, dort nur über die Prozedur zu reden.[648]

Die Bonn- und Paris-Verträge wurden im März 1953 im Bundestag ratifiziert. Gerade zu diesem Zeitpunkt tauchte ein wichtiger Faktor auf: der Tod Stalins im März und die Entspannungsoffensive seiner Nachfolger. Dies führte die politisch Verantwortlichen in Frankreich zu der Hoffnung auf ein Arrangement mit der Sowjetunion über die deutsche Frage. Die Ratifizierung des EVG-Vertrags durch Frankreich komme für die Mehrheit der Abgeordneten nun nicht mehr in Frage, bevor nicht auf einer neuen Gipfelkonferenz die Chancen für eine gesamtdeutsche Regelung getestet würden, so meinte Adenauer. Die internationale Situation bereitete Adenauer, der den „Potsdam-Komplex"[649] niemals aus den Augen verlor, große Sorge. Hinzu kam, daß Adenauer die europäische Idee zum Wahlkampf im Herbst 1953 in vollem Umfange ausnutzen wollte. Die SPD appellierte an die nationalen Gefühle durch den Wahlspruch „Wiedervereinigung Deutschlands". Diese Politik stützte sich auf das Klima der Detente. Hingegen stellte Adenauer die europäische Idee in den Vordergrund, indem er geltend machte, die Wiedervereinigung Deutschlands sei im Rahmen der europäischen Integration möglich. Daher hatte er etwas Greifbares und Konkretes hinsichtlich der europäischen Idee sehr nötig. Die Direktwahlen zum europäischen Parlament würden in diesem Sinne schon atmosphärisch auf die bevorstehenden Bundestagswahlen 1953 positiven Einfluß haben. Eine schnelle Übereinkunft sollte, unabhängig vom Anzeichen für ein Detente, aus Sicht der Bundesregierung herbeigeführt werden. Gäbe man dem Drängen der Benelux-Staaten nach einer Konferenz der bürokratischen Sachverständigen nach, so betonte der Kanzler, habe das Integrationswerk keine Erfolgsaussicht. Adenauers Hintergedanke wurde im Beschluß

---

647 PAAA II, 224-20/22, Schreiben Bidault an Adenauer und anderen vier Außenministers am 21.3.1953.
648 PAAA II, 224-20/22, Antwortbrief Adenauer an Bidault am 31.3.1953; Ibid., Antwortbrief Bech an Bidault am 2.4.1953; Ibid., Antwortbrief de Gasperi an Bidault am 3.4.1953; Ibid., Antwortbrief Van Zeeland an Bidault am 4.4.1953; Ibid., Antwortbrief Beyen an Bidault am 15.4.1953; BA.NL Blankenhorn 15b, Notiz Blankenhorn, 9.3.1953; PAAA II, 224-50, Adenauers Note am Rande des Brief Bidault an sich am 21.3.1953; AMAE Europe 44-60, Généralités, Vol.78, Bl. 141, Télégramme de Seydoux à Ambassadeur de France à Rome, 13. avril 1953, a/s Réunion des Ministres des Affaires Etrangères du 12 Mai; AN 457 AP 40, DGAP Europe, S/D conseil de l'Europe, HA/MJ, Note, 21 avril 1953, A/S. Réunion des Six Ministres des Affaires Etrangères. Réponse de Beyen à la lettre du Président Bidault.
649 Interview Adenauers mit Ernst Friedländer vom 11.6.1953, in: Bulletin vom 13.6.1953. Nr. 109, S. 926. Zum „Potsdam-Komplex" siehe Schwarz, H.-P., Adenauer und Europa, S. 489 und Weidenfeld, W., Adenauer, in: Volkmann, H.-E. et al., Die Europäische Verteidigungsgemeinschaft, S. 262.

des Parteitags in Hamburg vom 22. April 1953 klar aufgezeigt: „Die Zusammenfassung der Institutionen zur EPG ist unsere nächste große Aufgabe. Zwar wurde die von uns im Bunde mit den gleichgesinnten Europäern erstrebte Einigung in der Not einer gemeinsamen Bedrohung geboren. Sie bleibt jedoch auch unabhängig davon für uns ein großes selbständiges Ziel. Vor allem wird sie die lange unselige Epoche der europäischen Bruderkriege beenden. Die politische und wirtschaftliche Einigung Europas muß Hand in Hand gehen." Die anderen Regierungsparteien, die FDP und die DP, stimmten in dieser Politik vollkommen überein. Folgerichtig unterstützte der Bundestag Adenauers Europapolitik.[650] Angesichts der internationalen Entspannungsanzeichen beschleunigte De Gasperi die EPG-Verhandlungen genauso wie Adenauer. Die Föderalisten, deren Sprachrohr Spinelli war, unterstützten De Gasperi und Adenauer in vollem Umfang.[651]

Um eine konkrete Taktik für die bevorstehende Außenministerkonferenz in Paris vorzubereiten, fand am 8. Mai 1953 eine Kabinettssitzung statt, an der außer den Kabinettsmitgliedern auch einige Abgeordnete (von Brentano, Becker, von Merkatz und Semler) teilnahmen. Von Brentano gab einen Überblick über die bisherigen Beratungen der von ihm geleiteten Arbeitsgruppe. Daran schlossen sich eingehende Aussprachen über die Hauptprobleme an. Auf Vorschlag Hallsteins beschloß das Kabinett, die deutsche Delegation zu ermächtigen, die Erklärung abzugeben, daß die Bundesregierung die Grundzüge des Verfassungsentwurfs billige. Sie müsse sich lediglich für später vorbehalten, noch zu gewissen Einzelheiten des Vertragswerks Stellung zu nehmen. Das Kabinett stimmte diesem zu.[652] Obwohl die Reserviertheit der französischen Regierung zum EPG-Entwurf in Bonn bereits bis zu einem gewissen Grade bekannt war, hielt Adenauer eine enge Kooperation mit Bidault auf Grundlage des Verfassungsentwurfs der Ad-hoc-Versammlung zunächst nicht für unmöglich.

Angesichts dieser Tendenzen entwickelte Seydoux eine taktische Überlegung zu der bevorstehenden Außenministerkonferenz am 12./13. Mai. Er schlug nicht mehr einen Verzicht auf die Sechser-Gemeinschaft vor, sondern in Abstimmung mit der Konzeption Bidaults einige konkrete Taktiken. Zunächst stellte er fest, daß der Entwurf der Ad-hoc-Versammlung den Standpunkten der Gaullisten und der SFIO nicht entsprach. Darüber hinaus sei es fraglich, daß die Nationalversammlung jetzt noch einmal die Forderung einer politischen Autorität als Voraussetzung der Ratifizierung des EVG-Vertrags erhebe. Daher sollte die französische Regierung die Position vertreten, daß sich die Maikonferenz lediglich auf die Diskussion über die Prozedur beschränke. Falls man ein Stück weiter gehe, also der Diskussion über die vier Einwendungen, die van Zeeland erhoben habe, - Auflöslichkeit, Paritätische Sitzverteilung des Senats, Verstärkung des Ministerrats und wirtschaftliche Integration - nicht aus dem Weg gehe, so Seydoux weiter, solle der französische Vertreter der Gefahr, Punkt für Punkt, Artikel

---

650 Bericht über die Behandlung des Vertragsentwurfes nach dem 10. März 1953, vorgelegt von Dr. von Brentano auf der Tagung des Verfassungsausschusses am 23. Juni 1953, in: LDV, Mai-Juli 1953. S. 13, 16-17; Kanzler-Tee, 18.5.1953, in: Adenauer, Teegespräche 1950-1954. S. 460-473, hier S. 462f; Information vom 14. April 1953, Déclaration à l'Information de M. Eric Ollenhauer sur le problème de l'unité et des frontière allemandes, in: BA NL Blankenhorn 19a, Bl. 133f; Lenz, O., Im Zentrum der Macht, S. 580.
651 Magagnoli, R., Die italienische Europapolitik 1950-1955, S. 198f.
652 Protokoll der Kabinettssitzung am Freitag, den 8. Mai 1953 in: Die Kabinettsprotokolle der Bundesregierung, Bd. 6, 1953; PAAA II, Bd. 857, AZ 224-20-00, Bl. 257f., Schreiben von Adenauer an Calmes, Bonn den 8. Mai 1953.

für Artikel an die Studie gebunden zu sein, ausweichen, obgleich er diese belgischen Bedenken außer der wirtschaftlichen Integration grundsätzlich teile. Daher empfehle es sich, die grundlegende Bedenken der französischen Regierung zum Entwurf hinsichtlich der Union Française und des Beyen-Plans zu äußern. Wenn die französische Regierung noch ein Stück weiter gehen solle, empfehle es sich vorzuschlagen, eine direkt gewählte Assemblée zu schaffen. Das bedeute „implicitement", daß die französische Regierung die Idee einer gemeinsamen Außenpolitik nicht akzeptiere und „la constituion d'un exécutif européen étoffé qui serait déjà un véritable Gouvernement des Six" für verfrüht halte. „Les formules de caractère fédéral très accentué, ne sont, en effet, pas compatibles avec la double vocation mondiale et européenne - de la France." Seydoux wollte die Direktwahl selbst nicht. Er rechnete damit, daß dieser Vorschlag auf die Ablehnung von den Niederlanden und Belgien stoßen würde und daher die französische Regierung nicht weiter verpflichtete. Seine Sorge lag darin, daß, wenn Paris weiter vertrete, diese Assemblée habe „une compétence limité aux deux Communautés", und Bonn und Rom dies unterstützten und dadurch eine gemeinsame Front hierzu entstehe, die Niederlande und Belgien nicht länger in der Lage sein würden, ihre Position gegenüber den drei größeren Staaten zu behaupten. Seydoux meinte, daß Bidault dieser Gefahr unbedingt ausweichen sollte. Außerdem empfahl er Bidault, es geltend zu machen, daß der Entwurf der Ad-hoc-Versammlung nicht „une base exclusive de discussion" sei und jede Regierung andere Vorschläge machen könne. Jedenfalls sollte die Konferenz kein konkretes Ergebnis hervorbringen. Seydoux empfahl Bidault indirekt, „l'attitude de ceux qui surchargent la barque au risque de la faire sombrer" anzuprangern.[653]

Bidault akzeptierte alle Grundgedanken von Seydoux. Auf der Sitzung des Conseil des ministres vom 8. Mai 1953 schlug Bidault als Taktik vor, daß er in dieser kommenden Sitzung der Außenminister anregen würde, daß die sechs Außenminister eine Regierungskonferenz, welche der Kontrolle der Außenminister unterstehen und aus ihren Vertretern und Experten bestehe, beantragen würde, den Verfassungsentwurf der Ad-hoc-Versammlung zu prüfen. Der Conseil des ministres stellte die französische Position fest: Die EPG sollte nur die EGKS und die EVG sein, sonstige Erweiterung der Kompetenz sollte nur durch einstimmige Zustimmung der beteiligen Staaten erfolgen; das einzig Neue sollte die direkt gewählte Versammlung sein. Die Frage der Beziehungen zwischen der EPG und der Union Française sollte für den Augenblick nicht bestimmt werden.[654]

Einen Tag vor dem Beginn der Konferenz traf der Bundeskanzler in Paris mit Mayer und Bidault zu einem vorbereitenden Meinungsaustausch zusammen.[655] Angesichts der Ankün-

---

653 AN 457 AP 40, Seydoux, Note, 16.4.1953, A/S. Communauté politique : Réunion des Six Ministres des Affaires Etrangères; AMAE DE-CE 45-60, CPE Vol. 578, Bl. 355-357, DGAP, Europe, Note 5.5.1953, A/S. Projet de statut de Communauté Européenne; AN 457 AP 39, DGAP Europe S/D du conseil de l'Europe, Fiche, 27.4.1953, Echanges de vues sur les observations présentées par les gouvernements au sujet du projet de Traité portant statut de la Communauté Européenne.
654 AN 457 AP 40, Secrétariat général du Gouvernement, Lettre le 22.5.1953 à Merveilleux du Vignaux; Der Generalsekretär des Gouvernement bat du Vignaux um einige technische Korrekt des Konklusion des Conseil des Ministres vom 8. Mai; Vgl. Auriol, V., Journal, VII 1953-1954, S. 158, Conseil des Ministres, 8 Mai 1953.
655 Beyen schlug eigentlich Den Haag als Tagungsort für die Außenministerkonferenz vom Mai vor. Aber da Adenauer sich vor der Tagung mit Bidault und Mayer über diese dringende Sache unter-

digung Churchills vom gleichen Tage, zur Sondierung der internationalen Entspannungsmöglichkeiten nach dem Tode Stalins die Einberufung einer Drei-Mächte-Konferenz vorzuschlagen, auf der die Möglichkeit einer „Ost-Locarno Lösung" für Deutschland geprüft werden sollte,[656] vertrat Adenauer nachdrücklich die Ansicht, daß die europäische Integration unabhängig von den Entspannungszeichen weiter vorangetrieben werden sollte. Er wollte hinsichtlich der Politischen Gemeinschaft zu einer gemeinsamen deutsch-französischen Position gelangen. Man sollte sich deshalb schnell darauf einigen, „daß die wesentliche Aufgabe der Politischen Gemeinschaft sein soll, für die bereits unterzeichneten Verträge, Montan-Vertrag und Verteidigungsgemeinschaft, Überbau und Stütze zu bieten", jede „Kompetenz", d.h. die Möglichkeit einer Zuständigkeitserweiterung der Gemeinschaft nach eigenem Belieben, dagegen kategorisch auszuschließen sei. Von beiden Seiten ausdrücklich hervorgehoben wurde der Bedingungszusammenhang von EPG-Konzeption und EVG-Ratifikation. Bidault sagte: „Es gibt zwei Gegner Europas: solche, die es nicht machen wollen und solche, die es zu rasch machen wollen. (...) Man kann die Politische Gemeinschaft so betreiben, daß daraus Schwierigkeiten für die Verteidigungsgemeinschaft entstehen. Man kann sie aber auch so betreiben, daß die Verteidigungsgemeinschaft dadurch gefördert wird", worauf Adenauer erwiderte, „Wir müssen den zweiten Weg wählen.[657] Außerdem äußerten die Teilnehmer die Befürchtungen hinsichtlich der bevorstehenden Bundestagswahl im Herbst. Was Adenauer in dem Gespräch mit Bidault und Mayer für den italienischen Ministerpräsidenten De Gasperi reklamierte: „Er braucht für den Wahlkampf die Berufung auf Europa",[658] galt noch um vieles mehr für ihn selbst. Für Adenauer schien die Lage nicht so schlecht.

Auf der Außenministerkonferenz am nächsten Tag zeigte sich jedoch sehr rasch, daß auch die Franzosen, trotz weitgehenden Entgegenkommens der Bundesregierung, sich hinsichtlich des weiteren Verfahrens nicht unter das Zeitdiktat des Bundeskanzlers stellen wollten.[659] Zuerst diskutierte man über die Organisation der Arbeit betreffend der Prüfung des Vertragsentwurfs und der Konsultation der Autoren des Entwurfs. De Gasperi war der Auffassung, die Minister müßten ab sofort bestimmte grundsätzliche Richtlinien geben und bestätigen, daß der Entwurf ihren Aussprachen zu Grunde liege. Adenauer unterstützte die Ansicht De Gasperis. Dagegen trat van Zeeland vehement ein. Er war der Auffassung, daß der Rat unverzüglich eine wirkliche Regierungskonferenz einberufen müsse. Diese müsse sich mit allen Aspekten des Problems, nicht nur mit den politischen, sondern auch den wirtschaftlichen befassen, und sie könne auch nicht durch häufige Zusammenkünfte der sechs Minister ersetzt werden. Die Grundlage dieser Arbeit sei nicht nur der Entwurf der Ad-hoc-Versammlung, sondern auch die Texte, welche die Regierungen vorlegen würden. Beyen und Bech schlossen sich ihm an.

---

halten wollte, plädierte er für Paris (AMAE Europe 44-60, Généralités, Vol.78, Télégramme de Seydoux à Ambassadeurs de France, 19. avril 1953).
656 Unterhaus Churchill vom 11.5.52 in: EA 8 (1953), S. 5738-5744.
657 PAAA II, 224-20, Gespräch zwischen Adenauer, Ministerpräsident Mayer und Außenminister Bidault (Kurzprotokoll), 11.5.1953, Geheim.
658 Ibid.
659 PAAA II, 224-21-01, Protokoll der Zusammenkunft der sechs Außenminister in Paris am 12./13. Mai 1953, Zusammenkunft der sechs Außenminister, Sekretariat, Luxemburg, den 18. Mai 1953 P/53/PV 3; Vgl. AMAE Europe 44-60, Généralités, Vol.78, Bl. 203-206, DGAP Europe S/D du Conseil de l'Europe, Télégramme de Parodi aux Ambassadeurs, 15.5.1953, A/S: Réunion des Six Ministres des Affaires Etrangères.

Adenauer unterstrich, daß es sich namentlich um die Integration der EGKS und der EVG in die Gemeinschaft handele. Wenn eine weitere Integration ins Auge gefaßt sei, müsse man Sachverständige heranziehen. Wenn jedoch die Minister mit Vorsicht vorgingen, müßten sie die politische Gemeinschaft schaffen können, indem sie die Bestimmungen der Verträge der EGKS und der EVG als Ausgangspunkt nehmen würden. Sollten sich später weitere Fragen stellen, so könnten die Minister dann beschließen, wie diese Frage behandelt werden solle. Hingegen vertrat Bidault, anders als Adenauer erwartet hatte, zugunsten der Benelux-Länder die Auffassung, daß der Entwurf nicht nur die Integration der EGKS und der EVG umfasse, sondern auch weit über dieses Ziel hinausgreife. Es müsse deshalb auf Sachverständige zurückgegriffen werden. Diese Sachverständigen würden von den Ministern selbst bestimmt werden und unter deren Leitung stehen. Man müsse dabei die Autoren des Entwurfs konsultieren. Aber die Einigung Europas dürfe sich nicht endlos hinziehen, sie dürfe jedoch auch nicht überstürzt werden. Adenauer bemühte sich noch einmal. Seiner Ansicht nach sei es dringend geboten, die EGKS und die EVG einer politischen Behörde zu unterstellen. Deswegen sei die Konferenz der Sachverständigen nicht unbedingt erforderlich. Gegen das Drängen Adenauers traten van Zeeland und Beyen stark ein. De Gasperi nahm eine gemäßigte Haltung ein. Er war mit der Einberufung von Sachverständigen in dem Maße einverstanden, als diese mit Ausführungsmaßnahmen befaßt würden. In grundlegenden Frage falle die Verantwortung jedoch den Ministern zu. Bidault erwiderte auf Adenauers Antrag, daß er mit dem Inhalt der von Adenauer entwickelten Gedanken einverstanden sei, jedoch nicht mit den daraus gezogenen Schlußfolgerungen. Es handele sich in der Tat um eine Verschmelzung der EGKS und der EVG unter eine gemeinsame Behörde. Der Vertragsentwurf überschreite jedoch die einfache Integration der beiden Gemeinschaften. Man einigte sich schließlich auf den französischen Kompromißvorschlag, für den 12. Juni unter dem Vorsitz des amtierenden Ratspräsidenten De Gasperi eine Konferenz von Experten nach Rom einzuberufen, die zugleich den Status der geforderten Regierungskonferenz erhalten sollte. Hiermit näherte man sich der Position der Benelux-Staaten an. Das hieß, daß die Regierungen durch diejenigen vertreten würden, die sie bestimmten. Die Außenminister könnten zu Anfang anwesend sein; in der Folge würden sie dann durch ihre Stellvertreter ersetzt werden. Am 10. Juli sollten dann die Außenminister selbst wieder in Den Haag zusammentreten, um den Bericht De Gasperis über die Beratungsergebnisse der Rom-Konferenz entgegenzunehmen.[660]

Man gelangte nun zu einem Meinungsaustausch über die von den Regierungen vorgebrachten Bemerkungen zum Vertragsentwurf der EPG. Beyen argumentierte, es scheine ihm unmöglich, von institutionellen Fragen zu sprechen, ohne eine Entscheidung über die Kompetenzen der EPG zu treffen. Van Zeeland stellte seine bereits bekannten Bedenken in den Vordergrund. Er definierte die Gemeinschaft, die er verwirklicht zu sehen wünschte: „Diese Gemeinschaft muß die Form einer Gemeinschaft souveräner Staaten haben, die ihre Rechtspersönlichkeit beibehalten, ihre jahrhundertealte Aufgabe und ihre moralische Autorität wahren und die Ausübung gewisser Befugnisse gemeinsam vernehmen. (...) Alle Länder Europas müssen in dieser Gemeinschaft teilnehmen. (...) Diese muß insbesondere Großbritannien an

---

660 PAAA II, 224-21-01, Protokoll der Zusammenkunft der sechs Außenminister in Paris am 12./13. Mai 1953, hier S. 4-10.

ihrer Seite haben."[661] In diesem Sinne schlug er vor, die Beobachter der Länder des Europarats an den Sitzungen der Sachverständigen teilnehmen zu lassen. Bech betonte die Verstärkung der Kontrollbefugnisse des Ministerrats. Er bekundete sein Einverständnis mit dem Prinzip einer in allgemeiner Wahl gewählten Völkerkammer. Was den Senat und die Unauflöslichkeit anbetraf, so schloß er sich der These van Zeelands an.[662]
Bidault erklärte, das Problem sei so umfangreich, daß die französische Regierung noch zögere, sich zu dem Entwurf der Ad-hoc-Versammlung zu erklären. Er gab deshalb nur Hinweise allgemeiner Art. Der wesentliche Punkt wäre, der EGKS und der EVG eine politische Behörde zu geben. Man könne sich aber nicht ausschließlich an die Integration der EGKS und der EVG halten. Er sei der Ansicht, daß die Erweiterung der Zuständigkeitsgebiete zugunsten der Gemeinschaft, vor allem in der wirtschaftlichen Integration, willentlich erfolgen müsse und nicht automatisch sein dürfe. Er stellte die besondere Lage Frankreichs auf dem Bereich der territorialen Erweiterungen heraus. In beiden Gemeinschaften sei nur das Mutterland einbegriffen. Werde man diese Trennung beibehalten? Welche überseeischen Departements oder Gebiete müsse man in die EPG einschließen? Sieben zusätzliche Sitze in der Völkerkammer seien für die gesamte Französische Union unzureichend. Dagegen seien es vielleicht zu viele, wenn es sich nur um das Mutterland handele. Während er sich bereit erklärte, gewisse Änderungen des Senats anzunehmen, betonte er die Dringlichkeit der Direktwahl. Diese sei der Angelpunkt des Entwurfs, so hob er hervor.[663]
De Gasperi verstand die französischen Schwierigkeiten bei der Ratifizierung des EVG-Vertrags und die Vorbehalte hinsichtlich der überseeischen Gebiete. Deswegen hielt er auch die Integration der EGKS und der EVG in die EPG und die Direktwahl für die erste Aufgabe. Was die Parität anging, erklärte er sich bereit, den belgischen Vorschlag anzunehmen, aber nur unter der Voraussetzung, daß die gewichtete Zusammensetzung der Völkerkammer gleichzeitig aufgegeben wurde. Er schlug vor, die territoriale Frage auf ein späteres Datum zurückzustellen, weil man sie nicht schnell lösen konnte. Bidault wollte aber diese Frage nicht gesondert behandeln, weil sie mit allen anderen Fragen verknüpft sei. Hallstein, der Adenauer in der Nachmittagssitzung vertrat, hob hervor, daß der Vertragsentwurf von der Bundesregierung schon sehr günstig aufgenommen worden sei. Er stimmte mit Bidault darin überein, daß jede Zuständigkeitserweiterung willentlich sein müsse und nicht von selbst eintreten könne. Über die Organe bemerkte er, daß nach Berücksichtigung der belgischen Bemerkungen in bezug auf den Senat die Gemeinschaft drei Kammern haben würde, deren dritte durch den Rat der Nationalen Minister dargestellt werde. Man könnte das Problem vereinfachen, indem man aus dem Ministerrat den Senat der Gemeinschaft mache.[664]
Am nächsten Tag, also dem 13. Mai, empfingen die sechs Minister die fünf Vertreter der Ad-hoc-Versammlung; von Brentano, Benvenuti, Blaisse, Dehousse, und Teitgen. Außer Blaisse, der die wirtschaftliche Integration in den Vordergrund stellte, nahmen die Vertreter Stellung

---

661 Ibid. S. 13.
662 Ibid. S. 15-16.
663 Ibid. S. 16-17.
664 Ibid. S. 18-20. Nach Griffiths/Milward war Adenauers Haltung auf dieser Konferenz „besonders minimalistisch". Nach ihnen teilte Hallstein diese besonders minimalistische Position Adenauers nicht (Ders., The Beyen-Plan and the European Political Community, S. 605). Aber man kann diesen Unterschied auf Grund des Protokolls nicht feststellen.

zugunsten der Position Adenauers und De Gasperis.[665] Zudem forderte von Brentano das Fortbestehen des Verfassungsausschusses. In diesem Punkt setzte sich van Zeeland, der den Verfassungsausschuß sofort auflösen wollte, nicht durch. Wohl nicht zuletzt auf Druck der Bundesregierung waren die Außenminister davon abgekommen, den Verfassungsausschuß gleich aufzulösen.[666]
Adenauer und De Gasperi, die angesichts der niederländisch-französischen Differenz in der Frage der Wirtschaftsgemeinschaft auf eine Beschränkung auf die bislang vereinbarten Sektoren, also auf Basis der minimalistischen französischen EPG-Konzeption drängten, hatten das Nachsehen, nicht nur wegen der kompromißlosen Haltung Belgiens und der Niederlande, sondern auch wegen der ausgebliebenen Unterstützung Frankreichs.[667] Bidault hatte zwar in seinen Redebeiträgen keinen Zweifel daran gelassen, daß seine Regierung einem Junktim von politischer und wirtschaftlicher Integration ablehnend gegenüberstand und nach wie vor die Schaffung eines direkt gewählten europäischen Parlaments für den Angelpunkt des EPG-Projekts hielt. Er machte jedoch zugleich auch deutlich, daß Frankreich zum jetzigen Zeitpunkt keine endgültige Entscheidung treffen konnte, sondern eine dilatorische Strategie, d.h. weitere Verhandlungen auf der Ebene von Experten, bevorzuge. Ihm boten die Außenminister der Benelux-Länder einen guten Vorwand zur Verzögerung. Umgekehrt hätte sich Beyen angesichts des Vorstoßes des deutschen und des italienischen Außenministers ohne Unterstützung Bidaults nicht durchsetzen können.

Wegen der innerpolitischen Krisen in Frankreich und Italien konnte der von den Außenministern beschlossene Zeitplan des Beginns der Regierungskonferenz am 12. Juni nicht eingehalten werden. Am 21. Mai stürzte die Regierung Mayer. Nach den Einschätzungen der italienischen und deutschen Beobachter, Quaroni und Hausenstein, habe die Finanzfrage den Anlaß des Sturzes der Regierung Mayer gebildet, tatsächlich aber sei sie gestürzt worden, weil er seine feste Absicht bezeugt hatte, den EVG-Vertrag den Kammern zur Ratifizierung vorzulegen.[668] Danach dauerte es vierzig Tage, bis eine neue Regierung unter der Führung von Joseph Laniel (Indépendents) antrat. Dieses neue Kabinett, in dem Bidault Außenminister blieb, umfaßte als Gegner der EVG fünf gaullistische Minister (Corniglion-Molinier, ministre d'Etat; Maurice Lemaire, ministre de la Reconstruction et du Logement; Pierre Ferri, ministre des Postes, Télécommunications, Télédiffusion; Edmond Barrachin, ministre d'Etat

---

665 PAAA II, 224-21-01, Protokoll der Zusammenkunft der sechs Außenminister in Paris am 12./13. Mai 1953, hier S. 21 u. 25, 26.
666 BA NL von Brentano 118, Schreiben Bidault an von Brentano, 14.5.1953.
667 Blankenhorn schätzte das Ergebnis dieser Konferenz hoch ein, im Hinblick auf die Direktwahl, die Zuständigkeit und die „völlige Einigkeit über die Prozedur". (BA. NL Blankenhorn, 19b, Bl. 109, Tagebuch, Mittwoch, 13. Mai 1953,) Aber er unterschätzte die zögernde Haltung des französischen Außenministers Bidault besonders in bezug auf die Forderung Adenauers und De Gasperis. Daher war das Ergebnis dieser Konferenz für Adenauer nicht zufriedenstellend.
668 PAAA III B11(Frankreich) Bd. 90-1, Schreiben Hausenstein an Adenauer; betreffend innenpolitische Lage nach der Rückkehr René Mayer aus USA, 8.4.1953; Ibid., Bd. 90-1, Telegramm Hausenstein an Auswärtiges Amt am 21.5.1953; PAAA II. Bd. 859, AZ 224-20/22, Bl. 226-229, Von Walther an Auswärtiges Amt, Betr.: Sturz der Regierung Mayers, 22. Mai 1953; ASMAE, Fondo A.P., Bd. 16 Nr.RiS. 664, Quaroni (Paris) an Magistrati (Rom), 26.5.1953, in: Magagnoli, Die italienische Europapolitik 1950-1955, S. 201.

chargé de la Réforme constitutionnelle). Hierzu gehörten auch zwei überzeugte Befürworter der EVG, Teitgen und Reynaud (Indépendants) als vice-président du Conseil. Das neue Kabinett verfolgte eine ähnliche Linie der Europapolitik wie das vorherige. Am 28. Juli scheiterte die Regierung De Gasperi, die aus den Wahlen Anfang Juni deutlich geschwächt hervorgegangen war, an einer Vertrauensabstimmung im Parlament. Der Sturz der Regierung De Gasperis war nicht auf die Europapolitik, sondern hauptsächlich auf die innerpolitischen Divergenzen unter den Regierungsparteien zurückzuführen.[669]

Am 22. Juni 1953 hatten sich die Außenminister der Montanunion zwar noch einmal in Paris getroffen, diese Konferenz hatte aber ausschließlich einer Besprechung der internationalen Lage nach der Volkserhebung in der DDR und der Ankündigung der Bermuda-Konferenz gedient. Die Franzosen unternahmen den Versuch, ein Mandat der Sechs zu erhalten, d.h. bei ihren Verhandlungen mit Briten und Amerikanern im Namen der übrigen Regierungen und der Gemeinschaft sprechen zu dürfen, was ihren Einfluß und ihr Prestige zweifellos enorm steigern konnte. Diese Absicht wurde jedoch von den übrigen Regierungen zunichte gemacht.[670] Die Fortsetzung der EPG-Verhandlungen sollte dagegen auf einer weiteren Außenministerkonferenz am 7. August 1953 diskutiert werden. Im Hinblick auf die Bundestagswahlen am 6. September hatte man als Tagungsort Baden-Baden bestimmt.[671]

Es gab Meinungsverschiedenheiten zwischen den Außenministern in bezug auf die Bedeutung der Baden-Badener Konferenz. Der schwierige Prozeß der Regierungsbildung und dann die Tatsache, daß sich die neue Regierung De Gasperis schließlich nur auf die DC stützen konnte und bei einem Vertrauensvotum im Parlament unterlegen war, beeinträchtigten den italienischen Handlungsspielraum und gefährdeten sogar das Zustandekommen der Konferenz selbst. Während Bonn ihr „viel von Bedeutung und Feierlichkeit" verleihen und folglich die Länge der Konferenz auf drei Tage festlegen wollte, um die grundsätzlichen Probleme zu lösen,[672] wollte Paris sie verkürzen. Brüssel war sogar der Meinung, daß sich die Konferenz nur der Frage der Prozedur widmen sollte und ein Tag dafür genug sei. Den Haag war gleicher Meinung. Es wurde schließlich nach einem französischem Kompromißvorschlag vereinbart, zwei Tage zu tagen.[673]

---

669 BA NL Blankenhorn 21, Bl. 187, Tagebuch, Mittwoch, 22.7.1953; FAZ, 29.7.1953, De Gasperi von der Kammer gestürzt; R. Magagnoli, Die italienische Europapolitik 1950-1955, S. 202f.
670 Magagnoli, R., Die italienische Europapolitik 1950-1955, S. 202.
671 AMAE Europe 44-60, Généralités, Vol.78, Bl. 224, Télégramme de Bidault à Ambassadeur de France, 18 juin 1953; EA 8 (1953), S. 5883; LDV, Mai-Juli 1953, S. 71.
672 AMAE Europe 44-60, Généralités, Vol.78, Bl. 238, Télégramme de F. Poncet à MAE, 10.7.1953; Ibid., Bl. 239 Télégramme de F. Poncet à MAE, 21.7.1953. Gemäß dem Chef des Protokolls, Herwarth, gab es in der deutschen Regierung Meinungsunterschiede zwischen Adenauer und Hallstein. Während der Bundeskanzler dem französischen Wunsch entsprechend die Bedeutung der Konferenz nicht vergrößern wollte, sprach sich Hallstein dafür aus. (AMAE Europe 44-60, Généralités, Vol.78, Bl. 240, Télégramme de F. Poncet à MAE, 22.7.1953); BA NL Blankenhorn 20b, Bl. 150, Schreiben von Hallstein an A. François-Poncet, 29.7.1953; PAAA II, AZ 224-40-01, Bl. 256-267, von Puttkamer, Aufzeichnung. Erläuterung zum deutschen Memorandum vom Juli 1953 über die Aufgabe der Konferenz von Baden-Baden, 3. August 1953.
673 PAAA BüSt 1949-1967, 200-9, Bl. 4f., Schreiben von de Gasperi (dem amtierenden Präsident) an andere fünf Außenminister, 30. Juni 1953; PAAA II, Bd. 859, AZ 224-20/22, Bl. 235-237, Hausenstein, Aufzeichnung über die Baden-Badener Konferenz, Paris, den 8.7.1953, geheim; AMAE Europe 44-60, Généralités, Vol.78, Bl. 233, Télégramme de Garnier (La Haye) à MAE, 2.7.1953;

Unmittelbar vor der Bundestagswahl im September 1953 und in Zeiten der deutschlandpolitischen Noten-Offensive der Sowjetunion lud die Bundesregierung am 7./8. August 1953 in Baden-Baden zu einem Treffen der EGKS-Außenminister ein. Das Zusammentreffen, dessen Vorsitz der Staatssekretär des italienischen Außenministeriums Taviani wegen des Rücktritts De Gasperis übernahm, hatte damit von vornherein den Charakter einer Wahlkampfveranstaltung für Adenauer. Dafür wurde die internationale Lage auf die Tagesordnung gesetzt. Man widmete den zweiten Tag diesem Thema: das Verhältnis zwischen der Viermächtekonferenz, der deutschen Wiedervereinigung und der europäischen Einigung. Adenauer war der Auffassung, daß die Sowjetunion sich nicht wegen der militärischen Stärke der EVG Sorgen mache, oder wegen des deutschen Beitrages von 12 oder 24 Divisionen, sondern weil die EVG das wichtigste Element der europäischen Integration darstelle, die, sobald sie einmal verwirklicht worden sei, dem Traum von der Eroberung Westeuropas ein Ende setzen und notwendigerweise eine Entspannung in den internationalen Beziehungen herbeiführen werde. Er forderte daher nachdrücklich, daß die europäische Integration als Voraussetzung für eine allgemeine Entspannung so rasch wie möglich durchgeführt werde. Damit machte der Bundeskanzler die deutschen Postulate geltend, daß die Bildung einer etablierten und sicheren europäischen Gemeinschaft einen wesentlichen Beitrag für den Weltfrieden bedeute und daß diese Gemeinschaft ohne Rücksicht auf gegenwärtige internationale Spannungen eine Notwendigkeit an sich darstelle. Bidault erklärte sich sowohl mit den großen Linien als auch mit den Schlußfolgerungen der Erklärung Adenauers einverstanden. Im Kommuniqué kam jedoch keine der beiden Wendungen („Diese Gemeinschaft ohne Rücksicht auf gegenwärtige internationale Spannungen stelle eine Notwendigkeit an sich dar: Deutsche Wiedervereinigung und Unabhängigkeit befinden sich in vollständiger Übereinstimmung mit der Politik der europäischen Integration") vor.[674]

Diese Auslassung stand im Zusammenhang mit der internen Lage in Frankreich zunächst im Hinblick auf eines der Argumente gegen die EVG, nämlich auf die Angst davor, daß die Europa-Armee von den Deutschen für ihre Wiedervereinigung ausgenutzt würde und die Fran-

---

Ibid., Bl. 240, Télégramme de F. Poncet à MAE, 22.7.1953; Ibid., Bl. 241, Télégramme de Vaucelles (Bruxelles) à MAE, 24.7.1953; BA NL von Brentano, 239-118, Bl. 390, Brief von Brentano an Teitgen, 21.7.1953; PAAA II, Bd. 859, AZ 224-20/22, Bl. 235-237, Hausenstein, Aufzeichnung, Paris, den 8.7.1953, geheim, über Hallstein dem Bundeskanzler vorgelegt; PAAA BüSt 1949-1967, 200-9, Bl. 11, Bech an De Gasperi, 8.7.1953; PAAA BüSt 1949-67, 200-9, Bl. 14, Adenauer an De Gasperi, 14.7.1953; BA NL Blankenhorn 20b, Bl. 76, Tagebuch, Montag, 20.7.1953; PAAA II, Bd. 862, AZ 224-21-05, Bl. 182, Telegramm von Hausenstein an Auswärtiges Amt, Nr. 365 vom 5.8.1953. Bidault drängte die Italiener wenige Tage vorher, auf keinen Fall auf den Vorsitz zugunsten anderer zu verzichten. Sollte Adenauer den Vorsitz übernehmen, so könnte sich der französische Vertreter gezwungen sehen, den Verhandlungstisch zu verlassen (in: Magagnoli, R., Die italienische Europapolitik 1950-1955, S. 801).

674 PAAA II, 224-20, Hallstein an Pinna Caboni vom 27.7.1953; vgl. Hallstein, Die Einheit Deutschlands und die Einheit Europas. Kein anderer Weg für die Herbeiführung der Wiedervereinigung sichtbar als der über die europäische Integration, in: Bulletin vom 30.7.30, Nr. 142/S. 1197f; „Europa lebt. Nach der Konferenz von Baden-Baden", in: Bulletin vom 11.8.1953, Nr. 150, S. 1263f; PAAA II, Bd. 862 AZ 224-21-00, Bl. 138, Pressekommuniqué der Außenministerkonferenz in Baden-Baden am 7./8. August 1953; FRUS 1952-1954, VI Part I, S. 31, Telegram, The United States Representative to the European Coal und Steel Community (Bruce) to the Department of State, 23.6.1953.

zosen ungewollt in diesen Krieg verwickelt werden könnten. Zum anderen lag dies daran, daß die EVG-Gegner angesichts der Anzeichen der Entspannungspolitik zwischen beiden Blökken ihrer Gegenargumentation mehr Gewicht gaben. Sie sahen in dem Arrangement mit den Russen eine andere Lösungsmöglichkeit der deutschen Wiederbewaffnung. Zu dieser Gruppe gehörten sogar ein Teil des MRP (z.B. Leo Hamon und A. Denis), ein Teil der SFIO (z.B. Jules Moch), viele Gaullisten und auch der französische Präsident V. Auriol. Sie präsentierte jedoch keine klare Alternative zu der EVG. Nicht einmal hinsichtlich einer Wiedervereinigung Deutschlands, das den beiden Blöcken neutral gegenüberstand, herrschte eine einheitliche Meinung. Interessant war, daß Moch dies gegenüber der SPD anregte, da er die Chancen für die Wiedervereinigung Deutschlands in der Entspanungsphase für günstiger als je zuvor hielt. Auf jeden Fall lag ihnen die Verschiebung der Ratifizierungsvorlage des EVG-Vertrags vor der Nationalversammlung am Herzen. Das französische Außenministerium trat prinzipiell für ein Arrangement mit den Russen ein, aber aus machtpolitischen und wirtschaftlichen Gründen gegen ein neutrales, wiedervereinigtes Deutschland. Die angebliche Möglichkeit eines Arrangements mit den Russen bot den Franzosen einen Vorwand für die weitere Verschiebung des EVG-Vertrags.[675]

Zurück zur Baden-Badener Konferenz. Hier tauschten sich die sechs Außenminister über den Verfassungsentwurf der Ad-hoc-Versammlung aus. Bidault faßte die Punkte zusammen, die allgemeine Zustimmung gefunden zu haben schienen: Schaffung einer politischen Behörde, ausgestattet mit den notwendigen Befugnissen gegenüber der bestehenden Behörde und mit der Möglichkeit einer Ausdehnung sowohl hinsichtlich der Territorien als auch der Zuständigkeitsgebiete - und besonders der wirtschaftlichen Zuständigkeiten, die gemäß gemeinsamer Vereinbarung festzulegen wären, sowie die Wahl der Völkerkammer in unmittelbarer Wahl. Damit waren Beyen und van Zeeland nicht einverstanden. Bech interessierte nicht die wirtschaftliche Integration selbst, sondern die Schutzmaßnahmen. Adenauer nahm hierzu keine Stellung. Taviani stimmte mit Bidault zwar nicht völlig überein, erhob aber keinen Einspruch gegen die Äußerung Bidaults. Damit gelangten die Außenminister hierüber nicht zu einem Konsens.[676]

Van Zeeland machte geltend, daß der Senat paritätisch zusammengesetzt werden solle. Ta-

---

[675] Zu Leo Hamon und A. Denis, siehe BA NL Blankenhorn 19b, Bl. 9, dpa-meldung, 5.5.1953, J. Mochs Beitrag im „Zürcher Tat"; AN 350 AP, VIIIe Congrès National, 22-25 mai 1952, Bordeaux, Séance du Dimanche 25 Mai (Après Midi), sténotypie de discours, S. D-1f. und AN 350 AP, IXe Congrès National, 22-25 mai 1953, Paris, Séance du Dimanche 24 Mai 1953 (Après-Midi), S. F-9ff. und I-8ff. Zu Moch, siehe OURS AGM 135, Jules Moch, Une opinion socialiste sur l'éventualité d'une conférence à quatre, in: L'Information 3.1.1953; AMAE Europe 44-60, Allemagne, Bd. 940, Bl. 200-204, Sauvagnargues, Note, a.s. Conférence à Quatre, 22.4.1953, Diese Note wurde in: BDFD I, S. 148f abgedruckt; AMAE DE-CE 45-60, CPE 1948-1954, Vol. 579, Bl. 29-52, FV/LM, DGAEF, Relations avec l'Allemagne et l'Autriche et avec la CECA, Note, 4. juillet 1953, a/s: aspects économique d'une unification de l'Allemagne; AN 457 AP 46, Télégramme de Bonnet à MAE, 10.7.1953, N°5246-60, A/S. Entretien de Washington; BA NL Blankenhorn 24, Bl. 173f., Vermerk für den Herrn Bundeskanzler, Betr.: Gespräch mit Monnet und R. Mayer, geheim, 14.9.1953.

[676] PAAA II, Bd. 862 AZ 224-21-00, Bl. 112-130, Protokoll der Zusammenkunft der sechs Außenminister in Baden-Baden am 7./8. August 1953, Sekretariat, Luxemburg, 12. August 1953, P/53/PV 4.

viani erklärte, die italienische Delegation sei bereit, die Konzeption eines nahezu oder vollkommen paritätischen Senats in Betracht zu ziehen. Dagegen müsse jedoch die Sitzverteilung in der Völkerkammer proportional zu der Anzahl der Wähler eines jeden Staates erfolgen. Hinsichtlich des Exektivorgans müsse der Europäische Exekutivrat einen herausragenden politischen Charakter haben. Wenn man ihn als reines Verwaltungsorgan auffasse, so nehme man der Gemeinschaft jede Bedeutung. Hinsichtlich des Rates der nationalen Minister wünschte Taviani, daß sich die Kontrolle des Ministerrates auf eine beschränkte Anzahl von Beschlüssen erstrecke, die nur in Harmonie mit den jeweiligen Bedürfnissen der Mitgliedstaaten gefaßt werden dürften. Adenauer unterstützte Taviani, indem er betonte, es könne das Ende der europäischen Integration bedeuten, wenn man zu sehr auf einstimmig gefaßten Beschlüssen bestehe. Hingegen forderte Bech, den Ministerrat zu stärken. Luxemburg spreche sich, so Bech, für die Schaffung einer auf dem Zusammenschluß der souveränen nationalen Staaten beruhenden Europäischen Gemeinschaft aus, die weder die Form eines Staates, noch die eines Überstaates habe, sondern die einer den gegenwärtigen Umständen und den Bedürfnissen der europäischen Staaten entsprechenden Union. Man sollte nicht verkünden, daß die Gemeinschaft unauflöslich sei. Van Zeeland bekräftigte den Gedanken Bechs „der Schaffung einer auf dem Zusammenschluß der nationalen Staaten beruhenden Europäischen Gemeinschaft" und formulierte „eine Assoziation souveräner Staaten in einer Gemeinschaft von besonderer, noch zu bestimmender Art." Bidault stimmte ihm in vollem Umfang zu. Diese Formulierung fand sich im Kommuniqué. „Eine Gemeinschaft souveräner Staaten soll geschaffen werden, die im Interesse aller die überstaatlichen Befugnisse ausüben soll, die in den bereits geltenden Verträgen begründet sind oder sich aus weiteren Verträgen ergeben." Dementsprechend wurde die Wichtigkeit des Rates der nationalen Minister als „ein wesentlicher Bestandteil der neuen Gemeinschaft" betont.[677]

Die Außenminister bestätigten lediglich das ursprünglich vorgesehene Prozedere und trafen die Entscheidung, daß ihre Vertreter am 22. September 1953 in Rom zusammentreten sollten, um Vorschläge auszuarbeiten, die einer neuen Außenministerkonferenz am 20. Oktober 1953 in Den Haag unterbreitet werden sollten. Außerdem wurde auf das Schreiben Spaaks und von Brentanos hin beschlossen, daß die Stellvertreter während der Konferenz mit den Parlamentariern der Ad-hoc-Versammlung zusammentreffen sollten. Die Frage, ob die Beobachter der dritten Länder des Europarates daran teilnahmen, blieb offen.[678]

Größere Fortschritte blieben aus. Nach wie vor gehörten die wirtschaftlichen Zuständigkeiten der Europäischen Gemeinschaft, die Befugnisse der europäischen Exekutive und ihre Bindung an die nationalen Regierungen sowie die Stimmengewichtung zwischen kleineren und größeren Mitgliedstaaten der Gemeinschaft zu dem Paket ungeklärter Fragen.[679] Außer bei der wirtschaftlichen Integration wurde aber nicht ausgeschlossen, daß Kompromisse unter den beteiligten Regierungen erreicht werden konnten.

Die französische Regierung zeigte sich mit der Formulierung „communauté d'Etat souverains qui dans l'intérêt de tous, exercera les fonctions supranationales définies par les traités en vi-

---

677 Ibid.
678 Ibid.
679 FRUS 1952-1954, VI Part 1, S. 317-319, Telegramm. The Ambassador in France (Dillon) to the Department of State, 10.8.1953; Heinrich von Brentano, „Europa in Baden-Baden", in: Bulletin Nr. 146, 5.8.1953, S. 1229f.

gueur ou qui pour résulter de traités ultérieurs" zufrieden. Die Franzosen interpretierten diese Deklaration als „un encouragement à la coopération et non à l'intégration automatique des économies". Das so ausgedrückte Prinzip berücksichtigte „nos préoccupations et nos aspirations."[680] Für Beyen waren die Ergebnisse dieser Konferenz ganz „satisfaisant".[681] Hinsichtlich der Einsetzung der Expertenkonferenz wurde diese Konferenz in Den Haag als Erfolg angesehen. Brüssel und Luxemburg dürften sich mit den Ergebnissen abgefunden haben. Für die Bonner Regierung war diese Konferenz insofern erfolgreich, da sie den Wahlsieg Adenauers in gewissem Maße begünstigte.[682] Für die römische Regierung war diese Konferenz zwar inhaltlich unbefriedigend, wurde aber nicht als gänzlich negativ bewertet, weil Italien nach dem Sturz der Regierung De Gasperis in seiner Europapolitik einstweilen eine Atempause brauchte.

Zusammenfassend betrachtet waren Westdeutschland und Italien bereit, sich Frankreich anzuschließen, wenn es eine politische Autorität zur Erleichterung der Ratifizierung des EVG-Vertrags unbedingt zustande bringen wollte. Frankreich verzichtete zwar nicht auf die EVG und somit auch nicht auf die EPG, wollte aber das der EVG vorhergehende oder gleichzeitige Zustandekommen der EPG nicht. Während Beyen energisch die niederländischen Interessen vertrat, trug Bidault die französische Politik zurückhaltender vor. Trotz des Anscheins, daß Beyen und Bidault in der Frage der wirtschaftlichen Zuständigkeiten meilenweit voneinander entfernt wären, kamen sie zu einem zufälligen „Schulterschluß". Beide wollten die EPG-Verhandlungen nicht beschleunigen. Beyen wollte eine politische Gemeinschaft ohne die Zollunion nicht verwirklicht wissen. Seiner Ansicht nach konnte die Zollunion in kurzer Zeit nicht realisiert werden, nicht nur wegen der ablehnenden französischen Einstellung, sondern auch wegen der Tatsache, daß die Verhandlungen der Zollunion lange Zeit erfordern würden, da die sechs Regierungen die Zollunion selbst vorher gründlich studieren und sich in folgenschweren Punkten einig werden mußten. Bidault strebte danach, die EPG-Verhandlungen zu verzögern, ganz im Bewußtsein dessen, daß sowohl die beschleunigten EPG-Verhandlungen als auch der Verzicht auf diese Verhandlungen die Chancen einer Ratifizierung des EVG-Vertrags durch die Nationalversammlung verschlechtern würden. Beyen berichtete dem Kabinett am 2. März 1953 nach der Rückkehr von der Rom-Konferenz im Februar, „Wir sind nicht mehr allein"[683]. In seinem Rapport über die Pariser Konferenz im Mai bewertete Beyen diese Konferenz als erfolgreich im Hinblick darauf, den italienisch-deutschen institutionalisti-

---

680 AMAE Europe 44-60, Généralités, Vol.78, Bl. 252-255, Seydoux an Diplomatische Vertretungen, Zirkulartelegramm Nr. 105, 13.8.1953.
681 AMAE Europe 44-60, Généralités, Bl. 251, Télégramme de Bartillat (La Haye) à MAE, 13 août 1953; Harryvan, A.J. (et al), Dutch Attitudes, S. 345.
682 Blankenhorn bewertete diese Konferenz zu optimistisch: „Die Baden-Baden Konferenz war insofern ein bemerkenswerter Erfolg, als bei diesem Anlaß die Absicht einmütig bekräftigt wurde, das begonnene Werk der EPG fortzuführen und so schnell als möglich zu beenden". (PAAA II, Bd. 891, AZ 224-50-10, Bl. 49, Telegramm von Blankenhorn an diplomatische Vertretung an fünf Montanunionsländer und in London und Washington, 10.8.1953). Damit verschleierte er die wesentliche Differenzen unter den sechs Staaten. Diese zu optimistische Bewertung war darauf zurückzuführen, daß er angesichts des Wahlkampfs nicht den Eindruck erwecken wollte, der Verlauf der europäischen Integration sei ins Stocken geraten.
683 Zitiert nach: Harryvan, A.J. et al., Dutch Attitudes, S. 335.

schen Vormarsch hinauszuzögern.[684] All dies bedeutete anscheinend die prinzipielle Anerkennung seines Plans durch die fünf anderen Staaten, deutete in der Tat jedoch einen zufälligen „Schulterschluß" mit Frankreich an. Damit konnte Beyen der „Panik" der niederländischen Europapolitik entkommen und erhielt eine Möglichkeit, die europäische Integration gemäß dem niederländischen Konzept zu steuern, obgleich der Mansholt-Plan nicht erfolgreich war. Darüber hinaus einigten sich Paris, Brüssel und Luxemburg darüber, das Prinzip einer Gemeinschaft souveräner Staaten anstatt der bislang offiziell angestrebten Grundlage der Supranationalität als höchstes Prinzip anzusetzen. Für Belgien und Luxemburg war der Verlauf der Konferenzen im Hinblick auf die Politik erfolgreich, von größeren Staaten innerhalb der Gemeinschaft nicht majorisiert zu werden. Durch die unerwartete Verzögerungspolitik Frankreichs konnte van Zeeland den Ballast in bezug auf die EPG abwerfen, indem er die Schuld an der Verzögerung auf Frankreich schieben konnte.[685] Hingegen wurde die instabile Basis der Kooperation zwischen Schuman, De Gasperi und Adenauer 1952 in zunehmendem Maße geschwächt. Dies war grundsätzlich darauf zurückzuführen, daß die Pariser Regierung in dem EPG-Projekt wesentlich auf die Haltung der Sozialisten und der Gaullisten angewiesen war. Diese beiden Parteien standen bis zur Baden-Badener Konferenz dem Verfassungsentwurf der Ad-hoc-Versammlung ablehnend gegenüber.

---

684 Harryvan, A.J. (et al), Dutch Attitudes, S. 342.
685 Dumoulin, M., Les paradoxes de la politique belge, S. 355. Am 13. März 1953 veröffentlichte der ehemalige Präsident der parti libéral belge, Motz, einen interessanten Artikel in „La Dernière Heure", der sich mit den Reaktionen der Parlamente und der Öffentlichen Meinungen in sechs Ländern in bezug auf den Verfassungsentwurf der Ad-hoc-Versammlung am 10. März beschäftigte. Er stellte fest, daß sich die unterschiedlichen Reaktionen zwischen größeren und kleineren Ländern zeigten. „Il semble bien, que les premières accepteront facilement certains abandons de souveraineté parce qu'elles sont sûres d'elles-mêmes et ont la conscience d'être suffisamment fortes pour faire respecter leurs intérêts dans la future Communauté. (...) En revanche, les petites Nations, pour lesquelles le manque de sécurité est un perpétuel sujet d'alarme, s'inclineront sans trop de difficultés devant une intégration des forces armées, mais elles éprouvent un très compréhensible sentiment de crainte à la perspective des abandons de souveraineté qui leur sont demandés." (AMAE Europe 44-60, Généralités, Vol.78, Bl. 121-122, Télégramme de Rivière à MAE, 18 mars 1953) Dieser Artikel stellte klar, welche Haltung die kleineren Länder angesichts der politischen Integration einnahmen.

VII. Bekräftigung des Prinzips „Gemeinschaft souveräner Staaten": Die ergebnislosen Regierungskonferenzen in Rom und in Paris 1953/54

Nach der Baden-Badener Konferenz fanden weiterhin eine Außenministerkonferenz in Den Haag und zwei Stellvertreterkonferenzen in Rom und Paris statt. Aufgrund der im vorigen Kapitel dargelegten Grundpositionen präzisierten die sechs Regierungen ihre Einstellung zu den EPG-Verhandlungen. Diese Konferenzen brachten jedoch keine bedeutenden Ergebnisse. Auf der einen Seite gelangte man kaum zu einer Einigkeit über die wirtschaftliche Integration. Auf der anderen Seite tendierte man zunehmend dazu, die geplante Supranationalität der EPG zu reduzieren. In diesem Kapitel sind die wahren Gründe für den Mißerfolg der Regierungskonferenzen nachzuzeichnen. Da Belgien vor der Regierungskonferenz in Rom im September/Oktober 1953 einige Vorschläge machte und andere Staaten dazu Stellung nahmen, wird die Darstellung der belgischen Haltung der der französischen vorangestellt.

1. Die Niederlande

Beyen befaßte das „Beyen-Komitee" mit der Prüfung des Verfassungsentwurfs unter besonderer Berücksichtigung der wirtschaftlichen Integration. Am 22./23. April 1953 legte es das Untersuchungsergebnis vor. Das Komitee kritisierte die früheren Memoranden Beyens, weil die Verwirklichung eines gemeinsamen Marktes nicht nur durch die Beseitigung des Tarifs und der Kontingente, sondern gleichzeitig durch die Koordinierung der Geld-, Wirtschafts- und Sozialpolitik möglich war. Vor allem hatte es eine stark abweichende Meinung in bezug auf die Zeitbestimmung der geplanten Zollunion. Es argumentierte gegen den festgelegten Zeitplan, zum Teil, weil seine Verwirklichung von der Entwicklung der Harmonisierung der allgemeinen Wirtschaftspolitik abhing, und zum Teil, weil die anderen Partner nicht zuzustimmen schienen. Hiermit nahmen die niederländischen Experten auf die Bedenken der anderen Partner Rücksicht. Was die institutionelle Frage anging, warnte das Komitee vor der übereilten Integrierung der EGKS und der EVG in die EPG, da in diesem Fall substantielle Änderungen beider Verträge und als Folge davon die Ablenkung der Aufmerksamkeit von der wirtschaftlichen Integration unvermeidbar wäre. Daher schlug es Kompromisse vor, nach denen die Integrierung vorläufig partiell, z.B. durch die gemeinsame Versammlung und den gemeinsamen Gerichtshof, ausgeführt und die vollkommene Integrierung auf einen späteren Zeitpunkt verschoben werden sollte. Übrigens: Das Komitee widersetzte sich der Bestimmung, daß die Völkerkammer den Präsidenten des Exekutivrats wählen sollte. Es zog es vor, diese Aufgabe dem Ministerrat zu übertragen. Hinsichtlich der belgischen Forderung stimmte es einer Parität im Senat nur halbherzig zu.[686]

Das Vorhaben Beyens wurde von den Parlamentariern in vollem Umfang unterstützt. Das niederländische Parlament hielt am 28./29. April 1953 eine Debatte über den Verfassungsentwurf der Ad-hoc-Versammlung. Insgesamt stellte sich heraus, daß sich die Parlamentarier grundsätzlich für den Entwurf aussprachen, aber Bedenken und Vorbehalte in einigen Punkten hatten: 1) gegen direkte Wahlen der Abgeordneten der Völkerkammer in einem zu frühen

---

[686] Griffiths/Milward, The Beyen-Plan and the European Political Community, S. 603-604.

Stadium der Entwicklung[687]; 2) alle Länder sollten im Exekutivrat der EPG vertreten sein, was in dem Entwurf noch nicht klar festgelegt war; 3) Bekräftigung der Durchführung der wirtschaftlichen Integration, die von der Kammer einmütig als conditio sine qua non betrachtet wurde. Darüber hinaus war die Zusammensetzung des Senats, die für van Zeeland große Bedeutung hatte, umstritten. Es gab keine abschließende Entscheidung hierzu. Für das Sezessionsrecht, das auch für van Zeeland sehr wichtig war, sprach sich - mit wenigen Ausnahmen - niemand aus. Beim Schlußwort übernahm Beyen all diese Bedenken.[688]
Bedenken herrschten auch im Kabinett. Nicht nur die Parlamentarier, sondern auch die Mehrheit der Industriellen (die Föderation der niederländischen Industrien, die zentrale Föderation der Arbeitgeber, die Assoziation der niederländischen katholischen Unternehmer und die Föderation der christlichen Arbeitgeber) stand hinter Beyen. Der niederländische Prinz Bernhard begründete die bemerkenswert einheitliche Unterstützung der Niederländer für die wirtschaftliche Integration damit, daß kleine Länder wie die Niederlande nur dadurch bei ihrem Aufgehen in einer europäischen politischen Gemeinschaft ihr Gewicht behalten konnten. Hiermit konnte die niederländischen Regierung sich bei den weiteren EPG-Verhandlungen auf die einmütige Haltung der Kammer stützen und ihr Nein zu einer politischen Gemeinschaft ohne gleichzeitige Errichtung einer Zollunion mit noch größerem Nachdruck als bisher vertreten.[689]
Was war die offizielle Position der niederländischen Regierung angesichts der Konferenz in Rom? Auf einer Kabinettssitzung am 29. April 1953 äußerte Drees starke Bedenken, die sechs Staaten seien zu unkoordiniert, um eine politische Gemeinschaft zu bilden. Die politische Instabilität in den Mitgliedstaaten, vor allem in Frankreich, verzögere den politischen Entscheidungsprozeß. Es gebe noch kein Anzeichen dafür, daß der Beyen-Plan von den anderen Verhandlungspartnern aufgegriffen werde. Schließlich wandte er sich gegen die Idee der Sechser-Gemeinschaft überhaupt: Auch wenn es den Sechs gelänge, eine institutionelle Struktur der EPG zu schaffen, sei es abzusehen, daß diese wahrscheinlich Schiffbruch erleiden werde. Auf diese negative Äußerung erwiderte Beyen in einer heftigen Reaktion, daß die Regierung, wenn sie wirklich der Meinung gewesen wäre, daß sich aus den EPG-Verhandlungen nichts ergeben würde, dies vor den Verhandlungen hätte sagen sollen. Dar-

---

687 Eine einzige Ausnahme machte Dr. Marga Klompé aus.
688 PAAA II, Bd. 860 AZ 224-20/53, Fernschreiben Holleben an Ophüls vom 28.4.1953; PAAA II, Bd. 860 AZ 224-20/53, Telegramm Holleben an Ophüls vom 29.4.1953; AMAE Europe 44-60, Généralités, Vol.78, Bl. 196-197, Télégramme de Garnier à MAE, 30 avril 1953.
689 AMAE Europe 44-60, Généralités, Vol.78, Bl. 197, Télégramme de Rivière à MAE, 5.5.1953; AMAE Europe 44-60, Pays-Bas, Vol. 36, Bl. 62-63, dépêche de Garnier à G. Bidault, a/s. Intervention des employers néerlandais en faveur de l'intégration économique européenne, 27.5.1953; PAAA II, Bd. 860, AZ 224-20/53, Bl. 215-221, Mühlenfeld in Den Haag an Auswärtige Amt, Betr.: Änderung der niederländischen Verfassung, Den Haag, den 27. Mai 1953; PAAA II, Bd. 860, AZ 224-20/53, Bl. 222-224, Mühlenfeld in Den Haag an Auswärtiges Amt, Betr.: Besuch des belgischen Außenministers Van Zeeland in Den Haag, Den Haag, den 10. Juni 1953; PAAA II, Bd. 898, AZ 224-90 Bd. 2, Bl. 28-29, Botschafter der BRD in Den Haag, Betr.: Ansprache des Prinzen der Niederlande über europäische Integration, Den Haag, den 11. Juni 1953, 221-00 Kontr.Nr. 1197; vgl. Bericht über die Behandlung des Vertragsentwurfes nach dem 10. März 1953, vorgelegt von Dr. von Brentano auf der Tagung des Verfassungsausschusses am 23. Juni 1953, in: LDV, Mai-Juli 1953, S. 55-56.

aufhin zog Drees seine negative Äußerung zurück, verdeutlichte aber nachdrücklich, daß die Schaffung einer Zollunion eine conditio sine qua non für die Teilnahme der Niederlande an der EPG war. Das Kabinett, in dem Drees praktisch die Oberhand hatte, akzeptierte die abweichende Empfehlung des „Beyen-Komitees" in bezug auf die Zeitfixierung für die Zollunion nicht und forderte, daß die Errichtung einer Zollunion durch einen im Vertrag festgelegten Termin gewährleistet werden sollte.[690]

Bei der Abfassung des neuen Memorandums vom 5. Mai ignorierte Beyen deswegen den Vorschlag des Beyen-Komitees in bezug auf die Frist, ansonsten übernahm er alle Vorschläge in seinem Memorandum. Beyen äußerte starke Bedenken, ob die wirtschaftliche Bestimmungen in bezug auf die dreistufige Frist (Artikel 84 des Verfassungsentwurfs: ein Jahr-fünf Jahre-fünf Jahre) eine ausreichende Garantie für die Verwirklichung der wirtschaftlichen Integration darstelle. Zu diesem Punkt wurde in dem Vertragsentwurf keine konkrete Maßnahme formuliert. Die niederländische Regierung, so machte er geltend, sei der Auffassung, daß die allmähliche Beseitigung der Einfuhrzölle auf dem Gebiet der Europäischen Gemeinschaft innerhalb von Fristen erfolgen müsse, die im Vertrag festzulegen seien, und daß gleichzeitig und innerhalb derselben Fristen die mengenmäßigen Beschränkungen auf dem Gebiet der Europäischen Gemeinschaft aufzuheben seien. Außerdem ließ Beyen vorläufig die institutionellen Fragen über die Direktwahl und die Zusammensetzung des Exekutivrates außer acht.[691]

Im Mai unternahmen zwei erfahrene Beamte (Generaldirektor für wirtschaftliche und militärische Kooperation im Außenministerium E.H. van der Beugel und Direktor der Abteilung für die auswärtigen wirtschaftlichen Beziehungen im Wirtschaftsministerium J. Linthorst) eine Rundreise zur Sondierung der Auffassung der anderen fünf Länder zu dem Beyen-Plan. Sie kamen zum Ergebnis, daß der Beyen-Plan als Basis der weiteren Verhandlungen gebraucht würde. In den anderen Staaten herrschten aber sehr unterschiedliche Meinungen zu der wirtschaftlichen Integration, weswegen nicht garantiert sei, daß ihre Regelung gemäß dem Beyen-Plan erfolge. In Brüssel und Luxemburg fanden sie keine ernsthaften Bedenken gegen den Beyen-Plan. In Rom stießen sie dagegen auf eine institutionalistische Haltung. Dort wurde der Beyen-Plan lediglich als ein Entwurf für die zukünftige Entwicklung der EPG angesehen. Die Bonner Regierung schien dem Beyen-Plan freundlicher gegenüberzustehen, aber ihre Absichten waren noch nicht endgültig festgelegt. Falls sie wirklich die wirtschaftliche Integration befürwortete, wurde erwartet, daß die deutsche Delegation mit ambitionierteren Plänen aufträte, z.B. in bezug auf die Währungsfrage, worauf einzugehen Beyen immer noch für verfrüht hielt. Unglücklicherweise konnte die niederländische Delegation sich über eine klare Einstellung in Paris wegen der Regierungskrise nicht erkundigen.[692] Die beiden Beamten vertraten die obigen Thesen des Beyen-Komitees. Interessant war, daß sie in Bonn ihr Interesse an der allgemeinen Koordinierung der Wirtschaftspolitik und in Paris ihre Bereitschaft zu einer flexiblen Zeitbestimmung signalisierten.[693]

---

690 Griffiths/Milward, The Beyen-Plan and the European Political Community, S. 604.
691 PAAA II, Bd. 898, AZ 224-90 Bd. II, Memorandum der Regierung der Niederlande betreffend die Europäischen Gemeinschaften, und beigefügter Schreiben Beyens, Geheim, 5.5.1953.
692 Harryvan, A.J. (et al), Dutch Attitudes, S. 343-344.
693 AMAE DE-CE 45-60, CECA, Vol. 521, Bl. 315-319, DGAEF, Service de CE, Note pour le Président, 28. Mai 1953, a.s./Entretiens franco-hollandais sur le plan Beyen; PAAA II, Bd. 898, AZ

Diese These wurde auch auf der Kabinettssitzung vom 20. Juli zur Vorbereitung der Rom-Konferenz wegen der Hartnäckigkeit des Ministerpräsidenten nicht aufgenommen. Beyen schlug vor, die Delegation zu instruieren, den Zeitraum von 10 Jahren, innerhalb deren ein gemeinsamer Markt verwirklicht werden sollte, vorzulegen. Er setzte sich durch, obwohl Drees diesen Zeitraum selbst als zu lang ansah. Beyen begründete, daß, wenn der Zeitplan gekürzt würde, viele komplizierte Fragen auf einmal entstünden, so daß die ganze Diskussion scheitern könnte.[694] In der institutionellen Frage war das Kabinett bereit, die Empfehlungen des Beyen-Komitees aufzunehmen. Auf Grund dieser Beschlüsse legten die Niederlande ihre Auffassungen in Form von Vertragsartikeln nieder und sandten sie Anfang August 1953 an die fünf anderen Regierungen.[695]

2. Belgien

Nach der Ratifizierung des EVG-Vertrags in Bonn im März 1953 wurde Brüssel von den USA fortwährend unter Druck gesetzt, den Vertrag so schnell wie möglich zu ratifizieren. Im belgischen Parlament war die EVG mehrheitsfähig. Das Problem lag nicht in der Frage der Vereinbarkeit des EVG-Vertrages mit der Verfassung selbst, sondern darin, daß die Revision der Verfassung eine Neuwahl erforderte, und daß die PSC, der van Zeeland angehörte, voraussichtlich den Wahlkampf gegen die PSB (Parti Socialiste Belge) verlieren würde. Die PSC war der Meinung, daß der EVG-Vertrag nicht inkompatibel mit der Verfassung war. Hingegen forderte die PSB zuerst die Revision, danach die Ratifikation des EVG-Vertrags, obwohl ihre juristische Kommission den Vertrag als kompatibel mit der Verfassung beurteilte. Die PSB war angesichts des EVG-Vertrags gespalten, auf der einen Seite standen Spaak, Dehousse und Buset, auf der anderen Rolin, Larock, Anseele und andere viele flämische Abgeordnete, die wegen ihrer pazifistischen Tradition die Wiederbewaffnung Deutschlands selbst ablehnten und ihre Hoffnungen auf die Ost-West-Entspannung setzten. Die ersteren forderten zuerst die Ratifikation des EVG-Vertrags, die letzteren dagegen zuerst die Revision, in der Erwartung, daß sich inzwischen die internationale Situation geändert haben würde; sie waren den französischen EVG-Gegnern Moch und Hamon gleichgesinnt. Im Streit beider Seiten wurde parteipolitisches Kalkül mit einbezogen: Die PSB beschloß im März 1953, daß der EVG-Vertrag in einer neu gewählten Konstituante ratifiziert werden solle, in der Hoffnung, daß sie in den nächsten Wahlen gewinnen würde. Die Partei, die der Übertragung der Souveränität unter Voraussetzung der demokratischen Kontrolle zustimmen wollte, fand sich mit dem Verfassungsentwurf der Ad-hoc-Versammlung ab. Dagegen stellte dieser Entwurf für van Zeeland ein Hindernis für die Ratifizierung des EVG-Vertrags dar, weil er diese supranationale politische Gemeinschaft nicht haben wollte. Er wollte nicht zu eilig vorgehen. Letztendlich wurde die EVG im November 1953 ratifiziert, und zwar vor der Revision der Verfassung.[696]

224-90 Bd. II, Dr. H. Müller, Vermerk, 3. Juni 1953, betr: Besuch von van den Beugel und Linthorst Homan, am Freitag, den 29. Mai 1953.
694 Griffiths/Milward, The Beyen-Plan and the European Political Community, S. 607.
695 PAAA II, Bd. 898, AZ 224-90 Bd. II, Bl. 200-210, Niederländische Aufzeichnung über die wirtschaftliche Integration, 3. August 1953.
696 Thierry E. Mommens and Luc Minten, The Belgian Socialist Party, in: Griffiths, R.T. (ed.), So-

Gemäß einem Artikel von Rebuffat, einem Spezialisten der europäischen Frage, in „Le Soir" (16. April 1953) war van Zeeland der Ansicht, es sei nicht nötig, zu „lier trop étroitement le problème de la Communauté politique et celui de l'armée européenne". Für ihn war die politische Integration nicht so dringlich, wenngleich er eingestand, daß die europäische Armee einen politischen Überbau benötigte. Denn die NATO könne eine politische Funktion für die Europa-Armee ausüben.[697] Van Zeeland machte in einem Brief an Christian Calmes (Sekretär des Ministerrates der EGKS) vom 8. April 1953 noch einmal die Divergenz zwischen dem belgischen Standpunkt und dem Verfassungsentwurf der Ad-hoc-Versammlung klar, hinsichtlich des Sessesionsrechts, des Paritätsprinzips des Senats, einer stärkeren Rolle des Ministerrates und der stärkeren Betonung der wirtschaftlichen Integration. In der Kammerkommission für Auswärtige Angelegenheiten am 21. April 1953 legte van Zeeland seine vier grundlegenden Einwände vor.[698]

Die vom Außenminister eingesetzte Studienkommission (Cornil Kommission) für die europäische Integration legte ihre Untersuchungsergebnisse am 13. April 1953 vor. Über allgemeine Grundlagen der europäischen Gemeinschaft: „Es muß sich ohne Einschränkung der Gedanke durchsetzen, daß die europäischen Institutionen niemals stark genug sein werden, um sich über die grundlegenden Interessen der Staaten hinwegzusetzen." Die Gemeinschaft müsse den Charakter einer Gemeinschaft souveräner Staaten haben, die ihre Eigenschaft als Völkerrechtssubjekt bewahren sollten. Die Satzung müsse ein Sezessionsrecht beinhalten; das bedeutete die Streichung der Unauflöslichkeitsklausel. Der Senat sollte paritätisch gebildet werden. In diesem Fall könne auch eventuell das demographische Prinzip für die Völkerkammer akzeptiert werden. Über die Frage der direkten oder indirekten Wahl bestand keine einheitliche Auffassung. Die Mehrzahl der Kommissionsmitglieder war der Meinung, daß es wenigstens in Belgien nicht wünschenswert wäre, schon für die erste Legislaturperiode die unmittelbare Wahl einzuführen, wie Wigny in der Verhandlungen der Ad-hoc-Versammlung geltend gemacht hatte. In bezug auf die Befugnisse der Legislative sollte keine Zuständigkeit durch Gesetz der Gemeinschaft übertragen werden. Über die Ernennung des Präsidenten des Exekutivrats gab es keine besonderen Einwände, doch hinsichtlich der Zusammensetzung des Exekutivrats herrschte Uneinigkeit. Er sollte aus sieben europäischen und sechs nationalen Ministern gebildet werden, die den jeweiligen Regierungen angehörten. Diese Forderung bedeutete die stärkste Abweichung des belgischen Vorschlags von der gegenwärtigen Regelung. Ihre Verwirklichung hätte eine völlige strukturelle Veränderung des institutionellen Systems bedeutet. Die Kommission betonte die festzulegende wirtschaftliche Zuständigkeit, die von Anfang an bestehen müsse. Deren Inhalt solle die Konvertierbarkeit der Währung und Verwirklichung eines allumfassenden gemeinsamen Marktes sein. Die Verwirklichung solle

---

cialist Parties and the Question of Europe in the 1950's, S. 140-161, hier S. 151-152; Bericht über die Behandlung des Vertragsentwurfes nach dem 10. März 1953, vorgelegt von Dr. von Brentano auf der Tagung des Verfassungsausschusses am 23. Juni 1953, in: LDV, Mai-Juli 1953, S. 29-31; Dumoulin, M., Les paradoxes de la politique belge, S. 355.

697 AMAE Europe 44-60, Généralités, Vol.78, Bl. 158-159, Télégramme de Rivière à MAE, 16. avril 1953.

698 BA NL von Brentano 118, Schreiben Blankenhorn an von Brentano, 16.4.1953; AMAE Europe 44-60, Généralités, Vol.78, Bl. 164-166, Télégramme de Reviere à MAE, 22 avril 1953, a.s Position de Van Zeeland sur la CPE; PAAA II, Bd. 859, AZ 224-20/7, S. 34, Pfeiffer an Auswärtiges Amt, Betr.: Belgien und Politische Europäische Gemeinschaft, 28. April 1953.

durch die Koordinierung der Wirtschaftspolitik der Mitgliedstaaten erfolgen. Dabei solle die Gemeinschaft die Rolle eines Koordinierungsorgans spielen. Insgesamt bedeuteten die Vorschläge dieser Studienkommission eine wesentliche Änderung des Systems des Verfassungsentwurfes in Richtung einer Gewichtsverlagerung auf die Mitgliedstaaten.[699]
Die Ausführungen des belgischen Außenministers waren in mehreren Punkten verschieden von denen seines niederländischen Amtskollegen. Hieraus war erklärbar, daß van Zeeland den niederländischen Vorschlag für die Zusammenkunft zwischen der belgischen Studienkommission und der niederländischen zur vorherigen Koordinierung beider Länder und zur Stärkung kleiner Länder bei der Zusammenkunft der Außenminister ablehnte.[700] Sogar hinsichtlich der wirtschaftlichen Integration distanzierte sich van Zeeland von Beyen, was beim Gespräch mit dem nach Brüssel eingeladenen deutschen Wirtschaftsminister Erhard am 4. Mai 1953 zutage trat. Erhard gab seiner Auffassung Ausdruck, daß die EZU und der Beyen-Plan auf das Engste zusammenhingen und insbesondere die Lösung der Konvertierbarkeit in weltweitem Maßstab eine unabdingbare Voraussetzung dafür sei, daß die Integration nicht zu Zentralismus, Dirigismus und Autarkie führen würde. Van Zeeland stimmte ihm hierin mit großem Nachdruck bei. Er formulierte seine Auffassung, daß der Abschluß einer politischen Gemeinschaft abgelehnt werden müsse, wenn nicht gleichzeitig die wirtschaftspolitische Basis geschaffen würde. Andernfalls müßte eine politische Katastrophe eintreten. Die Entwicklung der Wirtschaftsunion der Benelux-Staaten hat offensichtlich den belgischen Ministern (dabei auch der Außenhandelsminister Meurice) in diesem Punkte besonders eindringliche Erfahrungen vermittelt. Meurice hob dazu hervor, daß bei der europäischen Integration die Zollfragen zweifellos an letzter Stelle kämen; entscheidend sei die Beseitigung der quantitativen Restriktionen und aller sonstigen modernen Eingriffe, welche die Wettbewerbsbedingungen verzerre, und vor allem die monetäre Frage. Dazu sei noch die Harmonisierung der Gehälter, des Streikrechts und der Emigration und Immigration erforderlich. Beide Seiten zeigten sich von der Erörterung und der zutage getretenen Übereinstimmung der Auffassungen sehr befriedigt. Nach Meinung des deutschen Botschafters in Brüssel Pfeiffer beruhte diese Übereinstimmung weitgehend auf dem Umstand, daß beide Länder in ihrer Struktur als stark bevölkerte Industrieexportstaaten dieselbe Wirtschaftsstruktur hätten und dabei von denselben Prinzipien einer liberalen Wirtschaftspolitik beseelt wären.[701]
In den Sitzungen des Senats vom 28. bis zum 30. April 1953 kritisierte Dehousse den Außenminister in seiner EPG-Konzeption, vor allem in folgenden Punkten: a) Errichtung eines Senats mit gewichteter Stimmverteilung, b) Ausschluß des Sezessionsrechts, c) möglichste Einschränkung der Einstimmigkeit im Ministerrat; d) Aufbau der Exekutive, wie er im Vertragsentwurf vorgesehen war. Van Zeeland erwiderte, daß die Entwicklung innerhalb der

---

699 Bericht über die Behandlung des Vertragsentwurfes nach dem 10. März 1953, vorgelegt von Dr. von Brentano auf der Tagung des Verfassungsausschusses am 23. Juni 1953, in: LDV, Mai-Juli 1953, S. 32-34; AMAE Europe 44-60, Généralités, Vol.78, Bl. 179-182, Télégramme de Rivier (Bruxelles) à MAE, 28. avril 1953; PAAA II, Bd. 859, AZ 224-20/70, Bl. 42-47, von Puttkamer, Analyse der belgischen Stellungnahme zum Entwurf der Satzung einer Europäischen Gemeinschaft (Bericht des Ausschusses für Europäische Studien), Bonn, den 4. Juni 1953.
700 Dumoulin, M., Les paradoxes de la politique belge, S. 354f.
701 PAAA II, Bd. 898, AZ 224-90 Bd. II, Bericht Pfeiffer an Auswärtiges Amt, betr.: Besuch des Bundeswirtschaftsministers Prof. Erhard in Brüssel, Streng vertraulich, 5.5.1953; Dumoulin, M., Les paradoxes de la politique belge, S. 355-356.

NATO, die zeige, daß auch auf das Prinzip der Einstimmigkeit gegründete Organisationen gute Dienste leisten können, auf die EPG Auswirkungen haben könnte.[702] Spaak griff van Zeeland in der Sitzung des Sonderausschusses des Parlaments für die EVG vom 11. Juni 1953 an. Er war der Ansicht, daß die Minister der sechs Länder im Oktober einen Vertrag über die Politische Gemeinschaft abgeschlossen haben könnten, stellte aber die Frage, ob das den Absichten des belgischen Ministers entspräche. Van Zeeland erklärte, die belgische Regierung könne nicht akzeptieren, sich an einen festen Zeitplan zu binden.[703]

3. Frankreich

Der Auswärtige Ausschuß und der Militärische Ausschuß der Nationalversammlung zeigten mehr und mehr eine gegen die EVG gerichtete Tendenz. Debré und andere EVG-Gegner beschleunigten ihren Kampf gegen die EVG mit allen Mitteln. In der Presse machte sich Fatalismus breit, der etwa in Schlagzeilen wie „Renaissance allemande, Décadence française" (Le Monde vom 20. September 1953) zum Ausdruck kam. Der Sozialist Lapie forderte, die EVG mit einer Art Rüstungspool, in der die Deutschen im Bereich der Rüstungsindustrie kontrolliert würden und die Franzosen ihre Einheit der Armee weiter bewahren könnten, zu ersetzen. Der Zwist zwischen pro- und kontra-EVG wurde als „une nouvelle affaire Dreyfus" bezeichnet, insofern als Parteien und öffentliche Meinung in Frankreich in diesem Kampf in zwei Gruppen geteilt wurden. Vor der Eröffnung der Rom-Konferenz im September konnte niemand voraussagen, wann und wie Frankreich den EVG-Vertrag in der Nationalversammlung ratifizieren lassen würde, und ob dieser Vertrag derzeit dort mehrheitsfähig war.[704]

Die Unsicherheit der französischen Europapolitik wurde durch den Regierungswechsel zum einen und durch die innen- und außenpolitische Krise zum anderen verschärft. Am 4. August, mitten in der Urlaubszeit, legten die Postbediensteten in Bordeaux aus Protest gegen die geplante Anhebung der Altersruhegrenze die Arbeit nieder und lösten damit einen Massenprotest aus, der sich bis Mitte des Monats auf 15 Millionen Streikende im ganzen Land ausweitete. Nur zögernd entschloß sich die von der Entwicklung überraschte Regierung zu Verhandlungen, in denen sie Anfang September große Zugeständnisse an die Streikenden machte. Gleichzeitig erreichte die marokkanische Krise ihren Höhepunkt, als der dortige französische Generalresident ohne Zustimmung der französischen Regierung den nach Unabhängigkeit strebenden Mohammed V. absetzen ließ und durch einen neuen, von ihm abhängigen Sultan ersetzte. Bidault deckte das gewaltsame Vorgehen des Generalresidenten nachträglich.

---

702 Bericht über die Behandlung des Vertragsentwurfes nach dem 10. März 1953, vorgelegt von Dr. von Brentano auf der Tagung des Verfassungsausschusses am 23. Juni 1953, in: LDV, Mai-Juli 1953, S. 24-26
703 Ibid., S. 26-27.
704 PAAA III B11(Frankreich), Bd. 90-1, Telegramm von Walter an Auswärtiges Amt, 25.3.1953; Bericht über die Behandlung des Vertragsentwurfes nach dem 10. März 1953, vorgelegt von Dr. von Brentano auf der Tagung des Verfassungsausschusses am 23. Juni 1953, in: LDV, Mai-Juli 1953, S. 34-35; Michel Debré, Contre l'Armée Européenne, in: Politique Etrangère (18°année) n°4 (septembre-octobre), Paris 1953, S. 367-400; AN 457 AP 34, Mémorandum sur la Communauté européenne d'armement, P.O. Lapie, 22.7.1953; Bruce David, Thursday September 17, 1953, DB 14 September-December 1953; Le Monde, 20.9.1953, Maurice Duverger, Renaissance allemande, Décadence française.

Im Indochinakrieg, für den Frankreich viele Energien einsetzte, gab es nur geringe Chancen auf den Sieg. Den Verantwortlichen in Paris dämmerte es, daß der kolonialpolitische Teufelskreis aus Repression und Gewalt durchbrochen werden mußte, wenn die französischen Regierung ihre Handlungsfähigkeit erhalten wollte.[705] Die Ablösung der Regierung Mayers durch die Laniels änderte jedoch die französische Europapolitik nicht grundsätzlich.

Seitdem Bidault einen Standpunkt zwischen pro-EVG und kontra-EVG einnahm, schlugen die Spitzenbeamten des Quai d'Orsay nicht mehr offen vor, auf die supranationale Sechser-Gemeinschaft ganz zu verzichten. Statt dessen tendierten sie dazu, die supranationalen Züge des Verfassungsentwurfs der Ad-hoc-Versammlung weitgehend in eine konföderale Form umzuwandeln. Sie sahen daher den Verfassungsentwurf der Ad-hoc-Versammlung keineswegs als Basisdokument für weitere Verhandlungen an. Sie kritisierten ihn immer noch an den Punkten der wirtschaftlichen Integration, der außenpolitischen Koordinierung, der supranationalen Struktur (vor allem des Exekutivrates) und nicht zuletzt der Frage nach dem Verhältnis zwischen der Union Française und der Gemeinschaft.

Wormser machte auf die zwei wesentlichen Grundgedanken Beyens aufmerksam: „1) L'intégration économique constitue le seul moyen de parvenir rapidement à une modernisation de l'appareil de production des pays de l'Europe Occidentale. 2) Ce but ne sera atteint que si la concurrence peut jouer aussi bien à l'intérieur qu'à l'extérieur des pays participants".[706] Mit dieser Wechselwirkung zwischen Konkurrenz, Modernisierung und Wachstum war er nicht einverstanden. Für ihn waren soziale Sicherung und gerechte Verteilung des wirtschaftlichen Gewinns eine ebenso wesentliche Komponente für die französische Wirtschaftspolitik. Er mußte jedoch damit rechnen, daß dieser liberale ökonomische Gedanke von den USA durchaus positiv aufgenommen würde. Hinzu kam, daß sein Chef Bidault auf die europäische Integration nicht ganz verzichten wollte. Daher mußte Wormser der Notwendigkeit der wirtschaftlichen Integration in der Sechser-Gemeinschaft grundsätzlich zustimmen.

Nach Wormser nahm das föderalistische Merkmal eine Vorrangstellung im Verfassungsentwurf der Ad-hoc-Versammlung ein. Gemäß Artikel 84 über die Frist der wirtschaftlichen Integration, so kritisierte er, liege die tatsächliche Kompetenz zur Realisierung eines gemeinsamen Marktes ausschließlich in der Hand der EPG. Selbst wenn man diese Interpretation nicht annehme, so werde in der Praxis die EPG, dem Vetorecht zum Trotz, die Initiative zur wirtschaftlichen Integration monopolisieren, „grâce à de l'acier et aux ressources financières considérables dont il disposera".[707] Die Umstellungsfonds, zusammen mit dem gemeinsamen Rüstungsprogramm, würden „une source de revenus", die eine nicht unterschätzende Bedeutung für die föderale Macht habe. „Le réarmement appauvrira les premiers (les budgets nationaux, d. V.) mais enrichira le second (le pouvoir fédéral, d. V.); celui-ci sera bientôt seul en mesure de financer l'extension du marché commun."[708] Wormser kritisierte an dem Verfassungsentwurf das unklare Entscheidungsverfahren während der zweiten Fünf-Jahres-Phase,

---

705 Rémond, René, Histoire de la France, Tome7, Notre Siècle, Paris 1988, 454-457.
706 AMAE DE-CE 45-60, CECA, Vol. 521, Bl. 295-298, DGAEF, Service de CE, AF/AD, Note pour la président, 9 mai 1953, a/s. Lettre et memorandum hollandais du 5 mai 1953.
707 AMAE Europe 44-60, Généralités, Vol.78, Bl. 167-173 DGAEF Service de CE. Note pour le President, 23.4.1953, a.s. attributions économiques de la Communauté Européenne.
708 Ibid.

in der das Vetorecht aufgehoben werden sollte. Deswegen könne das folgende unglückliche Beispiel eintreten. „Supposons qu'au terme de la période de cinq ans, le Conseil Exécutif propose d'établir la liberté de la circulation de la main d'oeuvre dans un secteur industriel ou agricole déterminé; trois membres du Conseil des Ministres nationaux représentant des pays à main d'oeuvre excédentaire (Allemagne, Italie, Pays-Bas) y sont favorables; deux autres membres (France, Belgique) y sont opposés; le représentant du Luxembourg, soumis à des pressions diverses, s'abstient. Le conseil Exécutif pourra-t-il passer outre à l'opposition franco-belge?"[709] Er hielt die automatische Reduzierung der Tarife und der quantitativen Beschränkungen gemäß Artikel 84 des Verfassungsentwurfs der Ad-hoc-Versammlung für völlig unannehmbar, aber er verneinte die Notwendigkeit der wirtschaftlichen Integration nicht. Daher schlug er eine nicht automatische, sondern in Abstimmung der nationalen Regierungen progressive Reduzierung der Tarife und Kontingente vor, eine ähnliche Prozedur wie in der OEEC.[710] Unter diesen Voraussetzungen hielt Wormser die in Artikel 82 vorgesehenen allgemeinen Ziele (Koordination der Geld-, Finanz- und Kreditpolitik unter den Mitgliedstaaten) für annehmbar. Für ihn war die Errichtung des „Fonds européen de réadaptation" wünschenswert.[711] Wormser kritisierte an dem Verfassungsentwurf auch die Freizügigkeit der Menschen (Artikel 83; die Freizügigkeit der Soldaten der Europa-Armee). Anders als bei den Urhebern dieses Artikels, den übervölkerten Ländern Italien und Westdeutschland sei der Artikel 83 in Frankreich unpopulär. Daher sei erwünscht, daß dieser Artikel gestrichen und die Frage der Freizügigkeit der Arbeitskräfte nach dem Muster der EGKS geregelt werde.[712] Wormsers Argumentation betonte die Nachteile, die die wirtschaftliche Integration in der Union Française herbeiführen würde: Öffnung der Märkte der überseeischen Gebieten für die BRD und Italien ohne entsprechend Gegenleistungen und Verlust der Frankreich zuerkannten verschiedenen Privilegien in den überseeischen Gebieten.[713]

Am 27. Mai 1953 suchten zwei niederländische Spitzenbeamte im Außenministerium, van der Beugel und Linthorst-Homan, den Chef des Service der wirtschaftlichen Kooperation auf. Sie wiesen, unter Rücksicht auf die schwierige wirtschaftliche Situation Frankreichs, darauf hin, daß die wirtschaftliche Integration nicht „brutalement" vorangehen solle. Die holländische Regierung stellte sich gegen die in Artikel 84 des Verfassungsentwurfs vorgesehenen

---

709 Ibid.
710 AMAE DE-CE 45-60, CPE Vol. 578, Bl. 229-240, Note sur l'Union économique européenne, 5 mars 1953; Ibid., Bl. 264-269, Problèmes monétaires internationaux, 13 mars 1953; AMAE DE-CE 45-60, CECA, Vol. 521, Bl. 306-314, DGAEF, Service de CE, Note, 23 mai 1953, a.s./ Communauté Européenne Mouvement des capitaux, Mouvement des marchandises, (für Charpentier, directeur adjoint des affaires politiques et économiques); AMAE DE-CE 45-60, CECA, Vol. 522, Bl. 178-182, DGAEF, Services de CE, Note, 10 juin 1953, a.s./ Conférence de Rome.
711 AMAE DE-CE 45-60, CECA, Vol. 521, Bl. 306-314, DGAEF, Service de CE, Note, 23 mai 1953, a.s./ Communauté Européenne Mouvement des capitaux, Mouvement des marchandises, (für Charpentier); AMAE DE-CE 45-60, CECA, Vol. 522, Bl. 178-182, DGAEF, Services de CE, Note, 10 juin 1953, a.s./ Conférence de Rome.
712 AMAE DE-CE 45-60, CECA, Vol. 521, Bl. 299-305, DGAEF, Service de CE, Note, 20. mai 1953, a.s./ Communauté Européenne Mouvement de main-d'oeuvre (für Charpentier).
713 AMAE DE-CE 45-60, CPE Vol. 578, Bl. 258-263, L'Union Française et l'Europe, 13.3.1953; AMAE DE-CE 45-60, CPE Vol. 578, Bl. 320-338, Le crépuscule de l'Europe à six, 2.5.1953, Autor unbekannt. Inhaltlich gesehen wurde diese Note auch von Wormser verfaßt.

drei Etappen (ein Jahr-fünf Jahre-fünf Jahre) für die Realisierung eines gemeinsamen Marktes. Sie hatte Angst davor, daß während der sechs Jahre nichts passiere und danach „trop brusques" Entscheidungen gefällt würden. Die zwei Besucher wollten damit die französischen Ängste vor der Konkurrenz und Unruhe, die der Beyen-Plan hervorbringen konnte, besänftigen. Wormser stellte jedoch keine Überlegungen an, einen Kompromiß mit den Niederländern zu schließen, sondern degradierte vielmehr nach wie vor all diese Versuche zum „saut dans l'inconnu".[714]

Die Abteilung Europa des Quai d'Orsay kritisierte am Verfassungsentwurf der Ad-hoc-Versammlung nach wie vor, daß dieser zu weit ginge, indem die Koordination der allgemeinen Außenpolitik der beteiligten Staaten durch die EPG vorgesehen wurde (Artikel 2 §3 und 69). Sie sah auch den Absatz 2 des Artikels 68 („Zu diesem Zweck kann der Europäische Exekutivrat durch einstimmigen Beschluß des Rates der nationalen Minister zum gemeinschaftlichen Beauftragten der Mitgliedstaaten bestellt werden") als „une formule beaucoup plus expéditive" an, weil die Gemeinschaft wie ein Staat über die außenpolitische Befugnis verfügen könne, wenn diese Entscheidung einmal getroffen würde. Ihre Kritik beruhte nach wie vor grundsätzlich darauf, daß diese winzige Erweiterung der Kompetenz der Gemeinschaft nicht vereinbar war mit den Siegermächterechten Frankreichs über Deutschland, mit der Weltmachtposition Frankreichs in der NATO, in der UNO und in den Beziehungen zu den USA und nicht zuletzt mit dem französischen Interesse an der Union Française.[715]

Aus Sicht der Abteilung Europa des Quai d'Orsay war die Supranationalität im Exekutivrat problematisch. Sie warnte auch vor den schwer einzuschätzenden nachteiligen Konsequenzen, die die Direktwahl in den überseeischen Gebieten mit sich bringen würde.[716] Gros stellte des weiteren die Kompatibilität des EVG-Vertrags und des Verfassungsentwurfes mit der französischen Verfassung im Hinblick auf die gesetzgeberische Gewalt und die Union Française in Frage. Bidault beauftragte A. Gros, eine Gegenargumentation gegen Debrés Vorwurf der Inkompatibilität des EVG-Vertrags mit der französischen Verfassung zu entwickeln, dieser aber lehnte den Auftrag mit dem Hinweis darauf ab, daß er die Auffassung Debrés teile. Die Aufgabe fiel dann Professor Reuter zu.[717]

---

714 AMAE Europe 44-60, Généralités, Vol.78, Bl. 167-173 Direction Générale des Affaires Economiques & Financières Service de CE. Note pour le Président, 23.4.1953, a.s. attributions économiques de la Communauté Européenne; AMAE DE-CE 45-60, CECA, Vol. 521, Bl. 315-319, DGAEF, Service de CE, Note pour le Président, 28. Mai 1953, a.s./Entreteins franco-hollandais sur le plan Beyen.

715 AMAE Europe 44-60, Généralités, Vol.78, Bl. 183-193, Direction générale politique Europe S/D du Conseil de l'Europe, Note, 28 avril 1953, a/s: Attributions de la Communauté politique en matière de relations internationales; AN 457 AP 42, Mise au point concernant les problèmes d'intégration européenne, 4 mai 1953; AMAE DE-CE 45-60, CPE, Vol. 578, Bl. 355-357, DGAP, Europe, Note 5.5.1953, A/S. Projet de statut de Communauté Européenne; AMAE DE-CE 45-60, CPE Vol. 578, Bl. 402-409, DGAP, Europe, s/Direction du Conseil de l'Europe, Note, 5.6.1953, A/S. Conférence de Rome pour l'étude du projet de Communauté Européenne.

716 AMAE DE-CE 45-60, CECA, Vol. 521, Bl. 261-268, le conseiller juridique (Lucien Hubert), Note au sujet du projet de traité portant statut de la communauté européenne, 17 mars 1953; AN 457 AP 40, Seydoux, Note, 16.4.1953, A/S. Communauté politique : Réunion des Six Ministres des Affaires Etrangères.

717 AMAE Europe 44-60, Généralités, Vol.78, Bl. 194-195, Direction générale politique Europe, Note, 28. avril 1953, a/s: compatibilité du projet de statut avec la Constitution française; AN 457 AP

Die Frage des Verhältnisses der französischen überseeischen Gebiete zu der Europäischen Gemeinschaft stellte einen gemeinsamen Nenner für die Argumentation dar, den supranationalen Verfassungsentwurf der Ad-hoc-Versammlung durch einen flexiblen und konföderalen Entwurf zu ersetzen. Daher hielt Seydoux diese Frage für „une importance fondamentale". Parodi erklärte Blankenhorn ausführlich, warum die französische Regierung bei den Verhandlungen über die EPG vorsichtig vorgehen mußte: nämlich wegen der außereuropäischen Interessen Frankreichs. Die französische Presse warnte vor Deutschlands großem Interesse an der Idee der „Eurafrique", der zufolge Afrika genügend benötigte Rohstoffe nach Europa liefern konnte. Sie machte auf die vor kurzem publizierten deutschen Bücher, z.B. „Afrika, Europas Gemeinschaftsaufgabe Nr.1" von Anton Zischka und „Rohstoffe - Der Kampf um die Güter der Erde" von Walther Pahl, aufmerksam. Diese Wahrnehmung war repräsentativ für die Haltung des Quai d'Orsay.[718]

Die interministerielle Zusammenkunft zwischen dem Außenminister, dem Ministre de la France d'Outre-Mer, dem Innenminister und dem Ministre des Etats associés fand am 27. April im Büro des Generalsekretärs des Quai d'Orsay, Parodi, statt, um über die Konsequenzen des Verfassungsentwurfes in bezug auf die Union Française zu beraten.[719] Bourgeot war der Meinung, daß die Direktwahl nachteilig sei, da sie die überseeischen Gebiete in direkten Kontakt zu fünf anderen Staaten setze. Es sei wünschenswert, daß das europäische Parlament aus den aus der Mitte der nationalen Parlamenten gewählten Abgeordneten bestehe. Ratineau machte darauf aufmerksam, daß der Verfassungsentwurf den überseeischen Gebieten einen „itinéraire de fuite" anböte. Roaux fürchtete, daß der Verfassungsentwurf die Trennung von Algerien, Marokko und Tunesien vom Mutterland herbeiführe. Bardet äußerte die Sorge, daß zum einen, wenn die assoziierten Staaten an der EPG, egal in welcher Form, teilnähmen, ihre direkten Kontakte zu den fünf anderen Staaten die enge Verbindung zwischen ihnen und Frankreich zunichte machen würden, zum anderen daß, wenn sie außerhalb der EPG stünden,

---

34, A. Gros (Le jurisconsulte), Note pour le cabinet du ministre (Mr. Merveilleux du Vignaux), 15 juillet 1953, confidentielle; Ibid., Note du professeur Reuter sur la Proposition de le Sénateur Debré, 15.7.1953; AN 457 AP 34, Note à l'attention personnelle de Mr. Bidault, Entre le Traitée d'armée européenne et la constitution, undatiert.

718 AN 457 AP 40, DGAP Europe, FS/CUB, Note, 28.4.1953, A/S. Réunion des Six Ministres des Affaires Etrangères du 12 Mai sur la Communauté Européenne; BA NL Blankenhorn 24, Bl. 139, Tagebuch, Donnerstag, 17.9.1953; PAAA II, Bd. 853, 224-00-01, von Walther (Paris) an Auswärtiges Amt, Betr.: Artikel des französischen Journalisten François Charbonnier in „France-Afrique" und „Cette Semaine" (28.5.1953), 11. Juni 1953.

719 AMAE Europe 44-60, Généralités, Vol.78, Bl. 140, Bidault à Ministère de la France d'outre-mer, de l'Interieur et des Etats associés, 10. avril 1953; AN 457 AP 42, Compte-rendu de la réunion du 27. Avril concernant le problème des rapports entre l'Union Française et la Communauté Européenne, 28. avril 1953. Daran nahmen das Außenministerium (Parodi, de la Tournelle (directeur des Affaires politiques), Marchal (directeur d'Afrique-Levant), Jurgensen (Sous-directeur d'Afrique.Levant), Salade (directeur d'Asie), Argod (de la Direction d'Europe), Valery (de la Direction Economique)), das Kabinett des Präsidenten des Ministerrates (Burin des Roziers, Conseiller diplomatique au cabinet du président du conseil), le Ministère de la France d'Outre-Mer (Ratineau, du Cabinet du Ministre, Bourgeot, Sous-Directeur aux Affaires politique, Servoise, de la Direction des Affaires politiques) le Ministère des Etats associés (Aurillac, directeur des Services politiques, Bardet, directeur-adjoint) le Ministère de l'Intérieur (Roaux, sous-directeur d'Algérie) teil.

Frankreich seine Führungsrolle über die assoziierten Staaten verlieren würde. Burin des Roziers wies darauf hin, daß eine Studienkommission, die durch den Vorschlag R. Mayers im Rahmen des *Centre d'Etudes de Politique Etrangère* eingesetzt worden war, ihre Untersuchungsergebnisse bereits vor kurzem vorgelegt hatte. Es wurde vereinbart, daß die interessierten Ministerien ihre Standpunkte präzisierten und eine Konferenz unter ihnen an einem Tag zwischen dem 4. und 9. Mai stattfinden sollte.[720] Anhand der dem Verfasser bekannten Dokumente ist nicht feststellbar, ob diese Konferenz tatsächlich stattfand. Aber es ist eindeutig, daß die Auffassungen, die zwischen den Ministerien geäußert worden waren, später nicht geändert wurden. Zum Beispiel unterstützte der Minister de la France d'Outre Mer, L. Jacquinot, weiter Bourgeots Befürchtungen gegenüber der Direktwahl. Darüber hinaus machte er geltend, daß der supranationale Exekutivrat durch ein Sekretariat, dessen Chef vom Rat der nationalen Minister ernannt würde, ersetzt werden sollte. Er trat der Kompetenzerweiterung der EPG auf die Außenpolitik und auf die wirtschaftliche Integration entgegen.[721]
Die meisten Verantwortlichen für die Europapolitik im Quai d'Orsay stimmten diesen Ängsten in vollem Umfang zu. Jurgensen war weiterhin verantwortlich für die Abfassung der entsprechenden Noten. Er sah die Garantie des Artikels 101 des Verfassungsentwurfs als unzulänglich an. Darüber hinaus machte er geltend, daß die EPG „souple" werden sollte, um die Union Française als ganzes daran zu beteiligen, ohne die enge Verbindung zwischen ihnen und dem Mutterland in Frage zu stellen. Er befürwortete daher die indirekte Wahl des europäischen Parlaments, das die EVG und die EGKS demokratisch, z.B. durch die Bewilligung des Budgets, kontrollieren sollte. Er sprach sich gegen die Errichtung eines supranationalen Exekutivrats, dessen Aufgabe der Rat der nationalen Minister wahrnehmen konnte, und gegen jede Kompetenzerweiterung auf die Außenpolitik und die wirtschaftliche Integration aus.[722]
Die Untersuchungsergebnisse der Studienkommission, deren Vorsitzender General Catroux war und auf die Burin des Roziers hingewiesen hatte, bestanden aus zwei Teilen: 1. die institutionellen und politischen Aspekte, 2. die wirtschaftlichen Aspekte. Der Verfasser des ersten Teils war Jurgensen, der des zweiten Teils René Servoise aus dem Ministère de la France d'Outre Mer. Der erste Teil war identisch mit dem Konzept, das Jurgensen intern im Quai d'Orsay entwickelt hatte. Servoise vertrat die Haltung, daß die wirtschaftliche Modernisierung durch Integration und Konkurrenz notwendig war, aber er hielt die Sechser-Gemeinschaft für einen unzulänglichen Rahmen für die Entwicklung der Wirtschaft der französischen überseeischen Gebiete. Diese beiden Teile, die als eines der wichtigen Basisdokumente für die Feststellung des Standpunkts der französischen Regierung benutzt wurden, wurden in der Zeitschrift des Centre d'Etude de politique étrangère, „Politique Etrangère"

---

720 AN 457 AP 42, Compte-rendu de la réunion du 27. Avril concernant le problème des rapports entre l'Union Française et la Communauté Européenne, 28. Avril 1953.
721 AN 457 AP 42, Ministère de la France d'Outre-Mer, Direction des Affaires Politique, JB/CJ, Note, 5.5.1953, a.s. du projet de traité portant Statut de la Communauté Européenne (en ce qui concerne les TOM).
722 AN 457 AP 39, Direction d'Afrique-Levant sous-directiion d'Afrique, Note sur le problème des TOM dans les Travaux de l'Assemblée ad hoc, 23.3.1953; AN 457 AP 39, DGAP, Direction d'Afrique-Levant S/D d'Afrique, Note sur la position de la France en tant que puissance d'Outre-Mer, en présence du statut européen proposé par l'Assemblée ad hoc, 28.4.1953.

1953 veröffentlicht. Jurgensen wollte nicht als Verfasser des ersten Teils offenbart werden, weshalb der Verfasser von „l'Union Française et institutions européennes" als „XXX" bezeichnet wurde.[723]

Nun ist die Einstellung der Schlüsselfigur Bidaults zu betrachten. In seiner Investiturerklärung vom 10. Juni 1953 bekräftigte Bidault seine alte These: „Dank seiner Stärke von 120 Millionen Menschen kann Frankreich nicht nur seinen Platz in der Atlantischen Allianz halten, ohne in die Gefahr irgendeiner Abhängigkeit zu kommen, sondern es kann auch seine Hoffnung und seinen Ruf an den Aufbau Europas binden. (...) [In] Rom werden wir unsere Bemühungen um die Schaffung einer Europäischen Politischen Behörde fortsetzen, dabei dem Grundsatz treu bleibend: Europa aufbauen, ohne Frankreich abzubauen - ich möchte sagen - auch ohne die Französische Union abzubauen."[724] Was bedeuteten seine „mysteriösen" Redewendungen praktisch, z.B. „Europa aufbauen, ohne Frankreich abzubauen - ich möchte sagen - auch ohne die Französische Union abzubauen"? An den Noten, die Seydoux in Abstimmung mit Bidault verfaßte, ist dessen Position zu erkennen. Seydoux faßte die intern entwickelten Gedanken des Quai d'Orsay zusammen. Für ihn war der Verfassungsentwurf der Ad-hoc-Versammlung nicht annehmbar in bezug auf die außenpolitische Koordination, den gemeinsamen Markt, die Union Française und die supranationale Struktur des Exekutivrats. Er empfahl, daß zunächst das Mutterland (Metropole) in die EPG eintreten solle. Dementsprechend brauche Frankreich keine zusätzlichen Sitze in der Völkerkammer zu erhalten. Er nahm keine feste Haltung gegenüber der Direktwahl ein. Im Juni 1953 befürwortete er die Direktwahl für die Völkerkammer, ab Juli jedoch änderte er seine Meinung dahingehend, daß die Mitglieder der Völkerkammer in der ersten Periode aus der Mitte der nationalen Parlamente und danach von den Bevölkerungen direkt gewählt werden sollten. Hinzu kam das unbehagliche Gefühl, daß unter Umständen starke Befugnisse in die Hände eines Parlaments gelegt würden, in dem die französischen Abgeordneten zu einem Drittel aus Kommunisten bestünden. Der damit gegebene Stimmenausfall würde logischerweise den französischen Einfluß im Parlament schon rein zahlenmäßig unter den deutschen Einfluß herunterdrücken. Er trat der Errichtung eines supranationalen Exekutivrats äußerst entschieden entgegen. Seiner Meinung nach sollte statt dessen der Rat der nationalen Minister oder der Rat der Außenminister seine Rolle wahrnehmen. Sehr wahrscheinlich in Abstimmung mit Seydoux verfaßte Chatenet am 31. Juli 1953 einen Gegenentwurf für eine politische Gemeinschaft, der insgesamt aus 58 Artikeln bestand und im Hinblick auf die Institutionen und die Kompetenzen die bislang intern entwickelten Gedanken kompakt zusammenfaßte. Seydoux bereitete daraufhin eine Instruktion

---

723 AN 457 AP 42, »L'Union Française et la Communauté Européenne«, Rapport d'un groupe d'études du Centre d'études de politique étrangère, 15.4.1953, Première Partie: Les Aspects institutionnels et politiques, IIème Partie: les aspects économique; AN 457 AP 42, Lettre de Général Catroux (président du Groupe d'études de l'Union Française) à Bidault, 5.5.1953; XXX, l'Union Française et institutions européennes, in: Politique Etrangère (18°année) n°4 (septembre-octobre), Paris 1953, S. 267-276; R. Servoise, l'Union Française devant l'intégration économique européenne, in: Ibid., S. 278-306.

724 Bericht über die Behandlung des Vertragsentwurfes nach dem 10. März 1953, vorgelegt von Dr. von Brentano auf der Tagung des Verfassungsausschusses am 23. Juni 1953, in: LDV, Mai-Juli 1953, S. 48-49. Die Bildung der Regierung gelang Bidault zwar nicht, aber er konnte weiter als Außenminister bei der Laniel-Regierung bleiben.

für die französische Delegation der Regierungskonferenz in Rom vor. Außerdem sollten die Delegationen in Rom sich zunächst auf dieser Grundlage einig werden. Davor sollte die Konferenz nicht in die verschiedenen Unterausschüsse geteilt werden, sonst würden die Verhandlungen lediglich zu einer fruchtlosen Debatte führen.[725]
Zu der Bildung dieser Konzeption, die nichts anderes als eine Addition der EGKS und der EVG war und daher gar nicht dem Namen der politischen Gemeinschaft entsprach, trug Großbritannien verstärkt bei. Großbritannien ließ die sechs EGKS-Staaten seine Ansicht erkennen, der Verfassungsentwurf der Ad-hoc-Versammlung sei unzweckmäßig, weil er zu viel Macht in die Hände des Exekutivrats und des Parlaments übergebe. Durch die Einbeziehung von Kolonialgebieten würde die junge EPG mit einer Reihe von kitzligen und komplizierten Problemen belastet. Großbritannien hielt es für zweckmäßig, den Entwurf erheblich zu vereinfachen, indem eine politische Gemeinschaft geschaffen werden sollte, welche ganz einfach die EVG und die EGKS vereinigte und dieselben bis zu einem gewissen Grad der Kontrolle eines Europäischen Parlaments, welches zu Anfang nicht unmittelbar gewählt werden sollte, unterwarf.[726]
Bidault billigte diesen Entwurf. Er wollte mit dieser beinahe konföderalen Konstruktion der politischen Autorität die Gaullisten gewinnen oder sie zumindest zu einer Stimmenthaltung bei der Ratifikation des EVG-Vertrages bewegen. Außerdem versuchte er, um die gaullistischen Stimmen zu gewinnen, die Aufstellung der deutschen Kontingente zeitlich so zu verlangsamen, daß ein gewisses Gleichgewicht mit der französischen Truppenstärke auf dem Kontinent erhalten blieb. Diese Bitte wurde jedoch von Blankenhorn klar abgelehnt. Um die Stimmen der Sozialisten zu sichern, wollte Bidault nicht die EPG-Karte ausspielen, sondern die enge Assoziation Großbritanniens an die EVG nutzen. Bidault lehnte den Vorschlag der EPG-Befürworter, Alphand zu dem französischen Delegationsleiter der Rom-Konferenz zu ernennen, ab, weil man so mindestens dreißig gaullistische Stimmen für die Ratifikation des EVG-Vertrags verlieren würde.[727]
Bidault beabsichtigte ebenfalls nicht eine der europäischen Integration gegenüber ablehnend eingestellte Persönlichkeit des Quai d'Orsay zu ernennen, sondern den in dieser Sache gemäßigten französischen Botschafter in Rom, Fouques-Duparc, der sich jedoch den Spitzenbe-

---

725 AMAE DE-CE 45-60, CPE, Vol. 578, Bl. 355-357, DGAP, Europe, Note 5.5.1953, A/S. Projet de statut de Communauté Européenne; AMAE DE-CE 45-60, CPE, Vol. 578, Bl. 402-409, DGAP, Europe, s/Direction du Conseil de l'Europe, Note, 5.6.1953, A/S. Conférence de Rome pour l'étude du projet de Communauté Européenne; AN 457 AP 40, Chatenet, projet de traité instituant une Communauté Européenne, 31.7.1953; AMAE DE-CE 45-60, CPE Vol. 579, Bl. 94-102, DGAP, Europe, Note, 7.9.1953, A/S Communauté politique européenne; AN 457 AP 40, HA/MJ, DGAP, Europe, S/D du Conseil de l'Europe, Note, 7.9.1953, A/S Conférence de Rome pour l'étude du projet de Communauté politique; Bruce David, Notebook 14 September-December 1953, Monday September 14, 1953; BA NL Blankenhorn 24, Bl. 111-117, Schreiben von Blankenhorn (Paris) an Hallstein, 18.9.1953.
726 PAAA II, Bd. 887, AZ 224-32/24L, Bl. 297-299, Aide Mémoire, Großbritannien, 4.5.1953; AMAE Europe 44-60, Généralités, Vol.78, Télégramme de François-Poncet à MAE, 7.5.1953.
727 BA NL Blankenhorn 24, Bl. 173f., Vermerk für den Herrn Bundeskanzler, Geheim, Bonn, den 14.9.1953, Betr.: Gespräche mit Monnet und R. Mayer; BA NL Blankenhorn 24, Bl. 147-149, Fernschreiben von Blankenhorn (Paris) an Adenauer und Hallstein, 16.9.1953, geheim; BA NL Blankenhorn 24, Bl. 150f., Tagebuch, Mittwoch, 16.9.1953, Paris.

amten annäherte. Am 16. September 1953 fand eine stürmische Kabinettssitzung statt, in der Bidault zwar seinen Plan der Ernennung von Fouques-Duparc durchsetzte, jedoch von P. Reynaud und Teitgen gezwungen wurde, seine konföderale Instruktion zurückzuziehen und sie durch eine neue konkretere und supranationale zu ersetzen. Monnet und seine amerikanischen Freunde (Bruce und Tomlinson) übten diesbezüglich indirekt einen gewissen Einfluß aus. Daraufhin mußte Bidault die Anweisung ein wenig nachbessern. Der geänderten Anweisung zufolge sollten von Beginn an direkte Wahlen stattfinden, jedoch sollte dem Parlament keine substantielle Befugnis zuerkannt werden. Eine Exekutive der Gemeinschaft konnte zwar eingerichtet werden, jedoch sollte sie aus dem Rat der nationalen Minister und dem Exekutivrat bestehen. Der Rat der nationalen Minister sollte je nach Thema aus den zuständigen Ministern zusammengesetzt sein und über „toutes les décisions essentielles" entscheiden. Der Exekutivrat sollte zusammengesetzt werden aus einem vom Rat der nationalen Minister ernannten Präsidenten, dem Präsidenten der Hohen Behörde, dem Präsidenten des Kommissariats und zwei ebenfalls vom Rat der nationalen Minister ernannten Mitgliedern.[728]

In der Presse wurde über einen Zwist in der französischen Regierung in bezug auf die Anweisungen für die Romkonferenz berichtet. Es handelte sich nicht um die Kompetenzenfrage, sondern um die Institutionenfrage, die vor allem die Exekutive betraf.[729] Auf der einen Seite standen die Befürworter der supranationalen Sechser-Gemeinschaft: Teitgen, Reynaud und Alphand. Teitgen drohte mit seiner Demission für den Fall, daß die französische Diplomatie in Rom das Straßburger Verfassungsprojekt in seiner Supranationalität preisgeben sollte. Er hat an den von Bidault neu verfaßten Instruktionen mitgearbeitet. Über die Europapolitik verstärkte sich der Gegensatz zwischen Bidault und Teitgen. Es wäre beinahe zu einem Parteiausschlußverfahren gegen Bidault gekommen, weil der MRP mit dessen Außenpolitik im höchsten Maße unzufrieden war. Reynaud forderte, daß die von Bidault neu verfaßten Instruktionen soweit geändert werden sollten, daß zumindest die institutionelle Regelung des Verfassungsentwurfs der Ad-hoc-Versammlung als Basis anerkannt werden konnte. Er wollte, so argumentierte Reynaud, an der Regierung nicht mehr teilnehmen, der Regierung, die „prendrait une attitude radicalement hostile au principe d'un pouvoir supranational". Reynaud warnte auch davor, daß sich eine gemeinsame Front gegen die EVG und die EPG zwischen verschiedenen Persönlichkeiten aus den verschiedenen Parteien (z.B. Jules Moch aus der PS-SFIO, Daniel Mayer aus der PS-SFIO, Gaullist G. Palewski, Léo Hamon aus dem MRP, etc.) bilden und die Sechser-Gemeinschaft als „Europe cléricale" denunzieren könnte. Seiner Ansicht nach sollte Frankreich als „initiatrice de l'idée européenne" weiter fungieren. Darüber

---

728 PAAA II, Bd. 859, 224-20/22, Siegfried in Brüssel an Auswärtiges Amt, Betr.: Quai d'Orsay gegen EPG, Brüssel, 15.9.1953. Es handelte sich um die Nachricht der belgischen Zeitung, „La Cité"; BA NL Blankenhorn 24, Bl. 173f., Vermerk für den Herrn Bundeskanzler, Geheim, Bonn, den 14.9.1953, Betr.: Gespräche mit Monnet und R. Mayer; BA NL Blankenhorn 24, Bl. 147-149, Fernschreiben von Blankenhorn (Paris) an Adenauer und Hallstein, 16.9.1953, geheim; BA NL Blankenhorn 24, Bl. 150f., Tagebuch, Mittwoch, 16.9.1953, Paris; Bruce David, Notebook 14 September-December 1953, Thursday September 17, 1953; AN 457 AP 40, Note, 17.9.1953, A/S Exécutif; AN 457 AP 40, Note, 18.9.1953, A/S Instructions pour la délégation française à la Conférence de Rome (22 septembre 1953).
729 Le Monde, 18,9,1953, M. Bidault cherche un compromis sur l'autorité politique européenne avec les ministres de l'ancien groupe RPF; Neue Zürcher Zeitung, 18.9.1953, Das Straßburger Projekt eines Europabundes. Aussprache im französischen Kabinett.

hinaus begründete er seine Forderung damit, daß Mollet seit kurzem seine ambivalente Einstellung zu der EPG nicht mehr beibehalte, sondern seine alte Forderung nach einer supranationalen politischen Autorität als Voraussetzung für die Ratifikation im Europarat wieder offiziell erkläre. Teitgen und Reynaud akzeptierten, daß der Präsident des Exekutivrats durch den Rat der nationalen Minister ernannt werden sollte, äußerten aber keine deutliche Meinung zu der Zusammensetzung der Exekutive durch den Ministerrat und den europäischen Exekutivrat. Als proeuropäisch gesinnte Persönlichkeiten der Regierung warnten sie selbst vor einer zu großen Ausdehnung der Machtbefugnisse der EPG auf die wirtschaftliche Integration.[730]
Auf der anderen Seite standen als Gegner die gaullistischen Minister und auch der Präsident V. Auriol. Teitgen reiste nach Straßburg und teilte einigen Mitgliedern des Verfassungsausschusses mit, daß sich die französische Regierung grundsätzlich für den Verfassungsentwurf der Ad-hoc-Versammlung ausspreche. Debré, der derzeit als Mitglied der Beratenden Versammlung des Europarates in Straßburg weilte, erhielt Kenntnis von der Demarche Teitgens und fuhr unverzüglich nach Paris, wo er die Vertrauensleute General de Gaulles und die gaullistischen Mitglieder des Kabinetts (URAS) alarmierte. Diese Minister hielten eine Beratung ab und reagierten am 21. September 1953 mit der Entsendung des Staatsministers, Corniglion-Molinier, zu Laniel, um gegen die von Bidault neu verfaßten Instruktionen (die Direktwahl und das Exekutiv der Gemeinschaft) zu protestieren, die ihrer Meinung nach „un terme au destin de la France et de l'Union Française" bedeutete. Er erklärte, im derzeitigen Moment auf einen Rücktritt, der zur Sprengung des Kabinetts führen müßte, zu verzichten. Er forderte aber, daß sich die französische Regierung in keine Verpflichtung begeben solle, bevor das Parlament nicht ausführlich hierüber beraten könne. M. Debré (URAS), der immer wieder die Europa-Idee Schumans und Monnets als „la nocivité de la petite Europe" und „factice" verwarf, verdeutlichte seine Absicht: Die französische Regierung solle zunächst über eine „autorité politique confédérale", die mit der französischen Verfassung kompatibel war, mit anderen Partnern verhandeln und danach den EVG-Vertrag auf dieser Basis ändern. Der Ministre d'Etat chargé de la Réforme constitutionnelle, Edmond Barrachin (ARS), kritisierte an den von Bidault neu verfaßten Instruktionen, sie liefen Gefahr, „de consacrer l'effacement de la France en Europe et dans le monde, de prononcer la séparation de la France métropolitaine et de la France d'Outre-Mer." Angesichts der beginnenden Entspannungsphase sei es ratsam, daß Frankreich in der Lage bleibe, in bezug auf die Deutschlandfrage als eine Weltmacht zu agieren. Er befürwortete die von Seydoux verfaßte erste Fassung der Instruktionen. Ansonsten sollte die französische Delegation in Rom keine verbindlichen Pflichtungen eingehen. Hieran wird erkenntlich, daß beide gaullistischen Gruppen in ihrer außenpolitischen Auffassung weitgehend übereinstimmten. Auriol war nach wie vor sehr reserviert: „Tout ce que je puis consentir, c'est que l'autorité politique émane des pouvoirs nationaux." Er befürchtete vor allem eine deutsche Vorherrschaft in der Sechser-Gemeinschaft und wünschte sich, das

---

730 BA NL Blankenhorn 24, Bl. 106, Tagebuch, Sonnabend, 19.9.1953; BA NL Blankenhorn 24, Bl. 70-72, Tagebuch, Mittwoch 23.9.1953; AN 74 AP 49, lettre de P. Reynaud à Laniel, 18 septembre 1953; AN 74 AP 55, P. Reynaud, „Sur les instructions données à Rome", 28 septembre 1953; AN 457 AP 40, Lettre du vice-président du Conseil des Ministres, P. Reynaud, à Laniel, undatiert; AMJ 9/1/3, „Position indiquée par M. Teitgen lors de la réunion du Groupe de travail à Rome jeudi 1er Octobre 1953 à 20H, 2.10.1953, message de M Van Helmont; AN 74 AP 55 Lettre de P. Reynaud à Laniel, 4.10.1953, non envoyée; vgl. Bossuat, G., La France, S. 893.

Europa der 15 Staaten wiederzubeleben.[731]

Wegen dieses äußerst heftigen Zwiespalts innerhalb der französischen Regierung konnten die neu verfaßten Instruktionen dem Kabinett nicht mehr zur Genehmigung vorgelegt werden. Statt dessen teilte Bidault nach Abstimmung mit Laniel seine neu verfaßten Instruktionen dem tatsächlichen Leiter der Delegation, Seydoux, kurz vor der Abreise mündlich mit. Die französische Delegation sollte sich zu nichts Endgültigem verpflichten, solange sich die Nationalversammlung mit der gesamten Frage nicht eingehend beschäftigt hatte. Die Frage der Union Française sollte aus der Tagesordnung ausgeschlossen werden. Blankenhorn beklagte die unsichere Situation Frankreichs: „Frankreich ist wirklich ein krankes Land und bedarf unendlicher Rücksichten, um wieder auf die Beine zu kommen."[732]

4. Die Bundesrepublik Deutschland

Wie im vorigen Kapitel ausgeführt wurde, fand sich die Bundesregierung grundsätzlich mit dem Verfassungsentwurf der Ad-hoc-Versammlung ab, entwickelte jedoch zu einzelnen Punkten abweichende Meinungen. Das Auswärtige Amt behielt weiter die Federführung in der Sache EPG.[733]

Der Wissenschaftliche Beirat im Bundeswirtschaftsministerium unterzog den Verfassungsentwurf der Ad-hoc-Versammlung einer Überprüfung. Ende April 1953 hielt er mit einigen politischen Verantwortlichen eine Beratungssitzung ab. Der Beirat war der Meinung, daß die Vorteile eines größeren Binnenmarktes in der Chance lägen, die Produktivität und den Lebensstandard zu erhöhen, eine gesteigerte Arbeitsteilung durchzuführen, die Absatzmöglichkeit zu erhöhen, die Rationalisierung zu beschleunigen und zahlreiche neue Möglichkeiten für unternehmerische Initiativen zu eröffnen. Die deutschen Experten sahen darin eine Möglichkeit, daß ein integriertes größeres Wirtschaftsgebiet erhöhte Chancen der politischen Selbstbehauptung und der inneren sozialen Stabilität biete. Daher werde im Zeichen der bereits anlaufenden politischen Bestrebungen die wirtschaftliche Integration zur unabdingbaren Notwendigkeit, da eine politische Vereinheitlichung ohne ökonomische Integration undenkbar sei. Eine Zollunion als Vorstufe für die spätere Errichtung eines Gemeinsamen Marktes habe jedoch wenig Zweck, weil vor ihr andere Koordinierungsmaßnahmen, vor allem hinsichtlich

---

731 Auriol, V., Journal, VI 1953, S. 426, 16 septembre; AN 74 AP 55, Lettre de Debré à P. Reynaud, 16.7.1953; AN 363 AP 37, M. Debré à R. Mayer, 20.8.1953; AN 457 34, Lettre de Debré à Bidault, 20.9.1953; AN 457 AP 40, Lettre du ministre d'Etat chargé de la Réforme constitutionnelle, Edmond Barrachin, à Laniel, 21.9.1953; AN 457 AP 40, Lettre de Corniglion-Molinier du ministre d'Etat à Laniel, 21.9.1953; Bossuat, G., La France, S. 893; Neue Zürcher Zeitung, 23.9.1953, Scharfe Gegensätze im Kabinett Laniel.

732 BA NL Blankenhorn 24, Bl. 127, Tagebuch, Freitag, 18.9.1953; PAAA II, Bd. 859, AZ 224-20/22, Bl. 248, Nachrichtenspiegel, 22.9.1953; PAAA II, Bd. 851, AZ 224-00, Bd. 1, Bl. 107-108, Telegramm von Walther aus Paris an Auswärtiges Amt, Konferenz Rom, für Staatssekretär, 22. September 1953, Nr. 444, Geheim; Griffiths/Milward, The Beyen-Plan and the European Political Community, S. 608. Laniel schrieb in seinen Memoiren, daß sich Frankreich wegen dieses Zwiespalts negativ und schwankend in der Rom-Konferenz verhalten mußte (J. Laniel, Jours de gloire et jours cruels, 1908-1958, Paris 1971, S. 267-268).

733 PAAA NL Ophüls, Bd. 4, Ophüls, Betr.: Federführung in der Assoziationsfrage, Vertraulich, Bonn, den 7. Juli 1953, Hallstein vorgelegt.

der Konvertierbarkeit, getroffen werden müßten.[734] Es gelte also, neben der Handelsliberalisierung bzw. dem Abbau protektionistischer Bestimmungen die ebenso bedeutsamen Fragen nach der Konvertibilität, einer einheitlichen Währungs-, Kredit-, Steuer-, Sozial- und Arbeitspolitik und der gemeinsamen Wettbewerbsordnung aufzugreifen. „Ohne Konvertierbarkeit der Währungen", so begründete der Beirat, „sind wirkliche Kosten und deren Unterschiede innerhalb der und zwischen den Branchen nicht erkennbar. Damit fehlt die Grundlage für eine ökonomische Wahl der Standorte und Produktionsrichtungen, deren abgewogene Verteilung über den gesamten Integrationsraum den wirtschaftlichen Sinn aller Integrationen ausmacht."[735]

Im Hinblick auf die Interdependenz aller Maßnahmen müsse man sie uno actu vorantreiben. Trotz der mit einer radikalen Umstellung verbundenen Schockwirkung wären die Härten und Schwierigkeiten eines solchen Vorgehens wahrscheinlich geringer als bei einem stufenweisen Vorgehen, das im Beyen-Plan vorgesehen sei. Aber sofern sich eine uno-actu-Lösung als undurchführbar erweise, sei eine Etappen-Lösung zweckmäßig. Zunächst sei es erforderlich, die aus dem Umfang der noch bestehenden Handelshemmnisse und Exportförderungsmaßnahmen als fundamental falsch erkennbaren Wechselkurse zu berichtigen, um die EZU auch dann aktionsfähig zu erhalten, wenn unmittelbar darauf folgend oder nach Möglichkeit gleichzeitig durch einen konsequenten Abbau der Handelshemmnisse und Zölle erhebliche Änderungen in den internationalen Güter- und Zahlungsströmen einträten. Dafür sei es erforderlich, diejenigen Institutionen zu schaffen, die geeignet wären, die Gleichgewichtskurse stabil zu halten, d.h. eine ständige Kooperation der Notenbanken einzurichten. Eine solche Kooperation setze zumindest die Bildung einer ständigen Konferenz mit eigenen Befugnissen voraus, der die Aufgabe zufiele, diese Koordination der Geld- und Kreditpolitik herzustellen. Infolgedessen müsse diese Konferenz in der Lage sein, durch Mehrheitsbeschluß in allen Mitgliedsländern die Richtung der Geldmengenregulierung zu bestimmen. Die ständige Konferenz müsse sich auch mit der Koordinierung der Beschäftigungspolitik befassen, d.h. auf der europäische Ebene eine gemeinsame Lösung für die Beschäftigungsprobleme finden. Wegen dieser umfassenden Befugnisse der europäischen Institutionen sei eine politische, d.h. parlamentarische Kontrolle erforderlich, was man gerade in den EPG-Verhandlungen anstrebte.[736] Auffallend war, daß der Beirat vorschlug, anstatt einheitliche Zoll-Tarife für Drittstaaten einzuführen, zunächst eine Freihandelszone zu schaffen, solange die zollpolitische Autonomie der Mitgliedsländer nach außen hin erhalten bleibe.[737] Von den Umstellungsfonds war keine Rede. Ohnehin hatten das Auswärtige Amt, das Wirtschaftsministerium und das Ministerium für den Marshall-Plan Bedenken gegen die Bestimmung des Verfas-

---

734 PAAA II, Bd. 898, AZ 224-90 Bd. II, Stellungnahme des Wissenschaftlichen Beirats beim Bundeswirtschaftsministerium vom 24. April bis zum 1. Mai 1953. Das daraufhin erstellte offizielle Gutachten, das unter dem Titel: „Für die wirtschaftliche Integration Europas. Vergrößertes Wirtschaftsgebiet bringt große Vorteile" abgedruckt ist, erschien im Bulletin des Presse- und Informationsamtes der Bundesregierung vom 21.5.1953. Nr. 94. S. 801-805.
735 PAAA II, Bd. 898, AZ 224-90 Bd. II, Stellungnahme des Wissenschaftlichen Beirats beim Bundeswirtschaftsministerium vom 24. April bis zum 1. Mai 1953, hier S. 7.
736 PAAA II, Bd. 898, AZ 224-90 Bd. II, Stellungnahme des Wissenschaftlichen Beirats beim Bundeswirtschaftsministerium vom 24. April bis zum 1. Mai 1953, hier S. 6-12.
737 Ibid., hier S. 12.

sungsentwurfs der Ad-hoc-Versammlung über die Umstellungsfonds, weil diese sich zu einem allgemeinen wirtschaftlichen Manipulationsfonds ausweiten konnten.[738]
Der Beirat verlor die Wichtigkeit der politischen Lösung nicht aus den Augen. „Die verhandlungstechnischen und ökonomischen Schwierigkeiten eines solchen Zollabbauverfahrens sind so erheblich, daß die Gefahr des Stehenbleibens bei halben Lösungen groß ist. Nur bei einer Verbindung der angestrebten ökonomischen Integration mit gleichzeitiger politischer Integration besteht die Aussicht, diesen schwierigen Prozeß zu Ende zu führen. Am besten wäre daher auch hier die uno-actu-Lösung auf allen Gebieten durch eine gemeinsame Autorität der Völker Europas." Damit war die Notwendigkeit einer europäischen Regierung praktisch anerkannt.[739] Erhard machte sich zwar fast alle Empfehlungen des Beirats zu eigen, hatte jedoch eine abweichende Meinung in der institutionellen Frage. Seine Sorge war, daß die Politiker zu Lösungen kommen würden, bevor sich die wirtschaftlichen Grundsatzprobleme klärten. Es ging ihm in erster Linie um eine bessere intergouvernementale Zusammenarbeit der westeuropäischen Staaten und dann erst um die Schaffung eines von einer supranationalen Hohen Behörde dirigierten gemeinsamen europäischen Marktes. Heute, meinte Erhard, würde eine Integration wohl eine Überlastung des europäischen Gedankens bedeuten. Vom ökonomischen Gesichtspunkt erscheine mehr als eine funktionierende Kooperation nicht notwendig. Viel zu viel denke man an Institutionen und Organisationen, wo es doch vor allem um Funktionen gehe. Erhard aber machte seine Behauptung nicht soweit geltend, daß daraus Konflikte mit dem Auswärtigen Amt entstanden, da er selber der Meinung war, daß die EPG-Verhandlungen zunächst dem Gelingen des EVG-Vertrags dienlich sein sollten.[740]
Breite Wirtschaftskreise stimmten in der ablehnenden Haltung gegenüber der Teilintegration überein. Der Europa-Ausschuß des Bundesverbandes der Deutschen Industrie trat am 14. April 1953 weiteren Teilintegrationen entgegen. In seinem Tätigkeitsbericht für das Geschäftsjahr 1952/1953, der von der Generalversammlung genehmigt wurde, befürwortete auch der Deutsche Industrie- und Handelstag (DIHT) die Gesamtintegration. Er war „in weitgehender Übereinstimmung mit dem Wissenschaftlichen Beirat des Bundeswirtschaftsministeriums zu dem Ergebnis gekommen, daß das sogenannte 'sector by sector approach' (...) zu so erheblichen Verzerrungen unseres Wirtschaftsgefüges führen würde, daß dagegen starke Bedenken geltend gemacht werden müssen. (...) Die Zuständigkeit der EG soll auf wirt-

---

738 PAAA II, Bd. 898, AZ 224-90 Bd. II, Aufzeichnung. Betr: Entwurf der Satzung der Europäischen Gemeinschaft, Artikel 82-87.
739 PAAA II, Bd. 898, AZ 224-90 Bd. II, Stellungnahme des Wissenschaftlichen Beirats beim Bundeswirtschaftsministerium vom 24. April bis zum 1. Mai 1953, hier S. 11 und 14.
740 BA B 102/11409, die Ergebnisse der 24. Tagung des Wissenschaftlichen Beirats beim Bundeswirtschaftsministerium vom 24. April bis 1. Mai 1953 zum Thema: „Wirtschaftliche Integration Europas" (Protokoll). Interessant ist, daß Erhard später wegen der öffentlichen Rede, in der er im Februar 1954 die planwirtschaftliche Tendenz der Montanunion kritisierte, vom Auswärtigen Amt hart attackiert wurde. Hallstein glaubte, „daß man jetzt Kritiken (Erhards , d. V.) zurückstellen müßte. Wir sind im entscheidenden Kampf. In ihm gibt es nur Freund und Feind. Die Montanunion ist unser Helfer und Freund. Das Gebot der Stunde ist, für unsere Freunde einzutreten. Wenn wir das nicht täten, könnte es für uns aller Zukunft verhängnisvoll sein. Verzeichen Sie, wenn ich etwas ausführlich und insistent geworden bin. Die politische Sorge über die gegenwärtige Lage hat mir meine Bemerkungen eingegeben" (PAAA NL Ophüls, Bd. 5, Schreiben von Hallstein an Erhard (Entwurf von Ophüls), 16. Februar 1954).

schaftlichem Gebiet ein Steuererhebungsrecht, das Recht auf Anleiheerhebung sowie die Richtliniengesetzgebung der Währungs-, Kredit- und Finanzpolitik der Gemeinschaft umfassen, die auf fortschreitende Verwirklichung des gemeinsamen Marktes mit Freiheit im Güter- und Kapitalverkehr abgestellt sein soll."[741]

Im Auswärtigen Amt fanden unterdessen mehrere Sitzungen zur Vorbereitung der Rom-Konferenz unter Vorsitz Ophüls' statt, an denen interessierte Ressorts (Wirtschafts-, Finanz- und Arbeitsministerium sowie Ministerium für wirtschaftliche Zusammenarbeit) teilnahmen. Einstimmig wurde nach wie vor gewünscht, daß parallel zu der Verwirklichung eines gemeinsamen Marktes die innere finanzielle Stabilität gesichert und dafür die allgemeine Wirtschaftspolitik unter den Mitgliedstaaten koordiniert werden sollte. Diese Forderung wurde von Belgien geteilt.[742] Das Wirtschaftsministerium vertrat die Auffassung, daß die Mitgliedstaaten ihre Währungs- und Wirtschaftspolitik angleichen sollten, bevor der Gemeinschaft echte wirtschaftliche Zuständigkeiten übertragen würden. Am wichtigsten sei, so Ophüls, daß diese Frage nur grundsätzlich in der Satzung geregelt werden könne, solange die wirtschaftliche Integrationsarbeit die politische Integration nicht in politisch gefährlichem Maße verzögere.[743] Daher sollte Artikel 82 Absatz 2 des Verfassungsentwurfs, der die Ziele der wirtschaftlichen Integration bestimmte, gestärkt werden, und zwar folgendermaßen: „Zur Erfüllung der in Absatz 1 bezeichneten Aufgaben und zur Sicherung der inneren finanziellen Stabilität der Mitgliedstaaten hat die Gemeinschaft die Währungs-, Kredit- und Finanzpolitik der Mitgliederstaaten in Einklang zu bringen."[744] Das Wirtschaftsministerium wünschte, daß der Grundsatz der freien Marktwirtschaft noch stärker zum Ausdruck gebracht werden sollte. Das Arbeitsministerium wünschte, die Vereinheitlichung der Arbeits- und Sozialpolitik und Beseitigung der Arbeitslosigkeit als Aufgabe der Gemeinschaft in Artikel 82 hinzuzufügen. Es machte hingegen geltend, daß der Vorschlag zu einer „Vollbeschäftigungspolitik" führen könne, die den Grundsätzen des Artikels 82 (Marktwirtschaft) widerspreche und die auch während der Schuman-Plan-Verhandlungen schon diskutiert und abgelehnt worden sei. Der Vorschlag des Arbeitsministers Storch wurde damit zurückgewiesen.[745]

---

[741] Entschließungen des Bundesverbandes der Deutschen Industrie, in: ID Nr. 155, 24.4.1953; „Auch der DIHT für Gesamtintegration" in: ID, Nr. 170, 8.8.1953, S. 9-10.

[742] PAAA II, Bd. 897 AZ 224-90, Bd. 1, Bl. 190-194, Pfeiffer in Brüssel an Auswärtiges Amt, Betr.: Besuch des Bundeswirtschaftsministers Prof. Erhard in Brüssel, den 5. Mai 1953.

[743] PAAA II, Bd. 898, AZ 224-90 Bd. II, Bl. 200-202, von Puttkamer, Aktenvermerk, undatiert, Betr: Niederländische Vorschläge der wirtschaftlichen Integration: Artikel 82-87 des Entwurfs der Satzung einer EG.

[744] PAAA NL Ophüls, Ophüls, Aufzeichnung, Betr.: Entwurf der Satzung der Europäischen Gemeinschaft; hier, die wirtschaftlichen Zuständigkeiten der Gemeinschaft (Artikel 82-87), den 23. April 1953; PAAA II, Bd. 893, AZ 224-60-70, Bl. 107-110, von Puttkamer, Kurzprotokoll der Besprechung über die Finanzbestimmungen des Entwurfs einer Satzung der EG, im AA, am 27.4.1953, Bonn, den 28. April 1953; PAAA II, Bd. 893 AZ 224-60-10, Bl. 33-60, Abänderungserwägungen zu einzelnen Artikeln des Entwurfs einer Satzung der Europäischen Gemeinschaft, 15. Juni 1953.

[745] PAAA II, Bd. 893, AZ 224-60-40, Bl. 64-68, von Puttkamer, Kurzprotokoll der Besprechung über die wirtschaftlichen Bestimmungen des Entwurfs einer Satzung der EG (Artikel 82-87) am 21. April 1953 im AA, Bonn den 22. April 1953; PAAA II, Bd. 891, AZ 224-50-10, Bl. 17-25, Abt.IV Dr. Friedrich von Poll an Ophüls, Aufzeichnung, Betr.: Freizügigkeit der Menschen in Kap.V des Entwurfs der Satzung der EG, Bonn, den 29.4.1953; PAAA II, Bd. 893, AZ 224-60-80, Bl. 111-112, von Puttkamer, Vermerk, betr.: Besprechung über arbeitsrechtliche Fragen des Entwurfs ei-

Zu Artikel 83 (Freizügigkeit der Soldaten) verstand Ophüls unter der „Freizügigkeit", daß dieser Begriff kein Recht auf den Arbeitsplatz einschloß, sondern lediglich eine Freiheit für die Wahl des Wohnsitzes bedeutete. Seiner Meinung nach richtete sich die Verwirklichung dieses Artikels im Hinblick auf den Arbeitsplatz nach den im Montanvertrag bereits aufgestellten Grundsätzen. Hiermit schloß sich Ophüls Wormser an. Einstimmig wurde jedoch erwünscht, daß diese Freizügigkeit auch auf andere Staatsangehörigen schrittweise erweitert werden sollte. Die Deutschen wußten um die diesbezüglichen französischen Ängste. Daher einigten sie sich darauf, keinen Änderungsvorschlag zu diesem Artikel zu machen.[746]

Zu Artikel 84 (Zeitplan hinsichtlich der Einrichtung eines gemeinsamen Marktes: Ein Jahr-Fünf Jahre-Fünf Jahre) gab es keine grundsätzlichen Bedenken. Wegen der Unklarheit darüber, wie der Ministerrat an der Entscheidung des Exekutivrats über einen gemeinsamen Markt mit einbezogen werden sollte, wollte die Bonner Regierung einige Änderungsvorschläge einreichen: Während der ersten fünf Jahre sollte der Ministerrat nach dem Prinzip der Einstimmigkeit über Vorschläge des Exekutivrates abstimmen und während der zweiten fünf Jahre sollte dieses Prinzip abgeschwächt, jedoch eine konkrete Regelung offen gelassen werden.[747]

Die Bundesregierung sah mit Recht, daß die Angleichung der für die Währungs-, Kredit- und Finanzpolitik entscheidenden Faktoren eine übereinstimmende Wirtschaftskonzeption der sechs Länder voraussetzte. In diesem Sinne stellte die Bonner Regierung die Frage, ob die anderen Partner die Auffassung der Bundesregierung teilten, daß der beste Weg zu einem gemeinsamen Markt die Befolgung liberaler Wirtschaftsprinzipien darstelle. Die Bonner Regierung wußte, daß Frankreich andere Wirtschaftsprinzipien befolgte. Den niederländischen Wirtschaftskurs, der weniger liberal war als der Belgiens, Westdeutschlands und Italiens, verfolgte sie mit Vorbehalten.[748]

Aufgrund dieser Besprechungen verfaßte Sachs aus der Handelsabteilung des Auswärtigen Amts (Abteilung IV) eine Aufzeichnung zur Vorbereitung der Besprechung mit den niederländischen Regierungsvertretern, die Bonn am 29. Mai 1953 besuchten. Gegen den niederländischen Einwand gegen die sechsjährige Übergangsfrist (anstelle einer von Anfang an

---

ner Satzung der EG am 4. Mai 1953 im AA, Bonn, den 7. Mai 1953.
746 PAAA II, Bd. 891, AZ 224-50-10, Bl. 17-25, Abt.IV Dr. Friedrich von Poll an Ophüls, Aufzeichnung, Betr.: Freizügigkeit der Menschen in Kap.V des Entwurfs der Satzung der EG, Bonn, den 29.4.1953; PAAA II, Bd. 893, AZ 224-60-80, Bl. 111-112, von Puttkamer, Vermerk, betr.: Besprechung über arbeitsrechtliche Fragen des Entwurfs einer Satzung der EG am 4. Mai 1953 im AA, Bonn, den 7. Mai 1953.
747 PAAA II, Bd. 893, AZ 224-60-40, Bl. 64-68, von Puttkamer, Kurzprotokoll der Besprechung über die wirtschaftlichen Bestimmungen des Entwurfs einer Satzung der EG (Artikel 82-87) am 21. April 1953 im AA, Bonn den 22. April 1953; PAAA NL Ophüls, Ophüls, Aufzeichnung, Betr.: Entwurf der Satzung der Europäischen Gemeinschaft; hier, die wirtschaftlichen Zuständigkeiten der Gemeinschaft (Artikel 82-87), den 23. April 1953; PAAA II, Bd. 893 AZ 224-60-10, Bl. 33-60, Abänderungserwägungen zu einzelnen Artikeln des Entwurfs einer Satzung der Europäischen Gemeinschaft, 15. Juni 1953.
748 PAAA II, Bd. 898, AZ 224-90 Bd. II, Bl. 205-211, Sachs, Aufzeichnung. Betr: Niederländische Vorschläge zur wirtschaftlichen Integration der sechs Staaten der Europäischen Politischen Gemeinschaft, 26. Mai 1953; PAAA II, Bd. 898, AZ 224-90 Bd. II, Bl. 212-216, Sachs, Aufzeichnung. Betr: Niederländische Besprechungen zur Vorbereitung der Regierungskonferenz in Rom; PAAA II, Bd. 898, AZ 224-90 Bd. II, Bl. 196-199, Herbert Müller, Wirtschaftliche Bestimmungen in dem Vertrag über die Satzung der Europäischen Gemeinschaft, 27. Mai 1953.

festgelegten Frist für die Errichtung einer Zollunion) und gegen die Übertragung allgemeiner Befugnisse auf die EPG (anstelle sofort wirksamer konkreter Maßnahmen) erhob man in Bonn keinen grundsätzlichen Einspruch. Aber man hegte starke Bedenken gegenüber der Nachlässigkeit der Niederlande in Fragen der Angleichung der Währungs-, Kredit- und Finanzpolitik.[749]
Am 29. Mai 1953 besuchten die niederländischen Regierungsvertreter van den Beugel und Linthorst Homan Bonn.[750] Die Niederländer stellten erwartungsgemäß die Notwendigkeit einer festgelegten Frist für die Errichtung einer Zolltarifgemeinschaft und für den Beginn konkreterer Maßnahmen in den Vordergrund. Als erster Schritt auf dem Wege zur Verwirklichung eines allumfassenden gemeinsamen Marktes erschien ihnen eine Zolltarifgemeinschaft der sechs Staaten geeignet, und es sei erforderlich, während der stufenweisen Perioden (ein-fünf-fünf Jahre) konkrete Maßnahmen hierzu zu ergreifen. Die deutschen Vertreter stimmten ihnen zu, indem sie vorschlagen, daß ein entsprechender Satz - „Diese Zeit - ein Jahr - dient der Vorbereitung" - zu Artikel 84 §1 hinzugefügt werden sollte. Die deutschen Vertreter stellten jedoch die Währungsfrage in den Vordergrund. Von den Niederländern wurde diese deutsche Ansicht begrüßt. Sie waren der Auffassung, daß es gut sein würde, wenn man sich auf einige Grundthesen für eine einheitliche Wirtschafts- und Finanzpolitik und für die Sicherung der inneren finanziellen Stabilität der Mitgliedstaaten festlegen könnte, und daß es jedoch Angelegenheit der deutschen Seite sein werde, hierfür entsprechende Formulierungen vorzuschlagen. Auf Grund des Meinungsaustausches wurden von Ophüls nach der Mittagspause Texte für eine Abänderung der Satzung vorbereitet, um die zwischen den beiden Parteien erzielte Übereinstimmung wiederzugeben. Zu einer weiteren Besprechung mit den niederländischen Vertretern wurden die Texte mit der Erklärung vorgelegt, daß sie für keine Seite und für keine Person verbindlich sein sollten. Die Niederländer waren über die starke Annäherung der beiderseitigen Standpunkte außerordentlich erfreut.[751] Dennoch wurden sich Bonn und Den Haag tatsächlich kaum darüber einig, inwieweit der Gemeinschaft bereits zu Anfang konkrete Befugnisse für die wirtschaftliche Integration übertragen werden sollten.
Trotz eines genuinen Interesses an der Einbeziehung wirtschaftspolitischer Maßnahmen in das EPG-Projekt sah Hallstein jedoch die Kompromißlosigkeit der niederländischen Regierung in dieser Frage, neben der belgischen Forderung nach einer paritätischen Vertretung der Staaten im Senat, als das Haupthindernis bei den EPG-Verhandlungen an.[752] Diese Meinung herrschte in der Bonner Regierung. Sie hielt es immer noch für zweckmäßig, nur Grundsätze für die wirtschaftliche Integration in der Satzung der EPG zum Ausdruck zu bringen. Deswegen traten die Unterschiede zwischen der politischen Sichtweise des Auswärtigen Amts und der wirtschaftlichen Sichtweise des Wirtschaftsministeriums noch nicht zutage, wie es später

---

749 PAAA II, Bd. 898, AZ 224-90 Bd. II, Bl. 212-216, Sachs, Aufzeichnung. Betr: Niederländische Besprechungen zur Vorbereitung der Regierungskonferenz in Rom.
750 An dieser Besprechung beteiligten sich Ophüls, Sachs, Herbert Müller, von Puttkamer (Auswärtiges Amt), von Boekh, Müller-Graf, Estner und Jentsch (Bundeswirtschaftsministerium), Albrecht, Vogel (Bundesministerium für den Marshall-Plan) und Hartig (Bundesfinanzministerium) auf deutscher Seite.
751 PAAA II, Bd. 898, AZ 224-90 Bd. II, H. Müller, Vermerk, 3. Juni 1953, betr: Besuch von van den Beugel und Linthorst Homan, am Freitag, den 29. Mai 1953.
752 BA NL Blankenhorn Nr. 21, S. 25-33, Aufzeichnung Hallsteins über ein Gespräch mit dem US-Botschafter Bruce vom 29.5.1953.

während der EWG-Verhandlungen der Fall war. Die Bonner Regierung äußerte ihre Auffassung zu den wirtschaftlichen Kompetenzen der EPG in einer flexiblen Form: Die Gemeinschaft „hat (...) schrittweise eine umfassende wirtschaftliche Integration und insbesondere einen einheitlichen Markt zu schaffen."[753]
Im Gegensatz zu Artikeln zur wirtschaftlichen Integration diskutierte man in Bonn wenig über die Koordinierung der Außenpolitik. Angesichts der französischen innenpolitischen Schwierigkeiten schien eine Erweiterung der außenpolitischen Zuständigkeiten fraglich. Die Bonner Regierung fand sich mit den im Verfassungsentwurf vorgesehenen Artikeln ab.[754]

An dieser Stelle gilt es, die institutionellen Fragen zu betrachten, allen voran die der Direktwahl der Völkerkammer. Als die britische Regierung Bedenken an der Idee der Direktwahl äußerte, schloß sich Adenauer diesen an. Indirekte Wahlen schienen ihm namentlich wegen der dabei zu erwartenden besseren Qualifikation der Mitglieder des Europäischen Parlaments empfehlenswert. Der rechtswissenschaftliche Berater des Auswärtigen Amtes E. Kaufmann begründete den Verzicht auf die Direktwahl seinerseits damit, daß ein „europäisches Volk", das einen Anspruch auf eine unmittelbar zu wählende parlamentarische Organisation hätte, noch nicht existiere, und daher Garantien für die Qualifikation der direkt gewählten Parlamentarier auch nicht bestünden. Die meisten Spitzenbeamten des Auswärtigen Amtes hingegen plädierten für die Direktwahl, da sonst ein die Völker integrierendes Gremium, eine echte europäische Volksvertretung, fehle. Darüber hinaus hatten die Regierungen Frankreichs, Italiens und Deutschlands in diesem Sinne bereits ihre grundlegende Zustimmung bekannt gegeben. Diese Auffassung war nach wie vor beherrschend. Im Gespräch mit Churchill sagte Adenauer, daß er sich nicht der Stärke der Argumente für direkte Wahlen verschließen konnte. Der europäische Gedanke, so Adenauer, werde sicher gestärkt werden, wenn die Bevölkerung selbst wählen könne. Sonst bestünde die Gefahr, daß bei den europäischen Völkern die EPG nur als eine Angelegenheit der Regierungen betrachtet werde.[755] Insgesamt läßt sich feststellen, daß es in der BRD eigentlich wenig Anlaß dafür gab, unbedingt die sofortige Direktwahl abzuhalten. Solange Frankreich sie für notwendig hielt, unterstützte die Bonner Re-

---

753 PAAA II, Bd. 860, 224-20/36, Bl. 15-17, deutsche Memorandum (für die Baden-Badener Konferenz), am 27. Juni 1953.
754 PAAA II, Bd. 890, AZ 224-44-30, Bl. 176-180, Schwarz-Liebermann von Wahlendorf, Analyse der Bestimmungen des Satzungsentwurfs einer EG über die zwischenstaatlichen Beziehungen, Bonn, den 20. Mai 1953; PAAA II, Bd. 891, AZ 224-50-10, Bl. 42, von Puttkamer an Hallstein, Betr.: Europäische Gemeinschaft, Vorbereitung der Konferenz in Rom, Bonn, den 3. Juni 1953; PAAA II, Bd. 860, AZ 224-20/36, Bl. 9-11, von Puttkamer, Analyse der italienischen Note vom 1. Juni 1953, Bonn, den 4. Juni 1953, Ophüls vorgelegt.
755 PAAA II, Bd. 887, AZ 224-32/24L, Bl. 300, Auszug aus dem Vermerk über Besprechungen zwischen Adenauer, Hallstein und Ivone Kirkpatrick am 4. Mai 1953; BA NL Blankenhorn 19b, Bl. 183-192, Aufzeichnung über eine Besprechung zwischen dem Herrn Bundeskanzler und dem britischen Premierminister, die am Freitag, den 15. Mai 1953 in Downing Street 10 stattfand; PAAA II, Bd. 888, AZ 224-40-01, Aufzeichnung von E. Kaufmann, betr: Verfassung der Europäischen Gemeinschaft, 1. Juni 1953; PAAA II, Bd. 888, AZ 224-40-01, Stellungnahme zum Gutachten von Herrn Prof. Dr. Erich Kaufmann über die Verfassung der Europäischen Gemeinschaft, Abteilung II B Ref. Dr. von Puttkamer, 6. Juni 1953; PAAA II, Bd. 888, AZ 224-40-01, Bl. 256-267, von Puttkamer, Aufzeichnung. Erläuterung zum deutschen Memorandum vom Juli 1953 über die Aufgabe der Konferenz von Baden-Baden, 3. August 1953.

gierung die Pariser Regierung. Umgekehrt, wenn Paris eine Kompromißlösung für eine Übergangsperiode vorgeschlagen hätte, so wäre Bonn sehr wahrscheinlich bereit gewesen, sich dieser anzuschließen.
Die Bundesregierung hielt die im Verfassungsentwurf vorgesehene Struktur der EPG insgesamt für annehmbar. Sie berücksichtigte die zurückhaltende Haltung in Frankreich und in Belgien gegenüber der supranationalen Konstruktion der EPG. Nach einem deutschen Memorandum für die Baden-Badener Konferenz im August 1953 sollte eine Politische Gemeinschaft supranationale Funktionen ausüben, jedoch die souveräne Rechtspersönlichkeit der Staaten unangetastet lassen.[756] Dementsprechend war die Bundesregierung bereit, auf die Unauflöslichkeit der Gemeinschaft zu verzichten[757] und die Gewichtung der Gewalt innerhalb der EPG einigermaßen zugunsten des Rates der nationalen Minister zu verschieben, z.B. durch die Ernennung des Präsidenten des Exekutivrats durch den Rat der nationalen Minister oder die Umformung des Exekutivrats durch teilweise Besetzung mit nationalen Ministern (so ein Vorschlag Belgiens). In Bonn machte man sich zwar Gedanken über Möglichkeiten, den Europäischen Exekutivrat als Symbol für die Supranationalität der Europäischen Gemeinschaft abzuschaffen oder durch den Rat der nationalen Minister zu ersetzen, wie es Frankreich überlegte. Aber man hielt dies für unerwünscht.[758]
Nach Ansicht der Bonner Regierung würde die belgische Forderung nach der paritätischen Besetzung des Senats praktisch zur Herrschaft der kleinen Staaten über die großen führen, und sei daher inakzeptabel.[759] Diese Forderung veranlaßte die Bundesregierung vielmehr dazu, sich mit der Frage der Vereinfachung der komplizierten Konstruktion auseinanderzusetzen. Kaufmann hielt den Verfassungsentwurf der Ad-hoc-Versammlung für „außerordentlich kompliziert" und funktionsunfähig. Daher sei, so empfahl er, auf eines der Organe zu verzichten. Auf den Exekutivrat und den Rat der nationalen Minister könne man nicht verzichten. Es komme nur das Parlament in Betracht, das aus zwei Kammern bestehe. Die beste Lösung wäre es, sich auf ein von den Parlamenten der Mitgliedstaaten gewähltes Europäisches Parlament mit Exekutivrat und den Rat der nationalen Minister zu beschränken. Die Vorteile dieser Lösung bestünden in der Integration der beiden politisch entscheidenden Faktoren der Mitgliedstaaten (Regierung und Parlament) in die Europäische Gemeinschaft und in

---

756 PAAA II, Bd. 860, 224-20/36, Bl. 15-17, deutsche Memorandum (für die Baden-Badener Konferenz), am 27. Juni 1953.
757 PAAA II, Bd. 890, AZ 224-45-00, Bl. 215-234, von Dr. H.A. Schwarz-Liebermann von Wahlendorf, „Die Bildung von Verbandsorganisationen und der Einbau von Freizeichnungsklauseln" (Zum Verhältnis beider Begriffe auf der Grenzlinie des Völkerverfassungsrechts), für Ophüls, Bonn, 2.7.1953.
758 PAAA II, Bd. 890, AZ 224-42-05, Bl. 113-117, von Puttkamer, Aufzeichnung über den Exekutivrat im Entwurf der Satzung einer Europäischen Gemeinschaft, Bonn, den 2. Juni 1953; PAAA II, Bd. 890, AZ 224-42-10, Bl. 132-134, von Puttkamer, Aufzeichnung über den Ministerrat im Entwurf der Satzung einer Europäischen Gemeinschaft, Bonn, den 2. Juni 1953; PAAA II, Bd. 891, AZ 224-50-10, Bl. 42, von Puttkamer an Hallstein, Betr.: Europäische Gemeinschaft, Vorbereitung der Konferenz in Rom, Bonn, den 3. Juni 1953; PAAA II, Bd. 860, AZ 224-20/36, Bl. 9-11, von Puttkamer, Analyse der italienischen Note vom 1. Juni 1953, Bonn, den 4. Juni 1953, Ophüls vorgelegt.
759 PAAA II, Bd. 889, AZ 224-41-00, Bl. 117-121, von Puttkamer, Aufzeichnung, Betr.: Umwandlung des „Dreikammer-Systems" des Entwurfs der Satzung der EG in ein Zweikammersystem, 27. Mai 1953.

der unmittelbaren Verbindung mit der Beratenden Versammlung des Europarates. Wenn man den Senat fallen ließe und die beste Lösung nicht möglich sei, so solle man an der unmittelbaren Wahl der Völkerkammer festhalten. Durch geeignete Kandidaten der Parteiorganisationen könne dafür gesorgt werden, daß in die Völkerkammer die zum Senatorenamt qualifizierten Persönlichkeiten gewählt würden. Dagegen komme eine Verschmelzung des Senates mit dem Rat der nationalen Minister oder mit der Völkerkammer nicht in Betracht, weil sie durch die Mischung heterogener Elemente entweder die betreffenden Organe denaturieren und so für ihre Aufgaben untauglich machen oder bei einer Teilung der Funktionen doch wieder getrennte Organe schaffen würde. Kaufmann hielt auch die paritätische Zusammensetzung für möglich, falls der Senat beibehalten würde.[760]

Zu dieser ausführlichen Aufzeichnung nahmen eine Referentin der Abteilung II B für die EPG-Verhandlungen, von Puttkamer, und ihr Mitarbeiter Schwarz-Liebermann kritisch Stellung. Sie waren zwar der Auffassung, daß die Streichung des Senats erhebliche Vorteile aufweise und daher genau geprüft werden solle. Die von Kaufmann empfohlene beste Lösung, so kritisierten die für die EPG Zuständigen jedoch, habe den Nachteil, daß ein die Völker integrierendes Gremium, eine echte europäischen Volksvertretung, nicht mehr bestünde. Sie empfahlen die von Kaufmann abgelehnte Verschmelzung des Senats mit dem Rat der nationalen Minister oder mit der Völkerkammer zu prüfen. Ihrer Meinung nach war letzteres zu bevorzugen, da die Vorzüge des jetzigen Senats erhalten bleiben könnten, indem die in indirekter Wahl gewählten Abgeordneten der Gesamtkammer einzelne Vorrechte behielten und ihre Verbindung mit dem Europarat durch die Identität mit den Abgeordneten der Beratenden Versammlung des Europarates gesichert wäre. In diesem Fall könnte der Rat der nationalen Minister einige Befugnisse des bisherigen Senats (z.B. die Ernennung des Präsidenten des Exekutivrats) zusätzlich übernehmen.[761] Diese Meinung war im Auswärtigen Amt vorherrschend.

Artikel 103 brachte innenpolitisch große Schwierigkeit mit sich. Es handelte sich um die Vereinbarkeit mit der in Artikel 7 §3 des Deutschlandvertrags garantierten „Bindungsfreiheit".[762]

---

760 PAAA II, 224-40-01, Aufzeichnung von E. Kaufmann, betr: Verfassung der Europäischen Gemeinschaft, 1. Juni 1953.
761 PAAA II, Bd. 888, 224-40-01, Bl. 287-291, Schwarz-Liebermann von Wahlendorf, für das Auswärtige Amt, dem Dirigenten der Abt. II B Ophüls, Vermerk zur Frage einer eventuellen Änderung der Bestimmungen es Satzungentwurfs über die Europäische Gemeinschaft hinsichtlich der Staatenvertretung (Bezugnahme: Besprechung vom 19. Mai 1953 - Gesandter Prof. Ophüls, Prof. Kaufmann, MD Roemer, Frl. Dr. v. Puttkamer, Dr. Schwarz), Bonn, den 20. Mai 1953; PAAA II, Bd. 889, AZ 224-41-00, Bl. 117-121, von Puttkamer, Aufzeichnung, Betr.: Umwandlung des „Dreikammer-Systems" des Entwurfs der Satzung der EG in ein Zweikammersystem, 27. Mai 1953; PAAA II, Bd. 890, AZ 224-42-00, Bl. 34-41, von Puttkamer, Aufzeichnung über den Senat im Entwurf der Satzung einer Europäischen Gemeinschaft, Bonn, den 2. Juni 1953,; PAAA II, 224-40-01, von Puttkamer, Stellungnahme zum Gutachten von Herrn Prof. Dr. Erich Kaufmann über die Verfassung der Europäischen Gemeinschaft, 6. Juni 1953.
762 Artikel 7 §3 lautete: „Im Falle der Wiedervereinigung Deutschlands - vorbehaltlich einer zu vereinbarenden Anpassung - werden die Drei Mächte die Rechte, welche der Bundesrepublik auf Grund dieses Vertrages und der Zusatzverträge zustehen, auf ein wiedervereinigtes Deutschland erstrecken und werden ihrerseits darin einwilligen, daß die Rechte auf Grund der Verträge über die Bildung einer integrierten europäischen Gemeinschaft in gleicher Weise erstreckt werden, wenn

Artikel 103 wurde eigentlich durch Initiative von von Merkatz (DP) und Max Becker (FDP) eingeführt, um sieben zusätzliche Sitze, die Frankreich wegen seiner überseeischen Gebiete zuerkannt worden waren, auszugleichen. Sie begründeten dies damit, daß die Bundesrepublik Deutschland die Rechtsnachfolgerin des Reiches sei. Die Regierungskoalition hatte bei der Diskussion des Artikel 7 §3 die politische Opportunität der Bindungsklausel verneint, bejahte jedoch nun bei der Diskussion des Artikels 103 des Verfassungsentwurfs der Ad-hoc-Versammlung ihre politische Opportunität. Bei der Besprechung im Auswärtigen Amt am 10. April 1953, die sich mit dem Problem des Artikels 103 beschäftigte, stellte Römer aus dem Justizministerium dessen politische Opportunität in Frage, weil die SPD behauptete, daß dieser Artikel im Widerspruch zu Artikel 7 §3 des Deutschlandvertrags stehe und daher die Wiedervereinigung erschwere. Darauf erwiderte Ophüls, daß eine Änderung des Artikels, der auf besonderen Wunsch der deutschen Abgeordneten in den Entwurf eingefügt worden war, politisch kaum möglich wäre.[763]

In der Generaldebatte der Beratenden Versammlung des Europarats am 8. und 9. Mai 1953 über den Verfassungsentwurf der Ad-hoc-Versammlung wurden von dem belgischen sozialistischen Senator Rolin rechtliche Bedenken gegen den Entwurf geltend gemacht. Diese Bedenken bezogen sich auf Artikel 103. Er argumentierte gegen den Artikel auf Grund des Artikel 7 §3 des Deutschlandvertrages. Rolin galt als Gegner jeder Art deutscher Wiederbewaffnung und daher auch als Gegner der EVG. Er setzte seine Hoffnung auf die Ost-West-Entspannung und sah in Artikel 103 ein Hindernis für das Gelingen der friedlichen Wiedervereinigung Deutschlands und der Vier-Mächte-Konferenz. Im Anschluß daran lehnte C. Schmid in einer längeren Rede die Annahme dieses Artikels durch die Bundesregierung aus demselben Grund ab. Die SPD übte weitere heftige Kritik an der Europapolitik der Bundesregierung auf Grund des Artikels 103.[764] Diese Strömungen bekräftigten die EVG-Gegner in Frankreich wie Moch, die angesichts der Anzeichen für eine Ost-West-Entspannung die EVG für unnötig hielten.

---

ein wiedervereinigtes Deutschland die Verpflichtungen der Bundesrepublik gegenüber den Drei Mächten oder einer von ihnen auf Grund der genannten Verträge übernimmt. Soweit nicht alle Unterzeichnerstaaten ihre gemeinsame Zustimmung erteilen, wird die Bundesrepublik kein Abkommen abschließen noch einer Abmachung beitreten, welche die Rechte der Drei Mächte auf Grund der genannten Verträge beeinträchtigen oder die Verpflichtungen der Bundesrepublik auf Grund dieser Verträge mindern würden."

763 PAAA II, Bd. 893, AZ 224-60-10, von Puttkamer, Kurzprotokoll der Besprechung über die Vereinbarkeit der Satzung der EG mit dem Grundgesetz am 10. April 1953 im Auswärtigen Amt, Bonn, den 10 April 1953; PAAA II, B, Bd. 889, AZ 224-40-02, Bl. 70-75, Freie Demokratische Korrespondenz (Pressedienst der FDP), Jahrgang 4 /Nr. 34, Bonn, den 19.5.1953, „Wer will wirklich die Wiedervereinigung? zur Diskussion um den Artikel 103 des europäischen Verfassungsentwurfs", von Dr. Max Becker.

764 PAAA II, Bd. 851, AZ 224-00(-00), Bd. 1, Bl. 199-200, von Puttkamer, Aufzeichnung, Betr.: Debatte der Beratenden Versammlung des Europarats am 8. und 9. Mai 1953 über den Entwurf einer Satzung der EG; PAAA II, Bd. 887, AZ 224-31-00, Bl. 127, Vermerk über Politische Gemeinschaft und Europarat Versammlung, 12. Mai 1953; Neuer Vorwärts, 29. Mai 1953, Das Risiko des Sechs-Länder-Paktes, von C. Schmid und Bindungsklausel hindert die Einheit, ebenfalls von C. Schmid; PAAA II, Bd. 887, AZ 224-32/7, Bl. 294, Siegfried in Brüssel an Müller in Auswärtigem Amt, Betr.: Rolin, 30. Juni 1953.

In Anbetracht dieser Entspannungsphase stellte Adenauer immer wieder in den Vordergrund, daß die europäische Integration unabhängig von der Entspannung weitergeführt werden sollte. „Es wäre ein großer Irrtum", so Adenauer, „anzunehmen, daß sie (die sowjetische Bedrohung, d. V.) die europäische Einigungsbewegung ausgelöst hat. Durch zwei Weltkriege ist die wirtschaftliche und politische Stellung Europas in der Welt stark gesunken. (...) Heute ist es sowohl wirtschaftlich als auch militärisch zumindest von zwei Großmächten überflügelt worden, die aus großräumigen Zusammenschlüssen entstanden sind. (...) Wir müssen eingestehen, daß keiner der europäischen Nationalstaaten heute auf sich allein gestellt in der Lage ist, seinen Bürgern Wohlfahrt und Freiheit zu garantieren und das nationale Territorium ausreichend zu schützen."[765] Diese Debatte veranlaßte das Auswärtigen Amt, die politische Opportunität dieses Artikels noch einmal zu überlegen. Nach langen internen Diskussionen empfahl Opühls dem Bundeskanzler, freiwillig auf Artikel 103 zu verzichten. In einer Sitzung des Auswärtigen Ausschusses des Bundestags vom 5. August 1953 stellte der SPD-Abgeordnete Mommer hierzu eine Frage: „Wird in Baden-Baden in dieser Frage derselbe Standpunkt vertreten werden, wie ihn die Bundesregierung hinsichtlich des Artikels 7 des Deutschlandsvertrages vertreten hat?" Hallstein beantwortete diese Frage mit einem glatten „Ja".[766]

Über das Verhältnis zwischen der Westintegration und der Wiedervereinigung Deutschlands wurde am 1. Juli 1953 im Bundestag heftig debattiert, was sich im anläßlich des Artikels 103 entwickelten Szenario widerspiegelte. Es handelte sich um die Frage, ob die europäische Integrationspolitik der Bundesregierung die deutsche Wiedervereinigung gefährde oder ob sie im Gegenteil eine notwendige Voraussetzung zur Wiedervereinigung darstelle, so daß Integrations- und Wiedervereinigungspolitik gleichzeitig betrieben werden mußten. In einer Regierungserklärung sagte Adenauer unter anderem: „Die Bundesrepublik ist heute schon auf den meisten Gebieten der inneren und äußeren Politik tatsächlich Herrin ihrer eigenen Entscheidung. Das konnte nur erreicht werden, weil wir in zähem Bemühen, (...) das zerstörte Vertrauen und den verlorenen politischen Kredit durch Leistung zurückgewonnen haben. Geholfen und genutzt hat uns auf diesem Wege, daß wir uns vom ersten Tage an entschieden und entschlossen zu der auch aus anderen Gründen zwingend notwendigen europäischen Integration bekannt haben. (...) Die Meilensteine auf diesem Wege sind der Eintritt der Bundesrepublik in den Europarat, der Abschluß des Vertrages über die Montanunion, der Vertrag über die Europäische Verteidigungsgemeinschaft und nicht zuletzt die Arbeit an der Entwicklung einer Europäischen Politischen Gemeinschaft, der Krönung der beiden anderen großen Zusammenschlüsse. (...) Dieser Zusammenschluß ist (...) ein entscheidender Grund für die Taktik, die die sowjetische Politik seit dem Tode Stalins entwickelt hat. Denn wenn es etwas gab, das den Sowjetrussen klarmachte, daß sie mit den Mitteln des Kalten Krieges die europäische Welt nicht unterminieren und von ihr Besitz ergreifen können, so war es der Zu-

---

[765] BA NL Blankenhorn 19b, Bl. 111-130, Rede von Adenauer vor dem International Press Institute am 14. Mai in London.
[766] PAAA II, Bd. 851, AZ 224-00, Bd. 1, Bl. 71-78, von Puttkamer (gez. Ophüls), Aufzeichnung über Artikel 103 der Satzung der Europäischen Gemeinschaft, Bonn, den 12. Juni 1953; PAAA II, Bd. 894, AZ 224-70-00, Bl. 34-38, von Puttkamer, Kurzprotokoll der Sitzung des Auswärtigen Ausschusses am 5.8.1953, Bonn, den 6. August 1953.

sammenschluß der europäischen Völker in der genannten Gemeinschaft."[767] Die Abgeordneten der CDU-CSU-Fraktion pflichteten der Auffassung des Kanzlers bei.
Der FDP-Parlamentarier Becker führte unter anderem aus: „So darf ich Ihnen als einmütige Auffassung meiner Fraktion (...) mitteilen, daß wir grundsätzlich auf dem Boden dieser Verteidigungspolitik stehen und daß wir wünschen, daß diese Vertragspolitik durchgeführt wird, durchgeführt wird zum EVG-Vertrag, durchgeführt wird auch zum Vertrag über die Schaffung einer Europäischen Gemeinschaft."[768]
Auch der DP-Parlamentarier von Merkatz wandte sich gegen die Argumente der Gegner der europäischen Integration: „Wir wenden uns gegen jeden Versuch, mit Rücksicht auf die Möglichkeit von Viermächtebesprechungen die Konferenz in Baden-Baden zu desavouieren. (...) Damit die letzthin aus einem gewissen Funktionalismus entwickelten Teilverträge zur Europäischen Einheit, zu einer politischen Ganzheit zusammenwachsen, ist es notwendig, über der EVG ein politisches Dach zu schaffen. Die Statuten der EPG sind in der Welt und können durch nichts mehr fortgebracht werden. (...) Wer aber die europäische Einigungspolitik und die Politik der Einheit unseres Vaterlandes zueinander in Gegensatz bringen will oder eine Rangfolge zwischen diesen beiden Komplexen aufstellt, verkennt das Wesen des Zusammenhangs zwischen den beiden politischen Linien."[769]
Dagegen wandte sich nach wie vor die SPD. Schmid erklärte, daß gerade eine realistische Politik es erfordere, die Versuche aufzugeben, die Bundesrepublik in eine Gemeinschaft der Sechs zu integrieren. Das Vertrauen der Westmächte nütze nichts, wenn es mit Mitteln gewonnen sei, die den Russen das Interesse an Verhandlungen über die Wiedervereinigung Deutschlands nähmen. Brandt warf den Regierungsparteien vor, eine Politik der Illusionen getrieben zu haben, da sie in den letzten Jahren Verhandlungen zwischen Ost und West nicht einkalkuliert hätten. Er sagte unter anderem: „Das Ringen um die Wiedervereinigung in Freiheit hat den Vorrang vor allen anderen Vorhaben und Projekten außenpolitischer Artikel - Wir sagen heute mit betonter Zuspitzung: uns liegt - gerade auch nach dem heroischen und tragischen Geschehen in der Zone - die gesamtdeutsche Haut näher als irgendein kleineuropäisches Hemd."[770]
In einem Interview mit dem NWDR am 11. Juni 1953 kritisierte Adenauer die seiner Meinung nach unrealistische Politik der SPD. „Auf der einen Seite", so Adenauer, „steht die europäische Politik, die Politik für ein Deutschland, das nicht mehr allein sein soll auf dieser Welt, und das nur hierdurch seine Einheit und Freiheit gewinnen kann. Auf der anderen Seite steht eine Politik für ein halbwegs neutralisiertes, für ein isoliertes Deutschland. Die europäische Politik zielt auf das Mögliche, in Erkenntnis der wirklichen Kräfte. Die Isolierungspolitik zielt auf das Unmögliche in völliger Überschätzung der eigenen Kraft. Wir sind zweimal an der Selbstüberschätzung gescheitert, beide Male nach einem Krieg. Zum dritten Mal soll das nicht geschehen, weder mit Krieg noch ohne Krieg. Der deutsche Weg führt nach Europa und nicht in eine nationale Einsamkeit, die zugleich eine weltpolitische Verlassenheit wäre. Es

---

[767] Bericht über die Behandlung des Vertragsentwurfes nach dem 10. März 1953, vorgelegt von Dr. von Brentano auf der Tagung des Verfassungsausschusses am 23. Juni 1953, in: LDV, Mai-Juli 1953, S. 13-14.
[768] Ibid., S. 14-15.
[769] Ibid., S. 15.
[770] Ibid., S. 15-16.

gibt geschichtliche Augenblicke, in denen man weder abwarten noch ausweichen darf. Die Bundesregierung hat sich für Europa entschieden. Sie wird mit Europa stehen und nicht fallen. Die Deutsche Bundesregierung ist der Ansicht, daß der von der Sonderversammlung ausgearbeitete Entwurf in seinen wesentlichen Zügen die Grundlage für eine Zusammenarbeit der sechs Staaten bilden kann, welche einerseits der Notwendigkeit einer Verwirklichung von institutioneller Zusammenfassung Rechnung trägt, anderseits aber die nationale Souveränität im erforderlichen Umfange achtet."[771]

So wie G. Heinemann in der CDU plädierte Pfleiderer in der FDP bereits 1952 für eine andere Konzeption in bezug auf die Wiedervereinigungs- und Europapolitik als die offizielle Politik der liberalen Freidemokraten zur Unterstützung der Adenauerschen Deutschland- und Europapolitik. Sein Kernthese lag darin, daß die Wiedervereinigung Deutschlands nicht über die „Stärke der Macht" erreicht werden konnte, sondern nur bei gleichzeitiger Befriedigung der westlichen wie der östlichen Sicherheitsinteressen. Auf der Waiblinger Rede vom 6. Juni 1952 sprach Pfleiderer sich dahingehend aus, daß diese gleichzeitige Befriedigung nur dann erreicht werden konnte, wenn sich alle fremden Truppen aus Deutschland, bis auf militärische Brückenköpfe der Sowjetunion im Osten und der USA, Großbritannien und Frankreichs im Westen Deutschlands, zurückziehen sollten, und Deutschland in Freiheit wiedervereinigt wurde. Dann sollte zwischen diesen beiden besetzten Teilen Deutschlands ein dritter, der größte Teil, liegen, der mit nationalen Streitkräften von festgelegter Stärke zu versehen wäre. Für ihn gehörte Deutschland jedoch unzweifelhaft in politischer, wirtschaftlicher und kultureller Hinsicht zum Westen. Mehr noch: Es war untragbar, daß Deutschland im Westen ohne politische Rückendeckung der riesigen Sowjetunion gegenübergestellt würde. Diese Töne fanden sich auch in seiner Anfang September 1952 dem Außenpolitischen Ausschuß des Bundestages zugestellten Denkschrift „Vertragswerk und Ostpolitik". Er trat nicht für die Neutralisierung Deutschlands ein, doch diese Konzeption bedeutete eine deutliche Absage an die westeuropäische Integration, an der auch die FDP engagiert mitwirkte. Pfleiderers Einfluß war bis zur zweiten Bundestagswahl 1953 sehr gering. Die FDP war in der ersten Legislaturperiode trotz aller nationalen Motive in bezug auf den Deutschlandvertrag und die Saarfrage europäisch orientiert und harmonierte in dieser Zeit mit den außenpolitischen Zielen Adenauers. Die folgende Aussage Dehlers auf der Sitzung des Bundesvorstandes der FDP am 29. September 1952 war für diese Haltung repräsentativ: „Wir sind beteiligt an dem Kabinett Adenauer, beteiligt an Entscheidungen, die es getroffen hat. (...) Wir haben als Kabinett beschlossen, wir wollen die baldmögliche Ratifizierung der beiden Verträge haben, weil sie notwendig ist. (...) Wir kennen alle den Standpunkt Pfleiderers. Aber wir sind doch bereits einen Weg gegangen, und es taucht die Frage auf, ob wir diesen Weg rückwärts gehen wollen. (...) Wir können nicht den Weg zurückgehen; denn dann kommt es am Ende zu dem Aspekt, daß wir zusammen mit der Opposition gegen die Regierungspolitik zu Felde ziehen, und das scheint mir nicht gerade eine verlockende Angelegenheit zu sein."[772] Ihre Stimmenverluste in der zweiten Bundestagswahl wurden von der FDP als Schock empfunden. Dazu wurde eine Entspannung in den internationalen Beziehungen immer deutlicher. All das be-

---

771 Ibid., S. 18-19.
772 Die Liberalen unter dem Vorsitz von Theodor Heuss und Franz Blücher, Sitzungsprotokolle 1949-1954, bearb. von Udo Wengst, Düsseldorf 1990, Sitzung des Bundesvorstandes und des außenpolitischen Ausschusses am 29.9.1952, S. 475-476.

günstigte Pfleiderer in seiner Deutschlandpolitik. Er plädierte im Januar 1954 noch einmal nachdrücklich für seine Konzeption. Trotzdem blieb er weiterhin nur ein Außenseiter. Erst 1955 konnten seine Pläne Aufmerksamkeit finden. Insgesamt gab es keinen nennenswerten Zwist zwischen der CDU und der FDP in der Deutschland- und Europapolitik während der EPG-Verhandlungen.[773]

Im Vorfeld der Rom-Konferenz kann die deutsche Position zu dem Verfassungsentwurf der Ad-hoc-Versammlung folgendermaßen zusammengefaßt werden. Was die Zuständigkeiten betrifft, sollte die EPG die EGKS und die EVG in sich aufnehmen und ihrer politisch-demokratischen Kontrolle unterstellen. Sie hatte schrittweise eine umfassende wirtschaftliche Integration und insbesondere einen Gemeinsamen Markt zu schaffen. Hierbei war die Notwendigkeit zu berücksichtigen, das wirtschaftliche Gleichgewicht aufrechtzuerhalten und tiefgreifende Störungen auf wirtschaftlichem oder sozialem Gebiet zu verhüten. Zu diesem Zweck konnten Sicherheitsvorschriften und Ausgleichsmaßnahmen vorgesehen werden. Die taktische Haltung der Bundesregierung wurde letztendlich von der EVG-Ratifizierung in Frankreich bedingt. So war nach der Wahrnehmung der Bundesregierung die französische Haltung das wesentliche retardierende Moment der politischen Gemeinschaft in wirtschaftlichen Fragen. Trotzdem hatte Bonn vermieden und wollte weiter vermeiden, zusammen mit den übrigen Staaten eine Fünfer-Front gegen Frankreich zu bilden.[774] Die Institutionen der Gemeinschaft waren nach folgenden Grundsätzen zu gestalten: Gewaltentrennung, Zweikammersystems, Bildung der Völkerkammer auf Grund direkter Wahlen. Wenn es sich als notwendig erwies, die im Verfassungsentwurf vorgesehene Struktur zu ändern, so sollten die deutschen Vertreter folgendermaßen Stellung nehmen: a) die mit der Dauer des Vertrages zusammenhängenden Fragen: Eine Einigung hierfür erschien verhältnismäßig leicht erreichbar, etwa in Anlehnung an die Regelung des Montanvertrags und des Verteidigungsvertrags. b) die mit der Bildung des Senats und des Ministerrats zusammenhängenden Fragen: Erwünscht war, den Senat mit der Völkerkammer zu verschmelzen und die Befugnisse des Rats der nationalen Minister zu verstärken. Die Bundesregierung hielt eine Einigung über diese Fragen und über die institutionellen Fragen im allgemeinen für schwierig, nicht wegen der sehr zurückhaltenden französischen Position, sondern wegen der belgischen. Eine Einigung mit Frankreich, den Niederlanden und Belgien hinsichtlich der wirtschaftlichen Integration konnte aus deutscher Sicht noch schwieriger erreicht werden.[775] Die deutschen Dokumente zur Vorbereitung der Rom-Konferenz zeigen auf, daß die Bundesregierung die mit der Union Française verbundenen Schwierigkeiten Frankreichs nicht ernsthaft zur Kenntnis nahm.

---

773 Brauers, C., Liberale Deutschlandpolitik. 1949-1969. Position der FDP zwischen nationaler und europäischer Orientierung, Münster 1993, S. 47-73.
774 PAAA III Frankreich, B11, Bd. 239, Bl. 83-96, Enttäuschungen in unseren Bemühungen um ein gutes Verhältnis mit Frankreich, (undatiert, aber inhaltlich gesehen etwa Juli 1953); PAAA NL Ophüls, Bd. 4, Müller, Aufzeichnung, Betr. Niederländische Note vom 3. August 1953 über die wirtschaftlichen Bestimmungen im Statut der Europäischen Gemeinschaft, Bonn, den 3. August 1953, gez. von Ophüls, Hallstein vorgelegt. Geheim.
775 PAAA II, AZ 224-40-01, Bl. 256-267, von Puttkamer, Aufzeichnung. Erläuterung zum deutschen Memorandum vom Juli 1953 über die Aufgabe der Konferenz von Baden-Baden, 3. August 1953.

Nachdem Adenauer die Wahlen gewonnen hatte, war er bestrebt, sowohl in bezug auf die Saarfrage, als auch auf die europäische Integration, enger mit Frankreich zu kooperieren. In einem Brief an Bidault vom 14. September 1953 äußerte er die Hoffnung, daß die kommende Rom-Konferenz beide Vertreter einige Schritte in Richtung auf die Bildung einer EPG näherbringe, in der ein aus allgemeinen direkten Wahlen hervorgehendes europäisches Parlament die europäische Exekutive in demokratischer Weise kontrollieren könne. Zudem schlug er ein vertrauliches Zusammentreffen im Oktober 1953 vor, wobei die Probleme, die die Beziehung beider Staaten verschlechterten, erörtert werden sollten.[776] Bidault stand diesen Vorschlägen positiv gegenüber. Gerade zu diesem Zeitpunkt unternahm der Gaullist Billotte hinter den Kulissen zum zweiten Mal den Versuch, eine Zusammenkunft des Bundeskanzlers mit Laniel zustande zu bringen. Nach wie vor trat er für eine konföderale Einigung Europas ein. Adenauer, für den nicht einmal sicher war, ob Laniel von diesem Plan wußte, legte jedoch großen Wert darauf, daß nichts unversucht gelassen wurde, um die Beziehung mit Frankreich zu verbessern. Adenauer ahnte, daß Bidault bei der Europapolitik auf die Gaullisten angewiesen war. Der Bundeskanzler entwickelte einige Gedanken über die Möglichkeit einer Vertiefung des deutsch-französischen Verhältnisses. Er hielt eine Lösung der Saarfrage für vordringlich, um auf französischer Seite Widerstände gegen die Ratifizierung der EVG zu beseitigen. Er dachte ferner an eine engere deutsch-französische Zusammenarbeit auf wirtschaftlichem und kulturellem Gebiet. Eine weitere Möglichkeit verstärkter Zusammenarbeit war in seinen Augen eine fortlaufende Konsultation der beiden Regierungen über alle für die Gestaltung der Beziehungen wesentlichen Fragen. Er spielte auch mit dem Gedanken einer engeren, bündnisähnlichen Verpflichtung der beiden Länder. Im übrigen beklagte er den langsamen Gang der EVG-Verhandlungen. Um möglichst bald greifbare Ergebnisse zu erzielen, war er sogar bereit, zumindest zeitweise, die supranationale Exekutive der EPG durch die Regierungschefs oder Außenminister billigen zu lassen. All diese Gedanken richteten sich im Grunde darauf, Frankreich bei der Ratifizierung des EVG-Vertrags zu unterstützen.[777]
Die Amerikaner rieten Adenauer jedoch ab, Billottes Vorschlag und damit das gaullistische Konzept zur Einigung Europas zu akzeptieren.[778] Hinzu kam die große interne Spaltung Frankreichs in der Frage der Instruktionen an die Delegation der Rom-Konferenz, wie oben dargestellt wurde. Daher konnte aus den Bemühungen Adenauers nichts Konstruktives hervorgehen. Hieran ist deutlich zu erkennen, daß Adenauer trotz seiner Grundlinie der „supranationalen Integration" flexible Taktiken anwandte.

5. Italien

Die Haltung der italienischen Regierung zu der institutionellen Frage der EPG wurde von De Gasperi auf den Außenministerkonferenzen im Mai 1953 klar verkündigt. Sie hielt an der supranationalen Struktur fest, war jedoch bereit, der belgischen Forderung nach der Streichung der „Unauflöslichkeit" der EPG nachzugeben.[779] Was die wirtschaftliche Integration

---

[776] Brief Adenauer an Bidault, 14.9.1953, in: Adenauer, Briefe 1951-1953, Nr. 443.
[777] BA NL Blankenhorn 24, Bl. 79, Tagebuch, 22.9.1953.
[778] BA NL Blankenhorn 24, Bl. 70-72, Tagebuch, 23.9.1953.
[779] PAAA II, Bd. 860, AZ 224-20/36, Bl. 9-11, von Puttkamer, Analyse der italienischen Note vom 1. Juni 1953, Bonn, den 4. Juni 1953.

anging, wurde im Palazzo Chigi das niederländische Memorandum vom 5. Mai 1953 mit deutlicher Kritik aufgenommen. In einem Arbeitsdokument der Abteilung für wirtschaftliche Angelegenheiten des Außenministeriums wurde vor einer technischen Lösung gewarnt. Ein solches Vorgehen habe bereits zum Scheitern der Verhandlungen über die FINEBEL[780] und die italienisch-französische Zollunion beigetragen. „Deshalb muß man zuerst die politische Entscheidung treffen, zum Gemeinsamen Markt zu gelangen, indem man festlegt, daß seine Realisierung in die Kompetenz der Gemeinschaft fällt, und indem man die Durchführungsorgane schafft sowie die Modalitäten der Arbeitsweise dieser Organe fixiert; danach werden nicht mehr die Regierungen, sondern die genannten Gemeinschaftsorgane (wenngleich unter Kontrolle der Regierungen, die sich auf praktischer Ebene über den Ministerrat vollziehen kann) über die zu ergreifenden Maßnahmen zum Erreichen des Gemeinsamen Marktes diskutieren und befinden." Damit bejahten die Verfasser grundsätzlich eine Ausdehnung der Zuständigkeiten der Gemeinschaft im wirtschaftlichen Bereich. Was die von den Niederländern vorgeschlagenen konkreten Schritte und Maßnahmen betraf, so sprachen sich die Verfasser des Arbeitsdokuments für eine stärkere Betonung der Phasenhaftigkeit des wirtschaftlichen Integrationsprozesses unter Zugrundelegung der „effektiven wirtschaftlichen Situation der Mitgliedsländer", für eine größere Elastizität der Arbeit des Readaptationsfonds sowie für umfassendere Interpretationsmöglichkeiten bei der Anwendung der Schutzklauseln aus. Hieran ist zu erkennen, daß italienischerseits größtes Interesse bestand, die heimische Industrie nicht zu schnell einem Konkurrenzkampf auszusetzen, wie die italienische Stellungnahme über die Anwendung der Schutzklauseln belegt.[781]

Rom wurde von den USA ständig unter Druck gesetzt, den EVG-Vertrag möglichst schnell zu ratifizieren. Italien schien offenbar der erste Staat zu sein, der dazu in der Lage war. In der Tat wurde dieser Prozeß jedoch verzögert. Letztendlich wurde der Vertrag dem Parlament nicht zur Ratifizierung vorgelegt. Dies war nicht nur auf das mit der Triestfrage verbundene nationale Interesse sondern auch auf die innenpolitische Krise in der Regierungskoalition zurückzuführen. Nach der Auflösung des Parlaments fanden am 7. Juni 1953 Wahlen statt. Diese Wahlen brachten nicht die von De Gasperi erhoffte Bestätigung für die zentristische Allianz. Diese verfehlte mit 49,85 Prozent der Stimmen knapp das für das Erreichen des Mehrheitsbonus erforderliche Quorum von 50 Prozent. Die DC und die kleineren zentristischen Parteien (Liberale, Republikaner und Sozialdemokraten) wurden gegenüber den Wahlen von 1948 geschwächt. Dagegen wurden die Kommunisten, die Sozialistische Partei (die Partei Nennis) und die Rechtsparteien (Monarchisten und Neofaschisten) gestärkt. Die knappe Mehrheit hätte eine Koalition aller zentristischen Parteien notwendig gemacht, was wegen der unterschiedlichen Vorstellungen dieser Parteien über die innenpolitischen Reformen im höchsten Maße problematisch war. Diese Schwierigkeit bewog De Gasperi, der als Führer der stärksten Partei von Staatspräsident Einaudi mit der Regierungsbildung beauftragt worden war, eine Verbreiterung der Regierungskoalition ins Auge zu fassen. Da sich eine Zusam-

---

780 »FINEBEL« war ein Plan für eine regionale Zahlungsunion zwischen Frankreich, Italien, den Niederlanden, Belgien und Luxemburg, der im September 1949 in Washington von der französischen Delegation vorgelegt wurde. Das bedeutete eine wirtschaftliche Integration in kleinerem Kreis als im gesamten OEEC-Raum.
781 Zitiert nach: Magagnoli, R., Die italienische Europapolitik 1950-1955, S. 203.

menarbeit der Christdemokraten mit Liberalen und Monarchisten verbat, weil sie den von De Gasperi gewünschten Reformcharakter der DC diskreditiert hätte, und da eine Einbeziehung der Kommunisten aus offensichtlichen Gründen ausgeschlossen war, blieb als einziger Ansprechpartner die Sozialistische Partei. Die seit Juni im Gang befindlichen Gespräche mit den Nenni-Sozialisten über eine Tolerierung der Regierung blieben aber ohne Erfolg, da diese auf ihren antiamerikanischen und neutralistischen Positionen verharrten, weshalb speziell in der Außen- und Europapolitik keine Übereinkunft erzielt werden konnte. Deswegen bildete De Gasperi lediglich eine Christdemokraten-Regierung. Diese Regierungsbildung scheiterte jedoch daran, daß das Parlament ihr nicht das Vertrauen aussprach. Daraufhin trat De Gasperi, auch aus gesundheitlichen Gründen, aus dem politischen Leben zurück. Der Christdemokrat Pella bildete danach die italienische Regierung. Die neue Regierung kündigte zwar offiziell an, daß Italien außen- und europapolitische Kontinuität wahren werde, aber ihre Akzentuierung der europäischen Integration nahm zusehends ab. Für Italien war die „europäische Hochphase" endgültig zu Ende. Diese innenpolitische Krise hinderte De Gasperi daran, das Thema Europa in den Wahlkampf einzubringen. Die EPG, in die De Gasperi früher einmal seine innenpolitischen Hoffnungen gesetzt hatte, war aber allen italienischen Anstrengungen zum Trotz ins Stocken geraten und daher kaum geeignet, die Außenpolitik der Regierung im Inneren zu legitimieren.[782] Diese innenpolitische Krise hinderte die italienische Regierung daran, eine elastische Strategie für die EPG-Konferenz in Rom zu entwickeln.

6. Die Regierungskonferenz in Rom vom 22. September bis zum 9. Oktober 1953

Am 22. September 1953 wurden schließlich in Rom die Expertenberatungen aufgenommen, um den von der Ad-hoc-Versammlung vorgelegten Vertragsentwurf zu prüfen. An der Spitze stand der Lenkungsausschuß, deren Vorsitz der luxemburgische Vertreter Majerus führte, der turnusmäßig das Präsidium des Ministerrates der Montangemeinschaft verwaltete. Insgesamt bildeten sich drei Ausschüsse, nämlich der Wirtschafts-, Finanz-, und Institutsausschuß. In allen Ausschüssen hatte Italien als Gastgeberland den Vorsitz.

Was die Frage der TOM angeht, wurde sie von vornherein aus der Diskussion ausgeschlossen, weil die französische Delegation zusammen mit der belgischen vor der Eröffnung der Konferenz eine Deklaration abgab: „1. Le projet de CPE n'appliquera qu'aux territoires européens des Etats Membres; 2 Le projet, dans ses dispositions organiques, réservera la possibilité aux Etats membres d'étendre les dispositions du texte aux territoires ou Etats non européens qui font partie d'eux-mêmes ou dont ils assurent l'administration ou les relations internationales; 3. Cette extension éventuelle se ferait au moyen d'une déclaration de l'Etat intéressé; 4. Les adaptations rendues nécessaires par une telle déclaration seraient décidées d'un commun accord par les Etats membres de la Communauté."[783]

---

[782] Magagnoli, R., Die italienische Europapolitik 1950-1955, S. 219-222; PAAA BüSt 1949-1967, 200-9, Bl. 22, Telegramm von Heinrich von Brentano in Rom an Auswärtiges Amt, 1. August 1953.
[783] AN 457 AP 42, Déclaration des délégations française et belge. Rome le 24.9.1953; AN F/60 SGCICEE Vol. 3077, conférence pour la Communauté politique européenne, Rome 22.9-9.10.1953, Rapport aux Ministres des Affaires Etrangères, Secrétariat, S. 4.

Am ersten Tag (dem 22. September) widmete man sich den allgemeinen Standpunkten der nationalen Positionen. Der französische Delegationsleiter, Fouques Duparc, erklärte, daß er sich nicht in der Lage sehe, in diesem Moment eine Deklaration abzugeben. Er sagte im allgemeinen, daß die Konferenz sich in formeller Hinsicht nicht an den Verfassungsentwurf der Ad-hoc-Versammlung anlehnen sollte. Die anderen fünf Delegationsleiter vertraten die bereits intern festgelegten Positionen zu dem Verfassungsentwurf der Ad-hoc-Versammlung.[784] Erst auf der nächsten Sitzung des Lenkungsausschusses (23. September) gab Duparc den französischen Standpunkt bekannt. Er erklärte zunächst, daß seine Regierung zwar nach wie vor zu dem Grundsatz des gemeinsamen Marktes stehe, aber nicht ihre Zustimmung zu seiner Schaffung in der Form automatisch wirksam werdender Maßnahmen geben könne. Nach Auffassung der französischen Regierung sei die Hauptaufgabe der EPG, die bereits bestehenden und die noch zu errichtenden supranationalen Körperschaften - Montanunion und EVG - in sich zusammenzufassen. Im Vertragsentwurf könne darüber hinaus ein Initiativrecht der EPG für Voruntersuchungen auf dem Gebiete der wirtschaftlichen Integration vorgesehen werden. Eine echte Zuständigkeitserweiterung aber bedürfe vertraglicher Vereinbarungen zwischen den sechs Regierungen. Die Zeit hierfür sei noch nicht gekommen. Hinsichtlich der Organe erklärte er sich mit einer direkt gewählten Versammlung einverstanden, doch würde dies für Frankreich jedenfalls erst nach einer Verfassungsänderung möglich sein, und deshalb könnte die von der niederländischen Delegation vorgeschlagene Lösung einer Übergangsperiode, wenn sie genau abgegrenzt wäre, eventuell von Nutzen sein. Mit der belgischen Forderung nach einem paritätischen Senat erklärte er sich ebenso einverstanden. Hinsichtlich der Exekutive erklärte Duparc die modifizierte Anweisung Bidaults, die eine aus dem Rat der nationalen Minister (dem nationalen Element) und aus dem Europäischen Exekutivrat (dem supranationalen Element) bestehende Exekutive vorsah. Eine extrem entgegengesetzte Haltung vertrat der niederländische Delegationsführer, Starkenborgh, der die Errichtung der EPG bei dem Wegfall echter Kompetenzen auf wirtschaftlichem Gebiet immer wieder für fragwürdig erklärte, da ihr dann als einziges Tätigkeitsfeld die Koordinierung der Außenpolitik verbleibe und dies nicht als ausreichende Rechtfertigung für die Schaffung dieses Apparates angesehen werden könne. Hallstein unterstützte Duparc: „Ich habe Duparc so verstanden. Eine EPG ist auch dann sinnvoll, wenn ihr wirtschaftliche Zuständigkeiten nicht zugewiesen werden. Ich kann Starkenborgh darin nicht folgen, daß es notwendig sein soll, ihr eine wirtschaftliche Kompetenz zu übertragen. Ich bin nicht der Meinung, daß man die Idee der EPG so interpretieren muß." Man vermied aber die scharfe Konfrontation auf der Ebene des Lenkungsausschusses und ließ die Unterausschüsse die umstrittenen Fragen im Einzelnen behandeln.[785]

---

[784] PAAA II, Bd. 851, AZ 224-00, Bd. 1, Bl. 109-117, Kurzniederschrift. Lenkungsausschuß. Erste Sitzung (22. Sept. 1953), Geheim. Die anderen fünf Delegationsleiter: de Staercke (Belgien), Hallstein (die Bundesrepublik), van Starkenborgh (die Niederlande), Majerus (Luxemburg) und Benvenuti (Italien). Der Generalsekretär des italienischen Außenministeriums, Magistrati, vertrat Benvenuti in dieser Sitzung.
[785] PAAA II, Bd. 851, AZ 224-00, Bd. 1, Bl. 118-124, Kurzniederschrift. Lenkungsausschuß. Zweite Sitzung (23. Sept. 1953), Geheim; PAAA II, Bd. 898, AZ 224-90 Bd. II, von Maltzan, Erster Bericht über den Stand der Konferenzarbeit auf dem Gebiet der wirtschaftlichen Integration (22-27.9), 2.10.1953, Bl. 67-84, hier 68-69.

Die Auseinandersetzungen über die wirtschaftlichen Zuständigkeiten waren zwar von der französisch-niederländischen Kontroverse bestimmt, hinter dem kategorischen Widerstand Frankreichs verbarg sich jedoch, wie von Maltzan, der die deutsche Delegation in dem Wirtschaftsausschuß leitete, spekulierte, vor allem die Angst vor der „machtvollen Konkurrenz" Deutschlands. „Die deutschen Forderungen erwecken" - wie ein französisches Delegationsmitglied es in einer privater Unterhaltung nannte - „den Eindruck, als ob Deutschland eine Luftlandeoperation großen Stils vorbereite, nachdem es ihm gelungen ist, durch den Montanvertrag einen ersten Brückenkopf auf feindlichem Gebiet zu schlagen."[786]
Die Verhandlungen der wirtschaftlichen Integration waren nicht nur durch den schroffen Gegensatz zwischen der französischen und der niederländischen Delegation gekennzeichnet, sondern auch durch Versuche der deutschen Delegation, zwischen beiden Kontrahenten zu vermitteln.[787] Obwohl die italienische Delegation nicht wie die deutsche aktiv in der Rolle des Vermittlers agierte, hatte sie grundsätzlich die gleiche Einstellung wie die deutsche. Die belgische Delegation unterstützte die niederländische. Die luxemburgische Delegation unterstützte jedoch nicht die niederländische, sondern die französische Delegation.[788] Schon in diesem ersten Stadium der Erörterungen richtete die deutsche Delegation sowohl an die niederländische als auch an die französische Delegation die dringende Bitte, ihren allzu extremen Standpunkt aufzugeben und zur Erreichung eines für alle Beteiligten akzeptablen Kompromisses beizutragen. Der holländische Standpunkt der vorherigen Festlegung eines starren Schemas, in welches die wirtschaftliche Entwicklung über einen Zeitraum von vielen Jahren gepreßt werden solle, trage vielleicht doch nicht der Tatsache Rechnung, daß die wirtschaftliche Entwicklung in ihren einzelnen Phasen nicht im voraus auf lange Zeiträume hinaus zu übersehen sei. Es erscheine daher zweckmäßig, nach elastischeren Formeln zu suchen, die genügend Spielraum ließen, um sich den einzelnen Phasen in der späteren wirtschaftlichen Entwicklung anpassen zu können. An die französische Delegation wurde die Mahnung gerichtet, ihre allzu negative Haltung aufzugeben und größere Bereitschaft bei der gemeinsamen Lösung der zugegebenermaßen sehr schwierigen Probleme zu zeigen.[789]

---

786 PAAA II, Bd. 898, AZ 224-90 Bd. II, Bl. 89-107, Abt. IV (HaPol), von Maltzan, Dritter Bericht über den Stand der Konferenzarbeit auf dem Gebiet der wirtschaftlichen Integration (4.-10.9), 2.11.1953, hier Bl. 94.

787 Die französische Delegation wurde von Wormser und später Clappier, die niederländische von Linthorst-Homan und die deutsche von von Maltzan, geführt. Ab 28. September und 5. Oktober übernahm Müller-Armack bzw. von Boeckh die Leitung der deutschen Delegation im Wirtschaftsausschuß, weil von Maltzan während der Abwesenheit Hallsteins die gesamte Delegation führen mußte. Wormser wurde von den Deutschen als „gewandter Delegierter" angesehen, der den in den meisten Fragen negativen französischen Standpunkt nicht ungeschickt vertrat, allerdings sich manchmal in dessen Verteidigung einer allzu durchsichtigen Argumentation bediente. Dagegen wurde Clappier, Generalsekretär im französischen Wirtschaftsministerium, als Anhänger des Europa-Gedankens angesehen. Dazu hatte er in der deutsch-französischen Zusammenarbeit auf wirtschaftlichem Gebiet bisher eine verständnisvolle und konziliante Haltung angenommen. Deswegen war zu hoffen, daß sein Eintreffen zu einer Auflockerung der französischen Haltung beitragen würde, so berichtete von Maltzan (von Maltzans erster Bericht. Bl. 70-71). Aber sein Beitrag entsprach nicht den deutschen Erwartungen.

788 Der niederländische Berichterstatter bewertete die kurze luxemburgische Ausführung als „some unimportant comments" (Griffiths/Milward, The Beyen-Plan, S. 608).

789 PAAA II, Bd. 898, AZ 224-90 Bd. II, Bl. 67-84, Abt. IV (HaPol), von Maltzan, Erster Bericht

Da die Gefahr bestand, daß die niederländischen Vorschläge, falls sie die einzigen geblieben wären, doch mehr oder weniger den grundlegenden Verlauf der Debatte bestimmt hätten, leitete die deutsche Delegation den anderen Delegationen eine Reihe von schriftlich fixierten Fragen zu, mit deren Hilfe sowohl eine Präzisierung des Standpunktes der anderen Länder zu bestimmten Detailproblemen wie auch eine Festlegung der Richtung der Diskussion erstrebt wurde. Davor unterbreitete die deutsche Delegation den übrigen Teilnehmern das Untersuchungsergebnis des Wissenschaftlichen Beirats zur Frage der wirtschaftlichen Integration. Diese Dokumente bildeten die Grundlage der Arbeiten vom 25. und 26. September 1953[790]
Die deutsche Lösung zwischen Währungsfrage (Bundesregierung, Italien und Belgien) und Zollfrage (Niederlande) und zwischen einem Automatismus der Zollunion (Niederlande) und dem Eintreten für deren flexiblen Ablauf (Frankreich) war, der EPG bis zu einem gewissen Maße Entscheidungsbefugnisse zu übertragen. „Die Errichtung des gemeinsamen Marktes wird in erster Linie durch Anregung (avis) der Gemeinschaft an die Mitgliedstaaten zu erfolgen haben. Da das Nichtmitgehen eines Mitgliedstaates Störungen für die übrigen Mitgliedstaaten der Gemeinschaft implizieren würde, muß bei den für die Herstellung des gemeinsamen Marktes vorgesehenen Zöllen und handelspolitischen Maßnahmen die Gemeinschaft berechtigt sein, verbindliche Empfehlungen (recommandations) an die Regierungen der Mitgliedstaaten zu geben und erforderlichenfalls Gesetzgebungsakte (décisions) zu vollziehen. (...) Es wird jedoch noch zu studieren sein, ob bei der Einhaltung der geld-, kredit- und finanzpolitischen Grundsätze die Gemeinschaft sich auf Anregungen und verbindliche Empfehlungen beschränken sollte."[791] Dieser Vorschlag wurde mehr oder weniger von der belgischen und italienischen Delegation unterstützt, aber von den niederländischen und französischen Delegationen kategorisch abgelehnt. Für Frankreich schien dieser Vorschlag zu weit zu gehen, da die Gesetzgebungsakte der Gemeinschaft (décisions) die Souveränität berührte. Wormser kritisierte noch einmal nachdrücklich, daß dem Beyen-Plan eine liberale Idee des Spiels der Konkurrenz zugrunde lag. Letztere würde zu einer Bereicherung der Reichen und

---

über den Stand der Konferenzarbeit auf dem Gebiet der wirtschaftlichen Integration (22-27.9), 2.10.1953, hier Bl. 73-74.

790 PAAA II, Bd. 898, AZ 224-90 Bd. II, Bl. 67-84, Abt. IV (HaPol), von Maltzan, Erster Bericht über den Stand der Konferenzarbeit auf dem Gebiet der wirtschaftlichen Integration (22-27.9), 2.10.1953, hier Bl. 76. Zur Koordinierung der Wirtschaftspolitik brachte Wormser die französischen Vorbehalte in bezug auf die Union Française zum Ausdruck. Er erklärte, daß sich die französische Regierung im Hinblick auf ihre überseeischen Bindungen bei der Steuerung ihrer Wirtschafts- und Finanzpolitik weitgehende Freiheit vorzubehalten wünsche. Er wies darauf hin, daß das Problem Indochina und in Zukunft vielleicht an anderer Stelle des französischen überseeischen Gebietes notwendig werdende Aktionen, die wirtschaftliche und finanzielle Auswirkungen haben könnten, keinesfalls dem Votum der übrigen fünf Länder der EPG unterworfen werden könnten. Man sei zwar in Paris bereit, sich über diese Dinge zu konsultieren, falls erforderlich auch in voller Öffentlichkeit, aber man lehne eine direkte Einflußnahme der Partner auf diese eminent politische Sphäre ab. Die anderen Partner könnten zwar von Frankreich verlangen, daß es sich bemühe, gewisse wirtschaftliche Störungsfaktoren zu beseitigen, um die interne finanzielle Stabilität zu erreichen. In der Auswahl der Wege und Mittel zu diesem Ziele wolle seine Regierung jedoch grundsätzlich frei bleiben.

791 PAAA II, Bd. 898, AZ 224-90 Bd. II, Bl. 89-107, Abt. IV (HaPol), von Maltzan, Dritter Bericht über den Stand der Konferenzarbeit auf dem Gebiet der wirtschaftlichen Integration (4.-10.9), 2.11.1953, hier Bl. 92-93.

zu einer Verarmung der Armen führen. Der Vermittlungsversuch der deutschen Delegation mißlang.

In der Konferenz benutzte man die niederländischen Dokumente nicht als Grundlage, sondern als nur einen der Vorschläge. Das heißt, der Beyen-Plan, der den handelspolitisch akzentuierten Zollabbau in den Vordergrund stellte, stieß auf die anders nuancierte deutsch-belgische Konzeption, die die wirtschaftliche Harmonisierung einschließlich der Währungsfrage voranstellte. Obwohl dieser Unterschied nicht so klar wie der zwischen den Hauptkontrahenten (Frankreich und Niederlande) zutage trat, war dieser das zweite Hindernis, das es zu überwinden galt, um den Beyen-Plan zu realisieren.

Während im Wirtschaftsausschuß die schroffe Ablehnung einer automatisch wirkenden wirtschaftlichen Integration durch die Franzosen auf den ebenso schroff von holländischer Seite präsentierten Standpunkt stieß, kam es im Institutionenausschuß zu einer erstaunlichen, gänzlich verschieden motivierten Allianz der beiden Hauptkontrahenten in bezug auf die Exekutive. Im Gegensatz zu der anfangs von Duparc abgegebenen Erklärung vertrat der französische Delegationsleiter des Institutionenausschusses, Seydoux, die alte These, daß die Schaffung eines neuen supranationalen Exekutivorgans der Gemeinschaft unnötig und unerwünscht sei, solange die Gemeinschaft keine über die Montangemeinschaft und die Verteidigungsgemeinschaft hinausgehenden Zuständigkeiten erhalte. Sollten der Gemeinschaft jedoch neue Aufgaben zufallen, so könnte die Schaffung neuer Exekutivorgane vorgesehen werden, die jedoch nur neben die ausführenden Organe der Sondergemeinschaften gestellt werden sollten (Juxtaposition). Die Einheit der Gemeinschaft würde trotzdem dadurch gewahrt, daß es nur einen Ministerrat und nur ein Parlament gäbe. Die niederländische Delegation schloß sich Seydoux an. Sie ergänzte, daß bei der Juxtaposition ein Verbindungsorgan zwischen den drei Exekutivorganen eingerichtet werden könne, um sie miteinander zu koordinieren.[792]

In diesem Punkt hielten die italienische und die deutsche Delegation ein einheitliches Exekutivorgan in jedem Fall für sinnvoll und notwendig. Hallstein und Benvenuti stellten Duparc die Frage, ob diese Stellungnahme von Seydoux der Stellungnahme von Duparc, die er zu Beginn der Konferenz vorgetragen hatte, entspreche. Nach der Meinung des deutschen und italienischen Delegationsleiters wollte Frankreich nun das supranationale Element zugunsten des nationalen Elements wegfallen lassen. Duparc verschob die Antwort auf eine spätere Zeit. Starkenborgh fragte Hallstein: „Wollen Sie neue Organe auch ohne neue Zuständigkeiten? Welche Zuständigkeiten könnten es denn sein, wenn es nicht wirtschaftliche sind?" Hallstein antwortete: „In einem Exekutivrat soll (...) sich die Aussprache über die politischen Elemente der Ressortverantwortung vollziehen. Solche Dinge von allgemeinpolitischem Interesse gibt es vor allem in der EVG. Vergessen wir doch nicht, welches das politische Motiv für die Planung der politischen Gemeinschaft gewesen ist. (...) Es muß eine verantwortliche Exekutive geben, die die politischen Aspekte, die in den beiden Sondergemeinschaften auftauchen können, zusammenfaßt und zur Diskussion stellt. Nehmen Sie an, es wird über die Assoziation eines Staates verhandelt. Das ist unzweifelhaft eine politische Frage. (...) Es könnten weiter Fragen der Verbindung zwischen Montanunion und Rüstungsindustrie auftauchen, die der Koordinierung bedürfen." Starkenborgh konnte aus den Ausführungen von Hallstein nicht

---

[792] PAAA II, Bd. 851, AZ 224-00, Bd. 1, Bl. 152-163, Kurzniederschrift. Lenkungsausschuß. Sechste Sitzung (29. Sept. 1953), Geheim.

entnehmen, daß es neue Aufgaben gab, denn alle Aufgaben, die er nannte, lagen in der Kompetenz der Sondergemeinschaften, insbesondere in der des Ministerrats. Benvenuti intervenierte: „Sollten wir nicht die Frage prüfen, ob es ohne wirtschaftliche Zuständigkeiten überhaupt eine politische Gemeinschaft geben kann?" Hallstein hatte Bedenken, weil das Schicksal der Konferenz von einer einzigen Frage abhängig gemacht würde. Er war der Meinung, daß die Auffassung der holländischen Delegation mit Artikel 38 EVG nicht in Einklang zu bringen war. „Wir haben das Wort 'Europäische Gemeinschaft' nicht in der Absicht gewählt", argumentierte Hallstein weiter, „eine Addition bestehender Gemeinschaften vorzunehmen, sondern um ein echtes Ganzes zu bilden." Duparc stimmte dem deutschen Delegationsleiter zu. Damit wurde eine Debatte über die Exekutive in dieser Runde abgeschlossen, ohne fruchtbare Ergebnisse zu erzielen.[793]

So war die Situation in Rom wegen der Schwankungen der französischen Delegation hinsichtlich der Exekutive recht schwierig geworden. Die Lage veränderte sich durch das Eintreffen Teitgens, der an der Ausarbeitung der neuen französischen Instruktion maßgeblich mitgewirkt hatte. Teitgen gab Duparc diese offiziellen Instruktionen, die von Bidault bestätigt worden war. Auf der Sitzung des Lenkungsausschusses am 7. Oktober erklärte Duparc, daß eine neue Exekutive, die sich aus dem Ministerrat und dem europäischen Exekutivrat zusammensetzen sollte, geschaffen werden müsse. Damit entstehe ein Mechanismus, der in der Lage sei, das bereits Vorhandene zu integrieren. Die Exekutive würde so als Ganzes einer direkt gewählten Kammer verantwortlich sein, obgleich der EPG keine wirkliche neue wirtschaftliche Zuständigkeit zufalle. Das nationale Element sollte dadurch gestärkt werden, daß der Präsident des Exekutivorgans durch den Ministerrat ernannt wurde.[794] Außerdem war die französische Delegation der Meinung, daß der Rat der nationalen Minister aus den Regierungschefs oder den Außenministern der Mitgliedstaaten gebildet werden sollte, denen je nach den zu behandelnden Sachgebieten gegebenenfalls weitere Minister beigeordnet werden konnten, was der Auffassung der Gaullisten ähnlich war. Die belgische und luxemburgische Delegation schloß sich der französischen in bezug auf die Exekutive an. Die deutsche und italienische Delegation vertraten zwar die Ansicht, daß der Rat der nationalen Minister je nach dem Thema maßgeblich an der Entscheidung der Exekutive mitarbeiten konnte. Sie stimmten der von Duparc geforderten Zusammensetzung der Exekutive jedoch nicht zu. Trotzdem brachten sie aus politischen Gründen keine klare Ablehnung einer solchen Zusammensetzung zum Ausdruck. Über die Befugnisse der Exekutive und die Frage der parlamentarischen Verantwortlichkeit konnte eine endgültige Einigung noch nicht herbeigeführt werden, weil diese Frage nur in Verbindung mit der Frage der Kompetenz der Gemeinschaft und mit der Frage der Befugnisse der anderen Organe entschieden werden konnte.[795]

---

793 Ibid.
794 BA NL Blankenhorn 25b, Bl. 163, Tagebuch, 4. Oktober 1953; PAAA BüSt 1949-1967, 200-8, Bl. 174, Telegramm von van Maltzan und Brentano an Auswärtigen Amt, 5.10.1953, Nr. 174; PAAA II, Bd. 851, AZ 224-00, Bd. 1, Bl. 152-163, Kurzniederschrift. Lenkungsausschuß. 11. Sitzung (7. Oktober 1953), Geheim.
795 PAAA BüSt 1949-1967, Bl. 1-52, Konferenz für die EPG, Rome, 22.9.-9.10.1953, Bericht an die Außenminister, Sekretariat, Rome, den 9. Oktober 1953, CIR/15; PAAA II, Bd. 891 AZ 224-50-10, Bl. 78-86, Hallstein an Diplomatische Vertretungen Paris etc. (insgesamt 14), 22.10.1953, Vertraulich, Entwurf; AMAE DE-CE 45-60, CPE 1948-1954, Vol. 579, Bl. 113-117, DGAP Europe, Note, 12.10.1953, A/S. conférence de Rome; FRUS 1952-1954, VI. Part 1, S. 324-329; Re-

Im Hinblick auf die Direktwahl zur Völkerkammer, wie Starkenborgh zu Beginn der Konferenz klar geäußert hatte, machte die niederländische Delegation eine Konzession. Sie stimmte dem Prinzip der Direktwahl zu, vorausgesetzt, daß eine bestimmte Übergangsperiode, in der ein einheitliches Wahlgesetz vorbereitet werden sollte, vorgesehen würde. Sonst gelangte man in bezug auf die paritätische Zusammensetzung des Senats zu keiner Einigung. Diese Diskussion stellte keine so wesentliche Schwierigkeit für das Gelingen der EPG dar wie die wirtschaftliche Integration und die Exekutive. Über die finanziellen und außenpolitischen Zuständigkeiten wurde kaum diskutiert. Daneben wurde erwogen, die Geltungsdauer entsprechend der Regelung in Montan- und Verteidigungsvertrag auf 50 Jahre zu begrenzen. Das von der belgischen Regierung geforderte Sezessionsrecht fand jedoch keine Unterstützung. Zusammengefaßt wurden die wesentlichen Meinungsverschiedenheiten im Bezug auf die wirtschaftliche Integration und die Exekutive nicht überwunden. Es konnte nur in einigen Fragen Übereinstimmung verzeichnet werden, so in der Definition des Charakters der Gemeinschaft als „Gemeinschaft souveräner Staaten, die im Interesse aller die überstaatlichen Befugnisse ausüben soll, die in den bereits geltenden Verträgen begründet sind oder sich aus weiteren Verträgen ergeben" (primärer Grundsatz).[796]

Insgesamt ergab sich aus der Rom-Konferenz, daß man in der darauffolgenden Außenministerkonferenz in bezug auf die Fragen der Exekutive (die Supranationalität der EPG) und der wirtschaftlichen Integration eine politische Entscheidung treffen sollte. Man konnte erst danach Lösungen der anderen Probleme finden, die im wesentlichen als schwer überwindbare Hindernisse für die EPG-Verhandlungen angesehen wurden.

Der ursprünglich für die Haager Ministerkonferenz vorgesehene Termin 20. Oktober 1953 bereitete der holländischen Regierung erhebliche Schwierigkeiten, denn das holländische Parlament begann in diesen Tagen die allgemeine Haushaltsdebatte, für die alle Kabinettsmitglieder zur Verfügung stehen mußten. Die neuerliche Verzögerung bei den EPG-Verhandlungen stieß bei keiner der beteiligten Regierungen auf nennenswerten Widerspruch. In Italien war die neue Regierung unter Ministerpräsident Pella immer noch dabei, sich in die Europapolitik einzuarbeiten. Luxemburg und vor allem Belgien hatten sich bisher stets mehr als zögerlicher denn als drängender Verhandlungspartner erwiesen. In Frankreich, das im Präsidentschaftswahlkampf stand und überdies der ersten großen Europadebatte in der Nationalversammlung seit 21 Monaten entgegensah, war die Bereitschaft zu erfolgsorientierten EPG-Verhandlungen ohnedies gering. Die Einbeziehung wirtschaftlicher Integrationsmaßnahmen kompromißlos ablehnend, nahm die französische Regierung zum supranationalen Charakter der EPG, mit Rücksicht auf die konträren Forderungen von Gaullisten und Sozialisten, eine lavierende Haltung ein. In Bonn wurden von der Haager Außenministerkonferenz von vornherein keine konkreten Ergebnisse erwartet. Angesichts des Präsidentschaftswahlkampfes in Frankreich hielt es der Bundeskanzler für geboten, die Regierung in Paris jetzt

---

port of the Rome Conference to consider a European Political Community, 20.11.1953.
796 PAAA BüSt 1949-1967, Bl. 1-52, Konferenz für die EPG, Rome, 22.9.-9.10.1953, Bericht an die Außenminister, Sekretariat, Rome, den 9. Oktober 1953, CIR/15; PAAA II, Bd. 891 AZ 224-50-10, Bl. 78-86, Hallstein an Diplomatische Vertretungen Paris etc. (insgesamt 14), 22.10.1953, Vertraulich, Entwurf; FRUS 1952-1954, VI Part I, S. 324-329, Report of the Rome Conference to consider a European Political Community, 20.11.1953.

nicht festzulegen. Auf ausdrücklichen Wunsch der niederländischen Regierung wurde die Außenministerkonferenz um mehr als fünf Wochen auf den 26. November verschoben.[797]

7. Die Außenministerkonferenz in Den Haag vom 26. bis zum 28.11.1953 und die Fortsetzung der Expertenkonferenzen: Stellte die Frage der wirtschaftlichen Integration wirklich ein unüberwindbares Hindernis für die EPG-Verhandlungen dar?

Nachdem die Romkonferenz beendet war, fühlte sich die Haager Regierung bedrängt, ihr Postulat einer Zollunion, zumindest den wesentlichen Teil davon, aufzugeben, um die EPG zustande zu bringen. Die bisherigen EPG-Verhandlungen hatten klar gemacht, daß ihre Forderung wegen der kompromißlosen Ablehnung der französischen Regierung von den anderen Partnerländern außer Belgien keine aufrichtige Unterstützung bekommen hatte. Die Bundesregierung hatte die französische Regierung in bezug auf die wirtschaftliche Integration bis zur Romkonferenz kontinuierlich und konsequent unterstützt. Die italienische Regierung und die luxemburgische Regierung hatten die gleiche Einstellung wie die Bundesregierung. Nur zwei kleinere Staaten, Belgien und die Niederlande, hatten versucht, sich gegen die vier Staaten durchzusetzen. Dazu kam, daß die Konzeptionen der beiden Regierungen zu der wirtschaftlichen Integration nicht einheitlich waren.

Daß Monnet der Kompetenzerweiterung der wirtschaftlichen Integration im ersten Stadium der Gemeinschaft entgegentrat, wurde im Kapitel IV. aufgezeigt. Er hatte bereits im Juni 1953 die Amerikaner auf die negative und gefährliche Haltung von Zeelands einschließlich seiner Forderung nach der wirtschaftlichen Integration hingewiesen und Zusagen von der amerikanischen Seite bekommen, in naher Zukunft diesen Widerstand durch entsprechende Druckmittel zu überwinden.[798] Eigentlich unterstützte die Washingtoner Regierung den Beyen-Plan, obschon auf indirekte Weise.[799] Als sie aber erfuhr, daß dieser Plan die EPG-Verhandlungen erschwerte, zog sie ihre Unterstützung zurück. In den Schreiben an Dulles vom 28. September und 1. Oktober 1953, also zur Mitte der Romkonferenz, brachte D. Bruce zum Ausdruck, daß die Niederlande durch ihre Forderung nach einer Zollunion die EPG gefährdeten und daher diese Forderung zurückziehen sollten. Er dachte, man könne mit einer Bereitschaft Frankreichs, die wirtschaftliche Integration vorwärtszutreiben, nicht rechnen. Das liege an dem Charakter der französischen Wirtschaft, an der Haltung der Arbeitnehmer, ebenso wie an der Haltung der Gewerkschaften, die unter allen Umständen einen Konkurrenzein-

---

797 EA 8 (1953), S. 6071; AMAE Europe 44-60, Généralités, Vol.78, Bl. 270, Télégramme de Garnier à MAE, 30. sep. 1953; PAAA II, Bd. 861, AZ 224-21/00, Bl. 15, von Trützchler, Aufzeichnung, Betr.: Datum der Ministerkonferenz in Haag, den 7. Oktober 1953; PAAA II, Bd. 861, AZ 224-21/00, Bl. 14, von Trützchler, Vermerk, Betr.: Datum der Ministerkonferenz in Haag, den 8. Oktober 1953; AMAE Europe 44-60, Généralités, Vol.78, Bl. 280, Bidault à Luxembourg, 13.10.1953; BA NL Blankenhorn Nr. 25. S. 9f., Kurzprotokoll über die Besprechung zwischen Adenauer und dem amerikanischen Botschafter Bruce vom 14.10.1953.
798 BA NL Blankenhorn 20a, Bl. 20-22, Telegramm von Blankenhorn und Kerkeler an Auswärtiges Amt, 4. Juni 1953, ausschließlich für den Herrn Bundeskanzler und den Herrn Staatssekretär, Geheim.
799 FRUS 1952-1954, V, S. 763-766, Memorandum of Conversation, by Francis L. Spalding of the Office of Western European Affairs, Subject, Visit of Dutch Foreign Minister Lun, March 11, 1953.

bruch vermieden sehen wollten. Dem niederländischen Außenminister ohne Portefeuille, Luns, der die Angst äußerte, die USA würden die Niederlande bedrängen, die Forderung nach einer Zollunion aufzugeben, um die französische Ratifizierung des EVG-Vertrages mittels der positiven Ergebnisse der EPG-Verhandlungen zu erleichtern, entgegnete Dulles, daß die EVG gut vorwärtsgekommen sei und daß man mit einer wirtschaftlichen Integration nicht noch einmal beginnen könne, auch wenn es besser gewesen wäre, zunächst mit dieser zu beginnen.[800] Die USA setzten den Druck auf die Niederlande zwar nicht in die Tat um. Jedoch hatte niemand Zweifel daran, daß die USA - deren Einstellung zu dem Beyen-Plan noch bestimmender für die Haager Regierung war als die der anderen Partnerländer -, wenn nötig, bereit wären, die Niederlande unter Druck zu setzen, ihr Postulat aufzugeben oder zumindest die Unterstützung der USA für diesen liberalistischen Plan, die die französische Regierung befürchtete, abzusagen. Und dies, obgleich die USA den liberalistischen Gedanken, den Prinzipien, worauf der Beyen-Plan basierte, in vollem Umfange zustimmte. Für die USA verlor das EPG-Projekt immer noch keinen taktischen Wert für die Erleichterung des EVG-Vertrags in der französischen Nationalversammlung. Deswegen hätte auf den Beyen-Plan verzichtet werden sollen, wenn der Beyen-Plan wirklich hinderlich für das Gelingen des EPG-Projekts wegen der französischen Unfähigkeit, diesen Plan zu akzeptieren, gewesen wäre. Es ist plausibel, daß die niederländische Regierung die Befürchtung hegte, die während der EVG-Verhandlungen erfahrene Pression aus Washington könne sich wiederholen.

Duparc analysierte die Unterschiede zwischen Deutschland und Frankreich: „Unsere Gesichtspunkte divergieren von denen der deutschen Delegation in dem Punkt, daß sich diese 'au stade final de l'évolution' befinden, während wir Sorge dafür tragen, 'd'en définir la phase initiale'". Diese Unterschiede ergaben sich, so Duparc weiter, nicht nur aus den geschichtlichen Gründen, sondern auch aus der Tatsache, daß Frankreich, das als einziger Staat unter den Partnerländern Verantwortung auf den überseeischen Gebieten hatte, darum besorgt war, „de concilier son appartenance à l'Union Française et sa vocation européenne." Trotzdem hielt er viel von der vermittelnden Rolle des deutschen Delegationsleiters, der Sorge trug, Frankreich nicht mit unannehmbaren Forderungen zu brüskieren und nicht zu drängen. In privaten Gesprächen äußerten Hallstein und seinen Mitarbeiter gegenüber Duparc, daß diese Sache Europa im wesentlichen „une affaire franco-allemande" sei und daher unter ihnen geregelt werden solle. Es sei möglich, so Duparc, daß Adenauer auf der Zusammenkunft mit Bidault vorschlage, die definitiven Lösungen zu suchen. „Je (Duparc, d. V.) n'exclus même

---

800 FRUS 1952-1954, VI, S. 322f., The Acting Secretary of State (Smith) to the Office of the United States Representative to the European Coal and Steel Community (Bruce), at Paris, Washington, October 15, 1953, Secret; BA NL Blankenhorn 25b, Bl. 9-14, Kurzprotokoll über die Besprechung, die am Mittwoch, dem 14. Oktober 1953, mittags, zwischen dem Herrn Bundeskanzler und Botschafter Bruce in Anwesenheit von Staatssekretär Hallstein und Ministerialdirektor Blankenhorn stattgefunden hat. Geheim. In diesem Kontext klingt eine Aussage des Generalsekretärs des niederländischen Außenministeriums Baron Tuyll über das Gespräch zwischen Beyen und Bruce verdächtig: Bruce habe den niederländischen Gesichtspunkt, der EPG weitgehende wirtschaftliche Kompetenz zu erteilen, unterstützt und Beyen zugesichert, daß die Konzeption der niederländischen Regierung in Washington in vollem Umfang verstanden worden sei. (AMAE Europe 44-60, Généralités, Vol.78, Bl. 298, Télégramme de Garnier à MAE, confidentiel, 10.11.1953). Da der Verfasser kein Protokoll dieses Gesprächs finden konnte, ist die Richtigkeit dieser Aussage nicht festzustellen.

pas que dans le désir de nous rencontrer il (Adenauer, d. V.) ne fasse l'abandon de plusieurs des positions maximal que sa délégation a pu n'avancer que pour renforcer sa position de négociation au départ."[801]

Ausführlicher als Duparc ging Wormser auf die Frage ein, ob die niederländische Forderung nach einer Zollunion wirklich ein unüberwindbares Hindernis für das Gelingen der EPG darstellte oder nicht. Die BRD, Italien und Luxemburg befürworteten zwar die wirtschaftliche Integration innerhalb der Sechser-Gemeinschaft, machten sie aber nicht zur conditio sine qua non für ihre Zustimmung zur EPG. Vielmehr schien die deutsche Delegation eher die französische Position als die niederländische zu unterstützen. Die Brüsseler Regierung wollte das EPG-Projekt nur daran scheitern lassen, daß keine Übereinstimmung über die wirtschaftliche Integration innerhalb der Sechser-Gemeinschaft erzielt werden konnte. Nach Einschätzung Wormsers werde diese Position für die Brüsseler Regierung schwer beizubehalten sein. Was die Haager Regierung anging, wurde berichtet, daß Beyen begann, sich über ihre schwache Verhandlungsposition klarzuwerden und zu befürchten, die Verantwortung für das eventuelle Scheitern des EPG-Projekts übernehmen zu müssen. Für die niederländische Delegation konnte es, aus den Augen Wormsers, genügen, eine Verpflichtung der Regierung in den EPG-Vertrag einzufügen, wonach die Tarife der sechs Staaten, schrittweise und bedingt von der Zustimmung jeder Regierung, genauso wie in der OEEC, reduziert werden sollten. Hieraus schlußfolgerte Wormser, daß Frankreich dem Hindernis der Frage der wirtschaftlichen Integration aus dem Wege gehen könnte, und zwar leichter und schneller insoweit, als die Bonner Regierung ihre taktische Vermittlungsposition, die sie bis dahin gezeigt hatte, beibehalten würde; eine Voraussetzung, von der man ausgehen konnte, da es der Bonner Regierung darauf ankam, zunächst die EPG zustande zu bringen. Also, so Wormser, stellte die Frage der wirtschaftlichen Integration nicht mehr ein unüberwindbares Problem dar. Nach Einschätzung des Leiters der wirtschaftlichen Kooperation im Quai d'Orsay war die Union Française aber immer noch das einzige und wahre Hindernis, das den EPG-Verhandlungen im Wege stand.[802]

Nicht nur von außen, sondern auch von innen wurde die niederländische Politik eines Junktims zwischen der EPG und der Zollunion kritisiert. In Anbetracht dessen, daß der Beyen-Plan wegen der ablehnenden Haltung der französischen Regierung keine Realisierungsperspektive besaß, teilten sich die Politiker in Den Haag in bezug auf die EPG-Verhandlungen in zwei Gruppen. Die eine, die sich um Mansholt herum sammelte, wollte trotzdem die EPG irgendwie zustande bringen. Die andere Gruppe um Drees instrumentalisierte den Beyen-Plan zu einer Blockierung des anscheinend französisch-italienisch-deutschen Plans einer einfachen Dachorganisation für die EGKS und die EVG.

---

801 AMAE Europe 44-60, Généralités, Vol.78, Bl. 276, Télégramme de Fouques Duparc à MAE, 7. oct. 1953; AN 457 AP 40, Télégramme de Fouques Duparc à MAE, 13.10.1953, N°1052/1062, urgent, réserve
802 AN 457 AP 40, OW/AD, DGAEF, Service de CE, Note pour l'ambassadeur, secrétaire général, 21.10.1953, a.s. Communauté politique européenne et marché commun. Bossuat schreibt, daß sich der Gegensatz zwischen Frankreich und den anderen fünf Partnerstaaten in bezug auf die wirtschaftliche Integration nach der Rom-Konferenz verschärfte, wenn man gemäß den internen Noten des Quai d'Orsay urteilt. (Bossuat, G., La vraie nature, S. 215f.) Er ignoriert einfach die oben zitierte Frage Wormsers und übersah die eigentlich schwache Position Beyens als Außenminister eines der kleinen Staaten.

Mansholt berücksichtigte die französische Lage in besonderem Maße. Er unterstützte den französischen Standpunkt mehrmals in privaten Gesprächen mit dem französischen Botschafter in Den Haag, Garnier. Nach Mansholts Ansicht war es sehr wichtig, die EPG, obgleich der EPG-Vertrag zunächst lediglich allgemeine Erklärungen für die wirtschaftliche Integration vorsah, zuerst auf die Beine zu bringen, sonst riskierte man die EPG-Verhandlungen unnötig hinzuziehen. Er glaubte, daß selbst die EPG, die bei der ersten Phase nur die EGKS und die EVG umfaßte, durch „la force des choses" dazu führen würde, daß mehr und mehr wichtige wirtschaftliche Befugnisse eingeräumt werden müßten.[803] In einem Schreiben an Beyen vom 28. September, zur Mitte der Romkonferenz, forderte Mansholt diesen auf, die niederländischen Instruktionen zu modifizieren und auf die Forderung nach der automatische Errichtung einer Zollunion zu verzichten.[804]

Es war jedoch Mansholts Parteifreund, Ministerpräsident Drees, der sich ihm am stärksten widersetzte. Er war bereit, der Direktwahl zu der Völkerkammer zuzustimmen, vorausgesetzt, daß eine Übergangsperiode vorgesehen war. Doch er beharrte nachdrücklich auf dem niederländischen Postulat in bezug auf die Zollunion. Dahinter steckte, daß Drees den NATO-Beitritt Deutschlands der EVG-Lösung immer noch vorzog. Darüber hinaus war er eigentlich ein Befürworter eines neutralisierten Deutschland. Er glaubte nicht an die russische Gefahr, da seiner Meinung nach die UdSSR weniger an Westeuropa als an Asien interessiert war. Deswegen sah Drees keinen Grund, die EVG-Ratifizierung in Frankreich um jeden Preis zu erleichtern. Er zeigte deutlich seine strikte Ablehnung gegen eine eventuelle Konstitution einer kleineuropäischen Gemeinschaft der sechs Staaten „à la Schuman". Er wollte das EPG-Projekt gerne gescheitert sehen, vorausgesetzt, daß man die Niederlande nicht dafür verantwortlich machen konnte.[805] Die meisten Minister standen hinter Drees. Auch wenn ein nicht geringer Teil der Abgeordneten und der Senatoren die Haltung Mansholts teilte, schien er nicht zu wagen, die jetzige Regierung, deren Ministerpräsident den Wiederaufbau gut führte, aufgrund der außenpolitischen Angelegenheit in eine Vertrauensfrage zu verwickeln. Der parteilose Außenminister Beyen, der über keine Unterstützung der Partei verfügte und daher letztendlich auf Premierminister Drees angewiesen war, mußte dessen Position stärker als Mansholts Position berücksichtigen, obwohl er die Haltung Mansholts für richtig hielt, wie Mansholts enger Mitarbeiter Van der Lee und der andere Außenminister ohne Portefeuille Luns gegenüber dem französischen Botschafter in Den Haag, Garnier, erklärten.[806] In einem

---

803 AMAE Europe 44-60, Généralités, Vol.78, Bl. 260, Télégramme de Garnier à MAE, 22 septembre 1953, N°733/36; AMAE Europe 44-60, Généralités, Vol.78, Bl. 264, Télégramme de Garnier à MAE, 24. sep. 1953, réserve, N°736/744; PAAA III Niederlande, Bestand 11, Bd. 182, Bl. 47-48, Botschaft der BRD Den Haag, Betr.: Gespräch mit dem außenpolitischen Berater der Partei der Arbeit, Alfred Mozer, Den Haag, den 10. Juni 1953.
804 Griffiths/Millward, The Beyen-Plan and the European Political Community, S. 611.
805 AMAE Europe 44-60, Généralités, Vol.78, Bl. 264, Télégramme de Garnier à MAE, 24. sep. 1953, réserve, N°736/744; AMAE DE-CE 45-60, CPE 1948-1954, Vol. 579, Bl. 125-127, Télégramme de Garnier à MAE, 31.10.1953, N°814/25, réserve, secret; PAAA III Niederlande, Bestand 11, Bd. 182, Bl. 47-48, Botschafter der BRD in Den Haag an Auswärtiges Amt, Betr.: Gespräch mit dem außenpolitischen Berater der Partei der Arbeit, Alfred Mozer, Den Haag, den 10. Juni 1953; Vgl. Wendy Asbeek Brusse, The Dutch socialist party, in: R.T.Griffiths (ed.), Socialist Parties and the Question of Europe in the 1950's, Leiden/N.Y./Köln 1993, S. 124f.
806 AMAE Europe 44-60, Généralités, Vol.78, Bl. 264, Télégramme de Garnier à MAE, 24. sep.

Antwortbrief an Mansholt brachte Beyen zum Ausdruck, „es sei unsere Stärke, daß bei all den Schwankungen, den Umwandlungen der Positionen und Opportunismus, die wir von unseren Partnern erfahren haben, wir an einer einfachen und klaren Proposition unerschütterlich festgehalten haben." Beyen meinte, daß der französische minimalistische Standpunkt mehr ein Zeichen dessen war, daß Frankreich bis dahin keine Position hatte, als ein Zeichen dafür, was die französische Politik sein würde, wenn sie eventuell entstünde. Beyen hoffte immer noch, daß Frankreich seine negative Einstellung ändern würde.[807]
Dennoch stand im niederländischen Außenministerium zu befürchten, daß unter dem Druck der zunehmenden Schwierigkeiten bei der Ratifizierung des EVG-Vertrages in der französischen Nationalversammlung die niederländische Regierung zu einer Aufgabe ihrer kompromißlosen Forderungen gezwungen werden könnte. Deswegen mußte Beyen damit rechnen, daß die bevorstehende Haager Konferenz zu einer Übereinkunft über die institutionellen Fragen käme, während die wirtschaftliche Frage auf eine spätere Zeit verschoben werden könnte.[808] Ende Oktober bereitete Beyen daher ein Memorandum über den Umfang der möglichen Konzessionen der niederländischen Regierung vor. Die Zeitspanne, in der die Zollunion realisiert werden sollte, könnte von 10 Jahren auf 15 erweitert werden. Dazu kam, daß es möglich wäre, im Vertrag vorzusehen, die Hälfte der Reduzierung der Tarife automatisch zu realisieren, aber den restlichen Teil davon der Gemeinschaft zu überlassen, d.h. die Reduzierung der verbleibenden Tarife nach Vorschlägen der Exekutive und per Abstimmung des Ministerrats zu beschließen. Auch die deutsch-belgischen Wünsche in bezug auf die Währungsfrage und die Harmonisierung der Wirtschaftspolitik könnten in vollem Umfang berücksichtigt werden.[809] Mehr noch überlegte Beyen, daß man, wenn die anderen Partner diese Vorschläge dennoch nicht akzeptieren wollten, alle wirtschaftlichen Zuständigkeiten einschließlich jener in bezug auf die EGKS vorläufig außerhalb der EPG lassen sollte. In diesem Fall könnten die Niederlande die Direktwahl zur Völkerkammer ohne Vorbehalt einer Übergangsperiode akzeptieren und vorschlagen, die Exekutive der EPG und das Kommissariat der EVG aufgrund der personnellen Übereinstimmung ihrer Mitglieder miteinander zu verbinden.[810] Damit wollte Beyen eine vermittelnde Position zwischen Drees auf der einen Seite und Mansholt und dem vermeintlichen Zwang von außen auf der anderen Seite herausstellen.
Aber Beyens Vorschläge über die Konzessionen hinsichtlich der wirtschaftlichen Integration lehnte Drees nach wie vor entschieden ab. Drees' Position wurde von der Mehrheit des Kabinetts ebenfalls nach wie vor unterstützt; eine Position, die bedeutete, in der Haager Konferenz praktisch alle umstrittenen Fragen der EPG noch einmal an ein Expertengremium zu überweisen.[811] Die Anhänger Mansholts und Mansholt selbst versuchten im Parlament bzw. im Kabinett, ihre Forderung durchzusetzen, aber das Lager Drees' blieb unerschütterlich. Letzt-

---

1953, réserve, N°736/744; AMAE DE-CE 45-60, CPE 1948-1954, Vol. 579, Bl. 125-127, Télégramme de Garnier à MAE, 31.10.1953, N°814/25, réserve, secret.
807 Griffiths/Milward, The Beyen-Plan and the European Political Community, S. 612.
808 Ibid.
809 Ibid.
810 AMJ 9/3/1, „Note pour M. Monnet", relative à une initiative de Beyen, signée M. Kohnstamm, Luxembourg, 28.10.1953. Griffiths und Milwards ließen diese taktische Überlegung außer acht.
811 Kabinettsprotokoll vom 2.11.1953, in: Griffiths/Milward, The Beyen-Plan and the European Political Community, S. 612.

endlich einigte man sich darüber im Kabinett: Die Niederlande konnten ihr Postulat einer wirtschaftlichen Integration nicht aufgeben. Die Haager Konferenz sollte aber der Notwendigkeit untergeordnet werden, eine schnelle Ratifizierung des EVG-Vertrags herbeizuführen. Die Nicht-Ratifizierung oder verzögerte Ratifizierung des EVG-Vertrags würde auch den Gedanken der EPG vernichten oder lähmen. Umgekehrt würde die Ratifizierung Entscheidungen ermöglichen, zu denen die Franzosen vorher nicht bereit waren. Darum sollte vorgeschlagen werden, zunächst eine demokratische Umgestaltung der EVG in enger Anlehnung an Artikel 38 des EVG-Vertrags zu versuchen und die Montanunion und die EVG in einer Übergangszeit weitgehend selbständig zu lassen. Beyen rang dem Ministerpräsidenten die Konzession ab, die Direktwahl der Völkerkammer zu akzeptieren, vorausgesetzt, daß ein einheitliches europäisches Wahlrecht vorgesehen werden sollte. Bei einem Besuch in Bonn am 16. November 1953 vertrat Beyen diese Position. Es ist aber nicht feststellbar, ob die Bonner Regierung diese teilte oder nicht. Noch wichtiger, aber ebenfalls nicht feststellbar, ist das Ergebnis einer Zusammenkunft zwischen Beyen und Bidault. Im Archiv des Quai d'Orsay und in den Archives Nationales in Paris sind die Akten nicht zu finden. Wahrscheinlich erzielte Beyen mit Bidault keine Übereinkunft über die niederländische These, da Beyen wenige Tag vor der Haager Konferenz immer noch fürchtete, daß Bidault, um die Mehrheit für den EVG-Vertrag zu gewinnen, der französischen Nationalversammlung zusichern würde, daß die EPG zunächst die EGKS und die EVG umfassen sollte. Dann würden die Niederlande dazu gezwungen werden, die EPG ohne die erwünschte wirtschaftliche Kompetenz zu akzeptieren.[812]

Die Haager Außenministerkonferenz fand am 26. November 1953 statt. Zum Glück für Beyen gab Bidault keine Zusicherung zur EPG in der Nationalversammlung ab. Er selbst konnte wegen des Vertrauensvotums an der ersten Sitzung der Konferenz nicht teilnehmen. Beyen schlug eine „Notlösung" vor: Die niederländische Regierung sei bereit, sich unverzüglich im Rahmen der Prüfung der Prinzipien und Modalitäten der Errichtung einer politischen Gemeinschaft damit zu befassen, ob es eine Lösung gebe, welche, während der der vollständigen Integration der beiden Fachgemeinschaften vorausgehenden Übergangsperiode, die demokratische Kontrolle der EVG gewährleisten würde. Diese Frage könnte von der Studienkommission untersucht werden. Auf diese Weise könnte die Vorbereitung der EPG ihren normalen Verlauf nehmen, und es würde dennoch einer unmittelbaren Forderung Genüge getan. Dementsprechend zog Beyen den Vorbehalt über die Direktwahl (Übergangszeit 3 Jahre) zurück, machte aber geltend, daß der Vertrag bestimmte Prinzipien, worauf die Direktwahl

---

812 Door Nederland op de Conferentie te Den Haag van 26 November in te nemen standpunt (17.11.1953) und Kabinettsprotokoll vom 23.11.1953, in: Griffiths/Milward, The Beyen-Plan and the European Political Community, S. 612; AMAE DE-CE 45-60 CPE 1948-1954, Vol. 579,, Bl. 128-129, Télégramme de Garnier à MAE, 4.11.1953, n°844, réserve; PAAA II, 224-20-53, Besprechung am 16. November 1953 zwischen dem niederländischen Außenminister Beyen und Staatssekretär Hallstein, Aufzeichnung vom 16.11.1954; AMAE Europe 44-60, Généralités, Vol.78, Bl. 305, Télégramme Conseiller de l'Ambassade à Le Haye à MAE, 23.11.1953. Die Idee, die EPG zunächst von dem Sog der EVG-Ratifizierung zu trennen, hatte der niederländische Delegationsleiter in Rom-Konferenz, von Starkenborgh, schon einmal einige Tage vor der Konferenz geäußert und war dabei vom belgischen Delegationsleiter, Rihphagens, unterstützt werden (PAAA NL Ophüls, Bd. 4, Opühls, Aufzeichnung, betr.: Stellung des niederländischen Delegationsführers in Rom zur Eingliederung der EVG in die Europäischen Gemeinschaft, Bonn, den 18.9.1953).

beruhen mußte, vorsah.[813] Er wollte also die EPG endlich vom Druck der Ratifizierung des EVG-Vertrages befreit wissen und sich Klarheit über das eigentlich anzustrebende Integrationsziel verschaffen. Damit änderte Beyen seine Strategie über die wirtschaftliche Integration innerhalb des EPG-Projekts. Früher wollte er kraft der EVG und des EPG-Projekts die Zollunion der sechs Staaten verwirklicht wissen, nun aber bemühte er sich, seinen Plan von dem Sog der EVG-Ratifizierung zu befreien. Damit konnte er einer möglichen Schuldzuweisung entrinnen.

Der neue italienische Außenminister Pella unterstützte Beyen in dem Punkt, daß die EPG mit wirtschaftlichen Zuständigkeiten ausgestattet werden sollte. Im Anschluß daran vertrat Parodi, der während der Abwesenheit des erst am letzten Tag auftretenden Außenministers Bidault in dieser Konferenz diesen vertrat, nur die alte französische Position. Am nächsten Tag (27. November) debattierte man ausschließlich über die institutionellen Fragen. Man einigte sich in bezug auf die Direktwahl. Über die paritätische Zusammensetzung des Senats machten Parodi und Pella gewisse Konzessionen. Hallstein, der in der Debatte der institutionellen Frage Adenauer vertrat, machte seinerseits eine Konzession hinsichtlich der Exekutive, indem er sich dem französischen Standpunkt anschloß: „Der Präsident und die Mitglieder des neuen Organs sollen vom Rat der nationalen Minister ernannt werden." Insgesamt wurden aber die alten Meinungsverschiedenheiten nicht ausgeglichen. Alle umstrittenen Probleme wurden der Studienkommission zugewiesen. Dagegen debattierte man in der Tat nicht über die wirtschaftliche Frage. Auf den von Beyen selbst als „Notlösung" bezeichneten Vorschlag wurde nicht eingegangen. Dieser Vorschlag fand zunächst keine Gegenliebe in Paris. Es wurde jedoch nicht ausgeschlossen, daß man sich später darüber einigen könnte.[814]

Praktisch wurde keine besondere inhaltliche Entscheidung außer der der Direktwahl in dieser Konferenz gefällt. Letztendlich ist dies darauf zurückzuführen, daß die französische Delegation die EPG-Verhandlungen nach wie vor hinauszögerte. Diese Haltung stellte für die belgische Delegation, die ohnehin die Verweisung aller umstrittenen Fragen an eine Studiumskommission gefordert hatte, *„une heureuse surprise"* dar, obwohl die französische Delegation immer noch der belgisch-niederländischen Forderung nach einer wirtschaftlichen Integration mit „une hostilité agressive" entgegentrat.[815] Dies galt sicherlich bei der niederländischen Delegation. In bezug auf die Prozedur setzten die Minister, wie Beyen gehofft hatte, eine Studienkommission ein, die aus den gleichen Sachverständigen bestehen sollte, die schon den Rom-Bericht produziert hatten. Sie wurde beauftragt, bis zum 15. März 1954 in Paris einen neuen Bericht anzufertigen, der von den Ministern auf einer für den 30. März in Brüssel angesetzten Konferenz geprüft werden sollte. Die Experten würden also in Paris zusammentreten, ohne neue Anweisungen, mit einigen Ausnahmen der institutionellen Fragen, dabei zu haben.

---

813 PAAA II. Bd. 861 AZ 224-21-01, Bl. 218-269, Protokoll der Außenministerkonferenz, Den Haag, 26-28. November 1953, vom 5.12.1953; AMAE Europe 44-60, Généralités, Vol.78, Bl. 322, Télégramme de Garnier (La Haye) à MAE, 27.11.1953.

814 PAAA II. Bd. 861 AZ 224-21-01, Bl. 218-269, Protokoll der Außenministerkonferenz, Den Haag, 26-28. November 1953, vom 5.12.1953; AMAE Europe 44-60, Généralités, Vol.78, Bl. 326-327, Parodi, Télégramme, a/s Conférence de La Haye, 1.12.1953; PAAA II, Bd. 860, AZ 224-20/53, Bl. 247-249, Mühlenfeld in Den Haag an Auswärtiges Amt, Betr.: Die „Notlösung" Außenminister Beyens auf der Haager Konferenz, 2.12.1953.

815 AMAE DE-CE 45-60, CPE, Vol. 584, Bl. 196-197, Lettre de van Zeeland à Calmes, 24.11.1953; AMAE Europe 44-60, Généralités, Vol.78, Bl. 328, Télégramme de Rivière à MAE, 2.12.1953.

Man stimmte außerdem darin überein, die Parlamentarier der Ad-hoc-Versammlung wie bei der letzten Romkonferenz zu der Arbeit der Studienkommission hinzuzuziehen und die Parlamentarier der Beratenden Versammlung als Beobachter daran zu beteiligen.[816]
Nach der Haager Konferenz wurden die innerparteilichen Auseinandersetzungen in der niederländischen Arbeiterpartei fortgeführt. Anläßlich der Debatte über den Haushalt des Außenministeriums kritisierte der Sozialist Van der Goes van Naters in heftigen Worten im Parlament den Standpunkt des Außenministers Beyen in der Frage der wirtschaftlichen Integration. Anlaß zu dem Angriff bildete die Notlösung Beyens. Van der Goes unterstellte, Beyen wolle eventuell die EPG scheitern lassen, wenn sich herausstellen sollte, daß der niederländische Standpunkt, keine politische Integration ohne gleichzeitige wirtschaftliche Integration durchzuführen, nicht durchzusetzen sei. Er forderte den Außenminister auf, den Zusammenhang zwischen der EVG-Ratifizierung und den EPG-Verhandlungen klar zu machen. Van der Goes verstand unter der EPG nicht nur die demokratische Kontrolle der EVG, sondern auch eine Fusion der EGKS und der EVG und damit auch eine die Hohe Behörde und das Kommissariat umfassende Europäische Exekutive. Er stützte sich auf die Konzeption des europäischen Flügels im französischen Kabinett und damit auch auf die des Vorsitzenden der SFIO, Mollet. Außerdem kritisierte er die einseitige Konzeption der Regierung für eine wirtschaftliche Integration, also die Voranstellung eines Abbaus der Zölle. Er meinte, daß die Arbeiterpartei die Koordinierung der europäischen Geld-, Kredit- und Finanzpolitik als geeigneten Ansatzpunkt einer wirtschaftlichen Integrierung Europas ansah, was sich dem deutschen Standpunkt näherte. Am 17. Dezember im Parlament antwortete Beyen in einer zweieinhalbstündigen Rede dem Abgeordneten van der Goes. Beyen verneinte den engen Zusammenhang der EVG-Ratifizierung und der EPG in Frankreich: „Die Dringlichkeit, die für den EVG-Vertrag gelten möge, hat nichts, gar nichts zu tun mit den Problemen, um die es sich bei der Politischen Gemeinschaft handelt." Denn „eine Lösung auf sehr kurzen Termin, das heißt innerhalb des Termins, in dem über das Los der EVG in Frankreich entschieden werden muß, ist über den Weg der Schaffung einer Politischen Gemeinschaft nicht möglich, selbst wenn in der Frage der Regierungsbefugnisse auf dem Gebiete der wirtschaftlichen Integration nicht die geringste Meinungsverschiedenheit bestünde."[817]
Beyen schien die Abneigung des von Bidault geleiteten französischen Außenministeriums gegen die Konzeption des europäischen Flügels im Kabinett, also gegen eine supranationale EPG, die die EVG und die EGKS in sich integrieren sollte, zu ahnen. Beyen meinte allerdings, daß es keine Chance zu einer wirtschaftlichen Integration gäbe, solange die jetzige Regierung bliebe. Er setzte Hoffnung auf eine kommende französische Regierung, deren hauptsächliche Träger die Sozialisten und Katholiken sein sollten. Allerdings beharrte Mollet immer auf seiner Ablehnung gegenüber der Einrichtung eines europäischen Marktes. Beyen

---

816 PAAA II. Bd. 861 AZ 224-21-01, Bl. 218-269, Protokoll der Außenministerkonferenz, Den Haag, 26-28. November 1953, vom 5.12.1953.
817 PAAA II, Bd. 860, AZ 224-20/53, Bl. 250-251, Mühlenfeld in Den Haag an Auswärtiges Amt, Betr.: Rede des Außenministers Beyen vor der Zweiten Kammer, 17. Dezember 1953; PAAA II, Bd. 898 AZ 224-90 Bd. 2, Bl. 230-276, Rede des holländischen Außenministers Dr. J.W.Beyen vor der Zweiten Kammer am 17. Dezember 1953, hier S. 35 und 37; PAAA II, Bd. 898, AZ 224-90 Bd. 2, Bl. 227-229, Mühlenfeld in Den Haag an Auswärtiges Amt, Betr.: Die Einheitsfront der Niederländischen Parteien in der Frage der wirtschaftlichen Integration, 28.12.1953.

glaubte dennoch, daß Mollet Schritt für Schritt einen Stellungswechsel vornehmen würde, und gab die Hoffnung nicht auf, nach der erwarteten Klärung der politischen Gesamtlage doch noch mit einer neuen französischen Regierung zu einer Verständigung auch auf dem Gebiet der wirtschaftlichen Integration kommen zu können. Diese optimistische Erwartung Beyens beruhte auf der Hypothese, daß Frankreich an dem Beyen-Plan doch Interesse zeigen könnte, wenn die derzeitigen wirtschaftlichen Schwierigkeiten überwunden wären.[818]

Die Regierungsvertreter nahmen ihre von den Außenministern anvertrauten Arbeiten erst am 8. Dezember 1953 in Paris auf. Bis zum 7. Januar 1954 hielten sie jedoch nur ergebnislose Beratungen ab.[819] In den Beratungen ließen sich die Meinungsverschiedenheiten erwartungsgemäß nicht überwinden. Die französische Delegation, die von Parodi geleitet wurde, erklärte sich bei der wirtschaftlichen Integration von Anfang an nur bereit, der EPG das Recht zur Prüfung, Stellungnahme und Initiative zuzuerkennen. Die belgische und die niederländische Delegation beharrten nach wie vor auf ihrer altbekannten Position. Die deutsche Delegation spielte eine vermittelnde Rolle. Die italienische Delegation setzte ein ihr wichtiges Anliegen, nämlich die Frage der Freizügigkeit der Arbeitskräfte, nunmehr auf die Tagesordnung. Im Januar 1954 wechselte die französische Delegation ihren Status vom Verhandlungspartner zum Konferenzbeobachter, womit die Beratungen praktisch blockiert waren.[820]

Im institutionellen Unterausschuß kam man hingegen zumindest zur Übereinstimmung in der Frage der Völkerkammer, mit Ausnahme der ausgesprochen politischen Einzelheiten, nämlich der Frage der Vertretung der französischen überseeischen Gebiete und der Saar. Sonst erzielte man keine Übereinstimmung. In diesem Unterausschuß stellte die Haltung Frankreichs ebenfalls das größte Problem dar. Es wollte nach wie vor aus der Gleichgewichtslösung, die in der Romkonferenz angenommen worden war - also gleichgewichtige Verteilung der Gewalten zwischen den unmittelbar europäischen Elementen und den Mitgliedstaaten -, nach der Seite des Staatenbündnisses ausbrechen. Demgemäß verhielt sich Seydoux, Leiter der französischen Delegation im Institutionellen Unterausschuß, zunächst völlig negativ. Eine Verbesserung der Atmosphäre trat erst dadurch ein, daß die Franzosen insbesondere angesichts der grundsätzlich entgegengesetzt gerichteten deutschen Haltung sich zu einem Kom-

---

818 PAAA II, Bd. 860, AZ 224-20/53, Bl. 247-249, Mühlenfeld in Den Haag an Auswärtiges Amt, Betr.: Die „Notlösung" Außenminister Beyens auf der Haager Konferenz, 2.12.1953; PAAA II, Bd. 858, AZ 224-20L, Botschaft der BRD in Den Haag an Auswärtiges Amt, Betr.: Neue niederländische Stellungnahmen zur EPG, 13. Mai 1954.
819 Diese Studienkommission, an deren Spitze der Lenkungsausschuß stand, setzte sich insgesamt aus drei Unterausschüssen zusammen; dem institutionellen, dem wirtschaftlichen, und dem für das Studium des Wahlrechts. Die Unterausschüsse hielten ihre Sitzungen im Januar 1954 ab, der Lenkungsausschuß trat vom 28. bis zum 30. Januar zusammen. Im Februar hielt die Studienkommission in gleicher Weise ihre Sitzungen ab. Die Sitzungen des Lenkungsausschusses, in denen er den vorgesehenen Bericht für die Außenministerkonferenz am 30. März 1954 anfertigte, fanden vom 22.-24. Februar statt (AMAE Europe 44-60, Généralités, Vol.78, Bl. 341, Projet de calendrier de travail pour le mois de janvier, Argod; AMAE Europe 44-60, Généralités, Vol.78, Bl. 346, Note pour la direction générale du personnel - Budget et Affaires Techniques, 18.2.54, a/s Réunion de la Commission pour la CPE).
820 BA NL von Brentano 119, Bl. 142-146, Aufzeichnung über den Zwischenbericht des Wirtschaftsausschusses an den Lenkungsausschuß, Brand an von Brentano, 26. Januar 1954; BA B 102/11416, Protokoll der ersten Sitzung des Lenkungsausschusses vom 28./29.1.1954.

promißvorschlag über die Staatenkammer bereit fanden und zu erkennen gaben, daß sie bei dessen Annahme in den sonstigen Punkten zu einem Entgegenkommen im Sinne des Supranationalen bereit sein würden. Diesem Vorschlag zufolge sollte die Zusammensetzung der Staatenkammer paritätisch sein, und zwar mindestens aus drei Delegierten pro Staat bestehen, die unmittelbar ihre Regierung vertreten würden (eventuell Regierungsmitglieder). Die Mitglieder sollten verbindliche Weisungen von den Regierungen erhalten und jede nationale Delegation sollte eine Stimme haben. Die Staatenkammer sollte die gesetzgebenden Befugnisse erhalten, die bisher den beiden Ministerräten vorbehalten waren; die Abstimmungsregelung bliebe wie vorgesehen bestehen. Die Völkerkammer habe ebenfalls abzustimmen, aber mit einfacher Mehrheit. Sie habe kein Mißtrauensvotum gegenüber den Exekutivrat und kein Recht zu Anfragen oder Interpellationen. Gegen diesen Vorschlag wandten sich ernsthaft nur die italienische und in gewissem Maß die niederländische Delegation. Belgien und Luxemburg stimmten diesem Vorschlag zu, zumal die belgische Forderung der paritätischen Besetzung in der Zweiten Kammer erfüllt zu werden schien.[821]

Die schärfste Kritik an dem französischen Vorschlag übte von Brentano. Das Gefährliche dieser Lösung liege, so kritisierte sein engster Mitarbeiter, Brand, a) in der Bevormundung der Völkerkammer durch die Mehrheit der Regierungen und in der Schaffung eines latenten Konflikts zwischen Staaten- und Völkerkammer; b) in der „Verewigung" der legislativen Befugnisse der nationalen Minister; c) in der Ausschaltung der nationalen Parlamente; und d) in der Schwierigkeit einer angemessenen Liaison mit der Beratenden Versammlung des Europarates, auf die besonders Großbritannien großen Wert legte. Von Brentano appellierte an den Bundeskanzler, den französischen Vorschlag mit derselben Begründung abzulehnen. Die offizielle Vertretung der BRD, nämlich Adenauer-Hallstein (Staatssekretär des Auswärtigen Amtes) - Blankenhorn (Leiter der Abteilung II des Auswärtigen Amtes) - Ophüls (Leiter der Unterabteilung II B), gab dem französischen Vorschlag nach, zumal dieser zum einen die einzige Möglichkeit darstellte, die versteifte Situation aufzulockern und die Franzosen zu einer sachlichen Mitarbeit zu gewinnen, und er zum anderen die Chance eröffnete, von den Franzosen Konzessionen im Sinne des Supranationalen, insbesondere der supranationalen Gestaltung der Exekutive, zu erwirken.[822]

Trotz dieser Bemühungen der Deutschen, dem französischen Vorschlag entgegenzukommen, konnte man nicht zu Übereinstimmungen gelangen, zumal Frankreich nach wie vor angesichts der inneren Zersplitterung über die EVG und die EPG seine Einstellung zu den EPG-Verhandlungen nicht festlegen konnte. Vor der Experten-Konferenz in Paris legte Wormser, Leiter der französischen Delegation im wirtschaftlichen Unterausschuß, die altbekannte, negative Einstellung zu der wirtschaftlichen Integration in einer Note vom 10. Dezember 1953

---

821 AMAE Europe 44-60, Généralités, Vol.78, Bl. 343, Télégramme de Parodi à F. Poncet, 17.1.1954; PAAA NL Ophüls, Ophüls, Zwischenbericht über die Arbeiten des Institutionellen Ausschusses für die EPG, Bonn, den 21. Januar 1954, Vertraulich, Sofort.
822 BA NL von Brentano 119, Bl. 148-152, Aufzeichnung über den gegenwärtigen Stand der Diskussionen der Kommission für die EPG, Brand an von Brentano, 25. Januar 1954; PAAA NL Ophüls, Bd. 5, Entwurf von Ophüls, Schreiben von Adenauer an von Brentano, Februar 1954, (Reinschrift von dem Herrn Bundeskanzler gezeichnet); PAAA II, Bd. 856, AZ 224-10, Bd. 3, Bl. 17-20, Schreiben von Brentano an Adenauer, 9. Februar 1954; PAAA II, Bd. 873, AZ 224-23-03, Bl. 144-150, Ophüls, Aufzeichnung, Betr.: Verhandlungen über die Europäische Gemeinschaft, 19.2.1954.

dar und ging auf dieser Grundlage an die Beratungen heran. Seine Überlegungen kreisten wieder einmal auf der einen Seite um die internationalen Zusammenhänge zwischen dem Indochina-Krieg und der europäischen Integration und auf der anderen Seite um die Abneigung gegen die liberal-wirtschaftlichen Gedanken. Der amerikanische Kongreß habe, so Wormser, Frankreich enorme finanzielle Hilfen für die Kriegsführung in Indochina zukommen lassen, damit die französische Regierung die europäische Integration fördere. Da die französische Wirtschaft nach wie vor amerikanische Hilfe benötigte, dürften die Bemühungen um Europa nicht aufgegeben werden. Andererseits führten die zur Zeit vorliegenden Pläne über eine politische Gemeinschaft zu einer gemeinsamen europäischen Währung, zur Öffnung der Grenzen für Ausländer, zur freien Konkurrenz, zur Selektion der Stärksten und letztendlich zur Lösung der Union Française vom Mutterland. Diesen „maximalistischen" Forderungen müßte um jeden Preis der Riegel vorgeschoben werden. Anstelle der Integration im Rahmen der Sechs solle die französische Regierung daher die Bemühungen im Rahmen der OEEC vorantreiben, eine behutsame Liberalisierung fordern und alle Befürchtungen zerstreuen. Die wirtschaftliche Kooperation im supranationalen Rahmen der Sechs müsse zunächst auf die Montanunion beschränkt werden. Erst einmal müsse man abwarten, ob die EVG jemals ratifiziert und harmonisch betrieben werden würde, erst dann könne man eine Ausweitung im landwirtschaftlichen Sektor zum einen und bei den Investitionen für eine neue Industrie in Europa und in den französischen überseeischen Gebieten zum anderen ins Auge fassen. Was den Beyen-Plan der Zollsenkung angehe, müsse man zunächst einmal auf die Ergebnisse der weiteren Verhandlungen der GATT über weltweite Zollsenkungen abwarten. Sollte nichts dabei herauskommen, könne Frankreich auf den Beyen-Plan, im Rahmen der Sechser-Gemeinschaft selbst, zurückgreifen.[823]

Wormser lehnte die wirtschaftliche Integration zwar nicht prinzipiell ab, zog aber vor, vor der Öffnung des französischen Marktes zunächst die Wirtschaft durch protektionistische Maßnahmen konkurrenzfähig zu machen. Aus dieser Position konnte man von vornherein kaum auf einen Erfolg der Verhandlungen der wirtschaftlichen Integration in Paris hoffen. Die Beziehungen der Union Française zu der europäischen Integration waren immer noch nicht klar definiert. Der Minister der France d'Outre-Mer, Jacquinot, schrieb am 22. Oktober 1953 einen Brief an Laniel, in dem er gegen das Ergebnis der Romkonferenz eintrat in bezug auf die Regelung der Beziehung zwischen der Europäischen Gemeinschaft und der Union Française, also die vorläufige Ausschaltung der Vertretung der französischen überseeischen Gebiete im Europäischen Parlament. Der Unterabteilungsleiter für Afrika, Jurgensen, unterstützte die Kritik Jacquinots und trat nach wie vor dafür ein, daß die EPG strukturell noch lockerer werden sollte, um die überseeischen Gebiete in die europäischen Integration mit einzubeziehen, ohne dabei die Bindung zwischen dem Mutterland und den überseeischen Gebieten in Frage zu stellen. Hingegen traten die SFIO und der MRP offiziell für die diesbezügliche Regelung des Verfassungsentwurfs ein, die auf die Initiative Teitgens zurückzuführen war.[824] Die fran-

---

[823] AMAE DE-CE 45-60, CPE 1948-1954, Vol. 579, Bl. 279-288, Wormser, Note a.s. Politique économique et financière extérieure de la France, 10.12.1953.

[824] AN 457 AP 42, Lettre du ministre de la France d'Outre-Mer, Jacquinot à Laniel, 22.10.1953; AN 457 AP 42, MAE, HA/MB, M. Schumann, Note pour le président, 6.11.1953, A.S. Communauté Européenne et TOM, Très Secret; AN 457 AP 42, Postel-Vimey (Directeur de la Caisse centrale de la TOM), La France d'Outre-Mer et la CPE, Projet de l'Assemblée ad hoc et amendements de

zösische Regierung konnte keine Synthese herausarbeiten und mußte schließlich diese Frage noch einmal aus den Experten-Beratungen in Paris herausnehmen. Es ist außerdem darauf hinzuweisen, daß die Gaullisten in ihrer Einstellung zur Supranationalität der europäischen Integration von den französischen Sozialisten weit entfernt lagen.
Unter diesen Umständen war jede weitere Vereinbarung über die EPG zwecklos, solange Unklarheit über den Stand der parlamentarischen Beratungen des EVG-Vertages in Frankreich herrschte.[825] Angesichts der unausgleichbaren Meinungsverschiedenheiten schlug Beyen dem amtierenden Präsidenten der EGKS-Ministerrats Bidault bereits am 19. Februar 1954 eine Verschiebung des Termins vom 30. März für die Zusammenkunft der Außenminister vor. Am 24. März gab Bidault offiziell bekannt, die Brüsseler Außenministerkonferenz vom 30. März auf unbestimmte Zeit zurückzustellen. Die Konferenz mußte vorläufig ohne Festsetzung eines neuen Termins aufgeschoben werden, weil einige Delegationen, insbesondere die französische und die niederländische, Hindernisse in der gegenwärtigen, durch Ratifizierungsverhandlungen des EVG-Vertrags hervorgerufenen Situation sahen. Auch die anderen Delegationen pflichteten dieser Auffassung bei. Die Festsetzung eines neuen Termins wurde vermieden, weil eine etwaige nochmalige Verschiebung psychologisch schlechte Auswirkungen haben könnte. Deswegen wurden die Ergebnisse der Kommission zwar in ausführlichen Berichten niedergelegt, diese jedoch auf höherer Ebene nicht mehr weiter verfolgt.[826]

Eine Zwangslage, in der die Niederlande unausweichlich ihre Forderung der wirtschaftlichen Integration hätte fallen lassen müssen - die Lage, die Beyen äußerst beängstigt hatte -, entstand nicht. Dies ist darauf zurückzuführen, daß sich die französische Regierung immer noch nicht entschieden hatte, welchen Weg sie mit dem EPG-Projekt beschreiten wollte. Dieser „Immobilisme" rührte wiederum aus der innenpolitischen Komplexität her, die sich in verschiedenen politischen Kreisen, vor allem bei den Sozialisten und den Gaullisten, in bezug auf die EVG-Ratifizierung entwickelte. Auf jedem Fall ist es feststellbar, daß Beyen mit seiner ursprünglichen Absicht, eine Zollunion kraft der EVG zu realisieren, zwar nicht erfolgreich war, aber zumindest die schlimmste Lösung, eine die EGKS und die EVG formal um-

---

la Délégation française à la Conférence de Rome, 12.11.1953, AN 457 AP 42, Direction d'Afrique-Levant, S/D d'Afrique, Note sur les relations entre l'Union Française et la CPE, 23.11.1953; AN 457 AP 42, JDJ/LG, AME DGAP Direction d'Afrique-Levant, S/D d'Afrique, Note sur les relations entre l'Union Française et la CPE, 6.1.1954; AMAE DE-CE 45-60, CPE 1948-1954, Vol. 579, Bl. 416 Le Monde 17. fév. 1954. Libres opinions. La CED et L'Union Française. par Maurice Lenormand (député de la Nouvelle-Calédonie et des Nouvelles-Hébrides).

825 Angesichts dieser enttäuschenden Entwicklung schrieb van Helmont an Monnet: „le projet d'Autorité politique va vers le sort du projet de pool agricole, des conférences, des études, puis d'autres, et en fin de compte rien, ou la consécration écrite et signée du statu quo" (AMJ 10/1/2, Van Helmont à Monnet, 22 janvier 1954).

826 AMAE Europe 44-60, Généralités, Vol.78, Bl. 348, Télégramme de Garnier (La Haye) à MAE, 19.2.1954; BA NL Blankenhorn 30b, Bl. 209-211, Tagebuch vom 9.3.1954; Siegler, Einigung, S. 83; FRUS 1952-1954, VI, Bl. 370, US Representative to the ECSC (Bruce) to the Department of State, Paris, March 22, 1954, confidential; PAAA III, AZ 232-00, Bd. 8, Pressekommuniqué des Quai d'Orsay, 24.3.54; PAAA II, Bd. 891, Bl. 122, Telegramm von Hallstein an alle Diplomatischen Vertretungen, 27.3.1954; PAAA II, Bd. 858, AZ 224-20-03, von Puttkamer, Aufzeichnung, Betr.: Entwurf eines Berichts über die Arbeit der Kommission für die EPG, insbesondere den von dieser an die Außenminister erstattete Bericht (Rapport aux Ministres des Affaires Etrangères).

fassenden EPG ohne eine erweiterte wirtschaftliche Kompetenz, verhindern konnte, ohne die Verantwortung für das eventuelle Scheitern der EPG-Verhandlungen und damit der EVG-Ratifizierung auf sich nehmen zu müssen. Das starre Festhalten der niederländischen Regierung an dem Postulat einer gleichzeitigen Verwirklichung der politischen und wirtschaftlichen Integration stellte zwar ein großes Hindernis für das Gelingen der EPG dar, doch war dies nicht unüberwindbar. Es ist wahr, daß die Chance, zu einer Übereinkunft in bezug auf die wirtschaftlichen Integration zu gelangen, im Rahmen der EPG-Verhandlungen mit der Haager Konferenz endgültig vertan wurde. Aber das Schicksal des EPG-Projekts selbst wurde damit nicht besiegelt, denn es bestand immer noch eine Realisierungschance. Diese hing wesentlich von der innenpolitischen Lage in Frankreich ab, worauf in dem folgenden Kapitel einzugehen ist.

P. Fischer bewertete die Haager Konferenz folgendermaßen: „Offiziell hatten die Minister mit der Einsetzung einer neuen Studienkommission zwar die Voraussetzung für eine Weiterverhandlung des EPG-Projekts geschaffen, in Wirklichkeit war jedoch mit dieser 'Verschiebung' der Probleme auf die untere Ebene das Schicksal der EPG besiegelt worden, was kaum noch in der Öffentlichkeit zu vertuschen war."[827] In dem oben geschilderten Kontext ist Fischers Bewertung jedoch ein voreingenommenes Urteil über die EPG-Verhandlungen, das das Ergebnis der in Entstehung befindlichen geschichtlichen Prozesse vorwegnimmt. So versteht Fischer aus seiner Sichtweise heraus Ophüls' „Programm für die Pariser Verhandlungen über die Politische Gemeinschaft" vom 21. Dezember 1953 falsch: Fischer bezeichnet die Beauftragung der Experten im Auswärtigen Amt auch als „reines Beschäftigungsprogramm". Aber in der Tat kennzeichnete Ophüls nicht alle Beratungen, sondern nur die Beratung über die wirtschaftliche Integration, als solches. Er hielt die Aufgabe des Wahlrechtsausschusses für „am leichtesten" und die des Institutionellen Ausschusses für „schwerer", da sich die Franzosen sehr stark zurückhielten und die Niederländer die institutionellen Fragen nicht so rasch fördern wollten, so daß auf Grundlage der institutionellen Einigung der Vertrag zu einem Zeitpunkt abgeschlossen werden könnte, zu dem die wirtschaftlichen Fragen noch nicht in ihrem Sinne gelöst wären.[828] Der von Fischer zitierte interne Vermerk Ophüls' wies besonders auf die Schwierigkeiten in den Verhandlungen über die wirtschaftliche Integration hin: „Es erscheint im gegenwärtigen Zeitpunkt, zumal angesichts der Lage in Frankreich, aussichtslos, in den Kommissionen eine Entscheidung der großen grundsätzlichen Fragen, insbesondere der wirtschaftlichen Zuständigkeiten, herbeizuführen. Der Versuch, dies zu tun, würde nur zu einer Verhärtung der Standpunkte und im Ergebnis zu der Feststellung führen, daß die Meinungsverschiedenheiten unüberbrückbar seien."[829] All diese Vorurteile sind darauf zurückzuführen, daß man die Gegensätze zwischen Frankreich und den Niederlanden im

---

827 Fischer, P., Die Bundesrepublik, S. 297. Die in dem von G. Trausch herausgegebenen Sammelband, „Die europäische Integration von Schuman-Plan bis zu den Verträgen von Rom", enthaltenen sechs Beiträge, die sich mit den Einstellungen der sechs Staaten zu den EPG-Verhandlungen beschäftigten, suchten nicht, in stillschweigender Zustimmung mit der Bewertung Fischers, eine Chance der EPG nach der Haager Konferenz auszuloten (Trausch, G. (Hrsg.), Die europäische Integration).
828 Fischer, P., Die Bundesrepublik, S. 297; PAAA II, Bd. 873 AZ 224-23-04, Programm für die Pariser Verhandlungen über die Politische Gemeinschaft, interner AA-Vermerk (Ophüls) vom 21.12.1953.
829 PAAA II, Bd. 873 AZ 224-23-04, Interne Vermerk vom 9.12.1953.

Hinblick auf die wirtschaftliche Integration für den Hauptstörfaktor für die EPG-Verhandlungen hielt.

VIII. Die letzten Rettungsaktionen und das Scheitern des EPG-Projekts

Mit der Verschiebung der Brüsseler Konferenz im März 1954 war das Scheitern der EPG noch nicht besiegelt. Die letzten Rettungsaktionen des EPG-Projekts kreisten um Mollet. Bevor hierauf einzugehen ist, sind die Aktivitäten der Europa-Verbände und die Einflüsse der Kirchen zu betrachten. Durch eine Untersuchung der politisch-kulturellen Aspekte der europäischen Integration in der ersten Hälfte der 1950er Jahre soll eine Art Vertiefung und Erweiterung der traditionellen diplomatischen Geschichtsschreibung anvisiert werden. Zum Schluß wird der Einfluß der EPG-Verhandlungen auf das Scheitern der EVG beleuchtet.

1. Die enge Kooperation der christlich-demokratischen Parteien und ihre Grenze: Das Problem eines „Europe vaticane"

In diesem Abschnitt ist sowohl die Kooperation der christlich-demokratischen Parteien, als auch der kulturelle Aspekt der politischen Integration zu betrachten. Hierbei handelt es sich um die Rolle des Papstes und der Kirchen in den beiden wichtigsten Staaten (Frankreich und Westdeutschland) bei der europäischen Integration im allgemeinen, und besonders bei der EPG. Darüber hinaus soll überprüft werden, ob es der europäischen Integration überhaupt dienlich war, ein gemeinsames christliches Erbe, nämlich „das abendländische Christentum" in den Vordergrund zu stellen.

Die Kooperation zwischen Schuman, De Gasperi und Adenauer wurde in den vorigen Kapiteln ausführlich analysiert. Im Folgenden wird die Kooperation auf der Ebene der Partei im Zusammenhang der NEI untersucht. Die NEI waren ein Ort, wo christlich-demokratische Parteien zusammentrafen und wichtige Informationen austauschten. Das begünstigte die europäische Integrationspolitik in allgemeiner Weise. Die NEI waren für die CDU insofern noch bedeutsamer, weil sie hier bereits mit westlichen christlich-demokratischen Parteien Kontakte aufnehmen konnte, als die Bundesrepublik noch gar nicht bestand. Bevor Westdeutschland in den Europarat aufgenommen wurde, trafen in dessen Rahmen Bidault und Adenauer inoffiziell in Genf mehrmals zusammen, was zu der Verständigung beider Länder beitrug. Auf dem NEI-Kongreß im September 1951 in Bad Ems brachte Adenauer die Notwendigkeit einer engeren Zusammenarbeit aller christlichen politischen Kräfte in Europa zum Ausdruck, ohne die die westliche christliche Zivilisation nicht gerettet werden konnte. Der Kongreß stimmte dieser Äußerung nachdrücklich zu. Die zwei NEI-Sitzungen am 16. Juni 1952 in Genf bzw. am 30. Juni 1952 in Brüssel dienten besonders zum Meinungsaustausch über die kleineuropäische Integration. Hieraus wurde deutlich, daß sich drei großen Parteien, MRP, CDU und DC, darüber weitgehend einig waren. Diese Einigkeit bestätigte sich in den Beratungen der Ad-hoc-Versammlung und begünstigte damit die EPG-Verhandlungen. Vom 4. bis 6. September 1953 hielten die NEI ihren siebten Kongreß in Tours mit dem Thema „die supranationale Autorität und der Begriff der Souveränität" ab. Obgleich wichtige deutsche Vertreter wegen der bevorstehenden Bundestagswahl und wichtige französische (Bidault, Schuman, de Menthon, Pflimlin) wegen anderer Verpflichtungen nicht teilnehmen konnten, begünstigte der Kongreß den bereits eingeschlagenen supranationalen Weg, indem er in der letzten Resolution die Befürwortung des Verfassungsentwurfs der Ad-hoc-Versammlung zum Ausdruck brachte. Die Bewegung der christlich-demokratischen Jugendlichen (L'Union

internationale des jeunes démocrates chrétiens), die sich innerhalb der NEI konstituiert hatte, warb engagierter als die NEI für die supranationale europäische Integration.[830]
Aber ab Herbst 1953, als sich die Gruppe der christlich-demokratischen Parteien innerhalb der EGKS-Versammlung konstituierte, begann die NEI ihre Bedeutung als Kooperationsort zu verlieren. Das Interesse der christlich-demokratischen Parteien der Benelux-Länder an den NEI nahm immer mehr ab. Eigentlich hatten sich ihre Vertreter mit der supranationalen EPG schon in der NEI-Sitzungen im Juni 1952 nicht einverstanden erklärt. Die Grenze der Kooperation der christlich-demokratischen Parteien wurde im Frühling 1954 ersichtlich, als man die Kooperation verstärken wollte. In einer NEI-Sitzung am 31. Mai 1954 in Bonn ließ der MRP-Delegierte J. Mallet erkennen, daß der MRP eine enge Kooperation immer noch wünschte, aber die Kontrollfunktion der NEI über sich nicht akzeptieren konnte. Von Anbeginn hatte der MRP sich der NEI als eines Ortes des Meinungsaustausches oder des Zusammentreffens bedient, nicht als einer Pressure-group oder einer Internationalen der christlich-demokratischen Parteien. Damit war die Bemühung der Intensivierung der NEI gescheitert.[831]
Die enge Kooperation der christlich-demokratischen Parteien innerhalb der NEI beschränkte sich nur auf die drei größeren Parteien (CDU, MRP und DC). Das weist darauf hin, daß die gemeinsamen geistigen christlich-demokratischen Hintergründe weniger Einfluß auf die konkrete Europapolitik ausübten als das realpolitische Kalkül. Das spiegelte die zurückhaltenden Position van Zeelands in der EPG-Verhandlungen wider.[832] Es gab keine Schwierigkeiten zwischen den Vertreter des MRP und den italienischen und deutschen Delegierten, während die Kooperation zwischen Bidault auf der einen Seite und Adenauer und De Gasperi auf der anderen in der zweiten Amtszeit Bidaults nicht gut war. Denn der MRP wurde in der NEI von den Europaanhängern des MRP (Teitgen, Colin, Bichet, etc.) vertreten. Die Bedeutung der NEI lag darin, daß wichtige christliche Demokraten, vor allem Bidault und Adenauer, in ihrem Rahmen zusammentrafen und damit die Initiativen der supranationalen Gemeinschaften (EGKS, EVG und EPG) begünstigten.

---

830 BA NL Blankenhorn 10, S. 264-281, von Spreti, Protokoll, betr.: NEI-Sitzung in Genf am 16. Juni 1952; BA NL Blankenhorn 10, S. 14-29, von Spreti, Protokoll, betr.: NEI-Sitzung in Brüssel am 30. Juni 1952; Vgl. Chenaux, P., Une Europe vaticane?, S. 119-169 und 192-194.

831 BA NL Blankenhorn 10, S. 264-281, von Spreti, Protokoll, betr.: NEI-Sitzung in Genf am 16. Juni 1952; BA NL Blankenhorn 10, S. 14-29, von Spreti, Protokoll, betr.: NEI-Sitzung in Brüssel am 30. Juni 1952; PAAA BüSt 1949-1967, 200-14, Bl. 187-200, Graf von Spreti, Aufzeichnung der Sitzung des NEI-Exekutivkomitees am 18.4.1953, Paris; AN 350 AP 71, Rapport de F. de Menthon sur l'Union européenne à la commission exécutive du 10 février 1949 du MRP, 11.2.1949; Chenaux, P., Une Europe vaticane?, S. 192-196.

832 Chenaux beschreibt Van Zeeland als Plädoyer der kleineuropäischen Integration wie Schuman, De Gasperi und Adenauer: „Bien timide, la proposition de Van Zeeland rejoignait cependant De Gasperi sur un point: la nécessité de fonder l'édifice sur des bases constitutionnelles solides." (Chenaux, Une Europe vaticane?, S. 167) Er meint, daß der niederländische Außenminister Stikker (Liberal) am stärksten zögerte, den Weg der politischen Integration einzuschlagen, vor allem aus konfessionellen Gründen (ders., Der Vatikan und die Entstehung der Europäischen Gemeinschaft, in: Greschat, M./Loth, W. (Hrsg.), Die Christen und die Entstehung der Europäischen Gemeinschaft, Stuttgart/Berlin/Köln 1994, S. 109). Dies ist eine voreingenommene Bewertung. Wenn man die ganzen EPG-Verhandlungen näher betrachtet, wie in den vorigen Kapiteln dargelegt wurde, kann man zu der Ansicht kommen, daß van Zeeland nicht weniger stark als Stikker zögerte, den Weg einzuschlagen.

Nun ist die Rolle des Papstes und der Kirchen in den jeweiligen Staaten bei der europäischen Integration zu betrachten. Ab Herbst 1952, als das EPG-Projekt in Angriff genommen wurde, verbreiteten sich europaweit Proteste gegen die supranationale kleineuropäische Integration, antiklerikale Ressentiments, die schon längst vorhanden gewesen waren: „ein vatikanisches Europa", „eine finstere Konspiration", „ein klerikaler Komplott" etc. Die Gerüchte waren: Drei katholische Außenminister, Schuman, De Gasperi und Adenauer bezögen für die europäische Integration Weisungen vom Vatikan. Im Feldzug gegen die EVG nutzten die entschiedenen EVG-Gegner diese Gerüchte geschickt aus. Darüber hinaus behaupteten die Kommunisten, Pius XII. sei ein „aumônier" des von den USA angezettelten antikommunistischen Kreuzzugs.[833] Dieser scheinbare Gegenkreuzzug schadete der allgemeinen Akzeptanz des EVG-Vertrags durch die Parlamentarier.

Noch schlimmer war, daß auch Mollet in diesem Augenblick vor dem „Europe vaticane" warnte, weil eine „Anglophobie" in der Sechser-Gemeinschaft beherrschend zu sein schien. Die antiklerikalen Ressentiments in der SFIO nahmen umso schneller zu, angesichts dessen, daß es unter den sozialistischen Parteien in Europa bezüglich der Einigung Europas keineswegs eine gemeinsame Politik gab, im Gegensatz zu der sich intensivierenden Kooperation der christlich-demokratischen Parteien. Dies zeigte sich auch in der 1951 neu gegründeten *Internationale Socialiste* auf. Die Briten und die Skandinavier betonten ihre Ablehnung gegenüber dem Souveränitätsverlust. Die Deutschen brachten immer wieder das Primat der Einigung Deutschlands zum Ausdruck. Dazu kam, daß die SFIO selbst in dieser Sache nicht einig war. An der proeuropäischen sozialistischen Organisation, der MSEUE beteiligten sich proeuropäische Sozialisten nur auf persönlicher Basis. Darunter waren auch deutsche Sozialisten, wie Brill und Kaisen. Sie bildeten jedoch lediglich eine Minderheit innerhalb der SPD. Auf dem dritten Kongreß der *Internationale Socialiste* in Stockholm im Jahr 1953 beklagte Mollet die unzulängliche Zusammenarbeit der Sozialisten. Es schien, daß die Einigung Europas kaum sozialistischen Charakter, der als gesellschaftliche „Dritte Kraft" zwischen Kommunismus und Kapitalismus galt, tragen würde. Mehr noch: Wegen der Konflikte mit dem MRP in der Schulfrage verzichtete die SFIO auf die langjährige Zusammenarbeit mit dem MRP im Sommer 1952. Das Gespenst eines „*Europe vaticane*" betraf die SFIO daher in besonderem Maße.[834]

---

833 AMAE Europe 44-60, Saint-Siège, Vol. 28, Bl. 95-100, Dépêche du 18 septembre 1952 de Christian de Margerie chargé d'affaires de France près le Saint-Siège à R. Schuman, A.S. Congrès International de „Pax Christi"; Le Croix, 28.-29. septembre 1952; SPD und Europa, in: ID, Nr. 124/125, S. 16-19; AN MRP 350 AP 128, »Forces Nouvelles« vom 22.11.1952, Dumas, Pierre, Alerte à l'Europe; Tranvouez, Yvon, Europe, chrétienté français Débats en marge du MRP, in: Le MRP et la construction européenne (1944-1966), sous la direction de S. Berstein, J.-M. Mayeur, P. Milza, Bruxelles 1993, S. 87-102, hier S. 90-91.

834 G. Mollet, „autorités spécialisées" vom 29. Oktober 1952 und „Où en sont les maximalistes?" vom 30. Oktober 1952 im „Le Populaire de Paris", in: Bulletin de la Fondation Guy Mollet, n° 14, nov. 1988, S. 54f; OURS AGM 106, G. Mollet, une Note, 1952; OURS, E9 16 MM, Mollet, „L'Europe unie, Pourquoi? Comment?", janv. 1953, S. 28-42; Hourdin, G., Frankreichs Republikanische Volksbewegung, in: Dokumente. 1954, S. 227-236; BA NL Blankenhorn 10, S. 264-281, von Spreti, Protokoll, betr.: Sitzung in Genf am 16. Juni 1952, hier, S. 270; Devin, Guillaume, L'Internationale Socialiste. Histoire et sociologie du socialisme international (1945-1990), Paris 1993, S. 252-257.

Welche Einstellung vertrat Papst Pius XII. zu der europäischen Integration? Bis 1948 äußerte er sich nicht ausdrücklich zu der Frage der europäischen Einheit. Parallel zu der Entwicklung der Bipolarisierung der Welt ging der Schwerpunkt der Gedanken des Heiligen Vaters von der Möglichkeit einer Friedensstiftung durch die Koexistenz der beiden Blöcke trotz des Antagonismus der Ideologien und der Interessen zu derjenigen einer Friedensstiftung durch die Konsolidierung der westlichen Welt über. Die Verhaftung des Kardinalprimas von Ungarn, Mindszenty, am 26. Dezember 1948 bekräftigte diese Tendenz. Anläßlich des Haager Kongresses der Europäischen Bewegung 1948 und der Gründung des Europarats 1949 bezeichnete Pius XII. die europäische Einigung als einen wertvollen Beitrag zum Schutze der christlichen Zivilisation und des Weltfriedens. Für ihn war es erforderlich, den engstirnigen Nationalismus durch eine übergeordnete Einheit zu überwinden, unbeschadet ihrer institutionellen Form. Im Gegensatz zu dieser prinzipiellen und moralischen Billigung der europäischen Integration nahm Pius XII. jedoch keine konkrete Haltung zu der EGKS und der EVG ein. P. Chenaux bezeichnet die Rolle des Papst in dieser Periode von 1947 bis 1952 als „*défendre l'occident chrétien*".[835]

Während der EPG-Phase hingegen, in der P. Chenaux die Rolle Pius XII. als „*construire l'Europe*"[836] charakterisierte, befürwortete der Heilige Stuhl die supranationale Integration aktiver als früher, besonders die »Europäische Gemeinschaft«, die die Ad-hoc-Versammlung vorstellte. Drei päpstliche Botschaften im Verlauf des Sommers 1952, nacheinander und bezeichnenderweise an die deutschen, französischen und italienischen Katholiken adressiert, zielten darauf ab, die katholische Meinung zu diesem Thema zu mobilisieren. Der Brief an den Bund der deutschen katholischen Frauen (17. Juli 1952) erinnerte an die kulturellen Aufgaben der Katholiken. Die europäische Kultur, die für das vereinte Europa der Zukunft zu schaffen sei, so Pius XII., werde entweder unverfälscht christlich und katholisch sein, oder aber sie werde verzehrt werden vom Steppenbrand jenes anderen, materialistischen Zeitgeistes. Bei der Ansprache vor den Teilnehmern der *Assemblée des cardinaux et archevêques de France* am 23. Juli 1952, als der französisch-italienische Vorschlag zu einer EPG gemacht wurde, erinnerte er an alle Bemühungen um eine Einigung Europas und forderte Katholiken auf, zu „collaborer à la création d'une atmosphère sans laquelle une action internationale ne peut avoir ni constance ni développement prospère." In der Rede vor Pax Christi-Pilgern in Rom am 13. September 1952 wurde dasselbe Argument wiederaufgenommen. Der Papst ermahnte die Mitglieder der Pax Christi für den Zusammenschluß der Katholiken und für die Einigung Europas einzutreten. Zwei Tage später, also am 15. September 1952, als die Ad-hoc-Versammlung ihre erste Sitzung abhielt, war der französische Kardinal Tisserant dabei und betonte in einer Ansprache im Straßburger Rundfunk die ganz besondere Sympathie des Heiligen Stuhls für die europäische Einigung. Obgleich er darauf hinwies, daß er nicht in offizieller Eigenschaft erscheine, konnte man sich des Eindruck nicht erwehren, der Papst segnete diese Ad-hoc-Versammlung dadurch ab. Zwei Tage später wurde ein Photo, das Tisserant in einer freundlichen Konversation mit Schuman zeigte, in der größten katholischen Tageszeitung in Frankreich *La Croix* publiziert.[837]

---

835 Chenaux, P., Une Europe vaticane?, S. 277; ders., Der Vatikan und die Entstehung der Europäischen Gemeinschaft, S. 102-109.
836 Chenaux, P., Une Europe vaticane?, S. 282.
837 Pius XII, „Rettung der europäischen Kultur durch den katholischen Glauben", Brief an Fr. Gerta

Durch diese Vorgänge verbreiteten sich die oben genannten Gerüchte leichter und schneller. Der Heilige Stuhl antwortete auf diese Beschuldigungen durch die Feder seines autorisierten Sprechers Federico Alessandrini, Vizepräsident der jesuitischen Zeitschrift „Osservatore Romano". Dieser qualifizierte die Beschuldigung eines „obskurantistischen" katholischen Europäismus, über welchen sich der „Schatten einer mittelalterlichen, vom Vatikan gelenkten Theokratie" legen würde, als „bedeutungslose Vorwände" ab.[838] Der Heilige Vater wollte nur an das Prinzip erinnern, wonach sich die Kirche nicht unmittelbar in die irdische Politik einmischen sollte. Seines Erachtens sollte der Beitrag der Kirche, weit davon entfernt, sich auf dem politisch-diplomatischen Feld zu versuchen, folglich darin bestehen, die psychologischen Bedingungen einer europäischen Annäherung zu schaffen, indem sie das Aufkommen einer supranationalen Mentalität fördere. Der Benediktinerpater Beda präzisierte den Gedanke des Papstes wie folgt: Das Werk der Einigung Europas könne nicht gelingen, wenn nicht eine entsprechende Atmosphäre, ein „Klima von Gerechtigkeit und Liebe", geschaffen werde. Die große Aufgabe bestehe darin, in den Herzen die Vergangenheit zu bereinigen und die Menschen und Völker auf die in der Zukunft notwendigen gegenseitigen Zugeständnisse vorzubereiten. Hier komme es entscheidend auf den Beitrag der europäischen Christenheit an. Pius XII. erkannte sogar eine Pluralität der christlichen Konfessionen in einer europäischen Gemeinschaft an. Ohne konkrete Vorstellungen über die Institutionen der europäischen Gemeinschaft zu entwickeln, bemühte sich Pius XII., das Klima zu Gunsten der supranationalen Integration zu schaffen. Darüber ging er nicht hinaus.[839]

Über dieses Prinzip des Verhältnisses zwischen der Kirche und dem Staat waren sich die christlich-demokratischen Parteien weitgehend einig. Auf der NEI-Sitzung am 16. Juni 1952 in Genf griff Teitgen die Frage der kirchlichen Unterstützung auf. „Warum sind die Kirchen stumm zu diesen europäischen Fragen? In all unseren Ländern sagt man nichts. Wäre es nicht Zeit für eine moralische Unterstützung, ohne daß die Kirche in die Technik eingreift?" Von Brentano erwiderte. „Die Kirchen schweigen, aber sie stehen hinter Adenauer. Es ist besser, sie verbleiben im vorpolitischen Raum. Wir haben schon genügend Vorwürfe von Seiten Schumachers gehört." O. Lenz wies auf das Problem der Zusammenarbeit mit den Prote-

---

Krabell, Vorsitzende des Deutschen Katholischen Frauenbundes, 17. Juli 1952, in: Schwarz, Jürgen (Hrsg.), Katholische Kirche und Europa. Dokumente 1945-1979, München 1980, S. 14; Pius XII, „Les catholiques et la vie internationale", Ansprache vor dem Kongreß der *Assemblée des cardinaux et archevêques de France* am 23. Juli 1953, in: Documents pontificaux de Sa Sainteté Pie XII, Saint-Maurice, Ed. Saint-Augustin, 1952, S. 324-325; Pius XII, Ansprache vor den Pax-Christi-Pilgern am 13. September 1952, in: Documents pontificaux de Sa Sainteté Pie XII, Saint-Maurice, Ed. Saint-Augustin, 1952, S. 447-448; AMAE Europe 44-60, Saint-Siège, Vol. 28, Bl. 95-100, Dépêche du 18 septembre 1952 de Christian de Margerie chargé d'affaires de France près le Saint-Siège à R. Schuman, A.S. Congrès International de « Pax Christi »; La Croix, 17 septembre 1952.

838 AMAE Europe 44-60, Saint-Siège, Vol. 28, Bl. 139-142, dépêche du 24 octobre 1952 de W. d'Ormesson à Bidault, a.s. Soi-disant complot des gouvernements catholiques.

839 Mayeur, J.-M., Pie XII et l'Europe, in: Relations internationales, n° 28, hiver 1981, S. 425; Chenaux, P., Une Europe vaticane?, S. 174 und 289-290; Bedas Rede der Luxemburg Radio, im November 1953, in: ID, Nr. 187, 4.12.1953, S. 9; Pie XII, Devoirs et Problèmes des communautés d'Etat souverains. La pluralité des confessions religieuses devant la loi, Discours du Souverain Pontife (6.12.1953) vor der Ve Assemblée nationale de l'Union des juristes catholiques italiens, in: Le Documentation catholique, 27.12.1953.

stanten in Westdeutschland hin, wenn die Katholiken zu viel tun würden. Auch die Niederländerin Klompé betonte das Problem. Teitgen erwiderte: „Ich habe nicht von einer Kirche gesprochen, sondern allen. Die Kirchen sind für den Frieden und man sollte eine Atmosphäre Europas anerkennen und schaffen gegen das Wiederaufleben des Nationalismus. (...) Die Kirchen sollen *parteipolitisch neutral* bleiben, wenn sie aber in der *europäischen* Frage *neutral* bleiben, kann es in einigen Jahren ein *Drama* geben."[840] Auf der nächsten Sitzung in Brüssel am 30. Juni 1952 wurde die Frage, ob Europa christlich oder sozialistisch sein sollte, auf die Tagesordnung gesetzt. Bichet wies auf die Frage der Zusammenarbeit mit den Sozialisten hin. „Wir haben überall eine zwangsmäßige Kollaboration mit den Sozialisten. In Frankreich wird es ja wohl auch dazu kommen. Daher wird wohl, wenn wir Straßburg beobachten, auch eine Kollaboration bei der Arbeit in Europa notwendig sein. Man muß auch die Realitäten erkennen. (...) Bei der gleichen Linie De Gasperi, Schuman und Adenauers sagt man: Es ist eine ‚schwarze Front'. Man soll dies nicht fördern. (...) Man soll hier nicht die Gegenaktion gegen die ‚schwarze Front' fördern." Man erzielte eine allgemeine Einigung, die katholischen Charakterzüge nicht so stark zu betonen, um andere Kräfte, wie die Protestanten und die Sozialisten, mit einzubeziehen.[841] Hieran ist zu erkennen, daß die katholischen Politiker zwar die moralische Unterstützung aus der Kirche zu bekommen wünschten, aber dies sehr vorsichtig angingen, um andere Kräfte nicht auszuschließen.

Diese grundlegende Haltung kann man auch bei Schuman, Adenauer und De Gasperi feststellen. Schuman war selbst in den Augen seiner Parteifreunde zu „heilig". Die christliche Lehre war ohne Zweifel für sein politisches Denken und Handeln maßgeblich. Er verstand die Demokratie als ein politisches Regime, das die individuelle Entfaltung der Persönlichkeit, Rechte und Freiheit jedes Einzelnen gewährleisten konnte. In diesem Sinne verdanke die Demokratie ihr Bestehen dem Christentum, das diese Werte, unabhängig von den verschiedentlichen politischen Regimen, bewahrt habe. Folglich verstand er unter Europa „die Verwirklichung einer allgemeinen Demokratie im christlichen Sinne". Es ist auch zu bemerken, daß die christliche Bruderliebe und Solidarität zwischen den Christen ohne Zweifel *eine* der geistigen Bedingungen für die Verbesserung der Beziehungen zum traditionell feindlichen benachbarten Deutschland bildete. Die Integration Europas, so betonte Schuman, „unternehmen wir gemeinschaftlich auf der Basis absoluter Gleichberechtigung, mit gegenseitiger Schätzung und Vertrauen. (...) Vom politischen Standpunkt aus mußte Frankreich (...) schmerzliche Erinnerungen überwinden. Seine Sache war es, gegen seinen Nachbarn die Initiative zu ergreifen und ihm Vertrauen zu schenken."[842]

Aber er begründete die konkreten politischen Grundsätze nicht unmittelbar mit Hilfe der christlichen Lehre. Gemäß seinem Verständnis darf das Christentum „nicht von einem politischen Regime in Anspruch genommen oder mit einer Regierungsform - und sei sie demokratisch - identifiziert werden. In diesem Punkte (...) muß man einen Unterschied zwischen dem Reich Cäsars und dem Gottes machen. Diese beiden Gewalten haben jede ihre eigenen Verantwortlichkeiten. Die Kirche muß für die Achtung der natürlichen Gesetze und der enthüll-

---

840 BA NL Blankenhorn 10, S. 264-281, von Spreti, Protokoll, betr.: NEI-Sitzung in Genf am 16. Juni 1952, hierzu S. 276-278.
841 BA NL Blankenhorn 10, S. 14-29, von Spreti, Protokoll, betr.: NEI-Sitzung in Brüssel am 30. Juni 1952, hierzu S. 23ff.
842 Schuman, R., Für Europa, S. 65, 69 und 118.

ten Wahrheiten sorgen; ihre Rolle ist hingegen nicht, konkrete Dinge zu beurteilen, die von den praktischen Gesichtspunkten der Opportunität und den Möglichkeiten der psychologischen und historischen Entwicklung abhängen. Die Aufgabe der verantwortlichen Politiker besteht darin, die beiden Standpunkte, den geistigen und den profanen, in einer oft delikaten, aber notwendigen Synthese miteinander zu versöhnen." Unter Berücksichtigung dessen, daß in Frankreich Gläubige und Nichtgläubige nebeneinander wohnten und die Zusammenarbeit aller gutwilligen Bürger mehr denn je eine Notwendigkeit war, hielt er diese klare Abgrenzung für notwendig. Schumans Initiativen zur europäischen Integration durch festgelegte supranationale Institutionen - und ausgerechnet in Bereichen, die die Sicherheitspolitik betrafen - leiteten sich nicht unmittelbar aus der christlichen Lehre ab, sondern vielmehr aus der politischen und historischen Einsicht der Realität und der nationalen Interessen, also „praktischen Gesichtspunkten". Schuman teilte de Gaulles Wunsch, Deutschland zu zerstückeln, bevor sich diese Politik als unrealisierbar erwiesen hatte. Aus diesem Prinzip der klaren Abgrenzung der beiden Bereiche sollte, so verstand es Schuman, der Heilige Stuhl durch seine Unabhängigkeit, seine uneigennützige Unparteilichkeit und durch eine menschliche Politik, die auf alle Nöte und Gefahren einging, von denen die Völker, unabhängig von ihrem Bekenntnis, bedroht wurden, der einflußreichste und kompetenteste Ratgeber sein. Auf einer MRP-Sitzung dementierte Schuman die Vorwürfe, ein „vatikanisches Europa" zu wollen, nachdrücklich. A. Wahl folgert, daß Schuman „eine strukturelle Distanz zur offiziellen Kirche" einnahm. „Er war nicht der Lakai des Vatikans."[843]

Adenauer redete nicht selten von einem „christlichen Europa" oder „christlichen Abendland", aber dies bedeutete zweifellos ein interkonfessionelles und keineswegs bloß katholisches Europa, wie von Brentano und O. Lenz im Gespräch mit Teitgen erklärt hatten. Das versteht sich auch in Anbetracht dessen, daß die überkonfessionelle Partei CDU die Katholiken und die Protestanten gleichzeitig umfassen mußte. Daß Adenauer mit Preußen alles identifizierte, was er im Verlauf der Geschichte seit 1800 als verderblich befand (Militarismus, Staatsvergottung, Materialismus, Entpersönlichung usw.), darf nicht so interpretiert werden, daß Adenauer den Katholizismus in Westdeutschland von dem Protestantismus in Ostdeutschland abgrenzte, sondern daß er, von dem rheinischen katholischen Milieu stark beeinflußt, aus realpolitischer Einsicht der internationalen Konstellation dachte und handelte. Darüber hinaus verstand er unter dem „Christlichen" vor allem die individuellen Naturrechte, die - bei den Sozialisten der westeuropäischen Länder in der säkularistischen Variante, bei den bürgerlichen Christen, vornehmlich bei katholischer Konfession, in seiner neothomistischen Variante, - von den beiden politischen Kräften der Nachkriegszeit akzeptiert werden konnten. Das „christliche Europa" in der Weltsicht Adenauers beinhaltete als wesentliche Elemente den überkonfessionellen Charakter und die Rückbesinnung auf die Naturrechte. In diesem Sinne bezeichnete A. Doering-Manteuffel Adenauers „christliches Europa" als „ein bürgerliches Europa".[844] De Gaspe-

---

843 Ibid., S. 72-73, 84-85; PAAA BüSt 1949-1967, Bd. 59, Bl. 197-205, Hausenstein, Aufzeichnung, Betr.: Rede des Außenministers R. Schuman in einer Parteiversammlung des MRP, 26.11.1952; Poidevin, R., Robert Schuman zwischen Staatsräson und europäischer Vision, in: Greschat, M./ Loth, W. (Hrsg.), Die Christen und die Entstehung der Europäischen Gemeinschaft, S. 203-208; Wahl, Antoine, Kirche und Politik im Leben Robert Schumans, in: Debus, K. H. (Hrsg.), Robert Schuman, Lothringer·Europäer·Christ, Speyer 1995, S. 103-114 Hierzu 105.
844 Doering-Manteuffel, A., Rheinischer Katholik im kalten Krieg. Das „christliche Europa" in der

ri stand seinen deutschen und französischen Kollegen in ihrem Verständnis der Beziehung zwischen der Kirche und dem Staat nahe.[845]

Die drei Christdemokraten, Schuman, Adenauer und De Gasperi wollten naturgemäß das vereinte Europa gern christlich gestaltet sehen. Schuman wünschte sich aus Solidarität mit den Gläubigen, mit anderen europäischen Ländern eng zusammenzuarbeiten. „Wenn wir in der Europa-Frage die Führung übernähmen", äußerte Adenauer am 5. September 1952 im CDU-Parteivorstand, „bestünden gute Chancen, dem entstehenden Europa weltanschaulich den christlichen Stempel aufzudrücken."[846] Doch die drei Europäer überschritten die Grenze nicht, von der an ihre interne Koalitionsbasis gefährdet worden wäre und sie Vorwürfen der „finsteren Konspiration" übermäßig ausgesetzt gewesen wären. Der gemeinsame christliche Hintergrund der drei „Europäer" trug zu ihrer Hinwendung zu einer supranationalen europäischen Integration in gewissem Maße bei. Man muß jedoch eine generelle Disposition und Aufgeschlossenheit gegenüber der Idee der europäischen Einigung, die die drei „Europäer" aufgrund ihrer christlichen Hintergründe hatten, von der konkreten Europapolitik, die überwiegend von dem nationalen Kalkül beeinflußt wurde, unterscheiden.[847]

Angesichts des schleppenden Einigungsprozesses bemühte sich der Papst, eine günstige psychologische Umgebung zu schaffen. Ein Brief, der die Unterschrift von Unterstaatssekretär Msgr. Montini trug, jedoch, nach der Einschätzung Chenaux', von Pius XII. selbst verfaßt wurde, wurde anläßlich der vierzigsten Tagung der *Semaine sociale de France* im Juli 1953 an C. Flory, der diese Tagung leitete, gesandt. Der Brief beklagte, daß „trotz der strengen Belehrung durch die Ereignisse zu viele Christen taub für die Mahnungen des Papstes bleiben. (...) Wie viele, zum Beispiel, fahren fort, sich in die Beschränktheit eines chauvinistischen Nationalismus zurückzuziehen."[848] Anläßlich des internationalen Kongresses des vom Papst nachdrücklich geförderten Pax-Christi-Bewegung in Altenberg bei Köln vom 2. bis 6. August 1953 wurde erneut vehement gefordert, den Nationalismus, eine „Häresie des 20. Jahrhunderts" aus den Kräften des Glaubens und der Liebesgemeinschaft der Weltkirche geistig zu überwinden. „Ein katholischer Nationalist oder ein nationalistischer Katholik ist eine contradictio in terminis."[849] Der französische Episkopat antwortete nur einziges Mal am 4. Juni 1950 auf den Appell des Papstes. In einem Brief der Kardinäle und Erzbischöfe an die Katholiken forderten diese, „ne pas se désintéresser des efforts qui sont tentés aujourd'hui pour donner à l'Europe, en dépit de tant de rivalités séculaires et actuelles, une unité assez forte

---

Weltsicht Konrad Adenauers, in: Greschat, M./Loth, W. (Hrsg.), Die Christen und die Entstehung der Europäischen Gemeinschaft, S. 237-246, hierzu S. 244.
845 Vgl. Kohler, Adolf, Alcide De Gasperi, 1881-1954. Christ, Staatsmann, Europäer, Bonn 1981.
846 Schuman, R., Für Europa, S. 84; Adenauer: Es mußte alles neu gemacht werden. Die Protokolle der CDU-Bundesvorstandes 1950-1953 bearb. von Günter Buchstab, Stuttgart 1986, S. 132.
847 Vgl. Magagnoli, R., Die italienische Europapolitik 1950-1955, S. 88.
848 Zitat nach: Chenaux, P., Une Europe vaticane?, S. 183. La Documentation catholique vom 9.8.1953 widmete sich dieser Session des Semaines sociales.
849 Arbeit für Europa aus christlicher Friedenspflicht, der internationale Kongreß der Pax-Christi-Bewegung, in: ID, Nr. 171, 14.8.1953, S. 8-10. Bemerkenswert war die Anwesenheit zahlreicher Bischöfe, unter ihnen der Erzbischof von Paris, Kardinal Feltin, internationaler Präsident der »Pax-Christi«, und der Erzbischof von Köln, Kardinal Frings. Geleitet wurde die Tagung von Bischof Schröffer, Eichstätt, dem Leiter des deutschen Zweiges.

pour garantir sa liberté, sa sécurité et son bien-être."[850] Angesichts der Spaltung der französischen Katholiken über die EVG-Debatte konnte der französische Episkopat keine solche Forderung mehr stellen. Zu diesem Zeitpunkt gab es ein gewisses Ressentiment in der linksorientierten Gruppe der französischen Katholiken gegenüber dem Heiligen Stuhl, weil der Papst die Tätigkeit der Arbeiter-Priester in dem Bereich der kommunistischen Industriearbeiterschaft verbot. Allen Bemühungen zum Trotz erwies sich der päpstliche Einfluß auf die Katholiken, vor allem in Frankreich, als unwirksam. Das war ein Beweis dafür, daß die nationale Mentalität in der Kirche, vor allem in Frankreich, gegenüber der supranationalen Mentalität überwog.[851]

Sowohl der Papst als auch die katholischen Politiker verwendeten den Begriff des „christlichen Abendlandes", um den Antikommunismus zu legitimieren. In diesem Sinne war der kommunistische Vorwurf begründet. Die Vorwürfe, „ein vatikanisches Europa", „eine finstere Konspiration", „ein klerikales Komplott" etc. zu planen, waren jedoch unbegründet. Sowohl der Papst als auch katholische Politiker selbst handelten mit Rücksicht auf diese Vorwürfe vorsichtig. Hinzu kam, daß das Thema „Europa" unter den Katholiken in Frankreich, das von diesen Vorwürfen in besonderem Maß betroffen war, an den Rand gedrängt war, im Vergleich zu anderen Themen, z.B. der Schulfrage, dem Arbeiter-Priester, den Problemen der Mission, etc.[852] Trotzdem blieb dieser Mythos weiterhin so lebendig und glaubhaft, daß 59 SFIO-Abgeordnete, mehr als die Hälfte der ganzen Abgeordneten der SFIO (105), im Mai 1954 eine Broschüre mit dem Titel *„Contre la petite Europe cléricale et réactionnaire"* veröffentlichen konnten, um ihre Gegenaktion der EVG-EPG zu legitimieren.[853] Warum begünstigte der Mythos das Scheitern der EVG und damit der EPG? Die Erklärung ist in der Spaltung der Kirche in Frankreich im Hinblick auf die europäische Integration zu finden. Da die Protestanten nur geringen Einfluß auf die Politik ausübten, sind im folgenden nur die Katholiken zu betrachten.

Erst ab 1950 begann die katholische Presse ihre Meinung zu der von Schuman vorangetriebenen Einigung Europas zu äußern. Die Chancen von Europa im Dezember 1949 analysierend, hielt Pater Bosc, Redakteur des jesuitischen Monatshefts „Etudes", für die europäische Integration die Tatsache für positiv, daß christliche Politiker in den europäischen Ländern

---

850 »Lettre des cardinaux et archevêques de France sur la paix«, 14 juin 1950, Zitiert nach: Merle, Marcel, „Les facteurs religieux de la politique extérieure française", in: Forces religieuses et attitudes politiques dans la France contemporaine, Actes du colloque de Strasbourg (23-25 mai 1963), sous la dir. de René Rémond, Paris 1965, S. 326.
851 Chenaux, P., Une Europe vaticane?, S. 187; PAAA VI Ref.602 Kirchenfragen (IV3), Bd. 17, 442/02-22, Hausenstein an Auswärtiges Amt, Betr.: Das Problem des „Arbeiter-Priesters, Paris, den 16.10.1953; PAAA VI Ref.602 Kirchenfragen (IV3), Bd. 17, Hausenstein an Auswärtiges Amt, betr.: Französische Kritik am heiligen Stuhl, Paris, den 17.2.1954.
852 Schwarz, Jürgen, Katholische Kirche und europäische Einigung nach 1945, in: Langer, Albrecht (Hrsg.), Katholizismus, nationaler Gedanke und Europa seit 1800, Paderborn 1985, S. 177; Mayeur, J.-M., Pie XII et l'Europe, in: Relations internationales, n°28, hiver 1981, S. 425; Tranvouez, Yvon, Europe, chrétienté français. Débats en marge du MRP, in: Le MRP et la construction européenne (1944-1966), sous la direction de S. Berstein, J.-M. Mayeur, P. Milza, Bruxelles 1993, S. 87-88.
853 OURS, A2 26 BD, Contre la petite Europe cléricale et réactionnaire, mai 1954.

wichtige politische Ämter inne hatten. Dabei war keine Rede vom „Europe vaticane".[854] In einem Beitrag zu „*Etudes*" im Jahr 1953 befürwortete P. Lorson die Schumansche Integration. Nachdem er die oben zitierten Befürwortungen des Papstes und von Tisserant wiedergegeben hatte, stellte er eine Frage, und zwar im Bewußtsein der antiklerikalen Tendenz bei den Sozialisten: „Pourquoi les représentants de l'Eglise ne pourraient-ils pas, comme tout le monde, se réjouir du progrès de l'unification européenne, dont on crie la nécessité sur tous les toits? Et pourquoi ne constateraient-ils pas avec satisfaction de rôle joué par des chrétiens dans cette cause si belle?"[855]

In einem langen Artikel mit dem Titel „*L'Europe à ne pas faire*" argumentierte der Lyoner katholische Laie und Historiker Joseph Hours bereits im Oktober 1950 gegen die Schumansche Einigung Europas. Hours hatte zu der Konstitution des MRP beigetragen und sein Einfluß auf katholische Intellektuelle war nicht gering. Er stellte die Frage, warum der Widerspruch gegen den Schuman-Plan immer stärker wurde, je näher dieser seiner Verwirklichung kam. Seines Erachtens würde das supranationale Europa, das von den auf deutsche Weise erzogenen Politikern Schuman, De Gasperi und Adenauer herbeigeführt würde, ein „Europe continentale noire" und ein „Europe vaticane". Dieses Europa würde den von Rom vielleicht kommenden Weisungen willig Gehör schenken. Dies schien ihm als eine neue Version des „Heiligen Römischen Reiches Deutscher Nation", dem gegenüber die französische Nation jahrhundertelang Widerstand geleistet hatte, sei es durch den Gallikanismus, die antiklerikale Republik oder die Tradition der religiösen Verinnerlichung. Frankreich sei dem Weltkatholizismus in Rom und im „supranationalen" Habsburger Reich oft Gegenstand eines tiefen Mißtrauens. Die Idee einer Art „Internationale des partis catholiques" entstamme der alten Reichsidee, wie sie die Habsburger von der Gegenreformation bis zu ihrem Sturz 1918 vertreten hätten. Diese habe ununterbrochen den Geist der Katholiken Mitteleuropas und vor allem den Geist der Katholiken deutscher Sprache und Kultur beeinflußt. In ihrem Kampf gegen Napoleon und den Liberalismus der französischen Revolution habe die deutsche Romantik diese Idee wieder zum Leben erweckt und durch Görres, dessen Ideen von der nach ihm benannten Gesellschaft, der auch Schuman angehörte, weiter geführt wurden, bleibe der deutsche Katholizismus stets von ihr durchdrungen. Auf Grund der straffen Disziplin der Katholiken sei zu erwarten, daß Deutschland, das die Reichsidee nie vergesse, das größte Gewicht innerhalb eines von den katholischen Partein beherrschten Föderation zukäme. Dieses Europa stellte für J. Hours eine Gefahr für Frankreich dar. Der Lyoner Historiker meinte, daß die Anerkennung der Nationen der einzige feste Grund der Einigung Europas sein sollte, da die nationale Tradition in der derzeitigen Welt einen einzigartigen Reichtum besäße: die Tradition eines ununterbrochenen Fortschritts. Das gelte auch für die Kirche.[856] Hours publizierte zwei ähnliche Artikel im Sog der EVG-Affäre und gab damit den EVG-Gegnern Unterstützung.[857]

---

854 Bosc, Robert, „Les chances de l'Europe", in: Etudes, décembre 1949, S. 306.
855 Lorson, P., „Vers l'unité politique de l'Europe", in: Etudes, mars 1953, S. 360-361.
856 Hours, Joseph, „L'Europe à ne pas faire", in: La Vie intellectuelle, octobre 1950, S. 276-304.
857 Hours, Joseph, „L'idée européenne et l'idéal du Saint-Empire", in: L'Année politique et économique, janvier-mars 1953, S. 1-15; ders., „Les catholiques français face aux projets d'Europe", in: La Nef, janvier 1954, S. 59-68.

Hours assoziierte das Klerikale mit dem Germanischen sehr geschickt. Sein Kerngedanke war das noch nicht überwundene traditionelle Feindbild Deutschland und das Beharren auf dem Begriff der nationalen Souveränität. Der gaullistische Katholik Edmond Michelet bekräftigte die Hours' Argumentation, indem er das „*Europe dangereuse des apatrides et des technocrates*" kritisierte.[858] Jean-Marie Domenach, Redakteur des Monathefts „*Esprit*", das - politisch linksorientiert - den Geist des französischen Katholizismus vertrat, qualifizierte die Schumansche supranationale Integration als „*la fausse Europe*" ab, ein Begriff, den schon Debré häufig verwendet hatte.[859] Zu diesen Argumenten wurden die folgende Kritiken hinzugefügt: an der geographischen Beschränkung der „Sechser-Gemeinschaft", an der Frage der Union Française und an dem eventuell kapitalistischen Europa, das die lebendige Demokratie zerstören könnte.[860] Die Wochenzeitung der linksorientierten Progressisten, *La Quinzaine*, und die antideutsche Zeitschrift, *La Nef*, die beide nicht selten Beiträge von Gegnern der Schumanschen Gemeinschaft innerhalb des MRP wie L. Hamon, A. Montail, A. Denis, publizierten, verschärften die nationale Tendenz der französischen Katholiken.

Innerhalb der französischen Katholiken gab es im groben zwei Gruppen: Eine, für die das Christentum, auf eine gewisse Weise, auf der internationalen Ebene ein „*valeur de solution*" besaß, und eine andere, die dem Christentum auf derselben Ebene nur eine „*force d'exigence*" verlieh.[861] Erstere konnten viel leichter als letztere die EVG befürworten. In einer Einleitung zu „*La Vie internationale 1953*", Sonderausgabe der „*Chronique sociale de France*" resumierte Joseph Folliet die geistige Auffassung der ersteren wie folgt: „S'il y a un type d'homme apte à résoudre les contradictions du temps présent, à tirer, sur le plan moral et spirituel, les conséquences logiques du mouvement de la vie internationale, c'est l'homme chrétien, l'homme catholique. Une cité mondiale, qui ne repose pas sur Dieu, (...) ne peut qu'échouer dans la division ou la tyrannie; car l'Absolu seul garantit l'Unité et donne vigueur aux liens sociaux. (...) La vocation présente des chrétiens, (...) c'est d'asseoir l'unité du monde sur l'Absolu et de la cimenter par l'Amour."[862] Als Jean Verlhac den Teilnehmern des dritten Zusammentreffens der Leser von *La Quinzaine* (Paris, 27./28. Juni 1954) erklärte, daß „il y a une bataille urgente à mener contre l'utilisation politique de la religion et de la civilisation chrétienne,"[863] konnte man die geistige Auffassung der zweiten Gruppe gut erkennen. Während Pater Bosc die erste Gruppe vertrat, vertrat Laienhistoriker Hours die zweite. Wie oben

---

858 Michelet, E., „Vers une nouvelle Résistance?", in: Le Monde, 20.3.1954.
859 Domenach, Jean-Marie, La fausse Europe, in: Esprit, avril 1953, S. 513-529.
860 Perroux, François, L'Europe sans rivages, Paris 1954, S. 629ff. Perroux war ein einflußreicher katholischer Wirtschaftswissenschaftler. Er unterstützte die These J. Mochs über die Wiederbelebung der Negociation der Abrüstung mit den UdSSR. Dieses Buch, publiziert im Mai 1954, wurde von den EVG-Gegnern erschöpfend ausgenutzt; Delavignette, Robert, Notre double vocation: l'Europe et l'Afrique, in: La vie intellectuelle, décembre 1954, S. 39-53; ders., L'Union Française et l'avenir de la France, in: La vie intellectuelle, février 1954, S. 59-69; Domenach, Jean-Marie, Une politique extérieure, in: Esprit, janvier 1954, S. 16.
861 Tranvouez, Yvon, Europe, chrétienté français Débats en marge du MRP, in: Le MRP et la construction européenne (1944-1966), sous la direction de S. Berstein, J.-M. Mayeur, P. Milza, Bruxelles 1993, S. 95.
862 Folliet, Joseph, «Heurs et malheurs de la vie internationale», in: Chronique sociale de France, mars-juin 1953, S. 119.
863 Verlhac, Jean, « Nos responsabilités de laïc chrétiens », in: La Quinzaine, n°85-86, 15/7-1/8/1954.

erläutert wurde, gab der französische Episkopat gerade angesichts dieser Spaltung der Katholiken keine offizielle Stellungnahme zu der Schumanschen Integration ab. Insgesamt relativierten die Spaltung der katholischen Welt und die fehlende aktive Unterstützung des Episkopats die fast einheitliche Unterstützung des MRP für das Schumansche Integrationskonzept. Dies war insofern von besonderer Tragweite für den MRP, als das Thema „Europa" zu jenem Zeitpunkt die verschiedenen Gruppen innerhalb des MRP integrieren konnte, während die Frage der Dekolonisation und die Wirtschaftsfrage die Partei spalteten. Daß sich ein guter Teil der katholischen Welt von dem MRP im Hinblick auf die europäische Integration distanzierte, versteht sich von selbst, wenn man sich die Tatsache vor Augen führt, daß der MRP nicht alle katholischen Gruppen in sich aufnahm. Der MRP, der nach der Libération die Stimme der absoluten Mehrheit der katholischen Welt gewonnen hatte, verlor seine Abgeordneten an die anderen Parteien, vor allem an den RPF bei dessen Gründung 1946, und dann merklich auch in den Wahlen 1951. Währenddessen entstand eine kleine linksorientierte katholische Gruppe, die die neutralistische Tendenz innerhalb des MRP bei der Eskalation des Kalten Kriegs trug und schließlich als Protest gegen die NATO und die EVG aus der Partei austrat. Diese Gruppe vertrat die Linksströmungen der Kirche, z.B. die Arbeiter-Priester, „*Esprit, Jeunesse de l'Eglise*", „*l'Union des chrétiens progressistes*", die Zeitschrift, wie z.B. „*La Quinzaine*", und in gewissem Sinne auch „*Esprit*". Diese Gruppe stand der Parti Communiste Français auch in der internationalen Politik nahe. Sie vertrat also Pazifisten und Neutralisten in der französischen Kirche.[864]

Im Gegensatz zu Frankreich stand die westdeutsche katholische Welt überwiegend und mehrheitlich hinter Adenauer, ohne allerdings unmittelbar in die Europa-Politik einzugreifen. Im September 1952, als das EPG-Projekt in Angriff genommen wurde, befürwortete der Erzbischof von Köln, Kardinal Frings, die von Adenauer angestrebte Einigung Europas vor jugendlichen Christen ausdrücklich: „Westdeutschland, Frankreich und Italien sind die drei Pfeiler eines neuen Europa, eines christlichen Europa, geworden. Seit Charlemagne ist die Idee eines christlichen und vereinigten Europa niemals so nah wie jetzt gewesen."[865] Abgesehen von der Katholischen Arbeiter-Bewegung und der kleinen linksorientierten Gruppe des Laienkatholizismus wurde diese Ansicht von der absoluten Mehrheit der westdeutschen Katholiken ohne Vorbehalt geteilt. Da die katholischen Befürworter die unpopuläre EVG als eine Stufe zur politischen Einigung Europas akzeptiert hatten, unterstützten sie nun auch ganz das EPG-Projekt. Bis zum Scheitern der EVG und der EPG blieb die katholische Haltung weitgehend unverändert. Einzelne oppositionelle Stimmen erlangten kein nennenswertes Gewicht, da die Kirche seit 1952 zunehmend bemüht war, den Laienkatholizismus geschlossen auf eine regierungskonforme Position festzulegen.[866]

---

[864] Letamendia, Pierre, Le Mouvement Républicain Populaire (Le MRP). Histoire d'un grand parti français, Paris 1995, S. 111-115, 272-298; ders., La place des problèmes européens dans la vie interne du parti sous la IVe République, in: Le MRP et la construction européenne (1944-1966), sous la direction de S. Berstein, J.-M. Mayeur, P. Milza, Bruxelles 1993, S. 103-112.

[865] Zitiert nach: Lorson, P., „Vers l'unité politique de l'Europe", in: Etudes, mars 1953, S. 361.

[866] Doering-Manteuffel, Anselm, Die Kirchen und die EVG. Zu den Rückwirkungen der Wehrdebatte im westdeutschen Protestantismus und Katholizismus auf die politische Zusammenarbeit der Konfessionen, in: Volkmann, H.-E. et al. (Hrsg.), Die Europäische Verteidigungsgemeinschaft, S. 319-322.

Das Problem lag im Lager der Protestanten. In der 1948 gegründeten EKD besaßen die evangelischen Landeskirchen zwar ein alle überwölbendes Dach, das der organisatorischen und kirchenpolitischen Integration dienen sollte. Innerhalb der EKD jedoch behielten die nach Tradition und Konfession bisweilen sehr unterschiedlichen Landeskirchen ihre Autonomie: Lutheraner, Reformierte und Unierte wollten und konnten weder in theologischer noch in kirchenpolitischer Hinsicht eine Einheit bilden. Dazu kam, daß es innerhalb der Protestanten mehrere Gegner der Adenauerschen Westintegrationspolitik gab. Daher nahm die EKD nicht offiziell Stellung zu der Adenauerschen Europapolitik, unterstützte jedoch mehrheitlich deren prowestliche und antikommunistische Grundlinie. Zu den Befürwortern der Adenauerschen Politik gehörten beispielsweise Gerstenmaier und Ehlers. Gerstenmaier hielt die von der protestantischen Opposition geübte Kritik an dem Begriff des „christlichen Abendlands" für unbegründet, da es bei der Einigung Europas nicht darum ginge, den alten katholischen Konservatismus wiederherzustellen, sondern konkrete wirtschaftliche und politische Aufgaben zu erfüllen. Er trat dafür ein, als geistige und ideologische Basis der Einigung Europas nicht den Begriff des „christliches Abendlands" zu verwenden, sondern vielmehr die Menschenrechte und die Grundfreiheit für alle begrifflich herauszustellen, um alle demokratischen Elemente im vereinigten Europa zu integrieren.[867] Auf einer Tagung der „Evangelischen Akademie" über die religiösen Hintergründe außenpolitischer Gegenwartsentscheidungen vom 5. bis 8. Dezember 1953 hielt Ehlers ein Referat mit dem Titel „Der politische Auftrag des Protestantismus in Europa". Die praktische Aufgabe liege, so Ehlers, zunächst einmal darin, zu verhindern, daß eine betont katholische Politik betrieben werde. Eine besondere Verpflichtung des Protestantismus müsse darin bestehen, die Demokratie zu stärken und sie positiver darzustellen als dies bisher geschehe. Damit könnte man eine gemeinsame Politik mit dem Katholizismus verfolgen.[868] Die beiden wollten im Rahmen des diakonischen Amtes an der Einigung Europas aktiv mitwirken, aber nicht auf der katholischen, sondern auf der gemeinsamen Basis, nämlich der der Demokratie, der Menschenrechte und der Grundfreiheit, etc. Dies war auch die Basis für die CDU. M. Greschat unterscheidet Ehlers und Gerstenmaier. Nach seiner Einschätzung habe Gerstenmaier diejenigen Protestanten vertreten, die Adenauers westeuropäischer Integrationspolitik rundum zustimmten. Hingegen habe Ehlers zu der Gruppe gehört, die den Prozeß der westeuropäischen Einigung im Sinne des Protestantismus kritisch begleitete und konstruktiv mitgestaltete. Ehlers arbeitete aktiv an einem solchen europäischen Gremium, der „Ökumenischen Kommission für europäische Zusammenarbeit" seit deren Begründung 1950 mit.[869]

---

867 Der deutsche Protestantismus und die Einigung Europas. Ein Artikel Eugen Gerstenmaiers, in: ID, Nr. 172, 21.8.1953. Dies war die Wiedergabe eines Beitrags Gerstenmaiers („Evangelische Abendland ?") in der Festausgabe, die die Wochenzeitung « Christ und Welt » zum Deutschen Evangelischen Kirchentag herausgegeben hatte.
868 PAAA VI Ref.602 Kirchenfragen (IV3), Bd. 4, 441-01, Evangelische Akademie Loccum, Tagung über die religiösen Hintergründe außenpolitischer Gegenwartsentscheidungen vom 5.-8. Dezember 1953, Leitung: Akademiedirektor Pastor Dr. Joh, Doehring, Akademiedirektor Pastor Adolf Wischmann.
869 Greschat, Martin, Der Protestantismus und die Entstehung der Europäischen Gemeinschaft, in: Greschat, M./Loth, W. (Hrsg.), Die Christen und die Entstehung der Europäischen Gemeinschaft, S. 55 und 59-68.

Entschiedene Gegner der Adenauerschen Europapolitik aus protestantischen Reihen waren die aus der „Bekennenden Kirche" stammenden deutschen „Barthianer". Sie waren zahlenmäßig klein, genossen jedoch großes Ansehen. Der Rücktritt des Bundesinnenministers G. Heinemann aus Protest gegen die Sicherheitspolitik Adenauers 1950 vergrößerte ihr Gewicht im christlichen Lager. Nach 1945 hatten sie sich zur Gruppe der Bruderräte zusammengeschlossen, die theologisch und kirchenpolitisch auf der Linie von Karl Barth und dem hessischen Kirchenpräsidenten Martin Niemöller lag. In politischer Hinsicht war diese Linie von einer betont antiwestlichen - und damit sehr deutschen - sowohl antiamerikanischen als auch antikatholischen Haltung bestimmt und wies außerdem einen deutschen, über die antimilitaristische Zeitstimmung hinausweisenden pazifistischen Grundzug auf. Diese grundlegende Haltung kann man an der Debatte auf einer Tagung des französisch-deutschen Bruderrates vom 8. bis 10. Juni 1951 in Bièvre bei Paris klar erkennen. Die Debatte kreiste um das Thema des Vortrags von Pierre Burgelin, „die Kirche und die Europa-Idee". Dabei standen sich nicht Deutsche und Franzosen gegenüber, sondern „Barthianer" und die Anderen. Der protestantische Föderalist Courtin unterstrich mit großem Nachdruck, daß für Frankreich die wirtschaftliche und politische Einbindung Deutschlands in eine westeuropäische Organisation unabdingbar sei. Am ablehnendsten verhielt sich Heinemann. Er wiederholte seine Forderung, daß Deutschland sich aus der Blockbildung heraushalten müsse und daß die vier Alliierten das zu akzeptieren hätten. Verbindlicher argumentierte Niemöller, der im Grunde dieselbe Auffassung vertrat. Zwar gehöre Deutschland zum europäischen Westen, aber es dürfe nie und nimmer an einer Organisation gegen den Osten mitwirken. Statt dessen gelte es, den Menschen - insbesondere den Deutschen - hier wie da zu helfen. Dabei war Niemöller überzeugt, daß es die Chance einer echten Verständigung der Europäer und auch Deutschlands mit der Sowjetunion gebe, wenn sich nur die USA zurückzögen. Die deutschen Barthianer standen damit politisch Schulter an Schulter mit der SPD, die in der ersten Hälfte der 1950er Jahre mit dem Hinweis auf das Primat der Wiedervereinigung Deutschlands jede Westintegrationspolitik Adenauers ablehnte. Darüber hinaus übten sie Einflüsse auch auf die pazifistischen und neutralistischen Bewegungen in Frankreich aus.[870]

Zusammengenommen ergibt sich folgendes Bild: In Frankreich belasteten die Ressentiments gegenüber Deutschland in gewissem Maße auch die Haltung der Katholiken zu der europäischen Integration. In Westdeutschland hatte dagegen die Frage der Einigung Deutschlands ähnliche belastende Auswirkungen. Es war der europäischen Integration nicht dienlich, ein gemeinsames christliches Erbe, nämlich „das abendländische Christentum", das vatikanisch oder katholisch aussah, in den Vordergrund zu stellen, da man alle politischen Tendenzen - sei es protestantisch oder antiklerikal - in dem Werk der Einigung Europas integrieren mußte. Daher betonten Schuman, De Gasperi und Adenauer das gemeinsame christliche Erbe nicht

---

870 Greschat, M., Der Protestantismus und die Entstehung der Europäischen Gemeinschaft, in: Greschat, M./Loth, W. (Hrsg.), Die Christen und die Entstehung der Europäischen Gemeinschaft, S. 56-59; Doering-Manteuffel, Anselm, Die Kirchen und die EVG. Zu den Rückwirkungen der Wehrdebatte im westdeutschen Protestantismus und Katholizismus auf die politische Zusammenarbeit der Konfessionen, in: Volkmann, H.-E. et al. (Hrsg.), Die Europäische Verteidigungsgemeinschaft, S. 323ff; PAAA Korrespondenz Botschafter a. D. Dr. Wilhelm Hausenstein, Bd. 26 IV 3-80-10, Bl. 41-42, Evert, Aufzeichnung, betr.: Besuch des Prof. Otto A. Dilschneider von der Evangelischen Kirche-Berlin, Paris, 2.5.1954.

soweit, daß dadurch das Werk der Einigung Europas gefährdet werden konnte. Der spezifisch christliche Charakter der Europaidee war ein Kennzeichen der Nachkriegsjahre und trat mit der beginnenden Europapolitik nach Gründung der EWG in den Schatten. Der christliche Charakter konnte kein gemeinsamer geistiger Nenner für die europäische Integration sein, sondern nur eines ihrer konstruktiven Elemente darstellen.[871]

2. Der Kampf um die Supranationalität: Bestrebungen der „Europäischen Bewegung" und Gegenaktionen einer Koalition von Kommunisten und Gaullisten

Angesichts der Verzögerung der europäischen Integration durch die Regierungen unternahmen die Befürworter der supranationalen europäischen Integration noch engagiertere Versuche, die EVG ratifizieren zu lassen und die EPG-Verhandlungen zu einem guten Ende zu bringen. Sie engagierten sich auf verschiedenen Ebenen: z.B. im Europarat, in der „Gemeinsamen Versammlung" der EGKS, im Verfassungsausschuß der Ad-hoc-Versammlung, und nicht zuletzt in verschiedenen Europa-Verbänden (der UEF, der NEI, der MSEUE und der EPU). In diesem Abschnitt werden besonders die Aktivitäten der zuletzt genannten Europa-Verbände in der übergreifenden „Europäischen Bewegung" und die Grenzen ihrer Einflußmöglichkeiten betrachtet

Wie in den vorigen Kapiteln dargestellt wurde, hatte die Europäische Bewegung auf verschiedene Weise für die kleineuropäische supranationale politische Gemeinschaft geworben. Vor allem hatten die Untersuchungsergebnisse des „Comité d'Etudes pour la Constitution Européenne" der Europäischen Bewegung den Ad-hoc-Beratungen als eine Basis gedient. Auf verschiedene Weise appellierte Spaak sowohl als Präsident der Ad-hoc-Versammlung als auch als Vorsitzender der Europäischen Bewegung an die sechs Regierungen, den Verfassungsentwurf als solchen zu akzeptieren. Vor allem erreichte die Europäische Bewegung ihren Höhepunkt mit dem zweiten Europa-Kongreß in Den Haag 1953.

Am 24. November 1952, also kurz nach Beginn der Arbeiten der Ad-hoc-Versammlung, gründete die Europäische Bewegung unter der Regie Spaaks das „Aktionskomitee für die supranationale Europäische Gemeinschaft", das sich ausschließlich die Förderung der europäischen politischen Einheit in den Schuman-Plan-Ländern zur Aufgabe machte. Im Februar 1953 bereitete das Aktionskomitee einen Kongreß in Den Haag vor, der vorläufig für den 27. bis 30 April 1953 angesetzt war und dann endgültig vom 8. bis 10. Oktober des gleichen Jahres stattfand. Er war als große Manifestation für den Verfassungsentwurf gedacht, die an Bedeutung und Wirkung in ihrer Art nach Möglichkeit dem historischen Haager Europa-Kongreß von 1948 gleichkommen sollte. Die Delegierten wurden von den nationalen Räten der Europäischen Bewegung der sechs Schuman-Plan-Länder und von den in der Europäischen Bewegung vereinigten Europa-Verbänden, nämlich der UEF, der NEI, der MSEUE, der EPU und der LECE, entsandt. Die übrigen europäischen Länder waren durch Beobachter vertreten. Der Kongreß stand unter dem Präsidium von Spaak. Die Arbeit ging in drei Sektionen (der politischen Sektion, der Sektion „Institutionen der Europäischen Gemeinschaft" und

---

871 Vgl. Langer, Albrecht, Diskussionsbericht, in: ders. (Hrsg.), Katholizismus, nationaler Gedanke und Europa seit 1800, Paderborn 1985, S. 179-198, hierzu S. 196-198 (Abendland- und Europagedanke).

der Sektion „Gemeinsamer Markt") und in der Vollversammlung vor sich. Fast alle Befürworter der Europa-Idee, z.B. Schuman, Teitgen, von Brentano, De Gasperi, André Philip etc., nahmen aktiv teil. Der Kongreß fand seinen Abschluß mit einer großen Jugendkundgebung, zu der sich 5000 Jugendliche aus den sechs Ländern und dem Saargebiet nach einem Fackelzug durch die Stadt versammelt hatten. Diese Kundgebung wurde von der *Compagne européenne de la jeunesse* (CEJ), einer von der Europäischen Bewegung initiierten Dachorganisation für Jugendliche, organisiert. Die CEJ arbeitete mit dem Aktionskomitee für die supranationale Europäische Gemeinschaft das Jahr 1953 hindurch sehr eng zusammen. Am zweiten Tag der Außenministerkonferenz in Haag, dem 27. November 1953, überreichten R. Courtin und J. Drapier den Ministern die Entschließungen des zweiten Haager Kongresses und verlasen dabei im Namen des Aktionskomitees für die supranationale Europäische Gemeinschaft eine Erklärung, die an die Minister appellierte, das EPG-Projekt zu einem guten Ende zu bringen.[872]

Allen diesen Bemühungen zum Trotz erzielte der zweite Haager Kongreß nicht die erwarteten Ergebnisse. Die Einflüsse auf die Regierungen und die Parlamente, vor allem auf die französische Regierung und auf die Nationalversammlung, waren sehr gering. Dies ist darauf zurückzuführen, daß die Delegierten selbst über die der EPG zu erteilenden Kompetenzen nicht übereinstimmten und daher eine kraftvolle einheitliche Kampffront nicht bilden konnten. Beispielhaft dafür sind folgende Divergenzen zu nennen: Teitgen sprach sich gegen die Kompetenzerweiterung auf die wirtschaftliche Integration aus, während die Mehrheit der Delegierten dafür eintrat. Spinelli behauptete, die EPG solle eine gemeinsame Außenpolitik führen, während Monnet nach wie vor diese Kompetenzerweiterung nicht wünschte. Die Delegierten konnten lediglich darin übereinkommen, daß die EPG supranational sein sollte. Der größte Mangel dieses Kongresses lag darin, daß die SFIO, die bei der Ratifizierung des EVG-Vertrags in der Nationalversammlung eine entscheidende Rolle zu spielen schien, den Kongreß nicht aktiv unterstützte. Wie bei dem ersten Haager Kongreß nahm nur der Linksflügel, z.B. A. Philip und G. Jaquet, daran teil. Der MRP-Abgeordnete, Coste-Floret, bat um Verständnis für die Schwierigkeiten, die Frankreich auf seinem europäischen Wege fand, und brachte die Notwendigkeit zum Ausdruck, daß die französischen Sozialisten ihren klaren Standpunkt zu dem EVG-Vertrag und dem EPG-Projekt annehmen sollten. Dann könne, so Coste-Floret, Frankreich wieder eine Hauptrolle übernehmen.[873]

---

872 EA. 5.1.1953, S. 5420; ID, Nr. 147, 26.2.1953; ID, Nr. 163, 18.6.1953; Das Aktionskomitee der Europäischen Bewegung apellierte an die Minister, in: ID, Nr. 170, 8.8.1953; Der 2. Haager Europa-Kongreß in Vorbereitung, in: ID Nr. 171, 14.8.1953; Der zweite Haager Europa-Kongreß, in: ID, Nr. 178/179, 6.10.1953; Der zweite Haager Kongreß der Europäischen Bewegung, in: ID, Nr. 180, 17.10.1953; Die Delegation der Europäischen Bewegung in Haag, in: ID, Nr. 187, 4.12.1953; AN 350 AP 71, Mouvement Européen, comité d'action pour la Communauté supranational européen, Bruxelles, juillet 1953, Jean Drapier, délégué général; PAAA II, Bd. 853, AZ 224-00-01, Bl. 109-113, Aktionskomitee für die supranationale Europäische Gemeinschaft, Ziele und Programm des zweiten Haager Kongresses, 28.9.1953; über die CEJ, siehe Jean-Marie Palayret, Eduquer les jeunes à l'Union: La Campagne européenne de la jeunesse (1951-1958), in: Zeitschrift für Geschichte der europäischen Integration, 1995, Vol. 1, Nr. 2, S. 47-60.
873 PAAA II, Bd. 853, AZ 224-00-01, Bl. 208-210, Deuxième congrès de La Haye, Mouvement Européen, Comité d'action pour la Communauté supranationale européenne, Sitzung der politischen Sektion, Freitagmorgen, 9.10.1953; PAAA II, Bd. 853, AZ 224-00-01, Bl. 190-207, Zweiter Kon-

Wie waren die Verhältnisse der jeweiligen Regierungen zu den Europa-Verbänden? Die holländische Regierung bekam für ihre Europapolitik die volle Unterstützung des niederländischen Rates der Europäischen Bewegung. Die wichtigste Regierungspartei, die Arbeiterpartei, war als solche der MSEUE angeschlossen.[874] In Belgien leitete Spaak als prominenter Europäer die belgischen Europabewegungen, deren Einflüsse so stark waren, daß van Zeeland sie nicht einfach ignorieren konnte. Die römische Regierung hatte enge Kontakte zu den italienischen Europabewegungen. Dies galt auch für die Bonner Regierung. Im Gegensatz dazu waren Einflüsse der französischen Europabewegungen auf die Regierung kaum spürbar. Im folgenden werden die Verhältnisse der deutschen und französischen Regierungen zu den Europabewegungen vergleichsweise näher betrachtet.

Der Präsident des Verfassungsausschusses, von Brentano, forderte nicht nur immer wieder den Fortbestand des Ausschusses, sondern auch dessen engere Mitwirkung an den Regierungskonferenzen. Während die Bonner Regierung von Brentanos Forderung stets unterstützte, wollte die Pariser Regierung den Einfluß des Verfassungsausschusses abschwächen und den Ausschuß auflösen.[875] Das Auswärtige Amt kooperierte mit den Europa-Verbänden die EPG-Phase hindurch sehr eng, und gründete gar im Frühjahr 1953 einen „Allgemeinen Ausschuß", der aus prominenten Europaanhängern, wie z.B. E. Kogon, Friedländer, Blessing und auch dem Sozialdemokraten Brill, bestand. Dieser Ausschuß sollte allgemein diskutieren und vor allem für die europäische Idee werben. Das Auswärtige Amt hielt viel von der UEF, weil sie die Sechser-Integration vertrat, und empfahl dem deutschen diplomatischen Vertreter in Paris, Hausenstein, eine regelmäßige Verbindung des Generalsekretariats der UEF mit der deutschen Vertretung herzustellen.[876] Die Bonner Regierung aber distanzierte sich insofern von den Europa-Verbänden, als diese sich im allgemeinen zu idealistisch orientierten. In einem Brief an Adenauer vom 9. Februar 1954 kritisierte von Brentano die nachgebende Hal-

---

greß im Haag, Politischer Bericht von A. Spinelli; PAAA II, Bd. 853, AZ 224-00-01, Bl. 222-235, Zweiter Kongreß im Haag, Bericht über die Institutionen der EG von F. Dehousse; AN 457 AP 40, Télégramme de Bartillat (La Haye) à MAE, 8.10.1953, N°788, A.S. Deuxième congrès de La Haye, Mouvement Européen; AN 457 AP 40, Télégramme de Bartillat (La Haye) à MAE, 10.10.1953, N°794, A.S. Deuxième congrès de La Haye, Mouvement Européen; Der zweite Haager Kongreß der Europäischen Bewegung, in: ID, Nr. 180, 17.10.1953; Melchionni, Maria Grazia, Altiero Spinelli et Jean Monnet, Fondation Jean Monnet pour l'Europe Centre de recherches européennes, Lausanne 1993, S. 47.

874 Der VI. Kongreß der sozialistischen Europa-Bewegung, Lüttich, 29.-31. Mai 1953, in: ID, Nr. 161, 6. Juni 1953.

875 PAAA NL Ophüls, Bd. 3, Ophüls an Hallstein, Aufzeichnung. Betr.: Europäischer Verfassungsentwurf. Verlängerung der Tätigkeit der Ad-hoc-Versammlung. Vorsprache des belgischen Botschafters, Bonn, den 21. März 1953; PAAA NL Ophüls, Bd. 4, Schreiben von Hallstein an von Brentano, 4.7.1953; PAAA II, Bd. 856, AZ 224-10, Bd. 3, Bl. 49-50, Schreiben von Brentano an Hallstein, 3.5.1954; AMAE DE-CE 45-60, CECA, Vol. 521, Bl. 400-404, HA/MJ, DGAP Europe S/D du Conseil de l'Europe, Note pour le Cabinet du Ministre, 3.12.1954, A/S activité du groupe de travail de la Commission Constitutionnelle de l'Assemblée ad hoc.

876 PAAA II, Bd. 862, AZ 224-21-04, Bl. 74-77, Aufzeichnung vom 26. März 1953; PAAA II, Bd. 895, AZ 224-80E, Bd. 1, Bl. 3-5, Kogon an Adenauer, 3.6.1953; PAAA II, Bd. 895, AZ 224-80E, Bd. 1, Bl. 6-7, Adenauer an Kogon, Rhöndorf/Rhein, den 6.6.1953; PAAA NL Ophüls, Bd. 4, Ophüls, Aufzeichnung. Betr.: Schreiben der Union Européenne des Fédéralistes vom 6. Oktober 1953, 12. November 1953.

tung der deutschen Delegation in der Experten-Konferenz in Paris - diese deutsche Haltung wurde bereits in Kapitel VII.7 erläutert - und plädierte dafür, den Verfassungsentwurf der Ad-hoc-Versammlung durchzusetzen. Dem erwiderte Bundeskanzler Adenauer zunächst, daß „ich das Gefühl der Enttäuschung das aus Ihrem Schreiben spricht, in gewissem Umfange teile." Aber er verlor nicht aus den Augen, daß die Gefahr bestand, daß sich die Franzosen, wie sie es im Wirtschaftsausschuß in Paris getan hatten, auch hinsichtlich der Institutionen auf eine bloße Beobachterrolle zurückziehen und damit das ganze Werk von vornherein zur Erfolglosigkeit verdammen würden. Die Konzessionen hinsichtlich des Senats und der Exekutive, verteidigte sich Adenauer, seien ihm nicht leicht gefallen. „Nur ungern haben wir den Gedanken aufgegeben, die europäische Einigung über alle Zwischenstufen hinweg mit einem Male zu verwirklichen. Aber es hat sich unzweifelhaft gezeigt, daß ohne diese Zwischenstufen für absehbare Zeit nicht auszukommen ist."[877] Was hier aufgezeigt werden muß, das ist die realistische Haltung der Bonner Regierung im Vergleich zu den Europa-Verbänden und gar deren Stellvertretern in der Ad-hoc-Versammlung. Seitdem Bidault sein altes Amt zurückbekommen hatte, distanzierte die französische Regierung sich deutlich von den Europa-Verbänden überhaupt. Nur der europäische Flügel der Regierung, z.B. Mayer, Teitgen und Reynaud - nicht zuletzt war auch der alte Herr des Quai d'Orsay, Schuman, immer dabei - behielt enge Kontakte zu den Europa-Verbänden bei und unternahm mit ihnen zusammen Versuche, die französische öffentliche Meinung und damit auch die Stimmung der Nationalversammlung zugunsten der EVG und EPG umzustellen. Diese pro-europäische Gruppe war insgesamt aber nicht stark genug, um die kontra-europäischen Parlamentarier zum Einlenken zu bringen.

In Frankreich galten die Gaullisten und die Kommunisten in der EVG-EPG-Phase als entschiedene Gegner einer supranationalen Integration. Zum Jahreswechsel 1953/54, als die Gegenaktionen der EVG-EPG gegenüber mehr und mehr eskalierten, entstand eine bizarre Kooperation zwischen den Gaullisten und den Kommunisten, obgleich sie untereinander politische Gegner waren. Mehr noch: Gegner der EVG-EPG in anderen Ländern unterstützten diese Gegenaktion.
Nun ist kurz zunächst die Position der Kommunisten zu betrachten. Unter Berufung auf die These Lenins, die dieser in der „Losung über die Vereinigten Staaten von Europa" entwickelt hatte, hatte die Sowjetunion allen Plänen der europäischen Integration scharf vorgeworfen, der Antikommunismus sei ihr Alpha und Omega, der einzige Nenner aller Integrationspläne. Die EPG wurde von der Prawda als „das kosmopolitische Bündnis von Militarismus und Monopolkapitalismus" bezeichnet. Die Sowjetunion unterstützte daher alle opponierenden Teile der westeuropäischen öffentlichen Meinung und wiederholte sogar die nationalistischen Argumente der Gaullisten. In dieser Weise sprach sich etwa auf dem „Kongreß zur friedlichen Lösung der deutschen Frage", einer Veranstaltung der kommunistisch dirigierten „Welt-

---

877 PAAA II, Bd. 856, AZ 224-10, Bd. 3, Bl. 17-20, Schreiben von Brentano an Adenauer, 9.2.1953; PAAA II, Bd. 856, AZ 224-10, Bd. 3, von Puttkamer, Aufzeichnung, betr.: Schreiben des Abgeordneten Dr. von Brentano an den Herren Bundeskanzler, vom 9. Februar 1954, Paris, den 18. Februar 1954; PAAA NL Ophüls, Entwurf von Ophüls, Schreiben von Adenauer an von Brentano, Februar 1954. Das Datum ist nicht festzustellen. Jedenfalls wurde dieser von Adenauer unterschrieben.

friedensbewegung", die im Oktober 1953 in Prag abgehalten wurde, der tschechoslowakische Ministerpräsident Siroky aus: „Durch viele Jahre hindurch ist die gesamte westliche Propagandamaschine darauf eingestellt worden, einen „Europakult" zu schaffen, das Gift des Kosmopolitanismus auszusäen und den nationalen Stolz und die Sehnsucht nach nationaler Freiheit und Unabhängigkeit in den Völkern Westeuropas zu unterdrücken." Unter Führung Thorez folgten die französischen Kommunisten (PCF) treu der These der Moskauer Regierung und unternahmen Versuche, mit den Gaullisten eine gemeinsame Kampffront gegen die supranationale Integration und damit den Kern einer neuen „Résistance" gegen alle „Vichyisten" zu bilden.[878]

Was die Gaullisten anging, wurde General de Gaulle im Sog der Spaltung des RPF aufgrund seiner doktrinären Ablehnung des Verfassungssystems der IV. Republik daran gehindert, die gaullistische parlamentarische Fraktion weiterhin gemäß seiner Auffassung zu lenken. Das Direktionskomitee des RPF beschloß in seiner Sitzung am 15. April 1953, daß sich General de Gaulle im Rahmen der gaullistischen Bewegung nur noch den Fragen von nationaler Bedeutung widmen, aber auf die Tätigkeit der Partei und der Parlamentsfraktion in engerem Sinne keinen Einfluß mehr nehmen solle. Daraufhin beschloß die gaullistische Fraktion, an der Regierungs- und Parlamentstätigkeit aktiver teilzunehmen.[879] Daher partizipierten drei Minister der URAS (Corniglion-Molinier, Maurice Lemaire und Pierre Ferri) neben den zwei ARS-Ministern an der Regierung Laniels. Die beiden gaullistischen Rechtsflügel versuchten immer wieder, gemeinsam die Europapolitik gemäß ihrer Konzeption der Konföderation zu beeinflussen, wie dies in den vorigen Kapiteln beleuchtet wurde. Die URAS und die ARS entschlossen sich im Herbst 1953, eine einheitliche Front gegen die EVG-EPG, von ihren innenpolitischen Unterschieden unabhängig, zu bilden. Die gaullistische Bewegung, die in den letzten Jahren als Instrument zur Bekämpfung des Kommunismus eine Stärkung erfahren hatte, verlor nun mit der mit dem Tod Stalins beginnenden Tendenz zur Detente an Bedeutung. In einer vollständigen Abkehr von ihrer bisherigen Politik näherten die Gaullisten sich nun den Kommunisten an.[880]

---

878 Zellentin, Gerda, Die Kommunisten und die Einigung Europas, Frankfurt a.M 1964, S. 54-57; AMAE DE-CE 45-60, CPE 1948-1954, Bl. 53-61, Note, 16.7.1953. Inhaltlich scheint diese Note die der Kommunistische Partei Frankreichs zu sein; Zubok, Vladislav, The Soviet Union und European Integration from Stalin to Gorbachev, in: Zeitschrift für Geschichte der europäischen Integration, 1996, Vol. 2, Nr. 1, S. 85-98; Verheerende Europakult, in: ID Nr. 181, 24.10.1953; Rioux, Jean-Pierre, Französische öffentliche Meinung und EVG: Parteienstreit oder Schlacht der Erinnerungen? in: Volkmann, H.-E. et al. (Hrsg.), Die Europäische Verteidigungsgemeinschaft, S. 159-176.
879 PAAA III B11(Frankreich) Bd. 90-1, Telegramm Hausenstein an Auswärtiges Amt vom 13.5.1953, betr: innenpolitische Lage Frankreichs. Krise in der gaullistischen Bewegung; interessanterweise informierte Hausenstein über eine kleine Gruppe innerhalb der Gaullisten, die sich der Stimme zu enthalten und gar für den EVG-Vertrag zu stimmen wünschte. (PAAA III B11(Frankreich) Bd. 90-1, Telegramm Hausenstein an Auswärtiges Amt vom 22.4.1953, betr: innenpolitische Lage Frankreichs. Krise der gaullistischen Partei). Dies ist jedoch nicht zu belegen.
880 PAAA III B11(Frankreich) Bd. 90-1, Telegramm Hausenstein an Auswärtiges Amt vom 13.5.1953, betr.: innenpolitische Lage Frankreichs. Krise in der gaullistischen Bewegung; PAAA III (Frankreich), B.11, Bd. 91, Bl. 128, Hausenstein, Bericht an Auswärtiges Amt, Betr.: Innenpolitische Entwicklung Frankreichs zwischen Ex-Gaullisten (URAS) und gaullistischen Dissidenten (ARS), Paris, den 25.9.1953.

In einer Pressekonferenz am 12. November 1953 griff de Gaulle die supranationale Integration schärfer als früher an. Er bezeichnete Monnet als „*inspirateur*" des vaterlandslosen Europa und dessen Tätigkeit als „un acte (...), qui déchire la France au plus profond d'elle-même, qui la prive de sa souveraineté et de son armée, qui foule aux pieds ses plus intimes traditions, qui viole ses institutions, qui sépare la défense de sa métropole et celle des territories d'outre-mer (...)." Er verteidigte nach wie vor seine Konzeption einer „Association des nations, confédération d'Etat". Der General warf der Regierung vor, daß, wenn sie diese europäische Konföderation früher zustande gebracht hätte, die Briten ein Mitglied einer solchen Konföderation geworden wären, da diese der britischen Abneigung gegen die supranationale Integration in keiner Weise widersprochen hätte. Dann wären auch keine Probleme in bezug auf die Beziehungen der Union Française zu der europäischen Integration aufgeworfen worden. Noch wichtiger sei es, daß dann Deutschland in einer solchen Konföderation zwischen Frankreich und Großbritannien einen Platz erhalten hätte. Insoweit es ein bewährtes Mitglied der freien Konföderation geworden wäre, hätte man ihm die Rechte zurückgegeben, die bis dahin Frankreich innehatte. Der General warf der Monnetschen Gemeinschaft auch vor, sie sei eine Art von Protektorat der USA, das Frankreich aber nicht militärisch schützen könne, weil nichts die USA zwinge, bestimmte Truppen in Europa zu halten und diese Streitkräfte zu verstärken. Der General beschwor die Völker, gemeinsam die Verteidigung Europas zu sichern, im Rahmen eines Staatenbundes den gemeinsamen strategischen Plänen beizupflichten und alle nur möglichen Mittel in den gemeinsamen Dienst zu stellen: vor allem Infrastruktur, Flughäfen, Häfen, die Herstellung bestimmter Materialien einschließlich der Rüstungsproduktion usw. Er wiederholte, daß die deutsche Wiederbewaffnung im Rahmen einer europäischen Konföderation nichts Unannehmbares habe. De Gaulle schlug vor, eine wirklich europäische Konföderation zu schaffen, an der die Briten auch teilnähmen und der Westdeutschland „avec les engagements et les limites nécessaires" beitreten könnte. Hierdurch brachte er die Hoffnung zum Ausdruck, Frankreich könnte die deutsche Armee z.B. durch eine enge Kooperation in der Rüstungspolitik effektiv kontrollieren. Der General betonte am Ende seiner Pressekonferenz nachdrücklich, die atlantische Allianz und die europäische Integration müßten insgesamt soweit korrigiert werden, daß sie mit der französischen Unabhängigkeit und mit der Lage Frankreichs als europäische, afrikanische und asiatische Macht in Einklang gebracht werden könnten.[881]

Zu dieser heftigen Attacke erwiderte der „*inspirateur*", daß de Gaulle die Lehren der jüngsten Geschichte ignoriere, daß sich die europäischen Probleme unmöglich zwischen Staaten lösen ließen, die ihre volle Souveränität behielten. Monnet warf de Gaulle dessen Hoffnung auf die enge Kooperation der Rüstungspolitik vor. Er meinte, daß es den souverän gebliebenen Staaten bei national gebliebenen Armee unmöglich sei, sich über eine gemeinsame Infrastruktur, Herstellung gemeinsamen Materials usw. zu einigen. „Die Europäische Gemeinschaft ist", fuhr Monnet fort, „der neue Weg, auf den Frankreich und Europa sich begeben müssen, wenn sie überleben und gedeihen wollen. (...) Warum muß Frankreich, stark auf Grund der Union française, sich davor fürchten, diesen Weg zu beschreiten? Wenn die Franzosen nicht fähig

---

881 Charles de Gaulle, Conférence de presse, 12.11.1953, in: Discours et Messages, Vol. II, S. 586-600, Zitat, S. 587, 590, 591, 592 und 594; Vgl. Vaïsse, Maurice, La Grandeur. Politique étrangère du général de Gaulle 1958-1969, Paris 1998, S. 33.

wären, ihren Platz in einem geeinten Europa zu behaupten, welches erst wäre dann der Platz Frankreichs in einem geteilten Europa? Die Zukunft und die wahre Größe Frankreichs bestehen darin, seine Anstrengungen auf den Aufbau des vereinigten Europas zu richten, dieses Europas, dessen Inspiratoren (...) die Franzosen alle miteinander sein werden."[882]
Inzwischen organisierten französische EVG-Gegner, vor allem Gaullisten und Kommunisten, eine internationale Konferenz der von der EVG betroffenen Länder, nämlich einen europaweiten Kongreß des „wahren Europas", der am 20. und 21. März 1954 in Paris stattfand. Der Gaullist Michelet übernahm die Präsidentschaft. An dem Kongreß nahmen etwa 150 EVG-Gegner teil. Als der Kommunist Casanova seine Rede auf der Konferenz beendet hatte, schüttelte ihm der Präsident, Michelet, die Hand und sagte: „Mein Lieber, wir sind in die Zeit vor zehn Jahren zurückversetzt, in der wir gemeinsam kämpften." In einem Artikel „*Vers une nouvelle Résistance?*", der am Vorabend der Konferenz in „Le Monde" erschienen war, hatte er geschrieben: „Auf diese Weise organisiert sich gegen das gefährliche Europa der Vaterlandslosen und der Technokraten der lebendige Widerstand der Vaterländer. Dieser Widerstand hat seine Grundlage in den Völkern. Er gründet sich auf Ideen, die sehr einfach und so alt wie die Welt sind: Verteidigung der Altäre und der Heimstätten." Die Konferenz schloß mit einer einstimmig angenommenen Entschließung. Darin hieß es: Die EVG würde in der Welt eine Atmosphäre wachsender Spannung hervorrufen, die zum Kriege führen könne. Sie würde der friedlichen Wiedervereinigung Deutschlands unüberwindliche Hindernisse in den Weg legen. Eine Wiederbewaffnung Westdeutschlands, wie sie im EVG-Vertrag vorgesehen sei, müsse dort zur Wiedergeburt des Militarismus und zur Abwürgung der Demokratie führen. Die Übertragung souveräner Befugnisse an nicht verantwortliche Organe einer künstlichen Gemeinschaft würde die moralische Persönlichkeit der Partner gefährden und das Ende der individuellen Freiheiten bedeuten. Die Entschließung forderte die Wiederaufnahme der Berliner Verhandlungen, um die verschiedenen internationalen Probleme zu lösen. Als Verhandlungsgegenstände wurden genannt: friedliche Wiedervereinigung Deutschlands, Abhaltung freier Wahlen im gesamten deutschen Gebiet, Abschluß des deutschen und des österreichischen Friedensvertrages, Wiederaufnahme normaler Handels- und Kulturbeziehungen zwischen Ost und West sowie ein System der kollektiven Sicherheit und der Abrüstung, das auf einer Assoziation der Staaten Europas gegründet werden sollte.[883]
Frankreich war der internationale Schauplatz der „*Querelle de la CED*", die von Zeitgenossen mit der Affäre Dreyfus verglichen wurde. Frankreich wurde in fast allen Bereichen, in Parteien - mit der Ausnahme der Kommunisten und der Gaullisten - und in der öffentlichen Meinung, in zwei Teile, also „Pro" und „Contra" der EVG und auch damit der EPG zerrissen.[884]

---

882 J. Monnets Interview mit „Le Monde" vom 17.11.1953, in: ID Nr. 189/190, 23.12.1953
883 „Erster Kongreß des wahren Europas", in: ID, Nr. 205, 10.4.1954; Unter den Teilnehmern waren folgende nennenswert: Außer den Gaullisten (u.a. M. Debré und Soustelle) und den Kommunisten (u.a. Casanova), die französischen Radicaux (Herriot, Daladier), der aus dem MRP ausgeschlossene André Denis, der MRP-Abgeordnete Hamon, der italienische Linkssozialist Nenni, der belgische sozialistische Senator Rolin, der deutsche ehemalige Minister G. Heinemann, der deutsche Pastor aus Darmstadt Mochalski, der französische Professor Lavergne, ein bekannter Kassandra-Rufer gegenüber Deutschland, und drei linken Labour Abgeordnete, Delargy, MacDougall und Bedford. Thomas Mann, Pastor Niemöller, der belgische Senatspräsident Struye und die SPD-Abgeordneten Dr. Baade und Fritz Wenzel sandten Begrüßungsschreiben.
884 Über die internen Auseinandersetzungen im allgemeinen siehe Aron/Lerner (Hrsg.), La Querelle

Die öffentliche Meinung war dem EVG-Vertrag gegenüber nicht so negativ eingestellt. Doch alle Bemühungen der Europa-Anhänger schienen die manchmal gar von dem Geist der *Résistance* genährte nationalistische Stimmung, die in der Nationalversammlung herrschte, letztendlich nicht zugunsten der supranationalen Integration ändern zu können. Lediglich die SFIO legte sich auf keine endgültige Position zum EVG-Vertrag fest. In der letzten Phase der „*Querelle de la CED*" konzentrierten sich die Bemühungen der EVG-Anhänger darauf, die SFIO-Abgeordneten - genauer gesagt, die nicht geringe Anzahl der SFIO-Abgeordneten, die bislang noch nicht entschieden waren - zu gewinnen. In diesem Zusammenhang wurde die EPG, die von der SFIO als eine Voraussetzung für die Ratifizierung des EVG-Vertrags gefordert worden war, immer noch als Hilfsmittel hierfür angesehen. Der Hauptschauplatz der letzten Phase der EPG-Verhandlungen war nicht die Experten-Konferenz in Paris, sondern die internationalen Bestrebungen um die französischen Sozialisten.

3. Die letzten Rettungsaktionen des EPG-Projekts aus dem Kreis um Mollet

Der Verfassungsentwurf der Ad-hoc-Versammlung entsprach nicht den Erwartungen der französischen Sozialisten, denn dieser beinhaltete zu viele Kompetenzen, aber zu wenige Entscheidungsbefugnisse. Diese negative Einstellung wurde wiederholt deutlich gemacht.[885] Der Vorsitzende meinte, daß die Zustimmung der Mehrheit der SFIO-Abgeordneten für die EVG von der Erfüllung ihrer drei Vorbedingungen (neben der politischen Autorität die amerikanische Garantie und die britische enge Assoziation) abhing. Darunter hielt er die britische enge Assoziation für die wichtigste Bedingung. Diese wären insgesamt noch nicht erfüllt. Unter den 105 SFIO-Abgeordneten gab es nach Mollets Lagebeurteilung zwei Minoritäten. Die eine, die sich um J. Moch und O. Lapie gruppierte, war gegen die EVG, unabhängig von der Erfüllung dieser Bedingungen. Die andere dagegen war, ebenfalls davon unabhängig, für die EVG; diese Gruppe bildete sich um G. Jaquet und A. Philip. Der Nationalkongreß der SFIO im Juli 1953 legte daher die Stellung zur EVG noch nicht fest.[886]

---

de la CED, Paris 1956. Über die „radicaux" siehe Bjøl, Erling, La France devant l'Europe, la politique européenne de la IVe République, Munksgaard, Copenhague 1966, S. 168-186, und O'Neill, Francis, The French Radical Party and European Integration, Gower, Westmead 1981. Über die Independants, denen R. Reynaud und Laniel angehörten, siehe Bjøl, Erling, La France devant l'Europe, S. 187-205; über die UDSR, der Pleven angehörte, siehe Elzer, Herbert, »Atlantiker« gegen »Europäer«. Streit um Deutschland bei den Widerstandsdemokraten (UDSR) in der IV. Republik, in: Francia 22/3, 1995, S. 65-81.

885 PAAA Bestand B24 Referat 204/IA3, 1950-1963, Frankreich, Bd. 1, Bl. 3-6, Hausenstein, Bericht an Auswärtiges Amt, Betr.: Tagung des Generalrates der sozialistischen Internationalen in Paris vom 11.-13. April 1953, Paris, den 14. April 1953; PAAA II, Bd. 815, AZ 221-65, Bd. 4, Bl. 120-122, Assemblée ad hoc, Paris, le 20 avril 1953, Confidentiel AA/CC/GT (5) 21, Commission constitutionnelle. Cinquième session Groupe de travail. Note sur la cinquième session de la commission des affaires générales de l'Assemblée consultative du Conseil de l'Europe (17.-18. avril 1953, à Paris) sur la liaison entre CE et le Conseil de l'Europe; G. Mollet, Nos trois conditions seront-elles remplies ?, in: *La Revue Socialiste*, Juin 1953, S. 1-9; BA NL Blankenhorn 20a, Bl. 143, Une interview exclusive de M. Guy Mollet avec »Paris-presse« in Informations Politiques, 13. Juni 1953; OURS AGM 106, G. Mollet, Europe's Most Vital Unfinished Business, in: *The Reporter*, July 7, 1953, S. 26-29.

886 OURS AGM 106, G. Mollet, Europe's Most Vital Unfinished Business, in: *The Reporter*, July 7,

Mollet wollte aber - hierauf ist aufmerksam zu machen - mit dem oben dargestellten Einwand das EPG-Projekt nicht als Ganzes blockieren, sondern es tatsächlich gemäß seiner Konzeption verändern und dadurch letztlich die EVG durch die Zustimmung der Sozialisten retten. Er erklärte sich, wenn diese Vorbedingungen erfüllt würden, sogar dazu bereit, der innenpolitisch bekämpften, rechts orientierten Regierung in bezug auf die EVG die Zustimmung der SFIO zu sichern, ganz im Gegensatz zu der bisher gängigen Gewohnheit. Er unternahm Versuche, die Regierung zu Gunsten der supranationalen Lösung zu bewegen, und zwar durch Interviews, von denen besonders eines mit „Paris-Presse" hervorzuheben ist, das die dargelegten Angebote und Forderungen beinhaltete. Ohnehin beauftragte der Nationalkongreß der SFIO im Juli 1953 die Parteiführung, zusammen mit anderen Organisationen und Parteien die Schaffung der „*front démocratique et social*" mit dem Ziel vorzubereiten, im Parlament die Mehrheit unter Ausschluß der Kommunisten zu bilden. Um dies zu erreichen, war es aber erforderlich, über den außenpolitischen Konsens hinaus, Einigkeit über gesellschaftlich-wirtschaftliche Politik zu erreichen, was nicht einfach war. Trotzdem gab es innerhalb des MRP nicht wenige - einschließlich der Mehrheit der Führung -, die aus außenpolitischen Gründen mit der SFIO eine Koalition bilden wollten. In der Regierung Laniels gab es proeuropäische Minister wie Teitgen und Reynaud, die mit Mollet über die Supranationalität und die demokratische Kontrolle der Europa-Armee durch die politische Autorität übereinstimmten.[887]

Das EPG-Projekt wurde eigentlich von der SFIO veranlaßt. Ohne ihre Mitarbeit hätte es keinen Sinn mehr gehabt. Darum bereitete Mollets negative Einstellung in den Verhandlungen der Ad-hoc-Versammlung den EVG-Befürwortern große Sorge. Es war Monnet, der sich bereits im April 1953 dafür einsetzte, Mollet und seine Partei für die EPG zu gewinnen. Dafür war er sogar bereit, den Verfassungsentwurf der Ad-hoc-Versammlung gemäß den Forderungen Mollets modifizieren zu lassen, und zwar im Sinne der Stärkung der Supranationalität und der demokratischen Kontrolle. Es sollten die Befugnisse der Völkerkammer gestärkt werden. Die Europa-Armee einschließlich des Kommissariats sollte dem Kommando des Europäischen Exekutivrates, also einer Zivilbehörde unterstellt werden. Dieser Europäische Exekutivrat sollte demnach auch die militärischen Belange, z.B. die Aushebung der europäischen Verteidigungsstreitkräfte und eine Militärdisziplinarordnung etc. direkt kontrollieren. Mehr noch: In den Grenzen ihrer Zuständigkeit sollte die Gemeinschaft an der NATO mit den Rechten und Pflichten ihrer Mitglieder teilnehmen. Mollet erklärte sich mit Monnets Vorschlägen einverstanden. Es war wiederum Monnet, der das Auswärtige Amt wiederholt

---

1953, S. 26-29; OURS AGM 106, Projet interview de M. G. Mollet; OURS AGM 58, Intervention de G. Mollet au 45° Congrès national du Parti Socialiste (débat de politique extérieure), 5.7.1953. In diesem Kongreß, der von Auseinandersetzungen zwischen dem proeuropäischen G. Mollet und dem anti-deutschen J. Moch gekennzeichnet war, wurde G. Mollet wieder zum Vorsitzenden gewählt. Das zeigt, daß die Mehrheit G. Mollets proeuropäische Linie unterstützte (PAAA II, Bd. 859, AZ 224-20/22, Telegramm von Hausenstein an Auswärtiges Amt, den 6. Juli 1953).

887 G. Mollet, Nos trois conditions seront-elles remplies ?, in: La Revue Socialiste, Juin 1953, S. 1-9; BA NL Blankenhorn 20a, Bl. 143, Une interview exclusive de M. Guy Mollet à »Paris-presse« in Informations Politiques, 13. Juni 1953; OURS AGM 106, G. Mollet, Europe's Most Vital Unfinished Business, in: The Reporter, July 7, 1953, S. 26-29; PAAA II, Bd. 859, AZ 224-20/22, Telegramm von Hausenstein an Auswärtiges Amt, den 6. Juli 1953; BA NL Blankenhorn 22, Bl. 265-268, Aufzeichnung über eine Besprechung der NEI vom 6. Juli 1953, am 7.7.1953.

auf die Schlüsselfunktion Mollets im Prozeß der EVG-Ratifizierung aufmerksam machte.[888]
Die Bonner Regierung bemühte sich ihrerseits, ständig enge Kontakte zu Mollet zu halten und nach Möglichkeit Kompromisse mit ihm zu suchen. Adenauer traf mit Mollet bereits im Mai 1953 zusammen, um sich die Einwände der französischen Sozialisten gegen die EPG und die EVG erklären zu lassen. Er glaubte, sie beruhten zum Teil auf Mißverständnissen und könnten durch geringfügige Änderungen beseitigt werden.[889] Mollet übermittelte über van Helmont Blankenhorn eine mit Monnet vorher abgestimmte Aufzeichnung mit dem Titel „Condition de l'établissement d'un contrôle démocratique sur la Communauté de défense par une Autorité politique européenne".[890] Um über diese Note zu beraten, fand eine Besprechung im Auswärtigen Amt statt. Daran nahmen Hallstein, Ophüls, Puttkamer, Becker und von Merkatz teil. Es bestand Einigkeit darüber, daß schon aus allgemeinen politischen Erwägungen die Berücksichtigung der Wünsche Mollets zweckmäßig sei. Die Kritik Mollets stimmte ohnehin im wesentlichen überein mit der Auffassung, die die Bonner Regierung während der EVG-Verhandlungen vertreten hatte, die aber bei der französische Regierung keine Unterstützung gefunden hatte. Daher stellte sich das Problem, ob die Forderungen Mollets gegen den Widerstand der französischen Regierung durchsetzbar sein würden.[891]
Mollet hielt Besprechungen mit Nutting darüber ab, daß Großbritannien die Ratifizierung des EVG-Vertrags in Frankreich durch einen Assoziationsvertrag unterstützen würde, dessen Kern die Verpflichtung war, die gegenwärtige britische Truppenstärke auf dem Kontinent beizubehalten, solange der EVG-Vertrag gültig war. Außerdem behandelte der Assoziationsvertrag die Kooperation der Briten auf allen Ebenen der Organisation, nämlich im Ministerrat, im Kommissariat, in der Versammlung, wie auch in der logistischen Zusammenarbeit und in der gemeinsamen militärischen Übung. Es zeigt sich, daß Mollet nicht mehr auf dem Eden-Plan beharrte, sondern nun das Konzept Monnets zur britischen Sonderpartnerschaft mit der europäischen Gemeinschaft akzeptierte. Auf der Septembersitzung der Beratenden Ver-

---

888 AMJ 8/4/1 Lettre de J. Monnet à G. Mollet, 13.4.1953; AMJ 8/4/2 Note sur la mise au point du projet d'autorité politique: propositions en vue de la conversation avec M. G. Mollet, 13.4.1953; AMJ 8/4/3 « Note pour M. Monnet », dont le 1er point concerne une conversation avec G. Mollet, par J. Van Helmont, 12.6.1953; BA NL Blankenhorn 20a, Bl. 20-22, Telegramm von Blankenhorn und Kerkeler an Auswärtiges Amt, den 4. Juni 1953, ausschließlich Bundeskanzler und den Herrn Staatssekretär, Geheim; PAAA NL Ophüls, Bd. 4, Ophüls, Betr.: Französische Stellung zur EVG und Politischen Gemeinschaft, Bonn, den 15. Juli 1953, Geheim, Hallstein vorgelegt.
889 BA NL Blankenhorn 19b, Bl. 183-192, Aufzeichnung über eine Besprechung zwischen dem Herrn Bundeskanzler und dem britischen Premierminister, die am Freitag, den 15 Mai 1953 in Downing Street 10 stattfand.
890 PAAA II, Bd. 859, AZ 224-20/22, Bl. 198-202, Condition de l'établissement d'un contrôle démocratique sur la Communauté de défense par une Autorité politique européenne, eing., 8. Juni 1953, Hallstein vorzulegen; PAAA II, Bd. 859, AZ 224-20-22, Bl. 211-217, Memorandum von G. Mollet zur Europäischen Gemeinschaft; AMJ 8/4/3 « Note pour M. Monnet », dont le 1er point concerne une conversation avec G. Mollet, par J. Van Helmont, 12.6.1953.
891 PAAA II, Bd. 851, AZ 224-00, S. 65-69, von Puttkamer in Verbindung mit Ref. Dr. von Hassel, Bemerkungen zu einer Äußerung G. Mollets über die Errichtung einer demokratischen Kontrolle über die EVG durch die EPG, Geheim, den 12. Juni 1953; PAAA II, Bd. 859, AZ 224-20/22, Bl. 230-231, von Puttkamer, Aktenvermerk über die Besprechung bei Herrn Staatssekretär Hallstein am 19.6.1953, betr.: die Vorschläge des französischen Abgeordneten Guy Mollet zur Abänderung der Satzung der EG, Bonn, den 19. Juni 1953.

sammlung des Europarats gab Nutting insofern eine positive Antwort, als er zum Ausdruck brachte, daß die britische Regierung sich auf eine möglichst enge Form der Assoziation und auf eine wahrhafte Partnerschaft hin orientieren würde. Sehr ermutigt von dieser seltenen positiven Reaktion, deklarierte Mollet nachdrücklich, daß die in der Opposition stehende SFIO bereit sei, sich in der Frage der Ratifizierung des EVG-Vertrags hinter die Regierung zu stellen, wenn die drei bereits bekannten Vorbedingungen erfüllt würden.[892] Die Europa-Abteilung des Quai d'Orsay bewertete diese Äußerung Mollets wie folgt: „Si le contenu de cette déclaration n'est pas nouveau, le fond l'était; jamais le leader socialiste français ne s'était prononcé sur ce problème d'une manière aussi résolue."[893]

Nun, in dem Moment, in dem die für Mollet erstrangige Vorbedingung erfüllt werden zu können schien, stand die für ihn zweitrangige Kondition der demokratischen Kontrolle durch eine politische Autorität im Vordergrund. Beim Gespräch mit Nutting vertrat Mollet die Auffassung, daß die SFIO nach Unterzeichnung des Assoziationsvertrages zwischen Großbritannien und der EVG zur Ratifizierung bereit sei, vorausgesetzt, daß die demokratischen Kontrollfunktionen der EVG durch die supranationale politische Autorität verstärkt würden. Sie rechne nicht damit, daß die Arbeiten an der EPG schon bald zu einem Abschluß geführt werden könnten, dazu sei das Problem zu schwierig. Es genüge ihr jedoch die Aussicht auf die Entwicklung eines europäischen Parlaments und einer supranationalen europäischen Exekutive.[894]

Ab Herbst 1953, genauer gesagt, nach dem Wahlsieg Adenauers im September, bemühten sich die Amerikaner wieder energisch, alles zur Ratifizierung des EVG-Vertrags in Frankreich zu tun. Am 9. September 1953 fand eine Unterredung zwischen dem amerikanischen Botschafter im Interimsausschuß der EVG D. Bruce, dem amerikanischen Hochkommissar in Deutschland J. B. Conant, Adenauer, Hallstein und Blankenhorn statt. Dabei machten die Amerikaner deutlich, daß ein wesentlicher Fortschritt auf dem Wege zum EPG-Vertrag weiterhin wünschenswert sei, um die Unterstützung der französischen Sozialisten zu sichern. Falls der EPG-Vertrag keine wirklich supranationalen Institutionen schaffen würde, könnten, so diese Quelle weiter, auch die entschiedensten EVG-Anhänger unter den Sozialisten von der EVG entfremdet werden, ohne gleichzeitig Unterstützung dafür auf der Rechten zu gewinnen. Es sollten deshalb gegenüber der negativen Haltung des Quai d'Orsay und vor allem Bidaults, der durch die Stärkung des nationalen Sektors in der EPG etwa 30 Gaullist-Dissidenten in der Nationalversammlung gewinnen wollte, keine Kompromisse geschlossen

---

892 BA NL Blankenhorn 24, Bl. 28-30, Schreiben von Blankenhorn an den Bundeskanzler, den 29. September 1953; OURS, Comité Directeur, procès-verbal, Vol. 10, Réunion du 29 septembre 1953; BA NL Blankenhorn 24, Bl. 80-91, AS(5) CR20, 122-154, Mollets Rede am 22.9.1953 in Straßburg.

893 AMAE Europe 44-60, Conseil de l'Europe, Vol. 2, Bl. 125-135, AP/MJ, S/D du Conseil de l'Europe, Note A/S de la 5ème session de l'Assemblée consultative du Conseil de l'Europe, 28.9.1953.

894 OURS, Comité Directeur, procès-verbal, Vol. 10, Réunion du 23 septembre 1953; BA NL Blankenhorn 24, Bl. 28-30, Schreiben von Blankenhorn an den Bundeskanzler, den 29. September 1953. Blankenhorn schrieb in diesem Brief, daß Mollets Zustimmung zur Ratifizierung des EVG-Vertrags nun davon abhängig sei, daß „die Kontrollfunktionen des Ministerrats der EVG verstärkt würden". Dies ist ein falscher Ausdruck, weil Mollet bis dahin niemals etwas derartiges geäußert hatte.

werden, nur um die Entwicklung voranzutreiben. Vielmehr sollte weiterhin allgemein Druck in Richtung auf eine wirklich supranationale politische Gemeinschaft ausgeübt werden. Ein konkretes Abkommen sollte jedoch so lange zurückgestellt werden, bis die unzweideutige Unterstützung dieses Vorgehens im französischen Kabinett akzeptiert wäre.[895] D. Bruce, der bis dahin nur sorgfältig die widersprüchlich erscheinende Einstellung Mollets beobachtet hatte,[896] setzte sich nun dafür ein,, den Verfassungsentwurf der Ad-hoc-Versammlung gemäß der Konzeption Mollets zu modifizieren. Im Herbst 1953 entstand somit eine internationale Rettungsaktion des EPG-Projekts, die zum Ziel hatte, Mollet zu gewinnen.

Die Ergebnisse der Romkonferenz im September/Oktober 1953 unterzog die SFIO einer näheren Prüfung. Zunächst unterschied eine Note, als „Création d'une Autorité Politique Européenne" tituliert, „une Autorité politique (Autorité spécialisée)" von „une Communauté politique (Fédération)". Die SFIO forderten nicht die letzere, sondern erstere, da letztere eine Separation der Sechser-Gemeinschaft von anderen europäischen Staaten bedeuten würde. Diese Note kritisierte, daß der Rom-Bericht, unter dem Vorwand eines Equilibrium zwischen dem nationalen und dem supranationalen Element, tatsächlich die Exekutive dem Ministerrat unterstellte, anstatt daß die Exekutive „pleine autorité" über die Europa-Armee besaß. Diese Note lehnte ausdrücklich die Erweiterung der Kompetenz der politischen Autorität auf die wirtschaftlichen Bereiche ab. Sie erklärte sich dabei mit der diesbezüglichen These Bidaults einverstanden: Eine entsprechende Kompetenzerweiterung sollte von der Zustimmung der Regierungen und Parlamente abhängig sein. Die Note plädierte des weiteren dafür, daß die Exekutive auch „pleine autorité" über die internationale Beziehungen in ihrem Bereich der Kompetenzen haben solle. Sie unterstützte sowohl ausdrücklich die These Teitgens über die Einbeziehung der Union Française in die Europäische Gemeinschaft, als auch die Forderung, die Anzahl der 7 Mandate zu erhöhen. Mollet veröffentlichte die Haltung der SFIO zu den Ergebnissen der Romkonferenz in „Le Monde" vom 12./14. November 1953. Dort formulierte er seine Position wie folgt: „Wir werfen dem vorliegenden EVG-Vertrag nicht vor, daß er zu supranational ist, sondern daß er es zu wenig ist, daß er praktisch nur eine zwischenstaatliche Organisation schafft."[897]

---

895 BA NL Blankenhorn 24, Bl. 203-210, Aufzeichnung, Unterredung zwischen dem amerikanischen Botschafter Bruce, dem Bundeskanzler und mir, zu der später Botschafter Conant und Staatssekretär Hallstein hinzukommen, Bonn, den 9. September 1953; Bruce, David Kirkpatrick, Tagebuch, Thursday September 17, 1953; BA NL Blankenhorn 24, Bl. 70-72, Tagebuch, Mittwoch, 23. Sept. 1953; BA NL Blankenhorn 25b, Bl. 9-14, Kurzprotokoll über die Besprechung, die am Mittwoch, dem 14. Oktober 1953, mittags, zwischen dem Herrn Bundeskanzler und Botschafter Bruce in Anwesenheit von Staatssekretär Hallstein und Ministerialdirektor Blankenhorn stattgefunden hat.
896 FRUS 1952-1954, V, S. 766-769, The United States observer to the Interim Committee of the EDC (Bruce) to the Department of State, top secret, Paris, March 12, 1953.
897 OURS AGM 108, Création d'une Autorité Politique Européenne, undatiert, Autor unbekannt; OURS AGM 108, Note, undatiert, Autor unbekannt. Diese Note behandelt die Kompetenz der EPG auf der außenpolitischen Ebene. Diese beiden Noten wurden nach der Rom-Konferenz verfaßt. Ihr Verfasser war mutmaßlich Mollet oder stand Mollet zumindest nahe; AMJ 9/4/1 « Débat du Conseil de la République ... Extraits de l'intervention de M. Pierre Commin », 27.10.1953 (P. Commin, adjoint de M. G. Mollet, au sujet de la CPE. Le discours de M. Commin a été rédigé en accord avec M. G. Mollet); Le Monde vom 12./14. November 1953, in: ID, Nr. 185, 21.11.1953, S. 7.

Wie bereits erwähnt, redete man seit Sommer 1953 von einem Eintritt der SFIO in die Regierung, sozusagen von einer Koalition zur Ratifizierung des EVG-Vertrags. Der ehemalige Ministerpräsident Mayer gestand nun ein, daß es ein Fehler gewesen sei, sich auf die Gaullisten zu stützen. Mitte September 1953, als sich die französische Regierung über die Instruktionen für die Delegation an der Romkonferenz spaltete, erzählte Maurice Schumann dem französischen Generalkonsul in New York, daß die Regierung Laniel vermutlich in 14 Tagen zurücktreten werde. Es werde dann eine neue Regierung gebildet werden, um die Pariser und Bonner Verträge zu ratifizieren. Mit Hilfe der Sozialisten wäre eine Mehrheit für die Ratifizierung in der Nationalversammlung wahrscheinlich. Monnet und Reynaud selbst hegten die gleichen Erwartungen.[898] Aber es gab viele Hindernisse bei der Bildung einer außenpolitischen Koalition. Hauptverfechter dieser Bestrebungen war der MRP. Das Verhältnis des MRP-Vorsitzenden Teitgen zu Bidault, der anderer Auffassung war und sein Heil mehr im Anschluß an die Rechte sah, verschlechterte sich jedoch in dieser Zeit. Daher war nicht gesichert, ob der MRP in diese Koalition eintreten würde. Dazu kam, daß die neben dem MRP und den Gaullisten anderen Koalitionsparteien (Radicaux, UDSR, Independants, Paysans), die sich sozial-wirtschaftlich rechts, z.B. an Pinays liberalistischer Wirtschaftspolitik, orientierten und deren Koalition für eine Neubildung der Regierung erforderlich war, diese Neubildung nicht gerne unterstützen wollten. Diese bürgerlichen Parteien hatten Angst vor einer eventuellen Inflation unter dem sozialistischen Regime. Sie waren entschlossen, ihre wirtschaftlichen Privilegien so lange als möglich zu verteidigen. Die Franzosen hatten „das Herz links und den Geldbeutel rechts".[899] Die gegenwärtige Rechtskoalition stürzte im Oktober 1953 nicht. Sie überstand auch die Novemberdebatte der Nationalversammlung über die Außenpolitik und die Abstimmung über die Vertrauensfrage am 6. Januar 1954, teils dank der zwischen den EVG-Befürwortern und den EVG-Gegnern geschickt balancierenden Bemühungen Bidaults, teils weil die Gaullisten zum einen vor der wichtigen Berliner Außenministerkonferenz der Vier Mächte die gegenwärtige Regierung nicht gestürzt wissen und zum anderen um jeden Preis ihre Position in der jetzigen Rechtskoalition festigen wollten.[900] Schließlich scheiterten die Versuche einer Regierungsbildung durch eine außenpolitische Koalition mit der SFIO und damit die Bestrebungen, den EVG-Vertrag in der Nationalversammlung vor Ende 1953 ratifizieren zu lassen.

Dennoch versuchte Mollet mittels des Fraktionszwangs eine taktische Koalition im Parlament zur Ratifizierung des EVG-Vertrags zu erreichen. Er wollte auf dem kommenden außeror-

---

898 BA NL Blankenhorn, Bl. 265-268, von Spreti, Aufzeichnung, betr.: Sitzung der NEI vom 6.7.1953, Bonn, den 7.7.1953; BA NL Blankenhorn 24, Bl. 173-175, Vermerk für den Herrn Bundeskanzler, Geheim, Bonn, den 14. September 1953, betr.: Gespräch zwischen Blankenhorn, Monnet und R. Mayer; BA NL Blankenhorn 24, Bl. 24, Auswärtiges Amt an die diplomatische Vertretung in Paris, Geheim, Bonn, den 25. September 1953; PAAA BüSt 1949-1967, 200-8, Bl. 171, Vermerk für Hallstein, Rom, 26. September 1953, Autor unbekannt; PAAA BüSt 1949-1967, Bd. 59, Bl. 89-90, Preusker an Adenauer, Paris, den 28.9.1953, betr.: Gespräch mit Monnet und Reynaud.
899 BA NL Blankenhorn, Bl. 235-236, Tagebuch, Montag, 7. September 1953; BA NL Blankenhorn 24, Bl. 20-23, diplomatische Vertretung der BRD in Paris an Hallstein, Paris, den 30. September 1953
900 PAAA III Frankreich, B11, Bd. 93, Bl. 4-5, Hausenstein, Bericht an Auswärtiges Amt, Betr.: Vertrauensvotum für die Regierung Laniel am 6. Januar 1954, Paris, den 8.1.1954.

dentlichen Kongreß der SFIO, der sich mit der Ratifikation der EVG beschäftigte, nicht nur die Zustimmung des Kongresses zur Ratifizierung erlangen, sondern auch erreichen, daß der Kongreß für die Abstimmung im Parlament den Fraktionszwang beschloß. Das war deshalb besonders wichtig, weil zwar auf dem Kongreß voraussichtlich zwei Drittel der Mitglieder für die EVG sein würden, in der parlamentarischen Fraktion aber anscheinend kaum eine Mehrheit für die EVG bestand. Um einen solchen Beschluß des Kongresses über den Fraktionszwang zu erreichen, mußte Mollet in der Lage sein, vorzuweisen, daß die seinerzeit von den Sozialisten aufgestellten Vorbedingungen erfüllt worden waren. Eine Schwierigkeit machte hierbei die niederländische Forderung der Zollunion, die die SFIO ablehnte, von einer Reihe Delegierter des europäischen Flügels abgesehen, die auch die Ausweitung der wirtschaftlichen Kompetenzen in gewissem Maße wollten.[901] In diesem Zusammenhang waren die seit dem September 1953 sichtbaren Tendenzen sehr wichtig, der minimalistischen Position Frankreichs nachzugeben, wie sie auf dem europäischen Flügel der niederländischen Sozialisten, dessen Vertreter Landwirtschaftsminister S. L. Mansholt war, laut wurden. Damals schlug Beyen seinerseits vor, wie im Kapitel VII. ausführlich dargelegt wurde, Artikel 38 des EVG-Vertrags von den EPG-Verhandlungen zu trennen. Dann könnten die Niederlande die Direktwahl der Völkerkammer ohne den Vorbehalt einer Übergangsperiode akzeptieren, und es könnte möglich sein, die Exekutive der EPG und das Kommissariat der EVG aufgrund der personellen Übereinstimmung ihrer Mitglieder miteinander zu verbinden. Vor diesem Hintergrund ergab sich eine Vereinbarung der französischen Sozialisten mit den niederländischen. Die Kompromißformel bestand darin, daß die wirtschaftlichen Zuständigkeiten der EPG erst nach Inkrafttreten des EPG-Vertrags in Sonderverträgen festgesetzt werden sollten, daß die Gemeinschaft aber selbst die Entwürfe hierfür ausarbeiten sollte, und daß die Regierungen der Mitgliedstaaten sich verpflichten sollten, diese Entwürfe ihren Parlamenten zur Entscheidung vorzulegen. Die Einigung auf diese Kompromißformel sollte rechtzeitig herbeigeführt werden, so daß Mollet bei der Vorbereitung der EVG-Ratifikation sich darauf berufen konnte, es sei ein Einverständnis im Sinne der Forderungen der französischen Sozialisten erzielt worden.[902]

Monnet bereitete seinerseits, in enger Fühlungnahme mit Bruce, eine Kompromißformel vor, die Mollets Forderungen erfüllen konnte. Zunächst wollte Monnet vorschlagen, daß die Direktwahl der Völkerkammer zwischen dem 1. Juli und dem 1. Oktober 1954 stattfinden und die Versammlung am zweiten Dienstag im Oktober zusammentreten und die alte Versammlung ersetzen sollte.[903] Somit akzeptierte Monnet praktisch die neue Initiative Beyens zur vorläufigen Trennung der demokratischen Kontrolle von den ganzen EPG-Verhandlungen.

---

901 PAAA NL Opüls, Bd. 5, Ophüls, Aufzeichnung. Betr.: Haltung der französischen Sozialisten zu EVG und Politischer Gemeinschaft. 1. Februar 1954, Geheim, Hallstein vorgelegt.
902 AMJ 9/3/1, „Note pour M. Monnet", relative à une initiative de Beyen, signée M. Kohnstamm, Luxembourg, 28.10.1953; PAAA NL Ophüls, Bd. 5, Ophüls, Aufzeichnung, Betr.: Wirtschaftliche Zuständigkeiten der Europäischen Politischen Gemeinschaft; Besprechungen der französischen und niederländischen Sozialisten, Bonn, den 1. Februar 1954, Geheim, Hallstein vorgelegt.
903 DB 14 January-April 1954, Saturday February 6, 1954; DB 14 January-April 1954, Monday February 8, 1954; DB 14 January-April 1954, Tuesday February 16, 1954; AMJ 11/1/2 Convention transitoire relative au contrôle démocratique de la CECA et de la CED, Note du 11 février, avec corrections du 16 février 1954; AMJ 11/2/1 Note sur l'élection au suffrage universel de l'Assemblée chargée de contrôler la CED, 17.2.1954.

Monnet mußte aber nach Absprache mit Bidault unter seinen ersten Vorschlägen die institutionelle Bewahrung der Supranationalität durch die Bildung einer supranationalen Exekutive - eine der Forderungen Mollets - wegfallen lassen, weil Bidault sie nicht erfüllen konnte, und zwar aus dem innenpolitischen Grund, daß sich die jetzige Regierung auch auf die Gegner der supranationalen Integration stützte. Daher bestand Monnets Vorschlag nur aus der Direktwahl. Aber in die ersten Wahlen sollte die Union Française nicht mit einbezogen werden, da diese Frage viele umstrittene Probleme hervorrufen würde. Nur die Anzahl der Abgeordneten sollte im Vergleich zu dem EVG-Vertrag vergrößert werden, wie der Verfassungsentwurf der Ad-hoc-Versammlung vorsah.[904] Van Helmont sondierte, wie Teitgen und Mollet zu diesem Vorschlag standen. Mit einigen Vorbehalten stimmten sie Monnets Vorschlag zu. Die beiden suchten eine Möglichkeit, die Union française auch in die ersten Wahlen mit einzubeziehen. Mollet suchte besonders auch eine Möglichkeit zur Bildung einer supranationalen Exekutive und zur Bestätigung dieser durch die Versammlung, ein weiteres Element, das Monnet nach der Absprache mit Bidault fallen lassen mußte. Aber Mollet beharrte nicht auf diesem Punkt. Er sicherte van Helmont zu: „Avec ça (les élections), l'association anglaise et la garantie américaine, la ratification (de la CED, d. V.) est acquise."[905]

In diesem Zusammenhang ist es angebracht, darauf hinzuweisen, daß Bidault nicht zu dem internationalen Kreis, der sich um Mollet versammelte, gehörte. Wie oben kurz erwähnt, glaubte er, etwa 30 Stimmen der Gaullisten (also die Dissidenten) doch noch für die Ratifizierung des EVG-Vertrags gewinnen zu können. Dafür müsse man äußerst vorsichtig mit der EPG umgehen. Die Gaullisten würden sich nicht mit einem zu stark betonten supranationalen Charakter abfinden. Die sozialistischen Stimmen seien allerdings erforderlich. Hierfür sei eine günstige Vorbedingung jedoch nicht die supranationale politische Behörde, sondern die Tatsache, daß man unmittelbar vor dem Abschluß der Assoziierungsverhandlungen mit Großbritannien stehe. Bidault dachte, daß nur die Direktwahl der Völkerkammer keine der beiden Seiten beeinträchtigen würde, zugleich aber ihre Forderungen nach der Vorschaltung der politischen Integration vor der militärischen zu einem Mindestmaß zufrieden stellen konnte.[906] Am Tag nach der Berliner Außenministerkonferenz vom Februar 1954 fragte Dulles, der wegen der Spaltung aller Parteien in Frankreich in der Frage der EVG in Verlegenheit geriet, Alphand und Bidault, wo man Stimmen für die Ratifizierung des EVG-Vertrags finden könne. Während Alphand diese bei den Sozialisten suchen wollte, zog Bidault es vor, die Gaullisten zu hofieren.[907] Bidault zeigte zwar Sympathie für de Gaulles Vorliebe für die nationale Souveränität, akzeptierte dessen Kritik der EVG jedoch nicht.

---

904 AMJ 11/2/2a Mémorandum relatif à l'élection de l'Assemblée chargée de contrôler la Communauté Européenne de Défense, 25.2.1954, Van Helmont, Monnet vorgelegt; AMJ 11/2/2b Dispositions relatif à l'élection de délégués à l'Assemblée commune au suffrage universel, Annexe, 25.2.1954, Van Helmont, Monnet vorgelegt; BA NL Blankenhorn 30b, Tagebuch, Dienstag, den 9. März 1953.
905 AMJ 11/2/2bis Note d'envoi et commentaires „A l'attention de M. Monnet", par J. Van Helmont, 26.2.1954.
906 BA NL Blankenhorn 24, Bl. 147-149, Fernschreiben von Blankenhorn an Adenauer, Paris, 16. Sept. 1953, Geheim; BA NL Blankenhorn 30b, Bl. 209-211, Tagebuch, Dienstag, den 9. März 1954, betr.: Gespräch zwischen Bidault und Adenauer.
907 Dalloz, Jacques, Georges Bidault. Biographie politique, Paris 1992, S. 322-323.

Bidault hielt am 20. November 1953 eine große Rede über die Europapolitik der Regierung vor der Nationalversammlung. Er beurteilte die Argumentation, daß eine gemeinsame Armee eine gemeinsame Außenpolitik voraussetze und daß eine EPG notwendig sei, um diese Lücke zu schließen, als „mauvaises raisons". Beim gegenwärtigen Stand der politischen Wirklichkeit sei eine einzige, gemeinsame Außenpolitik kaum denkbar, selbst wenn man diese wünschen würde. Vielmehr sei eine EPG notwendig, um die demokratische Kontrolle über die EVG zu stärken. Hinzu komme, daß die EVG, die EGKS und noch andere wirtschaftliche Bereiche koordiniert werden sollten, weil die Europa-Armee und damit die Zusammenarbeit in der Rüstungsindustrie unvermeidlich zu der Koordinierung der Währungen, der Investitionen und der Wirtschaftspolitik zwischen den sechs Staaten führen werde. Diese Aufgabe sollte die EPG erfüllen. Diese Zwecke wären „les bonnes raisons", auf denen die EPG beruhen sollte. Er sah das häufig erwähnte Dilemma zwischen der Föderation und der Konföderation oder zwischen der funktionalistischen Methode und der institutionellen als „faux dilemmes" an. Eine Konföderation, womit de Gaulles Konzeption gemeint war, sei in der Tat eine rein politische Verbindung mehrerer, durch gemeinsame Interessen geeinte Staaten, die jedoch keine gemeinsame, mit den Bürgern der teilnehmenden Staaten in unmittelbarer Beziehung stehende Exekutivgewalt anerkennen würden. Diese Lösung entspreche nicht den gegenwärtigen Problemen Frankreichs, da es Strukturen suche, die geeignet wären, gemeinsame Interessen auf genau festgelegten Gebieten wahrzunehmen. Ebenso wenig wäre eine Föderation mit der französischen Sondersituation vereinbar, da Frankreich, wenn es in eine europäische Föderation eintreten sollte, nicht mehr zu den drei oder vier Siegermächte gehören könnte. „Le dilemme véritable" sei die Situation, in der Frankreich zwischen Europa und der Union Française, anders gesagt, zwischen „la vocation européenne" und „la vocation mondiale" wählen müsse. Um diesem wahren Dilemma aus dem Weg zu gehen, müsse man von der politischen Realität ausgehen. Wie sehe diese aus? Die EGKS sei in Kraft getreten. Der EVG-Vertrag werde bereits unterzeichnet. Es gehe jedoch nicht darum, den administrativen Bereich zu föderieren, sondern die Nation und die Staaten, die langjährige Geschichte besaßen, zu einer gemeinsamen Aufgabe „einzuspannen (atteler)". Man müsse der unterschiedlichen politischen Lage, z.B. der Teilung Deutschlands und der überseeischen Verantwortung Frankreichs Rechnung tragen. Wenn man von dieser Realität ausgehe, entspreche sowohl das Konzept einer „formule fédérale comportant un gouvernement ou un embryon de gouvernement des six pays", als auch die Konföderation, die Gaullisten befürworteten, dieser Realität nicht, weil letztere die EGKS und die EVG zurückweisen würden. Die wahren Europäer seien „des constructeurs patients."[908] Bidault wollte die Balance zwischen der Europapolitik seines Vorgängers und der nationalistischen Stimmung halten. Er sah die Lösung nicht darin, das bis dahin Erreichte zunichte zu machen, sondern in dessen Rahmen den Inhalt und das Tempo der europäischen Integration zu Gunsten Frankreichs zu korrigieren.

---

908 Rede des Staatssekretärs M. Schumann als Vertreter Bidaults, in Assemblée Nationale. Compte Rendu Analytique Officiel. 2ème séance du vendredi 20 nov. 1953, Bl. 19-27 (Dieses Protokoll ist vorhanden in PAAA BüSt 1949-1967, Bd. 59, Bl. 16-46); AN 457 AP 38, Note, Der Verfasser und das Datum sind unbekannt. Inhaltlich gesehen wurde die Note für die Vorbereitung dieser Rede im November 1953 verfaßt. Die Note liegt jedoch in der Dokumentserie, die für die Rom-Konferenz in Februar 1952 gesammelt und aufbewahrt wurde. Diese Einordnung ist daher falsch.

Die Rolle Bidaults bei der europäischen Integration ist schwer zu definieren. Die negative Beurteilung überwog. Blankenhorn beschrieb seinen Eindruck von Bidault: „Bidault macht nicht den Eindruck eines Mannes, der auf außenpolitischem Gebiet eine klare europäische Konzeption besitzt. Er erscheint mir völlig abhängig von innenpolitischen Erwägungen, die wiederum wesentlich bestimmt sind von der Schwäche des Kabinetts René Mayers, das zwischen den feindseligen Gaullisten und den ablehnenden Sozialisten ein schwankendes, wahrscheinlich nur kurzes Leben fristet. (...) [Er] zeigt ein Maß an Überheblichkeit und Eitelkeit."[909] Es ist nicht übertrieben, daß diese Beurteilung zumindest im Auswärtigen Amt während der zweiten Amtszeit Bidaults beherrschend war. Bei Anhängern der europäischen Integration in Frankreich war es nicht anders. In seinem Memoiren redete Teitgen von Bidaults „nationalisme latente, sous des déclarations officielles européennes que les réalités du temps imposaient à sa raison."[910] Elgey beschrieb: Bidault „n'a jamais porté un véritable intérêt à la C.E.D. Il l'a endossée avec résignation, craignant qu'un tel dessein ne détourne la France de sa vocation impériale."[911] Während Teitgen anerkannte, daß Bidault zumindest die EVG verwirklicht wissen wollte, interpretierte Elgey, daß Bidault diese zu begraben beabsichtigte. Aufgrund der Auswertung des Nachlasses Bidaults zog G.-H. Soutou den folgenden Schluß: „Tout le dossier de la Communauté politique et le discours du 20 novembre 1953 montrent que Bidault était, à la fin, plus européen qu'on ne le dit en général."[912] Er interpretierte die offiziellen Aussage Bidaults positiver als Teitgen und G. Elgey. Der Vergleich der Konzeption Bidaults mit den von Schuman ist hilfreich, um die Position Bidaults exakt zu beleuchten. Der Ausgangspunkt der Europapolitik Bidaults war die Anerkennung des EVG-Vertrags, wie in Kapitel VI. bereits dargelegt wurde. In diesem Punkt war er von de Gaulle weit entfernt. Bidaults Konzeption der europäischen Integration war daher insgesamt der Konzeption Mollets näher als der de Gaulles. Dennoch wollte Bidault Mollets Anspruch auf die supranationale Gestaltung der Exekutive nicht akzeptieren, teils aus taktischen Erwägungen in bezug auf die Gaullisten, teils wegen eines tiefgreifenderen Grundes, nämlich der Frage der Union Française. Daher mußte Monnet diese politische Realität hinnehmen und seine erste Version der Rettungsaktion des EPG-Projekts dahingehend modifizieren, daß nur eine Direktwahl der Völkerkammer in dem Plan bewahrt blieb. Gerade in der Sache Supranationalität war Bidault von Monnet entfernt.

Manche Anhänger der europäischen Integration vermißten Schuman. Sie fragten sich, ob die europäische Integration vorangetrieben worden wäre, wenn Schuman 1953 auch als Außenminister fungiert hätte. Beide Staatsmänner befanden sich in einer ähnlichen politischen Situation in bezug auf die Europapolitik, die Politik der Union Française und die parteipolitische Konstellation. Es bestanden aber einige sensible Unterschiede zwischen beiden.

Schuman mahnte ähnlich wie Bidault vor der ehrgeizigen föderalistischen Tendenz. Auf einer Sitzung des Nationalrates vom 18. Januar 1953 sagte er: „Croyez-vous facile d'obtenir une

---

909 BA NL Blankenhorn, 18b, S. 33, Tagebuch vom 9. März 1953.
910 Teitgen, P.-H., Faites entrer le témoin suivant. 1940-1958 : de la Résistance à la Ve République, Ouest-France, 1988, S. 411.
911 Elgey, Georgette, Histoire de la IVe République. La République des Contradictions (1951-1954), Paris 1968, S. 357.
912 Soutou, G.H., Georges Bidault et la construction européenne, 1944-1954, in: Serge Berstein, J.-M Mayeur, Pierre Milza, Le MRP et la construction européenne, Paris 1993, S. 224.

majorité dans les parlements nationaux, qui accepte un transfert de souveraineté au profit d'un parlement européen? C'est alors qu'on verra naître les hésitations et les refus. Il faut que nous ayons conscience de ces difficultés."[913] Damit warnte er vor einer föderalistischen Tendenz, eine Föderation oder einen „Super-Etat" durch Kompetenzerweiterung des europäischen Parlaments zu errichten. Daher bezeichnete er das in Straßburg ausgearbeiteten Statut nicht als einen Entwurf einer Europäischen Verfassung.[914] Diese mahnenden Worte wiederholte er 1953/54. Nach einigen Zitaten zog Philippe Chenaux den folgenden Schluß: „Il y a donc lieu, au moins sur cette question cruciale de la supranationalité, de ne pas majorer le contraste entre Robert Schuman et Georges Bidault dans la conduite de la politique européenne de la France."[915] Bei seinen Zitaten handelt es sich jedoch nicht um die Warnung Schumans vor der Supranationalität der EPG, sondern um die vor der föderalistischen Tendenz. Beispielsweise zitierte P. Chenaux zum Beweis seiner These die folgende Aussage Schumans auf der Konferenz der *Organisations internationales catholiques* vom März 1954: Schuman wies auf die Gefahr hin, „de créer un nouveau Léviathan supranational se superposant à tant de petits monstres nationaux."[916] Mit „Léviathan supranational" war nicht eine supranationale spezialisierte Autorität wie die EPG gemeint, sondern eine Föderation.

Ebenso wie Bidaults Konzeption zur EPG unklar war, hatte Schuman kein präzises Konzept, als er selbst die EPG-Initiative 1952 ergriff, wie im Kapitel III. und IV. dargelegt wurde. Die EPG wurde überwiegend aus taktischen Gründen projektiert. Als Schuman den Verfassungsentwurf der Ad-hoc-Versammlung angefertigt sah, war er jedoch nicht sicher, daß dieser Entwurf für die Erleichterung der Ratifizierung des EVG-Vertrags dienlich war. Diese Skepsis war allerdings auf die unklare Ablehnung der französischen Sozialisten gegenüber diesem Entwurf zurückzuführen. Schuman war gegen die von Beyen geforderte sofortige Kompetenzerweiterung der EPG auf den wirtschaftlichen Bereich. Welche Einstellung er zu den Institutionen der EPG einnahm ist sehr unklar, da er kaum konkrete Äußerungen machte. Auf der Vorstandssitzung des MRP vom 4. März 1953 vertrat er die Ansicht, daß der Verfassungsentwurf der Ad-hoc-Versammlung gemäß dem Konzept „autorité spécialisée (institutions restreintes, limitées, mais à caractère supranational)" gemacht wurde. Er meldete jedoch einige Vorbehalte gegenüber den Institutionen an: „Mais les institutions (...) semblent celles d'un Etat."[917] Was damit gemeint war, ist nicht klar. Schuman äußerte keine negative Beurteilung über die EPG, sondern warb vielmehr für die Supranationalität der EPG auf dem zweiten Kongreß der Europäischen Bewegung in Den Haag im Oktober 1953. Insgesamt ist festzustellen, daß Schuman wie Monnet der Meinung war, die EPG sollte zumindest einen supranationalen Charakter erhalten. Er befürwortete daher die oben dargelegten Rettungsaktionen Monnets für das EPG-Projekt, während Bidault diesbezüglich kein Interesse zeigte. Gerade in

---

913 AN MRP 350 AP 128, Forces Nouvelles, Samedi 31 Janvier 1953. N°31, L'intervention de R. Schuman au Comité national du 18 janvier 1953.

914 Schuman, R., Nationalstaat und Europa. Die Grundlinien der europäischen Integrationspolitik, in: Bulletin, Nr. 109, 13. Juni 1953, S. 929.

915 Chenaux, P., Le MRP face au projet de Communauté Politique Européenne (1952-1954), in: Le MRP et la construction européenne (1944-1966), sous la direction de S. Berstein, J.-M. Mayeur, P. Milza, Bruxelles 1993, S. 175.

916 Ibid.

917 AN MRP 350 AP 50, la Commission Exécutive, Compte rendu de la réunion du 4 mars 1953, 22h, S. 9

der Sache Supranationalität der EPG war Bidault von Schuman weit entfernt. Wenn man sich vor Augen führt, daß Schuman wegen der gaullistischen Opposition gegen seine Europapolitik durch seinen den Gaullisten nahestehenden Parteifreund Bidault abgelöst wurde, werden diese Unterschiede deutlicher.

Bidault legte mehr Wert auf die Kontrollfunktion der europäischen Integration über die Deutschen als Schuman. Wegen dieser Haltung schien Bidaults Europa in deutschen Augen diskriminierend. So lautete der Titel eines Artikels von André Fontaine, der am 24. November 1953 in Le Monde erschien: „L'Europe de M. Bidault n'est pas celle de M. Schuman". A. Fontaine hielt den diskriminierenden Charakter von Bidaults Europa gegenüber den Deutschen für den entscheidenden Unterschied. Während Schuman nach Einschätzung Fontaines sagte, „Wir verzeihen vorher, wir machen einen Platz", zöge Bidault es vor zu sagen: „Wir möchten Ihnen Vertrauen entgegenbringen können, wir richten uns nach ihren Anstrengungen. Und auf jeden Fall wollen wir mit unserer Union Française und unserer Weltberufung einen Platz bewahren, der sich oberhalb des Ihrigen befindet."[918]

Auf dem neunten Nationalkongreß des MRP vom 22. bis 25. Mai 1953 forderte Schuman den Außenminister Bidault auf: „Le Parlement doit être saisi immédiatement du projet de loi portant ratification de l'armée européenne." Bidault antwortete: „S'il fallait choisir entre la lenteur et la précipitation, c'est la lenteur qui devrait être retenue en matière d'organisation européenne. (...) La Communauté de défense, pour aboutir, a besoin de patience autant que de temps. Il lui faut aussi la majorité." Schuman mußte Bidaults Antwort verstanden haben, aber eins ist klar, daß Schuman mit dem EVG-Vertrag aktiver umging als Bidault. Die Vorstandssitzung des MRP vom 4. März 1953 widmete sich der EVG und dem Verfassungsentwurf der Ad-hoc-Versammlung. Dabei hielt Bidault viel von seinem Vorschlag für die Schaffung einer aus drei Persönlichkeiten (ein Amerikaner, ein Brite und ein Franzose; „Trois Grands") bestehenden „Political Standing Group", die die Weltpolitik und weltweite Strategie beraten sollte. Dadurch könne seiner Ansicht nach Frankreich „vocations mondiale et européenne" in Harmonie bringen. Dies sei wichtig, „pour changer l'état d'esprit des français qui ont peur de l'Allemagne." Dagegen vertrat Schuman die Ansicht: „Standing Group politique. Nous l'avions imaginer seulement pour l'Extrême-Orient. Si on l'applique à l'Europe il y aura grosses difficultés des petites nations européennes, par souci (...) de se dessaisir au profit du 3 grands. L'idée de G. B[idault] est important du point de vue psychologique française, mais dangereux des cotés des petites nations européennes du P[acte] A[tlantique]."[919] Hieran ist zu erkennen, daß Bidault mehr an „la vocation mondiale" lag als „la vocation européenne", während letztere für Schuman wichtiger war als erstere. Bidault beharrte mehr als Schuman auf der Machtpolitik.

Die zwei Zitate von Blankenhorn und Teitgen überliefern uns das zutreffendere Bild Bidaults als die neue Bewertung G.-H. Soutous. Soutou hat jedoch recht, indem er interpretiert, daß Bidault in bezug auf die EVG europäischer sei als G. Elgey annahm. Die Unschlüssigkeit Bidaults symbolisierte das „Immobilisme" Frankreichs, d.h. daß es sich zwischen beiden „vocation mondiale et européenne" noch nicht entscheiden konnte.

---

918 André Fontaine, „L'Europe de M. Bidault n'est pas celle de M. Schuman", Le Monde, 24.11.1953.
919 AN MRP 350 AP 50, la Commission Exécutive, Compte rendu de la réunion du 4 mars 1953, 18h, S. 2-4

Zurück zur SFIO. Vor dem außerordentlichen Nationalkongreß der SFIO Ende Mai 1954 bemühte sich Mollet, die Abgeordneten, die in ihrer Stellung zum EVG-Vertrag noch nicht festgelegt waren, auf seine Seite zu ziehen. Gleichzeitig beeilten sich diejenigen, die wie Bruce und Monnet versucht hatten, Mollet zu gewinnen, die Forderungen Mollets zu erfüllen. Zunächst ist das Abkommen zwischen Großbritannien und der EVG vom 13. April 1954 zu nennen. In der einseitigen Drei-Mächte-Erklärung vom 27. Mai 1952 hatte die britische Regierung ihren Entschluß zum Ausdruck gebracht, Streitkräfte in dem Ausmaß auf dem europäischen Kontinent zu stationieren, wie sie es für nötig und zweckmäßig erachtete. Dieses Mal sicherte die britische Regierung mit einem ratifizierungsbedürftigen Abkommen mehr als die früheren Garantien zu:

1. Ein Minister der britischen Regierung würde an den Sitzungen des Ministerrates der EVG teilnehmen. Ein ständiger britischer Vertreter würde die laufende Verbindung mit dem Kommissariat aufrecht halten. Diese gleiche organische Assoziation wie bei der EGKS ermöglichte es, ständige Konsultationen zwischen beiden Seiten durchzuführen. Was die parlamentarische Assoziation anbelangte, so wurde hier nicht klar auf sie eingegangen, aber man erwartete, sie durch gemeinsame Sitzungen der Versammlung der Sechser-Gemeinschaft und der des Europarats zu gewährleisten, genauso wie bei der EGKS. Diese Art der britischen Assoziation war bereits bei der Debatte über den Eden-Plan von Monnet vorgeschlagen worden.

2. Die britische Regierung verpflichtete sich, weiterhin auf dem europäischen Kontinent bewaffnete Streitkräfte in der gegenwärtigen Stärke zu unterhalten, solange die Bedrohung der Sicherheit Westeuropas und der EVG bestand. Darüber hinaus, sagte sie zu, bei jeder beabsichtigten erheblichen Änderung der Truppenstärke die EVG zu konsultieren. Aber die britische Regierung verpflichtete sich nicht, ihre Streitkräfte 50 Jahre lang - die Geltungsdauer des EVG-Vertrages - auf dem Kontinent zu stationieren. Dies wurde von Mollet gefordert. Sonst wurden Zusammenarbeit im Bereich der Standardisierung der Ausrüstung, der Arbeitsweise der Stäbe, der Versorgung und der Ausbildung, etc., vorgesehen. Am gleichen Tag gab die amerikanische Regierung eine Garantieerklärung ab, was jedoch nicht so bedeutsam wie das obige britische Abkommen mit den EVG-Staaten war.[920]

Mitte März 1954, als die EPG-Verhandlungen in Paris kaum Aussicht auf einen erfolgreichen Abschluß hatten, begann der Quai d'Orsay zu überlegen, die Frage nach der demokratischen Kontrolle der Europa-Armee durch eine Direktwahl der Völkerkammer vorläufig von den EPG-Verhandlungen zu trennen. Dies war eine Lösung, die Beyen einige Monate zuvor vorgeschlagen und mit der sich Mollet bereits einverstanden erklärt hatte. Diese Entwicklung ergab sich aus den schon bekannten kontroversen Auseinandersetzungen innerhalb der Regierung und der Nationalversammlung über die EPG, nämlich zwischen den EVG-Gegnern, die um jeden Preis gegen die supranationale politische Autorität kämpften, und den EVG-Befürwortern, die umgekehrt für diese kämpften. Die französische Regierung sah sich in einer

---

[920] Das Abkommen zwischen dem Vereinigten Königreich und der EVG vom 13. April 1954, Militärische Assoziierung der Streitkräfte des Vereinigten Königreiches und der EVG. Erklärung einer gemeinsamen Politik vom 13. April 1954, Erklärung der britischen Regierung zur EVG vom 13. April 1954 und Botschaft Präsident Eisenhowers an die Regierungschefs der sechs EVG-Staaten vom 16. April 1954, in: ED, Bd. 2 S. 891-904; Die Erklärung Edens im Unterhaus vom 14. April 1954, in: ID, Nr. 207, 24.4.1954.

Sackgasse, in der sie weder weitergehen noch sich zurückziehen konnte. Denn im ersten Fall würde man den Rechtsflügel verlieren, im zweiten Fall die Zustimmung der Sozialisten für die EVG. Daher sei wünschenswert, so eine Note der Europaabteilung, daß die sechs Außenminister auf einer Konferenz in Brüssel Ende März 1954 zu einer Übereinkunft über eine Konvention gelangen würden, die die Direktwahl der Völkerkammer regeln sollte.[921] Inzwischen vollzog sich eine Annäherung zwischen den Positionen Bidaults und Mollets in bezug auf die Direktwahl. Beim Gespräch mit Adenauer im März 1954 brachte Bidault seine Zustimmung zu diesem Vorschlag zum Ausdruck.[922] Dieses Abkommen wurde nicht auf der Brüsseler Konferenz beschlossen, die auf unabsehbare Zeit verschoben wurde, sondern in einer Sitzung der Stellvertreter der Außenminister im Rahmen des EVG-Interimsausschusses am 4. Mai 1954. Obgleich der niederländische Ministerpräsident Drees diesem Abkommen sehr zurückhaltend gegenüberstand, kam dieses ohne große Hindernisse zustande. Das Abkommen lautete: „(...) Wenn alle beteiligten Parlamente über die Ratifizierung des EVG-Vertrags entschieden haben und die letzte Ratifikationsurkunde hinterlegt ist, werden die sechs Regierungen in Anwendung des Artikels 21 des Vertrages vom 18. April 1951 (EGKS-Vertrag, d. V.) die notwendigen Vorkehrungen treffen, um die gegenwärtige Versammlung durch eine Versammlung zu ersetzen, die in allgemeinen unmittelbaren Wahlen gewählt wird und der die Hohe Behörde der Montanunion und das Kommissariat der Europäischen Verteidigungsgemeinschaft verantwortlich sein werden."[923] Dies war eine „kleine Lösung"[924], gleichsam die einzige praktische Lösung, die man aus dem EPG-Projekt retten konnte, das man parallel zu den EVG-Verhandlungen und deren Ratifizierungsprozessen verhandelt hatte. Es gab Bemühungen, einige Verbesserungen im Vorschlag anzubringen, aber diesem Versuch stand allgemein der Einwand gegenüber, daß die beteiligten Mächte keinen Anlaß hätten, weiterzugehen als Mollet selbst. Eine Kritik der UEF, die „kleine Lösung" sei eher eine

---

921 AMAE DE-CE 45-60, CPE 1948-1954, Vol. 579, Bl. 449-453, JS/SB, DGAP, Europe, S/D Europe centrale, Note, A.S. Conférence de Bruxelles, 16.3.1954.
922 BA NL Blankenhorn 30b, Bl. 209-210, Tagebuch, Dienstag, den 9. März 1954; PAAA NL Ophüls, Bd. 5, Aufzeichnung, Bonn, den 12. April 1954, Streng Geheim, betr.: Gespräch zwischen Hallstein, Ophüls, Wahlter, Tomlinson und Cleveland am 11. April 1954.
923 Wortlaut in: AMAE CED, Vol. 1,86, Comité intérimaire de la Conférence pour l'organisation de la CED, Très secret CD/CR/22 et 24, 4 mai 1954, Comité de Direction, Compte-rendu de la 23ème et 24ème séances tenues au Palais de Chaillot, 3 et 4 mai 1954; AMJ 11/3/1, Projet de Communauté (i.e. Communiqué) des six Gouvernements signataires du Traité de Paris, 22.4.1954, très secret; AMJ 11/3/1bis, Note d'envoi et commentaires „A l'attention de M. Monnet", par J. Van Helmont, 28.4.1954; AMJ 11/3/4, Projet de Communiqué adopté par le Comité intérimaire de la CED, 28.4.1954, très secret; AMAE CED, Vol. 1,86, Exemplaire No.39, Comité intérimaire de la Conférence pour l'organisation de la Communauté européenne de Défense, Très secret CD/CR/22, 29 avril 1954, Comité de Direction, Compte-rendu de la 22ème séance tenue au Palais de Chaillot, le 28 avril 1954, président : H. Alphand; AMJ 11/3/3, „Communication téléphonique de M. Van Helmont", relative au projet AMJ 11/3/2, 28.4.1954; AMJ 11/3/4bis, Note d'envoi et commentaires „A l'attention de M. Monnet", par J. Van Helmont, Paris, 29.4.1954; AMJ 11/3/5 Note pour M. Monnet, par J. Van Helmont, 30.4.1954; FRUS 1952-1954, V, S. 946f., The Ambassador in France (Dillon) to the Department of State, Paris, April 23, 1954; FRUS 1952-1954, V, S. 950f., The US Observer to the Interim Committee of the EDC (Bruce) to the Department of State, Paris, April 27, 1954.
924 PAAA NL Ophüls, Bd. 39, Vermerk, Betr.: Gespräch mit Herrn MinDg. Medicus vom Bundesrechnungshof über die Arbeit des Ref.218, Bonn, den 16. Juni 1954.

Behinderung und Verzögerung als eine Beschleunigung für die Schaffung der Europäischen Gemeinschaft, da eine durch direkte Wahl zustande gekommene Versammlung nicht mit echten Befugnissen ausgestattet sei, wurde beispielsweise selbst von der Bonner Regierung, die unter den sechs Regierungen den europäischen Verbänden am nähesten stand, nicht akzeptiert.[925] Bemerkenswert war, daß nach der Vereinbarung der „kleinen Lösung" der proeuropäische Flügel seine Kritik an der EPG-Politik Beyens und Drees' zurückschraubte und die frühere Einheitsfront der niederländischen Parteien und der Regierung in der Frage der EPG wiederhergestellt wurde.[926]

All diese Punkte stellten Mollet zwar nicht ganz zufrieden, aber er fand sich mit den britischen und amerikanischen Zusicherungen und dem Zusatzprotokoll über die Direktwahl ab. Anscheinend geschah dies aus der Erwägung, daß, wenn er weiter insistieren und im Ergebnis nicht durchkommen würde, dies von seiner Gegnern innerhalb der eigenen Partei gegen ihn ausgenutzt werden könnte.[927] Inzwischen schlossen sich nicht wenige der bislang lavierenden SFIO-Abgeordneten dem Lager der EVG-Gegner an. Im April 1954 unterzeichneten insgesamt 59 Abgeordnete zwei Manifeste gegen die EVG und das „klerikale Kleineuropa". Kämpfe gegen und für die EVG innerhalb der SFIO wurden sehr heftig geführt. Auf dem außerordentlichen Nationalkongreß vom 29. bis 30. Mai 1954 erzielten Mollet und die EVG-Befürworter einen doppelten Sieg. Zum einen sprach sich der Kongreß für den jetzigen EVG-Vertrag aus, zum andern forderte er darüber hinaus alle Abgeordneten auf, einheitlich für den EVG-Vertrag zu votieren. Am nächsten Tag trafen Monnet, Alphand und Bruce zusammen und feierten den Sieg Mollets.[928] Man schloß die Möglichkeit jedoch nicht aus, daß die EVG-Gegner so entschieden gegen den EVG-Vertrag waren, daß sie dem parlamentarischen Zwang zum Trotz dagegen votieren würden.

Aus welchen Gründen trat ein Teil der Abgeordneten der SFIO für die EVG, und ein anderer Teil gegen sie ein? Die 59 EVG-Gegner argumentierten, daß die EVG zur Verteidigung Europas gegen eine eventuelle sowjetische Aggression weder effektiv noch nützlich sei, da die sechs Regierungen in fast allen wichtigen Fragen einstimmig entscheiden sollten. Das hindere

---

925 PAAA NL Ophüls, Bd. 5, Ophüls, Aufzeichnung, Betr.: Grundsatzabkommen über die demokratische Kontrolle der Gemeinschaften. Paris, den 29. April 1954, Geheim, Sofort. Hallstein und Blankenhorn vorgelegt; PAAA II, Bd. 895, AZ 224-80E, Bd. 1, Bl. 94, Henri Frenay (Président du Bureau Exécutif de l'UEF) an W. Hallstein, Paris, le 14 juin 1954; PAAA II, Bd. 895, AZ 224-80E, Bd. 1, Bl. 95-103, das Memorandum von der UEF, *De la CED à la Communauté Politique*, Paris, le 14 juin 1954; PAAA II, Bd. 895, AZ 224-80E, Bd. 1, Bl. 106-109, von Puttkamer, Aufzeichnung, Betr.: Memo, *De la CED à la Communauté Politique*, Bonn, den 22. Juni 1954; PAAA II, Bd. 895, AZ 224-80E, Bd. 1, Bl. 110, Schreiben von Hallstein an Frenay, Bonn, den 21. Juli 1954.
926 PAAA II, Bd. 858, AZ 224-20L, Botschaft der BRD in Den Haag an Auswärtiges Amt, Betr.: Neue niederländische Stellungnahme zur EPG, Den Haag, 13. Mai 1954.
927 PAAA NL Ophüls, Bd. 5, Ophüls, Aufzeichnung, Betr.: Grundsatzabkommen über die demokratische Kontrolle der Gemeinschaften. Paris, den 29. April 1954, Geheim, Sofort. Hallstein und Blankenhorn vorgelegt.
928 PAAA III Frankreich B11, Bd. 175, Bl. 27-34, Hausenstein an Auswärtiges Amt, Betr.: SFIO-Kongreß, Paris, den 2. Juni 1954; DB May-August 1954, Monday May 31, 1954; OURS AGM 58, G. Mollet aux secrétaires fédéraux, Parti Socialiste SFIO, circulaire N°681, 25 juin 1954; OURS AGM 135, Lettre de Mollet à J. Moch, 24 juin 1954; OURS AGM 135 Lettre de J. Moch à Mollet, 10 juillet 1954.

die EVG, gut zu funktionieren. Darüber hinaus sei es fraglich, ob man in einer atomaren Zeit mit den zusätzlichen 12 deutschen Divisionen ein ausreichendes Gegengewicht gegen die sowjetischen Streitkräfte bilden könne. Die EVG-Gegner machten auf der anderen Seite geltend, daß die EVG die Bildung einer deutschen nationalen Armee nicht verhindern konnte. Sie hielten auch ein Ungleichgewicht zwischen Westdeutschland und Frankreich, das sich aus dem außereuropäischen Engagement Frankreichs ergab - die bereits bekannte und von den gaullistischen EVG-Gegnern geschickt ausgenutzte Polemik zu der Frage der Union Française -, für problematisch. Vor allem aber lag das größte Hindernis in dem impliziten Mißtrauen gegenüber dem deutschen Militarismus. Zudem hielten sie die drei Vorbedingungen, die die SFIO als Voraussetzung ihrer Stimme für die EVG verlangt hatte, besonders die Bedingung der demokratischen Kontrolle über die Militärs, für nicht ausreichend erfüllt. Daher erschien die EVG in den Augen der 59 Unterzeichner als ein Einstieg in eine militärische Gemeinschaft, in der die deutsche Armee in absehbarer Zeit die Oberhand gewinnen würde. Dazu kam, daß wegen des geringen Engagements der europäischen Sozialisten diese Sechser-Gemeinschaft insgesamt auf dem Weg zu einer klerikalen und bürgerlichen Föderation der sechs Staaten zu sein schien.[929] Es ist auffällig, daß sich die sozialistischen EVG-Gegner dabei kaum auf die Idee der „Dritten Kraft" in dem machtpolitischen Sinne oder auf den unerwünschten Anschein einer Abhängigkeit von den USA bezogen. Ihre Argumentationen stützte sich ebenfalls nicht so sehr auf das Beharren auf der Souveränität, wie bei den Gaullisten. Vielmehr wurde in ihrer Argumentation herausgestrichen, daß sie in der supranationalen Formel zurückschreckten, als Frankreich in ihren Augen den deutschen Militarismus in der supranationalen Organisation nicht effektiv kontrollieren zu können schien, sondern vielmehr von diesen beherrscht zu werden drohte. Die politische Integration konnte den 59 Unterzeichnern die Angst nicht nehmen, da die Deutschen mit gleichen Rechten wie die Franzosen an der politischen Gemeinschaft teilnahmen. Zudem spielten ein Mißtrauen gegenüber dem deutschen Militarismus und das Beharren auf der gesellschaftlichen „Dritten Kraft" gegenüber einem anscheinend klerikalen, bürgerlichen und kapitalistischen Europa eine Rolle dabei.

Dagegen wurde die EVG von Mollet und den EVG-Befürwortern als das beste Mittel zur Zähmung des deutschen Militarismus und zur Verhinderung einer selbständigen deutschen Politik, die zu einer Verständigung mit der Sowjetunion führen könnte, bezeichnet. Sie meinten, daß man durch die EVG einen entscheidenden Weg zur Versöhnung mit den traditionell verfeindeten Nachbarländern gehen müsse. Dafür traten Mollet und die EVG-Befürworter, allen Unzulänglichkeiten der EVG zum Trotz, ein.[930]

Die politische Autorität in dem ersten, und die demokratische Kontrolle in dem nächsten Schritt wurden nicht nur als Taktik um die Zustimmung des Kongresses zu gewinnen eingesetzt, sondern stellten auch eine unabdingbare Bedingung dar, ohne die Mollet selbst einer

---

929 « Contre le traité actuel de la C.E.D. Pour la liberté de vote & l'unité fraternelle du Parti », avril 1954, A2 27 BD in: OURS; « Contre la petite Europe cléricale et réactionnaire », A2 26 BD, in: OURS.

930 Mollet, G., « Rapport sur l'armée européenne à la Conférence des partis socialistes européens à Bruxelles, la Internationale Socialiste », Circulaire N° 15/54, 19.2.1954, B7 197 BD in: OURS; PAAA III Frankreich B11, Bd. 175, Bl. 27-34, Hausenstein an Auswärtiges Amt, Betr.: SFIO-Kongreß, Paris, den 2. Juni 1954.

militärisch-technokratischen Gemeinschaft nicht hätte zustimmen können. Daher ist festzustellen, daß das EPG-Projekt ein wesentliches Element zum Gelingen der EVG war, obgleich die britische Assoziation für Mollet wichtiger als dieses war. Aber es ist fraglich, ob selbst eine politische Autorität, die gemäß der Konzeption einer ‚supranationalen Sonderbehörde mit begrenztem Bereich, aber mit Vollmacht' der EVG vorangeschaltet worden wäre, die etwa 30 lavierenden Abgeordneten daran gehindert hätte, ins Lager der EVG-Gegner einzutreten. Hieran ist die wesentliche Grenze des EPG-Projekts zu ersehen.

4. Das Scheitern des EVG-Vertrags und des EPG-Projekts: Die Präferenz der Bonner Regierung für die politische Integration

Zum Jahreswechsel 1953/54 wurde die Ungeduld der amerikanischen Regierung gegenüber der langen Verzögerung der Ratifizierung des EVG-Vertrags in Frankreich spürbar. Auf der Drei-Mächte-Konferenz in Bermuda vom 4. bis 7. Dezember 1953 brachte Eisenhower seine Irritation über das französische Mißtrauen gegenüber dessen Nachbarn mit der Frage zum Ausdruck: „Welche Nation hält Frankreich für den Feind, Deutschland oder Rußland?" Dulles drohte Bidault mit der Rückkehr zu der Peripherie-Strategie, falls der EVG-Vertrag nicht ratifiziert würde. Churchill seinerseits kündigte für diesen Fall den Abzug der britischen Kontingente vom Kontinent an. Auf der Sitzung des NATO-Rats, die einige Tage später stattfand, warnte Dulles den französischen Amtskollegen vor den Folgen eines Scheiterns der EVG. In einem solchen Falle würden sich die USA zu einem „agonizing reappraisal" gezwungen sehen. Dulles beabsichtigte dies in einer Pressekonferenz bekanntzumachen. Bidault widersetzte sich solch einer Pressekonferenz, aber Dulles bestand auf seinem Vorhaben, weil er meinte, Frankreich brauche solch eine Provokation. Diese Konferenz vom 14. Dezember 1953 stützte jedoch nur die Argumentation der EVG-Gegner, die Europa-Armee sei ein Instrument der amerikanischen Hegemonie. Diesen massiven Pressionen zum Trotz zögerte die französische Regierung, den Ratifizierungsprozeß in Gang zu bringen. Zum Vorwand der Verzögerung nahm sie die Berliner Konferenz im Februar 1954, die Saarfrage im März und letztendlich den Nationalkongreß der SFIO im Mai 1954. Bidault setzte sich erst im April 1954 massiv für das Ratifizierungsverfahren ein.[931]

Ein ausschlaggebendes Hindernis ergab sich aus dem Indochinakrieg. Nach langer Blockierung wurde die französische Truppe in Dien Bien Phu in Indochina am 7. Mai 1954 schließlich spektakulär geschlagen. Diese Niederlage führte die französische Regierung in eine Krise.[932] Die Weigerung der USA, den in der Sperrfestung Vietnams eingeschlossenen französischen Truppen mit massiver Luftunterstützung zu Hilfe zu kommen, trieb die Erbitterung über die USA auf den Höhepunkt und ließ gleichzeitig eine autonome nationale Streitmacht, auf die offensichtlich alleine Verlaß war, notwendiger denn je erscheinen. Unter diesen ungünstigen Umständen begann das eigentliche Ratifizierungsverfahren. Der Auswärtige Ausschuß der Nationalversammlung und deren Verteidigungsausschuß gaben am 9. Juni mit 24 zu 18 Stimmen bzw. am 18. Juni mit 29 zu 13 Stimmen eine negative Empfehlung ab. Da-

---

931 Dalloz, Jacques, Georges Bidault. Biographie politique, Paris 1992, S. 327-333.
932 PAAA Bestand B24 Referat 204/IA3, 1950-1963, Frankreich, Bd. 2, Bl. 111, Telegramm von Hausenstein an Auswärtiges Amt, Nr. 212 vom 5.5.1954.

zwischen, am 12. Juni 1954, stürzte die Regierung, und zwar wegen ihres Zögerns, die französischen Truppen jetzt aus Indochina zurückzuziehen. Am 18. Juni wurde ein Parti-Radicaux-Abgeordneter, Pierre Mendès-France, neuer Ministerpräsident. In der Novemberdebatte von 1953 war er wegen der enormen finanziellen Belastung Frankreichs durch den Indochina-Krieg für einen sofortigen Waffenstillstand eingetreten. Er hatte darüber hinaus eine Stärkung der Wirtschaft gefordert. Seiner Meinung nach konnte Frankreich erst unter dieser Bedingung auf die europäische Integration eingehen, denn „à une France forte toutes les audaces sont permises".[933] Der neue Premierminister konnte durch das Versprechen der Lösung des Indochinakriegs mit der Regierungsbildung beauftragt werden. Dabei aber spielte die EVG naturgemäß faktisch eine größere Rolle als der Indochinakrieg. Bei der Investiturerklärung von Mendès-France war von der EPG keine Rede. Er übernahm selber die Führung des Quai d'Orsay.[934]

Unter diesen ungünstigen Umständen nahm die im März unterbrochene Pariser Expertenkonferenz für die EPG ihre Arbeit erst am 11. Mai 1954 in Paris wieder auf. In der Hoffnung, daß ihre Arbeit nach dem Inkrafttreten des EVG-Vertrags ein konstruktiver Bestandteil der europäischen Integration würde, führte sie sie bis zum Juli 1954 zwar weiter, dies hatte aber zumindest für die EVG-Ratifizierung wegen der „Kleinlösung" des EPG-Projekts keine Bedeutung. Im Juli 1954 beschloß die Pariser Expertenkonferenz dann, ihre Arbeit im Herbst 1954 wieder aufzunehmen.[935]

Kurz ist die Saarfrage und die Regierung Mendès-Frances zu betrachten. Die Saarfrage stellte bekannterweise einen schweren Störfaktor für die EVG-Ratifizierung in Frankreich und für die EPG-Verhandlungen dar. Im Anschluß an alle Außenministerkonferenzen über die EPG im Jahr 1953, wie z.B. in Rom im Februar, in Straßburg im März, in Paris im Mai und in Baden-Baden im August, kam es zwischen Adenauer und Bidault zu Aussprachen über die Saarfrage. Dabei fand man keine Lösung, die beide Seiten zufrieden gestellt hätte konnte.[936] Nach dem Wahlsieg im September 1953 setzte sich Adenauer nun dafür ein, diesen Störfaktor aus dem Weg zu räumen. In einem Schreiben an Bidault vom 14. September 1953 brachte Adenauer die Notwendigkeit der „vertrauensvollen und loyalen Zusammenarbeit" zwischen

---

933 Zitiert nach: Bossuat, G., Les fondateurs de l'Europe, Paris 1994, 185-186.
934 Dalloz, Jacques, Georges Bidault. Biographie politique, Paris 1992, S. 327-333; Loth, W. Der Weg nach Europa, S. 107-108; BA NL Blankenhorn 30b, Bl. 86f. Nachrichtenspiegel (I), Frankreich und die EVG, 25.3.1954; PAAA III Frankreich, B11, Bd. 93, Bl. 131-133, Telegramm von Hausenstein an Auswärtiges Amt, Paris, 18. Juni 1954; PAAA III Frankreich B11, Bd. 94, Bl. 16-17, Telegramm von Hausenstein an Auswärtiges Amt, Paris, 28.7.1954, betr.: Stellung des Quai d'Orsay in der Regierung Mendès-France.
935 AMAE DE-CE 45-60, CPE, Vol. 593, comité institutionnel, procès-verbal de la réunion tenue à Paris le 2 juillet 1954; Comité Economique Compte-Rendu des travaux effectués par le Comité au cours de la période du 12 mai au 6 juillet 1954, in: Griffiths/Milward, The Beyen-Plan and the European Political Community, S. 617.
936 AMAE Europe 44-60, Sarre, Vol. 269, Bl. 152-155, Compte rendu de l'entretien du Président Bidault et du Chancelier Adenauer à la villa madame, le 26 fév. 1953 à 11H; BA NL Blankenhorn 18b, Bl. 35-36, Aufzeichnung über die Gespräche zwischen Adenauer und Bidault am 9.3.1953 Straßburg; AN 457 AP 47, Conversation franco-allemande du 12 mai 1953, rédigé 13 mai 1953, Adenauer, Hallstein, Blankenhorn, René Mayer, G. Bidault; BA NL Blankenhorn 23, Bl. 215-216, Aufzeichnung über das Gespräch zwischen dem Herrn Bundeskanzler und Außenminister Bidault am Montag, den 10. August, nachmittags 3 Uhr.

Frankreich und Westdeutschland zum Ausdruck, und schlug vor, alle diesbezüglichen Fragen, unter denen die Saarfrage am wichtigsten war, in einer persönlichen Aussprache beider Staatsmänner etwa im Oktober 1953 zu erörtern.[937]
Diese Zusammenkunft fand wieder einmal im Anschluß an die Haager Konferenz im November 1953 statt, und war ebenfalls ergebnislos. Adenauer und Bidault stimmten in der Europäisierung der Saar prinzipiell zwar überein, divergierten aber in der Frage der französisch-saarländischen Konvention, die den wirtschaftlichen Zugang Deutschlands zu der Saar diskriminierte. Nach zähen Verhandlungen gelangten die beiden Seiten zu der Übereinstimmung, auf Grund der Vorschläge, die van der Naters im Rahmen des Europarats ausarbeitete, weiter zu verhandeln. Van der Naters schlug einen Kompromiß bezüglich der privilegierten Nutzungsrechte Frankreichs im Saargebiet vor. Aber damit war die Pariser Regierung nicht zufrieden. Dies war eine kurze Bilanz der Saarverhandlungen bis zum Sturz der Regierung Laniels im Juni 1954. Der neue Ministerpräsident Mendès-France interessierte sich hauptsächlich für die finanzielle Unterstützung Deutschlands bei der Kanalisierung der Mosel. Er forderte von der BRD nicht mehr die Lösung der Saarfrage als Vorbedingung für die Ratifizierung der EVG. Während die Saarfrage nunmehr in den Hintergrund zurücktrat, wurden der Indochinakrieg und die Genfer Konferenz zur politischen Aktualität im Zusammenhang mit der Ratifizierung des EVG-Vertrags. Insgesamt bot die Saarfrage einen Verzögerungsvorwand für die Ratifizierung des EVG-Vertrags in Frankreich. Ob ihre Lösung ein entscheidender Faktor für das Gelingen der EVG hätte sein können, ist fraglich.
Nach der Bildung des Kabinetts setzte sich Mendès-France zunächst konzentriert für den Abschluß des Indochinawaffenstillstandes, also für einen Abzug der französischen Armee ohne großen Prestigeverlust, ein. Im Juli 1954 erreichte er dies schließlich in der Genfer Konferenz, und zwar mit Hilfe der Sowjetunion. Fast die gesamte französische Presse wertete dies als großen persönlichen Erfolg Mendès-France und als bedeutende Entlastung der französischen Politik.[938] Danach konzentrierte er sich auf die Lösung der EVG-Frage. Die Zusatzprotokolle, die im Rahmen des EVG-Interimsausschusses im März 1953 vereinbart worden waren, hatte man bislang im wesentlichen nicht geändert. Nur ob diese ratifizierungsbedürftig sein sollten, war umstritten. Alle Bemühungen Bidaults, durch diese Zusatzprotokolle die gaullistischen Stimmen für die EVG zu gewinnen, waren erfolglos.[939] Mendès-France ließ die vereinbarten Zusatzprotokolle außer acht.
Der Premierminister rechnete mit der Möglichkeit, daß der Vertrag mit einer Mehrheit von zwei oder drei Stimmen ratifiziert werden könnte. Er meinte aber, daß diese Art Mehrheit nicht genüge. In einer für Frankreich derart entscheidenden Angelegenheit müsse eine un-

---

937 Brief Adenauer an Bidault, 14.9.1953, in: Adenauer, Briefe 1951-1953, Nr. 443.
938 PAAA III Frankreich B11, Bd. 94, Bl. 3-5, Telegramm von Hausenstein an Auswärtiges Amt, Paris, 23.7.1954. Adenauer verdächtigte Mendès-France offen, mit Moskau einen Kuhhandel in bezug auf die Beendigung des Indochinakriegs und die Scheitern der EVG abgeschlossen zu haben. Diese These hielt sich bis in die Historiographie, ist aber nachweislich falsch. Hierzu siehe Soutou, France, l'Allemagne et les accords de Paris, in: Relations Internationales Vol. 52(1987), 452-453; Schwarz, H.-P., Adenauer. Der Staatsmann, S. 145.
939 AMAE DE-CE 45-60, CPE 1948-1954, Vol. 579, Bl. 449-453, JS/SB, DGAP, Europe, S/D d'Europe centrale, Note A.S. Conférence de Bruxelles, 16.3.1954; AMAE Europe 44-60, Généralités, Bd. 74, Bl. 231-234, Télégramme de Parodi aux ambassadeurs, 17.5.1954, réserve.

zweideutige Mehrheit für die EVG zustande kommen.[940] Um sie zu gewinnen, unternahm er eine Revision durch eine radikale Änderung der von Bidault ausgehandelten Zusatzprotokolle. Parodi bereitete in Zusammenarbeit mit dem Redakteur des „*Express*" Servan-Schreiber, einem Anhänger Mendès-Frances, eine Lösung vor. Danach war vorgesehen, eine supranationale Gemeinschaft der Sechs für die Rüstung und eine Koalition von 7 Mächten (unter Einschluß Großbritanniens) für sonstige militärische Fragen zu gründen. Dies war eine „kleine NATO", ohne Beitritt der BRD in die „große NATO" und ohne allgemeine Direktwahl der Versammlung. Hingegen legte ein EVG-Befürworter, De Seynes, ein wenig modifiziertes Anwendungsprotokoll vor. Die beiden Lösungen wurden vom Kabinett abgelehnt.[941] Mendès-France zog die Lösung Parodis der De Seynes' vor. Nach dem „*Protocole d'application du traité Institut la CED*", das das Kabinett am 12. August 1954 billigte, sollte in den ersten acht Jahren sowohl im Ministerrat als auch im Kommissariat das Einstimmigkeitsprinzip gelten: Die Laufzeit von NATO und EVG sollten einander angeglichen werden: Die Integration sollte nur auf die deutschen Streitkräfte und die in der Bundesrepublik stationierten alliierten Streitkräfte einschließlich der britischen und amerikanischen Verbände beschränkt werden, die Produktion von Kernbrennstoff für Gebiete außerhalb der „strategisch exponierten Zone" (nämlich Westdeutschlands) nicht mehr der Genehmigungspflicht durch das Kommissariat unterworfen sein. Und nicht zuletzt lautete der französische Vorschlag zu Artikel 38 des EVG-Vertrags: Die Mitgliedstaaten sollten feststellen, „daß Verhandlungen über die Errichtung einer künftigen europäischen Gemeinschaft aufgenommen worden sind, und daß somit das in Artikel 38 des Vertrages vorgesehene Verfahren gegenwärtig nicht mehr anwendbar ist. Sie erklären, daß die in dem genannten Artikel erwähnten Grundsätze nicht so ausgelegt werden können, als schränkten sie die Handlungsfreiheit ein oder als präjudizierten sie die Entscheidungen der Regierungen oder der Parlamente über die Modalitäten einer künftigen Europäischen Gemeinschaft. Sie sind sich über den Grundsatz einer auf demokratischer Grundlage gewählten Versammlung einig und verpflichten sich, sich über die Modalitäten der Durchführung zu konsultieren." Zudem forderte Mendès-France als Vorbedingung der Ratifizierung die USA und Großbritannien auf, wieder eine neue Gesprächsrunde mit den Russen zu eröffnen.[942] Dies bedeutete, daß die französische Regierung, sich auf die EVG-Gegner, vor allem auf die Gaullisten stützend, auf die Supranationalität völlig verzichtete. Die im „Anwendungsprotokoll" vorgesehene Europa-Armee war nur eine traditionelle militärische Koalition. Zudem war sie für die BRD sehr diskriminierend. Mendès-France hielt an der Errichtung einer demokratischen Kontrolle durch eine Direktwahl zwar fest, aber dies bedeutete nichts unter diesem herkömmlichen Bündnis. Gegen diese Art Europapolitik protestierte Monnet, aber ohne Erfolg. Auf seine Mahnung erwiderte der Ministerpräsident mit einem Hinweis auf die große Schwierigkeit bei der Ratifizierung. „Je n'ai de chance de succès," so Mendès-France, „qu'à deux conditions," nämlich mit dem „Anwendungsprotokoll" und der

---

940 BA NL Blankenhorn 31a, Bl. 117, Der Tagesspiegel vom 24.6.1954, Diskussionen über Ersatzlösungen für EVG.
941 BA NL Blankenhorn 32b, Bl. 3-4, Telegramm Ophüls' an Auswärtiges Amt, Paris, 12.8.1954; DDF, 1954, 21 juillet-31 décembre, n°44 Bote du secrétaire d'Etat aux MAE, aménagement de la CED, Paris le 6 août 1954; Bossuat, G., L'Europe des Français 1943-1959, S. 228.
942 PAAA II, Bd. 861 AZ 224-21/00, Bl. 301-314, Protocole d'application du traité instituant la CED, Paris. Le 13 AOUT 1954.

Forderung an die USA und Großbritannien.[943] Entscheidend war, daß Mollet gegen das „Anwendungsprotokoll" war.
Die Außenministerkonferenz im Rahmen des EVG-Interimsausschusses fand vom 19. bis 22. August 1954 in Brüssel statt. Mendès-France wurde konfrontiert mit einer nahezu geschlossenen Front der Ablehnung. Er konnte sich zudem wegen des Mißtrauens der Washingtoner Regierung nicht durchsetzen. Eine Intervention Bruces, der mit der Genehmigung Dulles vorschlug, bei dem eventuellen Scheitern der EVG eine Konferenz über die deutsche Remilitarisierung ohne Frankreich abzuhalten, isolierte den neuen Ministerpräsidenten Frankreichs völlig. Nach dieser Abfuhr ging es dem französischen Premierminister sehr dringlich darum, sicherzustellen, daß Frankreich nach einem Scheitern der EVG nicht, wie Bruce angedroht hatte, von einer Regelung der deutschen Wiederbewaffnung ausgeschlossen würde. Daher suchte er unmittelbar im Anschluß an die Brüsseler Konferenz Churchill auf, um ihn für eine Assoziierung Großbritanniens mit den sechs EVG-Ländern in einer modifizierten Struktur im Rahmen der NATO zu gewinnen. Churchill mahnte nochmals die Ratifizierung der EVG an und hielt sich im übrigen einigermaßen bedeckt. Aus den Äußerungen Churchills las Mendès-France heraus, daß die britische Regierung für eine Lösung im Sinne Bruces ohne Frankreich nicht zu haben sein würde. Solchermaßen beruhigt, glaubte er nun, das Risiko eines Scheiterns der EVG eingehen zu können. Er unterstützte zwar noch den Antrag der EVG-Anhänger, die Ratifizierungsdebatte in der Nationalversammlung zu verschieben, um auf einer Konferenz mit Briten und Amerikanern noch einmal über die französischen Änderungsvorschläge verhandeln zu können. Als EVG-Gegner gegen diesen letzten Rettungsversuch den Antrag einbrachten, den EVG-Vertrag ganz von der Tagesordnung abzusetzen, leistete er jedoch dagegen keinen Widerstand mehr. Der Absetzungsantrag wurde daraufhin am 30. August mit 319 zu 264 Stimmen angenommen. Unter den 319 Stimmen waren 53 SFIO-Abgeordnete. Wenn man damit rechnet, daß eine ganze Reihe von EVG-Gegnern gegen den Absetzungsantrag stimmten, da sie die Gründe für ihre Ablehnung noch darlegen wollten, wird man die Zahl der EVG-Gegner, auch aus dem Reihen der SFIO, um einiges höher ansetzen können.[944]
Was aber waren die wahren Ursachen für diese Absetzung? Die EVG-Befürworter, wie Monnet, Bruce, Adenauer etc., hatten ihre Hoffnung auf die 105 SFIO-Abgeordneten gesetzt. Insbesondere hatten sie sich bemüht, die noch zwischen Pro und Kontra schwankende Mehrheit der SFIO-Abgeordneten für die EVG zu gewinnen, und zwar mit der Erfüllung ihrer Forderungen, worauf der SFIO-Vorsitzende ständig aufmerksam gemacht hatte. Die Quellen, die in dieser Arbeit benutzt werden, lassen keine Möglichkeit erkennen, erklärte EVG-Gegner, wie z.B. Kommunisten, Gaullisten, EVG-gegnerischen Radikalen, etc. im Jahr 1954 in die Lager der Befürworter zu ziehen. In diesem Sinne hat G. Bossuat recht, wenn er die

---

943 AMI 26/2/24 Lettre de J. Monnet à Mendès-France, Vulpera, le 12.8.1954; AMI 26/2/24 Lettre de Mendès-France à J. Monnet, Paris, le 16.8.1954.
944 Loth, W., Der Weg nach Europa. S. 109-110; Bossuat, G., Les fondateurs de l'Europe, Paris 1994, S. 186; ders., L'Europe des Français 1943-1959, S. 228-234; Maier, K. A., Die internationalen Auseinandersetzungen, S. 190-230; Schlußkommuniqué der Konferenz der Außenminister der Signatarstaaten des Vertrages über die EVG in Brüssel vom 19.-22. August 1954, in: LDV, März 1955, S. 11.

Ursachen des Mißerfolgs der EVG vornehmlich bei den Sozialisten sucht.[945] Dem Fraktionszwang zum Trotz setzten die 59 SFIO-Abgeordneten, die zwei Broschüren, „*Contre le traité actuel de la C.E.D. Pour la liberté de vote & l'unité fraternelle du Parti*" und „*Contre la petite Europe cléricale et réactionnaire*" unterzeichnet hatten, ihre Ansicht durch. Die Gründe für die Gegenstimmen gegen die EVG waren vielfältig[946]: Die Angst vor der aufgrund des „New Look"-Plans verdächtigten amerikanischen Peripherie-Strategie, die Sorge vor einem schlechtem Funktionieren der Europa-Armee auf Grund des nationalen Vetorechts, Unzulänglichkeiten der mit konventionellen Waffen ausgerüsteten zwölf deutschen Divisionen für die Abwehr einer sowjetischen Aggression im Atomzeitalter, unzureichende Kontrolle über Westdeutschland und die Sorge vor der Bildung einer deutschen Nationalarmee, Hoffnung auf ein Arrangement mit den Russen, etc. Hinzu kamen noch zwei Elemente: Eine atomare Bewaffnung Frankreichs versprach den EVG-Gegnern, nicht durch die supranationale militärische Integration, sondern lediglich durch eine herkömmliche militärische Allianz das Ziel einer Doppeleindämmung des deutschen Militarismus und des russischen Aggressionspotentials erfüllen zu können.[947] Die amerikanische Hilfe bei der wirtschaftlichen Entwicklung der Union Française im allgemeinen und dem Indochinakrieg im besonderen hatte Frankreich - obgleich nicht entscheidend - in gewissem Maße geholfen, die Idee einer Europa-Armee zu entwickeln. In dem Moment, als der Krieg mit einem Waffenstillstand endete, war auch eines der Motive für die EVG entfallen.[948] Die Niederlage wirkte zudem negativ bei der Ratifizierung des EVG-Vertrags, weil sie ein Beweis für die Schwäche des französischen Militärs war. Dies machte die Angst vor einer eventuellen Vorherrschaft des deutschen Militärs in der EVG plausibler. Man wird vermuten dürfen, daß diese beiden Elemente auf die EVG-Gegner unter den Sozialisten einwirkten.

Der Kern ihrer Argumentation gegen die EVG war eine Art „psychologisches" Hindernis, wie Schuman zutreffend aufzeigte[949]: eine Beschwörung des Gespensts der Wehrmacht und ein implizites Mißtrauen gegenüber dem deutschen Militarismus. Dieses war wiederum auf die Unfähigkeit Frankreichs, die Deutschen effektiv zu kontrollieren, und auf die Angst vor der denkbaren Herrschaft Deutschlands in der die EGKS und die EVG umfassenden politischen Gemeinschaft zurückzuführen. In dieser Hinsicht schien der deutsche NATO-Beitritt weniger gefährlich als eine Europa-Armee.[950] Wenn man zudem berücksichtigt, daß sich die sozialistischen Gegenargumentationen nicht so sehr wie die gaullistischen Argumentationen auf das Beharren auf der Souveränität stützten, ist festzustellen, daß die psychologischen

---

945 Bossuat, G., L'Europe des Français 1943-1959, S. 234-236.
946 «Contre le traité actuel de la C.E.D. pour la liberté de vote & l'unité fraternelle du Parti», avril 1954, A2 27 BD in: OURS; « Contre la petite Europe cléricale et réactionnaire », A2 26 BD, in: OURS.
947 Vgl. Guillen, Französische Generalität, 155f.
948 Vgl. Aimaq, Jasmine, For Europe or Empire? French colonial Ambitions and the European Army Plan. Lund University Press, 1996, S. 229-242.
949 Schuman, R., Vorwort zu dritten Heft der „Dokumente" 1953, in: Dokumente, Offenburg/Köln 1953, S. 163.
950 Van Helmont, Jacques, Options européennes 1945-1985, S. 45; Bossuat, G., L'Europe des Français, S. 220; Vgl. Loth, W., The Process of European Integration : Some General Reflections, in: Wurm, Clemens (Hrsg.), Western Europe and Germany. The Beginning of European Integration 45-60, Oxford/Washington, S. 211.

Vorbehalte gegenüber den Deutschen leichter als die gaullistischen Gegenströmungen hätten überwunden werden können. Gerade die drei Vorbedingungen für die Ratifizierung des EVG-Vertrags waren als Instrumente zur Überwindung dieser Hindernisse gedacht. Die supranationale politische Autorität war allerdings eine nicht zu vernachlässigende Vorbedingung, da die Sache gerade den Militarismus, der von Zivilisten kontrolliert werden sollte, betraf. Wichtiger als die politische Autorität war jedoch in den Augen Mollets für die EVG-Gegner unter den Sozialisten die britische Assoziation mit der EVG. Dies wurde auch indirekt dadurch bestätigt, daß 83 SFIO-Abgeordnete, eine absolute Mehrheit, im Dezember 1954 für die WEU votierte. Der wichtigste Hintergrund dieser „pro"-Stimmen war allerdings offenbar eine Angst vor der eventuellen Isolation Frankreichs, wenn es abermals die Wiederbewaffnung Deutschlands verweigern würde. Man darf aber vor den folgenden Äußerungen der SFIO-Abgeordneten die Augen nicht verschließen. In dem Nationalkongreß im Oktober 1954 sagte D. Mayer, das Siebener-Europa sei „la conséquence du voyage de Léon Blum, Président du conseil d'un gouvernement socialiste homogène au début de janvier 1947." Leenhardt begrüßte „l'entrée dans l'Europe de la Grande-Bretagne, comme un événement considérable auquel nous attachons le plus grand prix." Lacoste betonte, „les accords de Londres éloignent les inquiétudes que nous causaient l'Europe à six."[951] Daß die Briten an der WEU als Vollmitglied teilnahmen, wirkte in besonderem Maße mit. Hingegen votierte die Mehrheit des MRP-Abgeordneten gegen die WEU.

Wenn man annimmt, daß die Ressentiments gegen den deutschen Militarismus eine Art Erscheinungsform des nationalen Bewußtseins Frankreichs in der Nachkriegszeit sind, ist die Formel akzeptabel, die EVG sei an dem nationalen Bewußtsein, das man durch die supranationale Integration überwinden wollte, gescheitert. Wenn man das Gewicht der sozialistischen Stimmen bei der EVG-Ratifizierung mit einbezieht, ist aber festzustellen, daß die EVG nicht an ihrer *Supranationalität im allgemeinen Sinne* gescheitert war, wie es bei den Gaullisten galt, sondern an der *Supranationalität im - das alte Gespenst der Wehrmacht beschwörenden - militärischen Bereich*, in dem die Abwesenheit der Briten in den Augen der SFIO-EVG-Gegner eine entscheidendere Bedeutung hatte als bei der wirtschaftlichen Integration, wie z.B. bei der EGKS. Diese Feststellung weist darauf hin, daß das Scheitern der EVG zwar eine Krise in der europäischen Integration darstellte, aber diese Krise nicht auswegslos war, da die Sozialisten in anderen Bereichen als dem militärischen immer noch der supranationalen Integration nach der Montanunion positiv entgegenkamen.

Mit dem Scheitern der EVG am 30. August 1954 in der französischen Nationalversammlung war auch das EPG-Projekt endgültig ad acta gelegt. Damit verlor der Verfassungsausschuß seine Existenzbasis. Er existierte aber noch bis in das Jahr 1955 hinein. Von Brentano kämpfte persönlich um den Fortbestand der Arbeitsgruppe des Verfassungsausschusses. Die Bundesregierung wollte auch dessen Arbeit fortführen. Im „Ausschuß für die Kosten der Adhoc-Versammlung" setzte sich der Vertreter der Bundesregierung in entschiedenster Form für die Erhaltung des Sekretariats ein. Die Franzosen, die Niederländer und die Luxemburger

---

951 OURS, Conseil national SFIO, 11 octobre 1954 S. 139-176, Zitat, S. 139, 156 und 176; Cophornic, Gilles, SFIO et UEF : La recherche d'une unité, in: René Girault et Gérard Bossuat (Hrsg.), Europe brisée, S. 263-288.

lehnten dies jedoch ab. Der Ausschuß beschloß, das Sekretariat des Verfassungsausschusses nur bis zum 31. März 1955 zu finanzieren und im übrigen die Arbeit der Ad-hoc-Versammlung selbst, des Verfassungsausschusses und insbesondere der Arbeitsgruppe weiterhin auf Kosten der Regierungen fortzusetzen, soweit dies von Fall zu Fall von den sechs Regierungen vorher genehmigt wurde. Das bedeutete praktisch die Einstellung des Verfassungsausschusses und damit der Arbeitsgruppe. Nach der letzten Sitzung vom 26. bis 28. März 1955 im Auswärtigen Amt in Bonn trafen die Mitglieder der Arbeitsgruppe in solchen Rahmen nie wieder zusammen.[952]

Man stellte Überlegungen an, wie die europäische Integration wieder lanciert werden konnte. Auf der einen Seite gab es Bemühungen, über die WEU zu einem intensivierten Zusammenschluß Europas zu gelangen. Auf der Sitzung der Arbeitsgruppe am 6./7. Dezember 1954 in Baden-Baden schlug von Brentano vor, die WEU durch die Stärkung der Befugnisse der Versammlung zu einer supranationalen europäischen Gemeinschaft umzugestalten. Mendès-France interessierte sich für einen Rüstungspool im Rahmen der WEU. Nach dem Sturz der Regierung Mendès-Frances im Februar 1955 bildete E. Faure das französische Kabinett, dessen Außenminister A. Pinay war. Im März 1955 schlug Pinay den WEU-Staaten einen Plan vor, dessen wesentlicher Inhalt der Vorschlag einer ständigen Konferenz der Außenminister bzw. der Regierungschefs der sechs bzw. sieben Staaten der Montanunion bzw. der WEU oder auch eines größeren Kreises von Staaten des europäischen Raums unter Bildung eines ständigen Generalsekretariats darstellte. Dieser sog. „Pinay-Plan" entsprach der gaullistischen Konzeption der europäischen Integration. Aber all diese Vorschläge hatten von vornherein kaum Realisierungschancen, und zwar wegen der mangelnden Bereitschaft der britischen Regierung zur europäischen Integration und des Mißtrauens der Benelux-Staaten gegenüber Frankreich.[953]

---

952 BA NL von Brentano 118, Bl. 80-81, Schreiben von Brentano an Hallstein, 25.9.1954; BA NL Pünder 411, Sitzungsprotokoll der Arbeitsgruppe, AA/CC/GT(5) PV 40; BA NL von Brentano 118, Bl. 73-77, Schreiben von Brentano an Adenauer, 18.10.1954; AMAE DE-CE 45-60, Vol. 521, Bl. 400-404, HA/MJ, DGAP, Europe S/D du Conseil de l'Europe, Note pour le Cabinet du Ministre, 3.12.1954, A/S activité du groupe de travail de la Commission Constitutionnelle de l'Assemblée ad hoc; BA NL von Brentano 118, Bl. 346, Schreiben von Brentano an J. Monnet, 13.1.1955; PAAA II, Bd. 856 AZ 224-10, Bl. 182-183, Schreiben von Hallstein an von Merkatz, 25. März 1955; AN F/60 Vol. 3076, Lettre de Adenauer à Martino, mars 1955; BA NL von Brentano 118, Bl. 10-11, Schreiben von Brentano an den Präsidenten der Gemeinsamen und der Ad-hoc-Versammlung G. Pella, 30. März 1955.

953 PAAA II, Bd. 856 AZ 224-10, Bd. 3, Bl. 102-103, von Puttkamer, Aufzeichnung, betr.: Memorandum Herrn von Brentanos als Präsident des Verfassungsausschusses der Ad-hoc-Versammlung über die „Pariser Abkommen als Ausgangspunkt für eine weitergehende europäische Konstruktion". 23. November 1954, Ophüls vorgelegt; Von Brentano, Bericht über die Pariser Abkommen als möglicher Ausgangspunkt für eine weitergehende europäische Konstruktion, 6.12.1954, Sonderversammlung, Baden-Baden, den 6. Dezember 1954, vertraulich, AA/CC/GT(5)75, Verfassungsausschuß. 5. Sitzungsperiode. Arbeitsgruppe; PAAA NL Ophüls, Bd. 8, Ophüls, Aufzeichnung, Betr.: Vorbereitung für das Gespräch der WEU-Minister am 18. Dezember abends in Paris, Bonn, den 15.12.1954, hier ging es um die Konferenz Rüstungspool; PAAA II, Bd. 888 AZ 224-23-31, Bl. 268-286, H.A. Schwarz-Liebermann, Zur Ausgestaltung der Westeuropäischen Zusammenarbeit, Ophüls vorgelegt, Bonn, im März 1955; PAAA II, Bd. 900, 225-10-01, Bd. 1, Bl. 30-31, Aufzeichnung, 29.4.1955, Europäische Politik auf dem wirtschaftlichen Gebiet (Wiederaufnahme der europäischen Integration); Küsters, H. J., Die Gründung der Europäischen Wirt-

Auf der anderen Seite versuchte man durch Erweiterung der Montanunion oder durch Schaffung anderer Spezialbehörden à la Montanunion zu einer „Relance européenne" zu gelangen. Die Hohe Behörde der Montanunion faßte zunächst eine Erweiterung der Montanunion auf die übrigen Energiebereiche sowie auf die Verkehrspolitik ins Auge. Hierzu gaben Teitgen und Klompé die Anregung. Daraufhin nahm die „Gemeinsame Versammlung" der EGKS am 2. Dezember 1954 eine Entschließung an, nach der das Präsidium der Gemeinsamen Versammlung Vorschläge für die Bildung einer Arbeitsgruppe ausarbeiten und der Versammlung vorlegen sollte. Deren Aufgabe sollte es sein, der Versammlung zu berichten über das einzuschlagende Verfahren für die Prüfung der zweckmäßigsten und wirksamsten Lösungen für eine Erweiterung der sachlichen Zuständigkeit der EGKS auf die Bereiche Gas, Elektrizität, Atom und Verkehr und ganz allgemein eine Erweiterung des gemeinsamen Marktes, ferner über direkte Wahlen zur Gemeinsamen Versammlung. Monnet seinerseits bemühte sich, neben und vor der Erweiterung der Montanunion die Schaffung einer eigenen europäischen Atombehörde voranzutreiben.[954]

Nach dem Scheitern der EVG setzte das Auswärtige Amt die Priorität auf die Verhandlungen in London und in Paris, die sich mit dem deutschen NATO-Beitritt und damit mit der Wiedererlangung der Souveränität beschäftigten. Daneben verhandelte es mit dem französischen Außenministerium über die bilateralen wirtschaftlichen und kulturellen Verträge. Trotzdem lotete es vorsichtig Möglichkeiten aus, die Idee einer politischen Integration im Rahmen der „Relance européenne" wieder zu beleben. Das Auswärtige Amt entwickelte ein eigenes Aktionsprogramm für die weitere europäischen Integration. Hallstein begründete die Dringlichkeit des deutschen aktiven Engagements für die europäische Integration wie folgt: Verschiedene nationalistische Tendenzen machten sich bemerkbar. Insbesondere sei es besorgniserregend, daß die Begeisterung für die europäische Integration bei Jugendlichen mehr und mehr zu schwinden scheine. Aber die NATO und die WEU oder andere europäische Organisationen enthielten in sich nicht den Zwang zur Integration. „Dieser Prozeß der Desintegration ins Nationale wird von außen, von der Sowjetunion, zunehmend gefördert werden. Sie wird auf die einzelnen europäischen Nationen durch Appelle an die Sonderinteressen, durch Erregung besonderer Schwierigkeiten, durch Versprechen und Drohungen einwirken, um das schwach geknüpfte Band zwischen ihnen vollends zu zerreißen. Die Anfänge sehen wir schon." Mehr noch: „Andererseits wird die Möglichkeit, dem durch massive militärische Mittel entgegenzutreten, abnehmen. Zunächst kann noch sowohl die Drohung eines militärischen sowjetischen Angriffs, wie die Drohung der mehr oder weniger gewaltsamen Subvention durch das bloße Übergewicht Amerikas in der Atomwaffe in Schach gehalten werden. Schon in einigen Jahren wird dieses Übergewicht nach gewissen Voraussetzungen zurückgegangen sein. Europa muß dann wesentlich für sich selbst einstehen. Die rasche politische Integration ist daher

---

schaftsgemeinschaft, Baden-Baden 1982, S. 88-106.
954 Vorschläge von Teitgen und Klompé in der Gemeinsamen Versammlung der Montanunion in der Nov./Dez.-Sitzung 1954. Dok.4 und 5 und Dok.12, 1954/1955 vom März 1955; PAAA II, Bd. 856 AZ 224-10, Bd. 3, Bl. 127-128, von Puttkamer, Aufzeichnung, betr.: Fortsetzung der Arbeiten der Ad-hoc-Versammlung; Reise des Herrn Präsidenten Pella zu den Regierungen der Mitgliedstaaten der Montanunion, 10.-18.1.1955; Küsters, H. J., Die Gründung der Europäischen Wirtschaftsgemeinschaft, Baden-Baden 1982, S. 68-77; Loth, W., Der Weg nach Europa, S. 114.

eine vitale Notwendigkeit."⁹⁵⁵ Daher sollte innerhalb von zwei Jahren ein Grundstein gelegt und innerhalb von fünf Jahren das Wesentliche zu Ende gebracht werden. Hallstein stellte die ideellen Gründe immer wieder in den Vordergrund. Die Referentin, die für die EPG zuständig war, von Puttkamer, gestand jedoch zu, daß dahinter ein deutschlandspezifischer Hintergrund verborgen war: „Die Europapolitik muß mit allen Mitteln betrieben werden. (...) Gerade auf deutscher Seite sollten für das Ziel Opfer nicht gescheut werden. Deutschland hat den Krieg verloren und muß dafür zahlen. Es wird jedoch am billigsten wegkommen, wenn es im Rahmen der europäischen Einigung zahlt."⁹⁵⁶

Hallstein legte einige Prinzipien fest, nach denen die Bundesregierung in der Europapolitik handeln sollte. Eine rein funktionelle Integration ohne jede supranationale institutionelle Stütze, so Hallstein, sei gegenwärtig nicht mehr denkbar. Aus der bloßen Kooperation gehe nicht von selbst eine organische Einheit hervor. Vielmehr bedürfe es eines beherrschenden Antriebes auf politischer Ebene. Der politische Primat müsse die Führung in dem Zusammengehen der Völker übernehmen. Hallstein hielt die Fortführung und Ausdehnung der Integration nach dem Typ der Montanunion für das beste Mittel, das zum aktuellen Zeitpunkt politisch möglich war. Die wirtschaftlichen Bedenken gegen diesen Weg, die der liberale Ökonom Röpke und der Wirtschaftsminister Erhard seit 1953 zum Ausdruck gebracht hatten, z.B. gegenüber den künstlichen Wechselkursen, der Teilintegration, dem supranationalen Dirigismus und gar der Sechser-Gemeinschaft, sollten nicht überschätzt werden. Daraufhin entwickelte das Auswärtige Amt ein Aktionsprogramm für die Vereinigten Staaten von Europa. Demnach sollte sich die Zuständigkeit der Hohen Behörde der EGKS auf das Gebiet der vergemeinschafteten Energie erstrecken, vor allem auf die Atomenergie. Diese Erweiterung sollte von der Einheit der europäischen Völker selbst getragen sein. „Deshalb ist die Entstehung und Entwicklung einer europäischen Volksvertretung mit echten Befugnissen, eines europäischen Parlamentarismus, der schlechthin entscheidende Punkt. (...) Nur in der Montanunion haben die Parlamentarier echte Befugnisse. Hier besteht das erste und einzige europäische Parlament. Hier muß also die weitere politische Entwicklung ansetzen." Das hieß, die EGKS-Versammlung durch direkte Wahlen neu zu bilden.⁹⁵⁷ Damit griff das Auswärtige Amt auf die Idee der Di-

---

955 PAAA II, Bd. 852, AZ 224-00(-00), Bl. 274-283, Der Staatssekretär des Auswärtigen Amtes, Erwiderung auf die Gedanken des Herrn Bundeswirtschaftsministers zu dem Problem der Kooperation oder der Integration, den 30. März 1955, Streng vertraulich, nicht zur Weitergabe oder Vervielfältigung.

956 PAAA II, Bd. 852 AZ 224-00(-00), Bl. 341-344, von Puttkamer, Aufzeichnung, betr.: Thesen über die Fortsetzung der Europapolitik der Bundesregierung, 29. März 1956, Streng vertraulich, hiermit Herrn Ministerialdirektor Grewe, Nachfolger von Blankenhorn.

957 PAAA II, Bd. 852, AZ 224-00(-00), Bl. 274-283, Der Staatssekretär des Auswärtigen Amtes, Erwiderung auf die Gedanken des Herrn Bundeswirtschaftsministers zu dem «Problem der Kooperation oder der Integration», den 30. März 1955, Streng vertraulich, nicht zur Weitergabe oder Vervielfältigung; PAAA II, Bd. 900 AZ 225-10-01, Bd. 1, Bl. 13-15, Aktionsprogramm für die Vereinigten Staaten von Europa; PAAA Bd. 895, AZ 224-80E, Bd. 1, Bl. 34, Schreiben von W. Röpke an Adenauer, Genève, den 17.10.1953; PAAA Bd. 895, AZ 224-80E, Bd. 1, Bl. 50-56, Abt.IIB, Aufzeichnung, Betr. : Stellungnahme zu Professor Röpke's Äußerungen. Hallstein vorgelegt. den 30.10.1953; PAAA NL Ophüls, Bd. 5, Schreiben von Hallstein an Erhard (Entwurf von Ophüls), 16. Februar 1954; Vgl. Küsters, H.-J., Der Streit um Kompetenzen und Konzeptionen deutscher Europapolitik 1949-1958, in: L. Herbst et al. (Hrsg.), Vom Marshallplan zur EWG, S. 335-370.

rektwahl, eines der wesentlichen Elemente des EPG-Projekts, zurück. Dieser Vorschlag über die Direktwahl wurde von den anderen Partnerländern jedoch nicht aufgenommen.
Das Referat 218, das für die EPG-Verhandlungen zuständig gewesen war und während der EWG-Verhandlungen eine Möglichkeit der Wiederbelebung der politischen Integration auslotete, wurde erst im März 1956 aufgelöst.[958] Damit schloß das Auswärtige Amt die Chance einer baldigen Verwirklichung der politischen Integration aus, und die Idee der politischen Integration wurde von der wirtschaftlichen Integration in den Hintergrund gedrängt.

---

958 PAAA II, Bd. 852 AZ 224-00(-00), von Puttkamer, Aktennotiz, betr.: Auflösung des Ref. 218, März 1956

IX. Schlußbetrachtung: Die Bedeutung der EPG-Verhandlungen in der Integrationsgeschichte Europas

Die Ursprünge des EPG-Projekts sind auf die EVG-Verhandlungen und die Ratifizierung des EVG-Vertrags zurückzuverfolgen. Die Idee der politischen Integration während der EVG-Verhandlungen stammte eigentlich von der italienischen Regierung. Das EPG-Projekt und dessen Verhandlungen von 1952-54 waren jedoch letztendlich das Resultat der innenpolitischen Konstellation der Parteien in Frankreich anläßlich der Ratifizierung des EVG-Vertrages in der französischen Nationalversammlung. Inhalt und Tempo der EPG-Verhandlungen wurden wiederum maßgeblich von dem taktischen Gedanken der EVG-Befürworter bestimmt, die Stimmen der Sozialisten und der Gaullisten für die Ratifizierung des EVG-Vertrags zu gewinnen. Dieses parlamentarische Manövrieren der französischen Regierung war kennzeichnend für die EPG-Verhandlungen.

Ausgangspunkt der politischen Integration war der Sommer 1951, als die USA die französische EVG-Lösung als Rahmen, in dem die deutsche Wiederbewaffnung geschehen sollte, akzeptierten, während die fünf anderen Staaten - die Bundesrepublik, Italien, die Niederlande, Belgien und Luxemburg - zwangsläufig die europäische Version der Remilitarisierung der BRD ebenfalls annehmen mußten. Die zweite Runde der EVG-Verhandlungen beschäftigte sich mit der politischen Organisation der Europa-Armee einschließlich der finanziellen Frage. Im September 1951 verkündete Schuman seinen Plan über die Bildung einer europäischen politischen Organisation, die über eine supranationale Autorität zur Formulierung einer gemeinsamen Außenpolitik verfügen sollte. Diese war eine Art „Pool Diplomatique". Schumans Ansicht nach brauchte einerseits die Europa-Armee logischerweise eine gemeinsame Verteidigung- und Außenpolitik, andererseits war der Pool Diplomatique als Kontrolle gegen einen diplomatischen Alleingang Deutschlands gedacht. Nach zähen Verhandlungen mit den Deutschen wurden fast alle sie diskriminierenden Konzepte, die als Kontrolle gedacht waren, gestrichen. Daher forderten die Gaullisten und die Sozialisten die Vorschaltung einer politischen Integration vor der Europa-Armee. Adenauer interessierte sich für den Pool Diplomatique, da dieser den diskriminierenden Charakter der EVG ausgleichen konnte: Die Bundesrepublik war als einziger EVG-Staat kein Mitglied der NATO, die über alle wichtigen Angelegenheiten der EVG die letzten Entscheidung zu treffen hatte. In diesem Sinne war die Vergemeinschaftung der Außenpolitik mehr ein Angebot an Adenauer als eine Kontrollfunktion über die Deutschen. Daher läßt sich annehmen, daß Schuman der Europa-Armee einen wahren europäischen Charakter zu geben beabsichtigte. Dies ist aber nicht belegbar. Schuman wollte jedenfalls die politische Integration dem Europarat überlassen, da dieser nun hoffte, die britische Regierung nehme nach dem Wahlsieg der Konservativen Partei aktiver als früher an der europäischen Integration teil. Dabei handelte es sich um die Hoffnung, den Europarat soweit umgestalten zu können, daß sich alle europäischen funktionalen Gemeinschaften im Rahmen des Europarats entwickeln konnten. Dies betraf die politische Integration. Schuman mußte die französischen Sozialisten berücksichtigen, die auf die britische Teilnahme an der europäischen Integration großen Wert legten.

Die PS-SFIO entwickelte den Plan einer europäischen Föderation unter Einschluß Großbritanniens, die sowohl als Wiedererlangung der europäischen Führungsrolle in der Weltpolitik als auch zum Instrument für die Lösung der Deutschland-Frage gedacht war. Während der knapp zweijährigen Verhandlungen im Rahmen des Europarates ließ Großbritannien jedoch erkennen, daß es nicht bereit war, einen Teil seiner Souveränität an eine supranationale europäische Gemeinschaft abzutreten. Angesichts dieser Tatsache spaltete sich die PS-SFIO in zwei Gruppen. Die eine versammelte sich um Philip, der auch ohne Großbritannien vorläufig eine kontinentale supranationale Föderation vorantreiben wollte. Die andere versammelte sich um Mollet, der zwischen dem Anspruch nach der Supranationalität und der britischen Teilnahme einen Kompromiß eingegangen war. Beim Kampf zwischen beiden Gruppen gewann Mollet. Daraus entstand das Prinzip der „spezialisierten supranationalen Autoritäten im Rahmen des Europarats". Die PS-SFIO machte geltend, daß der Schuman-Plan und der Pleven-Plan nach diesem Prinzip verwirklicht werden sollten. Die Regierung der britischen Konservativen Partei änderte die Europapolitik der Labour-Regierung nicht grundsätzlich. Die Enttäuschung der PS-SFIO war darüber sehr groß, doch Mollet beharrte auf seiner Politik. Auf einer Vorstandssitzung der SFIO am 12. Dezember 1951 machte Mollet klar, daß die EVG eine politische Autorität brauche, jedoch sei die britische Teilnahme an der Europa-Armee wichtiger als diese.[959]

Die anglophile Haltung der PS-SFIO beschränkte den Spielraum Schumans während der weiteren EVG-Verhandlungen. Italien stieß seinerseits zu einer supranationalen Gestaltung vor. Die römische Regierung beabsichtigte die parlamentarische Kontrollfunktion über die Europa-Armee zu stärken und der parlamentarischen Versammlung die entsprechende Autorität durch die Direktwahl zu geben. Adenauer unterstützte die italienischen Vorschläge. Die kleineren Staaten weigerten sich hingegen, die politische Organisation der Europa-Armee supranational zu gestalten. Schuman besaß jedoch keine klare Leitlinie zur politischen Integration. Daher schlossen die sechs Staaten einen Kompromiß, bei dem die Beschäftigung mit der politischen Integration auf die Zeit nach dem Inkrafttreten des EVG-Vertrages verschoben wurde (Artikel 38 des EVG-Vertrages). Während der EVG-Verhandlungen verstand man unter der „politischen Integration" eine Vergemeinschaftung der Außenpolitik und die Verstärkung der demokratischen Kontrollfunktion der EVG-Versammlung über die Europa-Armee. Im EVG-Vertrag vom Mai 1952 wurde die für die Kontrolle über Westdeutschland im Pleven-Plan vorgesehene Garantie hauptsächlich wegen des deutschen Anspruchs der Gleichberechtigung nicht konkretisiert. Schuman setzte jedoch durch, daß die deutsche Wiedererlangung der Souveränität von der Ratifizierung des EVG-Vertrags abhängig gemacht wurde. Darüber hinaus wurde im General-Vertrag eine Reihe von Vorbehalten der westlichen Alliierten über Westdeutschland festgeschrieben. Trotzdem war diese Konstruktion des EVG-Vertrags und des General-Vertrags aus Sicht von manchem Franzosen problematisch. Dies stellte den Hintergrund für die französisch-italienischen Initiative zur EPG im Juli 1952 dar. Deren Anlaß entstand vor der Unterzeichnung des EVG-Vertrags im Mai 1952: In der französischen Nationalversammlung beriet man im Februar 1952 über die EVG. Dort wurde eine ganze Reihe von Vorbedingungen für die Zustimmung für Schaffung der Europa-Armee gefordert. Zwei wichtige davon waren die britische Teilnahme an der Europa-Armee und die Schaffung einer europäischen politischen Autorität. Daran arbeitete die sozialistische Fraktion maßgeblich mit. Die gaullistische Fraktion war zwar gegen die Europa-Armee, aber sie lie-

---

959 OURS, Comité Directeur, procès-verbal, Vol. 8, Réunion du 12 décembre 1951.

ferte auch einen Anlaß zur Lancierung der politischen Integration. Der RPF spaltete sich aus innenpolitischen Gründen. Doch auch die etwa 30 Abgeordnete umfassende Splittergruppe des RPF, die sich um Billotte versammelt hatte, forderte die vorherige Schaffung einer politischen Integration. Das damalige Kabinett sah damit eine Möglichkeit, diese Splittergruppe für die EVG zu gewinnen.

In der Dezembersitzung der Beratenden Versammlung des Europarates 1951 spaltete sich diese angesichts der beharrlichen Opposition Großbritanniens zur Supranationalität. Während eine Gruppe um Spaak die kleineuropäische Föderation ohne Großbritannien vorantreiben wollte, zögerte eine andere Gruppe um Mollet, diesen entscheidenden Weg zu beschreiten. Enttäuscht von dem retardierenden Einigungsprozeß im Rahmen des Europarats verzichtete Spaak auf das Amt des Präsidenten der Beratenden Versammlung. Er schloß sich dann den Bestrebungen der Föderalisten um Spinelli an, die die EVG-Verhandlungen dazu nutzen wollten, eine politische Integration vorläufig ohne Großbritannien herbeizuführen. Nunmehr setzte Spaak die Dachorganisation der Europa-Verbände, die „Europäische Bewegung", deren Führung er seit 1950 übernommen hatte, voll für die politische Integration ein. Diese stellten allesamt eine Pressure-group für die Weiterführung der europäischen Integration und den Hintergrund der französisch-italienischen Initiative zur EPG dar.

Der britische Außenminister Eden schlug einen Plan zur Umgestaltung des Europarates im März 1952 vor. Diesem zufolge sollte der Europarat als Dachorganisation für die EGKS, die EVG und weitere funktionale Gemeinschaften fungieren. Dieser Plan beinhaltete jedoch keine Abtretung der Souveränität. Die britische Regierung beabsichtigte, die Isolierung des Landes vom Kontinent zu verhindern, ohne dabei jedoch etwas von ihrer Souveränität abtreten zu wollen. Die Briten wurden aber verdächtigt, sie wollten die supranationale Integration torpedieren. Selbst der anglophile niederländische Außenminister Stikker zweifelte daran, daß diese Umarmung der supranationalen durch eine zwischenstaatliche Organisation gut funktionieren würde. Auch Mollet war mit den „Eden-Plan" nicht zufrieden. Trotzdem versuchte er den Plan mit seinem Konzept „spezialisierte supranationale Autoritäten im Rahmen des Europarats" zu harmonisieren. Daher forderte er die EGKS, die bald in Kraft treten sollte, im Rahmen des Europarates zu entwickeln. Die französische Regierung befürwortete grundsätzlich den Eden-Plan, da sie diesen als Signal für die Teilnahme Großbritanniens an der europäischen Integration ansah. Das britische Vorhaben stieß aber auf die hartnäckige Ablehnung des Vaters der Montanunion, Monnet. Sobald der Eden-Plan bekannt gemacht wurde, suchte er die Unterstützung der Amerikaner, um die Supranationalität der Montanunion zu bewahren. Die US-Administration unterstützte Monnet. Daran schlossen sich die Bundesregierung und die italienische Regierung an.

Indessen wurde das Thema der politischen Integration innerhalb des Europarates aktuell. Das hieß, daß der Eden-Plan und die politische Integration parallel verhandelt wurden. Auf der Maisitzung der Beratenden Versammlung 1952 wurde eine Kompromißlösung, die „Empfehlung 14" an die sechs Regierungen der EVG-Mitgliedstaaten, verabschiedet. Diese Empfehlung lautete: Die Beratende Versammlung sei der Auffassung, daß die Ausarbeitung der verfassungsrechtlichen Grundlagen der EPG, die Artikel 38 des EVG-Vertrags vorsah, unverzüglich in Angriff zu nehmen sei, ohne die Ratifizierung des EVG-Vertrags abzuwarten. Die Beratende Versammlung ersuche daraufhin die beteiligten Regierungen, entweder die Versammlung der Montanunion oder die in kleinerer Zusammensetzung tagende Versammlung des Europarates zu beauftragen, die Satzung einer supranationalen politischen Gemeinschaft auszuarbeiten

In diesen Vorgang griff Monnet nunmehr engagiert ein. Während der EVG-Verhandlungen hielt er eigentlich den sogenannten zweiten Schuman-Plan über die Einführung der politischen Autorität für die Europa-Armee für inopportun, da dieses große Vorhaben die EVG-Verhandlungen gefährden könnte. Nach der Unterzeichnung des EVG-Vertrags hielt er engen Kontakt mit Schuman, um ihn über die Schaffung einer politischen Autorität für die EGKS und die EVG zu beraten. Wie bei der Montanunion und der EVG kreisten seine Gedanken bei der Konzipierung der EPG um die Frage, wie Westdeutschland möglichst fest an den Westen angebunden werden könnte. Die Bundesrepublik sollte ihre Kapazitäten im Rahmen der (west)europäischen Integration entfalten und zum gemeinsamen Wohl beitragen. Dafür sollte sie Teile ihrer Souveränität an die übergeordnete Organisation abtreten. Im Gegensatz zu Schuman legte Monnet weniger Wert auf den Pool Diplomatique. Für ihn war die Direktwahl für eine europäische Versammlung und die vollkommene Verschmelzung der Teilgemeinschaften zu einer europäischen Gemeinschaft wichtiger. Dabei ging es um die demokratische Legitimation der EGKS und der EVG und die Schaffung der Rahmenbedingung für die weitere Entwicklung. Monnet befürwortete zwar die britische Teilnahme, aber nicht indirekt über den Europarat, sondern direkt an den EPG-Verhandlungen. Daher riet er Schuman, die Ausarbeitung der verfassungsrechtlichen Grundlagen der EPG vor dem Inkrafttreten des EVG-Vertrages an die bald zu konstituierende Schuman-Plan-Versammlung, und nicht den Europarat, zu übertragen. Dies bedeutete praktisch die Fortsetzung der mit der Montanunion beginnenden Abkehr vom Europarat.

Die Bundesregierung, die italienische Regierung und auch die amerikanische Regierung standen hinter Monnet. Die Einstellung Schumans war aber nicht so schlüssig. Seine Sorge waren die anglophilen Strömungen der PS-SFIO. Daher wollte er Anzeichen dafür vermeiden, den Eden-Plan zu torpedieren. Doch hielt er wie Monnet an dem Prinzip der Souveränität fest. Er beauftragte die Schuman-Plan-Versammlung mit der Ausarbeitung der verfassungsrechtlichen Grundlagen der EPG, akzeptierte aber den Vorschlag Monnets über die direkte Teilnahme der britischen Regierung als Beobachter an den EPG-Verhandlungen nicht. Statt dessen trat er dafür ein, neben den Briten auch alle anderen Mitgliedstaaten des Europarats an der EPG-Verhandlungen als Beobachter teilnehmen zu lassen. Der Unterschied zwischen Schuman und Monnet lag nicht in der Grundüberzeugung vom Prinzip der Supranationalität, sondern in der politischen Taktik. Schuman war Politiker, der der Nationalversammlung verantwortlich war.

Schuman ergriff im Juli 1952 gemeinsam mit De Gasperi die Initiative zur Bildung der EPG. Auf der Ministerratssitzung der EGKS im Juli 1952 konnten die sechs Außenminister auf diesen französisch-italienischen Vorschlag aber nicht eingehen, nicht nur wegen der Vorbehalte der Benelux-Staaten, sondern auch weil die Sitzfrage der EGKS so lang debattiert wurde. Erst im September 1952 in Luxemburg konnte der französisch-italienische Vorschlag konkretisiert werden. Belgien war immer noch gegen die politische Integration. Auch die Niederlande hatten nach wie vor Vorbehalte. Sie änderten jedoch ihre Grundlinie der Europapolitik. So wollten sie die schwache Stelle in einem politisch organisierten Europa durch die wirtschaftliche Integration ausgleichen. Der neue niederländische Außenminister Beyen schlug auf der Sitzung des Ministerrats im September 1952 vor, die wirtschaftliche Integration in dem EPG-Projekt als wesentliche Komponente mit einzubeziehen. Die anderen Außenminister standen diesem Vorschlag nicht völlig ablehnend gegenüber. Daher beinhaltete die Luxemburger Resolution sowohl den französisch-italienischen Plan zu einer politischen Integration als auch den niederländischen Plan zu einer wirtschaftlichen Integration der sechs Staaten. Im Dezember 1952 konkretisierte Beyen seinen Plan und sandte ein Memorandum, bekannt als „Beyen-Plan", über die Schaffung einer Zollunion der sechs Staaten an die anderen fünf Regierungen. So wurde Luxemburg der Geburtsort für das Projekt der „Europäischen Politischen Gemeinschaft", das knapp zwei Jahre lang verhandelt wurde.

Die Maximalforderungen Italiens und der Niederlande, und nicht zuletzt der BRD überschritten den eigentlichen Zweck weitaus, den Schuman mit dem EPG-Projekt erreichen wollte, nämlich die Erleichterung der Ratifizierung des EVG-Vertrags. Schuman schloß die gemeinsame Außenpolitik vom EPG-Projekt aus. Ansonsten war Schumans Konzept für das EPG-Projekt nicht fest umrissen. Seine Haltung zur vollkommenen Integration der beiden Teilgemeinschaften in die EPG und zur Verstärkung der Befugnisse der EVG-Versammlung war nicht eindeutig. Übrig blieb nur die Direktwahl für die Völkerkammer, bei der er jedoch auch unschlüssig war. Dieses unklare Konzept ist auf die instabile politische Situation in Frankreich, besonders auf die unklare Haltung der PS-SFIO über das EPG-Projekt zurückzuführen. Schuman wollte den Gegnern des jetzigen EVG-Vertrags ihre maximale Argumentation für die vorherige Schaffung einer politischen Autorität für die Europa-Armee nehmen und damit den EVG-Vertrag möglichst schnell ratifizieren lassen. Dagegen beabsichtigte er nicht, auch die EPG-Verhandlungen schnell zu Ende zu bringen. Diese minimalistische Haltung war ersichtlich aus der Vorlage, die Seydoux auf der Fragebogenkonferenz im Oktober 1952 vorlegte.

Auf ihrer konstituierenden Sitzung im September 1952 übernahm die Schuman-Plan-Versammlung die Aufgabe der Ausarbeitung eines Entwurfes für die EPG, und bildete die Ad-hoc-Versammlung, die diese Ausarbeitung durchführen sollte. Nach mühsamer sechsmonatiger Arbeit legte diese den »Vertragsentwurf zur Errichtung einer Satzung der Europäischen Gemeinschaft« den sechs Regierungen vor. Dies war die Hochphase der politischen Integration in den 1950er Jahren. Während der Verhandlungen der Ad-hoc-Versammlung wurde jedoch klar, daß die Gaullisten keinesfalls etwas von der Souveränität abtreten wollten. Ihre Konzeption für die europäische Integration war eine Konföderation, in der engere zwischenstaatliche Kooperation verlangt wurde als beim britischen Unionismus. Diese Konzeption betonte zwar die Voranschaltung einer politischen vor die militär-technische Organisation, entsprach jedoch nicht der supranationalen europäischen Integration à la Monnet. In diesem Punkt läßt sich kein Unterschied zwischen den Gaullisten und der gaullistischen Splittergruppe (ARS) feststellen. Dazu kam, daß de Gaulle seine Gegenmeinung der EVG gegenüber noch einmal verdeutlichte. Mollet distanzierte sich auch von der Ausarbeitung der Ad-hoc-Versammlung. Besonders kritisierte er die föderalistische Tendenz innerhalb der Ad-hoc-Versammlung, ohne Großbritannien allzu schnell eine kontinentale Föderation bilden zu wollen. Er stigmatisierte diese Föderation als „communauté géographique", und beharrte auf seiner alten Konzeption der „communauté spécialisée" im Rahmen des Europarats.

Aus Frankreich kam das entscheidende Hindernis für die Hochphase der europäischen politischen Integration. Zum Jahreswechsel 1952/53 wurde die Regierung Pinays durch die Mayers abgelöst. Dabei traten die Gaullisten in die Regierung ein. Wegen dieser Gruppe wurde

Schuman durch Bidault abgelöst. Das bedeutete die Gewichtsverlagerung von der supranationalen Integration zu der konföderalen. Bidault verließ zwar nicht die bisherige französische supranationale europäische Integration. Er berücksichtigte aber in seiner Europapolitik diese Gruppe mehr als Schuman. Bidault ging davon aus, daß die EVG zustande kommen sollte. Aber er versuchte, den Inhalt des EVG-Vertrages durch Zusatzprotokolle zu ändern. Er setzte die Verhandlungen mit den Briten über deren engere Assoziation an die EVG fort. Die französische Einstellung über die Saarfrage wurde nationalistischer geprägt als unter Schuman. Diese Gewichtsverlagerung war in der Politik der politischen Integration deutlicher erkennbar.

Die Zollunion, die Beyen vorgeschlagen hatte, lehnte Schuman selbst ab. Wormser, der an der wirtschaftlichen Integration Europas maßgeblich arbeitete, trat diesem Plan entschieden entgegen. Charpentier, der Chef der Wirtschaftsabteilung des Quai d'Orsay, war zwar nicht so extrem gegen diesen Plan, trat aber ebenfalls gegen die sofortige automatische Zollsenkung, die Beyen wünschte, ein. Aus seiner Sicht war es ausreichend, den Anfang der wirtschaftlichen Integration der sechs Staaten zu machen. Zusätzlich interessierte er sich für die Bildung eines gemeinsamen Investitionsfonds. Bidault übernahm diese Position. Auf jeden Fall war er gegen den Beyen-Plan. Diese ablehnende Haltung wurde auf die schlechte wirtschaftliche Situation Frankreichs zurückgeführt. Aus Sicht des Quai d'Orsay stellte der Beyen-Plan weniger ein Problem dar, als die Supranationalität der vorgesehenen EPG. Dazu kamen als großes Problem die Beziehungen der Union Française zu der europäischen Integration. Ein Großteil der Kabinettsmitglieder und der Spitzenbeamten warnte davor, daß die enge Bindung Frankreichs zu seinen überseeischen Gebieten durch ein zu weit gehendes Engagement an der supranationalen Integration gelockert und sogar zunichte gemacht werden könnte. Man befürchtete die Auflösung der Kolonialmacht und damit der Weltmacht Frankreichs. Diese Problematik betraf auch die Agrarunion. Wie oben dargelegt wurde, schien das Postulat der Nationalversammlung der Voranschaltung einer politischen Integration vor der militärtechnischen Integration nicht mehr zu gelten, und zwar wegen der sozialistischen und gaullistischen Ablehnung des von der Ad-hoc-Versammlung mühsam ausgearbeiteten Entwurfes für die EPG.

Grundsätzlich befürworteten die Bundesregierung und die italienische Regierung diesen Entwurf. Die belgische Regierung lehnte ihn unter dem Vorwand ab, daß die wirtschaftliche Integration stärker berücksichtigt werden müsse. Sie war jedoch noch nicht bereit, eine solche anzustreben, wenn nicht auch Großbritannien daran teilnehmen würde. Sie kritisierte auch die supranationale Gestaltung des Entwurfs. Die niederländische Regierung akzeptierte die Supranationalität des Entwurfs, von der Direktwahl abgesehen, forderte aber die sofortige automatische Zollsenkung. Sie wollte das Tempo der Verhandlungen über die supranationale EPG reduzieren und die wirtschaftliche Integration darin einschließen. Die luxemburgische Regierung distanzierte sich ebenfalls von der supranationalen EPG. Die französische Regierung betrieb mit diesen kleineren Staaten eine gemeinsame Politik ohne vorherige Absprache, um die EPG-Verhandlungen zu verzögern und die Supranationalität zu mildern. Das hieß, daß Paris die frühere Zusammenarbeit mit Bonn und Rom verließ und zu einem taktischen „Schulterschluß" mit Den Haag, Brüssel und Luxemburg kam. Daher wurde die EPG auf der Baden-Badener Konferenz im August 1953 offiziell bezeichnet als die „Gemeinschaft souveräner Staaten". Die EPG-Verhandlungen 1953/54 verzögerten sich daher. Man kam zu keinen sichtbaren Ergebnissen, so daß man im März 1954 beschloß, die vorgesehene Außenministerkonferenz auf unbestimmte Zeit zu verschieben. Das niederländische Beharren auf der wirtschaftlichen Integration stellte zwar ein Problem für das Gelingen der politischen Integration dar, war jedoch nicht das entscheidende Hindernis. Dieses war vielmehr die Angst Frankreichs davor, den Weg zur politischen Integration einzuschlagen. Wenn Frankreich die EPG unbedingt hätte verwirklichen wollen, hätte sich die niederländische Regierung angesichts der damaligen Machtkonstellation diesem Druck fügen müssen.

Sehr interessant war, daß Monnet hinter den Kulissen versuchte, mittels des EPG-Projekts die Stimme der PS-SFIO für die Ratifizierung des EVG-Vertrags zu gewinnen. Diese Versuche begannen bereits während der Ausarbeitung der Ad-hoc-Versammlung. Diesen Bemühungen schlossen sich die Bundesregierung, amerikanische Unterhändler wie D. Bruce und später ein Teil der niederländischen Sozialisten wie Mansholt an. Nach langem Zögern erklärte Mollet im September 1953, daß nicht nur die britische Teilnahme an der EVG, sondern auch die politische Autorität über die Europa-Armee eine wichtige Voraussetzung sei, damit die Sozialisten der Ratifizierung des EVG-Vertrags zustimmen könnten. Bidault gehörte nicht zu diesem Kreis um Mollet. Im Gegensatz zu letzterem orientierte sich seine Europapolitik an dem gaullistischen Konzept. Daher konnte ihm Monnet keine Garantie für die Supranationalität der EPG abringen. Statt dessen stimmte Bidault der Notwendigkeit der Direktwahl für die Völkerkammer zu. Daraus ergab sich der Beschluß vom Mai 1954 im Rahmen des EVG-Interimsausschusses, nach der Ratifizierung des EVG-Vertrags unverzüglich die Direktwahl für die EVG-Versammlung abzuhalten. Mit Hilfe dieser Direktwahl und des Abkommens zwischen Großbritannien und den EVG-Staaten versuchte Mollet, die Stimmen der sozialistischen Abgeordneten für die EVG zu sichern. Vom Nationalkongreß der PS-SFIO wurde in diesem Sinne ein Fraktionszwang verhängt. Diese Maßnahme erwies sich jedoch bald als unzulänglich. Mehr als die Hälfte der sozialistischen Abgeordneten stimmte in der Nationalversammlung im August 1954 gegen die EVG. Damit war auch die EPG fehlgeschlagen.

Die EPG und die EVG können nicht voneinander, sondern müssen als Ganzes angesehen werden. Das grundlegende Motiv des EPG-Projekts, nämlich die Erleichterung der Ratifizierung des EVG-Vertrags, galt bis zum Scheitern letzteres im August 1954. Aus den EPG-Verhandlungen ergab sich jedoch eine unerwünschte Perspektive: Die Bildung der Europa-Armee könnte ein entscheidender Schritt in der Entwicklung zu einer kontinentalen Föderation sein, was die Mehrheit der französischen Politiker ablehnte. In diesem Sinne hatten die EPG-Verhandlungen in der Ratifizierung des EVG-Vertrags zum einen eine positive, zum anderen eine negative Wirkung.

Die Idee einer „schwarzen Allianz" oder eines „vatikanischen Europas" verbreitete sich im Umfeld der Gegner der EPG. Christlich-demokratische Politiker wie Schuman, Adenauer und De Gasperi wünschten sich zwar ein auf christlicher Kultur basierendes Europa, aber sie gingen mit ihren Wünschen nicht soweit, daß dieses Europa andere Gesinnungen, sei es Protestantismus oder Sozialismus, ausschließen sollte. Zwischen ihnen und dem Papst gab es auch keine „schwarze Allianz". Trotz alledem nutzten die EPG-Gegner dieses Stigma zu ihrem Zweck voll aus. Dazu distanzierte sich ein Großteil der französischen Katholiken vom deutschen Christentum. Man lehnte die Mischung des französischen und deutschen Katholizismus ab. Insgesamt war das Bild des „katholischen Europa" der politischen Integration in der ersten Hälfte des 1950er Jahren nicht dienlich.

Die föderalistischen Europa-Verbände erreichten den Höhepunkt ihres Einflusses auf die Regierungen gerade in der EPG-Phase. A. Spinelli nutzte die Europa-Armee zugunsten der politisch organisierten europäischen Föderation geschickt aus. Seine Argumentation lautete: Ohne politische Integration könne die Europa-Armee nicht gut funktionieren. Dies betraf die Außenpolitik und insbesondere die demokratische Legitimation. Diese Argumentation war logisch und besaß daher große Überzeugungskraft. Aber alle Bemühungen der föderalistischen Europa-Verbände scheiterten letztendlich an den französischen Vorbehalten. Hierin lag die Grenze der privaten Europa-Verbände.

Bei einer zusammenfassenden Betrachtung der EPG-Verhandlungen ist zu beachten, wie die beteiligten Staaten ihre jeweilige machtpolitische Stellung in Europa und der Welt wahrnahmen. Durch das mit dem Schuman-Plan eingeleitete Prinzip der Supranationalität, basierend auf der Gleichberechtigung der Staaten, verfolgte die französische Regierung ein ganzes Bündel von Zielen; sicherheitspolitische und wirtschaftliche Motive gingen hier eine Symbiose ein. Die supranationale Struktur jedoch war allein aus sicherheitspolitischer Perspektive notwendig. Nur sie entzog der Bundesregierung die Zuständigkeit für die deutsche Montanindustrie und schloß rüstungspolitische Alleingänge Westdeutschlands zuverlässig aus.[960] Dies galt auch für den Pleven-Plan. Die beiden Projekte basierten methodisch auf der supranationalen Teilintegration. Diese Methode ist jedoch bei der militärischen Integration nur schwer anwendbar, weil letztere eng mit einer politischen Integration verwandt ist und nicht bei einer Teilintegration stehenbleibt. Frankreich befürwortete zunächst die logische Erweiterung der militärischen auf die politische Integration, versuchte diese dann jedoch zu beschränken, was ihm letztendlich gelang.

Ein neuer Impuls zu dieser Erweiterung kam aus Rom. Die römische Regierung beteiligte sich notgedrungen seit Sommer 1951 an den EVG-Verhandlungen. In dieser militärischen Gemeinschaft besaß sie im Vergleich zu der Pariser Regierung und der Bundesregierung sehr geringen Einfluß. Sie versuchte, ihre Machtposition zu verbessern, indem sie die Maximalforderung erhob, die Befugnisse der EVG-Versammlung zu vergrößern. Italien wollte entsprechend seiner Bevölkerungsgröße mehr Einflußmöglichkeiten in der EVG-Versammlung erhalten. Diese Forderung schloß auch die Direktwahl für die Versammlung mit ein, was auch die Mobilisierung der europäischen Bevölkerung für die Idee der europäischen Integration als Symbol des Friedens und der Zusammenwachsens beinhaltete. Daher schien die italienische Einstellung zur politischen Integration Europas in diesem Moment sehr idealtypisch und der föderalistischen Zielsetzung entsprechend zu sein.

Die Motivation der römischen Regierung galt auch für die Bonner Regierung. Die Bundesregierung hätte ein größeres Ausmaß politischer Kontrolle akzeptiert und noch vor Erlangung der Souveränität auf Kompetenzen zugunsten der Gemeinschaftsorgane verzichtet, wenn damit der Bundesrepublik der gleiche Status zugebilligt worden wäre wie den westeuropäischen Partnern. Die EVG schloß jedoch die politische Integration aus. Das bedeutete praktisch eine Diskriminierung für die Bundesregierung, da wichtige politische Entscheidungen der EVG innerhalb der NATO gefällt werden sollten, der die BRD nicht angehörte. Daher wollte die Bonner Regierung diesen diskriminierenden Charakter durch die Maximalforderung der um-

---

960 Vgl. Thiemeyer, G., Vom »Pool Vert« zur Europäischen Wirtschaftsgemeinschaft, S. 274.

fassenden außenpolitischen Integration zu ihren Gunsten korrigieren. Dies ist aus einer im Oktober 1952 von Ophüls verfaßten Aufzeichnung klar erkennbar. Da der Handlungsspielraum der Bundesregierung aber stärker beschränkt war als der der italienischen Regierung, war sie nicht in der Lage, eine Initiative zur Vergemeinschaftung der Außenpolitik zu ergreifen. Damit entspricht auch ihre positive Haltung zur politischen Integration Europas der idealtypischen föderalistischen Zielsetzung. Die Maximalforderungen der Bundesregierung und der italienischen Regierung führten dazu, die Idee der „Dritten Kraft", eine der Zielsetzungen der von der Resistance entwickelten europäischen Integration, zu betonen. Obschon man sich in beiden Regierungen Europa nicht als Vermittler zwischen beiden Blöcken vorstellen konnte, wollte man durch die Stärkung der Handlungsfähigkeit Europas in der Weltpolitik die eigene Machtpositionen verbessern.

Trotz idealtypischer Vorstellungen über den föderativen Zusammenschluß Westeuropas blieben die konkreten Stellungnahmen des Bundeskanzlers zum EPG-Projekt pragmatisch an einer Politik des „Schritt für Schritt", d.h. an erster Stelle an den Bedingungen für die Ratifikation des EVG-Vertrags in Frankreich orientiert. Die Bundesregierung war sogar gegenüber Verhandlungen mit den Gaullisten über deren Konzept der europäischen Integration in Form der Konföderation aufgeschlossen. Dies wurde deutlich bei ihrer Haltung zu den Vorschlägen Billottes. Obwohl darin die europäische Komponente weniger präsent war als im Konzept Monnets, war die Idee der Konföderation für die Bundesregierung vorteilhaft, weil es ihr erlaubte, gleichberechtigt der NATO beizutreten.

Angesichts des Fortschritts einer politischen Integration der sechs Staaten geriet die niederländische Regierung in Panik, da sie Angst davor hatte, in einer politischen Gemeinschaft von den drei größeren Staaten majorisiert zu werden. Zuvor hatte sie an der ersten Runde der EVG-Verhandlungen nicht teilgenommen. Als sie sich notgedrungen an deren zweiter Runde beteiligte, unternahm sie Versuche zusammen mit Belgien, den supranationalen Charakter zu modifizieren, um ihren Stimmen mehr Gewicht in den politischen Entscheidungsgremien (dem Ministerrat und dem Kommissariat) zu geben. Wegen ihrer hartnäckigen Ablehnung der supranationalen Gestaltung der Europa-Armee konnten die EVG-Verhandlungen nicht vorangehen. Gerade in diesem Punkt wurde die Haager Regierung von der Washingtoner Regierung unter Druck gesetzt, ihre Forderung zurückzuziehen. Sie mußte diesem Druck nachgeben. Aufgrund dieser Erfahrung konnte die Haager Regierung ihre Verzögerungstaktik nicht weiterführen, und daher änderte sie ihre Grundlinie der Europapolitik. Nunmehr forderte sie das Junktim zwischen der politischen Integration und der Zollunion. Hierzu trug allerdings bei, daß sich der Stikker-Plan der sektoralen Wirtschaftsintegration im Rahmen „Großeuropas" als unrealisierbar erwies. Dieser Änderung lag der Gedanke zugrunde, daß kleine Länder wie die Niederlande nur durch wirtschaftliche Integration bei ihrem Aufgehen in einer europäischen politischen Gemeinschaft ihr Gewicht behalten könnten. Allerdings hatte die niederländische Regierung mehr Interesse an einer wirtschaftlichen Integration, insbesondere an einer landwirtschaftlichen, als an einer militärisch-politischen. Ihre Änderung der Europapolitik zugunsten der supranationalen Integration der sechs Staaten in der Phase der politischen Integration war nicht nur auf wirtschaftliches Kalkül zurückzuführen, sondern auch - möglicherweise mehr als auf ersteres - auf machtpolitisches. Das niederländische Junktim zwischen wirtschaftlichen und politischen Integrationsmaßnahmen war der Versuch, sich dem Einfluß der größeren Staaten zu entziehen.

Die französische Regierung war sehr zurückhaltend gegenüber der politischen Integration. Schuman selbst handelte vorsichtig. Er ließ die Idee des Pool Diplomatique letztendlich fallen, lehnte den italienischen Vorschlag für die Erweiterung der Befugnisse der EVG-Versammlung ab, und nahm keine klare Haltung zu der Direktwahl für die EVG-Versammlung ein. Ihm kam es darauf an, das EPG-Projekt lediglich als ein taktisches Instrument für die Erleichterung der Ratifizierung des EVG-Vertrags einzusetzen. Es ist jedoch zu beachten, daß er die Grundüberzeugung De Gasperis und Adenauers teilte, Europa solle politisch integriert werden. Sonst hätte er solch ein gefährliches Instrument selbst aus taktischem Grund nicht einsetzen können. Nach der Ablösung der Regierung Pinay/Schuman durch die Regierung Mayer/Bidault trat diese Vorsicht deutlicher zutage. Bidault versuchte die Supranationalität der geplanten EPG bis zur zwischenstaatlichen Form herabzusetzen. Dahinter steckte das schwierige Problem der Union Française. Nunmehr sah Frankreich sich mit einem schwer zu lösenden Problem konfrontiert: Wie konnte es die hauptsächlich auf die Kontrolle über Deutschland gerichtete Konzeption der europäischen Integration mit der auf Beibehaltung des Kolonialsystems beruhenden Weltmachtposition harmonisieren? Ferner ging es darum, ob und wie Frankreich als eine - wenn auch zweitrangige - Weltmacht weiter in der Welt auftreten konnte oder ob es statt dessen als Führung des vereinigten Europa auf der Bühne der Weltpolitik auftreten sollte? Dieser Aspekt kann im Vergleich zum britischen Konzept der europäischen Integration besser beleuchtet werden.

Im Memorandum für den Eden-Plan stellte der Undersecretary for Foreign Affairs Nutting als Motiv für die supranationale Integration neben der Aussöhnung zwischen Frankreich und Deutschland ebenso nationale machtpolitische Motive heraus: Frankreich beabsichtige, die schnell wachsende deutsche Stärke in einer Gemeinschaft, die nach französischem Muster gebildet werden solle, zu kontrollieren. Deutschland wolle damit die verlorene Gleichberechtigung wiedererlangen und darüber hinaus durch die Größe und Stärke der deutschen Ressourcen Vorteile innerhalb der Gemeinschaft erlangen. Aus der Analyse über die gegenwärtigen Gemeinschaften zog Nutting die Konsequenz, daß die supranationale europäische Integration auf kurze Sicht für Großbritannien nicht gefährlich werde. Auf längere Sicht jedoch könne sich dies ändern, weil die deutsche schnell wachsende wirtschaftliche Kraft schließlich die Oberhand in der Gemeinschaft über Frankreich gewinnen könne und es unsicher sei, ob dann die deutsche dominierende Position für Großbritannien wirtschaftlich und politisch nicht nachteilig sei. Nuttings Ansicht nach sollte sich die europäische Gemeinschaft im breiteren atlantischen Rahmen entwickeln. Großbritannien sollte die supranationale kontinentale Gemeinschaft unterstützen, gleichzeitig aber auch Gegenmaßnahmen ergreifen. In Nuttings Augen machte seine Weltmachtposition, die sich auf seiner Stellung im Commonwealth begründete, es für Großbritannien unmöglich, an der kontinentalen Gemeinschaft als Vollmitglied teilzunehmen. Statt dessen sollte sich Großbritannien mit ihr assoziieren.[961] Für Frankreich war hingegen die Supranationalität eine unabdingbare Garantie für die Kontrolle des immer stärker werdenden Westdeutschlands. Dafür war es bereit, einen Teil seiner Souveränität abzutreten. Der große Unterschied zwischen den beiden Mächten war, daß Großbritannien Nazi-Deutschland besiegt hatte, während Frankreich im Krieg eine schmerzhafte Niederlage und

---

961 DBPO II, Vol. 1, S. 781-788, Memorandum by the Permanent Under-Secretary's Committee, 12 December 1951.

Besatzung hinnehmen mußte. Diese Kriegserfahrungen waren in hohem Maße für die unterschiedliche Deutschlandpolitik der beiden Siegermächte verantwortlich.[962] Bei der Entwicklung des Schuman-Plans und des Pleven-Plans schloß Frankreich die Frage der Union Française aus den Verhandlungen aus. Anders als bei Großbritannien stellte diese Frage für Frankreich kein Hemmnis für die Schaffung der supranationalen Teilintegration dar. Was war der Grund dafür, daß sich die beiden Kolonialmächte angesichts der europäischen Integration so unterschiedlich verhielten?

Clemens Wurm führt aus, daß diese Konsequenzen in den Strukturen, den Funktionen und den Bedeutungen der Kolonien in den beiden Ländern zu finden sind. Ihre Machtpositionen seien durch die Kolonien gestärkt worden, durch deren abgesicherte Märkte und das Angebot natürlicher Ressourcen. Die Union Française sei kleiner und weniger bedeutsam für das Mutterland und für die Weltwirtschaft gewesen als der Commonwealth. Die Sterling-Zone habe neben der Dollar-Zone die größte Bedeutung für den Handel und die Währungen in der Welt gehabt. Die Staaten des Commonwealth und Großbritannien standen Wurms Ansicht nach in engerer Verbindung zueinander als dies in der Union Française der Fall war. Daraus resultiere eine bestimmte Identität und politische Ordnung in Großbritannien. Die de jure lokkere, aber de facto engere Verbindung des Commonwealth sei in London als ein Modell für eine engere Kooperation in Europa angesehen worden. Im Gegensatz zum britischen Kolonialsystem seien die französische Kolonien später geschaffen worden, und zwar hauptsächlich aus politischem Grund. Die französischen Bestrebungen nach Kolonien hatten den Zweck, so Wurm, den Status Frankreichs in Europa nach der Niederlage im französisch-deutschen Kriegs 1871 auszugleichen und die verlorene „Grandeur" wieder zu gewinnen. Das Hauptinteresse Frankreichs habe nicht in den Kolonien gelegen, sondern in Europa.[963]

Frankreich begann 1952, sich in bezug auf die Politik der Union Française und der europäischen Integration zu spalten, als das EPG-Projekt initiiert wurde. Für Monnet und Schuman war die Supranationalität kein Selbstzweck, sondern notwendig zur Sicherung eines Rahmens, in welchem Frankreich und Deutschland versöhnt und Westdeutschland ausreichend kontrolliert werden konnte. Dabei verloren sie niemals das Risiko aus den Augen, daß die Deutschen eine dominierende Rolle in der supranationalen Gemeinschaft übernehmen könnten, wogegen ein Gleichgewicht herbeigeführt werden mußte. Dieses sollte im breiteren Rahmen einer atlantischen Gemeinschaft hergestellt werden. Man glaubte auch, daß so die Führungsrolle in der supranationalen europäischen Gemeinschaft und damit auch die Weltmachtposition Frankreichs gewährleistet gewesen wäre. Diese Überzeugung leitete sich davon ab, daß ohne eine enge Zusammenarbeit mit den USA die Weltmachtposition Frankreichs nicht gesichert wäre. Die USA betrieben zu jener Zeit eine weltweite antikommunistische Strategie, indem sie mit Großbritannien hauptsächlich in den außereuropäischen Gebieten, mit Frankreich hauptsächlich in Europa eng zusammenarbeiteten. Daraufhin waren Schuman und Monnet bereit, ein noch größeres Stück der Souveränität Frankreichs abzutreten als die Gaullisten und die mit starkem nationalem Bewußtsein erfüllten hochrangigen Beamten im Quai d'Orsay. Obgleich die Sozialisten mehr von der Europapolitik als von der

---

962 Wurm, Clemens, Two Paths to Europe: Great Britain and France from a Comparative Perspective, in: ders. (Hrsg.), Western Europe and Germany. The Beginning of European Integration 45-60, S. 181f.

963 Ibid., S.178-179.

Politik der Union Française hielten und an der EVG festhielten, waren auch sie der Auffassung, daß die Monnetsche supranationale Gemeinschaft nicht genug Kontrollinstanz gegenüber den Deutschen bot. Hier lag jedoch ein anderer Grund vor als bei den Gaullisten: die Frage der britischen Teilnahme. Die Sozialisten waren bereit, das Prinzip der Supranationalität in gewissem Maße aufzugeben, um die Briten an der europäischen Integration zu beteiligen. Für diese pro-europäischen Kräfte war die Frage der Union Française kein so großes Hindernis für die Weiterführung der supranationalen europäischen Integration.

Die Gegner der Monnet-Schumanschen Europapolitik hielten diese supranationale Gemeinschaft für keinen ausreichenden Rahmen, um die Deutschen zu kontrollieren. Vielmehr sahen sie hierin die Gefahr, Frankreich könne auf lange Sicht die dominante Position in der europäischen Gemeinschaft an die Deutschen verlieren. Die Gaullisten, der Großteil der Spitzenbeamten im Quai d'Orsay und im allgemeinen die EVG-Gegner glaubten, daß die französische Weltmachtposition mehr von der Union Française abhing als von Europa. Angesichts der Krise der Union Française und der gegenteiligen Haltung Amerikas in Kolonialfragen hielten sie die Monnetsche supranationale Gemeinschaft für einen Ausverkauf der nationalen Souveränität Frankreichs und seiner historischen Großmachtbestimmung durch den europäischen Integrationsprozeß. Diese Strömung wird in einer Note des Leiters der Unterabteilung Zentraleuropa im Quai d'Orsay, Sauvanargues, vom 26. Juni 1952 deutlich. Er war der Ansicht, die EPG sei mit der Position von Frankreich als „troisième Grand" vereinbar. Diese Position gründe sich auf die französische Verantwortung gegenüber Deutschland und auf die Union Française. Die EGKS und die EVG hätten nichts mit den französischen überseeischen Gebieten zu tun. Diese Verträge (der EVG- und der General-Vertrag) würden Frankreichs Position als „puissance africaine, donc puissance mondiale" nicht berühren. Wenn es Frankreich gelänge, eine Lösung für den Indochina-Krieg zu finden, könnte, bei Beibehaltung lediglich der nordafrikanischen Territorien, in einem solchem System nur „une légère marge de supériorité" im Verhältnis mit Westdeutschland gesichert werden. Das Problem liege nicht in der juristischen Unteilbarkeit der République Française, sondern in der amerikanischen Europa- und Frankreich-Politik. Die USA förderten auf dem europäischen Kontinent die Integration und in den Kolonialgebieten, vor allem in Nordafrika, die Unabhängigkeit. Angesichts dieser amerikanischen Politik sei die Initiative zu einer europäischen Föderation ungeeignet. Denn „dans une telle fédération en effet, le maintien au profit de la France d'un secteur 'national' paraît peu concevable. La logique du système comporte la 'mise en pool' des possessions outre-mer. La fédération une fois constituée, il n'y aura d'ailleurs, par définition, plus à se préoccuper de la position mondiale de la France, la fédération elle-même devant normalement prendre notre place aux côtés des Etats-Unis et de la Grande-Bretagne." Wenn Frankreich proklamiere, daß die Föderation das Endziel sei, sei es schwer möglich, die USA davon zu überzeugen, daß das Beibehalten der momentanen Position in Nordafrika für Frankreich lebenswichtig sei.[964] Massigli erfuhr von Monnets weiterem Plan von einem ungenannten amerikanischen Bekannten, der sich vor kurzem mit Monnet besprochen hatte. Danach soll Monnet gesagt haben: „dans 10 ans, il n'y aura plus d'Allemagne ni de France, il n'y aura qu'une Europe." Massigli legte Außenminister Bidault nahe: „Plus j'étudie la question, plus, je dois

---

964 AMAE Europe 44-60, Allemagne, Bd. 378, Bl. 263-267, Sauvagnargues (Leiter der Unterabteilung Centraleurope), Note, 26.6.1952.

vous l'avouer, je suis effrayé de l'aventure dans laquelle on veut nous précipiter. Résistez, je vous en conjure; résistez, une fois de plus."⁹⁶⁵

Mit seiner realistischen Europapolitik zielte Bidault darauf ab, allen Tendenzen in der Frage der europäischen Integration in Frankreich gerecht zu werden. Bidault zeigte zwar Sympathie für de Gaulles Vorliebe für die nationale Souveränität, akzeptierte dessen Kritik der EVG jedoch im wesentlichen nicht. Er sah das häufig erwähnte Dilemma zwischen der Föderation und der Konföderation als „faux dilemmes" an. Eine Konföderation, womit de Gaulles Konzeption gemeint war, sei in der Tat eine rein politische Verbindung mehrerer, durch gemeinsame Interessen geeinter Staaten, die jedoch keine gemeinsame, mit den Bürgern der teilnehmenden Staaten in unmittelbarer Beziehung stehende Exekutivgewalt anerkennen. Diese Lösung entsprach nicht den gegenwärtigen Problemen Frankreichs, da es Strukturen suchte, die geeignet wären, gemeinsame Interessen auf genau festgelegten Gebieten wahrzunehmen. Ebenso wenig wäre eine Föderation mit der französischen Sondersituation vereinbar, da Frankreich, wenn es in eine europäische Föderation eintreten sollte, nicht mehr zu den Siegermächten gehören könnte. Damit wollte Bidault im Grunde genommen die bisherige Methode der supranationalen Teilintegration weiter verfolgen, aber mit mehr Akzentuierung der nationalen Souveränität als Monnet und Schuman. „Le dilemme véritable" war aus Sicht Bidaults die Situation, in der Frankreich zwischen Europa und der Union Française, anders gesagt, zwischen „la vocation européenne" und „la vocation mondiale" wählen mußte. Er konnte sich nicht entschließen, auf welche der beiden Aufgaben die Priorität der französischen Außenpolitik gelegt werden sollte.⁹⁶⁶ Er verschob diese Frage daher einfach auf später. Bidault wollte die Balance zwischen der Europapolitik seines Vorgängers und der nationalen Stimmung halten. Er sah die Lösung nicht darin, das bis dahin Erreichte zunichte zu machen, sondern in dessen Rahmen den Inhalt und das Tempo der europäischen Integration zu Gunsten Frankreichs zu korrigieren.

Aus den EPG-Verhandlungen ergab sich insgesamt folgendes Bild: Um den Deutschen den militärischen Alleingang unmöglich zu machen, führte die französische Regierung die supranationale militärische Integration mit der amerikanischen Unterstützung trotz der ablehnenden Haltungen der anderen fünf Partnerstaaten ein. Diese akzeptierten zwar die EVG-Lösung, stellten aber ihrerseits Maximalforderungen an die französische Regierung, um ihre geringen Einflußmöglichkeiten zu verbessern. Aus taktischen Gründen akzeptierte die französische Regierung einen Teil dieser Maximalforderungen. Trotz der vorsichtigen Haltung der französischen Regierung schien es jedoch so zu sein, daß die EPG in naher Zukunft zu einer Föderation, in deren Rahmen die Souveränität der Großmacht Frankreichs aufgelöst werden könnte, führen würde. Durch die EPG-Verhandlungen konnte man sich die letzte Station der europäischen Integration veranschaulichen. Vor diesem Aspekt schreckten diejenigen, die die EGKS und die EVG als Kontrollfunktion über Westdeutschland befürworteten, zurück. Die ursprünglichen Gegner dieser funktionalen Integration, wie die Gaullisten, bekräftigten dieses Zurückscheuen. Damit scheiterte die erste »Europäische Gemeinschaft«. Dabei handelte es sich um die Zielsetzungen der europäischen Integration. Die europäische Integration wurde

---

965 AMAE PA-AP, 217-Massigli, Vol. 92, Bl. 49-50, Lettre de Massigli à Bidault, 10.10.1953.
966 Rede des Staatssekretärs M. Schumann als Vertreter Bidaults, in: Assemblée Nationale. Compte Rendu Analytique Officiel. 2ème séance du vendredi 20 nov. 1953, Bl. 19-27 (Dieses Protokoll ist vorhanden in PAAA BüSt 1949-1967, Bd. 59, Bl. 16-46).

gestoppt, bevor die beschränkte Zielsetzung der Kontrolle über die Deutschen zu der wirklich „europäischen" Zielsetzung der „Dritten Kraft" (obwohl diese im Rahmen der atlantischen Allianz entwickelt werden sollte) ausgeweitet werden konnte. Dies war die Grenze der europäischen Integration, die bis heute gilt. Eine wichtige Bedeutung der EPG-Verhandlungen liegt darin, diese Grenze klar aufzuzeigen.

Die andere Bedeutung der EPG-Verhandlungen in der europäischen Integrationsgeschichte betrifft den Zusammenhang zwischen den EPG- und EWG-Verhandlungen. Beyen brachte seinen Wunsch bereits im Februar 1953 klar zum Ausdruck, den Zollunionsplan unabhängig von der EVG-EPG weiter zu fördern. Mit den Verhandlungen wurde dieser Zollunionsplan zu einer Idee der wirtschaftlichen Gemeinschaft erweitert, für die die Wirtschafts- und Währungspolitik der Mitgliedstaaten harmonisiert werden sollte. Knapp neun Monate nach dem Scheitern des EPG-Projekts griff Beyen auf seinen alten Zollunionsplan zurück. Von vornherein war klar, daß weitere vier Staaten - die BRD, Italien, Belgien und Luxemburg - grundsätzlich diesem Plan zustimmen würden, wie es während der EPG-Verhandlungen deutlich geworden war. Das Problem war nach wie vor Frankreich. Es lehnte den Beyen-Plan während der EPG-Verhandlungen kategorisch ab, einerseits wegen der schlechten wirtschaftlichen Situation, andererseits aus Angst vor der dominierenden Rolle der deutschen Wirtschaft in der supranationalen Wirtschaftsgemeinschaft. Beispielhaft dafür war die Ausgabe des „Express" vom 14. November 1953. Sie bezeichnete die Empfehlungen des deutschen Wissenschaftlichen Beirates im Bundeswirtschaftsministerium im April 1953 als „le plan allemand pour la conquête de l'Europe".[967] Aber diese Empfehlungen besaßen keine solchen Charakterzüge. Diese Schlagzeile zeigte klar, wie tief die Angst Frankreichs vor der wieder erstarkenden deutschen Wirtschaft verwurzelt war. Frankreich zog sich allerdings nicht ganz aus der wirtschaftlichen Integration zurück. Es wollte zunächst seine Wirtschaft modernisieren und konkurrenzfähig machen, und dann liberalisieren. Das wird deutlich am Beispiel von Wormser und Mendès-France.

In den bisherigen EWG-Forschungen werden als Gründe für das Gelingen der EWG-Verhandlungen folgende genannt: die Euratom, die Agrarfrage, die Schwäche Westeuropas, die in der Suez-Affäre klar zum Ausdruck kam, und die kontinuierliche Debatte in Frankreich um die Modernisierung und um die europäische wirtschaftliche Integration. Dabei galt die Kontrolle über Westdeutschland allerdings immer noch als das wichtigste Motiv. Die Union Française und die britische Teilnahme an den EWG-Verhandlungen wurden jedoch bisher wenig beachtet.

Wie A. S. Milward und M. B. Lynch zeigten,[968] bestand innerhalb der französischen Regierung ein kontinuierliches Interesse an der wirtschaftlichen Integration, obschon dieses Interes-

---

967 AN 457 AP 34, L'express, 14.11.1953, Le plan allemand pour la conquête de l'Europe.
968 Lynch, M.B., Restoring France : the road to integration, S. 59-87. Er gab als Beispiel hierfür E. Faure und die auf dessen Initiative ins Leben gerufenen Kommission Nathans 1954 an (Ibid, S. 66). Aber E. Faure und Nathan traten zwar für die Weiterführung der Liberalisierung der quantitativen Beschränkungen im Rahmen der OEEC ein, jedoch gegen den Beyen-Plan. Die EWG war eine, obgleich gemilderte, doch supranationale Organisation. Beispiele für Lynch's These sind in der Note der SGCICEE vom Februar 1953 zu finden, die dem auf dem Beyen-Plan beruhenden Prinzip zustimmte und gegen die Argumentation O. Wormsers eingerichtet war.

se nicht so stark war, daß der Beyen-Plan sofort akzeptiert werden konnte. Die PS-SFIO, die unter den französischen Parteien den größten Beitrag zum Gelingen der EWG leistete, war nicht allzu feindlich gegenüber der wirtschaftlichen Integration der sechs Staaten eingestellt. Für sie war vielmehr die Abwesenheit Großbritanniens problematischer. Der proeuropäische Flügel um Philip trat für die wirtschaftliche Integration ein. Auf dem Nationalkongreß des *Mouvement démocratique et socialiste pour des Etats-Unis d'Europe* im Juni 1954 sprach sich die PS-SFIO für die wirtschaftliche Integration aus. R. Buron kritisierte gleichzeitig die gegen sie eingestellten Protektionisten und die für den automatischen Abbau der Handelsbeschränkungen eintretenden Liberalen. Er war der Überzeugung, daß die französische Wirtschaft nur dann konkurrenzfähig würde, wenn sie sich der Konkurrenz aus dem Ausland im Rahmen der europäischen Integration anpaßte. Er stellte aber die drei Bedingungen für die wirtschaftliche Integration auf: 1. „l'harmonisation des charges sociales et fiscales", 2. „le coordination des investissements et des productions" und 3. „l'organisation du marché des matière premières." Er folgerte, daß es keinen gemeinsamen Markt geben würde, wenn nicht auch gleichzeitig eine gemeinsame Organisation geschaffen würde. Die anderen vier französischen Berichterstatter, A. Philip, A. Gazier, de Felice und Constant teilten diese Ansicht.[969] Mollet, der im Januar 1956 zum Ministerpräsidenten gewählt wurde, vertrat diesen Gedanken sehr geschickt, und zwar trotz der immer noch schlechten wirtschaftlichen Situation Frankreichs und angesichts der ablehnenden Haltung eines Großteils der Politiker, der Spitzenbeamten und der Parlamentarier wie z.B. P. Mendès-France. Dieser nannte als einen Grund seiner Ablehnung die Abwesenheit Großbritanniens. Diese Ansicht teilte Mollet jedoch nun nicht mehr. Nach etwa zehnjährigen Bemühungen verzichtete er auf dieses Postulat und schloß sich der Linie der supranationalen kontinentalen Integration an. Dies war ein Lernprozeß. Dazu trug die Änderung der Europapolitik der SPD allerdings in gewissem Maße bei. Die Frage der britischen Teilnahme war insofern ein entscheidender Faktor für das Gelingen der EWG, als die britische Abwesenheit für die französischen Sozialisten nun kein ernsthaftes Hindernis mehr für die kontinentale, supranationale Integration bildete.

Die Union Française war ein großes Problem in den Beyen-Plan-Verhandlungen. Wenn die Union Française in eine supranationale europäische Gemeinschaft einbezogen worden wäre, wäre diese den Partnerstaaten, allen voran Westdeutschland ohne Gegenleistung zugute gekommen. Daher sollte die Zusammenarbeit mit den anderen europäischen Staaten in diesen überseeischen Gebieten nur durch zwischenstaatliche Vereinbarungen geschehen, die es Frankreich ermöglichen sollten, Gelder der europäischen Staaten zu seinen Gunsten zu nutzen, ohne jedoch seine Handlungsfreiheit in den Angelegenheiten der Union Française einschränken zu müssen. Diese Meinung war vorherrschend in Frankreich. Die Union Française stellte jedoch kein unüberwindbares Hindernis für die EWG-Verhandlungen mehr dar. Daß Frankreich mit Hilfe der europäischen Wirtschaftsgemeinschaft seine finanziellen Probleme in den überseeischen Gebieten lösen wollte, - diese Frage wurde nicht auf der Messina-Konferenz (Juni 1955) und in dem Spaak-Bericht (6. Mai 1956), sondern erst auf der Außenministerkonferenz in Venedig (29.-30. Mai 1956) aufgeworfen - belastete die Verhand-

---

969 OURS AGM 110, MDSPEUE, Congrès national, 12-13 juin 1954, les conditions intérieures de l'intégration européenne par A. Philip; Ibid, Problèmes économiques par Albert Gazier; Ibid, Problèmes économiques, les conditions de l'intégration économique de l'Europe par Robert Buron; Ibid, E. Noël, Note sur le Congrès du MDSEUE, 12.6.1954.

lungen. R. Girault und P. Guillen befaßten sich mit diesem Problem in den EWG-Verhandlungen, beleuchteten jedoch nicht, warum die Einstellung Frankreichs zu diesem Problem in so kurzer Zeit geändert wurde. Bossuat beachtet diese Frage ebenfalls nicht. Die Ausnahme bildet Lynch. Er verfolgt kurz die Problematik der Union Française bis zu den EWG-Verhandlungen, aber nur aus wirtschaftspolitischer Perspektive. Zudem wollte seiner Ansicht nach Frankreich vor 1954 die Union Française von der europäischen Integration fernhalten, und danach darin mit einbeziehen.[970]
Die Hauptargumentation Frankreichs während der EPG-Verhandlungen war jedoch nicht diese, sondern daß die Union Française in die europäische Gemeinschaft mit einbezogen werden sollte, aber nicht in eine *supranationale*, sondern *lockere*, anders gesagt *konföderale* europäische Gemeinschaft. Die Änderung lag darin, daß Frankreich diese Forderung aufgrund der Frage der Union Française während der EWG-Verhandlungen nicht mehr stellte. (Die EWG war nicht im selben Maße supranational wie die EGKS, trotzdem traten die EWG-Mitgliedstaaten einen Teil ihrer Souveränität ab.) Allerdings gab es während der EPG-Verhandlungen auch eine politische Richtung, die die Union Française in einer supranationalen Gemeinschaft mit einbeziehen wollte, wie Mollet, Teitgen usw. Diese setzten die außenpolitische Priorität eher auf Europa als auf das „Empire". Ihre Haltung basierte einerseits auf wirtschaftlichem Kalkül. Noch wichtiger war andererseits die Einsicht in die veränderte weltpolitische Komplexität, in der die traditionelle Großmacht nicht mehr auf den Kolonien basierte, sondern auf dem wirtschaftlichen Wachstum und der Kapazität, die ehemaligen Kolonien genug zu modernisieren, wie es die USA und die UdSSR klar bewiesen hatten. Die Vertreter dieses Gedankens erkannten die Schwäche Frankreichs in der veränderten Weltlage an und beabsichtigten, Frankreich als Führer der europäischen Gemeinschaft auf der Weltbühne auftreten zu lassen.[971] Diese Gruppe war während der EPG-Verhandlungen zahlenmäßig eine Minderheit. Die kontinuierlichen Konflikte Frankreichs mit den USA über die Kolonialfrage, die wachsenden Unabhängigkeitsbewegungen der französischen Kolonien, die ständigen Krisen oder Kriege in der Union Française, angefangen von der Niederlage des Indochinakriegs, führten insgesamt die, die vor kurzem Vorbehalte über der europäischen Integration wegen der Union Française hegten, zum langsamen Umdenkungsprozeß auf die Vision Mollets hin. Die Suez-Krise stellte den Zeitpunkt dar, in dem dieses Umdenken bestätigt und beschleunigt wurde.
Zuletzt ist es auch ein Faktor für das Gelingen der EWG, daß die wirtschaftliche Integration weniger als die militärisch-politische den Schritt zur Föderation darstellt. Bei den EWG-Verhandlungen verfolgte Frankreich ebenso wie bei den EVG-EPG-Verhandlungen mehr nationale Interessen als europäische Zielsetzungen. Daraus ergaben sich die komplizierten

---

970 Girault, R., La France entre l'Europe et l'Afrique, in: Serra, Enrico (Hrsg.), La relance européenne et les traités de Rome, Bruxelles 1989, S. 351-378, S. 351-378; Guillen, P., Europe as a Cure for French Impotence? The Guy Mollet Government and the Negotiation of the Treaties of Rome, in: di Nolfo, Ennio (Hrsg.), Power in Europe? II, S. 505-516; Bossuat, G., L'Europe des Français 1943-1959, S. 291-377; Lynch, M.B., Restoring France : the road to integration, in: Alan S. Milward (Hrsg.), The Frontier of National Sovereignty, History and Theory, 1945-1992, S. 59-87, hierzu 68-72.
971 Hierzu siehe einen guten Vergleich R. Giraults zwischen der alten und der neuen Großmacht, „On the Power of Old and New Europe", in: di Nolfo, Ennio (Hrsg.), Power in Europe? II, S. 553-561.

Vorbehalte und Kompromisse zugunsten Frankreichs, die im EWG-Vertrag festgelegt wurden. Das zeigt, daß Frankreich noch nicht bereit war, einen entscheidenden Schritt zur europäischen Föderation zu machen. Die wirtschaftliche Integration erlaubte Frankreich, seine Zwecke - Kontrolle über die Bundesrepublik und wirtschaftliche Nutzung für sich - zu verfolgen, ohne den Großteil seiner Souveränität an die europäische Gemeinschaft abtreten zu müssen.

Anhang 1: Italienische Wanderungsbewegungen, 1946-1960

(Tausend)

Jahre	Frank-reich (b)	Frank-Reich (c)	BRD* (a)	Italien (a)	Belgien (a)	Neth. (a)	Lux. (a)	Switzer-Land (d)
1946	30,2			- 105,7				
1947	68,2			- 188,6				
1948	57,0			- 189,3	46,3			
1949	58,8			- 135,8	- 8,2			
1950	10,6	35	378,0	- 128,3	- 4,9	19,9		3,7
1951	21,0	30	137,6	- 201,2	23,1	- 22,4		80,3
1952	32,7	20	64,9	- 180,6	18,2	- 47,7		85,4
1953	15,4	19	348,9	- 121,2	7,2	- 31,6		84,5
1954	12,3	51	221,2	- 143,7	3,7	- 18,9	1,5	91,4
1955	19,0	120	310,8	- 178,2	20,4	5,2	1,4	106,3
1956	65,4	170	339,4	- 189,5	20,4	- 11,0	1,9	123,6
1957	111,7	220	416,7	- 178.5	26,3	- 12,5	1,5	149,1
1958	82,8	140	328,9	- 116,4	9,2	12,1	3,0	119,0
1959	44,2	130	210,7	- 112,4	- 0,9	- 16,9	2,6	124,8
1960	48,9	140	394,8	- 191,7	2,8	- 12,8	1,7	162,4

(a) net migration as balance of total inflow and outflow; negative figures indicate a prevalence of departures
(b) immigration of foreign workers (Algerians and seasonal workers are not included)
(c) overall net immigration (inclusive of Algerians and repatriated French citizens)
(d) foreigners granted first labour permit
* Up to 1959 immigration in the German Federal Republic is almost entirely composed of refugees from the German Democratic Republic; within two years they are entirely replaced by officially recruited South European workers.
Quelle: Various national statistics; UN, Labour Supply and Migration in Europe. Demographic Dimensions 1950-1975 and Prospects (New York, 1979), (Romero, Fedeico, Migration as an issue in European interdependence and integration: the case of Italy, S.37)

Anhang 2: Artikel 38 des Vertrages über die Gründung der Europäischen Verteidigungsgemeinschaft vom 27. Mai 1952

§1. Innerhalb der im letzten Absatz dieses Artikels vorgesehenen Fristen untersucht die Versammlung:
a) die Bildung einer Versammlung der Europäischen Verteidigungsgemeinschaft durch Wahl auf demokratischer Grundlage;
b) die Befugnisse, die einer solchen Versammlung zu übertragen wären;
c) die Änderungen, die gegebenenfalls an den Vorschriften dieses Vertrages über die übrigen Organe der Gemeinschaft vorgenommen werden müßten, insbesondere, um eine angemesse-

ne Vertretung der Staaten sicherzustellen.
Bei ihren Untersuchungen hat sich die Versammlung insbesondere von nachstehenden Grundsätzen leiten zu lassen:
Die endgültige Organisation, die an die Stelle der vorläufigen Organisation treten wird, soll so beschaffen sein, daß sie den Bestandteil eines späteren bundesstaatlichen oder staatenbündischen Gemeinwesens bilden kann, das auf dem Grundsatz der Gewaltenteilung beruhen und insbesondere über ein Zweikammersystem verfügen soll.
Die Versammlung hat ferner die Fragen zu prüfen, die sich aus dem Nebeneinander verschiedener, bereits vorhandener oder zu schaffender Organisationen für europäische Zusammenarbeit ergeben, um deren Zusammenfassung im Rahmen des föderalen oder konföderalen Aufbaus sicherzustellen.
§2. Die Vorschläge der Versammlung sind dem Rat binnen sechs Monaten nach Aufnahme ihrer Tätigkeit vorzulegen. Diese Vorschläge sind sodann mit der Stellungnahmen des Rates vom Präsidenten der Versammlung den Regierung der Mitgliedstaaten zuzuleiten; diese haben binnen drei Monaten eine Konferenz zur Prüfung der Vorschläge einzuberufen.
(Europa. Dokumente, Bd. 2, S. 848f)

Anhang 3: Die geographische Verteilung der niederländischen Ausfuhren 1938-57

(Prozentanteil an den gesamten Ausfuhren ad valorem)

	Vereinigtes Königreich	Westdeutschland	Belgien-Luxemburg
1938	22,1	14,6	10,6
1946	10,9	6,4	20,8
1947	12,8	3,1	15,6
1948	14,5	5,9	15,6
1949	16,3	10,7	13,3
1950	14,7	20,6	13,5
1951	15,9	13,9	14,8
1952	12,4	13,9	15,4
1953	10,6	13,9	15,5
1954	11,5	15,7	14,0
1955	12,4	17,1	13,9
1956	11,8	18,2	14,3
1957	10,9	18,6	15,6

Quelle: 1938-51: Netherlands, Centraal Bureau voor de Statistiek, Tachtig Jaren Statistiek in Tijdreeksen, 1899-1979 (Den Haag, 1979); 1952-7; OEEC, Statistical Bulletins of Foreign Trade, Series IV

Abkürzungsverzeichnis

Ag	Arbeitsgruppe
AGM	Archives Guy Mollet
AMAE	Archives du Ministère des Affaires Étrangères
AMAEB	Archives du Ministère des Affaires Étrangères de Belgique
AN	Archives Nationales, Paris
AP	Archives privées
ARP	Antirevolutionaire Partij
ARS	Action Républicaine et Sociale
BA	Bundesarchiv Koblenz
BüSt	Büro Staatssekretäre
CC	commission constitutionelle
CED	Communauté européenne de Défense
CELPUF	Comité d'études et de liaison du patronat de l'Union Française
CHU	Christelijk-Historische Unie
COMISCO	Committee of International Socialist Conference
CNPF	Conseil national du patronat français
CPE	Communauté Politique Européenne
CPN	Communistische Partij Nederlande
DB	Diaries of Bruce
DBPO	Documents on British Policy Overseas
DC	Democrazia Cristiana
DE-CE	Direction des Affaires économiques et financières, Service de Coopération Economique
DGAEF	Direction Générale des Affaires Economiques & Financières
DGAP	Direction Générale des Affaires Politiques
DGB	Deutscher Gewerkschaftsbund
DOM	Départements d'outre-mer
DP	Deutsche Partei
EA	Europa-Archiv
ED	Europa. Dokumente zur Frage der Europäischen Einigung
EDC	European Defense Community
EG	Europäische Gemeinschaft
EGKS	Europäische Gemeinschaft für Kohle und Stahl
EPG	Europäische Politische Gemeinschaft
EPU	Europäische Parlamentarier-Union
EUI	European University Institute
EURATOM	Europäische Atomgemeinschaft
EVG	Europäische Verteidigungsgemeinschaft
EWG	Europäische Wirtschaftsgemeinschaft
EZU	Europäische Zahlungsunion
FAZ	Frankfurter Allgemeine Zeitung
FDP	Freie Demokratische Partei

GT	groupe de travail
HZ	Historische Zeitschrift
KVP	Katholieke Volkspartij
LDV	Leitfaden und amtliche Dokumente des Verfassungsausschusses
LECE	Europäische Liga für wirtschaftliche Kooperation
MRP	Mouvement Républicain Populaire
MSEUE	Mouvement Socialiste pour les Etats-Unis d'Europe
NEI	Nouvelles Equipes Internationales
NL	Nachlaß
OURS	Organisation Universitaire de Recherche Socialiste, Paris
PAAA	Politisches Archiv des Auswärtigen Amtes, Bonn
PCI	Partito comunista italiano (italienische kommunistische Partei)
PS-SFIO	Parti socialiste-Section Française de l'Internationale ouvrière
PSB	Parti socialiste belge
PSC	Parti Social Chrétien
PSDI	Partito socialista democratico italiano
PSI	Partito socialista italiano
PvdA	Partij van de Arbeid (Niederländische Sozialistische Partei)
SCA	sous-commission attribute
SFIO	Section Française de l'Internationale ouvrière
SvEPG	Sonderversammlung für die Gründung einer Europäischen Politischen Gemeinschaft
RPF	Rassemblement du Peuple français
TOM	Territoires d'outre-mer
UafjI	Unterausschuß für juristische Institutionen
UafpI	Unterausschuß für die politischen Institutionen
UafV	Unterausschuß für die Verbindungen
UafZ	Unterausschuß für die Zuständigkeitsgebiete
UEF	Union européenne des Fédéralistes
UEM	United Europe movement
URAS	Union républicaine d'Action sociale
VfZ	Vierteljahreshefte für Zeitgeschichte
Va	Verfassungsausschuß
VVD	Volkspartij voor Vrijheid en Demokratie
WEU	Western European Union
WU	Western Union

Quellen und Literatur

1. unveröffentlichte Quellen

1) Archives du Ministère des Affaires Etrangères, Paris (AMAE)
Papiers Schuman (PA-AP 073)
Papiers Massigli (PA-AP 217)
Direction des Affaires économiques et financières, Service de Coopération Economique (DE-CE)
  - Communauté Européenne du Charbon et l'Acier (CECA)
    . Projet de Communauté Politique Européenne (P CPE)
  - Communauté Politique Européenne (CPE) 1948-1954
Communauté européenne de Défense (CED)
Europe 1944-1960, Généralités.
  - Fédéralisme européen
  - Plan Schuman
  - CED
  - CPE
Europe 1944-1960, Conseil de l'Europe
Europe 1944-1960, Allemagne
Europe 1944-1960, Belgique
Europe 1944-1960, Pays-Bas
Europe 1944-1960, Italie
Europe 1944-1960, Sarre
Europe 1944-1960, Sainte-Siège

2) Archives Nationales, Paris (AN)
Papiers Bidault (457 AP)
Papiers Mayer (363 AP)
Papiers Reynaud (74 AP)
Papiers MRP (MRP 350 AP)
Secrétariat Général du Comité Interministériel chargé des question de coopération économique européenne (F 60 SGCICEE 3064-3071: CED, 3072-3077: CPE)

3) Organisation Universitaire de Recherche Socialiste, Paris (OURS)
Archives Guy Mollet (AGM)
Congrès Nationaux du Parti Socialiste-SFIO
Comité Exécutif du Parti Socialiste-SFIO

4) Institut Pierre Mendès-France
Communauté européenne de Défense

5) Politisches Archiv des Auswärtigen Amtes, Bonn (PAAA)
Abteilung II (Zuständigkeiten: über- und zwischenstaatliche Organisationen, europäische Integration, etc.) (PAAA II)
 - AZ 220 Internationale Zusammenschlußbestrebungen Allgemeines
 - AZ 221 Zusammenschluß Europas
 - AZ 224 Europäische Gemeinschaft (EPG)
 - AZ 225 Europäische Wirtschaftliche Gemeinschaft
 - AZ 232 Europäische Verteidigungsgemeinschaft
Abteilung III (Länderabteilung) (PAAA III)
 - Belgien
 - Frankreich
 - Italien
 - Niederlande
Abteilung IV (Kulturabteilung) (PAAA IV)
 - Referat 602 (Kirchenfragen)
Bestand B 24 Referat 204/IA3
 - Frankreich
 - Italien
Materialsammlung MD Dr. Herbert Blankenhorn
Ref. 200
Büro Staatssekretäre (PAAA BüSt)
Nachlaß Carl F. Ophüls (PAAA NL Ophüls)
Bestand B 27 Konferenzsekretariat
Korrespondenz Botschafter Dr. Wilhelm Hausenstein

6) Bundesarchiv Koblenz (BA)
Nachlaß Franz Blücher (BA NL Blücher)
Nachlaß Heinrich von Brentano (BA NL Brentano)
Nachlaß Herbert Blankenhorn (BA NL Blankenhorn)
Nachlaß Hermann Pünder (BA NL Pünder)
Nachlaß Walter Hallstein (BA NL Hallstein)
Bundesministerium für Wirtschaft (BA B 102)
 - Dokument des Bundeswirtschaftsministeriums für die europäischen Union
Bundesministerium für Ernährung, Landwirtschaft und Forsten (BA B 116)

7) Archives Jean Monnet. Fondation Jean Monnet pour l'Europe. Lausanne. Schweiz
AMI La Communauté Européenne de Défense (AMI)
AMJ La Communauté Politique Européenne (AMJ)
Diaries of Bruce, David Kirkpatrick East, Virginia Historical Society (DB)

2. gedruckte Quellen

1) Dokumentensammlungen

Adenauer, Briefe, bearb. v. Hans-Peter Mensing, Bd. 3: 1949-1951, Berlin 1985, Bd. 4: 1951-1953, Berlin 1987
Adenauer, Konrad, Reden 1917-1967, Eine Auswahl, hrsg. v. Hans-Peter Schwarz, Stuttgart 1975
Adenauer, Konrad, Teegespräche, bearb. v. Hanns Jürgen Küsters, Bd. 1: 1950-1954, Berlin 1984; Bd. 2: 1955.1959, Berlin 1986
Amtsblatt der Europäischen Gemeinschaft für Kohle und Stahl, 1953-1954
Baring, Arnulf (Hrsg.), Sehr geehrter Herr Bundeskanzler! Heinrich von Brentano im Briefwechsel mit Konrad Adenauer 1949-1964, Hamburg 1974
Brentano, Heinrich von, Deutschland Europa und die Welt. Reden zur deutschen Außenpolitik. hrsg. von Franz Böhm, Bonn/Wien/Zürich 1962
Die Bundesrepublik Deutschland und Frankreich: Dokumente 1949-1963, hrsg., v. Horst Möller und Klaus Hildebrand, (BDFD)
    - Bd. 1 Außenpolitik und Diplomatie, bearb. v. Ulrich Lappenküper, K.G.Saur München 1997
    - Bd. 2 Wirtschaft, bearb. v. Andreas Wilkens, K.G.Saur München 1997
    - Bd. 3 Partei, Öffentlichkeit, Kultur, bearb. v. Herbert Elzer, K.G.Saur München 1997
Bulletin des Presse- und Informationsamtes der Bundesregierung, Jahrgänge 1950 - 1955, Bonn (Bulletin)
Council of Europe, Strasbourg
    Consultative Assembly, Reports, 1949-1950
    Consultative Assembly, Official Report of debates, 1951-1954
    Consultative Assembly, Documents working papers, 1949-1954
De Gaulle, Charles, Discours et messages, Vol.II (1946-1958), Paris 1970
De Gaulle, Charles, Lettres, Notes et Carnets, Paris, Bd. 6: Mai 1945-Juin 1951, Paris 1984; Bd. 7 Juin 1951-1958, Paris 1985
Debus, Karl Heinz (Hrsg.), Robert Schuman. Lothringer. Europäer. Christ, Speyer 1995
Documents Diplomatique Français, hrsg. v. Ministère des Affaires Etrangères, Commision de publication des documents diplomatique. (DDF)
    -1954 (21 juillet - 31 décembre) und Annexes, Paris 1987
    -1955 Tome 1 (1er janvier - 30 juin) und Tome 1: Annexes, Paris 1987
Documents on British Policy Overseas. Series II Vol 1. The Schuman Plan, the Council of Europe and Western European Integration, May 1950-Dezember 1952, hrsg. von Roger Bullen/M.E.Pelly, London 1986, (DBPO)
Documents on the History of European Integration, hrsg. v. Walter Lipgens
    -Bd. 1: Continental plans for European Union 1939-1945, Berlin 1985
    -Bd. 2: Plans for European Union in Great Britain and in Exile 1939-1945, Berlin 1986
    -Bd. 3: The struggle for European Union by political parties and pressure groups in Western European countries 1945-1950, Berlin 1988
    -Bd. 4: Transnational Organization s of Political Parties and Pressure Groups in the

Struggle for European Union, 1945-1950, zusammen mit Wilfried Loth
Documents pontificaux de Sa Sainteté Pie XII, Saint-Maurice, Ed. Saint-Augustin 1949-1964
Europa-Archiv (EA) (1946-57) Dokumenten-Teil, Bonn
Europa. Dokumente zur Frage der Europäischen Einigung (ED), hrsg. vom Forschungsinstitut der Deutschen Gesellschaft für Auswärtige Politik, München 1962, Bd. 1 u. 2
Die FDP. Die Liberalen unter dem Vorsitz von Theodor Heuss und Franz Blücher, Sitzungsprotokolle 1949-1954, bearb. von Udo Wengst, Düsseldorf 1990
Foreign Relations of the United States (FRUS),
- 1949 Vol.IV: Western Europe
- 1950 Vol.II: The US; The western Hemisphere
- 1950, Vol.III: Western Europe
- 1950 Vol.IV: Central and Eastern Europe: The Soviet Union, Washington
- 1951 Vol.III (European Security and the German Question), Part 1
- 1952-1954, Vol.VI. Part 1

Für ein föderales Europa. Beschlüsse der Bundeskongresse der Europa-Union Deutschland 1947-1991, hrsg, v. Gerhard Eickhorn, Bonn 1993
Heuss, Theodor, Konrad Adenauer, Unserem Vaterland zugute, Der Briefwechsel 1948-1963. Bearb. v. Hans Peter Mensing. (Rhöndorfer Ausgabe), Berlin 1989
Die Kabinettsprotokolle der Bundesregierung, hrsg. vom Bundesarchiv von Hans Booms, 7 Bde. 1949-1954, Boppard 1982-1993
Jean Monnet - Robert Schuman. Correspondance 1947-1953, Fondation Jean Monnet pour l'Europe. Centre de recherches européennes (ed.), Lausanne 1986
Lipgens, Walter, Europa-Föderationspläne der Widerstandsbewegungen 1940-1945, München 1968
Ders. (Hrsg.), 45 Jahre Ringen um die Europäische Verfassung. Dokumente 1939-1984, Bonn, 1986
Ders., EVG und Politische Föderation. Protokolle der Konferenz der Außenminister der an den Verhandlungen über eine europäische Verteidigungsgemeinschaft beteiligten Länder am 11. Dezember 1951, in: VfZ(1984), S. 637-688.
Mollet, Guy, Textes choisis sur l'Europe (1948-1955), Bulletin de la Fondation Guy Mollet, n°14, nov. 1988
Projet de statut de la Communauté politique européenne. Travaux préparatoires. Mouvement Européen. Comité d'études pour la constitution européenne. Bruxelles 1952
Die Protokolle des CDU-Bundesvorstandes. 1950-1953, „Es mußte alles neu gemacht werden.", Forschungen und Quellen zur Zeitgeschichte, Bd. 8, bearb. von Günter Buchstab, 1986
Die Protokolle des CDU-Bundesvorstands, 1953-1957, „Wir haben wirklich etwas geschaffen", Forschungen und Quellen zur Zeitgeschichte, Bd. 16, bearb. von Günter Buchstab, 1990
Schwarz, Jürgen (Hrsg.), Der Aufbau Europas, Pläne und Dokumente 1945 bis 1980, Bonn 1980
Ders., Katholische Kirche und Europa. Dokumente 1945-1979, München 1980
Siegler, Heinrich von (Hrsg.), Europäische Politische Einigung. Dokumentation von Vor-

schlägen und Stellungnahmen 1949-1968. Bonn/Wien/Zürich 1968
Sonderversammlung für die Gründung einer Europäischen Politischen Gemeinschaft (SvEPG),
- Aussprache, Wörtlicher Bericht über den Verlauf der Sitzungen, Straßburg 1953 (Aussprache)
- Bericht des Verfassungsausschusses vom 20. Dezember 1952, Paris
- Sitzungsperiode Januar 1953, Kurzbericht über die Beratungen vom 7.-10. Januar 1953, Straßburg, (Sitzungsperiode Januar) Bd. I (Sitzungsprotokolle), Bd. II (Sitzungsdokumente, Namenregister und Sachregister)
- Sitzungsperiode März 1953, Kurzbericht über die Beratungen vom 6.-10. März 1953, Straßburg, (Sitzungsperiode März) Bd. I (Sitzungsprotokolle), Bd. II (Sitzungsdokumente, Namenregister und Sachregister)
- Leitfaden und amtliche Dokumente des Verfassungsausschusses, 1952 - 1955, Paris 1955, hrsg. v. Sekretariat des Verfassungsausschusses (LDV)
- Verfassungsausschuß (Va), Aufzeichnungen und Berichte, Oktober 1952 - März 1953, Paris, Bd. I-III (Aufzeichnungen), Bd. IV. (Sitzungsprotokolle)
- Verfassungsausschuß. Arbeitsgruppe. (Va. Ag.) Aufzeichnungen und Berichte. Oktober 1952 - März 1953, Paris, Bd. I-II (Aufzeichnungen), Bd. III (Sitzungsprotokolle)
- Unterausschuß für die politischen Institutionen (UafpI), Aufzeichnungen und Berichte, Bd. 1 (Oktober 1952 - Dezember 1952), Bd. 2 (Januar 1953 - Februar 1953), Paris
- Unterausschuß für die Zuständigkeitsgebiete (UafZ), Aufzeichnungen und Berichte, Bd. 1 (Oktober 1952 - Dezember 1952), Bd. 2 (Januar 1953 - Februar 1953) Paris
- Unterausschuß für die Verbindungen (UafV), Aufzeichnungen und Berichte, Bd. 1 (Oktober 1952 - Dezember 1952), Bd. 2 (Januar 1953 - Februar 1953) Paris
- Unterausschuß für juristische Institutionen (UafjI), Aufzeichnungen und Berichte, Bd. 1 (Oktober 1952 - Dezember 1952), Bd. 2 (Januar 1953 - Februar 1953) Paris

Verhandlungen des Deutschen Bundestages. Stenographische Berichte. Bonn 1949ff.
Der Wissenschaftliche Beirat beim Bundesministerium für Wirtschaft. Sammelband der Gutachten von 1948 bis 1972, hrsg. v. Bundesministerium für Wirtschaft, Göttingen 1973
Zur Geschichte der christlich-demokratischen Bewegung in Europa, mit Beitr. von Winfriede Becker usw. hrsg. v. der EVP-Fraktion des Europäischen Parlaments. Melle, Knoth 1990

2) Memoiren, Beiträge und Tagebücher

Acheson, Dean, Present at the Creation, My Years in the State Department, New York 1969
Ders., Sketches from Life of Men I have known. N.Y. 1960
Adenauer, Konrad, Erinnerungen I (1945-1953), Stuttgart 1965, II (1953-1955), Stuttgart 1966
Alphand, Hervé, L'étonnement d'être. Journal (1939-1973), Paris 1977
Ders., The „European policy" of France, in: International affairs, XXIX, No.2, April 1953, S. 141-148
Auriol, Vincent, Journal du septennat 1947-1954, Tome I-VII, Paris 1971
Bidault, Georges, Noch einmal Rebell, Berlin 1966

Blankenhorn, Herbert, Verständnis und Verständigung. Blätter eines politischen Tagebuchs 1949 bis 1979, Frankfurt am Main/Berlin/Wien 1980

Brentano, Heinrich von, Montanunion - EVG - Politische Gemeinschaft, in: Bulletin Nr.4 vom 8. Januar 1953, S. 26-27

Debré, Michel, Trois Républiques pour une France. Mémoires 2: Agir (1946-1958), Paris 1988

Ders., Contre l'armée européenne. Politique étrangère, XVIII, No. 5, November 1953, S. 367-400

Ders., Projet de Pacte pour une Union d'Etats Européenne, Paris 1950

Dehousse, Fernand, L'Europe et le Monde. Recueil d'études de rapports et de discours 1945 - 1960, Paris 1960

Eckhardt, Felix von, Ein unordentliches Leben. Lebenserinnerungen, Düsseldorf/Wien 1967

Gerstenmaier, Eugen, Streit und Friede hat seine Zeit. Ein Lebensbericht, Frankfurt a.M./Berlin 1981

van der Goes van Natre, Marinus, Testimoy of an Eyewitniss, interviewed by Wedny Asbeek Brusse and R. T. Griffiths, in: R.T. Griffiths (Hrsg.), Socialist Parties and the Question of Europe in the 1950's, Leiden/N.Y./Köln 1993, S. 135-139

Ders., Die Entwicklung der wirtschaftlichen Integration Europas, Luxemburg 1955

Hallstein, Walter, Die echten Probleme der europäischen Integration, Kiel 1965

Ders., Der unvollendete Bundesstaat. Europäische Erfahrungen und Erkenntnisse. Düsseldorf/Wien 1969

Ders., Europäische Reden, hrsg. v. Thomas Oppermann, Stuttgart 1979

Hausenstein, Wilhelm, Pariser Erinnerungen, München 1967

Helmont, Jacques van, Options européennes 1945-1985, Luxembourg 1986

Hoffmann, Jahannes, Das Ziel war Europa. Der Weg der Saar 1945 - 1955, München 1963

Laniel, J., Jours de gloire et jours cruels, 1908-1958, Paris 1971

Layton, Walter Thomas, Little Europe and Britain, in: International Affair, July 1953, S. 292-301

Lenz, Otto, Im Zentrum der Macht. Tagebuch von Staatssekretär Lenz, bearb. von Klaus Gotto/Hans-Otto Kleinmann/Reinhard Schreiner, Düsseldorf 1989

Mansholt S. L., Toward European Integration: Beginning in Agriculture, in: World Affairs Vol.31, No.1 October 1952, S. 106-113

Massigli, René, Une comédie des erreurs 1943-1956. Souvenirs et réflexions sur une étape de la construction européenne, Paris 1978

Merkatz, Hans-Joachim von, Der Entwurf eines Vertrages über die Satzung der Europäischen Gemeinschaft im Verhältnis zum Vertrag über die Gründung der Europäischen Gemeinschaft für Kohle und Stahl und zum Vertragsentwurf über die Gründung der Europäischen Verteidigungsgemeinschaft. in: Völkerrechtliche und Staatsrechtliche Abhandlungen zum 75. Geburtstag von Carl Bilfinger. Köln Berlin 1954, S. 71-108

Ders., In der Mitte des Jahrhunderts. Politische Lebensfragen unserer Zeit, München/Wien 1963

Mollet, Guy, France and the defense of Europe. A French socialist view, in: Foreign Affairs, April 1954, S. 365-373

Ders., L'Europe unie, Pourquoi? Comment?, Supplément à la Documentation Politique

n°131 hebdomadaire - Janvier 1953, OURS, E9 16MM
Monnet, Jean, Erinnerungen eines Europäers, München/Wien 1978
Müller-Armack, A., Auf dem Weg nach Europa. Erinnerungen und Ausblicke, Tübingen - Stuttgart 1971
Nitze, Paul H., From Hiroshima to Glasnost. A Memoir. Kentucky 1988
Nutting, A., Europa kann nicht warten. Mahnung und Ausweg, London 1960
Ophüls, C.F., Zur ideengeschichtlichen Herkunft der Gemeinschaftsverfassung, in: Probleme des europäischen Rechts. Festschrift für Walter Hallstein zu seinem 65. Geburtstag, Frankfurt a.M. 1966, S. 387-413
Pünder, Hermann, Von Preußen nach Europa, Stuttgart 1968
Puttkamer, Ellinor von, Der Entwurf eines Vertrages über die Satzung der Europäischen Gemeinschaft, in: ZfAÖV Bd. 15 1953/1954, S. 103-128
Ders., Historische Pläne europäischer Verfassungsbildung, in: Völkerrechtliche und Staatsrechtliche Abhandlungen zum 75. Geburtstag von Carl Bilfinger. Köln Berlin 1954, S. 345-369
Schuman, Robert, Für Europa, von Eva Rapsilber übersetzt, Hamburg/Genf/Paris, Hamburg 1963
Ders., L'Europe est une communauté spirituelle et culturelle, in: Annaire Européen. European Yearbook I. 1955, S. 17-24
Ders., France and Europe, in: World Affairs, Vol.31 April 1953, S. 358f
Ders., Nationalstaat und Europa. Die Grundlinien der europäischen Integrationspolitik, in: Bulletin, Nr. 109, 13. Juni 1953, S. 930f.
Schmid, Carlo, Erinnerungen, Bern/München/Wien 1979
Ders., Europa und die Macht des Geistes, München 1973
Ders., Germany and Europe. The German social democratic programme. Foreign Affairs. July 1952. S. 531-544
Schwarz-Liebermann, Hans Albrecht, Die Europäische Gemeinschaft. Archiv des Völkerrechts, IV, No.3, 1954, S. 307-322
Servoise, René, L'Union Française devant l'intégration économique européenne, in: Politique étrangère, septembre-octobre 1953, S. 277-306
Seydoux de Clausonne, François, Beiderseits des Rheins. Erinnerungen eines französischen Diplomaten, Frankfurt a.M. 1975
Spaak, Paul-Henri, Memoiren eines Europäers, Hamburg 1969
Ders., La pensée européenne et atlantique de Paul-Henri Spaak. 1942 - 1972, Brüssel 1973
Stikker, Dirk U., Bausteine für eine neue Welt. Gedanken und Erinnerungen, Wien/Düsseldorf 1966
Ders., The functional approach to European integration, in: Foreign Affairs, XXIX, No.3, April 1951, S. 436-444
Teitgen, Pierre-Henri, Faites entrer le témoin suivant, 1940-1958, De la Résistance à la Ve République, Paris 1988
Wigny, Pierre, L'Europe en chantier, Revue Politique, 31 décembre 1952, S. 613-622

3) Zeitungen und Zeitschriften

L'Actualité religieuse dans le monde, Paris 1953-1954
L'Année Politique (AP), Jahrgänge 1951 - 1955, Paris
L'Année politique et économique, Paris 1950-1954
Archiv der Gegenwart (AdG), Bd. 20 (1950) - Bd. 27 (1957), Bonn/Wien/Zürich 1950-1957
Chronique sociale de France, Paris 1953
La Croix, Paris 1950-1954
Documentation catholique, Paris 1950-1954
Dokumente, Offenburg/Köln 1950-1954
Esprit, Paris 1950-1954
Etudes, Paris 1950-1954
Forces Nouvelles, Paris 1952-1954
Frankfurter Allgemeine Zeitung, 1951-1954
Informationsdienst des deutschen Rats der europäischen Bewegung (ID), hrsg. von der Deutschen Pressestelle der Europäischen Bewegung, Bonn: Jahrgänge 1950-1954
Le Monde, Paris 1951-1954
La Nef, Paris 1952-1954
Neue Zürcher Zeitung, Zürich 1951-1954
Politique étrangère, Paris 1950-1953
Le Populaire de Paris, Paris 1948-1954
La Quinzaine, Paris 1950-1954
Terre Humaine, Paris 1951
La Vie intellectuelle, Paris 1950-1954

3. Literatur

Abelshauser, Werner, „Integration à la Carte" The Primacy of Politics and the Economic Integration of Western Europe in the 1950s, in: Martin, Stephen (Hrsg.), The Construction of Europe. Essays in Honour of Emile Noël, Dordrecht/Boston/London 1994, S. 1-18
D'Abzac-Epezy, Claude und **Vial, Philippe**, In Search of a European Consciousness. French Military Elites and the Idea of Europe, 1947-1954, in: Deighton, Anne (Hrsg.), Building Postwar Europe. National Decision-Makers and European Institutions, 1948-1963, London 1995, S. 1-20
Aimaq, Jasmine, For Europe or Empire? French colonial Ambitions and the European Army Plan. Lud University Press, 1996
Albonetti, Achille, Vorgeschichte der Vereinigten Staaten von Europa, Baden-Baden 1962
Aldrich, Richard J., European Integration: An American Intelligence Connection, in: Deighton, Anne (Hrsg.), Building Postwar Europe. National Decision-Makers and European Institutions, 1948-1963, London 1995, S. 159-179
Ambrosius, G., Wirtschaftsraum Europa. Vom Ende der Nationalökonomien, Frankfurt a.M. 1996
Aron, Raymond/Lerner, David, La Querelle de la C.E.D. Essais d'analyse sociologigue, Paris 1956
Auerbach, Hellmuth, Die europäische Wende der französischen Deutschlandpolitik

1947/48, in: Herbst, L. et al. (Hrsg.), Vom Marshallplan zur EWG, München 1990, S. 577-592

Bagnato, Bruna, The Decline of the Imperial Role of the European Powers: France, Italy and the Future of Northern Africa, in: Antonio Varsori (Hrsg.), Europe 1945-1990s. The End of an Era?, London 1995, S.182-197

Baillou, Jean (sous la dir. de), Les Affaires étrangères et le corps diplomatique français, tome II, 1870-1980, éditions du centre national de la recherche scientifique, Paris 1984

Bariéty, Jacques, Frankreich und das Scheitern der EVG, in: Rolf Steininger et al. (Hrsg.), Die doppelte Eindämmung. Europäische Sicherheit und deutsche Frage in den Fünfzigern, München 1993, S. 99-131

Baring, Arnulf, Außenpolitik in Adenauers Kanzlerdemokratie. Bonns Beitrag zur Europäischen Verteidigungsgemeinschaft, München 1969, 2. Auflage mit neuem Titel: Im Anfang war Adenauer, München 1982

Baudet, François, La Communauté Européenne de Défense et l'Armée de l'Air, in: René Girault et Gérard Bossuat (Hrsg.), Europe brisée, S. 155-174

Bellers, Jürgen, Integration, in: Woyke, Wichard (Hrsg.), Handwörterbuch Internationale Politik, Bundeszentrale für poltische Bildung, 1995, S. 150-156

Ders./Häckel, Erwin, Theorien internationaler Integration und internationaler Organisationen, in: Politische Vierteljahresschrift Sonderheft 21 (1990), S. 286-310

Beloff, Max, The United States and the unity of Europe, Washington 1963

Berding, Helmut, Wirtschaftliche und politische Integration in Europa im 19. und 20. Jahrhundert, Göttigen 1984 (Geschichte und Gesellschaft, Sonderheft 10)

Berstein, Serge, The Perception of French Power by the Political Forces, in: Ennio Di Nolfo (ed.), Power in Europe? II, S. 333-350

Beyer, Henry, Robert Schuman, l'Europe par la réconciliation franco-allemande, Lausanne, Centre de Recherches Européennes, 1986

Bindschedler, R., Rechtsfragen der europäischen Einigung, Basel 1954

Bitsch Marie-Thérèse, Histoire de la construction européenne, Bruxelles 1996

Bjøl, Erling, La France devant l'Europe, la politique européenne de la IVe République, Copenhague 1966

Bossuat, Gérard, L'Europe des Français 1943-1959: la IVe République aux sources de l'Europe communautaire, Publication de la Sorbonne 1996

Ders., L'impossible Europe des Socialistes au Conseil de l'Europe, 1949-1954, Le bulletin du Centre Guy Mollet, n°27, Juin 1996

Ders., Jean Monnet. la mesure d'une influence, in: VINGTIEME SIECLE, revue d'histoire, N°51 juillet-septembre 1996, S. 68-84

Ders., Les hauts fonctionnaires français et le processus d'unité en Europe occidentale d'Alger à Rome (1943-1958), in: Journal of european Integration history, Vol 1 1995, S. 87-109

Ders., The French Administrative Elite and the Unification of Western Europe, 1947-58, in: Deighton, Anne (Hrsg.), Building Postwar Europe. National Decision-Makers and European Institutions, 1948-1963, London 1995, S. 21-37

Ders., Pourquoi le Fédéralisme fait-il peur aux Français?, in: Franz Knipping (ed.), Fédéral conceptions in EU Member States, Traditions and Perspectives, Baden-Baden 1994, S. 48-58

Ders., Jean Monnet, le Département d'Etat et l'intégration européenne (1952-1959), in: René

Girault et Gérard Bossuat (Hrsg.), Europe brisée, S. 301-340

Ders., Histoire des constructions européennes au XXe siècle, Bibliographie thématique commentée des travaux français, Euroclio, Bern 1994

Ders., Les fondateurs de l'Europe, Belin, Paris, Belin-sup histoire, cartes index, bibliographies textes, 1994

Ders., La vraie nature de la politique européenne de la France (1950-1957), in: Trausch G. (Hrsg.), Die europäische Integration, S. 191-230

Ders., Les Europe des Français au long du XXe siècle, in: Les Europe des Européens, sous la direction de René Girault, avec la collaboration de Gérard Bossuat, Pulications de la Sorbonne, Paris 1993, S. 77-96

Ders., La France, l'aide américaine et la construction européenne 1944-1954, Comité pour l'Histoire Economique et Financière de la France, Paris, Imprimerie Nationale 1992, réédition 1997

Ders., L'Europe occidentale à l'heure américaine (Plan Marshall et unité européenne), 1944-1952, Bruxelles 1992

Ders., Guy Mollet: La puissance française autrement, in: Relations internatinales, n°57, printemps 1989, S. 25-48

Ders., La France et les constructions européennes, 1943-1957, in: Historiens et Géographes, n°319, juillet-août 1988, S. 144-165

Ders., La SFIO et la construction européenne (1945-1954), in: Cahiers Léon Blum, n° 21-22, 1987, S. 40-68

Bosmans, Jac, Das Ringen um Europa. Die Christdemokraten der Niederlande und Deutschlands in den 'Nouvelles Equipes Internationales' (1947-1965), in: Jac Bosmans (Hrsg.), Europagedanke, Europabewegung und Europapolitik in den Niederlanden und Deutschland seit dem Ersten Weltkrieg, Münster/Hamburg/Lit 1996, S. 123-148

Brauers, Christof, Liberale Deutschlandpolitik. 1949-1969. Position der FDP zwischen nationaler und europäischer Orientierung, Münster 1993

Breccia, Alfredo, Italien und die Anfänge der EVG, in: Volkmann, H.-E. et al. (Hrsg.), Die Europäische Verteidigungsgemeinschaft., S. 177-190

Briggs, Herbert W., The proposed European political community. The American journal of international law, January 1954. S. 110-122

Brugmans, Hendrik (et. al.), Christen und Europe. Der Beitrag der christlichen Kirchen zur europäischen Integration, Andernach/Rhein 1977

Ders., L'idee européenne 1918-1965, Bruges 1965

Brusse, Wendy Asbeek, The Dutch Socialist Party, in: R.T.Griffiths (Hrsg.), Socialist Parties and the Question of Europe in the 1950's, Leiden/N.Y./Köln 1993, S. 106-134

Ders., West European Tariff Plans, 1947-1957. From Study Group to Common Market, PhD, EUI Florence 1991

Ders., The Stikker Plan, in: Griffiths, R.T. (Hrsg.), The Netherlands, S. 69-92

Bührer, Werner und **Schröder, Hans-Jürgen**, Germany's Economic Revival in the 1950s. The Foreign Policy Perspective, in: Ennio Di Nolfo (ed.), Power in Europe? II, S. 174-196

Burgess, Michael, Political Catholicism, European unity and the rise of Christian Democracy, in: Peter M. R. Stirk (ed.), Making the New Europe. European Unity and the Second World War, London 1990, S. 142-155

Cardozo, R, The Project for a Political Community (1952-1954), in: Roy Pryce (Hrsg.), The Dynamics of European Union, London 1987, S. 49-77
Charlton, Sue Ellen M., The French Left and European Integration, Denver 1972
Chenaux, Philippe, Une Europe Vaticane? Entre le Plan Marshall et les Traités de Rome, Bruxelles 1990
Ders., Der Vatikan und die Entstehung der Europäischen Gemeinschaft, in: Greschat, M./Loth, W. (Hrsg.), Die Christen und die Entstehung der Europäischen Gemeinschaft, Stuttgart et al.1994, S. 97-124
Ders., Le MRP face au projet de Communauté Politique Européenne (1952-1954), in: Le MRP et la construction européenne (1944-1966), sous la direction de S. Berstein, J.-M. Mayeur, P. Milza, Bruxelles 1993, S.161-179
Ders., Les élites catholiques et l'union européenne, in: Bosco, A. (ed.), The federal Idea. Vol.II, London/N.Y. 1992, S. 235-246
Cialdea, Basilio, La Communauté politique européenne: hier et demain, in Annuaire Européen. European Yearbook, I, 1955, S. 104-140
Cohen, William B., De Gaulle et l'Europe d'avant 1958, in: De Gaulle en son siècle, acte du colloque tenu à l'UNESCO (Paris), 19.-24.11.1990, Documentation Française, Paris 1992, Tome V. L'Europe, S. 53-64
Colarizi, Simona, The Italian Political Parties and Foreign Policy in the 1950s: DC, PSI, PCI, MSI, in: Ennio Di Nolfo (ed.), Power in Europe? II, S. 384-406
Cophornic, Gilles, SFIO et UEO: la recherceh d'une unité, in: René Girault et Gérard Bossuat (Hrsg.), Europe brisée, S. 263-288
Cornides, Wilhelm, Die Straßburger Konsultativversammlung vor den Grundfragen der Europäischen Einigung. Politische Ergebnisse des ersten Abschnitts der zweiten Sitzungsperiode vom 7. bis 28. August 1950 (20.9.1950), in: EA 5.(1950), S. 3347-3360
Ders., Der Europarat und die nationalen Parlamente. 20.1.1951, in: EA 6 (1951), S.3655-3676
Coste-Floret, Alfred, Bilan et perspectives d'une politique européenne, in: Politique étrangère 17 1952/53, Paris, S. 321-334
Coutrot, Aline/Dreyfus, François G., Les forces religieuses dans la société française, Paris 1965
Dalloz, Jacques, Georges Bidault. Biographie politique, Paris 1992
Debus, Karl Heinz (Hrsg.), Robert Schuman. Lothringer, Europäer, Christ, Speyer 1995
Deighton, Anne, Britain and the Three Interlocking Circles, in: Antonio Varsori (Hrsg.), Europe 1945-1990s. The End of an Era?, London 1995, S. 155-169
Ders. (Hrsg.), Building Postwar Europe, 1948-1963, Oxford 1995
Delbreil, Jean-Claude, Le MRP et la construction européenne: résultats, interprétation et conclusions d'une enquête écrite et orale, in: Le MRP et la construction européenne (1944-1966), Bruxelles 1993, S. 309-362
Devin, Guillaume, L'internationale socialiste. Histoire et sociologie du socialisme international (1945-1990), presses de la fondation nationale des sciences politiques, 1993
Doering-Manteuffel, A., Rheinischer Katholik im Kalten Krieg. Das „christliche Europa" in der Weltsicht Konrad Adenauers, in: Greschat, M./Loth, W. (Hrsg.), Die Christen und die Entstehung der Europäischen Gemeinschaft, S. 237-246

Ders., Die Kirchen und die EVG. Zu den Rückwirkungen der Wehrdebatte im westdeutschen Protestantismus und Katholizismus auf die politische Zusammenarbeit der Konfessionen, in: Volkmann, H.-E. et al. (Hrsg.), Die Europäische Verteidigungsgemeinschaft, S. 271-290
Drachkovitch, M., Quelques aspects et problèmes du pouvoir exécutif dans les systèmes fédéralistes. Les cahiers de Bruges, No. 3, Octobre 1952, S. 228-266
Duchêche, François, Jean Monnet. The First Statesman of Interdependance, London 1996
Durand, Jean-Dominique, L'Europe de la Démocratie chrétienne, Paris 1995
Dumoulin, Michel (ed.), La Belgique et les débuts de la construction européenne. De la guerre aux traités de Rome, Louvain-la-Neuve 1987
Ders., Les paradoxes de la politique belge en matière de Communauté Politique Européenne (septembre 1952-juin 1954), in: Trausch, G. (Hrsg.), Die europäische Integration, S. 349-363
Durand, Jean-Dominique, Les rapports entre le MRP et la démocratie chrétienne italienne 1945-1955, in: Le MRP et la construction européenne (1944-1966), Bruxelles 1993, S. 251-272
Edelman, Maurice, The Council of Europe 1950, in: International Affairs 27 (1951), S. 26
Elgey, Georgette, Histoire de la IVe République. La République des illusions, Paris 1965
Ders., Histoire de la IVe République. La République des Contradictions (1951-1954), Paris 1968
Elzer, Herbert, »Atlantiker« gegen »Europäer«. Streit um Deutschland bei den Widerstandsdemokraten (UDSR) in der IV. Republik, in: Francis 22/3, 1995, S. 65-81
Erdmann, Karl Dietrich, Politik und Wirtschaft. Die europäische Herausforderung bei Briand, Adenauer, Schuman, De Gasperi, in: GWU 1984/7, S. 421-433
Fischer, Peter, Die Bundesrepublik und das Projekt einer Europäischen Politischen Gemeinschaft, in: Ludolf Herbst et. al. (Hrsg.), Vom Marshallplan zur EWG, S. 279-299.
Fleuß, Martin, Die operationelle Rolle der Westeuropäischen Union in den neunziger Jahren. Eine völkerrechtliche Betrachtung unter Berücksichtigung der Bemühungen der Organisation im Zuge der Bewältigung internationaler Konflikte, Frankfurt am Main, u. a., 1996
Fritzler, M./Unser, G., Die Europäische Union, Bundeszentrale für politische Bildung, Bonn 1998
Fursdon, Edward, The European Defense Community: A History, London 1980
Galante, Severino, The International Policies of the Italian Christian Democratic and Communist Parties in the Fifties, in: Ennio Di Nolfo (ed.), Power in Europe? II, S. 407-434
Genzer, Walter E., Die Satzung der Europäischen Gemeinschaft zum Entwurf einer europäischen Verfassung, in: EA 1953, S. 5653-5664
Gerbet, Pierre, La France et l'intégration européenne. Essai d'historiographie, Berne et al. 1995
Ders., La construction de l'Europe, Paris, nouvelle édition révisée 1994
Girault, René, Das Europa der Historiker, in: Rainer Hudemann, et al. (Hrsg.), Europa im Blick der Historiker. Europäische Integration im 20. Jahrhundert. Bewußtsein und Institution, R. Hudemann (Hrsg.), München 1995 (HZ.Beiheft,Bd. 21), S. 55-90
Ders., Conscience et identité européennes au XXe siècle, Paris 1994
Ders., Der kulturelle Hintergrund der französischen Integrationspolitik, in: Herbst, L. et al. (Hrsg.), Vom Marshallplan zur EWG, S. 561-576
Ders., On the Power of Old and New Europe, in: di Nolfo, Ennio (Hrsg.), Power in Europe?

Vol. 2, Paris 1993, S. 553-561
Ders., La France entre l'Europe et l'Afrique, in: Serra, E. (Hrsg.), La relance, S. 351-378
Ders./Bossuat, G. (Hrsg.), Europe brisée, Europe retrouvée. Nouvelles réflexions sur l'unité européenne au XXe siècle, Paris 1994
Gödde-Baumanns, Beate, Nationales Selbstverständnis, Europabewußtsein und deutsche Frage in Frankreich, in: Michael Salewski (Hrsg.), Nationale Identität und Europäischen Einigung, Göttingen/Zürich 1991, S. 47-72
Greiner, C., Die alliierten militärstrategischen Planungen zur Verteidigung Westeuropas 1947-1950. in: Roland G. Foersterner u.a. (Hrsg.), Anfänge westdeutscher Sicherheitspolitik 1945-1956. Bd. 1. Von der Kapitulation bis zum Pleven Plan, München. 1982, S. 119-324
Greschat, Martin, Der Protestantismus und die Entstehung der Europäischen Gemeinschaft, in: ders../Loth, W. (Hrsg.), Die Christen und die Entstehung der Europäischen Gemeinschaft, S. 25-96
Griffiths, Richard T./Milward, Alan S., The Beyen-Plan and the European Political Community, in: W. Maihofer (Hrsg.), Noi si mura, Florenz 1986, S. 596-624
Griffiths, R. T. (Hrsg.), The Netherlands and The Integration of Europe 1945-1957, Amsterdem 1990
Ders., The Beyen Plan, in: Ders. (Hrsg.), The Netherlands, S.165-182
Ders., The Schuman Plan, in: Ders. (Hrsg.), The Netherlands, S. 113-136
Ders., The Common Market, in: Ders. (Hrsg.), The Netherlands, S. 183-208
Ders., The Mansholt Plan, in: Ders. (Hrsg.), The Netherlands, S. 93-112
Ders., European Utopia or Capitalist Trap? The Socialist International and the Question of Europe, in: R.T. Griffiths (Hrsg.), Socialist Parties and the Question of Europe in the 1950's, Leiden/N.Y./Köln 1993, S. 9-24
Ders., Europe's First Constitution: The European Political Community, 1952-1954, in: Martin, Stephen (Hrsg.), The Construction of Europe. Essays in Honour of Emile Noël, Dordrecht/Boston/London 1994, S. 19-39
Griffiths, R.T. und Lynch, F.M.B., L'échec de la 'Petite Europe': Le Conseil Tripartite, 1944-1948, in: Guerres mondiales et conflits contemporains, no.252, 1988
Grosbois, Thierry und Stelandre, Yves, Belgian Decision-Makers and European Unity, 1945-63, in: Deighton, Anne (Hrsg.), Building Postwar Europe. National Decision-Makers and European Institutions, 1948-1963, London 1995, S. 127-140
Guichaoua, Elsa, La Comité d'action pour les Etats-Unis d'Europe et son influence sur la presse (1955-1957), in: René Girault et Gérard Bossuat (Hrsg.), Europe brisée, S. 283-300
Guillen, Pierre, Die französische Generalität, die Aufrüstung der Bundesrepublik und die EVG (1950-1954), in: Volkmann, H.-E. (et al) (Hrsg.), Die Europäische Verteidigungsgemeinschaft, S. 125-158
Ders., L'Italie et le problème allemand 1945-1955, in: Relations internationales, numéro 51, automne 1987, S. 269-287
Ders., Les vicissitudes des rapports franco-italiens de al rencontre de Cannes (déc. 1948) à celle de Santa Margherita (fév. 1951), in: Duroselle, J.B., ed., Italia e Frnacia 1946-1954, Milano 1988, S. 13-30
Ders., Les questions européennes dans les rapports franco-italiens de la rencontre de Santa Margherita (fév 1951) au voyage de Pierre Mendès à Rome (jan. 1955), in: Duroselle, J.B.,

ed., Italia e Frnacia 1946-1954, Milano 1988, S. 31-48
Ders., Europe as a Cure for French Impotence? The Guy Mollet Government and the Negotiation of the Treaties of Rome, in: di Nolfo, Ennio (Hrsg.), Power in Europe? II, S. 505-516
Haas, Ernst B., The Uniting of Europe. Political, Social and Economical Forces 1950-1957, London 1958
Hardach, Gerd, Der Marshall-Plan. Auslandshilfe und Wiederaufbau in Westdeutschland 1948-1952, München 1994
Harryvan, A.J., Van der Harst, J., Mans, G.M.V. und **Kersten, A.E**, Dutch Attitudes towards European military, political and economic integration (1950-1954), in: Trausch, G. (Hrsg.), Die europäische Integration, S. 321-347
Harst, Jan van der, The Pleven Plan, in: Griffiths, R.T. (Hrsg.), The Netherlands, S.137-164
Hartog, F., European economic integration: a realistic conception, in: Weltwirtschaftliches Archiv, LXXI, No.2, 1953, S. 165-181
Héraud, Guy, Nature juridique de la communauté européenne d'après le projet de statut du 10 Mars 1953, in: Revue du droit public et de la science politique, LXIX, No.3, juillet-septembre 1953, S. 581-607
Herbst, Ludolf, Option für den Westen. Vom Marshallplan bis zum deutsch-französischen Vertrag, München 1989
Ders., Die zeitgenössische Integrationstheorie und die Anfänge der europäischen Einigung 1947-1950. in: VfZ34 (1986), S. 161-205
Ders./Werner Bührer/Hanno Sowode (Hrsg.), Vom Marshallplan zur EWG, Die Eingliederung der Bundesrepublik in die westliche Welt, München 1990
Hick, Alan, Die Europäische Bewegung, in: Loth, W. (Hrsg.), Die Anfänge der europäischen Integration 1945 - 1950, Bonn 1990, S. 237-244
Ders., Die Union Europäischer Föderalisten (UEF), in: Loth, W. (Hrsg.), Die Anfänge der europäischen Integration 1945 - 1950, Bonn 1990, S. 189-196
Hillgruber, A., Europa in der Weltpolitik der Nachkriegszeit 1945-1963, durchges. u. wes. erw. von Jost Dülffer, 4. Aufl., München 1993
Ders., Das Problem „Nation und Europa" seit dem 19. Jahrhundert, in: Michael Salewski (Hrsg.), Nationale Identität und Europäische Einigung, Göttingen/Zürich 1991, S. 1-17
Hogan, Michael J., Marshall Plan, America, Britain, and the reconstruction of Western Europe, 1947-1952, Cambridge 1987
Holcombe, Arthur N., An American view of European Union, in: The American political science review, XLVII, No.2, June 1953, S. 417-430
Hrbek, Rudolf, Die SPD - Deutschland und Europa, Bonn 1972
Ders., The German Social Democratic Party I, in: R.T. Griffiths (Hrsg.), Socialist Parties and the Question of Europe in the 1950's, Leiden et. al. 1993, S. 63-77
L'intégration politique européenne. Chronique de politique étrangère, VI, No.3, Mai 1953, S. 277-385
Jaenicke, Günther, Bundesstaat oder Staatenbund. Zur Rechtsform einer europäischen Staatengemeinschaft. in: Völkerrechtliche und Staatsrechtliche Abhandlungen zum 75. Geburtstag von Carl Bilfinger, Köln/Berlin 1954, S. 71-108
Jansen, Thomas und **Mahncke, Dieter** (Hrsg.), Persönlichkeiten der Europäischen Integration. Vierzehn biogrphische Essays, Bonn 1981

Kaelble, Hartmut, Europabewußtsein, Gesellschaft und Geschichte. Forschungsstand und Forschungschancen, in: Rainer Hudemann, et al. (Hrsg.), Europa im Blick der Historiker. Europäische Integration im 20. Jahrhundert. Bewußtsein und Institution, R. Hudemann (Hrsg.), München 1995 (HZ.Beiheft,Bd. 21), S. 1-30
Ders., Supranationalität in Europa seit dem Zweiten Weltkrieg, in: H. A. Winkler und H. Kaelble (Hrsg.), Nationalismus-Nationalitäten-Supranationalität, Sttutgart 1993, S. 189-206
Karp, Bazil, The draft constitution for a European political community, in: Internationale Organisation, Vol.VIII, May 1954, S. 181-203
Kersten, Albert E., Niederländische Regierung, Bewaffnung Westdeutschlands und EVG, in: Volkmann, H.-E. et al. (Hrsg.), Die Europäische Verteidigungsgemeinschaft, S. 191-219
Ders., Die Niederländische Europapolitik 1945-1955, in: Jac Bosmans (Hrsg.), Europagedanke, Europabewegung und Europapolitik in den Niederlanden und Deutschland seit dem Ersten Weltkrieg, Münster et. al. 1996, S. 101-122
Kiersch, Gerhard, Parlament und Parlamentarier in der Außenpolitik der IV. Republik, Bd. 1,2, und 3, Berlin 1971
Kohler, Adolf, Alcide De Gasperi, 1881-1954. Christ, Staatsmann, Europäer, Bonn 1981
Küsters, Hanns Jürgen, Die Gründung der Europäischen Wirtschaftsgemeinschaft, Baden-Baden 1982
Ders., Zwischen Vormarsch und Schlaganfall. Das Projekt der Europäischen Politischen Gemeinschaft und die Haltung der Bundesrepublik Deutschland (1951-1954), in: Trausch, G. (Hrsg.), Die europäische Integration, S. 259-293
Ders., Der Streit um Kompetenzen und Konzeptionen deutscher Europapolitik 1949-1958, in: L. Herbst et al. (Hrsg.), Vom Marshallplan zur EWG, S. 335-370
Ders., West Germany's Foreign Policy in Western Europe, 1949-58: The Art of the Possible, in: Wurm, Clemens (Hrsg.), Western Europe and Germany. The Beginnings of European Integration 1945-1960, Oxford/Washington 1995, S. 55-85
Lacouture, Jean, De Gaulle, 2. Le Politique 1944-1959, Le Seuil, Paris 1985
Langer, Albrecht, Diskussionsbericht, in: ders. (Hrsg.), Katholizismus, nationaler Gedanke und Europa seit 1800, Paderborn 1985, S. 179-198
Laqueur, Walter, Europa auf dem Weg zur Weltmacht 1945-1992. Aus dem Englischen von Karl Heinz Siber, Kindler, München 1992
Latte, Gabriele, Die französische Europapolitik im Spiegel der Parlamentsdebatten (1950-1965), Berlin 1979
Laubuch, Jakob, Die Europäische Einigungsbewegung, hrsg. v. Büro für politische Studien, Frankfurt a.M. 1952
Letamendia, Pierre, Le Mouvement Républicain Populaire (Le MRP). Histoire d'un grand parti français, Paris 1995
Ders., La place des problèmes européens dans la vie interne du parti sous la IVe République, in: Le MRP et la construction européenne (1944-1966), sous la direction de S. Berstein, J.-M. Mayeur, P. Milza, Bruxelles 1993, S. 103-112
Lipgens, Walter, Die Anfänge der europäischen Einigungspolitik 1945-1950, Stuttgart 1977, Bd. 1 (1945-1947)
Ders., Die Bedeutung des EVG-Projekts für die politische europäische Einigungsbewegung, in: Volkmann, H.-E. et al. (Hrsg.), Die Europäische Verteidigungsgemeinschaft, S. 9-31

Ders., EVG und Politische Föderation. Protokolle der Konferenz der Außenminister der an den Verhandlungen über eine europäische Verteidigungsgemeinschaft beteiligten Länder am 11. Dezember 1951, in: VfZ (1984), S. 637-688

Loth, Wilfried, Sozialismus und Internationalismus. Die französischen Sozialisten und die Nachkriegsordnung Europas 1940-1950, Stuttgart 1977

Ders., Die Teilung der Welt. Geschichte des Kalten Krieges 1941-1955, München 1980

Ders., Deutsche Europa-Konzeptionen in der Eskalation des Ost-West-Konflikts 1945-1949, in: GWU 35 (1984), S. 453-470

Ders., Die europäische Integration nach dem Zweiten Weltkrieg in französischer Perspektive, in: Berding, H. (Hrsg.), Wirtschaftliche und politische Integration in Europa im 19. u. 20. Jahrhundert, Göttingen 1984, S. 225-246

Ders., Der Koreakrieg und die Staatswerdung der Bundesrepublik, in: Josef Foschepoth (Hrsg.), Kalter Krieg und Deutsche Frage. Deutschland im Widerstreit der Mächte 1945-1952, Göttingen 1985, S. 335-361

Ders., Die Saarfrage und die deutsch-französische Verständigung. Versuch einer Bilanz, in: Zeitschrift für die Geschichte der Saargegend 34/35 (1986/87), S. 276-291

Ders., Vertragsverhandlungen bei abklingender Eruopabegeisterung - Eine zeitgeschichtliche Einordnung, in: Integration 7.1987, S. 107-115

Ders., Der Abschied vom Europarat. Europapolitische Entscheidungen im Kontext des Schuman-Plans, in: Schwabe (Hrsg.), Anfänge, S. 183-195

Ders. (Hrsg.), Die Anfänge der europäischen Integration 1945 - 1950, Bonn 1990

Ders., Die Sozialistische Bewegung für die Vereinigten Staaten von Europa (MSEUE), in: ders. (Hrsg.), Die Anfänge der europäischen Integration 1945 - 1950, Bonn 1990, S. 219-226

Ders., Deutsche Europa-Konzeptionen in der Gründungsphase der EWG, in: Serra (Hrsg.), La relance, S. 585-602

Ders., Der Weg nach Europa. Geschichte der europäischen Integration 1939-1957, Göttingen 1990

Ders., De Gaulle und Europa, eine Revision, in: HZ 253 (1991) S. 629-660

Ders., Nationale und europäische Momente bei der Formulierung der französischen Europapolitik nach 1945, in: Michael Salewski (Hrsg.), Nationale Identität und Europäischen Einigung, Göttingen/Zürich 1991, S. 73-86

Ders., The French Socialist Party, 1947-1954, in: R.T. Griffiths (Hrsg.), Socialist Parties and the Question of Europe in the 1950's, Leiden/N.Y./Köln 1993, S. 25-42

Ders./Greschat, M. (Hrsg.), Die Christen und die Entstehung der Europäischen Gemeinschaft, Stuttgart/Berlin/Köln 1994

Ders., Die EVG und das Projekt der Europäischen Politischen Gemeinschaft, in: Europa im Blick der Historiker. Europäische Integration im 20. Jahrhundert. Bewußtsein und Institution, R. Hudemann (Hrsg.), München 1995 (HZ. Beiheft, Bd. 21), S. 191-201

Ders., The Process of European Integration : Some General Reflections, in: Wurm, Clemens (Hrsg.), Western Europe and Germany. The Beginning of European Integration 45-60, Oxford/Washington, S. 201-218

Ders., Deutsche und Französische Interessen auf dem Weg zu EWG und EURATOM, in: Andreas Wilkens (Hrsg.), Die deutsch-französischen Wirtschaftsbeziehungen 1945-1960, Sigmaringen 1997 (Beiheft der Francia; Band 42), S. 171-187

Lynch, Frances M. B., Restoring France: the road to integration, in: The Frontier of National Sovereignty. History and Theory, 1945-1992, London 1993, S. 59-87
Ders., The Role of Jean Monnet in Setting Up the European Coal and Steel Community, in: K. Schwabe (Hrsg.), Die Anfänge des Schuman-Plans 1950/51, 1988, S. 117-130
Ders., France and the internatinale economy. From Vichy to the Treaty of Rome, Routledge/London/N.Y. 1997
Magagnoli, Ralf, Italien, die EVG und die Integration Europas (1950-1955). Die italienische Europapolitik 1950-1955, Dissertation an der Universität - Gesamthochschule Essen, 1998
Ders., Anregungen zu einer Neubewertung der Europapolitik Alcide De Gasperis, in: Zeitschrift für Geschichte der europäischen Integration, Baden-Baden 1998, Vol.4, Nr.1, S. 27-54
Maier, K.A., Die internationalen Auseinandersetzungen um die Westintegration der Bundesrepublik Deutschland und um ihre Bewaffnung im Rahmen der EVG. in: Anfänge westdeutscher Sicherheitspolitik 1945-1956. Bd. 2. Die EVG-Phase, München 1990. S. 1-123
Maier, Charles S., The Presence of the Superpowers in Europe (1947-54), in: Antonio Varsori (Hrsg.), Europe 1945-1990s. The End of an Era?, London 1995, S. 141-152
Ders., Die drei Dimensionen der Westintegration, in: Herbst, L. (Hrsg.), Westdeutschland 1945-1955. Unterwerfung, Kontrolle, Integration, München 1986, S. 247-252
Manin, Philippe, Le Rassemblement du Peuple Français (RPF) et les problèmes européens, Presses Universitaires de France, Paris 1966
Martin, Anne-Sophie, Le parti travailliste et le réarmement allemand, in: René Girault et Gérard Bossuat (Hrsg.), Europe brisée, S. 175-196
Mayeur, J.-M., Pie XII et l'Europe, in: Relations internationales, n° 28, hiver 1981, S. 413-425
Meier-Dörnberg, Wilhelm, Die Planung des Verteidigungsbeitrages der Bundesrepublik Deutschland im Rahmen der EVG, in: Anfänge westdeutscher Sicherheitspolitik 1945-1956. Bd. 2. Die EVG-Phase. München. 1990. S. 605-756
Melandri, Pierre, The United States and the Process of European Integration, in: Antonio Varsori (Hrsg.), Europe 1945-1990s. The End of an Era?, London 1995, S. 102-116
Ders., Les Etats-Unis face à l'unification de l'Europe. 1945-1954, Pédone et Publications de la Sorbonne 1980
Melchionni, Maria Grazia, Altiero Spinelli et Jean Monnet, Fondation Jean Monnet pour l'Europe Cnetre de recherches européennes, Lausanne 1993
Merle, Marcel, „Les facteurs religieux de la politique extérieure française", in: Forces religieuses et attitudes politiques dans la France contemporaine, Actes du colloque de Strasbourg (23-25 mai 1963), sous la dir. de René Rémond, Paris 1965, S. 311-338
Miller, Marion, The Approaches to European Institution-Building of Carlo Sforza, Italian Foreign Minister, 1947-1951, in: Deighton, Anne (Hrsg.), Building Postwar Europe. National Decision-Makers and European Institutions, 1948-1963, London 1995, S. 55-69
Milward, Alan S., The Reconstruction of Western Europe 1945-51, London 1984
Ders., Entscheidungsphasen der Westintegration, in L. Herbst (Hrsg.), Westdeutschland 1945-1955. Unterwerfung, Kontrolle, Integration, München 1986, S. 231-246
Ders., Etats-nations et communauté: le paradoxe de L'Europe? in: Revue de Synthèse 1990 111(3), S. 253-270
Ders., Benelux und die europäische Gemeinschaft, 1945-1958, in: Michael Salewski (Hrsg.),

Nationale Identität und Europäischen Einigung, Göttingen/Zürich 1991, S. 87-112
Ders., The European Rescue of the Nation State, London 1992
Ders. et al. (Hrsg.), The Frontier of National Sovereignty. History and Theory, 1945-1992, London 1993
Ders., Allegiance. The Past and the Future, in: Zeitschrift für Geschichte der Europäischen Integration, Baden-Baden 1995, Vol. 1, Nr.1, S. 7-20
Mioche, Philippe, Le patronat français et les projets d'intégration économique européenne dans les années cinquante, in: Trausch, G. (Hrsg.), Die europäische Integration, S. 241-258
Mittendorfer, Rudolf, Robert Schuman - Architekt des neuen Europa, Hidesheim et al. 1983
Mitrany, D., A Working Peace System. An Argument for the Functional Development of International Organization, London 1943
Mommens, E. and **Minten, Luc**, The Belgian Socialist Party, in R.T. Griffiths (Hrsg.), Socialist Parties and the Question of Europe in the 1950's, Leiden/N.Y./Köln 1993, S. 140-161
Le MRP et le construction européenne (1944-1966), Actes du Colloque des 18-19 janvier 1990, sous la direction de Serge Berstein, Centre d'Histoire de l'Europe du Vingtième Siècle (FNSP) et Association des Anciens du MRP, Bruxelles 1993
Müller, Klaus-Jürgen, Power and Awareness of Power in the Federal Republic of Germany 1953-1956/57: Perception of the Power Problem in Public Opinion, in Ennio Di Nolfo (ed.), Power in Europe? II, S. 477-490
Nawiasky, Hans, Die Hauptfragen der politischen Organisation der EG, in: Sonderdruck der Frankfurter Hefte, Dez. 1952
Nies-Berchem, Martine, Un petit pays face à l'Union Politique. Le cas du Luxembourg, in: G. Trausch (Hrsg.), Die europäische Integration, S. 379-392
Newman, Michael, The British Labour Party, in: R.T. Griffiths (Hrsg.), Socialist Parties and the Question of Europe in the 1950's, Leiden/N.Y./Köln 1993, S. 162-177
Noel, Gilbert, Du Pool vert à la politique agricole commune. Les tentatives de communauté agricole européenne entre 1945 et 1955, Paris 1988
Nolfo, Ennio di, The Italian Socialists, in: R.T. Griffiths (Hrsg.), Socialist Parties and the Question of Europe in the 1950's, Leiden/N.Y./Köln 1993, S. 99-105
Ders., Das Problem der europäischen Einigung als ein Aspekt der italienischen Außenpolitik 1945-1954, VfZ Vol.28, 1980, S. 146-167
Ders., „Power Politics": The Italian Pattern (1951-1957), in: ders. (ed.), Power in Europe? II, S. 531-545
Ders. (ed.), Power in Europe? II: Great Britain, France, Germany, and Italy, and the origins of the EEC, 1952-1957, Berlin 1992
Notten, Wolfgang, Die niederländischen und deutschen Sozialdemokraten als Gegner und Partner in der Europapolitik 1945-1955, in: Jac Bosmans (Hrsg.), Europagedanke, Europabewegung und Europapolitik in den Niederlanden und Deutschland seit dem Ersten Weltkrieg, Münster et. al. 1996, S. 149-172
O'Neill, Francis, The French Radical Party and European Integration, Wstmead, Farnborough, Hampshire 1981
Palayret, Jean-Marie, Le Mouvement Européen, 1954-1969, Histoire d'un groupe de pression, in René Girault et Gérard Bossuat (Hrsg.), Europe brisée, S. 359-378
Ders., Eduquer les jeunes à l'Union: La Campagne européenne de la jeunesse (1951-1958),

in: Zeitschrift für Geschichte der europäischen Integration, 1995, Vol. 1, Nr.2, S.47-60
Perroux, François, L'Europe sans rivages, Paris 1954
Pippan, Christian, Die Europäische Union nach Amsterdam : Stärkung ihrer Identität auf internationaler Ebene? Zur Reform der Gemeinsamen Außen- und Sicherheitspolitik der EU, in: Aus Politik und Zeitgeschichte, B 47/97, 14.11.1997, S. 30-39
Pistone, Sergio, Die Europa-Diskussion in Italien, in: Loth, W. (Hrsg.), Die Anfänge der europäischen Integration 1945 - 1950, Bonn 1990, S. 51-68
Ders., Altiero Spinelli and the strategy for the United States of Europe, in: Levi, Lucio (ed.), Altiero Spinelli and federalism in Europe and in the world, Franco Angeli, Milano 1990, S. 133-140
Poidevin, Raymond, Frankreich und das Problem der EVG: Nationale und internationale Einflüsse (Sommer 1951 bis Sommer 1953), in: H-E. Volkmann, H.-E. et al. (Hrsg.), Die Europäische Verteidigungsgemeinschaft, S. 101-124
Ders., Die europapolitischen Initiativen Frankreichs des Jahre 1950 - aus einer Zwangslage geboren?, in: Ludolf Herbst et al. (Hrsg.), Vom Marshallplan zur EWG, S. 257-262
Ders., Robert Schuman. Deutschland- und Europapolitik zwischen Tradition und Neuorientierung, München 1976
Ders., Robert Schuman, Homme d'Etat, 1886-1963, Paris 1986
Ders., La Question de la Sarre entre la France et la République fédérale d'Allemagne en 1952, in: Revue d'Allemagne 1986, Vol. 18 S. 63-71
Ders., Der Faktor Europa in der Deutschland-Politik Robert Schumans (Sommer 1948 bis Frühjahr 1949), in: VfZ 1985 Vol.33, S. 406-419
Ders., René Mayer et la politique extérieure de la France (1943-1953), in: Revue d'Histoire de la Deuxième Guerre Mondiale et des Conflits Contemporains 1984 Vol.34, S. 73-97
Ders., Communauté de défense et Communauté politique: des projets prématurés?, Cadmos, automne 1991, n°55, S. 17-27
Ders. (Hrsg.), Histoire des débuts de la construction européenne: mars 1948 - mai 1950, actes du Colloque de Strasbourg, 28 - 30 Nov. 1984, Bruxelles 1986
Ders., Robert Schuman zwischen Staatsräson und europäischer Vision, in: Greschat, M./ Loth, W. (Hrsg.), Die Christen und die Entstehung der Europäischen Gemeinschaft, S. 203-208
Preda, Daniela, Storia di una spernaza, La battaglia per la CED e la Federazione europea nelle carte delle Delegazione italiana, (1950-1952), Milano 1990
Ders., From a Defense Community to a Political Community: the Rolle of De Gasperi and Spinelli, in: Bosco, Andrea (Hrsg.), The Federal Idea. The History of Federalism since 1945 Vol.II, London/N.Y. 1992, S. 189-206
Ders., Sulla soglia dell'Unione. La vicenda della Communtà Politica Europa (1952-1954), Mailand 1994
Rainero, Romain H., Italian Public Opinion and European Politics, in: Ennio Di Nolfo (ed.), Power in Europe? II, S. 491-495
Réau, Elisabeth du, L'idée d'Europe au XXe siècle, Bruxelles 1996
Reef, Johannes, Die Europapolitik der Liberalen in Deutschland und in den Niederlanden. Ein Vergleich, in: Jac Bosmans (Hrsg.), Europagedanke, Europabewegung und Europapolitik in den Niederlanden und Deutschland seit dem Ersten Weltkrieg, Münster et. al. 1996, S. 173-

Regelsberger, Elfriede, Gemeinsame Außen- und Sicherheitspolitik, in: Weidenfeld, W./Wessels, W. (Hrsg.), Jahrbuch der Europäischen Integration 1997/98, Bonn 1998, S. 237-244

Rémond, René, Histoire de la France, Tome7, Notre Siècle, Paris 1988

Renner, Günter/Krätschell, Hermann, Europäische Union, Informationen zur politischen Bildung Nr. 213, 1995

Reveillard, Christophe, Tentatives de construction d'une Europe fédérale, 1950-1954, Dissertation an der Universität Paris IV 1995

Rioux, Jean-Pierre, Französische öffentliche Meinung und EVG: Parteienstreit oder Schlacht der Erinnerungen?, in: Volkmann, H.-E. et al. (Hrsg.), Die Europäische Verteidigungsgemeinschaft, S. 159-176

Robertson, A.H., The European political community. The British year book of international law 1952, 1953, S. 383-401

Rochefort, Robert, Robert Schuman, Paris 1968

Rohn, Walter E., Europa organisiert sich, Berlin 1963

Romero, Federico, Migration as an issue in European interdependence and integration: the case of Italy, in: The Frontier of National Sovereignty. History and Theory, 1945-1992, London 1993, S. 33-58

Rosenberg, David, The Origins of Overkill. Nuclear Weapons and American Strategy, 1945-1960, in: Strategy and nuclear Deterrence. An International Security Reader. Princeton 1984, S. 131-181

Rosengarten, Monika, Großbritannien und der Schuman-Plan. Politische und wirtschaftliche Faktoren in der britischen Haltung zum Schuman-Plan und zur Europäischen Gemeinschaft für Kohle und Stahl 1950-1954, Wien et al. 1997

Roussel, Eric, Jean Monnet, Paris 1996

Sandys, Duncan, Schaffung einer europäischen übernationalen politischen Autorität. Gedanken zur möglichen Weiterentwicklung des Europarates, in: EA IV No.18, September 20 1949, S. 2449-2452

Schmidt, Robert, Saarpolitik 1945-1957, 3 Bände, Berlin 1959-1962

Schneider B./Ullner R., Europäer aus Tradition : Jan Willem Beyen und Joseph Luns, in: Jansen.T./Mahncke D. (Hrsg.), Persönlichkeiten der Europäischen Integration, Bonn 1981, S. 379-410

Schneider, Heinrich, Leitbilder der Europapolitik 1. Der Weg zur Integration, Bonn 1977

Schöndube, Claus/Rupert, Christe, Eine Idee setzt sich durch. Der Weg zum vereinigten Europa, Hangelar 1964

Schreiner, Reinhard, La politique européenne de la CDU relative à la France et au MRP des années 1945-1955, in: Le MRP et la construction européenne (1944-1966), Bruxelles 1993, S. 273-290

Schröder, H.J., Die amerikanische Deutschlandpolitik und das Problem der westeuropäischen Integration 1947/48-1950, in: Poidevin, R. (Hrsg.), Histoire des Débuts de la Construction Européenne, S. 71-92

Schröder, Holger, Jean Monnet und die amerikanische Unterstützung für die europäische Integration 1950-1957, Frankfurt am Main et al. 1994

Schwabe, Klaus, Der Marshall-Plan und Europa, in: Poidevin, R. (Hrsg.), Histoire des Débuts de la Construction Européenne, S. 88-91
Ders., „Ein Akt konstruktiver Staatskunst"- die USA und die Anfänge des Schuman-Plan, in: ders. (Hrsg.), Die Anfänge des Schuman-Plans 1950/1951, Baden-Baden 1988
Ders., Fürsprecher Frankreichs? John McCloy und die Integration der Bundesrepublik, in: Ludolf Herbst u.a. (Hrsg.), Vom Marshall-Plan zur EVG, S. 517-534
Ders. (Hrsg.), Die Anfänge des Schuman-Plans 1950/51: Beitr. d. Kolloquiums in Aachen, 28. - 30. Mai 1986, Baden-Baden 1988
Schwarz, H.-P., Adenauer und Europa, in: VfZ(1979), S. 471-525
Ders., Die europäische Integration als Aufgabe der Zeitgeschichtsforschung, Forschungsstand und Perspektiven. in: VfZ 31(1983), S. 555-572
Ders., Das außenpolitische Konzept Konrad Adenauers, in: Adenauer-Studien, 5 Bände, hrsg. von Morsey, R./Repgen, Konrad, Mainz 1971-1986, Band 1, S. 75-108
Ders., Adenauer. Bd. 1 Der Aufstieg 1876 - 1952, Stuttgart 1986, Bd. 2 Der Staatsmann 1952-1967, Stuttgart 1991
Ders., Europa föderieren - aber wie? Eine Methodenkritik der europäischen Integration, in: Gerhard Lehmbruch et al. (Hrsg.), Demokratisches System und politische Praxis der Bundesrepublik, München 1971, S. 377-443
Schwarz, Jürgen (Hrsg.), Katholische Kirche und Europa. Dokumente 1945-1979, München 1980
Ders., Katholische Kirche und europäische Einigung nach 1945, in: Langer, Albrecht (Hrsg.), Katholizismus, nationaler Gedanke und Europa seit 1800, Paderborn 1985, S. 155-178
Serra, Enrico (Hrsg.), La relance européenne et les traités de Rome, actes du colloque de Rome, 25 - 28 mars 1987, Bruxelles 1989
Sidjanski, Dusan, Une Communauté politique européenne oubliée (1952-1953), in: Hommage à un Européen offert à Henri Rieben, Lausanne, École des Hautes Etudes Commerciales et Fondation Jean Monnet pour l'Europe, 1991, S. 31-43
Spinelli, A., Das Wachstum der Europabewegung seit dem zweiten Weltkrieg, in: C. Grove Haines (Hrsg.), Europäische Integration, Göttingen 1958, S. 35-59
Soustelle, Jacques, France and Europe. A Gaullist View, in: Foreign Affairs Vol.30, October 1951- July 1952, S. 545-553
Soutou, G.H., France and the German Rearmament Problem, in: Ahmanm, Rolf et al. (Ed.), The Quest for Stability, Problems of West European Security 1918-1957, Oxford 1993, S. 487-512
Ders., French Policy Towards European Integration, 1950-1966, in: Michael Dockrill (Hrsg.), Europe within the Global System 1938-1960. Great Britain, France, Italy and Germany: from Great Powers to Regional Powers. Bochum 1995, S. 119-131
Ders., Georges Bidault et la construction européenne, in: Revue d'histoire diplomatique, Paris 1991, S. 267-306
Ders., France, l'Allemagne et les accords de Paris, in: Relations Internationales Vol.52 (1987), S. 451-470
Studien zum Föderalismus. Ergebnisse einer amerikanischen Untersuchung über die Probleme einer europäischen Staatengemeinschaft. Europa-Archiv, VIII, Nos.23-24, December 5-24 1953, S. 6131-6174, 6191-6227

Die Stunde der Europäischen Einigung, hrsg. vom Büro für politische Studien, Frankfurt a.M. 1952

Tellier, Thibault, La contribution politique de Paul Reynaud aux grands débats nationaux de 1945 à 1966, in: Francia, 23/3, 1996, S. 93-111

Thiemeyer, Guido, Vom »Pool Vert« zur Europäischen Wirtschaftsgemeinschaft. Europäische Integration, Kalter Krieg und die Anfänge der Gemeinsamen Europäischen Agrarpolitik 1950-1957, München 1999

Thiery, André, Intégration économique et sociale de l'Europe. Monde nouveau-paru, mars 1954, S. 33-64

Thränert, Oliver (Hrsg.), Die EG auf dem Weg zu einer Gemeinsamen Außen- und Sicherheitspolitik, Studie der Abteilung Außenpolitikforschung im Forschungsinstitut der Friedrich-Ebert-Stiftung, Bonn August 1992

Tranvouez, Yvon, Europe, chrétienté français Débats en marge du MRP, in: Le MRP et la construction européenne (1944-1966), S. 87-102

Trausch, Gilbert (Hrsg.), Die europäische Integration von Schuman-Plan bis zu den Verträge von Rom, Brüssel u. a. 1993

Vaïsse, Maurice, General de Gaulle and the Defense of Europe (1947-1958), in: Antonio Varsori (Hrsg.), Europe 1945-1990s. The End of an Era?, London 1995, S. 170-181

Ders., La Grandeur. Politique étrangère du général de Gaulle 1958-1969, Paris 1998

Varsori, Antonio, Italy between Atlantic Alliance and EDC, 1948-1955, in: Ennio di Nolfo (ed.), Power in Europe? II, S. 260-299

Ders., Italy and the European Defense Community: 1950-54, in: Peter M. R. Stirk and David Willis (ed.), Shaping postwar Europe. European Unity and Disunity 1945-1957, London 1991, S. 100-112

Vial, Philippe, Jean Monnet, un père pour la CED?, in: René Girault et Gérard Bossuat (Hrsg.), Europe brisée, S. 197-256

Volkmann, H.-E./Schwengler, W. (Hrsg.), Die Europäische Verteidigungsgemeinschaft, Stand und Probleme der Forschung, Boppard am Rhein 1985

Watt, Donald C., Großbritannien und Europa 1951-1959. Die Jahre Konservativer Regierung, in: VfZ(1980), S. 389-409

Weidenfeld, Werner, Konrad Adenauer und Europa. Die geistigen Grundlagen der westeuropäischen Integrationspolitik des ersten Bonner Bundeskanzlers, Bonn 1976, S. 255-270

Wettig, Gerhard, Entmilitarisierung und Wiederbewaffnung in Deutschland 1943-1955, Münschen 1967

Wahl, Antoine, Kirche und Politik im Leben Robert Schumans, in: Debus, K. H. (Hrsg.), Robert Schuman, Lothringer·Europäer·Christ, Speyer 1995, S.103-114

Wielenga, Friso, Die europäische Verteidigungsgemeinschaft. Überlegungen und Ziele der niederländischen und deutschen Sicherheitspolitik 1950-1954, in: Jac Bosmans (Hrsg.), Europagedanke, Europabewegung und Europapolitik in den Niederlanden und Deutschland seit dem Ersten Weltkrieg, Münster/Hamburg/Lit 1996, S. 213-233

Willis, F. Roy, France, Germany and the New Europe 1945-1963, Stanford 1965

Ders., Italy chooses Europe, Oxford 1971

Wurm, Clemens, Early European Integration as a Research Field: Perspectives, Debates, Problems, in: ders. (Hrsg.), Western Europe and Germany. The Beginnings of European Integration 45-60, Oxford/Washington 1995, S. 9-26

Ders., Two Paths to Europe : Great Britain and France from a Comparative Perspective, in: ders. (Hrsg.), Western Europe and Germany. The Beginning of European Integration 45-60, S. 175-200

Yasamee, H.J., Großbritannien und die Westintegration der Bundesrepublik 1948-1951, in: Ludolf Herbst et al. (Hrsg.), Vom Marshallplan zur EWG, S. 535-560

Young, John W., Britain and European unity: 1945 - 1992, Basingstoke u.a., 1996

Ders., Towards a New View of British Policy and European Unity 1945-1957, in: Ahmanm, R. (Ed.), The Quest for Stibility, Problems of West European Security 1918-1957, Oxford 1993, S. 435-462

Ders., British Officials and European Integration, 1944-60, in: Deighton, Anne (Hrsg.), Building Postwar Europe. National Decision-Makers and European Institutions, 1948-1963, London 1995, S. 87-106

Zamagni, Vera, The Italian „Economic Miracle" Revised: New Markets and American Technology, in: Ennio Di Nolfo (ed.), Power in Europe? II, S. 197-226

Zellentin, Gerda, Die Kommunisten und die Einigung Europas, Frankfurt a.M./Bonn 1964

Zeraffa-Dray, Danièle, Le Mouvement Républicain Populaire et al Communauté Européenne de Défense (1950-1954), in: Le MRP et la construction européenne (1944-1966), Bruxelles 1993, S. 181-195

Ziebura, Gilbert, Die deutsch-französische Beziehungen seit 1945. Mythen und Realitäten, Stuttgart 1970

Ders., Nationalstatt, Nationalismus, supranationale Integration. Der Fall Frankreich, in: H. A. Winkler und H. Kaelble (Hrsg.), Nationalismus-Nationalitäten-Supranationalität, Sttutgart 1993, S. 34-55

Ders. (Hrsg.), Nationale Souveränität oder übernationale Integration?, Berlin 1966

Zubok, Vladislav, The Soviet Union and European Integration from Stalin to Gorbachev, in: Zeitschrift für Geschichte der europäischen Integration, 1996, Vol. 2, Nr.1, S. 85-98

Valeria Heuberger / Arnold Suppan / Elisabeth Vyslonzil (Hrsg.)

Das Bild vom Anderen

Identitäten, Mentalitäten, Mythen und Stereotypen in multiethnischen europäischen Regionen
2., durchgesehene Auflage

Frankfurt/M., Berlin, Bern, New York, Paris, Wien, 2., durchges. Aufl. 1999.
262 S.
ISBN 3-631-34682-4 · br. DM 79.–*

Dieser Tagungsband untersucht „Das Bild vom Anderen" aus verschiedenen Perspektiven. Historiker, Ethnologen, Literatur- und Religionswissenschafter setzen sich hierbei mit der Mentalitätsgeschichte multinationaler europäischer Regionen auseinander: Böhmen, Schlesien, die Slowakei, Ostgalizien, die Bukowina, Siebenbürgen, die Vojvodina, Bosnien-Herzegowina, der Kosovo, die Alpen-Adria-Region, Tirol und die Schweiz sind in ihrer Komplexität Gegenstand der Betrachtung.

Aus dem Inhalt: „Bilder in den Köpfen" aus ethnologischer, religionswissenschaftlicher und literaturwissenschaftlicher Sicht · Vom Zusammenleben der Völker · Stereotypen in Lehrbüchern

Frankfurt/M · Berlin · Bern · New York · Paris · Wien
Auslieferung: Verlag Peter Lang AG
Jupiterstr. 15, CH-3000 Bern 15
Telefax (004131) 9402131
*inklusive Mehrwertsteuer
Preisänderungen vorbehalten